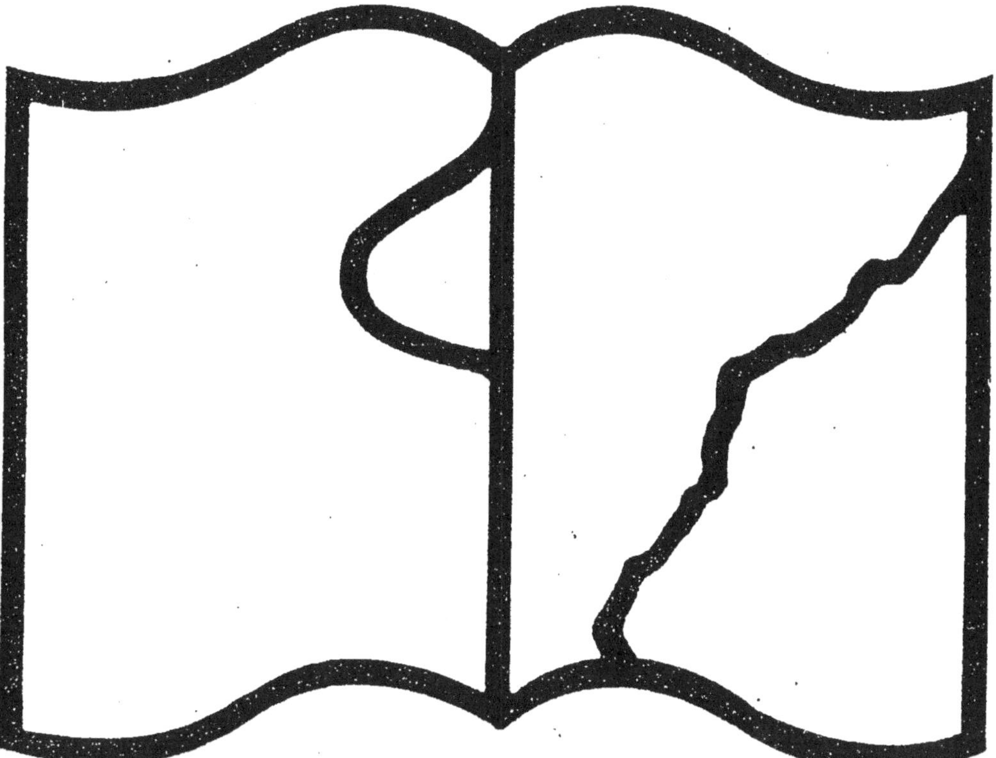

Texte détérioré — reliure défectueuse

NF Z 43-120-11

LES APPARITIONS MATÉRIALISÉES DES VIVANTS & DES MORTS

PAR

GABRIEL DELANNE

TOME I

LES FANTÔMES DE VIVANTS

L'ouvrage renferme de nombreuses photographies

PARIS
LIBRAIRIE SPIRITE
LEYMARIE, ÉDITEUR
42, RUE SAINT-JACQUES, 42

1909

LES
APPARITIONS MATÉRIALISÉES
DES VIVANTS ET DES MORTS

LES APPARITIONS MATÉRIALISÉES DES VIVANTS & DES MORTS

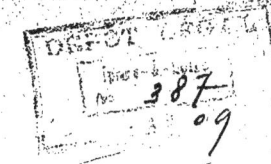

PAR

GABRIEL DELANNE

TOME I
LES FANTÔMES DE VIVANTS

L'ouvrage renferme de nombreuses photographies

PARIS
LIBRAIRIE SPIRITE
LEYMARIE, ÉDITEUR
42, RUE SAINT-JACQUES, 42

1909

A LA MÉMOIRE

DE

Madame F. MARTHA

JE DÉDIE CE LIVRE

Comme un témoignage de la respectueuse amitié de l'auteur.

G. Delanne.

LES APPARITIONS MATÉRIALISÉES
DES VIVANTS ET DES MORTS

INTRODUCTION

> Celui qui, en dehors des mathématiques pures, prononce le mot d'impossible, manque de prudence.
> ARAGO.

> Douter de tout ou tout croire, ce sont deux solutions également commodes, qui l'une et l'autre nous dispensent de réfléchir.
> H. POINCARÉ.

> Nous sommes si éloignés de connaître tous les agents de la nature et leurs divers modes d'action, qu'il serait peu philosophique de nier l'existence de phénomènes, uniquement parce qu'ils sont inexplicables dans l'état actuel de nos connaissances.
> LAPLACE.

> Condamner résolument une chose pour fausse ou impossible, c'est se donner l'avantage d'avoir dans la tête les bornes et limites de la volonté de Dieu et de la puissance de notre mère nature ; et n'y a pourtant point de plus notable folie au monde que de les ramener à la mesure de notre capacité et suffisance.
> MONTAIGNE.

> Ceux qui se donnent à bon marché le nom et le relief de savants se moquent de tout ce qui, inexplicable pour le savant comme pour l'ignorant, les place tous deux au même niveau. C'est ce qui fait que les histoires de revenants sont toujours écoutées et bien accueillies dans l'intimité, mais impitoyablement désavouées devant le public.
> KANT.

Quel est l'objet de ce volume ? De démontrer par l'observation et l'expérience que l'âme humaine existe pendant la vie et après la mort.

Ce n'est ni au nom de la religion, ni au moyen de la philosophie que je tenterai de faire cette preuve, mais simplement en employant la méthode expérimentale.

Pour des raisons diverses, les religions ont perdu une grande partie de leur autorité, et les séculaires discussions des philosophes n'ont pas projeté sur le problème de la mort une lumière assez efficace pour dissiper tous les doutes. Quel est donc l'arbitre qui départagera les uns et les autres et dont l'autorité sera suffisante pour juger souverainement ? La science.

Ici, il s'agit de bannir immédiatement toute équivoque. La science, dira-t-on, mais elle s'est prononcée pour la négative. En voulez-vous des preuves, écoutez les voix autorisées de ses représentants :

Stuart Mill définit le corps « la cause inconnue à laquelle se rapportent nos sensations », et l'esprit « le récipient ou percevant inconnu de nos sensations »; il est manifeste, dès lors, que « l'on ne peut rien affirmer de la nature inconnue de l'un ou de l'autre (1) ».

Herbert Spencer juge de même que « la controverse entre les matérialistes et les spiritualistes est une pure guerre de mots, où les partis en lutte sont également absurdes, parce qu'ils croient comprendre ce que nul homme ne peut comprendre (2) ».

« Le moi, écrit Taine, l'âme, ce sujet prétendu de la pensée, gardant son unité, son identité, sous le flot mouvant des sensations, des images, des sentiments, *c'est une illusion*. Il n'y a rien de réel dans le moi, sauf la file des événements (3). »

« Le vrai, dit encore Renan, est qu'il y a une substance unique, qui n'est ni corps ni esprit, mais qui se manifeste par deux ordres de phénomènes qui sont le corps et l'esprit, que ces mots n'ont de sens que par leur opposition, et que cette opposition n'est que dans les faits (4). »

Les savants sont plus brutaux :

« Les facultés de l'âme sont des fonctions de la substance

---

(1) Stuart Mill, *Système de la Logique*, l. 3, § 8.
(2) Herbert Spencer, *Premiers principes*, fin.
(3) Taine, *De l'Intelligence*, Préface et III-3.
(4) Renan, *l'Avenir de la Science*, p. 478.

cérébrale ayant avec le cerveau à peu près les mêmes rapports que l'urine avec les reins », certifie Carl Vogt.

« L'âme, affirme Hæckel, c'est-à-dire l'activité spirituelle, est une fonction cérébrale, une fonction physiologique commandée par des phénomènes mécaniques (1). »

« La vie psychique est un épiphénomène de la vie physiologique », proclame M. Le Dantec (2).

« Ce n'est pas l'individu qui est conscient mais seulement un groupe particulier de ses éléments constituants », écrit M. de de Lanessan (3).

« La notion de l'anéantissement total de la conscience après la mort, dit M. Metchnikoff (4), est devenue une notion courante acceptée par la très grande majorité des gens éclairés. » D'ailleurs « les éléments de notre corps ne peuvent pas vivre éternellement », la conscience « qui est fonction de ces éléments » est fatalement « vouée à l'anéantissement total après la mort ».

Voilà une imposante série d'affirmations, que l'on pourrait encore facilement augmenter, mais est-ce à dire que la science ait prononcé définitivement ?

Non, car d'abord il existe des témoignages opposés émanant d'hommes aussi bien qualifiés, comme Pasteur, Armand Gautier ou M. de Lapparent, par exemple, mais ce qui est plus grave, c'est qu'il ne s'agit des deux côtés que d'opinions individuelles, absolument dénuées de toute démonstration. Cette manière de voir ne m'est pas personnelle. « Devant la science moderne, dit M. Guyau, dans l'*Irréligion de l'avenir*, l'immortalité demeure. Si le problème n'a pas reçu de solution positive, il n'a pas reçu davantage, comme on le prétend parfois, de solution négative. » C'est donc abusivement que l'on affirme l'anéantissement de la pensée après la mort. M. Guyau croit que le problème n'a pas reçu de solution positive, c'est en quoi il se trompe, ainsi que ce livre l'établira.

---

(1) Hæckel, *Origine de l'homme*, p. 50.
(2) Le Dantec, *Théorie nouvelle de la Vie*, Introduction.
(3) De Lanessan, *le Transformisme*, p. 146.
(4) Metchnikoff, *Études sur la nature humaine*, p. 210.

Est-il donc possible d'aborder le problème de la survie par la méthode scientifique? C'est le premier point à examiner.

Il pourra sembler bizarre de se poser une pareille question et, cependant, elle n'a rien d'extraordinaire, si l'on veut bien remarquer que le phénomène des apparitions est aussi vieux que l'humanité, puisque les Annales de tous les peuples en relatent des exemples (1).

Nous écarterons de notre étude tout ce qui a trait aux croyances à l'existence des larves, des lémures, des fées, des péris, des anges, des démons, etc., pour nous borner aux apparitions qui reproduisent l'apparence d'un homme ayant vécu ici-bas, et disparu du monde des vivants depuis plus ou moins longtemps. On pourra donc se demander : 1° Si ce fait est réel ; 2° Si l'être qui se montre ainsi a une existence objective ; 3° Si c'est bien le même individu qui a vécu sur la terre, ou son simulacre.

On a coutume de récuser en bloc tous les témoignages anciens relatifs aux apparitions, parce que l'on suppose qu'ils sont sans valeur, en raison de l'ignorance de nos ancêtres et de leur esprit superstitieux. Cette condamnation sommaire est peut-être injuste lorsqu'il s'agit d'hommes comme Socrate et Brutus, dans l'antiquité, et plus récemment de Cromwel, de Pascal ou de Descartes. Ignorez-vous donc, me répondra un critique sévère, les travaux des Docteurs Calmeil, Leuret, Lélut, Moreau (de Tours), Brierre de Boismont, et, plus récemment, ceux de Charcot, de Richer, de Gilles de la Tourette, de Binet, de Pierre Janet, etc. Ne savez-vous pas que l'hallucination est la cause de tous ces phénomènes, et que de nos jours l'étude des névroses a été si bien faite qu'elle jette une lumière aveuglante sur cette question? Je répondrai que l'hallucination explique beaucoup de choses, mais ne les explique pas toutes ; et qu'il faudrait précisément démontrer que les visions de ces grands hommes n'ont été que des hallucinations. Mais, allons plus loin. Supposons l'origine hallucinatoire de ces apparitions : s'en suit-il pour cela qu'elles aient été morbides, produites nécessairement par le jeu déréglé de leur imagination, sans aucune

---

(1) Voir dans la Bible l'apparition de Samuel au roi Saül, puis, plus tard, celles de Numa, de Brutus, celles de Jeanne d'Arc, etc., etc.

cause extérieure ? C'est ce que se sont demandé des philosophes et des savants, et leur réponse a été négative.

Depuis 1882 il existe en Angleterre une *Société de recherches psychiques* qui a pris pour tâche l'étude de ces phénomènes. Elle compte parmi ses membres les plus hautes notoriétés scientifiques de l'autre côté de la Manche. Elle a publié jusqu'à ce jour 22 volumes, qui sont remplis, en grande partie, par des récits d'apparitions de vivants ou de morts, et par les enquêtes auxquelles elles ont donné lieu. Lorsque l'on constate le soin méticuleux apporté par les enquêteurs pour établir la véracité des narrateurs, quand on admire leur impeccable logique et l'esprit critique dont ils ont fait preuve dans l'appréciation de la valeur des témoignages, il ne viendra pas à l'idée de traiter ces récits d'historiettes sans valeur. Les récits publiés sont des documents sérieux et authentiques dont personne ne peut contester la réalité.

Quelle explication de ces faits donnent les membres de la *Société de recherches psychiques* ? Ils admettent bien que ces apparitions sont de nature hallucinatoire, mais — et c'est ici la nouveauté — ce sont des *hallucinations véridiques*, en ce sens qu'elles ont un rapport avec un événement grave survenu au personnage dont le sujet a vu le fantôme. Il y a eu action *télépathique* de *l'agent* (celui qui est vu), au *percipient* (celui qui voit). Les hypothèses du hasard, de la coïncidence fortuite, de l'autosuggestion, et bien d'autres encore, ont été longuement discutées, et il reste aujourd'hui établi, d'une manière indubitable, que ces apparitions, *ces fantômes de vivants* comme les appellent les auteurs anglais, Myers, Gurney et Podmore, sont des phénomènes irrécusables.

C'est déjà un progrès sur l'ancienne incrédulité, mais ce n'est pas le seul que l'on doive faire. Lorsque l'on étudie avec attention les récits recueillis, on constate dans un certain nombre d'entre eux que le fantôme possède une réalité physique, soit parce qu'il est vu identiquement, dans le même endroit de l'espace, par des personnes différentes, soit qu'il effraye des animaux, ou laisse des traces matérielles de sa présence, toutes choses qu'une hallucination ne produirait pas, puisqu'elle n'existe, invisible pour autrui, que dans le cerveau du voyant. Nécessairement, dans ces conjonctures, l'explication doit changer. Les phénomènes télépathiques peuvent se comprendre par une action à distance de la pensée, mais une apparition véritable est tout autre chose.

Si l'apparition est objective, c'est-à-dire s'il est possible de lui assigner une place déterminée dans l'espace, elle a un corps, — quelle que soit, d'ailleurs, la nature de celui-ci, — et il devient du plus haut intérêt d'étudier ces remarquables manifestations, qui nous révèlent l'être humain sous un aspect aussi complexe qu'imprévu. Il se produit dans ces cas comme une sorte de dédoublement, de projection à distance d'une effigie du corps, puisque, d'un côté, on constate la présence de l'organisme charnel, généralement endormi, et de l'autre, son fac-similé absolu, son sosie, qui en reproduit l'aspect avec la plus entière fidélité. Il existerait donc en chacun de nous un *second corps*, inconnu jusqu'alors, dont l'existence se révélerait précisément par l'extériorisation de ce fantôme.

A partir d'ici, nous entrons absolument dans le sujet de cet ouvrage et l'on commence à entrevoir la justification de ce titre, un peu singulier peut-être pour certains lecteurs : *Les Apparitions matérialisées des vivants et des morts*. Tout l'effort de la documentation que j'ai réunie, et des discussions qu'elle soulèvera, aura pour but d'établir la certitude des faits et la légitimité des conséquences qui me paraissent en résulter nécessairement. Ce n'est rien moins que la démonstration directe de l'existence et de l'immortalité de l'âme.

Mon ambition est donc d'établir que l'homme n'est pas composé seulement de matière physique ; que le principe pensant par lequel il se connaît et qui le dirige, est un être indépendant, autonome, dont l'existence peut se constater par les mêmes procédés que ceux mis en usage pour étudier la matière. C'est, certainement, une grande hardiesse de se mettre ainsi en opposition avec toutes les théories reçues jusqu'à présent, mais elle semblera peut-être nécessaire si elle se base sur l'étude directe de la nature, sans faire intervenir d'autre hypothèse que celle qui ressort directement de la constatation des faits. « L'expérience, dit M. Poincaré (1), est la source unique de la vérité ; elle seule peut nous apprendre quelque chose de nouveau ; elle seule peut nous donner la certitude. Voilà deux points que nul ne peut contester. »

Nous verrons dans la suite de ce travail que les observations et les expériences sur les apparitions sont excessivement nombreuses, bien établies au point de vue expérimental, en un mot incontestables en tant que faits authentiques ; il faut donc les interpréter, les relier les unes aux autres par une hypothèse explicative qui les embrasse dans leur généralité. C'est non seulement un droit que nous avons, mais c'est même un devoir logique auquel nous ne saurions échapper. « Le savant doit ordonner, dit encore M. Poincaré ; on fait la science avec des faits comme une maison avec des pierres ; mais une accumulation de faits n'est pas plus une science qu'un tas de pierres n'est une maison. »

L'hypothèse initiale devient une vérité lorsqu'elle se vérifie dans tous les cas ; et c'est ce qui a lieu pour cet organisme suprasensible qui est le corps de l'âme. L'observation et l'expérience nous autorisent, actuellement, à certifier que l'âme ou l'esprit — je considère ces deux termes comme synonymes — n'est pas une résultante des fonctions du cerveau, comme le veulent les matérialistes ; qu'elle possède une réalité substantielle, et c'est en ceci que cette conception diffère de celle des spiritualistes, qui en font un être absolument immatériel, c'est-à-dire une entité verbale, une pure abstraction, quelque chose d'incompréhensible pour la raison.

Entendons-nous bien sur ce point. Je n'ai pas la prétention de définir l'âme en soi, cela est impossible ; mais j'affirme que cette âme est inséparable d'un organisme supra-physique, qui est le canevas sur lequel le corps est dessiné, le moule dans lequel la matière vivante se modèle en s'incorporant, et qu'il subsiste quand l'individu meurt. Que l'on ne s'effraie pas des mots, de *canevas*, de *moule* qui semblent matérialiser ce corps éthéréen, je justifierai ces expressions plus tard.

Mais cette théorie est spirite ? Parfaitement. Comment, vous voulez faire intervenir dans une question psychologique les

---

(1) *La Science et l'hypothèse*, p. 167.

tables tournantes? Pas précisément, mais d'autres phénomènes auxquels ont conduit l'étude des tables tournantes, si raillées par ceux qui ne les ont jamais étudiées sérieusement.

En France, le grand public est si bien habitué à se pas penser par soi-même, qu'il faut que des savants officiels se soient prononcés avant qu'il consente à voir par ses yeux. Témoin l'histoire du magnétisme, repoussé pendant un siècle, et qui s'est glissé dans les Académies sous le faux-nez de l'hypnotisme, afin d'avoir droit de cité dans le sanctuaire. Eh ! bien, puisqu'il faut qu'une nouvelle science présente ses lettres de créance, voici celles qu'un certain nombre d'illustrations scientifiques ont données au spiritisme :

En premier lieu, il faut citer William Crookes, qui a eu l'audace d'écrire, voici trente ans, en parlant des phénomènes spirites : « Je ne dis pas que cela est possible, je *dis que cela est* ». Nous verrons que ce grand physicien, membre de la *Société Royale*, a étudié un fantôme matérialisé, qu'il l'a photographié, ce qui a jeté l'effarement parmi tous les corps savants. On a même fait courir charitablement le bruit que ses facultés mentales étaient dérangées. L'illustre homme de science a répondu à ces perfidies par la découverte des rayons cathodiques, qui ont ouvert la voie aux rayons X. Aujourd'hui, le monde intellectuel est un peu moins rébarbatif. Dans son discours prononcé en 1899 devant la *Société anglaise de recherches psychiques*, M. Ch. Richet, professeur de physiologie à la faculté de Médecine et membre de cette Académie, s'exprime ainsi :

« Dans mon respect servile pour la tradition, je raillais même ce que l'on appelle le *Spiritisme* et, après que j'eus pris connaissance de l'étonnant rapport que Crookes publia, je me permis d'en rire avec autant d'entrain qu'en mit presque tout le monde. Mais, maintenant, je dis ce que disait mon ami Ochorowicz dans les mêmes circonstances. Je me frappe la poitrine et dis : « Seigneur, pardonnez-moi ! » Comment pouvais-je admettre que le savant qui a découvert le thallium et le radiomètre, le précurseur de la découverte des rayons Roentgen, se soit laissé duper, par des stratagèmes qu'un enfant aurait pu aisément découvrir. »

« L'injure et le ridicule que les spirites ont subis, ne partent que de ceux qui n'ont eu ni le courage, ni la convenance de faire quelques recherches avant d'attaquer ce qu'ils ignorent complètement », dit M. Cromwel Varley, ingénieur en chef des lignes télégraphiques de l'Angleterre et membre de la *Royal Society*. Cette appréciation sera adoptée par tous ceux qui prendront connaissance de la masse énorme de documents publiés en Angleterre, en Allemagne, en Italie et aux États-Unis, sans compter la France, qui occupe une place honorable.

Le docteur Challis, professeur d'astronomie à Cambridge, est de cet avis, puisqu'il déclare que : « les affirmations ont été si abondantes et si parfaites, qu'il faut ou admettre les manifestations telles qu'on les représente, ou renoncer à la possibilité de certifier quelque fait que ce soit sur le témoignage d'autrui. »

Voici maintenant l'appréciation du plus grand naturaliste anglais contemporain, d'Alfred Russel Wallace, émule de Darwin et membre, lui aussi, de la *Société Royale*, qui, comme chacun le sait, est l'Académie des sciences de l'Angleterre :

« Le spiritisme démontre l'existence de formes de matières, et de modes d'existence qui sont inacceptables quand on se place au point de vue de la pure science physique. Il nous montre que l'esprit peut exister sans un cerveau, en étant détaché de toute substance matérielle ; il détruit le préjugé contre l'anéantissement de l'existence après la désorganisation et la destruction du corps physique ; il démontre par des preuves directes, aussi concluantes que le permet la nature du cas, que les prétendus morts sont encore vivants, que nos amis sont souvent avec nous quoiqu'invisibles ; ils nous donnent ainsi l'évidence directe de cette vie future que tant de gens désirent ardemment et qui leur fait défaut, ce qui les laisse vivre et mourir dans l'anxiété.

« Elle est sans prix, cette certitude obtenue par les communications spiritiques, car elle détruit tous les doutes sur une existence ultérieure (1). »

A noter que Wallace déclare avoir été d'abord un matérialiste

---

(1) ALFRED RUSSEL WALLACE, *le Miracle et le Moderne Spiritualisme*, d, 381.

si convaincu « qu'il n'y avait pas de place pour une conception spiritualiste dans « sa fabrique de pensée ». Ce sont les faits qui vainquirent ses préventions.

Ne quittons pas nos voisins sans donner la parole à sir Olivier Lodge, l'éminent physicien qui, lui aussi, est de la *Société Royale* :

« Si je m'affirme spirite, dit-il, ce n'est point parce que la nature et la tournure de mon intelligence ne sont point en accord avec l'homme de science qui doute, mais parce que j'ai eu à accepter les phénomènes comme des réalités, ou à me reconnaître insensé. »

Lombroso, le célèbre criminaliste italien, sur la foi de ses confrères, avait, dans un de ses ouvrages, classé les spirites parmi les fous et les anormaux !

Après avoir assisté à des expériences, il revint sur son injuste appréciation et fit publiquement son *mea culpa* en ces termes : « Je suis tout confus et au regret d'avoir combattu avec tant de persistance la possibilité des faits dits spirites, je dis des faits, car je reste encore opposé à la théorie. » Aujourd'hui, il est entièrement conquis.

En Amérique, Richard Hodgson, un des membres les plus actifs de la *Société des recherches psychiques*, bien connu pour l'inflexible sévérité avec laquelle il étudiait les phénomènes spirites, dit :

« Pendant une période de douze ans, j'ai eu, par la médiumnité de Mme Piper, des communications avec l'esprit de ceux qui sont morts depuis quelque temps.

« Au début, et à vrai dire pendant les premières années, je ne croyais absolument pas au pouvoir de Mme Piper. Je n'avais qu'un but : découvrir la fraude ou la supercherie. Pour être franc, j'allais chez Mme Piper dans l'intention de la démasquer, il y a de cela douze ans.

« Aujourd'hui, je suis prêt à dire que je crois à la possibilité de recevoir des messages de ce que l'on se plaît à nommer le pays des Esprits. J'entrai dans cette maison profondément matérialiste, ne croyant pas à l'existence après la mort, et aujourd'hui, je dis simplement : je crois. La démonstration m'a été faite de manière à m'ôter même la possibilité d'un doute. »

Un signe des temps, c'est la manière dont s'expriment actuellement même des adversaires décidés du spiritisme. Un psychologue de grand talent, M. Flournoy, professeur à la Faculté des sciences de l'université de Genève, ne voyait jadis dans ces expériences que des pratiques puériles, ou ridicules à ce point, qu'elles le portaient à « batifoler ». Maintenant, rendant compte de l'œuvre d'un autre converti, F. W. H. Myers, *la Personnalité humaine et sa survivance après la mort*, il s'exprime ainsi :

« Les faits que Myers a récoltés ou observés lui-même l'ont abondamment convaincu de la vérité foncière de l'antique croyance spirite, dont le simple énoncé a coutume de donner des crises épileptiques à la plupart de nos penseurs modernes, à moins qu'ils ne se contentent de se voiler la face, ou de hausser les épaules. Tout bien réfléchi, je ne partage pas leur sentiment d'horreur ou de pitié ; le spiritisme très complexe et savamment élaboré de Myers ne me paraît point devoir être rejeté d'emblée pour l'unique raison qu'il est aux antipodes de nos habitudes scientifiques actuelles... »

Je pourrais remplir encore quelques pages avec de semblables déclarations d'hommes illustres, à divers titres, mais il me suffira, pour faire apprécier combien cette science est sérieuse, de faire remarquer que *tous* les hommes de science qui l'ont étudiée en y consacrant le temps nécessaire, sont *tous* devenus des spirites convaincus. Après cela, on comprendra que nous puissions regarder avec quelque pitié ceux qui, ne connaissant rien à ces questions, tranchent du haut de leur incompétence, et fulminent des anathèmes qui sont purement grotesques au regard des gens instruits.

Sans nous attarder davantage, voyons comment les phénomènes d'apparitions matérialisées nous donnent la solution de la grande énigme de la mort.

J'ai dit qu'il était possible d'observer parfois dans les récits rapportés par la *Société de recherches psychiques*, une sorte de dédoublement de l'être humain pendant la vie. Quelle est la nature de ce fantôme qui reproduit si exactement le corps physique ? Par quoi est-il constitué ? Comment peut-il sortir de l'organisme matériel, et quel est l'état de celui-ci pendant cette extériorisation? Ce sont autant de questions auxquelles il est difficile de répondre à la simple lecture des comptes rendus, qui laissent nécessairement dans l'ombre une quantité de détails qu'il serait indispensable de connaître. Ce sont ces difficultés que les expériences instituées avec les médiums ont permis d'élucider en partie. On a pu alors photographier les apparitions, prendre des empreintes et des moulages de ce corps de l'âme, que les spirites désignent sous le nom de périsprit (de *peri*, autour; *spiritus*, l'esprit). Il a été établi de cette manière que ce corps est le modèle anatomique de l'organisme matériel, et que l'âme pense et agit sans avoir besoin du cerveau physique. C'est la démonstration directe, irréfutable, de la dualité de l'être humain, et une réponse péremptoire à ceux qui, n'ayant jamais trouvé l'âme sous leur scalpel, s'imaginent qu'elle n'a pas de réalité.

Il existe une parfaite ressemblance entre les manifestations extra-sensorielles de l'âme pendant la vie, et après la mort. Un fantôme de mort est identique à un fantôme de vivant; et ceci n'a rien de surprenant. Un homme n'étant qu'un esprit revêtu de chair, lorsque cet esprit s'évade de sa prison charnelle, pour un instant ou pour toujours, sa situation dans l'espace est rigoureusement la même dans les deux cas, d'où résulte l'absolue similitude des apparitions des vivants et des morts.

C'est avec les mêmes méthodes de contrôle — photographies, empreintes, moulages, — que la certitude de l'apparition des âmes disparues de notre monde objectif a pu être établie, de manière à convaincre les plus incrédules. Je mettrai sous les yeux de mes lecteurs les comptes rendus circonstanciés qui nous font assister à ce spectacle grandiose de la réapparition temporaire de ceux qu'on appelait si improprement les morts. On constatera que toutes les précautions ont été prises pour se mettre en garde contre les causes d'erreurs provenant de la fraude, de l'illusion, de l'hallucination, ou de fautes de méthode. Alors, naturellement, sans faire aucune hypothèse, la certitude de l'immortalité s'imposera fatalement à toutes les intelligences libérées des entraves des dogmes, ou des tranchantes affirmations de l'orthodoxie matérialiste.

Mais, objectera-t-on, si tout ce que vous annoncez est vrai, c'est le renversement de toutes nos connaissances scientifiques actuelles? Non, car il ne s'agit ici nullement de faits surnaturels, de miracles. Les apparitions, comme tous les faits de la nature, sont soumises à un déterminisme rigoureux, et si nous sommes loin d'en connaître les lois, nous sommes certains cependant qu'elles existent, par le témoignage de ceux-mêmes qui les produisent. Sans doute, ces phénomènes nous ouvrent des voies nouvelles dans notre enquête sur la constitution de l'univers ; ils nous font connaître des états supérieurs de la matière, un mode de vie psychique différent de celui des humains, mais ces faits nouveaux ne s'opposent pas aux anciens ; ils ne les contredisent pas ; ce qu'ils ruinent, ce sont les *théories* qu'on avait édifiées hâtivement, et qui doivent disparaître devant l'autorité souveraine de l'expérience. Ces considérations sont si rationnelles qu'elles s'imposent, même à des savants non spirites, mais d'un esprit ouvert et indépendant. Voici l'avis de M. Richet sur cette question (1) :

Choisissons parmi les innombrables faits allégués par les spirites, le plus extraordinaire : par exemple une apparition, une matérialisation d'être. L'exemple classique sera celui de Katie King observée par sir William Crookes.

Certes, il y a là un phénomène prodigieux, étrange, invraisemblable. On aura beau chercher des épithètes, on n'en trouvera pas d'assez imagée dans l'étonnement pour dénommer ce phénomène qui consiste en l'apparition d'un fantôme, être qui a un poids, une circulation, une intelligence, une volonté ; alors que le médium est là à côté de cet être nouveau; et qu'il a conservé lui aussi son poids propre (2), sa circulation, son intelligence et sa volonté. Mais, pour inouïe que soit l'existence d'un fantôme, elle n'est pas absurde; elle n'est pas contradictoire avec la science établie. Où trouverait-on une expérience prouvant qu'une forme humaine ne peut pas apparaître?

De même pour les *raps* ou coups frappés intelligents, dans les objets inertes. De même pour la transmission de pensée ou la luci-

---

(1) Ch. Richet, Faut-il étudier le spiritisme ? in *Annales Psychiques*, janvier 1905, p. 4 et suiv.

(2) Sur ce point, y a une légère erreur. Des pesées exécutées simultanément sur le fantôme et l'apparition ont montré que le médium a perdu de son poids, ce qu'a gagné l'apparition.

dité. De même pour le mouvement des objets à distance. La négation de ces faits n'a pas été donnée par la science, et même elle ne peut être donnée.

Je me refuse à admettre cet argument simpliste : « C'est impossible, parce que le bon sens me dit que c'est impossible. » Pourquoi impossible? Qui donc a tracé la limite de ce qui est possible ou non ? Qu'on y réfléchisse bien ; toutes les conquêtes de la science et de l'industrie ont été considérées jadis comme impossibles.

Assurément, la physiologie enseigne que l'intégrité du cerveau est nécessaire à l'intelligence ; et nous sommes conduits malgré nous à admettre que sans cerveau il n'y a jamais d'intelligence ; mais vraiment cette conclusion dépasse les données de l'expérience physiologique. Et quelque invraisemblable que cela paraisse au premier abord, on peut, sans absurdité, concevoir une intelligence qui n'a pas pour substratum un cerveau. La science physiologique dit seulement que toutes les intelligences connues ont pour substratum un cerveau. Elle n'a pas essayé de prouver que l'existence de ce substratum est une condition nécessaire, et il me paraît même qu'il lui est impossible de le prouver.

Dans l'ordre des choses actuelles, il n'y a production de phénomènes matériels qu'avec un substratum matériel. Mais cette loi n'est pas une loi, c'est la généralisation des faits. Le substratum habituel est le phénomène habituel ; ce n'est pas le phénomène nécessaire, et rien ne démontre qu'il est tel. Le jour où le contraire aura été prouvé — et pourquoi ne le serait-il pas? — on s'étonnera que nous ayons nié la possibilité d'un ordre de chose différent de l'ordre commun, ne le contredisant pas, mais juxtaposé à lui.

Qu'une forme vivante douée de pesanteur, et ayant toutes les apparences des autres formes vivantes, apparaisse, cela n'infirmerait aucune des données cliniques, physiques et physiologiques actuelles (1). Ce serait un fait nouveau. Rien de plus. Une science nouvelle superposée à la science ancienne. Mais il n'y aurait pas de contradiction entre l'une et l'autre. Les traités classiques resteraient ce qu'ils sont, et la balance continuerait à être l'appareil instrumental indispensable à toute recherche scientifique.

Ainsi nulle contradiction entre la science classique et le phénomène le plus extraordinaire du spiritisme. La matérialisation est un phénomène inconnu, étrange, inhabituel : mais c'est un phéno-

---

(1) Ici encore, je ferai observer que les phénomènes nouveaux ne contredisent aucun des faits anciennement établis, certainement, mais les *théories* de la chimie, de la physique et de la biologie devront se réformer, afin de faire entrer dans leurs cadres ces nouvelles formes de la matière et de l'énergie révélées par l'expérience spirite (G. DELANNE).

mène qui ne contredit rien. Et nous savons de par l'histoire, que notre science actuelle est constituée par des faits qui ont paru jadis étranges, inconnus, inhabituels. En 1823 mon arrière grand-père, P.-S. Girard, qui fut un savant ingénieur, disait dans une séance de l'Académie des sciences, avec l'assentiment de toute l'assemblée : « Quant à prétendre donner à chaque Parisien de l'eau dans sa maison, jusqu'au cinquième étage, c'est une idée tellement folle, qu'elle ne doit pas nous arrêter un seul instant. » J'ai souvent cité l'histoire de Magendie se refusant à considérer comme possible l'anesthésie chirurgicale ; de J. Muller regardant comme au-dessus des forces de la science la mesure de la vitesse de l'onde dans les nerfs; de Bouillaud croyant que la téléphonie était de la ventriloquie; de Prévost et Dumas déclarant qu'on n'isolerait jamais la matière colorante du sang; de Pasteur lui-même, notre grand Pasteur, assurant qu'on ne créerait pas par synthèse des corps ayant la dissymétrie moléculaire; de Lavoisier déclarant que les météorites ne venaient pas du ciel, et je pourrais multiplier les exemples pour prouver qu'en fait de science il n'y a pas de choses impossibles.

Autant la science est inattaquable quand elle établit des faits, autant elle est misérablement sujette à l'erreur quand elle prétend établir des négations...

C'est là le langage de la pure raison, mais il n'est pas entendu par la passion. Le spiritisme, comme toutes les grandes vérités, se heurte à une si formidable coalition de préjugés, il va si directement à l'encontre des dogmes religieux, il donne un si puissant démenti aux théories matérialistes, que l'on ne doit pas être trop surpris des tempêtes qu'il soulève, alors même qu'il est encore si peu et si mal connu. Pendant longtemps on a cru l'étouffer en faisant sur lui la conspiration du silence; mais il a fini par vaincre l'ostracisme systématique d'une partie du monde savant, aussi la tactique pour le combattre a été changée. Les uns veulent le débaptiser; les autres lui dénient le titre de science; enfin il s'en trouve qui, tout en admettant les faits, cherchent à les expliquer par des hypothèses mille fois plus invraisemblables que la pure et simple vérité spirite.

Tout cela est bien humain ; et nous ne devons pas supposer qu'une aussi grandiose découverte s'imposera universellement, avant qu'elle ait été mille fois démontrée vraie. Je me propose donc de passer en revue toutes les objections qu'on a élevées contre cette doctrine, et j'ai l'espoir d'en triompher finalement, en montrant qu'elles se brisent toutes contre ce roc inébranlable que l'on nomme l'expérience.

Le présent travail n'apprendra rien de nouveau aux spirites qui se sont tenus au courant des études poursuivies depuis les quinze dernières années. Cependant il aura, même pour eux, l'avantage de présenter une vue d'ensemble des faits relevant de l'*animisme* et du *spiritisme*, lesquels forment une série ininterrompue, un tout homogène et continu. Les observations les plus démonstratives sont éparses dans des livres et des Revues très nombreux, que le lecteur ordinaire n'a pas le loisir de compulser, ou qui sont difficiles à trouver, c'est pourquoi j'ai cru utile de grouper les phénomènes dans leur ordre logique, afin qu'il s'en dégage une vue d'ensemble très nette : celle de l'existence dans l'homme d'un principe intelligent, distinct du corps, et survivant à cette désagrégation corporelle qu'est la mort.

Mon désir eût été de donner à cet ouvrage des proportions plus restreintes ; mais, au fur et à mesure que je pénétrais plus profondément dans le cœur du sujet, je me suis aperçu, malgré une sélection sévère, de l'extraordinaire abondance des documents ; ensuite qu'il était bien difficile d'abréger les récits des faits sans leur enlever la plus grande partie de leur caractère probant, ce qui m'a contraint à l'adoption d'une méthode peu littéraire, — mais peut-être indispensable — celle de la reproduction intégrale des parties essentielles de chaque rapport cité. Il me semble que ce procédé, un peu fastidieux, a cependant l'avantage de laisser à chaque narrateur sa note personnelle, c'est-à-dire cet accent de sincérité qui a une puissance persuasive plus grande que celle qui résulterait du résumé le plus fidèle.

Si j'ai réussi à remplir mon programme, il me paraît que sans faire d'hypothèse, en suivant simplement l'enseignement des faits, on sera obligé d'admettre que l'âme, le moi, n'est pas une entité philosophique, un concept idéal, mais un être réel, fini, délimité, qui possède un corps éthéré au moyen duquel il affirme sa présence par le phénomène des apparitions. Cette vue nouvelle, si en désaccord avec les enseignements religieux, philosophiques ou scientifiques, n'a rien de téméraire quand on connaît les faits innombrables qui plaident en faveur de la substantialité de l'enveloppe de l'esprit. Je m'attacherai donc à établir : 1º la véracité et la valeur intellectuelle des témoins ; 2º la réalité objective des faits observés ; 3º les déductions immédiates qui en ressortent nécessairement.

Ce n'est que par l'accumulation des témoignages émanant d'hommes respectables, savants et impartiaux, que l'on parviendra à convaincre ceux qui raisonnent et ne s'enferment pas volontairement dans le maquis des idées préconçues. En voyant la masse considérable de documents sérieux qui existent sur ce sujet ; en réfléchissant à la notoriété des observateurs, à leur absence d'intérêt matériel pour se prononcer dans un sens plutôt que dans un autre, et surtout en tenant compte de la similitude indéniable qui existe entre ces récits provenant de pays divers, et d'investigateurs inconnus les uns des autres, on ne peut se défendre de l'impression qu'on se trouve en présence d'une immense vérité, dont les conséquences scientifiques, morales et philosophiques sont incalculables.

La connaissance du corps fluidique (1) de l'âme éclaire d'un jour nouveau certains problèmes biologiques, entre autres celui de la permanence de la forme spécifique des individus, malgré le renouvellement incessant de toutes les parties du corps ; en psychologie il explique logiquement la conservation des souvenirs, base de toute vie mentale, et les phénomènes si obscurs de la subconscience et de l'automatisme. L'indestructibilité de ce substratum de l'âme permet à l'être intelligent, après la mort, de retrouver la mémoire intégrale de son passé, et de poursuivre, dans le nouveau milieu où il est placé, son évolution vers des destinées plus hautes.

Nous verrons que les dernières découvertes sur la radio-activité de la matière s'accordent pleinement avec les enseignements spirites sur le monde supra-physique — qui est la continuation du nôtre, — et dont la réalité était qualifiée jadis de rêverie

---

(1) Je définirai exactement ce qu'il faut entendre par ce terme, qui a eu des acceptions si différentes.

chimérique indigne de toute attention. En vérité, le spiritisme a précédé la science sur bien des points, comme je l'établirai indiscutablement. Carl du Prel l'a dit : quand une doctrine est en avance de cent ans sur son époque, il faut un siècle avant qu'elle soit comprise et adoptée généralement.

Il est incontestable que le moment approche où la science sera contrainte d'aborder le domaine de l'invisible, celui où règnent souverainement l'énergie et la pensée, car il est relié à la matière pondérable par une série de degrés dont on commence à connaître quelques-uns. C'est dans cette région que se trouve le monde des esprits; et lorsque nos rapports seront établis avec eux, suivant des principes physiques certains, et que les communications seront soumises à de sévères méthodes critiques, on s'apercevra que ces spirites si méprisés avaient une connaissance de l'au-delà bien supérieure à toutes les conceptions du passé.

Il se dégage, en effet, de nos conversations avec les habitants du monde spirituel, un degré de certitude sur les conditions de la vie future qui n'a jamais été atteint par aucune religion ou aucune philosophie. Ce ne sont plus de vagues hypothèses, des déductions laborieusement échafaudées : c'est la réalité elle-même qui se proclame par la voix des habitants de l'espace, et qui nous enseigne la plus majestueuse et la plus consolante des doctrines.

Encore un peu de patience, et cette lumineuse évidence deviendra le point de départ d'une évolution comme l'humanité n'en a pas encore vue, depuis qu'elle a pris conscience d'elle-même et cherché à résoudre l'énigme de sa destinée, au milieu des profondes ténèbres qui lui voilaient les splendides perspectives de l'immortalité.

CHAPITRE I

DEUX MOTS SEULEMENT SUR LE SPIRITISME

Sommaire. — Le spiritisme est un ensemble de faits et de doctrines peu connus. — Historique rapide. — Les premiers savants incrédules. — La lutte. — Les convertis. — Diverses manières de communiquer. — La table, typtologie. — Mouvements sans contact. — Photographie d'une lévitation de table au Cercle scientifique Minerve, en présence du professeur Morselli. — Révélations de faits inconnus de toutes les personnes présentes. — Messages en langues étrangères, etc. — L'écriture automatique. — Les autographes des défunts sont des preuves de la survie de l'intelligence. — Phénomènes de la trance pendant lesquels on reconnaît la voix, les gestes, les connaissances du disparu. — Les médiums voyants décrivent avec exactitude ceux qui ne sont plus. — La photographie confirme la réalité objective de ces visions. — Enfin les esprits deviennent partiellement ou totalement visibles pour tout le monde, pendant les matérialisations. — Importance et nouveauté de ces phénomènes pour une connaissance plus complète de l'être humain.

LE MOUVEMENT SPIRITE

Depuis un demi-siècle que le spiritisme a fait sa réapparition dans le monde, il a été l'objet d'attaques si violentes de la part des partis les plus opposés : matérialistes, spiritualistes et prêtres de toutes les religions, qu'il est fort mal connu du grand public, ce qui m'oblige à retracer brièvement les étapes successives de son développement.

Chacun sait qu'il se révéla de nouveau en Amérique grâce aux manifestations qui avaient lieu à Hydesville, dans la maison de M. Fox (1). Les coups frappés dans les murs suscitèrent l'idée de l'alphabet épelé à haute voix par les assistants ; on

---

(1) Voir pour plus de développement nos livres : *le Phénomène spirite*, *Témoignages des savants*, et *le Spiritisme devant la science*.

remarqua que les lettres formaient des mots et l'on apprit ainsi que l'auteur de ces bruits était l'âme d'un colporteur, mort assassiné dans cette maison depuis un certain nombre d'années. D'autres intelligences se firent connaître, et elles indiquèrent un moyen bien simple pour entrer en rapport avec elles. Il suffisait à une ou plusieurs personnes de s'asseoir devant une table, de mettre les mains sur le plateau, et lorsque des mouvements ou des coups dans le bois se produisaient, d'interroger l'intelligence

Fig. 1. — Expérience de Montfort-l'Amaury, chez la famille Blech. Photographie au magnésium prise pendant que la table a quitté le sol. On remarquera que le contrôle des pieds, des mains, des genoux du médium Eusapia est très bon. (Cliché de M. de Fontenay.)

au moyen de l'alphabet, pour établir une conversation. Les tables tournantes étaient découvertes et devaient faire aussi le tour du monde.

Les investigateurs sérieux se demandèrent d'abord si les coups que l'on entendait, ou les mouvements que l'on observait, n'étaient pas simplement frauduleux. Dans des milieux absolument respectables, des femmes, des enfants, des prêtres, des magistrats en obtenaient. Il y avait donc autre chose qu'une simple supercherie. Des savants comme Faraday, Chevreul, Babinet imaginèrent une théorie dite des *mouvements naissants et inconscients*, d'après laquelle la table s'agitait par suite de l'addition des mouvements imperceptibles des nerfs et des battements du sang, dans les mains de toutes les personnes qui faisaient l'expérience. D'autres chercheurs, tels que MM. Agenor de Gasparin et le professeur Thury, remarquèrent ensuite que la table se mouvait encore, même lorsque personne n'avait plus les mains sur le plateau. Bien mieux : elle quittait le sol complètement, s'élevait en l'air sans aucun support apparent ! Pendant longtemps les critiques ne virent dans ces récits que des preuves de l'hallucination collective des assistants. Comment croire qu'une table pouvait s'affranchir des lois de la gravitation sans que personne la soutînt ? Il fallut se rendre à l'évidence lorsqu'on obtint des photographies de ce phénomène (1). Il est donc établi qu'une force nouvelle émanant du corps humain peut déplacer, à distance, des objets matériels. Ce fait si important fut contrôlé par un comité nommé par la *Société dialectique* de Londres (2), puis vérifié et mesuré par William Crookes (3). Depuis, les expériences avec Eusapia Paladino faites par MM. Schiapparelli, Ch. Richet, Lombroso, Carl du Prel, Aksakof, Lodge, de Rochas, Flammarion, Maxwell, Morselli, Pio Foa, Bottazi, etc., affirment l'authenticité absolue de ce phénomène.

J'ai le plaisir, grâce à l'amabilité de leurs possesseurs, de pouvoir mettre sous les yeux de mes lecteurs quelques-uns de ces précieux documents.

Si les tables tournantes n'avaient présenté que de simples déplacements matériels, elles auraient été aussi vite oubliées que connues. Mais on pouvait obtenir des réponses intelligentes

---

(1) Voir dans l'ouvrage de M. DE ROCHAS, *l'Extériorisation de la motricité*, les photographies montrant la lévitation de la table, ainsi que dans le livre de C. FLAMMARION, *les Forces naturelles inconnues*. Voir également le livre de M. DE FONTENAY, *Eusapia Paladino*, où des photographies de lévitations furent également obtenues en présence de Camille Flammarion. C'est à la gracieuse obligeance de M. de Fontenay, que je dois le plaisir de reproduire quelques-uns des clichés qu'il a publiés dans son livre. Je lui en exprime ici toute ma gratitude.
(2) *Rapport sur le spiritualisme*, Traduction du docteur Dusart, p. 43-44.
(3) CROOKES, *Recherches sur le spiritisme*, p. 31 et suiv.

et, toujours, les invisibles auteurs de ces mouvements affirmaient avoir vécu autrefois sur la terre; souvent, même, on put contrôler la véracité de ces affirmations. C'était donc une sorte de télégraphie spéciale qui s'établissait entre les morts et les vivants; une preuve expérimentale de la survie, une démonstration palpable de l'immortalité. Devant des résultats aussi étranges, qui contredisaient si violemment toutes les idées reçues des matérialistes ou des spiritualistes, la négation systématique était la seule réponse des incrédules. Là encore, les faits furent si nombreux

Fig. 2. — Seconde expérience avec les mêmes personnes. (Cliché de M. Fontenay.)

et si bien affirmés par des hommes dignes de foi, qu'il fallut chercher une explication moins extraordinaire que celle de l'intervention des esprits désincarnés; alors naquit l'hypothèse de la transmission de la pensée, combinée avec celle des mouvements inconscients.

L'observation a montré que c'est surtout en présence de certains individus, homme ou femme, que la table fait entendre des coups ou se met en mouvement. On donne à ces personnes le nom de médiums. Or, suivant les incrédules, le médium est un

Fig. 3. — Séances de Montfort-l'Amaury. M. Camille Flammarion, placé à gauche du médium, exerce le contrôle pendant que se produit le soulèvement de la table. (Cliché de M. de Fontenay.)

Fig. 4. — Expériences de Montfort-l'Amaury. — Les assistants se placent dans les mêmes positions que précédemment pour constater photographiquement la différence de position de la table, au repos et pendant la lévitation.

sujet très sensitif qui est capable d'enregistrer, même à son insu, les pensées des assistants ; et lorsqu'un expérimentateur appelle un esprit, toutes les particularités qui le caractérisent s'évoquent mécaniquement dans la conscience de l'évocateur, c'est-à-dire son nom, son âge, son genre de mort, etc. Le médium, toujours sans s'en rendre compte, agit involontairement sur la table et lui fait dicter des renseignements précis, que les observateurs qui ne connaissent pas la transmission de pensée, attribuent à

Fig. 5. — Photographie d'expérience de lévitation de table faite à Gênes, au Circolo Minerva, en présence du professeur Morselli. La croix, en bas et à droite, indique la position de ce dernier.

l'âme du défunt. Si cette théorie est vraie dans certains cas, elle ne peut s'appliquer à tous, et principalement à ceux où des noms, des faits, des dates exactes sont donnés par une intelligence inconnue de tous les assistants, ou lorsque le message est dicté dans une langue étrangère, que personne parmi les observateurs ne connaît. Là, toute théorie de transmission mentale est insuffisante ; et si l'on veut faire intervenir une faculté comme la clairvoyance, alors on introduit une hypothèse qui est aussi merveilleuse, et non moins incompréhensible, que l'action des esprits. En effet, si l'âme a le pouvoir de s'affranchir des lois du temps et de l'espace pour prendre connaissance des événements du passé, c'est qu'elle diffère du corps, et du coup sa spiritualité et, conséquemment, son immortalité, est établie avec une rigueur philosophique qui défie la contradiction. Les spirites ont réuni un si grand nombre de ces faits, attestés par des procès-verbaux signés par des investigateurs instruits et honorables, que le doute sur la réalité de ces phénomènes n'est plus permis. Ce n'est qu'en négligeant volontairement ces témoignages que les adversaires du spiritisme peuvent encore tromper le grand public par des apparences d'explication. Heureusement, de jour en jour la lumière devient plus vive ; la conspiration du silence organisée autour de ces manifestations commence à prendre fin ; et sous la poussée irrésistible du progrès la certitude de la vie future, démontrée directement, gagne du terrain, pour apporter la consolation et le bonheur à tant d'âmes douloureuses qui pleurent leurs chers disparus.

L'ÉCRITURE MÉCANIQUE

L'intelligence qui dirige la table peut agir aussi sur les êtres vivants, faire mouvoir, par exemple, la main d'un médium, et le faire écrire sans qu'il sache ce que sa main trace sur le papier. On a donné à ce mode de transmission de la pensée des esprits, le nom d'écriture mécanique. Par ce procédé plus rapide et plus commode que celui de la table, on obtint des renseignements sur le monde de l'au-delà et les livres d'Allan Kardec, qui renferment l'énoncé le plus clair et le plus complet de nos connaissances sur le lendemain de la mort, ont été obtenus par ce moyen (1). Ici

Fig. 6. — Allan Kardec, fondateur de la philosophie spirite.

encore, l'incrédulité avait beau jeu pour insinuer que ces écrits

(1) Voir l'œuvre d'ALLAN KARDEC, *le Livre des esprits*, *le Livre des médiums*,

n'arrivaient pas d'un autre monde, mais plus simplement du cerveau des médiums. MM. Binet (1) et Janet (2) ont montré que les hystériques peuvent écrire inconsciemment à leur réveil une lettre suggérée pendant le sommeil, ou même écrire involontairement pendant l'état normal, lorsqu'ils sont distraits. Immédiatement, ils en ont conclu que les médiums ne sont que des hystériques, et leurs dictées des rêveries enfantées par leur subconscience. Mais, de même que pour la table, ces conclusions ne peuvent avoir la prétention d'être générales, car elles ne s'appliquent nullement aux communications relatant des événements inconnus du médium et des assistants; à celles qui sont écrites dans une langue que l'écrivain n'a jamais apprise; à celles qui reproduisent des autographes de défunts, morts depuis de longues années, et parfois en pays étrangers; ou, enfin, de celles qui font preuve de connaissances supérieures : scientifiques, artistiques ou littéraires à celles de l'écrivain, comme c'est le cas pour les communications d'enfants encore en bas-âge. C'est par milliers que l'on trouve des observations de cette nature dans les riches annales du spiritisme (3) et c'est sur elles que repose cette jeune science, comme sur des assises inébranlables.

LES PHÉNOMÈNES DE LA TRANCE

Plus rapide encore que l'écriture est la communication donnée verbalement par un médium endormi directement par les esprits. Ils se servent de son cerveau pour transmettre leurs pensées et, parfois, c'est un spectacle saisissant de voir une frêle jeune fille prendre la voix, les gestes, les allures d'un parent ou d'un ami décédé, qui exprime sa joie de pouvoir affirmer à ceux qui le pleurent qu'il est plus vivant que jamais, et

---

le *Ciel et l'enfer*, *l'Évangile selon le spiritisme*, la *Genèse* et la *Revue spirite* depuis 1858 jusqu'à 1869, époque de la mort du grand initiateur.
(1) H. Binet, *les Altérations de la personnalité*.
(2) P. Janet, *l'Automatisme psychologique*.
(3) Voir mon ouvrage : *Recherches sur la Médiumnité*, dans lequel je discute les hypothèses des adversaires du spiritisme, et où je donne des exemples de ces écritures mécaniques, tout à fait convaincants.

qu'il aime toujours ceux qu'il a quittés. On peut alors l'interroger à loisir, lui demander toutes les preuves possibles qui établissent son identité, et c'est à ce moment que l'on sent la certitude vous pénétrer si profondément que rien ne peut ensuite la détruire. Bien entendu, les observateurs superficiels et les savants qui n'ont jamais assisté à ces expériences se sont empressés de déclarer qu'on se trouvait en présence de personnalités secondes du médium. Mais ces phénomènes ont été étudiés minutieusement par les hommes les plus marquants de la *Société anglaise et américaine de recherches psychiques* pendant *quinze années consécutives*, et il faut lire les rapports de MM. Hodgson, Hyslop, F.-W.-H. Myers pour apprécier avec quelle froideur, quelle défiance et quelle pénétration psychologique ces savants se sont mis en garde contre toutes les causes d'erreurs : simulation, fraude inconsciente, transmission de pensée ou action télépathique de vivants. Eh bien ! le résultat final de ces enquêtes positives a été pour ces observateurs la certitude de la communication avec l'âme des prétendus morts (1).

Malgré ses préventions antérieures, voici comment le professeur Hyslop exprime son opinion définitive :

C'est mon père, ce sont mes frères, ce sont mes oncles avec lesquels je me suis entretenu ! Quelques pouvoirs supra-normaux qu'on accorde aux personnalités secondes de Mme Piper, on me fera difficilement croire que ces personnalités secondes aient pu reconstituer aussi complètement la personnalité morale de mes parents décédés. L'admettre m'entraînerait trop loin dans l'invraisemblable. J'aime mieux croire que ce sont mes parents eux-mêmes a qui j'ai parlé : c'est plus simple.

Une fois de plus, les observations et les enseignements du spiritisme ont été confirmés par ceux qui avaient pris pour mission de le combattre. Cette seule remarque devrait suffire pour montrer à ceux qui ignorent cette nouvelle science combien elle est digne de la plus sérieuse attention.

(1) Voir les volumes XII, XIII, XIV, XV et XVI des *Proceedings* de la *Society for psychical Research*.

LES MÉDIUMS VOYANTS

Les moyens d'entrer en rapport avec les habitants de l'au-delà sont fort variés. Il existe des médiums qui possèdent la faculté de percevoir les esprits, de sorte qu'ils peuvent les décrire avec la même exactitude que des personnes vivantes, c'est pourquoi on les appelle médiums voyants. Parfois ils sont capables de comprendre la pensée de ces êtres, qu'ils sont seuls à discerner, et nous la transmettre; et c'est encore un des procédés de communication. Les magnétiseurs spiritualistes connaissaient ces faits; Alfred Cahagnet (1), entre autres, s'est beaucoup servi de sujets somnambuliques pour démontrer, par leurs descriptions des défunts, la réalité de la vie future. L'inévitable objection de la transmission des pensées et des images s'est imposée dans ce cas comme ailleurs, et elle a été réfutée par les mêmes arguments que précédemment, c'est-à-dire par la description parfaite de personnages ignorés du sujet et des assistants, puis reconnus plus tard par ceux avec lesquels ils avaient été en rapport pendant leur existence terrestre.

Un autre moyen, usité parfois, a consisté à contrôler, par la table ou l'écriture, la présence de l'esprit dont le médium faisait la description. Bien entendu, il était impossible que les expérimentateurs assis à la table pussent entendre normalement ce que le médium déclarait voir, et, cependant, les deux relations coïncidaient parfaitement. Mais la preuve la plus évidente et la plus démonstrative de la réalité de la vision est la photographie de l'être qui se communique.

LA PHOTOGRAPHIE SPIRITE

Jusqu'ici, les esprits ont bien mérité leur nom d'invisibles, car nous n'avons de leur présence que des preuves indirectes. Avec la photographie apparaît la démonstration péremptoire, celle que l'on ne peut récuser, et chaque fois qu'elle sera fournie dans de bonnes conditions, elle répondra victorieusement à une autre

---

(1) Cahagnet, *les Arcanes de la vie future dévoilés*, 3 volumes.

objection aussi employée que celle de la transmission de pensée, c'est-à-dire : l'hallucination. Sans aucun doute on peut créer de toutes pièces, par suggestion, un personnage imaginaire qui aura

Fig. 7. — Photographie instantanée, par le professeur de physique Oreste Murani, obtenue le 23 mars 1907, à Milan, montrant la lévitation du médium Amedeo Zuccarini.
La silhouette du médium est floue, parce que la lumière de l'éclair de magnésium le fait redescendre très rapidement (1).

pour le sujet suggestionné toutes les apparences de la réalité. Peut-être même cette suggestion peut-elle être involontaire de

(1) Pour les détails, voir *Revue Scientifique et Morale du Spiritisme*, août 1907.

la part de l'observateur. Avec la photographie, cette objection disparaît; nous sommes en possession d'une preuve scientifique de la réalité des esprits.

Ce phénomène remarquable a été l'objet des railleries des incrédules parce qu'un certain Buguet, charlatan et escroc, a imité les véritables photographies spirites. Mais je suppose que la fausse monnaie n'a jamais empêché la bonne d'avoir cours, et que les affirmations du professeur Wallace, et les attestations si nombreuses que l'on trouve réunies dans le livre *Animisme et Spiritisme* d'Aksakof, répondent victorieusement à ces attaques. Il est absurde de conclure à une fraude universelle parce qu'un filou a battu monnaie en exploitant une mine nouvelle. Comme toujours, il nous faut tenir compte de l'honorabilité et de la science des observateurs pour apprécier les récits d'expériences qui ont été publiés, et je répète que la photographie des esprits a des garants d'une valeur intellectuelle et scientifique qui assurent l'authenticité du phénomène.

LES SÉANCES DE MATÉRIALISATION

L'exposé sommaire qui vient d'être mis sous les yeux du lecteur présente les phénomènes sous une forme fragmentaire, qui rend incomplètement l'idée d'une séance spirite. Très souvent, les observateurs, lorsqu'ils sont en présence d'un médium puissant, ne cherchent pas à obtenir des communications par la typtologie (1) ou l'écriture. Ils se contentent de se tenir les mains et d'observer ce qui va se passer. Le médium, libre ou tenu des deux côtés par les assistants, est assis devant une petite table légère en bois blanc sur laquelle il pose les mains. Derrière lui, se trouve ce que l'on appelle le *cabinet* ; c'est tout simplement un espace vide séparé de la salle par des rideaux, qui peuvent glisser sur la tringle qui les soutient. On utilise le plus souvent l'angle de deux murs, dans un appartement quelconque, pour installer ce réduit. Parfois on y place des objets divers : petit guéridon, sonnette, accordéon, etc.

(1) On a donné le nom de typtologie aux communications obtenues au moyen de la table.

Les choses étant ainsi disposées, le médium entre généralement en *trance* (sommeil d'une nature particulière) et alors se succèdent une série de manifestations des plus curieuses. Tantôt c'est la lévitation de la table ; dans d'autres cas, on voit les rideaux placés derrière le médium se gonfler comme si un individu placé dans le cabinet appuyait son dos contre ces tentures. Il arrive encore que les objets placés à l'intérieur s'agitent : on entend la sonnette tinter, la table se renverser, et fréquemment ces objets, passant à travers la fente du rideau, sont projetés par-dessus la tête du médium, sur la table qui est devant lui. Les phénomènes ont encore plus d'intérêt lorsque ce sont des meubles qui se trouvent dans la chambre qui se déplacent ainsi spontanément, en dehors de l'atteinte possible de toutes les personnes présentes.

Ces faits ont été contrôlés des centaines de fois, principalement en présence d'Eusapia, par des observateurs si éminents, que leur réalité est certaine. On trouve dans le livre de M. Rochas *l'Extériorisation de la motricité*, les témoignages de MM. Lombroso, Schiapparelli, Finzi, Gérosa, professeur Wagner, docteur Ch. Richet, Ochorowicz, Carl du Prel, Aksakof, etc., et l'exposé des précautions prises pour se mettre à l'abri de toute supercherie.

Il est indispensable, en effet, d'être sur ses gardes, et ceci pour plusieurs raisons. D'abord, parce que plus un fait est contraire aux idées reçues, plus il doit être étudié avec rigueur, si l'on tient à ce qu'il entre dans le domaine scientifique. Ensuite, une circonstance inspire une méfiance involontaire, c'est que presque toujours l'intelligence qui produit ces faits déclare, par la table ou par la bouche du médium, qu'il faut très peu de lumière. Ici, nous prévoyons immédiatement l'objection : si le médium demande qu'on éteigne, c'est qu'ainsi il lui est plus facile de tromper. Il est donc indispensable que ce médium soit tenu par les mains et par les pieds, pour être sûr que ce n'est pas lui qui projette sur la table les objets placés dans le cabinet. La lecture des procès-verbaux de ces séances est un peu fatigante, précisément parce qu'à chaque instant, le récit est interrompu par les demandes incessantes des observateurs, qui s'adressent aux contrôleurs de droite et de gauche du médium pour savoir s'ils sont certains de tenir toujours les mains du sujet.

Il faut encore faire observer que parfois un vrai médium peut tromper, mais inconsciemment, comme nous le montrerons en étudiant à part cette question si sérieuse. On conçoit que, dans ces conditions, l'étude des phénomènes soit très délicate ; mais elle n'est pas au-dessus des capacités d'hommes qui ont passé leur vie dans les laboratoires de physique ou de physiologie, et de médecins légistes que la fréquentation des hystériques a familiarisés avec tous les mensonges, toutes les fraudes et toutes les comédies. Si ces expérimentateurs distingués affirment, malgré toutes ces possibilités d'erreur, la réalité de ces faits, on peut être certain que ce n'est qu'après avoir passé au crible le plus sévère toutes les circonstances qui les accompagnaient.

Comme l'étude présente est avant tout une œuvre de bonne foi, je ne chercherai jamais à dissimuler les difficultés de l'observation, et mon souci constant sera de mettre en relief les moyens employés pour s'assurer absolument de l'authenticité des phénomènes.

Bien que du plus haut intérêt scientifique, les déplacements d'objets sans contact sont, en quelque sorte, la préface de phénomènes encore plus étranges, et plus démonstratifs, quant à la nature de la cause qui produit ces manifestations. Il arrive ordinairement que l'on voit d'abord des lueurs qui flottent sur la table, autour de la tête des assistants, ou dans la salle. Ces lumières sont quelquefois phosphorescentes, mais habituellement elles ont un éclat adouci, bleu-verdâtre ou laiteux, et brillent sans éclairer les objets voisins. Puis ces sortes de brouillards lumineux, d'abord à peu près informes, se précisent ; ils prennent la forme de mains, visibles pour quelques-uns ou pour tous les assistants. Ces mains produisent les actions les plus diverses. Tantôt elles touchent les assistants, et leur contact est semblable à celui d'une main humaine. Parfois ce ne sont que des doigts qui caressent la figure, tirent les cheveux ou les moustaches, ou prennent un crayon placé sur la table et écrivent quelques mots. Les mains sortent souvent du cabinet en tenant une sonnette qui s'agite. En un mot, elles agissent la plupart du temps comme si elles appartenaient à une personne ordinaire, dont la main seule serait visible ; mais dans d'autres circonstances, elles s'élèvent au plafond, ou se déplacent avec une rapidité électrique d'une extrémité à l'autre de l'appartement, démontrant ainsi leur indépendance par rapport aux assistants.

Ce sont les récits détaillés des spirites et des savants qui affirment ces choses que j'exposerai en détail dans les chapitres suivants. Actuellement, nous ne faisons que passer en revue les formes si diverses de ces manifestations.

Il ne faudrait pas croire, d'après ce qui a été dit plus haut, que l'obscurité soit une condition absolument indispensable à l'observation de ces mains. Il est évident que la faible lumière qui émane de ces formes lumineuses ne serait pas visible en plein jour. On ne voit pas bien une flamme d'alcool au grand soleil ; et une autre cause encore paraît nécessiter l'obscurité : c'est que les vibrations lumineuses ont une action dissolvante sur ces matérialisations commençantes. Mais lorsque le degré d'objectivation de ces mains est plus prononcé, alors on peut employer la lumière rouge pour les observer, et on assiste à toute la série des phénomènes relatés plus haut. Enfin, lorsque le médium est très entraîné, le cercle des assistants parfaitement homogène, il est possible de voir ces mains en plein jour, et elles ont absolument l'apparence de mains humaines naturelles, aussi bien pour le dessin, la consistance des tissus, que pour la température.

Les chercheurs qui ont les premiers observé ces phénomènes étaient des spirites ; contrairement à l'opinion des critiques qui les traitent constamment de rêveurs, d'hallucinés, d'enthousiastes manquant de discernement, ils ont cherché à obtenir des preuves que ces manifestations n'étaient pas hallucinatoires, et ils y sont parvenus. Ces mains mystérieuses ont laissé des traces de leur existence sur de la farine, du noir de fumée, de la terre glaise, des plaques photographiques. Quand elles avaient disparu, il existait un témoignage permanent et irrécusable de leur réalité, l'empreinte visible, immuable, que l'on pouvait étudier à loisir. Devant ce résultat, il faut s'incliner, et si fantastiques que ces phénomènes puissent paraître, on est contraint de les accepter, si l'on ne veut pas faire injure au bon sens le plus élémentaire.

Mais que sont ces mains ? D'où viennent-elles et où retournent-elles quand elles ont disparu ? Comment peuvent-elles avoir les apparences et les propriétés de membres vivants, alors qu'elles fondent et s'évanouissent comme une fumée impalpable qui se dissipe dans l'air ? D'où provient l'énergie qu'elles manifestent de façons si diverses ? Autant de questions que nous étudierons sans avoir la prétention de répondre à toutes, car elles touchent aux plus difficiles problèmes de la biologie, de la physique, et d'une physiologie transcendantale, encore insoupçonnée par la science officielle.

LES APPARITIONS COMPLÈTES

Ce ne sont pas toujours simplement des mains dont on constate l'existence dans ces séances de matérialisation ; on voit fréquemment dans l'espace une sorte de brouillard lumineux dans lequel se dessinent et se précisent peu à peu une ou plusieurs formes humaines, dont les contours et la matérialité s'accentuent jusqu'à être distinctement perçus par tous les assistants. D'autres fois, et c'est ce qui arrive le plus souvent, les apparitions sortent toutes formées du cabinet dans lequel le médium repose. Alors ces fantômes s'approchent des assistants, leur causent, les touchent et offrent toutes les apparences d'un être humain ordinaire.

C'est lorsqu'il s'agit de ces manifestations transcendantales, qu'il faut, plus que jamais, mettre en œuvre toutes ses facultés d'observation, pour ne pas être dupe des charlatans qui ont tenté de se servir de ce nouveau moyen de tromper leurs semblables. Nul respect humain ne doit arrêter l'investigateur sérieux. Il faut inspecter minutieusement la salle où se donnent les séances, sonder les murs, le plafond et le plancher pour être certain qu'il n'existe ni placards, ni trappes dissimulés. On doit prendre la précaution de mettre des scellés aux portes et aux fenêtres afin qu'un étranger ne puisse pas, pendant l'obscurité, s'introduire silencieusement dans la salle ; vérifier si aucun assistant n'a pu se glisser dans le cabinet du médium pour jouer le rôle de l'esprit, et par une visite minutieuse du sujet s'assurer qu'il ne porte sur lui ni mousselines, ni masques, ni substances phosphorescentes.

D'ailleurs, pour plus de sécurité, le médium est ordinairement ligotté sur sa chaise, dans des conditions telles qu'il lui serait impossible de sortir de ses entraves, de sorte qu'il demeure corporellement étranger aux manifestations, étant le plus souvent plongé dans un sommeil profond qui ressemble à la léthargie.

Lorsque toutes ces précautions ont été bien prises, et qu'un fantôme se montre, on doit encore se demander si ce n'est pas un phénomène hallucinatoire, une illusion décevante des sens surexcités par l'étrangeté des conditions dans lesquelles on est placé. Il est bon, alors, de s'assurer si tous les assistants ont vu l'apparition, si leurs descriptions concordent entre elles, car lorsque tous les témoignages sont unanimes, on se trouve positivement en face d'un fait réel, d'une démonstration objective de la réapparition momentanée d'un esprit de l'espace.

Cette sorte de résurrection temporaire est un phénomène si contraire à tout ce que nous croyons possible, il est si gros de conséquences scientifiques et philosophiques, que nous ne saurions prendre de trop grandes précautions pour contrôler le témoignage de nos sens, en employant tous les moyens que la science peut mettre à notre disposition. Ici encore, il est utile de disposer d'avance des substances molles comme la terre glaise, le mastic ou la plastiline, et même de la fleur de soufre ou de la farine, pour tâcher de conserver des empreintes durables de ces formes qui s'évanouissent si rapidement. On pourra utiliser aussi des écrans enduits de noir de fumée, en priant l'apparition d'y poser sa main fluidique, ou bien, suivant les cas, on se servira de paraffine fondue.

La photographie doit être employée également toutes les fois que cela est possible, et nous verrons que ces procédés ont été mis en œuvre assez souvent pour nous donner l'assurance formelle que les apparitions sont des êtres réels.

Si l'absence de lumière pendant les séances est un sérieux motif de suspicion pour les expérimentateurs novices, il ne faut pas que cette défiance aille jusqu'à faire rejeter en bloc tous les témoignages concernant ces séances. Cet ostracisme serait injustifiable, parce que l'on a pu observer, en lumière, tous les phénomènes signalés dans les séances obscures.

Sans doute, la lumière est un puissant obstacle à la matérialisation des Esprits, mais avec des médiums très forts, bien entraînés, les apparitions se montrent à la lumière rouge, à la clarté d'une lampe ordinaire, sous le plein éclat de la lumière électrique, et aussi en plein jour. Il en est de même pour la question d'isolement du médium dans un endroit clos.

Nous verrons un certain nombre d'exemples où le sujet reste au milieu des assistants, qui contrôlent constamment ses mains et ses pieds, de sorte que l'on voit simultanément le médium et l'esprit matérialisé, ce qui exclut toute idée de fraude de sa part.

Mais, même lorsque le médium est séparé des assistants, il existe des cas nombreux où l'on ne peut le soupçonner, c'est : 1° lorsque l'apparition, écartant les rideaux, fait constater la présence de ce médium dans le cabinet ; 2° ou bien quand plusieurs fantômes sortent simultanément du cabinet et restent pendant un certain temps sous les yeux des expérimentateurs ; 3° enfin, lorsque ces esprits matérialisés s'évanouissent dans la salle, sans rentrer auprès du médium.

Ce sont ces preuves si multipes et si variées que nous passerons en revue en relatant fidèlement les récits des spirites et des hommes de science qui ont assisté à ces manifestations, et qui en affirment l'authenticité. Il existe des cas où le phénomène devient absolument convaincant, à la fois irrécusable et grandiose : c'est quand un assistant voit reparaître devant ses yeux un être tendrement aimé que la mort avait ravi depuis longtemps à son affection. Comment nier, lorsque l'on serre entre ses bras celui que la tombe n'a pu anéantir ! Quel indicible transport de joie vous pénètre si vous assistez à cette résurrection véritable, et quelle inébranlable certitude ne possède-t-on pas en entendant une voix chérie vous affirmer que la mort n'existe pas ! Alors tous les sophismes des théories matérialistes s'anéantissent pour faire place à l'irrésistible conviction de l'immortalité. C'est parce que nous possédons un grand nombre de ces témoignages sincères et émus que nous pouvons affirmer hautement la survie de l'être humain, et rien ne pourra prévaloir désormais contre cette preuve expérimentale, directe et absolue.

Le champ de l'expérimentation spirite est si vaste qu'il devient nécessaire de se spécialiser dans un genre particulier de recherches, si l'on veut approfondir le sujet que l'on choisit.

Dans le présent travail, notre attention sera portée exclusivement sur les manifestations objectives de l'âme humaine pendant la vie et après la mort. C'est tout un domaine absolument en dehors de la psychologie classique, mais qui devra plus tard en faire partie, pour qu'elle soit au niveau des découvertes contemporaines.

Jusqu'alors, physiologistes et psychologues n'ont étudié que les manifestations internes de l'être humain, sans soupçonner qu'il peut agir en dehors de son organisme matériel par d'autres procédés que la parole, l'écriture ou le geste. Il a fallu les innombrables travaux des magnétiseurs et des spirites pour nous faire connaître les pouvoirs latents qui dorment en nous.

Grâce aux phénomènes du somnambulisme, la vie psychique s'éclaire d'un jour nouveau. Psychoses et névroses ont pu être traitées rationnellement, et les cas bizarres d'altérations de la personnalité ont révélé la part d'automatisme que l'intelligence est capable d'acquérir dans ces états pathologiques. D'autre part, la mémoire se montre infiniment plus étendue qu'elle ne semble l'être, car il lui est possible pendant le somnambulisme de reconstituer avec une fidélité absolue toute la vie passée de l'individu.

Le pouvoir que nous possédons d'agir sur le corps se développe aussi dans des proportions considérables pendant l'hypnose, pour rétablir certaines fonctions organiques interrompues ou perverties. La psychothérapie a obtenu des résultats merveilleux ; et la puissance de la suggestion s'étend jusqu'à produire des stigmates par simple idéation.

Tout ceci ne touche encore que l'être intérieur ; mais les faits ne s'arrêtent pas là ; ils nous conduisent à constater l'action extra-corporelle de la pensée extériorisée. L'âme agit à distance sur d'autres intelligences, sans intermédiaire physique ou sensoriel, et c'est la *Télépathie ;* elle prend connaissance de ce qui se passe au loin, et c'est la *Clairvoyance* ou *Télesthésie ;* remontant dans le passé, elle le ressuscite en partie, et c'est la *Rétrocognition ;* s'élançant dans l'avenir, elle l'annonce et c'est la *Précognition ;* enfin, l'être interne sortant complètement de son habitat charnel se manifeste sous une forme visible, et nous sommes en présence de la *Téléplastie* ou formation des fantômes de vivants.

Ces phénomènes variés étaient classés jadis parmi ces histoires, aussi merveilleuses qu'invraisemblables, dont la réunion constitue les superstitions populaires ; aujourd'hui, des enquêtes méthodiquement conduites en ont démontré la réalité incontestable. C'est pourquoi tout cet ensemble de connaissances nouvelles a besoin d'être passé au crible de la discussion, afin d'en préciser les caractères et d'en faire ressortir les conséquences. Je suivrai donc une marche ascendante dans cet exposé, allant du simple au composé.

Partant du phénomène bien constaté de l'hallucination pathologique, je montrerai ensuite que celle-ci se produit parfois chez des sujets normaux, c'est-à-dire qu'il existe des *hallucinations véridiques*, qui se distinguent nettement des précédentes. Ensuite, que par des transitions nombreuses, on passe de cette vision mentale à des phénomènes qui, cette fois, n'ont rien d'aberrant. On se trouve alors en face de faits objectifs, de véritables *dédoublements* de l'être humain, le corps étant d'un côté et l'âme de l'autre.

Poursuivant plus loin encore les recherches dans cette direction, les fantômes réels seront ceux de personnes décédées ; alors nous ne pourrons pas échapper à cette déduction logique que l'âme humaine, utilisant les mêmes pouvoirs dont elle se servait ici-bas, se représente avec tous les caractères physiques et intellectuels qui la personnifiaient sur la terre.

Étudions donc ces faits ; scrutons-en attentivement toutes les variétés, car c'est un monde nouveau qui s'ouvre devant nous ; et lorsque nous aurons passé en revue l'énorme masse des témoignages qui ont été fournis en faveur de cette jeune science que l'on nomme le spiritisme, nous constaterons, avec satisfaction, qu'elle apporte la solution irréfutable de la plus poignante énigme qui ait jamais angoissé l'humanité : celle du lendemain de la mort.

QUELQUES OUVRAGES A CONSULTER

Spiritisme

Allan Kardec,	*Le livre des Esprits.*	Metzger,	*Essai de Spiritisme scientifique.*
—	*Le livre des Médiums.*	—	*Autour des Indes à la planète Mars.*
—	*L'Evangile selon le Spiritisme.*	Gardy,	*Cherchons.*
—	*Le Ciel et l'Enfer.*	—	*Le médium Home.*
—	*La genèse.*	H. Constant,	*Le Christ et la religion de l'avenir.*
—	*Collection de la Revue Spirite depuis 1858 jusqu'à 1869.*	Claire G,	*Problèmes spirites.*
Léon Denis,	*Après la Mort.*	Aksakof,	*Animisme et Spiritisme.*
—	*Christianisme et Spiritisme.*	—	*Un cas de dématérialisation partielle d'un médium.*
—	*Dans l'Invisible.*	Dr Geley,	*L'Être subconscient.*
—	*Le Problème de l'être et de la destinée.*	Eugène Nus,	*Choses de l'Autre Monde.*

Psychisme

Agenor de Gasparin,	*Les Tables tournantes, du surnaturel en général et des Esprits,* 1854.
Professeur Thury,	*Les Tables tournantes, etc.,* 1855.
Docteur Dusart,	*Rapport de la Société dialectique de Londres.*
W. Crookes,	*Recherches sur le Spiritisme.*
Al. Wallace,	*Les Miracles et le Moderne Spiritualisme.*
Docteur Gibier,	*Le Spiritisme ou Fakirisme Occidental.*
—	*Analyse des choses.*
de Rochas,	*L'Extériorisation de la sensibilité.*
	L'Extériorisation de la motricité.
de Fontenay,	*A propos d'Eusapia Paladino.*
Myers,	*La Personnalité humaine, sa survivance, ses manifestations supra-normales.*
Docteur Maxwell,	*Les Phénomènes psychiques.*
Flammarion,	*Les Forces naturelles inconnues.*
Sage,	*Mme Piper.*
—	*Le sommeil et l'hypnose.*
—	*La zone frontière.*

CHAPITRE II

LES HALLUCINATIONS VÉRIDIQUES

Sommaire. — Le divorce entre la science et la foi. — Nécessité d'étudier les phénomènes d'apparitions suivant la méthode expérimentale. — *The Society for psychical Research*. — Son objet spécial. — La transmission expérimentale de la pensée. — La Télépathie. — Ses diverses formes : impulsive, auditive, voyante. — Exemples empruntés aux travaux de cette Société. — Discussion sur la valeur de ces faits ; leur admission s'impose. — Éliminations nécessaires. — Caractères spéciaux des hallucinations télépathiques. — Elles sont véridiques. — L'action télépathique est due, généralement, à la pensée extériorisée.

Une grande partie de la société intelligente du dix-neuvième siècle a été en proie à un intolérable malaise causé par le divorce qui va se prononçant de plus en plus entre la science et les aspirations religieuses de l'humanité (1).

Les découvertes de l'astronomie et celles de la géologie ont ruiné les fondements de la religion révélée, car l'histoire de la création, telle que la Bible l'enseigne, n'apparaît plus aux intelligences cultivées que sous la forme d'une enfantine légende orientale, sans valeur positive. Avec elle tombe le dogme de la rédemption et tous ceux que l'on a édifiés sur ce point de départ. L'incrédulité a envahi les masses et le scepticisme est l'attitude de presque tous ceux qui raisonnent, en dépit des démonstrations, incomplètes il est vrai, mais malgré tout irréfutables, de la philosophie spiritualiste, le prestige des hommes de science étant aujourd'hui supérieur à celui des philosophes.

Cependant des faits, curieux à plus d'un titre, suggèrent l'idée que l'hypothèse matérialiste n'explique pas toutes les

---

(1) Voir l'enquête sur la *Question religieuse*, publiée dans le *Mercure de France*, pendant l'année 1907.

énigmes de l'univers, en dépit d'Hæckel et de ses partisans. Le magnétisme, l'hypnotisme, le spiritisme ont fait connaître des phénomènes de stigmates expérimentaux, de lecture ou de transmission de pensées, de vision à distance, de connaissance anticipée de l'avenir qui dérangent quelque peu les savants échafaudages du *Monisme*. On entend encore assez souvent des gens raisonnables raconter sérieusement qu'ils ont eu des pressentiments, des visions, et même des communications avec les défunts, toutes choses qui sont accueillies avec un mépris non déguisé par d'autres gens raisonnables. Un chercheur sincère ne peut guère discerner la vérité au milieu de tant d'affirmations contradictoires. C'est cette incertitude, éprouvée par des hommes instruits, qui a été la cause de la fondation, en Angleterre, de la *Société de recherches psychiques*. Rien ne saurait donner une meilleure définition de son but et de ses tendances que les passages suivants, extraits du discours prononcé en 1882 par son premier président, M. Henri Sidgwick, professeur à Cambridge (1) :

La première question que j'ai entendu poser est celle-ci : Pourquoi donc former une Société pour les recherches psychiques contenant dans son champ d'études non seulement les phénomènes de lecture de pensée (auxquels surtout nous allons vous demander de prêter votre attention cet après-midi), mais encore ceux de clairvoyance, de magnétisme, et la masse de phénomènes obscurs connus sous le nom de spiritiques ?

Eh bien ! en répondant à cette première question, je serai à même d'énoncer une idée, sur laquelle j'espère que nous nous accorderons tous, et j'entends par *nous* non seulement la présente assemblée, mais cette assemblée et le monde scientifique tout entier ; et comme, malheureusement, il n'y a que peu d'observations que je puisse faire sur lesquelles un tel accord est possible, je pense qu'il est bon de proclamer notre unanimité à dire que l'état de choses actuel est *une honte* pour le siècle éclairé où nous vivons. Je dis que c'est une honte que l'on en soit encore à discuter sur la réalité de ces phénomènes merveilleux, dont il est tout à fait impossible d'exagérer l'importance scientifique, si seulement la dixième partie de ce qui a été attesté par des témoins dignes de foi pouvait être démontrée comme vraie.

Je répète que c'est une honte, alors que tant de témoins compé-

---

(1) *Proceedings S. P. R.* Volume I, p. 7 et 8. Pour tous les renseignements concernant la Société, voir la traduction française par M. Sage d'une étude de M. Benett, publiée par les *Annales Psychiques*, n° 3, mai-juin 1903. Nous citerons librement certains passages empruntés à ce travail très bien fait.

tents ont déclaré leurs convictions, que tant d'autres personnes ont un intérêt profond à ce que la question soit éclaircie, de voir encore discuter la réalité des faits, et de voir des gens instruits garder en masse l'attitude de l'incrédulité.

Eh bien ! le but principal de notre société, ce que nous voulons tous, croyants ou non croyants, est d'essayer méthodiquement et avec persévérance de nous délivrer de cette honte d'une façon ou d'une autre.

Je cite encore quelques passages aussi énergiques de la fin de ce discours :

L'incrédulité scientifique a mis tant de temps pour grandir, elle a tant et de si puissantes racines, que nous ne la tuerons — si nous parvenons à la tuer en ce qui regarde une quelconque de ces questions — que si nous réussissons à l'enterrer sous un monceau de faits. Il faut que nous ajoutions expérience à expérience. Je suis aussi d'avis que nous ne devons pas chercher à convaincre les incrédules en insistant sur la portée d'un seul fait pris à part, mais que c'est à la masse des preuves que nous devons nous fixer pour amener la certitude. Il va de soi que dans tout compte rendu d'observations ou d'expériences la force de démonstration est conditionnée par la bonne foi de l'investigateur. Nous ne pouvons faire plus que de mettre le critique dans la nécessité de suggérer que l'investigateur est complice. Il se résoudra à ce dernier parti quand il ne lui en restera pas d'autre...

Nous nous ferons, je l'espère, une loi de ne porter à la connaissance du public aucun fait qui ne réponde à cette condition. Il faut réduire celui qui a des objections à faire à la position suivante : être forcé d'admettre les phénomènes comme inexplicables, au moins pour lui, ou d'accuser les investigateurs soit de mensonge, soit de tricherie, soit d'un aveuglement ou d'un manque de mémoire tels qu'on ne les trouve que chez les idiots...

Jamais programme ne fut mieux rempli, car de nos jours, les travaux de cette Société font autorité dans le monde des psychologues, et peuvent être proposés comme des modèles d'investigations patientes, perspicaces, et surtout bien contrôlées. Voici les noms des présidents qui ont dirigé la Société depuis sa fondation : professeur Sidgwick, de 1882 à 1884 ; le professeur Balfour Stewart, membre de la Société royale, 1885 à 1887 ; professeur Sidgwick de 1888 à 1892 ; très honorable A.-J. Balfour, membre du Parlement, membre de la Société royale, 1893 ; professeur William James (d'Harward, États-Unis), 1894, 1895; Sir William Crookes, membre de la Société royale, 1896, 1899; Frédéric Myers, 1900; Sir Olivier Lodge, membre de la Société royale, 1901-1903; professeur W.-F. Barett, membre de la Société royale, 1904 ; M. Ch. Richet, membre de l'Académie de médecine, 1905; M. Gerald W. Balfour, 1906-1907; et Mme Sidgwick.

Il existe aujourd'hui plus de vingt gros volumes de procès-verbaux, en plus du *Journal* de la Société. Ce sont des archives d'une valeur inestimable, car elles renferment la plus riche et la plus précieuse collection de phénomènes authentiques qu'on ait jamais réunie.

En 1896, la Société publia sous le titre de *Fantômes de vivants* (*Phantasms of the living*) un ouvrage en deux forts volumes, résumant le travail de la Société en ce qui concerne la télépathie, dont nous parlerons tout à l'heure. On voit que les savants anglais n'y vont pas par quatre chemins. Ils osent écrire en tête d'un ouvrage sérieux le mot de *fantôme*, qui ferait pâlir d'indignation le plus petit médecin de campagne de notre pays. Ne pouvant, à mon grand regret, suivre dans toutes ses parties l'œuvre de la *Société de recherches physiques*, j'indiquerai au moins, d'après M. Benett, les cinq départements dans lesquels on peut distribuer le prodigieux amas de documents recueillis depuis vingt-cinq ans.

1° — Transmission de pensées définies d'un esprit à l'autre, par des moyens indépendants des organes ordinaires de la sensation : *Transfert de pensée et télépathie.*

2° — Nature, pouvoirs et effets de la suggestion : *Magnétisme, hypnotisme, applications médicales.*

3° — Facultés de l'esprit non développées et non reconnues : *Le Moi subliminal.*

4° — *Apparitions et lieux hantés.*

5° — *Preuves de l'existence d'intelligences autres que les « Vivants » et de la réalité des communications.*

Des classes différentes énumérées ci-dessus, je ne retiendrai que celles qui ont directement trait à l'objet de cette étude, ou plus exactement encore, qui montrent comment l'hallucination peut être véridique, et par quelle suite ininterrompue de faits on passe aux apparitions objectives des vivants et des morts. Afin de procéder logiquement, il est nécessaire d'établir d'abord que la transmission de pensée d'un cerveau à un autre, sans l'intermédiaire des sens, est un phénomène dont la réalité peut être démontrée expérimentalement ; et ensuite que ce transfert de pensée est possible, spontanément, dans le cours de la vie ordinaire.

LA TRANSMISSION EXPÉRIMENTALE DE LA PENSÉE

S'il est un dogme (1) bien établi chez les psycho-physiologistes, c'est qu'il est impossible à l'homme de transmettre sa pensée à son semblable autrement que par la parole, l'écriture ou le geste. Insinuer que, peut-être, exceptionnellement, la pensée pourrait passer directement d'un cerveau dans un autre, c'est faire hausser les épaules à nos fortes têtes, qui déclarent que la vibration nerveuse ne pouvant se produire et se propager que dans le tissu nerveux, la pensée ne saurait s'extérioriser, le système nerveux se terminant à la périphérie du corps.

Le docteur Ochorowicz (2) a déjà répondu que si l'on ne veut pas consentir à ce que la vibration nerveuse se propage en dehors du corps, il est toujours possible, théoriquement, de supposer qu'elle agit par une sorte d'induction, comme le fait un courant électrique sur un autre, sans contact matériel. Pour ceux que cette analogie ne satisferait pas, on peut faire remarquer encore que jadis on déclarait aussi doctoralement qu'une dépêche ne pouvait se transmettre sans un fil reliant le poste de départ à celui de l'arrivée; aujourd'hui, les ondes hertziennes ont prouvé que l'électricité se propage, comme la lumière, à travers l'espace, sans support matériel; l'hypothèse qu'il pourrait en être ainsi pour la pensée n'a donc rien d'impossible *a priori*.

(1) Si je me sers du mot dogme, impropre dans la circonstance, c'est que les savants sont devenus aussi intransigeants, en ce qui concerne leurs théories, que les prêtres pour ce qui intéresse la religion. Officiellement, on déclare que la science n'est pas achevée ; en pratique, on repousse avec mépris toutes les théories nouvelles, quand elles osent se produire en dehors des sanctuaires académiques.
(2) Ochorowicz, *la Suggestion mentale*. Consulter cet ouvrage qui est certainement le meilleur et le plus documenté qui ait été publié sur cette question.

C'est affaire à l'expérimentation de montrer si, oui ou non, cette transmission est possible.

EXPÉRIENCES SUR LA TRANSMISSION MENTALE D'IMAGES,

faites à la *Société anglaise de recherches psychiques*, en excluant toute possibilité de communications sensorielles entre l'opérateur et le sujet.

Fig. 8. — Le dessin de gauche, à gros traits, est celui de l'opérateur ; l'autre est celui fait par le sujet. L'image reproduite est inversée.

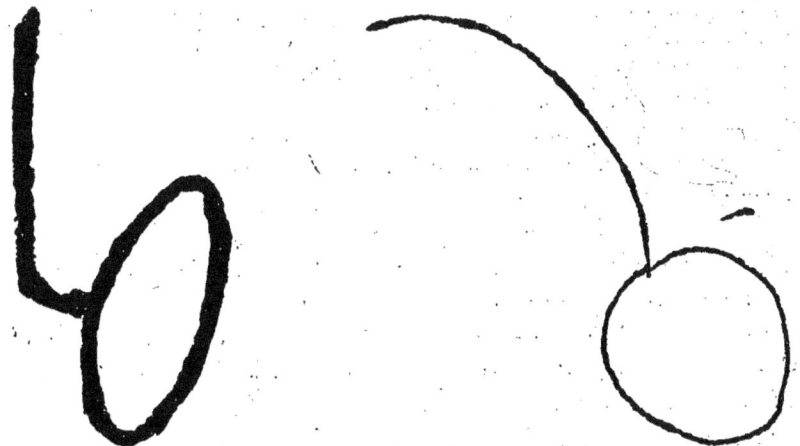

Fig. 9. — Le dessin de gauche, à gros traits, est celui de l'opérateur ; l'autre est celui fait par le sujet. La reproduction n'est pas tout à fait conforme à l'original, mais s'en rapproche.

Or, voici plus d'un siècle que les magnétiseurs ont fait cette démonstration; depuis le marquis de Puységur jusqu'à Lafontaine, en passant par Du Potet, Teste, Charpignon, tous ont relaté des récits qui ne permettent guère de douter que leurs pensées, leurs sensations, leurs ordres étaient perçus par les sujets, sans aucune suggestion verbale. Admettons qu'ils n'aient pas apporté toute la rigueur scientifique nécessaire à ce genre de recherches. Supposons que certaines causes négligées par eux, comme les odeurs, les mouvements de l'air déplacé par les gestes, etc., aient pu servir d'indications aux somnambules, il fallait recommencer leurs expériences en éliminant tous les facteurs douteux, et alors on eût été fondé à leur reprocher ces négligences. C'est ce qui a été fait par des savants sérieux tels que le docteur Ochorowicz, le docteur Dusart, le docteur Ch. Richet et les membres de la *Société de recherches psychiques*. Citons quelques exemples :

Ce cas a été rapporté par le comité littéraire composé du professeur Barett et de MM. Gurney, Massey, Stainton Moses et Myers : — « Une dame demanda à un magnétiseur bien connu de nous, de l'endormir, afin de lui permettre de visiter en esprit certains endroits dont lui-même n'avait aucune connaissance. Il ne put y réussir ; mais il s'aperçut qu'il pouvait amener la dame à décrire des endroits qui lui étaient inconnus à elle, mais qu'il connaissait bien. C'est ainsi qu'il put lui faire décrire une certaine chambre *où elle n'était jamais entrée*, et cependant elle la décrivit exactement comme il se souvenait l'avoir vue. Il lui vint alors à l'idée d'imaginer un grand parapluie ouvert sur une table de cette chambre, et aussitôt la dame s'écria : « Je vois un grand parapluie ouvert sur la table (1). »

Évidemment, si ce cas était isolé, on ne pourrait lui donner une portée générale, mais si l'on veut bien consulter le livre du docteur Ochorowicz : *la Suggestion mentale*, la collection des *Annales psychiques* et les *Proceedings*, on constatera qu'il existe un très grand nombre d'observations du même genre qui démontrent qu'une pensée, et même un ensemble de pensées, peut se transmettre d'un opérateur à un sujet endormi.

Ce n'est pas seulement une image mentale qu'il est possible de projeter dans un cerveau disposé à la recevoir, c'est aussi des

(1) *Proceedings S. P. R.*, V. I, p. 31.

LA TRANSMISSION EXPÉRIMENTALE DE LA PENSÉE 47

EXPÉRIENCES SUR LA TRANSMISSION MENTALE D'IMAGES,

faites à la *Société anglaise de recherches psychiques*, en excluant toute possibilité de communications sensorielles entre l'opérateur et le sujet.

Fig. 10. — Le dessin de gauche, à gros traits, est celui de l'opérateur; l'autre est celui fait par le sujet. L'image mentale est inversée et légèrement déformée dans sa reproduction.

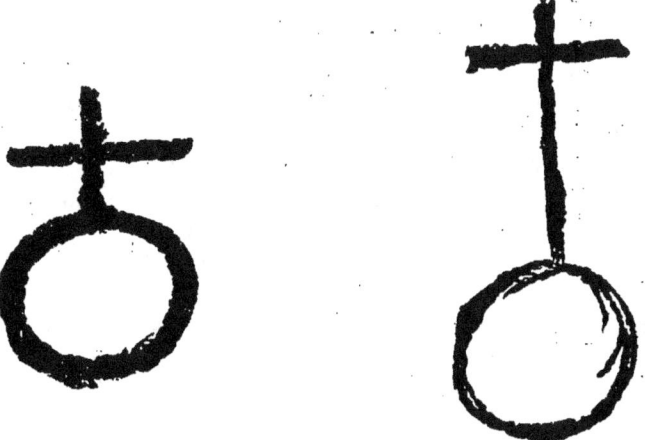

Fig. 11. — Le dessin de gauche, à gros traits, est celui de l'opérateur; l'autre est celui fait par le sujet. Ici, l'image mentale est exacte; mais les proportions des diverses parties sont différentes, les branches de la croix n'ayant pas les mêmes relations de grandeur et de position.

ordres, qui seront exécutés, quand bien même le magnétiseur serait éloigné du somnambule, séparé de lui par des obstacles matériels, et que celui-ci serait dans l'ignorance absolue qu'on veut agir sur lui. Les expériences de Du Potet, à l'Hôtel-Dieu, en 1820, étaient tout à fait démonstratives ; on n'en tint pas compte. En voici quelques-unes qui méritent toute créance, les observateurs étant tous des hommes connus pour la rigueur de leur critique (1). MM. F.-W. H. Myers, Ochorowicz, Marillier se rendirent au Havre pour étudier un remarquable sujet nommé Léonie B., que le docteur Gibert avait découvert. Il s'agissait de savoir si l'action à distance était possible, en se mettant en garde contre trois sources possibles d'erreurs : la fraude, la coïncidence accidentelle, et la suggestion par des mots ou par des gestes :

Mme B., une paysanne, demeure avec la sœur du docteur Gibert, dans une maison appelée le Pavillon, distante environ d'un demi-kilomètre de la propre maison et de la clinique du docteur Gibert. M. Myers dit : « Le matin du 22 avril, nous tirâmes de nouveau au sort une heure (onze heures du matin), où le docteur Gibert devait *vouloir*, de sa clinique, que Mme B. tombât endormie au Pavillon... A 11 h. 25, nous entrâmes sans bruit au Pavillon et, presque aussitôt, elle descendit de sa chambre au salon profondément endormie...

Le soir, nous dînâmes tous chez le docteur Gibert et celui-ci fit une nouvelle tentative pour l'endormir à distance, de sa maison à lui, rue Séry — elle était au Pavillon, rue de la Ferme — et pour la faire venir chez lui par un effort de volonté. A 8 h. 55, il se retira dans son cabinet ; MM. Ochorowicz, Marillier, Janet, et A.-T. Myers allèrent au Pavillon et attendirent au dehors, dans des endroits où on ne pouvait pas les voir de la maison. A 9 h. 22, le docteur Myers aperçut Mme B., sortant à demi par la porte du jardin, puis se retirant de nouveau. Ceux qui la virent de plus près observèrent qu'elle était entièrement à l'état somnambulique, qu'elle allait çà et là en prononçant des mots inarticulés.

A 9 h. 25, elle sortit, — autant qu'on put s'en rendre compte, les yeux restèrent fermés tout le temps, — passa rapidement auprès de MM. Janet et Marillier sans les voir, et prit le chemin de la

(1) Voir l'article de M. Myers, dans les *Proceedings*, 1886. Consulter aussi le compte rendu publié par M. Pierre Janet dans le *Bulletin de la Société de Psychologie physiologique*, mai 1886, et l'ouvrage de M. Ochorowicz, *la Suggestion mentale*, où chacun des témoins a fait un récit indépendant de ces expériences.

LA TRANSMISSION EXPÉRIMENTALE DE LA PENSÉE

EXPÉRIENCES SUR LA TRANSMISSION MENTALE D'IMAGES,
faites à la *Société anglaise de recherches psychiques*, en excluant toute possibilité de communications sensorielles entre l'opérateur et le sujet.

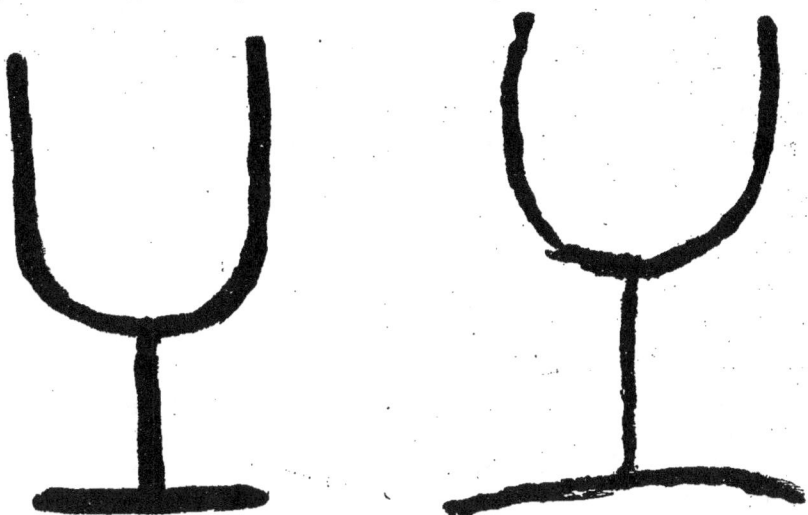

Fig. 12. — Le dessin de gauche, à gros traits, est celui de l'opérateur ; l'autre est celui fait par le sujet. Dans ce cas, l'image mentale transmise a été reproduite presque parfaitement par le sujet.

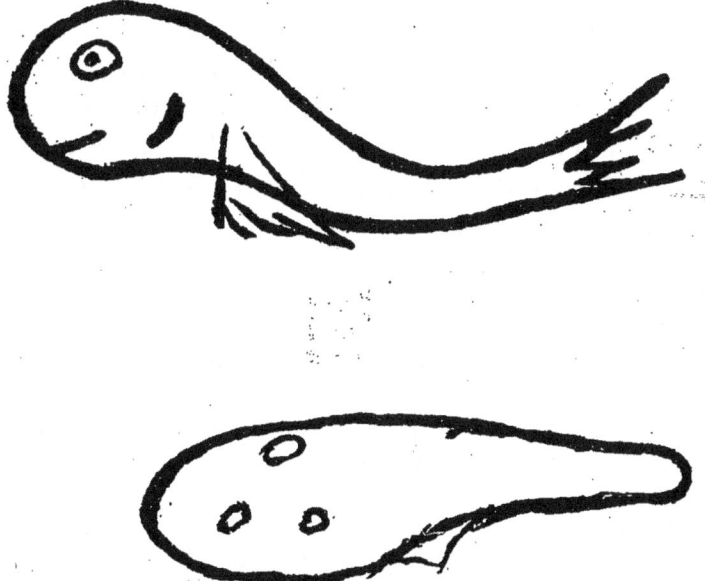

Fig. 13. — Le dessin du dessus est celui de l'opérateur ; en dessous se trouve le dessin du sujet. Dans ce cas, l'idée seulement d'un poisson a été perçue par le sujet qui semble l'interpréter à sa façon.

maison du docteur Gibert. A 9 h. 45, elle atteignit la rue en face de la maison du docteur Gibert. Là elle rencontra ce dernier sans le remarquer et entra dans la maison, où elle pénétra hâtivement dans toutes les pièces du rez-de-chaussée. Le docteur Gibert dut lui prendre la main pour se faire reconnaître. Alors elle devint calme...

Sur vingt-deux expériences, il y eut six échecs : trois tout au début, quand l'habitude somnambulique n'était pas assez bien établie ; un peu plus tard, également après une interruption de quelques jours dans les séances ; et deux quand le sujet a résisté plus d'une demi-heure avant de s'endormir. En somme *seize succès* « précis et complets ».

Faut-il croire, dit M. P. Janet, qu'il y a eu seize fois une coïncidence fortuite quoique exacte ? La supposition est peut-être un peu invraisemblable ; y a-t-il eu suggestion involontaire de notre part ? Je ne puis répondre qu'une chose, c'est que *très sincèrement nous avons pris toutes les précautions possibles pour l'éviter*.

A moins d'un parti pris tout à fait anti-scientifique, on ne peut récuser ces expériences fort bien conduites, qui démontrent l'action à distance de la volonté du magnétiseur pour endormir son sujet et lui transmettre l'ordre de venir le trouver. C'est une sorte de télégraphie psychique, une action d'âme à âme, puisque l'usage normal des sens est absolument supprimé.

Une autre forme de la transmission reste à étudier, celle des sensations. Voici comment elle le fut (1) :

Les expériences ont porté principalement sur le goût, l'odorat et le toucher. Il faut rapprocher ces faits de la communauté de sensations qui peut exister entre un sujet magnétisé et un magnétiseur. Les expériences sur le goût ont été faites d'abord par M. Guthrie (30 août 1883) ; il les a continuées la semaine suivante avec M. Myers et moi (Gurney). On avait pris des précautions minutieuses pour que le sujet ne pût deviner par l'odeur quelle était la substance goûtée par l'expérimentateur. L'expérimentateur tenait la main du sujet, il savait seul quelle était la substance qu'il goûtait. Le sujet devait nommer la substance, et s'il ne pouvait y réussir, indiquer la sensation qu'il éprouvait. Sur une série de

(1) MARILLIER, *les Hallucinations télépathiques*, p. 24.

trente-deux expériences, il y eut treize succès complets, et la plupart des échecs ne sont en réalité que des demi-échecs.

Dans une nouvelle série d'expériences, M. Guthrie essaya de se mettre à l'abri des causes d'erreur qui pouvaient provenir de l'odorat. *Les sujets et l'expérimentateur étaient placés dans des pièces différentes.* Une ouverture de 10 centimètres carrés et demi avait été faite dans la cloison qui séparait les deux chambres ; un panneau de bois recouvert de caoutchouc s'adaptait exactement dans l'ouverture. A travers une fente pratiquée dans ce panneau, l'expérimentateur passait sa main, que les deux sujets pouvaient alors toucher. Avec ces précautions, il était impossible à la moindre odeur de passer dans la pièce. M. Guthrie fit en même temps, et avec le même dispositif, des expériences sur l'odorat. Ces expériences furent reprises en juin 1885 par le docteur Hyla Greves et M. C. Johnson. En décembre 1882, nous commençâmes à faire quelques expériences sur la transmission de la douleur. Dans une série de vingt expériences faites de novembre 1884 à juillet 1885 à Liverpool, par M. Guthrie, le professeur Herdman, le docteur Hicks, le docteur Hyla Greves, M. R. C. Johnson, M. Birchall et Mlle Redmond, la douleur fut localisée avec précision par le sujet dix fois ; dans six cas les localisations furent à peu près exactes et il n'y eut qu'une réponse tout à fait fausse.

Le défaut d'espace m'oblige à ne citer qu'un exemple de chaque sorte de fait, mais il en existe un très grand nombre d'autres, et il faut se reporter aux sources pour apprécier la somme énorme de travail que représentent ces recherches. Ce n'est qu'au bout de six années que l'on a pu donner la preuve de la transmission de pensée à l'état normal. Il faut savoir également que les conditions d'expérimentation étaient très sévères. On défendait de remuer les lèvres, de faire aucun mouvement, de tousser et de donner quelque signe que ce soit d'approbation ou d'improbation. Fort au courant des codes de signaux que l'on établit par des bruits longs ou courts, les membres de la Société surveillaient même la respiration de l'opérateur, et ils n'ont été pleinement satisfaits que lorsque ces expériences furent répétées par des personnes dont l'absolue bonne foi était certaine.

Une forme originale de la transmission de la pensée est celle qui consiste à faire un dessin que le sujet doit reproduire sans l'avoir vu. C'est à Liverpool qu'on obtint d'abord ces résultats. Les *agents*, — on donne ce nom à celui qui transmet la pensée

EXPÉRIENCES SUR LA TRANSMISSION DE LA PENSÉE
FAITES A LA SOCIÉTÉ ANGLAISE DE RECHERCHES PSYCHIQUES
En excluant toute possibilité de communications sensorielles entre l'opérateur et le sujet

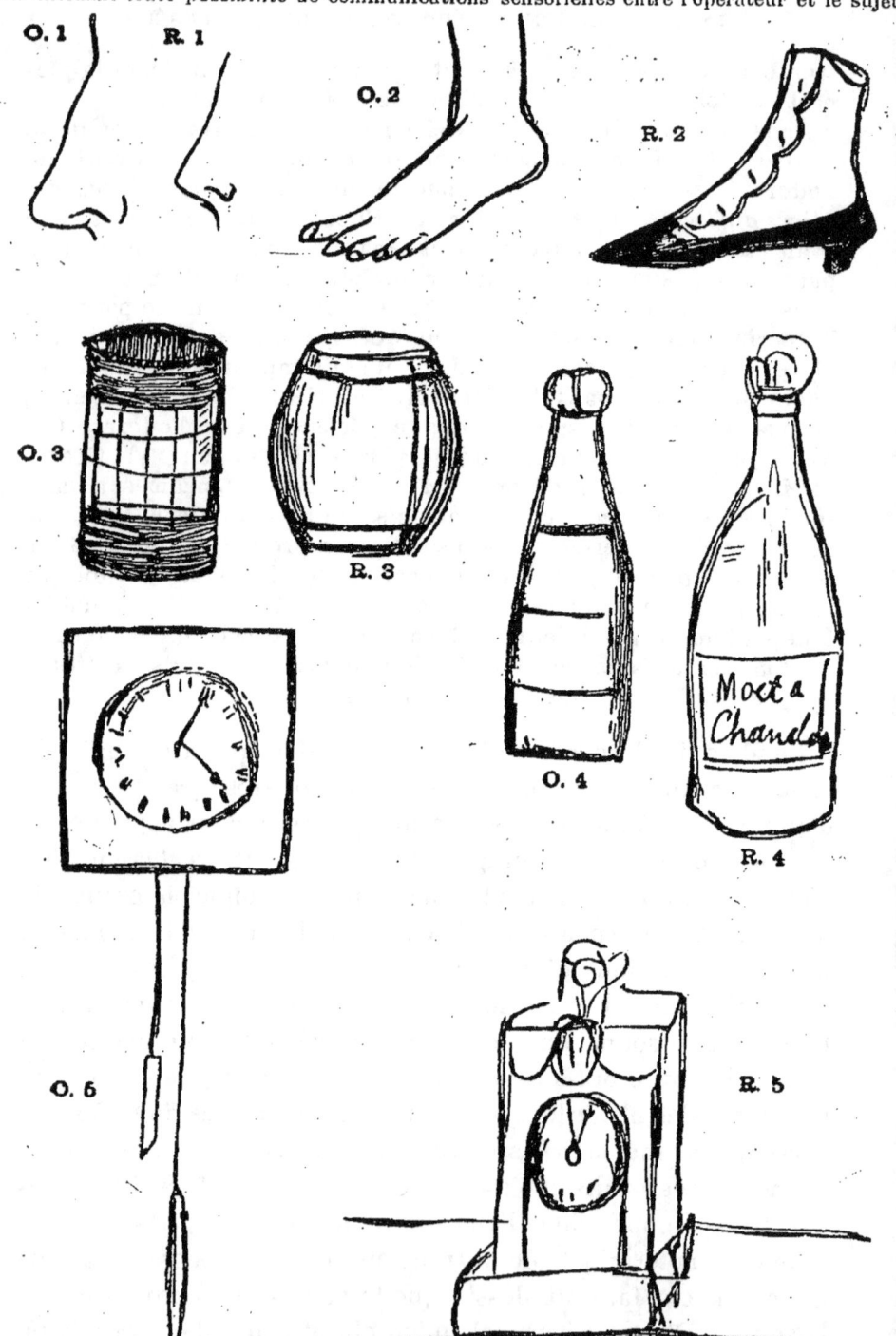

FIG. 14. — Ces dessins sont la reproduction de ceux publiés par F. W. H. Myers, dans son ouvrage : *Human Personality*. Les lettres O, désignent le dessin de l'opérateur; les lettres R, celui du sujet. On voit que dans ces cas, c'est *l'idée* qui a été transmise, et non la forme pensée et dessinée par l'observateur.
Dans l'essai n° 2, l'idée de pied a produit chez le sujet celle de bottine. Dans l'essai n° 5, l'idée d'un instrument pour indiquer l'heure amène celle de pendule, etc.

EXPÉRIENCES SUR LA TRANSMISSION DE LA PENSÉE
FAITES A LA SOCIÉTÉ ANGLAISE DE RECHERCHES PSYCHIQUES

En excluant toute possibilité de communications sensorielles entre l'opérateur et le sujet.

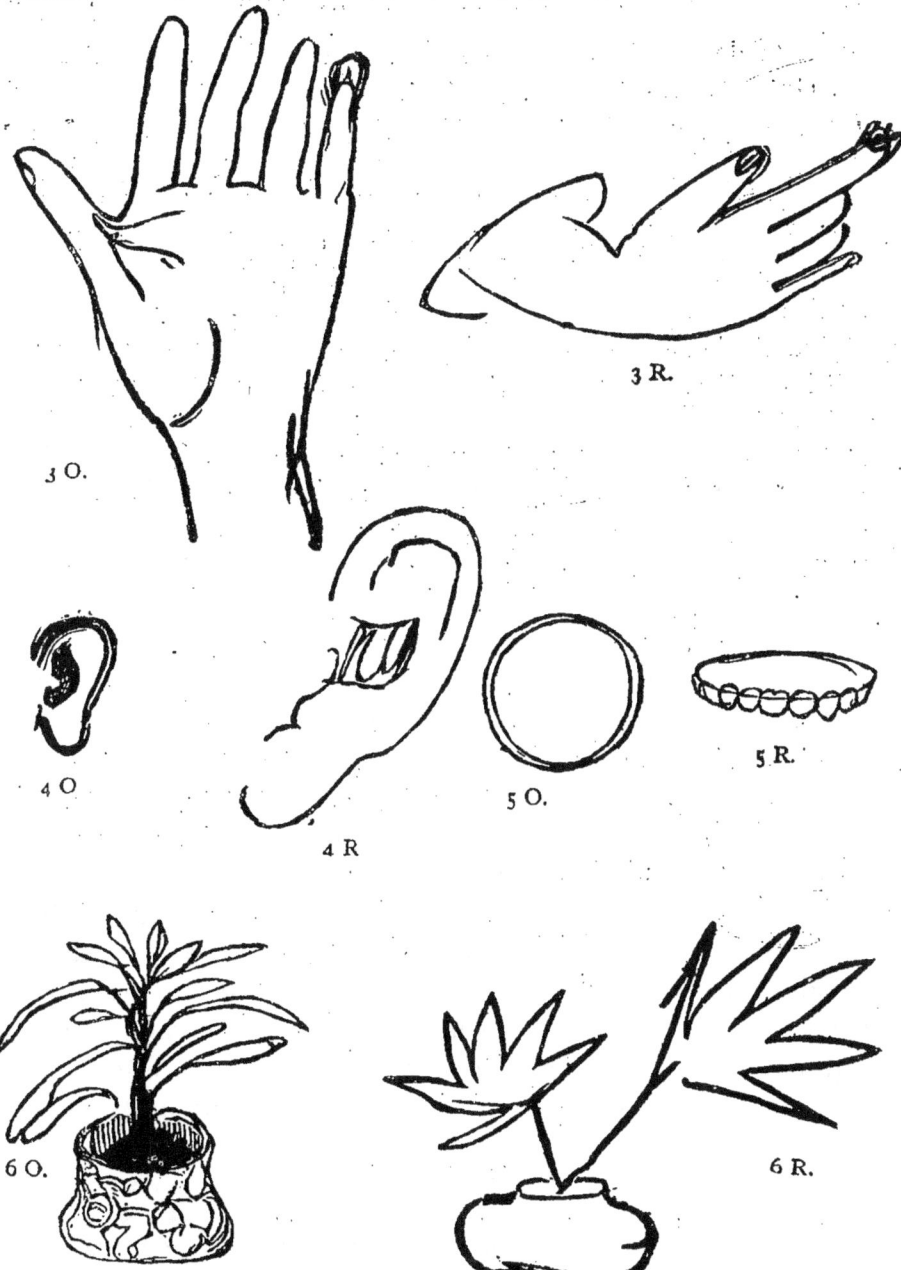

Fig. 15. — Ces dessins sont extraits de l'ouvrage de F. W. H. Myers, intitulé : *Human Personality*. Les lettres O désignent le dessin de l'opérateur ; les lettres R, celui du sujet. Dans ces exemples ce n'est pas l'image exacte mais la pensée seulement qui est transmise, le sujet l'interprète à sa manière. C'est bien l'idée d'une main qui est reçue par le percipient, dans le n° 3, mais il dessine cette main repliée à demi, alors que le modèle est celui d'une main ouverte. Dans l'exemple n° 6, l'idée d'un pot et d'une plante d'appartement est arrivée jusqu'au sujet, mais non les formes de ce pot et de cette plante dessinées par l'opérateur.

et celui de *percipient* à la personne qui la reçoit — étaient : M. Guthrie, M. Steel, M. Birchall, M. Hughes et M. Gurney. Les sujets, miss Relp et miss Edward. La plupart du temps on exécutait le dessin original dans une autre pièce que celle où se trouvait le sujet. Dans le cas où il n'en était pas ainsi, le sujet avait les yeux bandés quand on faisait le dessin. Au moment de l'expérience, l'agent tenait les yeux fixés sur le dessin qui était placé sur un pupitre ; il gardait rigoureusement le silence. Le sujet était assis de l'autre côté du pupitre, les yeux bandés, et tout à fait immobile. On enlevait son bandeau au sujet lorsqu'il disait qu'il était en état de reproduire le dessin, et la position occupée était telle qu'il lui était impossible de jeter même un regard sur le dessin original. Un grand nombre de ces expériences eurent un succès complet, comme on peut s'en assurer en se reportant aux reproductions qui en ont été publiées dans l'édition anglaise des *Phantasms of the living* (1). M. Lombroso a repris dernièrement cette étude et a réussi également (2).

Les nombreux dessins ci-contre ont été empruntés aux *Proceedings* et reproduits par la phototypie.

Notons bien que ces expériences *ne réussissent pas toujours*. Avec les mêmes opérateurs et les mêmes sujets très exercés, il se produit de fréquents échecs ; nous ne serons donc pas surpris que la transmission de la pensée naturelle soit un fait assez rare, puisque la majorité des individus n'est pas entraînée à percevoir ce genre spécial d'impression supra-physique. Il faudra donc généralement une émotion violente de l'agent, et une disposition spéciale du percipient pour qu'un phénomène télépathique ait lieu. On a donné le nom de *télépathie* à cette action d'un esprit sur un autre, s'exerçant dans le secours des sens.

LA TÉLÉPATHIE

Dès la formation de la *Société de recherches psychiques*, ses

---

(1) Voir vol. I, p. 39-48 ; vol. II, p. 644-653 ; voir aussi *Proceedings*, t. I, p. 83-97 ; t. II, p. 208-215. Partie XI, mai 1887, p. 327 ; partie XII, juin 1888, p. 169-215.

(2) Voir *Revue Scientifique et Morale du Spiritisme*, nos de janvier et février 1905.

membres décidèrent d'ouvrir une enquête sur les apparitions, et pour cela ils firent appel au public par la voie des journaux. Au bout de quelques années, ils avaient recueilli quelques milliers de récits dont ils firent une sévère critique et un contrôle minutieux. Il résultait de l'ensemble des faits qu'au moment où un individu A, traversait une crise grave, accident, maladie, etc., un second individu B, ami ou parent du premier, éprouvait tout à coup, soit une impression de malaise, soit une impulsion irrésistible, soit une hallucination auditive ou visuelle. Afin que l'on comprenne bien le caractère spécial de ces sortes d'hallucinations, je vais citer un exemple ou deux de chaque cas, empruntés à la traduction française très abrégée des *Phantasms of the living*, intitulée : *les Hallucinations télépathiques*.

IMPRESSION DE MALAISE, SANS CAUSE PHYSIQUE

XXV (76). Le narrateur est le révérend J. M. Wilson, ex-principal de Clifton College, *Senior Wrangler* et mathématicien bien connu. (Action d'un jumeau sur l'autre) (1).

Clifton collège, le 5 janvier 1884.

Autant que je puis me le rappeler, voici comment se sont passés les faits :

J'étais à Cambridge vers la fin de ma deuxième année d'études à l'Université. J'étais en parfaite santé ; je canotais, je jouais au football et à d'autres jeux, je n'étais nullement sujet aux hallucinations ni aux imaginations maladives. Un soir, je me trouvai fort mal, je tremblais sans cause apparente, mais il ne me semblait pas à ce moment-là être physiquement malade, et je ne croyais pas avoir pris froid. J'étais effrayé et tout à fait hors d'état de vaincre mon malaise. Je me rappelle avoir lutté avec moi-même ; j'étais résolu à continuer à m'occuper de mes mathématiques, mais c'était en vain, j'étais convaincu que j'allais mourir.

Je descendis chez mon ami E. W. Mullins ; son appartement était

(1) *Hallucinations télépathiques*, p. 88. Je citerai toujours presque textuellement les récits, car il est de première importance de connaître les faits tels qu'ils ont été racontés par les témoins. Le nombre en chiffres romains est celui qui indique l'ordre des cas de la traduction française. Le nombre en chiffres ordinaires, entre parenthèses, est celui de la numérotation anglaise.

dans le même escalier, et je me rappelle qu'il poussa une exclamation en me voyant et avant que j'eusse prononcé un mot. Il mit ses livres de côté, sortit une bouteille d'eau-de-vie et un tric-trac, mais je ne pus pas lui servir de partenaire. Nous restâmes assis près du feu pendant quelque temps, et puis mon ami alla chercher un autre de nos amis (M. E. G. Peckover) pour causer avec nous. Je sentais un malaise étrange, mais sans symptôme que je puisse me rappeler, sauf un malaise mental et la conviction que je devais mourir cette nuit.

Vers 11 heures, à peu près trois heures après cela, je me portais mieux ; je montai, je me couchai, et au bout d'un peu de temps je m'endormis. Le lendemain matin je me portais tout à fait bien.

Dans l'après-midi je reçus une lettre qui m'apprenait que mon frère jumeau était mort le soir précédent dans le Lincolnshire. Je me rappelle bien clairement que je n'avais pas pensé à lui une seule fois, et je n'avais pas même eu l'idée vague qu'il était mort. Il était phtisique depuis longtemps, mais je n'avais pas eu de ses nouvelles depuis quelques jours, et rien n'aurait pu me faire soupçonner que sa mort était proche ; ce coup fut une surprise pour moi.

Le Révérend Wilson n'a jamais eu d'autres impressions de cette nature, ni aucune hallucination. C'est la coïncidence entre le malaise mental du clergyman et la mort de son frère, qui fait classer ce fait parmi les cas télépathiques. Voici un exemple où le phénomène se traduit par une action inusitée et, en apparence, inexplicable.

IMPULSION SUBITE ET IRRÉSISTIBLE

XXIII (85). Le narrateur est le major Kobé, de l'armée des États-Unis (1).

Mt Vernon Barraks, Ala, le 31 juillet 188

En 1858 ou 1859, à l'époque où j'habitais New-York, je me sentis un jour le désir de visiter le cimetière de Greenwood, situé à une distance de six ou sept milles à Long Island, et où ma famille possédait un caveau, etc.

Lorsque j'y arrivai je trouvai mon père debout, nu-tête, près d'une tombe ouverte, dans laquelle il venait de faire poser la dépouille

(1) *Hallucinations télépathiques*, p. 90.

d'un fils en bas-âge, mort avant ma naissance. Il avait fait exhumer les restes du caveau pour les placer dans la tombe pour l'enterrement définitif, et les ouvriers étaient justement sur le point de jeter la première pelletée de terre, lorsque je m'approchai.

Lorsque nous quittâmes le cimetière ensemble, je fis une observation sur la coïncidence qui m'avait amené à ce moment même, et nous sûmes alors bien vite, et tout naturellement, que mon père avait laissé à la maison un mot qui devait m'être porté, et où il me disait d'aller le rejoindre au cimetière, à l'heure où je l'avais fait. Je n'avais pas reçu le message par la simple raison que je n'étais pas rentré.

Cette coïncidence est curieuse parce que :

1° A ce moment-là, il n'était ni agréable ni commode d'aller au cimetière.

2° Ni mon père lui-même, ni aucun membre de notre famille n'y allait jamais; aussi n'en parlait-on jamais. A l'exception de deux enfants morts en bas-âge il y avait bien des années, aucun de nos parents n'y était enterré, et, autant que je me rappelle, personne de notre famille n'y était allé depuis des années. La plupart d'entre nous n'y avaient jamais été.

3° Je n'avais pas de raison pour penser à cet endroit, et je n'avais jamais eu le désir ou l'intention de le visiter.

4° Si j'étais arrivé quelques minutes plus tôt ou plus tard (disons une demi-heure au plus), je n'aurais pas rencontré mon père, et probablement je n'aurais jamais entendu parler de l'affaire. Le messager que mon père m'avait envoyé lui aurait dit que je n'avais pas reçu son message, et mon père ne m'en aurait probablement pas parlé.

Pour tout résumer, on m'avait fait dire de me trouver à un certain endroit désagréable et peu fréquenté, difficile à atteindre, de sorte qu'il fallait plusieurs heures pour y arriver soit par bateau, soit autrement. Je n'avais pas reçu le message, mais je lui avais obéi implicitement à la minute.

William A. KOBÉ.

Jamais le major n'a ressenti une seconde impulsion de cette espèce. Voici maintenant une autre variété du phénomène. Le percipient n'éprouve aucun malaise, ne ressent pas le désir de se déplacer, mais il *entend la voix* de son frère aussi distinctement que si celui-ci se trouvait là.

HALLUCINATION TÉLÉPATHIQUE AUDITIVE

CIV (268). M. R. Fryer, Bath (1).

Janvier 1883.

Un événement eut lieu dans l'automne de l'année 1879. Un de mes frères était absent de la maison depuis trois ou quatre jours, lorsque, une après-midi, vers 5 heures et demie, je fus étonné de m'entendre appeler distinctement par mon nom. Je reconnus si clairement la voix de mon frère que je parcourus toute la maison pour le trouver ; mais ne le trouvant pas, et le sachant à 40 milles de là, je finis par attribuer cet incident à une illusion de mon imagination, et je n'y pensai plus. Lorsque mon frère arriva, le sixième jour, il raconta entre autres choses qu'il avait évité, par le plus grand hasard, un accident assez sérieux. Il paraît qu'en descendant du train son pied avait glissé et qu'il était tombé tout de son long sur le quai ; mais il avait amorti la chute en étendant vivement les mains et n'avait éprouvé qu'une grande secousse. « Ce qui est assez curieux, dit-il, c'est que, quand je me sentis tomber *je vous appelai.* » Ce fait ne me frappa point sur le moment, mais lorsque je lui demandai à quel moment de la journée cela était arrivé, il m'indiqua une heure qui se trouva *correspondre exactement* à celle où je m'étais entendu appeler.

M. Fryer ne se souvient pas d'avoir éprouvé d'autre hallucination. Dans le récit du frère de M. Fryer on lit : « En descendant du train, je tombai et un employé m'aida à me relever. Il me demanda si je m'étais fait mal et si quelqu'un voyageait avec moi ; je lui répondis « non » aux deux questions, et lui demandai pourquoi il les faisait. Il répondit : « Parce que vous avez appelé Rod ». Je me rappelle parfaitement avoir prononcé le mot « Rod ». Notons la parfaite coïncidence entre le cri poussé par un des frères et l'hallucination ressentie par l'autre à 40 milles de distance.

Arrivons maintenant aux hallucinations visuelles qui, se rattachant directement à notre étude, demandent un peu plus de développement. Comme dans les transmissions expérimentales de pensées, commençons par les cas qui ont été observés peut-être pendant le sommeil du sujet.

---

(1) Ouvrage cité, p. 293-294.

HALLUCINATIONS VISUELLES TÉLÉPATHIQUES

XLIV (174). La dame qui nous a raconté le cas suivant désire que son nom ne soit pas publié(1).

Mai 1885.

Pendant quelques semaines, le printemps dernier, je me portais assez mal à la suite d'une attaque de rhumatismes et de prostration nerveuse.

Une nuit j'eus une vision étrange, dont je ne pouvais me rendre compte, et qui a laissé une vive impression sur ma mémoire. Je m'étais couchée de bonne heure, j'étais restée seule sans m'endormir, avec une veilleuse pour donner un peu de lumière dans la chambre.

Tout à coup, la figure du major G... passa à l'extrémité de la chambre. Il était habillé comme d'habitude ; ni ses traits ni sa personne n'avaient le moins du monde changé. Ce n'était pas un rêve, et je n'avais ni le délire ni la fièvre. Aussi fus-je convaincue que quelque chose devait être arrivé. Je fis donc attention à l'heure lorsque l'horloge sonna peu après 11 heures. Le lendemain matin je ne fus pas surprise du tout, lorsque ma sœur me remit une lettre de Mlle G... m'annonçant la mort de son frère. Avant de la lire, j'étais entièrement préparée à apprendre qu'il était mort la veille avant 11 heures du soir.

Le major G... était revenu en mauvaise santé d'Égypte où il avait pris part à la campagne de 1883. Pendant quelque temps, il sembla se rétablir, et fut en état de se promener et d'aller voir ses amis pendant l'hiver ; mais dans le courant du dernier mois les symptômes de sa maladie avaient reparu, et son état s'était aggravé peu à peu...

Mlle Scott Moncrieff, amie de la narratrice, écrit :

J'étais à la ville où demeurait Mlle P. à ce moment-là ; je puis confirmer moi-même l'histoire qu'elle raconte : le jour qui suivit l'apparition, nous apprîmes que la jeune dame avait eu les nerfs ébranlés par sa maladie, qu'elle avait eu ce que vous appelez une hallucination, et qu'elle partait pour Malvern pour changer d'air. C'était un jeudi, vers la fin de mars, que l'apparition eut lieu.

Notons bien le détail suivant, que nous allons retrouver dans tous les cas : toujours l'apparition est vêtue et, très souvent, elle s'accompagne d'accessoires tels que parapluie, canne, etc.

(1) Ouvrage cité, p. 140.

M. F. W. H. Myers, secrétaire de la S. P. R. (1), a vérifié que le major mourut le jeudi, 3 avril 1884. Dans une entrevue avec Mlle P. celle-ci ajouta les détails suivants :

L'image du major G... était habillée de ses vêtements ordinaires (chapeau, ulster), avec lesquels Mlle P. le voyait habituellement.

L'apparition passa vite au fond de la chambre sans tourner la tête, mais le visage comme toute la personne pouvait être distinctement reconnu. L'apparition ne fit pas de bruit et disparut, lorsqu'elle arriva au mur.

Mlle P. n'a jamais éprouvé d'autre hallucination. La coïncidence entre la mort et la vision a été exacte.

Voyons encore quelques récits analogues.

*
* *

XLIX (187). Le cas suivant est dû à Mlle Hosmer, le sculpteur célèbre (2).

Une jeune Italienne du nom de Rosa, qui avait été à mon service pendant quelque temps, fut obligée de retourner auprès de sa sœur à cause de son mauvais état de santé chronique. En faisant une promenade habituelle à cheval, j'allais la voir fréquemment. Lors d'une de ces visites que je lui fis à six heures du soir, je la trouvai plus gaie qu'elle n'avait été depuis quelque temps ; j'avais abandonné depuis longtemps l'espoir de sa guérison, mais rien dans toute son apparence ne donnait l'impression qu'il y eût un danger immédiat. Je la quittai comptant la revoir souvent encore. Elle exprima le désir d'avoir une bouteille de vin d'une espèce particulière, que je lui promis de lui apporter moi-même le lendemain matin.

Pendant le reste de la soirée, je ne me rappelle pas avoir pensé à Rosa. J'allai me coucher en bonne santé et l'esprit tranquille. Mais je me réveillai d'un profond sommeil avec le sentiment pénible qu'il y avait quelqu'un dans la chambre. Je réfléchis que personne ne pouvait entrer excepté ma femme de chambre. Mon lit était au milieu de la pièce ; un paravent entourait le pied du lit. Pensant qu'il pouvait y avoir quelqu'un derrière le paravent je m'écriai : « Qui est là ? » Mais je ne reçus aucune réponse. A ce moment la pendule de la chambre voisine sonnait cinq heures ; au même ins-

---

(1) Pour abréger, je désignerai la *Society for Psychical Research* par les initiales S. P. R.
(2) *Les Hallucinations télépathiques*, p. 147.

tant, je vis la forme de Rosa debout à côté de mon lit ; et de quelque façon — je ne puis pas affirmer que ce fut au moyen de la parole — je reçus l'impression des mots suivants venant d'elle : « *Adesso son felice son contenta.* » (Maintenant je suis heureuse et contente). Puis la forme s'évanouit.

Au déjeuner, je dis à l'amie qui partageait mon appartement avec moi : « Rosa est morte. — Que voulez-vous dire ? me demanda-t-elle ? Vous me disiez que vous l'aviez trouvée mieux que d'habitude lorsque vous lui avez rendu visite hier. »

Je lui racontai alors ce qui m'était arrivé le matin, et je lui dis que j'avais la conviction que Rosa était morte. Elle rit et me répondit que j'avais rêvé tout cela. Je lui assurai que j'étais absolument éveillée. Elle continua à plaisanter sur ce sujet et elle m'ennuya un peu par la persistance qu'elle mettait à croire que j'avais fait un rêve, alors que j'étais absolument certaine d'avoir été entièrement éveillée. Afin de résoudre la question, j'envoyai un messager pour m'informer de l'état de santé de Rosa. Il revint avec la réponse que Rosa *était morte le matin à cinq heures.* Je demeurais alors Via Babuino.

Ce qui précède a été écrit par Mlle Barfour d'après un récit donné par Lydia Maria Child (à laquelle Mlle Hosmer avait raconté ce fait) au *Spiritual Magazine* du 1er septembre, j'ai dicté des corrections (de peu d'importance) le 15 juillet 1885.

H. G. Hosmer.

Le récit fait par Mlle Child, et que Mlle Hosmer trouva exact à l'époque, donnait quelques détails supplémentaires qui tendent à établir qu'elle était bien éveillée un bon moment avant d'avoir sa vision. Elle dit :

J'entendais dans l'appartement au dessous de moi des bruits qui m'étaient familiers, ceux que faisaient des domestiques en ouvrant des fenêtres et des portes. Une vieille pendule sonnait l'heure avec des vibrations sonores ; je comptai : un, deux, trois, quatre, cinq et je résolus de me lever immédiatement. Comme je levais ma tête de dessus l'oreiller, Rosa me regarda en souriant, à l'intérieur du rideau du lit. Je fus simplement surprise, etc.

Ici encore, la coïncidence est parfaite entre la vision et l'heure de la mort de l'agent. La distance qui sépare l'agent du percipient n'est pas bien grande dans les exemples précédents.

Voici maintenant des actions qui s'exercent, pour quelques-unes au moins, presque d'un antipode à l'autre.

***

LXXVII (226). Le cas suivant nous a été communiqué par le général H..., qui, malheureusement, ne veut pas permettre la publication de son nom. Nous nous sommes procurés le récit par l'entremise obligeante de Mlle A. A. Leith, 8 Dorset Square, N. W. Londres (1).

En 1856, j'étais appelé par mon service à un endroit nommé Roha, à quelque 40 milles au sud de Bombay, et j'allais et venais dans les districts.

Mon seul abri était une tente sous laquelle je vivais pendant plusieurs mois de l'année. Mes parents, et mon unique sœur, âgée d'environ vingt-deux ans, vivaient à K... ; les lettres expédiées de cet endroit mettaient une semaine à me parvenir. Ma sœur et moi nous correspondions régulièrement, et le courrier arrivait en général vers 6 heures du matin, lorsque je me rendais à mes occupations. Ce fut le 18 avril de cette année-là (jour que je n'oublierai jamais) que je reçus une lettre de ma mère, où elle me disait que ma sœur ne se sentait pas bien, mais qu'elle espérait m'écrire le lendemain. Il n'y avait rien dans la lettre qui pût m'inquiéter particulièrement. Après mon travail habituel au dehors, je revins dans ma tente, et me mis au travail de tous les jours lorsqu'il en fut temps. Vers deux heures mon secrétaire se trouvait avec moi et me lisait quelques documents indigènes qui absorbaient mon attention ; je n'avais aucune raison pour penser à ma sœur, lorsque tout à coup, je fus saisi d'étonnement en la voyant (à ce qu'il me semblait du moins) passer devant moi en costume de nuit. Elle était allée d'une porte de la tente à l'autre. Cette apparition me fit une telle impression que j'éprouvai la conviction que ma sœur était morte à ce moment-là. J'écrivis aussitôt à mon père, pour lui raconter ce que j'avais vu, et bientôt après une lettre m'apprenait que ma sœur était morte au moment où elle m'était apparue.

C'est à deux heures de l'après-midi que la vision se produisit. Le général H. n'a jamais eu d'autre hallucination. La coïncidence entre la mort et la vision est parfaite.

***

Voici une action télépathique à grande distance.

LXXXIII (236). *Mlle Bale. Church Farm. Gorleston* (2).

17 septembre 1885.

En juin 1880, je me plaçai comme gouvernante. Le jour de mon

(1) *Hallucinations télépathiques*, p. 246.
(2) *Ibid.*, p. 224.

arrivée, lorsque j'allai me coucher, j'entendis un bruit qui était semblable au tic-tac d'une montre. Je n'y fis pas grande attention, mais je remarquai cependant que toutes les fois que je me trouvais seule je l'entendais, et surtout la nuit. Je me mis même à chercher, pensant qu'une montre pouvait être cachée en quelque endroit de la chambre. Cela continua jusqu'au moment où je fus tout à fait accoutumée au bruit. Le 12 juillet, comme je sortais de la salle à manger avec un plateau et des verres, je vis ce qui me parut être une forme sombre, se tenant sur la porte, les bras étendus. J'en fus effrayée, et lorsque je me retournai pour la revoir, elle avait disparu.

Le 24 septembre, j'appris que mon frère s'était noyé le 12 juillet. Je continuai à entendre le tic-tac jusqu'à l'époque où je reçus la lettre. Je ne l'entendis plus jamais dans la suite.

F. A. BALE.

Mme Hart, témoigne qu'elle a entendu Mlle Bale lui raconter le jour même son apparition, qui avait eu lieu à 6 h. 20.

Il résulte de l'enquête faite au sujet de la mort du frère de Mlle Bale, que celui-ci mourut le 12 juillet à 150 milles environ au sud de Tristan d'Acunha, par 12° 30″ de longitude est. On remarquera que la mort n'eut lieu, d'après les témoignages, qu'environ une demi-heure après l'apparition, si l'on tient compte de la longitude. Mais comme la différence est fort petite, il est probable qu'elle est due à une erreur d'attention ou de mémoire de la part de Mlle Bale, ou bien peut-être sa pendule avançait-elle; cela est plus facile à supposer qu'une coïncidence purement accidentelle.

DISCUSSION SUR LA VALEUR DES TÉMOIGNAGES

J'aurais pu reproduire un nombre considérable d'exemples analogues aux précédents, car les procès-verbaux de la Société anglaise, son journal et le livre publié en renferment près de treize cents; en France, on pourrait puiser dans la collection des *Annales Psychiques*, qui se publie depuis 1895, ou dans l'ouvrage de M. Camille Flammarion, intitulé : l'*Inconnu et les problèmes psychiques* qui contient 1.130 récits de pressentiments, d'apparitions, de visions à distance, de prémonitions, etc. Je suis obligé de renvoyer à ces documents les lecteurs désireux de faire une étude complète de la question ; tout en signalant que le nombre des cas réunis par ces enquêtes montre avec évidence que ces faits ne sont pas aussi rares qu'on aurait pu le supposer. Mais quelle est leur valeur au point de vue scientifique? C'est ce qu'il est nécessaire d'examiner immédiatement.

Tout d'abord, faut-il admettre sans réserves la véracité des narrateurs ? Si l'on remarque que les témoignages sont pour la plupart de première main, qu'ils émanent de personnes intelligentes et instruites dont le bon sens n'a jamais été mis en question, et qui n'ont pas d'intérêt à mentir, on n'a aucune raison pour suspecter la réalité des faits qui sont rapportés. On ne voit pas pourquoi l'on repousserait les rapports de gens dont l'affirmation serait reçue devant n'importe quel tribunal, et dont les témoignages ne sont pas apportés pour soutenir une opinion religieuse quelconque, car beaucoup se défendent de croire au merveilleux. Comme rien n'est absolu ici-bas, on peut admettre qu'il s'est peut-être glissé quelques récits erronés ; mais, dans l'ensemble, il paraît absolument certain que les faits ne sont pas inventés, car en général, on ne s'amuse guère à plaisanter au sujet d'événements aussi douloureux, et beaucoup de personnes sont plutôt portées à dissimuler ces apparitions, dans la crainte d'être traitées de visionnaires, ou pour ne pas initier le public à des faits qui relèvent de la plus délicate intimité.

Ces preuves morales ont certainement une grande valeur et, cependant, elles n'ont pas suffi aux enquêteurs de la S. P. R. Dans tous les cas où cela a été possible, ils ont vérifié l'authenticité du phénomène, soit en prenant connaissance des notes ou des lettres écrites au moment même, soit en interrogeant séparément les témoins qui en ont entendu le récit et en vérifiant, d'autre part, dans des documents officiels, la date exacte et l'heure de la mort de l'agent. Dans ces conditions, nous devons donc admettre que l'existence de ces faits est incontestable.

Mais l'authenticité des faits ne dispense pas le savant d'une critique des témoignages, car ceux-ci peuvent être altérés de bonne foi par le narrateur, à la suite de différentes circonstances. C'est ainsi que les enquêteurs ont signalé la possibilité d'erreurs d'observation. Il arrive qu'on se trompe sur l'identité d'une personne. Il est possible de prendre par exemple un étranger pour un ami, et il peut se faire qu'à ce moment même cet ami meure et qu'on affirme l'avoir vu. Le plus souvent, on n'a pas à redouter cette confusion, l'apparition ayant lieu quand le percipient est seul, ou dans des conditions où il est tout à fait improbable qu'il commette cette méprise.

Des erreurs plus graves sont celles qui proviennent d'une narration inexacte, amplifiée ; d'autres d'une défaillance de la mémoire qui donne plus de valeur à certains détails, ou qui en oublie d'essentiels, ce qui modifie gravement le caractère des faits. Il est vrai qu'en ne tenant compte que des apparitions qui ont été racontées *avant* que le sujet ait eu connaissance de la mort de l'agent, et en vérifiant les assertions faites au moment même, on évite ces causes d'erreur.

C'est dans l'examen de ces éventualités que les membres de la S. P. R. ont fait preuve d'une vigilance et d'un sens critique parfaits.

Pendant de longues années, aucuns déplacements, aucunes démarches n'ont coûté pour arriver à la connaissance de la vérité complète ; c'est ce qui donne aux travaux de cette société une valeur inestimable. Une fois bien établie la réalité des phénomènes, il faut savoir en quoi ils ressemblent où en quoi ils diffèrent des hallucinations ordinaires. Cette tâche a encore été remplie avec beaucoup de discernement.

CARACTÈRES SPÉCIAUX DES HALLUCINATIONS TÉLÉPATHIQUES

Indépendamment des connaissances nouvelles que ces recherches nous font acquérir, elles ont eu aussi pour résultat de prouver que l'hallucination n'est pas nécessairement le symptôme d'un état pathologique. Suivant l'enquête entreprise par M. Gurney, un des secrétaires de la Société, il résulte que sur 5.705 personnes choisies au hasard. 117 ont eu, à l'état normal, dans l'espace de douze ans, une hallucination quelconque, dont 36 auditives et 26 visuelles, tandis qu'au contraire, les cas d'hallucinations véridiques bien constatés, recueillis et rapportés par lui et ses collègues, s'élèvent à 356, dont 271 visuelles et 85 auditives. Pour arriver à ce résultat, notons bien qu'on n'a pas accepté indistinctement tous les récits ; on a éliminé toutes les hallucinations :

1º Qui consistent dans la reproduction d'une sensation auditive ou visuelle qui ait réellement et vivement impressionné antérieurement le précipient ;

2º Celles qui se produisent comme résultat de l'anxiété éprouvée lorsque le sujet *savait* un de ses proches gravement malade ;

3º Celles que l'on constate dans l'angoisse, la douleur ou la terreur produites par un malheur ;

4º Celles qui sont causées par ce que l'on nomme l'attention propre.

Dans tous ces cas, il est évident que l'origine auto-suggestive est trop évidente pour qu'on puisse attribuer ces hallucinations à une cause extérieure, et si, par hasard, elles coïncident avec un fait réel, cette coïncidence n'a pas grande valeur.

Une fois cette sélection opérée, on constate que les hallucinations véritablement télépathiques ont des caractères spéciaux, qui servent à en former une classe nettement séparée des autres hallucinations. Voici les particularités qui les différencient des hallucinations auto-suggestives ou d'origine morbide :

1º Dans les hallucinations télépathiques, à l'encontre des autres, prédominent les hallucinations visuelles dans la proportion de 76 p. 100 sur les hallucinations auditives ;

2º Les hallucinations ordinaires sont généralement indistinctes, les figures ou les voix ne sont pas reconnues, alors que c'est le contraire pour les hallucinations télépathiques ;

3º Les cas où plusieurs sens concourent pour compléter l'apparition et lui donner toutes les apparences de la réalité prédominent dans les hallucinations télépathiques ;

4º Celles-ci ont aussi une telle intensité, un caractère si frappant de netteté, que le sujet les confond avec les sensations ordinaires, visuelles ou auditives, ce qui n'a pas lieu pour les hallucinations transitoires.

Mais le caractère le plus net, le plus frappant, celui qui, réellement, leur donne une valeur exceptionnelle, c'est la parfaite coïncidence entre l'hallucination et l'événement grave survenu au loin à un parent ou à un ami.

Peut-on attribuer cette coïncidence au hasard? c'est là une question dont l'importance est de premier ordre. Dans les 700 cas cités dans les *Fantômes de vivants*, presque toujours le percipient n'a eu dans toute sa vie que *cette seule hallucination*, et précisément elle concorde rigoureusement avec l'accident ou la mort d'une personne chère. Une semblable simultanéité, si souvent reproduite, ne peut pas être accidentelle. On sent qu'il y a *une relation de cause à effet* entre ces deux événements ; une action exercée par le mourant sur celui sur lequel ses pensées étaient concentrées. Les auteurs anglais ont appliqué à ces phénomènes le calcul des probabilités et sont arrivés ainsi à montrer: qu'il y a deux cent millions de chances contre une, pour que ce ne soit pas le hasard qui fasse coïncider l'hallucination d'un individu, qui n'a éprouvé que celle-là en douze ans, avec la mort d'un de ses parents.

M. Raphaël Chandos (1) a très bien mis ce point en lumière : Voici son argumentation :

On ne peut suspecter ni la bonne foi des narrateurs, ni, dans une certaine mesure, la précision de leurs observations. Mais est-ce tout ? M. Bard a vu, près du cimetière, le fantôme de Mme de Fréville, errer devant lui, précisément au moment où Mme de Fréville, qu'il ne savait pas malade, venait de mourir.

Pourquoi, dit-on, le hasard qui fait tant de rencontres extraordinaires, n'aurait-il pas amené cette image hallucinatoire ?

A dire vrai, cet argument me paraît détestable et bien plus facile à combattre que l'argument d'une observation incomplète et insuffisante.

Mais il se trouve cependant que cette objection est le plus communément alléguée. On dit :

« Voilà une hallucination, soit. Mais, si cette hallucination a coïncidé avec tel fait réel, c'est par une coïncidence fortuite, et non parce qu'il y a entre le fait et l'hallucination une relation de cause à effet. » Le hasard est un Dieu très commode, et qu'on peut invoquer dans les cas embarrassants. Pourtant, dans l'espèce, il n'a rien

---

(1) *Revue des Deux-Mondes*, 1887, p. 91.

à voir. Je suppose que M. Bard, par exemple, a eu dans les soixante ans de sa vie, une hallucination et une seule, cela fait bien par jour 1/22.000ᵉ de chance pour avoir une hallucination. En admettant que la coïncidence entre l'heure de la mort de Mme de Fréville et l'heure de son hallucination soit exacte, cela fait à raison de quarante-huit demi-heures par jour, une probabilité de près d'un millionième.

Mais ce n'est pas assez ; M. Bard eût pu, en effet, avoir d'autres hallucinations, car il connaît cent personnes autres que Mme de Fréville.

La probabilité de voir au jour dit, à l'heure dite, Mme de Fréville plutôt qu'une autre, est donc approximativement de 1/100.000.000ᵉ.

Si je prends quatre cas analogues, et si je les réunis tous les quatre, la probabilité d'avoir ces quatre coïncidences n'est plus d'un cent millionième, mais une fraction dont le numérateur sera 1 et dont le dénominateur aura trente zéros, nombre absurde, que nulle intelligence humaine ne peut comprendre, et qui équivaut à la certitude absolue.

Laissons donc de côté l'hypothèse du hasard. Il n'y a pas de hasard dans ces conditions. Si l'on insistait, nous reprendrions la vieille comparaison des lettres de l'alphabet jetées en l'air. Personne ne va supposer que les lettres en tombant puissent former l'*Iliade* tout entière.

Donc, ni la bonne foi des observateurs, ni le hasard des coïncidences fortuites extraordinaires ne peuvent être invoquées : il faut admettre qu'il s'agit de faits réels. Si invraisemblable que la chose paraisse, ces hallucinations véridiques existent ; elles ont pris pied dans la science, quoi qu'on fasse, et elles y resteront.

C'est la conclusion à laquelle arrivent tous ceux qui ont étudié attentivement ces faits. « L'action d'un être sur un autre à distance, dit Camille Flammarion, est un fait scientifique aussi certain que l'existence de Paris, de Napoléon, de l'oxygène ou de Sirius. » On trouve encore quelques tardigrades qui semblent ignorer ces questions, mais le nombre en diminue tous les jours et peu importe, après tout, leur opinion, puisque ce n'est que celle de l'ignorance ou du parti pris.

L'ACTION TÉLÉPATHIQUE

Si je me suis un peu étendu sur les hallucinations télépathiques, c'est qu'elles ont une importance de premier ordre, en ce sens qu'elles nous mettent en face de phénomènes où, pour la première fois, dans la science, nous constatons l'action à distance d'un esprit sur un autre sans l'intermédiaire des sens. Ces faits portent un coup terrible aux théories matérialistes, en mettant en évidence l'existence dans l'homme d'un agent intelligent, dont l'action semble s'exercer en dehors des limites de l'espace et du temps. C'est ce que les auteurs anglais ont bien compris et, avec leur courage habituel, ils vont droit au but, sans soucis du respect humain, ou des clameurs qu'ils provoquent dans le camp des négateurs de toute spiritualité. Méditons ce passage de la Préface, il en vaut la peine (1) :

> Un problème qui se pose tout naturellement, c'est de se demander en quelles relations se trouvent nos études avec la religion. Nous voulons éviter jusqu'à l'apparence d'attirer à nous les sympathies du public en nous engageant sur un autre terrain que le terrain de la science ; nous nous tiendrons dans les pages qui vont suivre dans les limites que nous nous sommes assignées, et nous parlerons aussi peu que possible de la lumière qui pourrait être jetée par les témoignages que nous avons réunis sur la possibilité d'une existence après la mort.
>
> Mais nous pensons que nous avons prouvé par l'expérimentation directe que deux esprits peuvent communiquer entre eux par des moyens que *ne peuvent expliquer les lois scientifiques connues* (2), et nous affirmons que, par nos recherches sur les phénomènes les plus élevés du magnétisme, nous en sommes arrivés à un point où certains faits étranges prennent un aspect intelligible. Il me semble tout à fait improbable que la télépathie puisse recevoir une explication purement physique, bien que cette explication soit logiquement concevable. Il est difficile de compter au nombre des forces de la nature matérielle une force qui, à l'encontre de toutes les autres, *semble n'être point diminuée par la distance, ni arrêtée par aucun obstacle*. Si donc la télépathie est un fait démontré, il faut introduire dans l'ensemble des faits d'expérience un élément nouveau *qui constituera un sérieux obstacle à la synthèse matérialiste*.
>
> Cette conception d'un *esprit actif et indépendant du corps*, tout à fait nouvelle dans la science expérimentale, se retrouve dans les formes les plus élevées de la religion. Nos expériences suggèrent l'idée qu'il peut exister entre les esprits des relations qui ne peuvent s'exprimer en termes de matière et de mouvement, et cette

(1) MARILLIER, *les Hallucinations télépathiques*, p. 7.
(2) C'est moi qui souligne dans tout le cours de cette citation.

idée jette une nouvelle lumière sur l'ancienne controverse entre la science et la foi. Si les faits que nous allons étudier sont établis (1), *la science ne pourra admettre plus longtemps qu'il soit impossible que d'autres intelligences que celles des hommes vivants agissent sur nous.*

Oui, en restant sur le ferme terrain de l'observation, les hallucinations télépathiques de morts sont très nombreuses ; et si l'on attribue à l'action de l'esprit de l'agent la télépathie entre vivants, il faudra bon gré mal gré, en dépit de toutes les horripilations et de tous les préjugés, reconnaître dans le second cas l'existence du même agent, alors même que son cerveau matériel pourrirait depuis longtemps dans sa tombe. Nous aurons l'occasion de voir que la démonstration de la survie ne repose pas seulement sur ce genre de preuves ; il en existe d'autres, encore plus démonstratives, mais il était intéressant de signaler que l'étude impartiale des apparitions conduit fatalement à la reconnaissance de la communication entre les vivants et les morts et, par conséquent, à la certitude de la vie future.

Revenons à notre étude des hallucinations véridiques entre vivants. L'existence des faits étant incontestable, comment les expliquer ? Nous venons de le voir, les auteurs anglais établissent une étroite corrélation entre leurs expériences de transmission expérimentale de la pensée et les hallucinations télépathiques.

Dans la conclusion de l'ouvrage sur les *Fantômes de vivants*, ils sont aussi nets :

« Je ne veux insister que sur un point, dit M. Gurney, la connexion intime qui unit les faits de télépathie expérimentale et les faits de télépathie spontanée. Si je n'avais été convaincu, par un ensemble d'expériences, qu'une pensée peut se transmettre d'un esprit à un autre, je ne sais trop l'effet qu'auraient produit sur moi les témoignages que nous avons recueillis relativement à la télépathie spontanée ; c'est parce que la transmission de pensée est à mes yeux un fait démontré, que j'ai le droit de donner la télépathie comme explication probable des hallucinations véridiques. »

---

(1) Nous avons vu que depuis que ce volume a paru, ces phénomènes ont continué d'être l'objet d'une étude sérieuse, et que chaque jour apporte des faits nouveaux qui grossissent le trésor des observations télépathiques.

Ainsi, ce serait la pensée du mourant qui, en influençant l'agent, déterminerait chez celui-ci une hallucination. Nous pouvons supposer que la nature de l'impression ressentie dépend du type mental auquel appartient le percipient. Chez un moteur, elle déterminera une impulsion à se déplacer ; sur un auditif, elle peut produire un bruit quelconque ou une voix, de la même manière que chez un visuel, ce sera une apparition.

Cette action de la pensée ne saurait être actuellement assimilée à aucune forme connue de l'énergie. La lumière, la chaleur, l'électricité se propagent bien à travers l'espace sans conducteur matériel, mais elles sont soumises à des lois telles que celle de leur affaiblissement en raison du carré de la distance ; elles se réfléchissent, se réfractent, se diffusent, alors que l'action télépathique semble franchir tous les obstacles pour arriver à son but, sans être jamais détournée de sa route. Si l'on suppose que c'est le cerveau matériel de l'agent qui engendre cette pensée, il existe une formidable disproportion entre la faiblesse des actions chimiques qui se produisent dans l'intimité de la cellule nerveuse et la grandeur de l'effet produit. Sans avoir la prétention de définir cette énergie particulière, nous pouvons lui donner un nom qui ne préjuge rien sur sa nature intime, nous l'appellerons la *force psychique*.

Si nous sommes ignorants quant à la nature de la force psychique, nous le sommes bien davantage encore en ce qui concerne la région du cerveau qui reçoit l'impression télépathique. M. Myers, qui a longuement étudié cette question, croit qu'il existe en chacun de nous une *conscience subliminale*, c'est-à-dire un territoire mental en dehors de la conscience ordinaire, de celle que nous connaissons, et il suppose que c'est cette partie subliminale qui est affectée par l'action télépathique, qui crée l'hallucination et qui la communique à la conscience normale.

Admettons cette explication, quel sera le siège de cette conscience ? Chacune des régions cérébrales semble avoir une spécialisation bien nette. Certaines sont affectées aux sensations internes, d'autres aux sensations extérieures, d'autres encore établissent des connexions entre les différentes parties, etc., et bien que nous soyons loin de connaître exactement le rôle de toutes les régions du cerveau, il n'en est pas moins admis qu'elles ne peuvent fonctionner normalement que sous l'influence des stimulants qui leur sont propres : la lumière pour le territoire cortical qui dépend de l'œil, le son pour celui de l'oreille, etc. (1). Mais puisque l'action télépathique ne ressemble à aucune forme connue de l'énergie, elle ne paraît pas capable d'exciter aucune de ces localisations. Il nous semble donc logique de supposer qu'il existe nécessairement une partie de l'organisme spécialement affectée à ces sensations, et si ce n'est pas le cerveau ordinaire, ce pourrait bien être ce corps spirituel, inconnu de la science, que les spirites appellent le périsprit. Nous allons constater, en effet, dans le chapitre suivant, que son existence est beaucoup moins hypothétique que l'on ne pourrait le supposer, en s'en tenant simplement à la classe de phénomènes signalés jusqu'ici.

Il est donc bien entendu que les apparitions dont il est question jusqu'alors ne sont vraiment que des hallucinations, c'est-à-dire des images mentales qui ont acquis subitement, sous une influence extérieure, une intensité assez grande pour ne plus être discernées des images des sens, mais elles n'ont aucune réalité externe ; elles ne correspondent à rien d'objectif, elles ne sont pas optiquement percevables. Cependant, leur origine n'est pas pathologique. Elles ont lieu pendant l'état normal, et elles coïncident exactement avec un événement grave survenu à l'individu qu'elles représentent, c'est pourquoi on les qualifie de *véridiques*, en opposition avec les hallucinations qui n'ont aucune cause extérieure.

Déjà, au milieu du siècle dernier, un médecin aliéniste de grand talent, Brierre de Boismont (2), a démontré que l'hallucination n'est pas nécessairement un symptôme de la folie, contrairement aux affirmations de Calmeil, de Lélut, de Leuret, etc. Les phénomènes de la télépathie sont venus confir-

(1) Les phénomènes d'audition colorée semblent établir que l'influx nerveux spécialisé est capable cependant d'agir sur des territoires corticaux différents, entre lesquels il existe des connexions anormales ; mais ces faits ne contredisent pas ce que j'avance relativement à l'action des agents *extérieurs*.

(2) Brierre de Boismont, *les Hallucinations*, p. 553.

mer cette thèse puisqu'on les observe, généralement, chez des personnes d'une parfaite santé, qui n'ont jamais éprouvé que l'hallucination qu'ils racontent. La vie mentale des narrateurs n'a subi aucune altération à la suite de la vision; elle a continué son cours comme par le passé, ce qui prouve qu'une hallucination unique est parfaitement compatible avec l'intégrité de la raison.

Tous les récits contenus dans les *Proceedings* peuvent-ils s'interpréter de cette manière? Toutes les visions sont-elles indubitablement des phénomènes mentaux, sans réalité extérieure? C'est à cette interrogation que je vais répondre; et sans faire de théorie, en examinant seulement les faits, je crois qu'il est possible d'affirmer que l'explication télépathique ne s'applique pas à tous les cas, même en lui donnant toute l'extension possible.

OUVRAGES A CONSULTER

The Procedings of the Society for psychical Research, 22 volumes.
Journal of the Society for psychical Research, 13 volumes.
Phantasms of the living, par Gurney Myers et Podmore, 2 volumes.
Proceedings and Journal of the American Society for psychical Research.
Les Hallucinations télépathiques, traduction française abrégée du *Phantasms of the living*, par M. Marillier.
Camille Flammarion, *l'Inconnu et les problèmes psychiques*.
Collection des *Annales des Sciences psychiques*, depuis 1891 jusqu'à ce jour.
Revue scientifique et Morale du Spiritisme, depuis 1896 jusqu'à ce jour.

CHAPITRE III

LES APPARITIONS TÉLÉPATHIQUES

Sommaire. — Les différents aspects de la télépathie. — L'image perçue est conforme à la réalité. — La clairvoyance télépathique. — La vue à distance est un phénomène certain. — Elle se produit pendant le sommeil du corps, ou à l'état normal. — Quelques exemples démonstratifs. Comment se produit la clairvoyance ? — Le percipient est vu à l'endroit qu'il voit lui-même. — Clairvoyance et apparitions simultanées. — Délivré de la mort par une apparition. — Une mère qui veut revoir ses enfants. — Différences entre les hallucinations véridiques et les apparitions télépathiques. — Les apparitions télépathiques montrent des détails caractéristiques inconnus du voyant, elles sont toujours une représentation de la réalité. — Les apparitions télépathiques se font voir aussi bien un peu avant la mort qu'un peu après qu'elle a eu lieu. — Les faits qui établissent la réalité de ces phénomènes sont nombreux. — Résumé.

LES DIFFÉRENTS ASPECTS DE LA TÉLÉPATHIE

En lisant l'ouvrage français intitulé : *les Hallucinations télépathiques*, traduction abrégée des *Phantasms of the living*, on constate que l'unique explication de tous les cas relatés est celle de la transmission de la pensée. C'est toujours la pensée de l'agent qui tantôt détermine une impulsion irrésistible chez le percipient pour l'obliger à faire un acte déterminé, par exemple pour le capitaine Kobé de se rendre au cimetière (1), ou qui se traduit par une hallucination auditive qui rappelle la voix de l'agent, comme cela eut lieu pour M. Fryer (2), ou enfin ressuscite l'image visuelle de cet agent avec tous les caractères de la réalité, ainsi que cela s'est passé pour Mlle Hosmer (3).

(1) Voir page 56.
(2) Voir page 58.
(3) Voir page 60.

Sans aucun doute, la pensée de celui qui est vu est la cause déterminante, en même temps que l'agent essentiel, de tout phénomène télépathique ; mais les effets produits par cette pensée ne se traduisent pas nécessairement et fatalement par des hallucinations du sujet. Si l'on étudie attentivement les cas relatés dans cet ouvrage, on constate qu'il en existe un certain nombre où le tableau qui s'est présenté devant les yeux du percipient lui a fait voir, non plus une image extraite de sa propre imagination, mais l'agent lui-même, tel qu'il était *vêtu à cet instant*, et accompagné parfois aussi des objets qui l'environnaient. Il paraît bien probable, dans ces exemples, que si la pensée est la cause qui a déterminé le phénomène visuel, ce n'est pas cette pensée elle-même qui en a véhiculé le contenu, à l'inverse de ce qui a lieu parfois dans l'étude expérimentale de la transmission de la pensée. C'est une difficulté que les savants anglais n'ont pas essayé d'affaiblir ou d'esquiver et, loyalement, M. Gurney écrit (1):

On peut se demander si nous avons le droit d'établir un lien entre les résultats expérimentaux que nous avons discutés dans les chapitres précédents, et les phénomènes que nous venons de décrire. J'ai dit que c'étaient des phénomènes de transition et qu'ils pouvaient nous permettre de passer des phénomènes de transmission expérimentale de pensée aux cas de télépathie spontanée ; *mais on pourrait soutenir qu'il y a un abîme infranchissable entre les phénomènes ordinaires de transmission de pensée et ces apparitions de l'agent* (2). La différence radicale, c'est que l'objet qui apparaît *n'est pas celui sur lequel s'était concentrée la pensée de l'opérateur* (3). L'aspect extérieur d'une personne tient relativement peu de place dans l'idée qu'elle se fait d'elle-même ; et cependant, c'est seulement cet aspect extérieur qui est perçu par le sujet.

Nous nous heurterons à cette même difficulté dans les cas de télépathie spontanée ; tant que l'impression produite sur l'esprit du sujet n'est que la reproduction d'une image ou d'une idée qui existe dans l'esprit de l'agent, on peut concevoir un fondement physiologique aux phénomènes de transmission de pensée. Mais l'interprétation des faits devient beaucoup plus difficile lorsque ce n'est plus l'image qui est présente à l'esprit de l'agent qui apparaît au sujet.

(1) *Les Hallucinations télépathiques*, p. 50.
(2) C'est moi qui souligne.
(3) *Les Hallucinations télépathiques*, p. 144. C'est moi qui soulignerai dans toutes les citations.

L'objection est très sérieuse. Expérimentalement, je dessine un polygone de six côtés, je concentre ma pensée sur cette figure, je m'efforce de projeter cette image jusqu'au cerveau du sujet, et je constate que l'expérience réussit. Il y a eu — d'une manière encore inexpliquée — transport de l'agent au percipient d'un dessin particulier, un hexagone et rien d'autre. Dans la télépathie spontanée, l'explication ne saurait être la même ; la pensée de l'agent ne transmet pas une image ; cette pensée paraît servir purement et simplement d'excitatrice pour déterminer l'hallucination du percipient, mais n'avoir rien en soi qui la motive, l'agent pouvant être couché et l'image télépathique le représenter habillé et se promenant. Appuyons encore sur ce point, qui est certainement des plus importants (1).

Dans la télépathie spontanée, A. est mourant, il pense à B.., celui-ci voit le fantôme de A, non tel que A se trouve au moment même, mais tel que B, en a l'image *dans son souvenir* ; c'est une hallucination construite de toutes pièces par le sujet B.., luimême, sous l'influence excitatrice de la pensée qui lui arrive. Mais si B, au lieu de voir des images de A qui dorment dans sa mémoire, aperçoit A.., devant lui, vêtu de son costume actuel, entouré des objets qui sont réellement autour de lui, l'explication du phénomène ne doit plus être la même que précédemment, car A.., mourant ou en danger, si sa pensée se dirige vers un être qui lui est cher, ne songe probablement pas en ce moment critique à son vêtement, et, cependant, c'est de celui-ci dont l'apparition se montre vêtue. Il n'est guère vraisemblable que l'idée intégrale, claire et distincte de sa personne existe à ce moment dans la pensée de A.., pas plus que l'idée de toutes les parties, de tous les traits de son visage pris individuellement et dans leur ensemble, pas davantage l'idée de sa structure, de son maintien, de sa démarche, et encore moins que tout, une idée photographique de sa toilette du moment. Cette interprétation du phénomène me paraît d'autant plus justifiée que, parfois, le mou-

---

(1) DURAND (DE GROS). *le Merveilleux scientifique*, p. 63. Lire sur ce sujet les réflexions pleines de bon sens de l'auteur, qui a été conduit logiquement aux mêmes conclusions que les spirites, en ce qui concerne la nécessité de cet organisme invisible que ceux-ci nomment *le Périsprit*. J'aurai l'occasion de signaler plus tard son argumentation si convaincante.

rant, tout en pensant à un être cher, n'a plus conscience de ce qui l'environne, l'agonie ayant commencé.

Il faut donc chercher une autre hypothèse que celle de l'hallucination pour expliquer les cas assez nombreux où la réalité elle-même est perçue par le voyant. Du moment que ce n'est pas l'agent qui transmet l'impression exacte du tableau, l'on doit se demander si son action ne produirait pas sur le percipient un état particulier, momentané, qui le rendrait capable de percevoir ce qui se passe au loin. Examinons le degré de probabilité de cette hypothèse.

Les magnétiseurs ont souvent signalé le pouvoir que possédaient leurs sujets, pendant l'état somnambulique, de lire dans les livres fermés ; de décrire exactement des personnes ou des événements éloignés, malgré l'occlusion des yeux, l'absence de lumière et les obstacles interposés. Ils ont baptisé cette vision spéciale des noms de *lucidité* ou de *clairvoyance*. Cette faculté remarquable était déjà assez connue des anciens pour avoir pris place dans le théâtre grec. Il y a dans les *Cléophores* d'Eschyle une admirable scène où Cassandre, possédée de l'esprit de Python, raconte au chœur frémissant d'épouvante toutes les péripéties du meurtre d'Agamemnon, au moment même où Clytemnestre et Egisthe l'exécutent.

La science officielle a nié la possibilité de ces phénomènes ; mais comme elle repoussait avec la même intransigeance, étroite et sectaire, les autres affirmations des magnétiseurs relativement à des faits qu'elle est obligée maintenant de reconnaître comme véridiques — tels que l'insensibilité des sujets ou le pouvoir de la suggestion, — nous avons le droit de penser que sa négation était mal fondée, d'autant mieux que la vision sans le secours des yeux se montre fréquemment dans les récits publiés par la *Société Anglaise de recherches pyschiques*, ce qui nous incite fortement à supposer que cette faculté existe réellement. Nous pouvons donc imaginer que dans les cas dont nous parlons actuellement, il se passe quelque chose de semblable. Sous l'influence de la pensée qui lui parvient, le percipient éprouverait une modification interne qui, au lieu de se traduire par une hallucination, aurait pour résultat de développer en lui un somnambulisme temporaire, de manière à lui permettre — par lucidité — de voir l'agent, et parfois même l'événement auquel ce dernier est mêlé. Dans ce cas, nous serions en présence d'un fait de clairvoyance, dont l'origine serait télépathique. La manie des termes grecs a fait donner aussi à ce phénomène le nom de *télesthésie*.

Sans plus tarder, je relate quelques exemples, toujours empruntés aux auteurs anglais, à cause de la sûreté de leurs documents.

CLAIRVOYANCE TÉLÉPATHIQUE PENDANT LE SOMMEIL ORDINAIRE

XLVII (183). *Mme Richardson, Coombe Down, Bath* (1).

26 août 1882.

Le 9 septembre 1848, au siège de Moultan, mon mari, le major-général Richardson, chevalier du Bain, alors adjudant de son régiment, fut très grièvement et dangereusement blessé, et croyant qu'il allait mourir, il pria un des officiers qui l'accompagnaient de prendre la bague qui se trouvait à son doigt et de l'envoyer à sa femme qui se trouvait à ce moment à Ferozepore à une distance d'au moins 150 milles anglais.

Dans la nuit du 9 septembre 1848, j'étais couchée dans mon lit, à moitié endormie, *quand je vis distinctement mon mari qu'on emportait du champ de bataille, et j'entendis sa voix disant :* « *Otez cette bague de mon doigt et envoyez-la à ma femme.* » Pendant toute la journée suivante, il me fut impossible de me débarrasser de l'impression causée par ce que j'avais vu et entendu. J'appris peu après que le général Richardson avait été grièvement blessé à l'attaque de Moultan. Il survécut cependant, et il est toujours vivant. Ce ne fut que peu de temps après le siège que j'appris par le colonel L..., l'officier qui aida à transporter le général Richardson loin du champ de bataille, que sa demande à propos de la bague avait réellement été faite, *juste au moment où je l'avais entendue à Ferozepore*.

M. A. RICHARDSON.

Le général Richardson, en réponse aux questions qui lui sont posées, confirme ainsi le témoignage de sa femme :

1° Le général R..., se rappelle-t-il avoir dit, au moment où il fut blessé à Moultan : « Otez cette bague de mon doigt et envoyez-la à ma femme » ou des paroles du même genre ?

(1) *Les Hallucinations télépathiques*, p. 144.

— Très distinctement je fis cette demande à l'officier qui commandait, le major E. S. Loyd qui me soutenait pendant que son domestique allait chercher du secours. Je regrette d'avoir à dire que le major Loyd est mort.

2° Peut-il se rappeler à quelle heure la chose se passait ? Était-ce le matin, l'après-midi ou la nuit ?

— Autant que ma mémoire peut me servir, j'ai été blessé à 9 heures du soir environ, le dimanche 9 septembre 1848.

3° Le général R... avait-il, avant de quitter sa demeure, promis ou dit quelque chose à Mme R..., au sujet de l'envoi de sa bague, dans le cas où il serait blessé ?

— Autant que je puis me rappeler, jamais je n'avais eu aucun pressentiment à ce sujet. Je sentais naturellement qu'avec un feu comme celui auquel nous étions exposés, je pourrais être blessé.

Ce cas me paraît justifier les raisonnements précédents. Le général a pensé à sa femme, comme l'indique l'épisode de la bague. La coïncidence entre l'accident et la vision de Mme Richardson est parfaite, malgré la distance, l'obscurité et le sommeil du sujet. Peut-on supposer que le général ait concentré sa pensée sur le tableau représentant le champ de bataille, sur ceux qui le soutenaient, sur la position de son corps, sur les paroles qu'il prononçait. Évidemment non ; sa blessure et ses préoccupations militaires ne devaient guère lui laisser cette liberté d'esprit. Il est plus facile d'imaginer un phénomène de clairvoyance de Mme Richardson, phénomène dont le point de départ est la pensée active de son mari. Nous allons constater que la même explication convient encore à d'autres récits semblables.

*
* *

XXVIII (108). *Rev. Can. Warburton* (1).

The Close, Winchester, le 16 juillet 1883.

Je partis d'Oxford, c'était, je crois, en 1848, pour passer un jour ou deux avec mon frère, Acton Warburton, alors avocat, qui demeurait 10, Fish Street, Lincoln's Inn. Lorsque j'arrivai chez lui, je trouvai un mot de lui sur sa table ; il s'excusait d'être absent et me disait qu'il était allé au bal quelque part dans le West End, et qu'il

---

(1) *Les Hallucinations télépathiques*, p. 107.

avait l'intention de rentrer peu après une heure. Au lieu d'aller me coucher, je restai à sommeiller dans un fauteuil, mais à une heure exactement, je m'éveillai en sursaut en m'écriant : « Par Jupiter, il est par terre ! » Je voyais mon frère qui sortait d'un salon sur un palier brillamment éclairé, se prenait le pied à la première marche de l'escalier et tombait la tête en avant, ne parant le choc qu'avec ses coudes et ses mains. (Je n'avais jamais vu la maison et je ne savais pas où elle se trouvait.) Me préoccupant fort peu de l'accident, je sommeillai de nouveau pendant une demi-heure et je fus réveillé par l'entrée brusque de mon frère qui me dit : « Oh ! vous voilà ! J'ai risqué de me casser le cou autant que jamais dans ma vie. En quittant la salle de bal je me suis accroché le pied et je suis tombé tout de mon long en bas de l'escalier. »

C'est tout. Ce peut avoir été « seulement un rêve », mais j'ai toujours pensé qu'il devrait y avoir quelque chose de plus.

M. WARBURTON.

Le chanoine Warburton ajoute dans une seconde lettre :

20 juillet 1883.

Mon frère était fort pressé de rentrer du bal, ayant quelque remords de n'avoir pas été chez lui pour recevoir son hôte. Aussi est-il probable qu'il pensait à moi. Toute la scène se présenta vivement à moi sur le moment, mais je n'en ai pas plus noté les détails que je ne l'aurais fait dans la vie réelle. J'avais l'impression générale d'un palier étroit brillamment éclairé, et je me *rappelle que j'ai vérifié l'exactitude de ce que j'avais vu*, en questionnant mon frère au moment même.

Dans une conversation, ajoute le rédacteur, le chanoine Warburton me dit que, dans la scène qu'il a vue, il y avait une horloge et des tables disposées pour les rafraîchissements, et que son frère avait confirmé *l'exactitude de ces détails*.

Il me paraît que le hasard est impuissant à expliquer la coïncidence du rêve du chanoine et de l'accident de son frère, à cause des détails exacts concernant le palier, l'escalier, l'horloge, les rafraîchissements placés à cet endroit, les circonstances de la chute, etc. C'est bien la faculté de voir sans le secours des yeux qui s'exerce dans ce cas, comme dans le suivant, où la distance qui sépare le voyant de la scène à laquelle il assiste est beaucoup plus considérable.

XXIX (123). *M. G. Burges, 4, Lincoln's Inn Fields* (1).

1879.

Quoique je sois à présent *solicitor*, j'ai été marin pendant les huit premières années de ma carrière. Dans un de mes voyages, étant second officier à bord d'un vaisseau des Indes, j'occupais une cabine en commun avec le médecin du bord. Le médecin s'appelait John Woolcott. En ma qualité de second officier, j'avais naturellement le quart du milieu, c'est-à-dire que je devais être sur le pont chaque nuit de minuit à quatre heures. Je descendis dans ma cabine à la fin du quart, vers quatre heures et demie du matin, et j'allai me coucher comme d'habitude. Quelque temps avant que je remontasse pour aller reprendre le quart à huit heures, le docteur me réveilla en me disant qu'il venait de faire un rêve horrible. Il lui semblait qu'il apercevait sa mère mourante et que, pendant qu'elle était dans cet état, un de ses cousins, médecin lui aussi, chirurgien dans l'artillerie et qu'il croyait en Chine à ce moment (c'était à l'époque de la guerre avec la Chine, en 1845), entrait tout d'un coup dans la chambre. Quand il vit sa tante, il dit : Vous vous trompez tout à fait sur ce qu'elle a. Elle ne meurt pas de ce que vous dites, mais de tel autre mal qu'il avait nommé. Je ne me rappelle pas à présent quelles étaient les maladies, mais la différence entre elles était bien définie et bien marquée. Il dit encore qu'un autre chirurgien, qui vit encore et dont je ne voudrais pas publier le nom, était présent et qu'il insista en disant que la malade mourait de la maladie qu'on lui avait d'abord attribuée.

Le docteur fut depuis ce temps, jusqu'à la fin du voyage, tellement abattu par l'impression que son rêve lui avait causée, que tout le monde le remarquait. Quand notre vaisseau arriva dans le dock des Indes, il revint près de moi lorsqu'il était sur le point d'aller à terre ; il m'était alors impossible de quitter le vaisseau aussi vite que lui. « Tout est bien, mon vieux, me dit-il, le rêve m'avait trompé, mon frère Edouard est là sur le quai, il m'attend et il n'est pas en deuil. »

Malheureusement, la vérité était cependant que sa mère était morte ; son cousin, le chirurgien, était revenu de Chine avec un convoi de blessés, et il avait été présent au lit de mort comme mon camarade l'avait rêvé. Son frère, en venant à sa rencontre, avait mis des habits de couleur pour ne pas lui donner un choc trop brusque.

G. B.

M. Woolcott, chirurgien consultant du Kent County Oph-

(1) *Les Hallucinations télépathiques*, p. 108.

talmic Hospital, à qui on avait envoyé le récit ci-dessus, nous a écrit ce qui suit :

> 4 *Elms Park Terrace, The Elms, Ramsgate.*
> le 30 décembre 1883.

Ce qui est rapporté dans ce récit de la mort de ma mère et du rêve que j'ai fait en mer est exact. Le rêve et la mort ont eu lieu en même temps ou à quelques jours d'intervalle. Je me trouvais à bord du *Plantagenet*, vaisseau des Indes, et nous venions de quitter le cap de Bonne-Espérance dans notre voyage de retour. J'y avais encore reçu des lettres de la maison affirmant que tout allait bien.

Il y a eu quelque chose de plus dans le rêve que ce que l'on vous a raconté, cela se rapportait à une *autopsie*, mais cela est trop pénible pour que j'y insiste ; il s'agissait de la différence d'opinion qui existait entre les médecins relativement à la nature de la maladie dont ma mère était morte. Je pense qu'il y a dans ce rêve que j'ai fait en mer en 1845, un détail très remarquable, c'est l'idée qui m'est venue qu'un de mes cousins, chirurgien de l'artillerie royale, était au lit de mort de ma mère. *Tel avait été le cas en effet.* Je pensais qu'il était encore en Chine, et je n'avais aucune idée du moment où il reviendrait en Angleterre. Mais il était revenu inopinément et il avait été appelé en consultation auprès de ma mère comme cela vous a été raconté.

Mon cousin était James, E. T. Parett, ex-chirurgien de l'artillerie royale, qui est mort maintenant. Ce rêve m'a fréquemment obsédé pendant le reste de mon voyage, et plusieurs fois dans la nuit je me réveillais en y pensant ; je ne pouvais m'en débarrasser.

JOHN WOOLCOTT.

Il est évident que le détail de la présence du cousin donne une très grande valeur à ce cas, et que la discussion entre les médecins au chevet de la mère mourante, n'a pas pu être inventée. Donc, encore ici, le hasard ne donne pas l'explication de ces connaissances supra-normales et il faut trouver une autre hypothèse. La clairvoyance est manifeste ; nous chercherons tout à l'heure en quoi elle consiste réellement.

Chose à noter, cette vision à distance peut se produire aussi pendant le cours de la vie ordinaire, mais alors le sujet semble être dans un état spécial, intermédiaire entre le sommeil et la veille. En voici quelques exemples :

LA CLAIRVOYANCE PENDANT LA VEILLE

XVIII (63) (1). Le récit suivant est dû à une dame qui s'occupe activement d'œuvres de charité, et qui est aussi peu visionnaire et d'esprit aussi positif qu'il est possible. Elle ne prend pas à nos recherches un intérêt spécial, et ne veut pas que son nom soit publié, parce que ses amis n'ont pour ces questions ni sympathie ni grand respect.

Le 9 mai 1883.

Ce que je vais raconter est arrivé ce janvier dernier, un mardi. Je devais partir pour une de mes visites habituelles à Southampton. Dans la matinée, je reçus une lettre d'un ami, qui me disait qu'il allait à la chasse ce jour-là, et qu'il m'écrirait le lendemain matin, de sorte que je trouverais sa lettre à mon retour. Dans le train, étant fatiguée, je laissai tomber mon livre et fermai les yeux. Voici la scène qui se présenta aussitôt devant moi : Un terrain de chasse et deux hommes à cheval se préparant à sauter par-dessus un petit mur de pierre ; le cheval de mon ami s'élança, *ne put franchir le mur et tomba sur la tête en jetant son cavalier en bas* (2). Toute la scène s'évanouit. J'étais parfaitement éveillée pendant tout ce temps-là. Mon ami est bon cavalier, et il n'y avait pas de raison pour qu'un pareil accident lui fût arrivé.

Immédiatement à mon arrivée à Southampton, je lui écrivis, lui disant tout bonnement que je savais qu'il avait fait une chute et que j'espérais qu'il ne s'était pas fait mal. A mon retour, le mercredi, fort tard dans la nuit, comme je ne trouvais pas la lettre promise, j'écrivis quelques lignes à mon ami pour lui dire que j'espérais avoir des nouvelles de sa *chute* le lendemain. Le soir même de mon retour, je racontai à deux personnes ce que j'avais vu ; et j'avais même parlé de ce qui m'était arrivé dans le train à des amis avec lesquels je dînais ce mardi soir, et tous s'étaient mis à rire de moi.

Le jeudi matin je reçus une lettre de mon ami. Il me racontait qu'il *avait fait une chute en voulant sauter par-dessus un petit mur de pierre*, que le cheval n'avait pu le franchir et *était tombé sur la tête*, et que lui-même n'étant pas grièvement blessé, était remonté à cheval un peu plus tard. Lorsqu'il m'avait écrit, il n'avait encore reçu aucune de mes lettres : une lettre du mardi n'était arrivée en Écosse que le jeudi matin et celle du mercredi le vendredi. Lorsqu'il reçut mes lettres, il dit seulement que je devais avoir dormi.

(1) *Les Hallucinations télépathiques*, p. 82.
(2) C'est moi qui souligne dans tout le cours de la narration.

Rien de semblable ne m'était arrivé antérieurement, ni rien de pareil ne m'est arrivé depuis. Tout me sembla très naturel et ne m'alarma pas du tout.

Les auteurs anglais ajoutent :

Dans une entrevue personnelle, Mme B... nous dit que sa vision avait eu lieu vers trois heures de l'après-midi et qu'elle avait appris de son ami que l'accident se passa « après le déjeuner ». Elle ne pensa pas une minute qu'un malheur (*desaster*) fut arrivé, elle était sûre que son ami n'avait pas eu de mal. Elle ne peut dire si elle avait les yeux fermés ou ouverts et elle est sûre de n'avoir jamais eu d'impression du même genre.

Toujours les mêmes caractères : vision exacte, malgré la distance et les objets interposés, d'une scène qui se déroule au loin. Dans ce cas, la dame ferme les yeux. Il se peut que le tableau de l'événement se présente tout à coup devant les yeux du sujet, alors que celui-ci a l'esprit occupé de tout autre chose. C'est ce que l'exemple suivant montre parfaitement.

***

XI (20) *Mme Bellany, 2, Eckinglon Villas, Ashbourne Grove, Dulvich* (1).

Novembre 1889.

Lorsque j'étais enfant, j'ai éprouvé beaucoup d'impressions fort remarquables et je me souviens bien que je les regardais alors comme quelque chose d'ordinaire et de naturel.

Une fois (je ne puis fixer la date, mais il me semble que j'avais environ dix ans) je marchais dans une ruelle à A... l'endroit où habitaient mes parents. Je lisais ma géométrie en cheminant, c'est un sujet peu propre à produire des visions et des phénomènes morbides d'aucune sorte. Cependant à un certain moment, je vis une chambre à coucher, qu'à la maison on appelait la chambre blanche, et sur le plancher était couchée ma mère, morte d'après toutes les apparences. La vision doit avoir duré quelques minutes, pendant lesquelles ce qui m'entourait sembla pâlir et s'effacer ; mais lorsque la vision disparut, ce qui m'entourait reparut, obscurément d'abord, puis clairement.

Je ne pus douter que ce que je venais de voir était vrai ; aussi, au

(1) *Les Hallucinations télépathiques*, p. 73-74.

lieu de retourner chez nous, j'allai tout droit à la maison de notre médecin que je trouvai chez lui. Il partit tout de suite pour m'accompagner chez nous ; en route il me posait des questions auxquelles je ne pouvais répondre, parce que, d'après toutes les apparences, ma mère se portait parfaitement bien lorsque je l'avais quittée.

Je conduisis le docteur directement à la chambre blanche, *où nous trouvâmes en réalité ma mère dans la position où je l'avais vue dans ma vision.* Tout était exact jusque dans les moindres détails. Elle avait brusquement été atteinte d'une attaque de cœur, et elle aurait rendu le dernier soupir si le docteur n'était arrivé à temps. Je demanderai à mon père et à ma mère de lire ce récit et de le signer.

Jeanie Gwynne-Bettany.

Nous attestons que le récit ci-dessus est exact.

S. G. Gwynne, J. W. Gwynne.

En réponse aux questions qui lui sont posées, Mme Bettany dit :

1° Je n'étais nullement inquiète de ma mère au moment où je vis la vision que j'ai décrite. Elle était bien portante comme d'habitude, lorsque je l'avais quittée.

2° Un accident un peu semblable était une fois arrivé à ma mère. Elle avait fait une promenade à cheval, et le cheval la rapporta à notre porte, évanouie et à moitié tombée de la selle. Il y avait déjà longtemps que cela était arrivé et elle ne montait plus à cheval depuis. Une maladie de cœur s'était déclarée. *Elle n'avait pas l'habitude de s'évanouir*, à moins qu'elle ne fût prise d'une attaque de cœur. En dehors des attaques elle avait l'air d'être bien portante, et elle se conduisait comme une personne bien portante.

3° Le cas que j'ai décrit est le seul, je crois, où j'aie vu une scène qui, occupant en apparence le champ réel de la vision, ait fait disparaître les objets qui étaient réellement présents. J'ai eu d'autres visions dans lesquelles j'ai vu des événements tels qu'ils se passaient en *réalité* à un autre endroit, mais j'ai toujours eu conscience en même temps de ce qui m'entourait réellement.

Pour répondre à de nouvelles questions, Mme Bettany ajoute :

1° Personne ne pourrait dire si ma vision précédait le fait ou si elle le suivait. On pensait que ma mère était sortie. Personne ne s'aperçut que ma mère était malade jusqu'à ce que j'aie conduit le médecin et mon père que j'avais rencontré à la porte, à la chambre où nous trouvâmes ma mère comme je l'avais vue dans ma vision ;

2° Le médecin est mort. Il n'a pas laissé de parents. Personne à A... n'a rien su de cet incident.

3° On ne se servait pas de la chambre blanche où je vis ma mère et où je la trouvai ensuite en réalité. Il était tout à fait invraisemblable qu'elle y fût allée. *Nous la trouvâmes couchée dans l'attitude même où je l'avais vue ; il y avait un mouchoir, garni de dentelles, sur le sol à côté d'elle ; j'avais vu distinctement ce mouchoir dans ma vision.* Il y a d'autres coïncidences de détails que je ne puis indiquer ici.

Enfin, le père de Mme Bettany complète le récit par la note suivante :

Je me rappelle distinctement que je fus bien surpris de rencontrer devant la porte de la maison ma fille en compagnie du médecin de notre famille.

Je lui demandai : « Qui donc est malade ? — C'est maman », me répondit-elle en nous conduisant tout droit à la « chambre blanche », où nous trouvâme ma femme en syncope, par terre. Je lui demandai quand elle s'était trouvée mal ; d'après ce qu'elle m'a dit, je pense qu'elle devait s'être évanouie après que ma fille avait quitté la maison. Aucun domestique ne savait rien de cette subite maladie qui, à ce que m'assura le médecin, aurait eu une issue *fatale*, s'il n'était pas arrivé à ce moment même.

Ma femme était tout à fait bien portante lorsque je l'avais quittée le matin.

S.G. Gwynne.

La confirmation par M. et Mme Gwynne de l'exactitude du récit de leur fille donne à ce cas la valeur qu'il n'aurait pas eue sans cela, la clairvoyance s'étant produite pour Mme Bettany à l'âge de dix ans, on eût pu suspecter l'exactitude de ses souvenirs. Dans cet exemple, il paraît évident que la scène vue par la fillette n'était pas transmise par la pensée de la mère qui, prise tout à coup de syncope, n'a pas pensé, certainement, à son aspect physique, pas plus qu'au mouchoir de dentelle qui était tombé sur le parquet. Cette fois encore, la transmission d'images est improbable, et la vision ordinaire n'explique rien. A retenir également que les objets environnants disparaissent pour la voyante, qui est transportée, idéalement, sur le lieu de l'accident.

COMMENT SE PRODUIT LA CLAIRVOYANCE?

N'écrivant pas un traité spécial, je bornerai ici mes citations, en priant le lecteur de ne pas croire que ces quelques récits sont des faits isolés, et si anormaux que l'on ne puisse pas en tenir compte dans une généralisation. L'ouvrage de M. Camille Flammarion : *l'Inconnu et les Problèmes psychiques* (1) en contient un assez grand nombre ; et dans les livres de Du Potet (2), Teste (3), Charpignon (4), Lafontaine (5), et ceux plus modernes du comte de Maricourt (6), du docteur Bain sur l'*Autoscopie Interne*, — qui n'est autre que la vision par les somnambules de l'intérieur de leur corps, — on rencontre ce phénomène si souvent observé, que le doute sur sa réalité ne semble plus possible. Pour ceux qui ont besoin d'un témoignage officiel, je rappellerai les affirmations du docteur Husson, rapporteur de la commission nommée par l'Académie de Médecine en 1831.

Nous considérerons donc comme bien établi : que soit pendant la veille, soit dans le sommeil ordinaire ou provoqué, soit enfin à la suite d'une action télépathique, la clairvoyance peut se déclarer. Comment expliquer ce pouvoir anormal ?

Nous savons que les organes des sens sont rigoureusement spécialisés. L'œil n'est sensible qu'aux vibrations lumineuses, et

(1) Camille Flammarion, *l'Inconnu et les problèmes psychiques*, p. 452. Lire tout le chapitre intitulé : « La vue à distance, en rêve, des faits actuels ». On constatera combien ce phénomène est plus fréquent qu'on ne le croirait au premier abord. Répétons que la multiplicité des témoignages, et leur concordance générale, malgré la diversité des épisodes, est un argument de premier ordre pour établir l'existence de ce pouvoir.
(2) Du Potet, *Traité de Magnétisme*, édit. de 1883, voir pp. 65 à 83 et 88. Rapport du docteur Husson, *Clairvoyance*, p. 122. *La Voyante de Prévorst*, p. 222, traduction française du docteur Dusart, Leymarie, édit.
(3) Docteur Teste, *le Magnétisme animal expliqué*, p. 234 et suiv.
(4) Docteur Charpignon, *Physiologie, médecine et métaphysique du magnétisme*, p. 86 et suiv.
(5) Lafontaine, *l'Art de Magnétiser*, p. 99 et suiv. Vue à distance d'une réunion agitée, par une dame étrangère qui ne connaissait pas Paris.
(6) De Maricourt, *Souvenirs d'un magnétiseur*, p. 70 et suiv. Naufrage annoncé par une somnambule naturelle.

encore à celles seulement qui sont comprises entre le rouge et le violet; au delà de ces limites, c'est l'absence de sensation, la nuit profonde. Il est non moins sûr que la portée de la vision est bornée par la distance et les obstacles. Cependant, puisque la clairvoyance permet de voir distinctement des scènes qui se passent à des centaines de lieues, pendant la nuit, en dépit des murs, des montagnes, etc., il faut en conclure que la lumière réfléchie par le paysage lointain n'est pour rien dans le phénomène, et que ce n'est pas non plus l'œil physiologique qui perçoit le tableau éloigné. Il est admis également qu'il existe un rapport étroit entre les organes des sens et les parties centrales du système nerveux dont ils ne sont que des prolongements; donc le cerveau matériel paraît également étranger à la production du phénomène.

C'est parce que ces déductions s'imposent logiquement, que les savants matérialistes ne veulent pas entendre parler de ces faits, et qu'ils s'efforcent de faire croire que jamais on n'a pu en constater d'authentiques. Mais le préjugé, qu'il soit populaire ou scientifique, doit disparaître un jour ou l'autre, c'est pourquoi nous n'avons à tenir compte que des *faits* qui, soyons-en sûrs, survivront à tous les systèmes. Envisageons donc hardiment ceux-ci.

D'après ce que nous avons vu, pour comprendre comment peut se produire la vision à distance, il me semble que trois hypothèses seulement sont possibles:

1° Ou bien la pensée de l'agent transmet au clairvoyant l'image de sa personne et celle des objets environnants;

2° Ou c'est la vision normale du sujet qui acquiert une hyperacuité extraordinaire;

3° Ou, enfin, la pensée de l'agent détermine une extériorisation de l'âme du percipient, qui se rend à l'endroit perçu par clairvoyance.

Bien que cette troisième hypothèse paraisse compliquée, c'est celle qui me semble la plus probable pour expliquer les faits.

J'ai signalé les raisons qui me portent à rejeter l'explication purement télépathique, celle d'une transmission d'images, puisque l'agent ne songe pas à lui-même au moment de son accident, pas plus qu'aux objets ou aux personnes qui l'environnent, et que c'est cependant son image et le tableau exact de l'événement que le sujet perçoit.

Peut-être pourrait-on supposer que chacun de nous possède en soi un fac-similé de son apparence extérieure, et que lorsque la pensée est transmise télépathiquement, c'est cette image qui arrive au cerveau du percipient? Sans doute, nous savons que la transmission des images est démontrée expérimentalement, et il doit exister dans l'esprit de tout homme une représentation de lui-même, constituée par l'association de toutes les sensations visuelles directes, par celles que nous acquérons en nous regardant dans des glaces, etc.

Mais cette image mentale peut-elle se détacher de l'ensemble des autres images, en nombre énorme, qui existent dans le caveau, sans aucune action volontaire de l'agent? Peut-être existe-t-il en nous une semblable possibilité, car un phénomène relativement assez fréquent est celui qui consiste à se voir soi-même (autoscopie) et parfois ce fantôme, ce double, est vu aussi par des étrangers. On pourrait donc admettre qu'il y a projection involontaire et inconsciente de l'image interne de l'agent qui, agissant sur l'esprit du percipient, s'y imprimerait avec assez de force pour donner lieu à une hallucination possédant tous les caractères de la réalité. Mais comment expliquer alors que le même influx mental transmette également une image photographique de la scène qui entoure l'agent, et surtout de faits qui se sont produits quand cet agent avait déjà perdu connaissance, comme dans le cas de la mère de Mme Bettany?

Dans ce genre de clairvoyance, je trouve plus conforme aux faits la supposition que c'est le percipient qui *voit*, que celle qui admet que l'agent transmet toute la scène à laquelle il est mêlé.

Il me paraît également improbable que la clairvoyance s'exerce par un fonctionnement anormal de l'œil, car pour supposer une extension formidable, prodigieuse de la vision, on ne peut logiquement imaginer autre chose qu'une exaltation de ses propriétés ordinaires, poussées à leurs dernières limites. Mais, justement, tel n'est pas le cas. Lorsque la clairvoyance a lieu pendant le sommeil, l'œil est fermé, la lumière est absente, en un mot, aucune des conditions nécessaires à la vision physiologique n'existe ; d'où cette conclusion que l'œil ne joue aucun rôle dans la clairvoyance.

Soit, dira-t-on, l'œil n'y est pour rien ; admettons que la faculté de voir existe indépendamment des organes qui normalement en assurent le fonctionnement, mais sur quoi vous appuyez-vous pour assurer que cette vision ne s'exerce pas de l'endroit même où se trouve le voyant, au moment du phénomène ?

Ce qui me fait pencher vers l'hypothèse que la vision est due au déplacement de l'âme, c'est que, très souvent, le percipient est vu lui-même corporellement par l'agent. Supposer qu'il y a eu une hallucination réciproque n'explique pas mieux les faits que dans le cas de la clairvoyance simple, et pour les mêmes raisons que celles que j'ai exposées plus haut.

Ces conséquence découlent logiquement, impérieusement, de nos connaissances physiologiques les plus certaines. Du moment que les organes des sens ne jouent aucun rôle dans le phénomène de la clairvoyance, nous sommes obligés d'admettre qu'il existe en nous un organisme capable de donner au *moi* des perceptions visuelles *extra-sensorielles*, en même temps que l'existence d'un agent spécial capable d'impressionner cet organe, inconnu jusqu'alors de la science. Les spirites ont donné le nom de *périsprit* (de *péri*, autour; *spiritus*, l'esprit) à cet organisme que ne révèlent ni le scalpel ni le microscope, mais que la plaque photographique fait connaître, comme nous le verrons plus tard.

Afin de ne pas anticiper, je prétends, actuellement, que le moi, l'âme, l'esprit, ces mots sont pour moi synonymes, peut sortir du corps, se déplacer dans l'espace, en un mot s'extérioriser, pour aller prendre connaissance de l'événement qui l'intéresse. C'est la pensée de l'agent qui est l'excitateur nécessaire pour amener ce dégagement. Comment pourra-t-on savoir si cette hypothèse est exacte ?

Simplement en constatant : 1° Que le voyant a la sensation d'être transporté à l'endroit où se déroule la scène qui lui apparaît, et 2° que le percipient voit au même moment le fantôme, le double, en un mot l'apparition de son parent ou de son ami.

En effet, si en même temps que le clairvoyant assiste à l'événement, il est vu à cet endroit par une ou plusieurs personnes, il faudra bien admettre d'abord que *quelque chose* s'est détaché de lui pour se rendre là ; et comme ce quelque chose est doué de la propriété de voir et de la mémoire, puisqu'il se souvient, nous dirons que c'est l'âme du voyant qui prend connaissance du monde extérieur, autrement que d'habitude, c'est-à-dire par une action extra corporelle ; ensuite, l'apparition étant visible optiquement, pour plusieurs personnes, c'est qu'elle possède indubitablement une certaine substantialité.

Cette conception d'une âme se séparant momentanément de son corps est si nouvelle, si invraisemblable même au premier abord, aussi bien pour les spiritualistes que pour les matérialistes, qu'il nous faudra des preuves sérieuses pour l'adopter. Nous constaterons par la suite qu'elles sont très nombreuses et très convaincantes. Je commence par citer quelques-uns des exemples recueillis par les auteurs anglais, car, il faut le répéter encore, ici il ne s'agit pas d'anecdotes plus ou moins véridiques, nous sommes en présence de documents qui semblent à l'abri de toute critique sérieuse.

CLAIRVOYANCE ET APPARITION SIMULTANÉES

CXIV (1) (35). *Révérend Newnham, Maker Vicarage, Devonport.*
Au mois de mars 1854, j'étais à Oxford, je faisais ma dernière année d'études et j'habitais une chambre garnie. J'étais sujet à de violents maux de tête névralgiques, surtout pendant mon sommeil. Un soir, vers huit heures, j'eus un mal de tête plus violent que d'habitude. Vers neuf heures, il devint insupportable, j'allai dans ma chambre à coucher, je me jetai sur mon lit, sans me déshabiller, et bientôt je m'endormis.

Alors je fis un rêve d'une netteté et d'une intensité singulières. Tous les détails de ce rêve sont aussi vivants dans ma mémoire qu'au moment même où je rêvais. Je rêvais que j'étais alors avec la famille de la dame qui devint plus tard ma femme. Tous les jeunes gens étaient allés se coucher, et j'étais resté à causer debout près de la cheminée ; puis je leur dis bonsoir, je pris ma bougie et m'en

(1) *Hallucinations télépathiques*, p. 310.

allai me coucher. Lorsque j'arrivai dans le vestibule, je m'aperçus que ma fiancée était restée en bas et qu'elle arrivait seulement alors en haut de l'escalier. Je montai l'escalier quatre à quatre et la surprenant sur la dernière marche, je passai par derrière mes bras autour de sa taille. Je portais mon chandelier de la main gauche, pendant que je montais l'escalier; mais cela dans mon rêve ne me gêna pas du tout. Je me réveillai alors, et presque immédiatement après une pendule de la maison sonna 10 heures.

L'impression produite sur moi par ce rêve fut si forte, que j'en écrivis le lendemain matin un récit détaillé à ma fiancée. Je reçus une lettre de la dame en question, *lettre qui n'était pas une réponse à la mienne*, mais qui s'était croisée avec elle en route. En voici le contenu :

« Est-ce que vous avez tout particulièrement pensé à moi, hier au soir, vers 10 heures ? Comme je montais l'escalier pour aller me coucher, *j'ai entendu distinctement vos pas derrière moi et j'ai senti que vous mettiez vos bras autour de ma taille.* »

Les lettres en question sont maintenant détruites, mais nous avons vérifié les faits, quelques années plus tard, quand nous avons relu nos vieilles lettres avant de les détruire. Nous nous sommes aperçus que nos souvenirs personnels étaient restés très fidèles. Ce récit peut donc être accepté comme absolument exact.

P. H. Newnham.

Un second récit de Mme Newnham confirme textuellement celui de son mari.

Les auteurs anglais ne se croient pas obligés d'imaginer que l'âme du révérend Newnham soit allée voir sa fiancée pendant son sommeil. Ils supposent simplement que M. N. a rêvé qu'il accomplissait les actes décrits, et que *sa pensée* a frappé le cerveau de la jeune personne, de manière à lui communiquer l'hallucination tactile des bras autour de la taille. Mais alors il a fallu que la jeune fille lui renvoie en même temps ses propres impressions, puisque le révérend voit sa fiancée sur l'escalier où elle se trouvait réellement. Il est possible que cette explication soit exacte, mais l'hypothèse du dédoublement n'est pas dénuée non plus de valeur, et présente autant de probabilité, si l'on observe la coïncidence de la vision télépathique avec l'impression ressentie, et si l'on démontre que le phénomène de l'extériorisation est possible. Voyons donc d'autres exemples plus démonstratifs.

CXXIV (303) (1). *Nous tenons ce cas de l'obligeance de M. G. J. Romanes, membre de la Société Royale, qui est lié avec le narrateur.*

18 mars 1883.

Pendant la nuit du 26 octobre 1872, je me sentis tout à coup mal à l'aise, et j'allai me coucher à neuf heures et demie environ, une heure plus tôt que d'habitude ; je m'endormis presque de suite. J'eus alors un rêve très intense, qui me fit une grande impression, si bien que j'en parlai à ma femme à mon réveil ; je craignais que nous ne recevions de mauvaises nouvelles sous peu.

Je m'imaginai que j'étais assis dans le salon près d'une table, en train de lire, quand une vieille dame parut tout à coup, assise de l'autre côté, tout près de la table. Elle ne parla ni ne remua, mais me regarda fixement, et je la regardai de même pendant vingt minutes au moins. Je fus très frappé de son aspect : elle avait des cheveux blancs, des sourcils très noirs, et un regard pénétrant. Je ne la reconnus pas du tout et je *pensai que c'était une étrangère.*

Mon attention fut attirée du côté de la porte, qui s'ouvrit, et ma tante entra, et, voyant cette vieille dame et moi qui nous regardions l'un l'autre, elle s'écria fort surprise et sur un ton de reproche : « John ! ne sais-tu donc pas qui c'est ? » et sans me laisser le temps de répondre me dit : « Mais c'est ta grand'mère ! » Là-dessus, l'esprit qui était venu me visiter se leva de sa chaise et disparut. A ce moment-là, je m'éveillai. L'impression fut telle que je pris mon carnet et notai ce rêve étrange, persuadé que c'était un présage de mauvaises nouvelles. Cependant quelques jours se passèrent sans apporter de mauvaises nouvelles. Un soir je reçus une lettre de mon père, m'annonçant la mort subite de ma grand'mère, *qui a eu lieu la nuit même de mon rêve et à la même heure, 10 heures et demie.*

Quatre mois environ après son décès, j'allai à l'île de Wight, où elle habitait, pour savoir de mes parents comment était réellement ma grand'mère. Ma tante et ma cousine me la décrivirent en détail et cette description coïncida d'une *façon merveilleuse* avec l'apparence de la figure qui m'était apparue ; elle avait les cheveux blancs et les sourcils noirs ; c'était ce qui m'avait surtout frappé dans mon rêve. J'appris qu'elle était aussi très préoccupée de son bonnet, toujours attentive à ce que rien, même les rubans, ne fut hors de sa place et, c'est très curieux, j'avais remarqué dans mon rêve qu'elle touchait d'une façon nerveuse *les rubans de son bonnet*, de temps en temps, de peur qu'ils ne fussent pas en place. Ma cousine qui était auprès d'elle, lorsqu'elle mourut, me raconta que ma grand'-

---

(1) *Hallucinations télépathiques*, p. 329. C'est moi qui souligne les phrases caractéristiques.

mère avait eu le délire pendant quelque temps avant sa mort ; à un certain moment, étant dans cet état, elle avait jeté les bras autour du cou de ma cousine ; puis, ayant ouvert les yeux et repris conscience elle avait dit avec un regard surpris : « Oh ! Polly, est-ce toi ? Je croyais que c'était quelqu'un d'autre. » Ceci me semble très curieux *car c'est ce qu'elle fit avant de quitter le salon.* Je dois ajouter que je n'avais pas vu ma grand'mère depuis quatorze ans et que, la dernière fois que je l'avais vue, elle avait les cheveux noirs, peu à peu ils étaient devenus blancs ; les sourcils restèrent foncés, et *je puis affirmer que personne ne m'avait parlé de cette particularité.*

J. H. W.

Mme W. dit :

Je me rappelle parfaitement que mon mari m'a dit, lorsque je me retirai dans ma chambre, le 26 octobre au soir, qu'il venait d'avoir un rêve étonnant, et que, le lendemain matin, il le noterait sur son carnet.

K. W.

Dans le registre des décès, nous trouvons, dit M. Podmore, que Jane W. est morte à l'âge de soixante-douze ans, le 26 octobre 1870, à Brixton, île de Wight.

Au sujet de la différence entre la date du récit 1872 et celle de la mort 1870. — M. Podmore ajoute les détails suivants : Mme W., m'a envoyé le récit du rêve de son mari ; c'est ce qu'elle a entendu raconter à son mari une heure après son rêve et bien souvent depuis ; ce récit s'accorde parfaitement avec celui de M. W. J'ai vu aussi la note qu'il a prise le lendemain matin. Elle se trouve en haut de la première page d'un petit carnet à dessins ; le reste de la page est couvert de notes au crayon et à l'encre, de comptes, etc. Voici cette note « Rêve étrange, nuit du 26 octobre 1870. » Ce dernier chiffre peu net est probablement un zéro. M. W. en écrivant son récit en mars 1883, avait revu cette note, et lu un 2 comme dernier chiffre. De là le désaccord. Il n'y a eu aucune autre note au sujet de cette mort.

Je l'ai prié, autant que j'ai pu le faire, mais il refuse de donner son nom, de peur d'acquérir la réputation d'un homme à revenants, d'un esprit malade, et de se nuire à lui-même dans sa profession.

Combien d'autres ont les mêmes craintes déraisonnables ! Mais la faute à qui ? A ces écrivains qui n'hésitent pas à classer les voyants parmi les névrosés et à taxer la croyance en une autre vie de « cancer de l'esprit » ! Revenons à l'examen de ce cas.

Éliminons d'abord la supposition que l'image du rêve ne serait que la résurrection d'un souvenir. Le narrateur a le soin de nous dire qu'il ignorait les changements survenus dans l'aspect physique de sa grand'mère. Doit-on encore admettre ici une simple action télépathique produite sur M. W., par la pensée de sa grand'mère mourante ? Je ne m'y résigne pas, à cause des circonstances particulières qui accompagnent le rêve. C'est d'abord l'aspect exact de l'ensemble extérieur de la grand'-mère, avec ses cheveux blancs et ses sourcils noirs. Puis le détail des brides du bonnet qu'elle arrange machinalement, toutes choses inconnues du voyant, et que, plus que probablement, la grand'mère ne songeait guère à transmettre à son petit-fils. Une image projetée n'accomplirait pas tous ces mouvements. Il me paraît plus logique de supposer que l'âme de la vieille dame s'est dégagée de ce corps qu'elle allait quitter définitivement quelques moments plus tard, et qu'elle a voulu revoir une fois encore l'être vers lequel sa pensée était dirigée. — Il semble même qu'elle ait conservé le souvenir de l'avoir embrassé en esprit, comme en témoigne sa remarque à sa nièce.

Plus nous irons, plus cette interprétation deviendra probable, jusqu'au moment où nous arriverons à la certitude du dédoublement de l'être humain. Ici, se place une observation qui s'applique à tous les autres cas : toujours l'apparition se montre vêtue, et le plus souvent, comme elle a l'habitude de l'être dans la vie ordinaire. Nous verrons plus tard comment on peut interpréter ce phénomène ; actuellement, il suffit de constater qu'il est tout à fait général. Je continue cette revue par le récit suivant, dû à M. Cromwel Varley, qui fut ingénieur en chef des lignes télégraphiques de l'Angleterre et membre de la *Société royale* (1).

*
* *

Ma belle-sœur souffrait d'une maladie du cœur et Mme Varley et moi nous nous rendîmes en province pour la voir, car nous

(1) Voir le *Rapport sur le spiritualisme*, traduction française du docteur Dusart, p. 162 et suivantes.

croyions sa fin prochaine. J'eus un cauchemar pendant lequel je ne pouvais contracter un muscle.

Tandis que j'étais dans cet état, je vis l'esprit de ma belle-sœur dans ma chambre ; or, je savais qu'elle était retenue au lit. Elle me dit : « Si vous ne pouvez bouger, vous allez mourir. » Mais je ne pouvais remuer et elle ajouta : « Si vous voulez vous confier à moi, je vous effraierai et vous redeviendrez capable de vous mouvoir. » Je refusai d'abord, voulant me convaincre plus complètement que j'étais bien en présence de son esprit. Lorsque enfin je consentis, le cœur avait cessé de battre. Je pensai d'abord que ses efforts pour m'effrayer avait échoué, lorsqu'elle s'écria tout à coup : « Oh ! Cromwel ! je me meurs ! » ce qui me frappa d'une telle terreur, que je fus arraché à ma léthargie et que je me réveillai dans mon état normal. Mon cri réveilla Mme Varley, et après avoir examiné la porte et constaté qu'elle était fermée à clef et au verrou, je lui racontai ce qui venait de se passer ; je remarquai qu'il était 3 h. 45, lui recommandant de ne rien dire à personne, mais de se borner à écouter le récit de sa sœur, dans le cas où celle-ci ferait une allusion quelconque à ce sujet.

Dans la matinée, sa sœur nous dit qu'elle venait de passer une nuit terrible : *qu'elle était venue dans notre chambre* et avait été fortement troublée à mon sujet, car j'avais été bien près de mourir. *Il était entre trois heures et demie et quatre heures du matin*, lorsqu'elle m'avait vu en danger. Elle ne réussit à m'éveiller qu'en s'écriant : « Oh ! Cromwel ! je me meurs ! » Je lui paraissais être dans un état tel que sans cela l'issue eût été fatale.

Si l'on admet que le rêve de M. Varley est dû à l'action télépathique de sa belle-sœur, comment celle-ci, restant dans son lit, a-t-elle pu savoir que son stratagème pour éveiller son beau-frère avait réussi ? Par clairvoyance, répondra-t-on. Soit, mais ceci nous ramène justement à la question de savoir si la clairvoyance n'est pas due précisément au dégagement de l'âme. Cette hypothèse me paraît d'autant plus nécessaire que la belle-sœur *se souvient* d'être allée dans la chambre, d'avoir vu son beau-frère en danger de mort, et que M. Varley *l'a vue* dans cette chambre, à l'heure précise indiquée par tous les deux. Cette double confirmation des paroles exactes qui ont été prononcées entre les deux esprits me paraît appuyer sérieusement mon interprétation des faits, par un dédoublement de la belle-sœur.

Voici encore un cas rapporté par le même homme de science,

où je crois que c'est son âme qui s'est dégagée de son corps pour avertir sa femme du danger qu'il courait, plutôt qu'une pensée produisant le réveil de Mme Varley, et lui suggérant une impulsion irrésistible pour se rendre auprès de son mari :

J'avais fait. — dit M. Varley — des études sur la faïence, et les vapeurs d'acide fluorhydrique, dont j'avais fait un large emploi, m'avaient causé des spasmes de la glotte. J'étais très sérieusement atteint, et il m'arrivait fréquemment d'être réveillé par une attaque spasmodique. On m'avait recommandé d'avoir toujours sous la main de l'éther sulfurique, pour le respirer et me procurer un prompt soulagement. J'y eus recours six ou huit fois ; mais son odeur m'était si désagréable, que je finis par me servir de chloroforme. Je le plaçais auprès de mon lit et, lorsque j'avais besoin de m'en servir, je me penchais au-dessus, dans une position telle que, dès que l'insensibilité se produisait, je retombais sur le dos en laissant glisser l'éponge. Une nuit, cependant, je retombai dans mon lit, en retenant l'éponge, qui resta appliquée sur ma bouche.

Mme Varley, nourrissant un enfant malade, était dans la chambre au-dessus de la mienne. Au bout de quelques instants, *je redevins conscient ;* je voyais ma femme en haut et moi-même couché sur le dos, avec l'éponge sur la bouche, dans l'impossibilité absolue de faire aucun mouvement. *Par ma volonté*, je fis pénétrer dans son esprit la claire notion que je courais un danger. Elle se leva sous le coup d'une vive alarme, descendit et se hâta d'enlever l'éponge. J'employai toutes mes forces pour lui dire : « Je vais oublier tout ceci ainsi que la manière dont l'événement est survenu, à moins que vous ne me le rappeliez demain matin. Aussi, ne manquez pas de me dire ce qui vous a forcée à descendre et je pourrai alors me rappeler tous les détails. »

Le lendemain, elle suivit ma recommandation, mais je ne pus d'abord me souvenir de rien. Toute la journée, je fis d'énergiques efforts, et je réussis enfin à me rappeler d'abord une partie et enfin la scène tout entière. *Mon esprit était dans la chambre* près de Mme Varley, lorsque je fis pénétrer en elle la conscience de mon danger.

Ce cas m'a aidé à me rendre compte de la façon dont les esprits se communiquent. Elle vit ce que mon esprit désirait et elle ressentit les mêmes impressions.

Dans cet exemple, il semble bien que nous ne soyons pas en face d'un simple rêve. Le réveil de Mme Varley, sa descente précipitée pour enlever l'éponge, sont des actes qui ne peuvent être attribués au hasard, ils sont produits par la pensée de son mari. Et comme le savant électricien fait bien la distinction entre la sortie de son esprit, d'abord pour aller trouver sa femme, et l'action de sa volonté, ensuite, pour faire pénétrer sa pensée dans le cerveau de Mme Varley, et pour indiquer ce que doit faire sa femme le lendemain pour qu'il se souvienne, nous avons la sensation du récit d'un témoin qui raconte *ce qui lui est arrivé*, et non le jeu d'une fantaisie de son imagination. L'extériorisation de l'âme paraît plus probable que la simple transmission de la pensée, car M. Varley, *s'est vu* l'éponge sur la bouche, après avoir perdu connaissance, et les paroles qu'il prononce, malgré son état de sommeil, en s'adressant à Mme Varley, prouvent que toute la scène n'était pas un songe, mais une réalité dont il avait parfaitement conscience. Revenons à l'ouvrage anglais.

* * *

CXXVII (306) (1). M. K. Munton, secrétaire de la Société psychologique (Extrait d'une lettre de M. T.-W. Smith, adressée à cette société).

26 février 1876.

Je trouvai la dame, qui est maintenant ma femme, dans une grande institution dont je fus nommé directeur en 1872. Lorsqu'elle quitta sa place, je la décidai, pour diverses raisons, à cacher notre projet de mariage à celles de ses amies qu'elle laissait à l'école, et à cause de cela à ne pas leur écrire.

Environ six mois après notre mariage, je lisais dans mon lit, selon mon habitude. Ma femme était endormie à mes côtés; elle s'éveilla tout à coup, se mit sur son séant, et s'écria très gravement : « Oh! j'ai été à X. » Naturellement je lui dis que ce qu'elle avait éprouvé, c'était un rêve plus intense que de coutume, et le lendemain je n'y pensais plus. Elle parla de temps en temps de son rêve, et je me rappelle la manière dont elle s'appesantissait sur chaque point, et surtout une expression particulière que je n'oublie pas quoique je ne l'ai pas notée à cette époque.

Trois mois plus tard, ma femme alla voir sa mère, et trouva une lettre d'une de ses amies qui suppliait que quelqu'un lui écrivît et lui dît si Mlle X. (ma femme) était vivante ou morte. J'eus l'idée d'aller voir la personne qui écrivait, et alors je sus la cause de cette lettre étrange et pressante. Les deux faits avaient eu lieu le

---

(1) *Les Hallucinations télépathiques*, p. 334.

même jour, autant du moins qu'on peut en établir la date, car aucun de nous n'était bien sûr de ce point essentiel ; il y a ici une coïncidence que je n'ai jamais pu expliquer d'une manière satisfaisante en recourant à aucune hypothèse basée sur les lois de la nature actuellement connues.

Ma femme avait rêvé qu'elle se trouvait dans une chambre qu'elle se rappelait bien, au rez-de-chaussée du bâtiment, en compagnie de quatre femmes, deux de ses anciennes amies *et deux inconnues*. Elles causaient et riaient et se préparaient à gagner leur chambre à coucher. Elle vit l'une d'elles éteindre le gaz. Elle monta l'escalier derrière elles, dans une chambre avec deux d'entre elles, elle entra, vit « Bessie » placer quelques objets dans une boîte, se déshabiller, se coucher ; alors elle se dirigea vers Bessie, *lui prit la main* et dit : « Bessie, *soyons amies*. » Voilà le rêve.

La personne qui avait écrit la lettre me donna ce récit de ce qui avait motivé sa lettre ; et je n'ai pas besoin de dire que je ne lui parlai pas tout d'abord du rêve de ma femme, car dans ce cas on pourrait supposer que j'ai suggéré cette expression remarquable qui, selon moi, oblige à classer ce fait ailleurs que dans la catégorie des coïncidences remarquables. Cette personne et son amie « Bessie » s'étaient couchées un dimanche soir, quand un cri d'alarme de cette dernière, amena l'autre auprès de son lit : « *Je viens de voir X.* (ma femme) ; elle *m'a touché la main et m'a dit* : « *soyons amies*. »

Le lendemain, on discutait l'affaire ; quelques personnes pensaient que Bessie avait rêvé et qu'elle imaginait ce qu'elle déclarait avoir vu ; mais d'autres, au contraire, pensaient que c'était un « signe » que ma femme était morte. Et celle d'entre elles qui écrivait le mieux se décida à écrire à la seule adresse qu'elles avaient pour connaître la vérité. La lettre ne nous avait pas été transmise parce que ma femme, paraît-il, avait exprimé à sa mère mon désir qu'elle n'eût aucune communication avec ses anciennes amies.

La chose curieuse dans le rêve, c'est que ma femme avait toujours été en bons termes avec « Bessie » et même au moment de son départ.

Dans le récit que j'ai donné ci-dessus du rêve, et dans ce que j'appelle son complément, j'ai omis bien des détails sans importance, tel que le fait que les deux nouvelles venues *avaient pris la place de deux anciennes amies de ma femme ;* que l'effet sur ma femme et Bessie était plus grand que l'effet produit par un rêve ordinaire ; *que les deux femmes* que ma femme dans son rêve voyait entrer dans la chambre à coucher *occupaient réellement la même chambre*.

Ces dernières remarques, contrairement à l'opinion du narrateur, sont loin d'être sans importance, car elles dénotent que la vision de Mme Smith n'était pas imaginaire, puisqu'elle lui faisait connaître un fait réel inconnu normalement par elle, à savoir : le remplacement de deux de ses anciennes amies par les nouvelles personnes qui occupaient la même chambre. La clairvoyance est donc manifeste ; et nous sommes d'autant plus porté à croire que Mme Smith s'y trouvait transportée en esprit, qu'elle dit à son mari ce mot caractéristique « *J'ai été à X..* »

Sans doute, on peut imaginer que Mme Smith a eu le désir pendant son sommeil de revoir ses amies de la pension, ce qui a déterminé sa clairvoyance, puis que sa pensée agissante a produit une hallucination de « Bessie », mais il reste toujours à expliquer comment la vue se produit sans le secours des yeux pendant le sommeil ordinaire. Il faudrait ensuite que Bessie envoyât télépathiquement à Mme Smith l'image de la chambre et de ses compagnes. Pourquoi le ferait-elle, puisque rien ne l'y incite ? C'est bien compliqué. Si c'est l'âme qui possède la faculté de voir, on conçoit qu'elle puisse exercer ce pouvoir quand elle est extériorisée, et qu'elle devienne visible pour son amie, qui subit l'action de sa pensée.

Ne voulant pas avoir l'air d'imposer mon opinion, je donne aussi l'explication que proposent les auteurs anglais pour interpréter ces cas. Je laisse au lecteur le soin de comparer et de choisir entre les deux hypothèses (1) :

Cette vision est un exemple de cette forme de transmission de pensées que l'on peut désigner sous le nom de clairvoyance télépathique. Il n'y a d'ordinaire aucune difficulté à déterminer à laquelle des deux personnes qui jouent un rôle dans le phénomène il convient d'en attribuer l'origine, puisque l'une des deux est dans un état plus ou moins anormal. Dans le cas de Mme Smith, l'agent probable était simplement endormie ; si c'est A... qui se trouve dans un état anormal, nous devons attribuer à cet état la vision que B... a de lui, mais nous ne pouvons inversement attribuer à l'état de B.., la vision que A..., a de B.. si l'état de B.., est complètement normal.

On peut sans doute dire que l'état de B... cesse d'être normal au moment où A... agit sur lui ; que le seul fait de recevoir une impres-

(1) *Hallucinations télépathiques*, p. 335.

sion télépathique peut douer le sujet du pouvoir d'exercer une action télépathique, mais la manière la plus naturelle d'expliquer ce phénomène serait de rapporter l'hallucination de A..., non moins que celle de B, à l'état particulier de A... On pourrait alors supposer que le pouvoir de A... d'agir d'une manière anormale, dans une certaine direction, implique le pouvoir d'être anormalement impressionné dans la même direction, ou *vice versa* ; ou que le fait que les impressions exercent plus aisément une action sur lui, enveloppe le pouvoir d'agir anormalement. Dans l'un ou l'autre cas il irait au devant de l'impression au lieu de la recevoir passivement ; aussi semble-t-il se servir momentanément de l'intelligence de B... bien que l'état de B... soit tel que B... n'exerce sur lui aucune action télépathique exceptionnelle.

Cependant bien que les perceptions de A... puissent n'être pas conditionnées par l'état de B..., elles doivent l'être par l'existence de B... et son rapport avec A... ; aussi faut-il distinguer nettement la clairvoyance d'origine télépathique de cette clairvoyance dont quelques auteurs ont parlé et qui est la connaissance par un sujet d'événements ou de faits, qui ne sont actuellement représentés dans aucun esprit.

Comprenne qui pourra ; moi je trouve plus probable l'hypothèse du dédoublement.

DÉLIVRÉ DE LA MORT PAR UNE APPARITION

On sait avec quel soin M. Aksakof vérifiait les récits auxquels il donnait de la publicité. Nous pouvons donc attacher une réelle valeur au fait suivant, malgré son caractère mélodramatique (1) :

La famille de M. N..., composée de lui-même, de sa femme, de sa fille et de son fils, celui-ci tout récemment promu au grade de midshipman, passait l'été à Pavlosk, aux environs de Saint-Pétersbourg. Depuis leur plus jeune âge, le frère et la sœur avaient l'un pour l'autre une tendresse allant jusqu'à l'adoration.

En ce lieu, le jeune marin reçut l'ordre de partir pour un voyage d'un mois sur mer ; et les siens l'accompagnèrent jusqu'au port où il devait s'embarquer. Au moment du départ, se tournant vers sa sœur il lui dit : « Ne m'oublie pas ; tu t'appelles Vera et la foi (Vera signifie foi) nous sauve..., pense à moi et tout ira bien. — Aie confiance, lui répondit la jeune fille, je penserai à toi bien souvent...

(1) Traduit du Journal Russe *le Rébus*, par Ad. Adelheim, n° 51, 18 décembre 1894, p. 500-501. *Les Annales Psychiques*, 1895, p. 230.

mais ne te risque pas trop loin sur la mer, elle est si terrible! — Allons donc ! Vous autres, marins, avec vos pressentiments et vos superstitions, dit en riant le père pour chasser la tristesse de la séparation, je vais me moquer de vous.. »

Les semaines passèrent. Il venait souvent des lettres du jeune marin et à la maison on était d'autant plus tranquille et rassuré que le terme du retour du voyageur approchait chaque jour. Le temps avait été jusque-là très favorable ; tout à coup il changea, le ciel se couvrit et la pluie vint. Un jour fut particulièrement mauvais ; depuis le matin, la pluie tombait à torrents et le vent soufflait avec violence. Vera avait été toute cette journée très nerveuse et agitée, s'inquiétant au sujet de son frère, se demandant où il pouvait être et comment il se trouvait. Vers le soir, elle en était toute malade, et ses parents l'envoyaient se coucher.

A dix heures, tout était tranquille dans la maison, la tempête battait son plein. Tout à coup, un cri terrible et qui n'avait rien d'humain retentit, venant de la chambre de la jeune fille. Tout le monde s'y précipita et l'on trouva Véra en proie à une violente crise hystérique (1). Longtemps elle se tordit dans des convulsions et ce n'est qu'avec peine qu'on arriva à la calmer jusqu'à un certain point.

Aux questions qu'on lui fit alors, Véra répondit qu'elle venait d'avoir une terrible vision : « Il me semblait n'avoir point dormi du tout, malgré que j'aie vu une chose épouvantable. Au commencement tout paraissait enveloppé d'une ombre effrayante, la tempête grondait autour de moi et m'étourdissait par son fracas. A la lueur d'un éclair, je distinguai la mer agitée et couverte d'écume. Tout à coup elle fut illuminée un instant *par une lumière rouge et je vis mon frère luttant contre les vagues.* Puis, l'obscurité revint. Après peu de temps, un second éclair déchira les nuages et, à sa lueur, je revis mon frère *couché sur un rocher et la tête couverte de sang…* L'horreur et l'épouvante me réveillèrent. »

Le soir du jour suivant, M. N… reçut un télégramme ainsi conçu : « Vivant, bien portant, merci à Vérotschka. Arriverai jours prochains. Votre fils, N… »

Comme on peut le penser, M. N… fut bien étonné, mais en même temps heureux du contenu de la dépêche, bien qu'elle lui parût incompréhensible. L'énigme fut bientôt découverte.

Le lendemain matin, en lisant son journal, M. N… trouva un rapport détaillé concernant le naufrage du vaisseau sur lequel son fils était de service. Il se rendit de suite à Kronstadt où il trouva son fils vivant, mais souffrant *d'une plaie grave à la tête.*

(1) Je me demande si nous n'avons pas affaire ici à une trance médianimique, plutôt qu'à une crise hystérique (Note du traducteur).

Le jour du naufrage, le navire se trouvait dans les environs des îles d'Aland ; le vent se leva, devint de plus en plus violent, et tous les marins annoncèrent une nouvelle tempête. A 8 heures du soir, le jeune midshipman achevait son quart et après avoir été relevé, se rendait dans sa cabine pour se réchauffer avec une tasse de thé, après quoi, prenant des vêtement plus chauds, il remonta sur le pont pour observer la tempête. Celle-ci était en effet terrible. Le bâtiment, qui ne pouvait plus lutter contre les vagues, fut obligé de s'abandonner au courant. Plus d'une fois, le jeune N... songea aux siens, à la maison paternelle et, en pensée, *demanda à sa sœur de prier pour lui* afin de le sauver lui et l'équipage d'une mort presque certaine.

Au milieu du bruit de l'orage retentit soudain un épouvantable fracas : le malheureux vaisseau avait donné contre un rocher. La secousse fut d'une telle violence que tous ceux qui se trouvaient sur le pont furent précipités sur le sol et le jeune midshipman N.., par dessus le bord... Celui-ci après être remontée sur les flots, essaya de s'y maintenir et de se diriger vers le vaisseau, espérant du secours. Le vent lui apporta ce commandement : « Tous les hommes sur le pont. » *Une lueur rouge perça l'obscurité* et un coup de canon retentit. Bientôt N... se rendit compte de l'impossibilité pour lui d'atteindre le bâtiment, les vagues montaient si haut qu'il n'avait pas le pouvoir de les traverser en nageant...

En pensée, il se mit entre les mains du Tout-Puissant, et se maintenant le mieux possible sur l'eau, se laissa emporter au loin ; lorsque soudain il aperçut, s'approchant de lui, *comme un léger et clair brouillard* qui peu à peu prit une forme humaine, et dans cette blanche apparition, il reconnut sa sœur Véra qui lui souriait en étendant le bras, comme pour lui montrer un endroit déterminé. Le frère suivit le fantôme de sa sœur... il ne se rappelle pas combien de temps, ni où il allait ainsi en nageant... tout à coup il se sentit une violente douleur à la tête et perdit connaissance.

Le matin suivant, des pêcheurs le trouvaient couché, évanoui sur un banc de sable, avec, à la tête, une plaie profonde...

Si tous les détails relatés ci-dessus sont exacts, il y aurait encore eu dans ce cas vision réciproque du frère et de la sœur, celle-ci étant manifestement dédoublée — probablement sous l'influence de la pensée du jeune marin qui se portait vers elle — puisqu'elle signale la lueur rouge du coup de canon qui lui permit de voir son frère luttant contre les flots, et le rocher où il échoua. L'apparence vaporeuse du fantôme se rencontre assez souvent dans les cas d'extériorisation, comme nous le constaterons plus loin. En somme, il me semble plus conforme à l'interprétation des faits de supposer que le moi de Véra se trouvait sur le lieu de l'accident, puisque son frère vit la forme de sa sœur, que d'imaginer que ce soit simplement sa pensée qui ait agi télépathiquement, puisqu'elle se *souvient d'être allée vers le vaisseau* et qu'elle a *vu* des épisodes réels.

**

Ne pouvant donner à cette partie de mon sujet de plus longs développements, je vais citer encore trois exemples seulement, renvoyant pour les autres à l'ouvrage auquel j'ai fait jusqu'ici tant d'emprunts (1).

Jusqu'alors, si l'explication télépathique peut balancer comme probabilité celle de l'extériorisation, l'action télépathique devient beaucoup moins admissible lorsque c'est un étranger qui voit le fantôme de la personne clairvoyante, le rapport nécessaire entre l'agent et le percipient n'existant pas. Le fait suivant me paraît typique à cet égard :

L'AMIE DU CHANOINE

CXXX (2). *Journal of the Society for psychical Research*, février 1889. Chanoine X (Il désire que son nom ne soit pas publié.)

6 octobre 1888.

Monsieur, comme vous me le demandez, je vous envoie le récit d'événements curieux dont j'ai été témoin. Il y a près de vingt ans, en 1869, j'étais chargé d'une petite paroisse de campagne dans l'ouest du Yorkshire. Au mois d'août de cette année-là, je fus appelé au lit de mort d'une de mes amies qui habitait à S..., ville éloignée de plus de 60 milles. Lorsque j'arrivai chez elle, je fus introduit dans sa chambre à coucher. En entrant, la garde me prévint que mon amie dormait, mais qu'elle se réveillerait sûrement dans quelques instants. Je m'assis, et presque aussitôt mon amie s'éveilla, disant : « Vous ici ! Mais *je ne fais que rentrer* de

---

(1) *Les Hallucinations télépathiques.* Voir le cas de M. Parquer p., 336. Le cas CXXIX, p. 338 ; et 7 cas de l'édition anglaise qui n'ont pas été traduits.

(2) *Les Hallucinations télépathiques.* p. 340.

B..., (ma paroisse). Quels beaux embellissements vous avez faits dans l'église. » *Elle se mit alors à énumérer quelques changements très ordinaires que j'avais fait faire la semaine précédente et dont je n'avais parlé à personne en dehors de ma paroisse.*

Je fus fort surpris d'entendre la mourante parler aussi exactement et avec tant de détails de *choses qu'elle n'avait jamais vues.* Deux ou trois jours après la personne mourut et j'oubliai toute l'affaire pour quelque temps. Je n'avais soufflé mot de ce qu'elle m'avait dit à qui que ce fût. Mais environ un mois après sa mort, j'allais sortir une après-midi pour ma promenade habituelle, lorsqu'une vieille domestique me dit qu'elle voulait me parler de quelque chose qui l'avait beaucoup tourmentée, mais dont elle n'avait pas parlé de peur que l'on ne rît d'elle. Elle me dit que, le jour où j'allai à S..., elle était dans le chœur de l'église occupée à préparer une lampe, quand, à son grand étonnement, elle vit une dame agenouillée dans un coin de l'église. Elle regarda très fixement l'étrangère qui, au bout de quelques instants, se leva et s'en alla par la sacristie, puis elle ne vit plus rien.

Je puis ici faire la remarque que ma domestique m'assura que toutes les portes de l'église étaient fermées à clef quand elle entra. Alors je me rappelai ce que mon amie m'avait dit sur son lit de mort. Je demandai à ma domestique de me donner une description de la personne qu'elle avait vue dans l'église. Elle m'en fit une excellente, *décrivant même une jaquette curieuse, pleine de poches, qu'elle portait toujours quand elle allait visiter les pauvres.* Alors je lui demandai si elle se souvenait du moment de l'événement ; elle répondit que l'horloge sonnait trois heures lorsqu'elle était entrée dans l'église. C'était le moment précis de mon entrée dans la chambre de mon amie. Je donnai ensuite à ma domestique un gros paquet de portraits que j'avais toujours dans un tiroir fermé à clef de mon cabinet, et je lui dis de voir si elle reconnaîtrait la personne vue dans l'église. Elle examina soigneusement les photographies, et les parcourut jusqu'à ce qu'elle fût arrivée à celle de la personne morte ; elle l'examina de très près, et puis continua à en regarder d'autres, mais revint presque aussitôt à celle-là. « C'est, dit-elle, la personne que j'ai vue dans l'église. » Je répondis : « Pourquoi ne l'avez-vous pas reconnue tout de suite ? » Elle me dit : « La dame que j'ai vue dans l'église était plus maigre et avait la figure plus tirée que dans la photographie ; ses pommettes étaient plus saillantes et sa mâchoire inférieure avançait, mais je suis sûre que je ne me trompe pas. » *Elle me la décrivait telle qu'elle était peu avant sa mort*, et non comme elle était lorsque la photographie avait été faite, alors qu'elle était en bonne santé.

Je dois ajouter comme conclusion que ma domestique était la

dernière personne du monde capable d'imaginer une telle apparition ; elle n'avait pas un atome d'imagination ; elle n'avait jamais vu de sa vie mon amie ; je ne lui avais jamais dit, ni à personne d'autre, que j'étais allé à S... ni que j'avais veillé au lit de mort de quelqu'un à ce moment-là. Je n'avais pas de raison pour parler de cela et je n'en avais pas parlé.

En réponse à nos questions, disent les auteurs, le chanoine X... nous informe que sa vieille ménagère est morte et que l'on ne peut obtenir aucun témoignage qui confirme les faits.

Il ajoute :

La raison que ma ménagère avait d'être dans la chapelle à ce moment-là, c'était que son service l'obligeait à y être *vers* cette heure-là pour arranger une lampe qui brûle sans cesse. Je ne puis réellement dire pourquoi je me rappelle si certainement que la pendule sonnait trois heures lorsque j'entrai dans la chambre de la mourante. J'ai gardé le souvenir le plus net, sans que je puisse dire pourquoi, de bien des choses insignifiantes de cette espèce qui me sont arrivées pendant ma vie.

Il est nécessaire de ne pas oublier qu'une des conditions essentielles pour que la transmission de pensée s'établisse est un rapport d'amitié, de parenté, ou au moins de sympathie, entre l'agent et le percipient, or, on observe qu'ici ce lien fait complètement défaut, la servante n'ayant jamais connu l'amie du chanoine. Mais l'apparition est si nette que la voyante peut désigner le portrait de cette dame et indiquer les changements produits par la maladie. Cette observation nous fait penser que le dédoublement de la malade s'est opéré pour permettre à son âme de quitter son corps, qui est resté endormi dans le lit, pendant qu'elle se portait vers l'église de son ami dont elle notait les changements de disposition intérieure. Ici encore, l'apparition est vêtue, non comme l'était le corps physique au moment du dédoublement, mais telle que cette dame s'habillait pour ses visites de charité.

Il est douteux que l'hypothèse d'une hallucination télépathique réciproque soit admissible en cette circonstance; l'extériorisation de l'esprit de la malade rend mieux compte des faits. Il en est de même pour le cas suivant, où une domestique constate également la présence du fantôme de la vivante.

UNE MÈRE QUI VEUT REVOIR SES ENFANTS

Lorsque l'on étudie des phénomènes encore peu connus, il est très intéressant de montrer qu'ils ont eu lieu à toutes les époques, car cette perpétuité dans le temps implique logiquement qu'ils sont dus à des lois naturelles. Voici un récit que Dassier (1), un positiviste, emprunte à Goerres, l'auteur d'un livre sur la Mystique :

Marie, femme de Joseph Goffe, de Rochester, est attaquée d'une maladie de langueur, et conduite à Wesmulling, à neuf milles de sa demeure, dans la maison de son père, où elle mourut le 4 juin 1691. La veille de sa mort, elle ressent un grand désir de voir ses deux enfants, qu'elle a laissés chez elle aux soins d'une bonne. Elle prie donc son mari de louer un cheval pour qu'elle puisse aller à Rochester, et mourir près de ses enfants. On lui fit observer qu'elle n'est pas en état de quitter son lit et de monter à cheval. Elle persiste et dit qu'elle veut au moins essayer: « Si je ne puis me tenir, dit-elle, je me coucherai tout de long sur le cheval; car je veux voir mes chers petits. »

Un ecclésiastique vint la voir encore vers deux heures du soir. Elle se montre parfaitement résignée à mourir, et pleine de confiance dans la miséricorde divine. « Toute ma peine, dit-elle, c'est de ne plus voir mes enfants. » Entre *une heure et deux heures du matin*, elle eut comme une extase. D'après le rapport de la veuve Turnes, qui veillait près d'elle pendant la nuit, ses yeux étaient fixes et sa bouche fermée. La garde approcha ses mains de sa bouche et de ses narines, et ne sentit aucun souffle, elle crut donc que la malade était évanouie, et ne savait trop si elle était morte ou vivante. Lorsqu'elle revint à elle, elle raconta à sa mère qu'elle *était allée à Rochester et qu'elle avait vu ses enfants*. « C'est impossible, dit la mère, vous n'êtes pas sortie tout ce temps de votre lit. — Eh bien ! dit l'autre, je suis pourtant allée voir mes enfants cette nuit pendant mon sommeil. »

La veuve Alexandre, bonne des enfants, affirme de son côté que le matin *un peu avant deux heures*, elle avait *vu Marie Goffe* sortir de la chambre voisine de la sienne, où l'un des enfants dormait seul, la porte ouverte, et venir dans la sienne; qu'elle était restée environ un quart d'heure près du lit où elle était couchée avec l'enfant le plus petit. Ses yeux remuaient et ses lèvres semblaient

(1) *L'Humanité posthume*, p. 71.

parler, mais elle ne disait rien. La bonne se montra prête à confirmer par serment devant les supérieurs tout ce qu'elle avait à dire et à recevoir ensuite les sacrements. Elle ajouta qu'elle était parfaitement réveillée, et qu'il commençait déjà à faire jour, car c'était un des plus longs de l'année. Elle s'était assise sur son lit, avait *regardé et observé attentivement l'apparition*, et avait entendu *sonner deux heures*, à la cloche qui était sur le pont. Au bout de quelques instants elle avait dit : Au nom du Père, du Fils et du Saint-Esprit, qui es-tu ? A ces mots, l'apparition s'était évanouie.

La bonne jeta vite sur elle ses vêtements pour suivre le fantôme, mais elle ne put découvrir ce qu'il était devenu. C'est alors qu'elle commença à être saisie d'un certain effroi. Elle sortit de la maison, qui était située sur le quai, se promena quelques heures en allant voir les enfants de temps en temps. Vers cinq heures du matin elle frappa à la porte de la maison voisine, mais on ne lui ouvrit qu'une heure plus tard, et elle raconta ce qui s'était passé. On lui répondit qu'elle avait rêvé, mais elle répondit : « Je l'ai vue aussi clairement que j'aie vu jamais dans ma vie. »

L'enquête qui fut faite établit que des témoins indépendants ont confirmé avoir entendu immédiatement la bonne raconter sa vision, voici comment :

Une des femmes qui l'entendait parler ainsi (la bonne), Marie de J. Livect, apprit le matin que Mme Goffe était à la dernière extrémité et qu'elle voulait lui parler. Elle alla donc à Wesmulling le même jour et la trouva mourante. La mère de la malade lui raconte, entre autres choses, que sa fille avait beaucoup désiré voir ses enfants et qu'elle prétendait même les avoir vus. Marie se rappela les paroles de la bonne, car jusque-là elle n'en n'avait point parlé, croyant qu'il y avait eu illusion de sa part. Tilson, curé d'Ayleswarth-Maidston, qui a publié ce fait, l'apprit d'une manière détaillée le jour de la sépulture de J. Carpenter, père de Mme Goffe. Le 2 juillet il fit une enquête très exacte auprès de la bonne et des deux voisines qu'elle était allée trouver le matin. Le lendemain la chose lui fut confirmée par la mère de Mme Goffe, par l'ecclésiastique qui était venu le soir, et par la garde qui l'avait veillée la nuit; *tous furent unanimes dans leur témoignage*, tous étaient des personnes calmes, intelligentes, incapables de tromper, et qui, d'ailleurs, n'avaient aucun intérêt à le faire. Ce fait réunit donc toutes les conditions qui peuvent le rendre incontestable. »

C'est en raison du caractère sérieux de ces attestations que j'ai joint ce récit ancien à celui des faits constatés de nos jours.

J'arrive à un autre exemple où le fantôme, comme celui de l'amie du chanoine, est encore vu par un étranger.

* * *

Les *Annales psychiques* de 1891 ont publié le cas suivant, traduit du mémoire de Mme Sidgwick sur la clairvoyance (1) :

Le 3 octobre 1863, je quittai Liverpool pour me rendre à New-York par le steamer *City of Limerik*, de la ligne Inman, capitaine Jones. Le soir du second jour, peu après avoir quitté Kinsale Head, une grande tempête commença, qui dura neuf jours. Pendant tout ce temps, nous ne vîmes ni le soleil ni les étoiles, ni aucun vaisseau; les garde-corps furent emportés par la violence de la tempête, une des ancres fut arrachée de ses amarres et fit beaucoup de dégâts avant qu'on put la rattacher. Plusieurs voiles fortes, bien qu'étroitement carguées, furent emportées et des boute-hors brisés.

Pendant la nuit qui suivit le huitième jour de la tempête, il y eut un peu d'apaisement, et pour la première fois depuis que j'avais quitté le port, je pus jouir d'un sommeil bienfaisant. Vers le matin, je rêvai que je voyais ma femme que j'avais laissée aux États-Unis. Elle venait à la porte de ma chambre, dans son costume de nuit. Sur le seuil, elle sembla découvrir que je n'étais pas seul dans la chambre, hésita un peu, puis s'avança à côté de moi, s'arrêta et m'embrassa, et, après m'avoir causé quelques instants, elle se retira tranquillement.

Me réveillant, je fus surpris de voir mon compagnon dont la couchette était au-dessus de moi, mais pas directement, — parce que notre chambre était à l'arrière du bâtiment — s'appuyant sur son coude et me regardant fixement. « Vous êtes un heureux gaillard, me dit-il enfin, *d'avoir une dame qui vient vous voir comme cela.* » Je le pressai de m'expliquer ce qu'il voulait dire; il refusa d'abord, mais me raconta enfin ce qu'il *avait vu, étant tout à fait éveillé* et accoudé sur sa couchette. *Cela correspondait exactement avec mon rêve.*

Le nom de ce compagnon était William J. Tait, il n'avait pas un caractère à plaisanter habituellement, mais c'était au contraire un homme posé et très religieux et dont le témoignage peut être cru sans hésiter.

Le lendemain du débarquement, je pris le train pour Watertown, où se trouvaient ma femme et mes enfants. Lorsque nous fûmes seuls, sa première question fut : « Avez-vous reçu ma visite il y a

(1) *Annales psychiques*, 1891, p. 219.

une semaine, mardi ? — Une visite de vous, dis-je, nous étions à plus de 1.000 milles sur la mer ! — Je le sais, répliqua-t-elle, mais il m'a semblé vous avoir rendu visite. — C'est impossible, dites-moi ce qui vous fait croire cela. »

Ma femme me raconta alors qu'en voyant la tempête et apprenant la perte de l'*Africa*, parti pour Boston le jour où nous avions quitté Liverpool pour New-York, et qui avait échoué au cap Race, elle avait été extrêmement inquiète sur mon sort. La nuit précédente, la même nuit où comme je l'ai dit la tempête avait commencé à diminuer, elle était restée réveillée longtemps en pensant à moi, et environ vers quatre heures du matin, *il lui sembla qu'elle venait me trouver*. Traversant la vaste mer en fureur, elle rencontra enfin un navire bas et noir, *monta à bord et descendant sous le pont, traversant les cabines jusqu'à l'arrière, arriva à ma chambre.* « Dites-moi, ajouta-t-elle, a-t-on toujours des chambres *comme celle que j'ai vue, où la couchette supérieure est plus en arrière que celle d'en dessous ? Il y avait un homme dans celle du dessus qui me regardait fixement*, et pendant un instant j'eus peur d'entrer, *mais enfin je m'avançai à côté de vous, me penchai, vous embrassai et vous serrai dans mes bras, puis je m'en allai.* »

La description donnée par ma femme *était correcte dans tous ses détails*, bien qu'elle n'eût *jamais vu le bateau*. Je trouve dans le journal de ma sœur que nous partîmes le 4 octobre, arrivâmes à New-York le 22 et à la maison le 23.

S. R. WILMOT,
manufacturier à Bridgeport.

Le *New York Herald* indique que le *City of Limerik* quitta Liverpool le 3 octobre 1863, Queenstown, le 5, arriva de bonne heure le matin du 22 octobre 1863, et signale la tempête ainsi que la position critique du navire, en même temps que le naufrage de l'*Africa*. L'enquête a confirmé de différentes façons tous les détails de ce remarquable récit. C'est ainsi que Mlle Wilmot écrit :

Au sujet du si curieux phénomène éprouvé par mon frère lors de notre voyage sur le *Limerik*, je me rappelle que M. Tait, qui, ce matin-là, me conduisait déjeuner à cause du terrible cyclone qui faisait rage, me demanda si la nuit dernière j'étais venue voir mon frère, dont il partageait la même chambre. « Non, répondis-je, pourquoi ? — Parce que j'ai vu une femme en blanc qui est venue voir votre frère. »

Mme Wilmot a écrit également :

Bridgeport, 27 février 1890.

En réponse à la question : « Avez-vous remarqué quelques dé-

tails sur l'homme que vous avez vu dans la couchette supérieure ? »
Je ne puis pas, si longtemps après, dire avec certitude que j'aie
remarqué des détails, mais je me rappelle distinctement que je me
sentis bien troublée par sa présence en le voyant ainsi nous regarder d'en haut.

Je crois que je racontai mon rêve à ma mère le lendemain matin ;
et je sais que toute la journée j'eus le sentiment bien net d'*avoir été
voir mon mari*. L'impression était si forte que je me sentais heureuse et réconfortée d'une manière inusitée et à ma grande surprise.

Mme S. R. Wilmot.

Nous le constatons, dans cet exemple encore, la percipiente a
la sensation de se déplacer, et non pas d'être transportée instantanément dans la cabine de son mari ; elle parcourt « la vaste mer
en fureur » à la recherche du navire. Qui la dirige dans cette
course ? Mystère de la sympathie des âmes que nous n'avons
pas encore pénétré, mais qui se rencontre dans tous les cas
cités. Le sujet, dira-t-on, s'imagine accomplir le voyage, mais il
ne le fait pas effectivement. Ah ! non, répondrons-nous, puisqu'il voit les choses, non telles qu'il se les représente, mais
comme elles existent en réalité ; il paraît plus logique d'admettre
que ses sensations ne l'ont pas plus trompé pour son déplacement que pour la vision finale. On ne peut pas imaginer ici que
la description de la cabine est produite par l'action télépathique
du mari, puisque celui-ci dormait et ne pouvait pas voir normalement que M. Tait était éveillé.

Dans cette observation si instructive, remarquons qu'il y a eu
double clairvoyance de la part de la femme et du mari, celui-ci
percevant le fantôme de sa femme pendant son sommeil. Comme
dans les cas précédents, si un témoin ne s'était pas trouvé
là, nous serions encore dans l'indécision de savoir s'il y a eu
simple action télépathique réciproque, ou bien extériorisation
de l'âme de Mme Wilmot. Mais voici que M. Tait, bien éveillé,
la voit, décrit ses actions et que son récit concorde de tous points
avec la vision clairvoyante de M. Wilmot et avec le récit de sa
femme. Il me paraît, dès lors, que cet exemple est démonstratif, et
qu'il y a eu non seulement extériorisation de l'âme de Mme Wilmot, mais objectivation temporaire de son image, puisqu'elle

devint visible pour M. Tait, qui se trouvait à l'état normal. Comme dans le cas du chanoine, supposer une hallucination produite par une inconnue, me semble dépasser les bornes de la vraisemblance.

Plus nous irons, plus cette réalité d'un dédoublement deviendra probable, sans exclure cependant la possibilité que le phénomène soit, dans d'autres circonstances, purement télépathique. La nature n'agit pas toujours d'une manière identique ; et alors même que les faits paraissent extérieurement semblables, il peut parfaitement exister de profondes différences quant à leur mode de production. Dans ces sortes de recherches, les généralisations prématurées, soit au point de vue télépathique, soit au point de vue spirite, sont néfastes au développement de la science. C'est pourquoi il est prudent de ne pas s'entêter dans une interprétation, lorsque les faits démontrent qu'elle est manifestement insuffisante, comme c'est ici le cas pour l'hypothèse télépathique.

LES APPARITIONS TÉLÉPATHIQUES

Je rappelle au lecteur qu'il existe très positivement des *hallucinations véridiques*, c'est-à-dire des visions qui, bien que paraissant tout à fait normales pour celui qui les éprouve, ne sont néanmoins que des images mentales, sans aucune réalité extérieure. La cause de ces phénomènes est bien la pensée de l'agent ; mais celui-ci ne transmet pas un duplicata de lui-même, sa pensée ne fait qu'éveiller chez le percipient l'un des clichés qui dorment dans son souvenir ; c'est le voyant qui construit son hallucination.

A côté de ces faits qui sont très nombreux, il en existe d'autres qui ne paraissent pas pouvoir être interprétés de la même manière ; ce sont ceux :

1° Où une personne voit un parent ou un ami dans un costume que le voyant ne lui a jamais connu et qu'il ne s'est jamais imaginé, mais qui est celui porté par l'agent au moment où son fantôme est vu ;

2° Lorsque l'apparition se montre avec des signes particuliers :

blessures, contusions, etc., qui sont la reproduction exacte de celles que l'agent a reçues;

3° Quand l'apparition est vue simultanément, d'une manière identique, par plusieurs personnes, sans qu'il y ait eu de suggestion entre les percipients.

Il me paraît utile d'insister un peu sur la distinction qui doit être faite entre l'*hallucination véridique* et ce que j'appellerai une *apparition télépathique*.

L'hallucination télépathique, ou véridique, n'existe que dans le cerveau du percipient; c'est lui-même qui la crée sous l'influence de la pensée de l'agent; il l'édifie avec les matériaux qui sont dans sa mémoire; elle ne peut donc pas représenter exactement l'aspect physique de l'agent au moment même, ou, du moins, si cette coïncidence existe, elle est fortuite, accidentelle. Le caractère d'extériorité de cette image relève du mécanisme de l'hallucination, mais ne correspond à aucune réalité externe.

L'apparition télépathique, au contraire, est la perception par le voyant d'un être qui lui est extérieur. Il existe en dehors du percipient une cause de sensation, une image qui est nettement localisée dans un endroit de l'espace, et s'il la perçoit, c'est que la pensée de l'agent a produit chez lui une modification psychique qui le rend apte à saisir ces sortes d'influences, qui n'agissent pas ordinairement sur les sens physiques. Les caractères énumérés plus haut serviront à différencier l'*hallucination* télépathique de l'*apparition* télépathique qui, elle, nécessite la présence réelle de l'âme.

Avant de citer les faits qui se réfèrent aux classes que je viens d'énumérer, je désire bien spécifier qu'alors même que l'esprit de l'agent est présent et visible pour quelques personnes, il ne s'ensuit pas pour cela qu'il soit *matérialisé*, c'est-à-dire pourvu d'un corps pondérable, que n'importe qui pourrait voir avec les yeux du corps. Non, le fantôme, *bien que présent*, n'est perceptible *que pour ceux qui subissent son influence télépathique*, qui deviennent directement clairvoyants, et nullement pour ceux avec lesquels il n'est pas en rapport.

Pour faire mieux comprendre cette distinction, il faut donner un exemple :

CXL (329) (1). M. R. Mouat, 60, Hutingdon Street, Barnsbury, N., Londres.

Le jeudi 5 septembre 1867, vers 10 h. 45 du matin, comme j'entrais dans mon bureau, je vis mon employé qui causait avec le portier, et le révérend M. H.., était debout derrière l'employé. J'allais demander à M. H... ce qui l'amenait de si bonne heure (il travaillait à mon bureau mais n'arrivait jamais avant midi), lorsque mon employé m'interrogea à propos d'une dépêche qui était arrivée après mon départ. La conversation dura quelques minutes, et le portier me donna pendant ce temps-là une lettre qui expliquait qui avait envoyé la dépêche. Pendant ceci, M. R... descendit de son bureau, entra et écouta ce qui se disait. En ouvrant la lettre, je fis part du contenu et, tout en parlant, je regardai M. H... bien en face. Je fus *frappé de son expression mélancolique*, et je remarquai qu'il n'avait pas de cravate. A ce moment M. R... et le portier quittèrent la chambre. J'adressai alors la parole à M. H... et je lui dis : « Mais qu'avez-vous donc, vous semblez ennuyé ? » Il ne répondit pas, mais continua à me regarder fixement. Je pris un pli qui avait été joint à la lettre et je lus d'un bout à l'autre, je voyais toujours M. H... en face de moi *au coin de la table*. Comme je posais mes papiers sur la table, mon employé dit : « Voici, monsieur, une lettre de M. H... » Il n'eût pas plus tôt prononcé ce nom que M. H... disparut. Je restai anéanti pendant un moment, ce qui étonna mon employé, qui (comme je le sus ensuite) *n'avait pas vu* M. H..., et qui nia absolument qu'il fût venu au bureau ce matin-là. La lettre de M. H... me prévenait que, ne se sentant pas bien, il ne viendrait pas au bureau ce jeudi-là, mais qu'il me priait de lui faire parvenir sa correspondance. La lettre avait été écrite la veille.

Le lendemain (vendredi) vers midi, M. H... entra dans le bureau ; et, lorsque je lui demandai où il se trouvait le jeudi vers 10 h. 45, il me répondit qu'il finissait de déjeuner, qu'il était avec sa femme et n'avait pas quitté la maison de la journée. Je n'osai pas en parler à M. R..., mais le lundi suivant, je ne pus m'empêcher de lui demander s'il se rappelait être entré le jeudi matin : « Parfaitement, dit-il, vous discutiez longuement avec votre employé au sujet d'une dépêche qui vous était adressée par M. C... à ce que vous avez appris ensuite. » Je lui demandai s'il se rappelait qui était présent ; il me répondit : « L'employé, le portier, vous *et H...* » Je le questionnai encore et il me dit : « Il se tenait debout *au coin de la table*, en face de vous. Je lui parlai, mais il ne répondit pas, prit un livre et se mit à lire. Je ne pus m'empêcher de le regarder

(1) *Les Hallucinations télépathiques*, p. 358.

de nouveau, car d'abord j'étais étonné de le voir de si bonne heure à son bureau, et ensuite *son expression mélancolique* me frappa, tant elle était différente de son expression habituelle ; mais je pensais que la discussion qui avait lieu l'ennuyait. Il était dans la même position lorsque je sortis avec le portier. »

J'appris à M. R... que M. H... était resté toute la journée à quatorze milles du bureau : *il se fâcha à l'idée que je pusse mettre en doute ce qu'il affirmait avoir vu*, et insista pour que l'on fît monter et que l'on interrogeât le portier. Le portier ni l'employé *n'avaient rien vu*.

Comme suite de l'enquête habituelle, voici les renseignements complémentaires :

M. R... nous a fourni des détails sur ces faits et il nous a donné une confirmation précise en ce qui le concerne. La seule différence entre son récit et celui de M. M..., c'est une différence insignifiante, c'est qu'il dit qu'il n'a pas parlé à M. H..., mais qu'il lui a montré en riant M. M... et l'employé, qui se disputaient au sujet d'une dépêche. Ma gaîté, ajouta-t-il, ne semblait nullement communicative ; M. H... ne paraissait pas disposé, contre son habitude, à prendre les choses en plaisanterie. Il ajoute qu'il n'a jamais eu d'autre hallucination, et M. Mouat nous a dit la même chose en ce qui le concerne.

Sur quatre personnes présentes, deux voient le fantôme et deux ne s'aperçoivent pas de sa présence. Pourquoi imaginer que M. H... fût là en esprit ? parce que les deux voyants le décrivent d'une manière semblable, au coin d'une table, en face de M. M... et avec l'air mélancolique. Sauf erreur, je crois que si le phénomène était produit par la simple pensée du révérend, elle ne pourrait pas engendrer une hallucination que les deux percipients localisent au même endroit de l'espace, et avec ce caractère mélancolique qui, paraît-il, était peu habituel à cet ecclésiastique. Il est presque impossible aussi d'imaginer que ce serait M. Mouat qui aurait transmis son hallucination à M. R... puisqu'il était en forte discussion avec son employé, ce qui suppose son esprit occupé complètement par le débat. D'autre part, M. H.., ne pouvait pas deviner que M. R.,. serait là à cette heure pour agir sur lui. Donc, et pour conclure, le double d'un vivant peut être présent dans un lieu quelconque, et n'être perçu que par certaines des personnes qui se trouvent à cet endroit. Nous verrons, dans la suite, que la photographie révèle parfois la présence de ces êtres, de manière à ne laisser aucun doute sur leur objectivité.

La faculté de voir des personnages invisibles pour l'œil normal est ce que M. Myers nomme la perception subliminale, et ce que les spirites appellent la *médiumnité voyante*. Le plus souvent, elle est fugitive et ne dure que le temps pendant lequel a lieu l'action télépathique. Arrivons maintenant aux cas qui me semblent être de véritables apparitions, mais télépathiques, c'est-à-dire non perçues oculairement, mais seulement par clairvoyance.

APPARITIONS AVEC DES DÉTAILS CARACTÉRISTIQUES INCONNUS DES VOYANTS

LXVI (1). La narratrice, Mlle L..., se refuse à la publication de son nom, pour des raisons de famille. Nous devons ce récit à l'obligeance du colonel Taylor, du Royal Military College, Farnborough.

Un jour, à la fin de juillet, vers 1860, à trois heures de l'après-midi, j'étais assise dans le salon du presbytère. Je lisais et mes pensées étaient entièrement occupées de ma lecture. Tout d'un coup, en levant les yeux, je vis très distinctement un vieux monsieur, mince et de haute taille, entrer dans la chambre et se diriger vers la table. Il portait un manteau singulier et démodé que je reconnus pour appartenir à mon grand-oncle. Je regardai alors fixement le vieillard, et bien que je n'eusse pas vu mon grand-oncle depuis ma première enfance, je me rappellai parfaitement ses traits et son apparence. *Il tenait à la main un rouleau de papier*, et il avait l'air agité. Je n'étais pas alarmée le moins du monde, car je croyais fermement que c'était mon oncle, et, ne sachant rien de sa grave maladie, je lui demandai s'il voulait voir mon père qui, ajoutai-je, n'était pas à la maison. Il me sembla alors qu'il devenait *plus agité et plus affligé*, mais il ne fit aucune observation. Puis il quitta la chambre par la porte à demi-ouverte. Je remarquai qu'il paraissait n'avoir pas marché dans la boue et sous la pluie, bien que la journée fût pluvieuse. Il n'avait pas de parapluie, mais une grosse canne, que *je reconnus tout de suite*, lorsque mon père la rapporta à la maison après l'enterrement.

Lorsque je questionnai les domestiques sur cette visite, ils me dirent qu'ils n'avaient vu entrer personne. Mon père reçut par le courrier suivant une lettre, où on le priait de venir chez mon oncle,

---

(1) *Les Hallucinations télépathiques*, p. 205.

qui était fort malade en Leicestershire. Il partit tout de suite, mais à son arrivée il apprit que notre oncle était mort à trois heures cette même après-midi où je l'avais vu. Avant de mourir, il avait demandé plusieurs fois, d'une *manière anxieuse et agitée* mon père, en l'appelant par son nom, et on trouva un *rouleau de papier* sous son oreiller.

Je dois dire que mon père était son unique neveu; il n'avait pas de fils, et il avait toujours laissé entendre à mon père qu'il aurait un legs important. Ce ne fut cependant pas le cas, et on suppose que, se rappelant la bonne amitié qui l'avait toujours lié avec mon père, il avait éprouvé dans sa dernière maladie le désir de refaire son testament, mais il était trop tard.

Mlle H... ajoute :

J'ai raconté à ma mère et à un de mes oncles cette étrange apparition *avant* que la nouvelle ne soit arrivée ; j'en parlai aussi à mon père immédiatement après son retour. Tous les trois sont morts à présent. Ils m'ont conseillé de tâcher d'oublier cet incident, mais ils convenaient que ce ne pouvait être une simple imagination : je décrivais mon oncle trop exactement, et ils savaient que je n'étais ni nerveuse ni superstitieuse. Je suis tout à fait sûre d'avoir raconté au major Taylor les faits en toute vérité et avec la plus grande exactitude. Les faits sont aussi frais dans mon souvenir que s'ils s'étaient seulement passés hier, bien que tant d'années se soient écoulées depuis lors.

Je puis vous assurer que rien de pareil ne m'est arrivé, ni avant, ni après cet événement.

L'apparition est vêtue comme l'était habituellement le grand-oncle, ce qui permettrait de supposer que c'est une simple hallucination télépathique. La vue de la canne pourrait être un souvenir oublié resurgissant de la mémoire en même temps que l'image du grand-oncle, à laquelle elle se serait associée ; mais l'air anxieux du fantôme correspond bien à l'état d'esprit qu'il avait à ce moment, et le rouleau de papier qu'il tenait à la main et le fait qu'on en trouva un semblable sous son traversin, semblent indiquer un dédoublement, alors même que le costume de l'apparition n'est pas celui dont le corps matériel était revêtu. Comme je l'ai dit déjà, nous verrons quelles suppositions l'on peut faire au sujet du costume des apparitions. Voyons d'autres cas plus démonstratifs que celui-ci.

On trouve dans le *Journal* de la S. P. R., vol. VII, p. 25, le rapport suivant, présenté à M. Myers par M. Kearne, 37 Avonmore Gardens, West Kensington, le 24 décembre 1894 :

Dans la soirée du 11 février 1894, j'attendais dans ma chambre le retour de deux de mes amis, qui avaient pris part à un concert en province. Mes relations avec eux duraient depuis bien des années et avaient un caractère tout à fait intime. Je ne savais par quel train ils se proposaient de revenir, mais je savais que le dernier qu'ils pussent prendre arrivait à Londres à 9 h. 5. Ce qui, vu la distance de la gare, devait leur permettre d'arriver à domicile vers dix heures. Notre profession nous amène à de fréquents voyages; mes amis en avaient une grande expérience et il n'y avait pas lieu de se préoccuper de la façon dont ils s'en tireraient. J'ajouterai que pendant huit ou neuf ans l'un d'eux avait fait ce voyage toutes les semaines, de sorte que je connaissais bien l'heure ordinaire de son arrivée à la gare de Liverpool street.

Ce jour-là, ils devaient se trouver fatigués par le concert et il y avait lieu de croire qu'ils regagneraient leur domicile le plus tôt possible. J'admettais qu'ils pouvaient subir un retard d'une demi-heure et arriver à 10 h. 30, sans que j'eusse à me préoccuper. Je pris donc un livre qui m'intéressait beaucoup, je m'assis dans un fauteuil confortable, ayant ma lampe à ma droite, dans une situation telle je devais me retourner complètement pour observer la fenêtre qui était à ma gauche et fermée par des rideaux épais. Il y avait environ vingt minutes que je lisais; mon attention était très absorbée et mon esprit tout à fait calme ne songeait nullement à mes amis, lorsque instantanément je fus envahi au plus haut point par un état de tension et d'activité intellectuelles, qui me donna conscience — avec un sentiment de certitude que ne peuvent comprendre que ceux qui ont subi la même épreuve — de la présence d'un être étranger, non seulement dans la chambre, mais près de moi.

Je déposai mon livre et quoique je fusse très vivement ému, je restai maître de moi et exempt de tout sentiment de crainte. Sans changer de position et regardant le feu en face de moi, j'eus le sentiment que mon ami A. H. se tenait contre mon coude gauche, mais un peu en arrière, de telle sorte qu'il était masqué par le dossier de mon fauteuil. En tournant ma vue vers ce point, sans changer de position, je vis *le bas de sa jambe et je reconnus aussitôt l'étoffe d'un gris-bleuté du pantalon qu'il portait habituellement*, mais le tout était semi-transparent, rappelant un peu la consistance de la fumée de tabac. J'aurais pu le toucher par un simple déplacement de mon bras gauche.

Avec ce curieux désir instinctif de ne pas voir davantage une telle *forme*, je ne jetai qu'un ou deux regards furtifs vers l'apparition et je maintins résolument mes yeux tournés vers le feu devant moi.

Il s'était écoulé un temps appréciable, probablement quelques secondes, qui me parurent bien longues, lorsque survint la chose la plus curieuse. Debout entre moi et la fenêtre située à ma gauche, à environ quatre pieds de moi et en arrière de mon fauteuil, je vis avec la plus grande netteté la forme de mon ami, dont la face était très pâle, la tête légèrement renversée, les yeux fermés *et sur un côté du cou, juste au-dessous de la mâchoire se trouvait une plaie couverte de sang*. La forme resta immobile, avec les bras pendants de chaque côté; et pendant un temps que je ne puis apprécier, mes regards restèrent fixés sur elle. Je me levai délibérément, je me retournai vers elle; elle s'évanouit et j'éprouvai l'intime conviction que, sans changer de position, j'avais vu la forme derrière moi, ce qui est matériellement impossible. Je suis cependant bien certain de n'avoir pas modifié ma position entre le premier moment où je vis la forme aussi nettement que tout corps matériel et celui où elle disparut lorsque je me retournai.

Je dois signaler que dans les quinze dernières années j'avais été témoin de phénomènes psychiques de toute nature, et que, par conséquent, ils ne me produisaient ni le trouble ni la crainte qu'ils font éprouver à ceux qui ne les connaissent pas. Cependant, dans aucun cas, il ne s'en était produit lorsque j'étais seul et que je n'y pensais pas. C'était la première fois qu'un tel fait m'arrivait; j'en fus profondément alarmé et je réfléchis aussitôt à ce que je devais faire. Ma première pensée fut de me rendre à la gare et de m'informer s'il n'était rien arrivé. Je constatai avec soin qu'il était 10 h. 50 à ma pendule, et je songeai que si l'apparition signifiait qu'un accident venait d'arriver à ce moment même à mon ami, il y avait près d'une heure et demie que le dernier train était arrivé en gare et que le fait n'avait pas eu lieu pendant le voyage. Je ne pourrais dire dans quelle inquiétude je passai avec notre hôte les quarante minutes qui suivirent. Enfin, à 11 h. 35, j'entendis une voiture s'arrêter à la porte. Mes amis entrèrent et comme ils ne se pressaient pas de venir vers moi, je me tranquillisai en pensant qu'il ne leur était rien arrivé de bien grave, car ils m'en eussent informé sans délai. Mon ami B.., vint ensuite et me dit: Venez voir dans quel état se trouve A. H... » Je le rencontrai dans sa salle de bain, avec le col de sa chemise ouvert et plein de sang, tandis qu'il enlevait avec de l'eau le sang qui recouvrait *une plaie au-dessous de la mâchoire*. Sa figure était très pâle et il était évident qu'il souffrait sérieusement d'un choc quelconque.

Aussitôt que cela me fut possible, je rédigeai le compte rendu de ce qui venait d'arriver.

Ils étaient arrivés à l'heure exacte à Londres, et comme ils se sentaient fatigués, mais de bonne humeur, ils étaient allés souper dans un restaurant devant King's Cross Station avec une troisième personne, qui avait pris part au concert avec eux. Avant de quitter la table, mon ami A. H... (celui dont j'avais vu l'apparition) se trouvant la tête gênée par la chaleur, voulut sortir pour prendre un peu l'air frais, mais à peine avait-il ouvert la porte, qu'il perdit connaissance, tomba lourdement en avant, allant *heurter sa mâchoire* contre l'angle du trottoir, pour rouler ensuite sur le dos. En reprenant ses sens il se trouva entre deux policemen dont l'un, ne pouvant ouvrir son col, le coupa ainsi que sa cravate. On avertit les deux autres convives et l'on fit approcher un cab dans lequel mes deux amis revinrent aussi promptement que possible. L'heure exacte de l'évanouissement de A. H.., ne fut pas notée, mais en tenant compte de la hâte que mirent mes deux amis pour regagner leur domicile, elle a dû correspondre à deux ou trois minutes près avec le moment de l'apparition.

Pour terminer, je crois devoir insister sur la sympathie toute particulière qui existe entre A. H.., et moi. Il nous est arrivé de parler en même temps des mêmes sujets, d'avoir les mêmes pensées et de pressentir maintes fois nos rencontres dans la rue. Une fois entre autres, je me trouvais dans un magasin, et comme le commis tardait à me présenter l'objet que je lui demandais, je sentis tout à coup le besoin absolu de sortir. Je me précipitai dans la rue et mes regards tombèrent sur mon ami passant sur l'impériale d'un omnibus. Il en descendit sur un signe que je lui fis et nous rentrâmes ensemble dans le magasin. Je ne sais qui fut le plus surpris de nous trois.

Signé :

Percy Kearne, 9 janvier 1895, Alfred Hobday, 9 janvier 1895, Arthur Bent, 9 janvier 1895.

F. Myers ajoute : « Dans une entrevue avec M. Kearne et M. Bent, le 29 décembre 1894, lorsque nous en vînmes à contrôler les heures des divers incidents de cette soirée, nous restâmes convaincus que l'accident et l'apparition avaient été sensiblement simultanés. Je pense que M. A. H.., au moment de l'accident, n'a pas pensé consciemment à M. Kearne.

La vue de la blessure du fantôme, correspondant exactement à celle de M. A. Hobday, prouve que l'apparition était réelle, car l'agent ayant perdu connaissance, ne pouvait transmettre une image de lui-même qu'il ne connaissait vraisemblablement pas à ce moment.

APPARITION D'AMÉRIQUE EN EUROPE

M. Dassier (1) cite l'exemple suivant, qu'il a emprunté à l'ouvrage du marquis de Mirville : *Des Esprits et de leurs manifestations diverses* :

M. Bonnetty, rédacteur actuel des *Annales de philosophie religieuse*, nous a raconté qu'un soir, avant de s'endormir, il voit l'image d'un de ses amis, alors en Amérique, entr'ouvrir les rideaux de son lit, et lui apprendre qu'il vient de mourir à l'instant. La triste nouvelle se confirme plus tard, et désigne ce même instant comme ayant été le dernier.
Mais cette image portait un gilet, *dont le dessin très extraordinaire*, avait beaucoup frappé M. Bonnetty ; il s'informe plus tard et prie qu'on lui envoie le dessin de ce gilet. On l'envoie, et c'était *complètement celui de l'apparition*.

LE FANTÔME DE LA MÈRE

LXXIII (30) (2). Les auteurs anglais donnent d'abord le récit de Mlle Frances Reddell, la percipiente. Comme il est en tous points semblable à celui de Mme Pole-Carew, Antony, Torpoint, Devonport, je préfère reproduire immédiatement celui-ci, qui est le plus complet.

31 décembre 1883.

En octobre 1880, lord et lady Waldegrave vinrent avec leur femme de chambre écossaise, Hélène Alexander, passer quelque temps chez nous. (Le récit indique alors comment on s'est aperçu qu'Hélène avait pris la fièvre typhoïde.) Elle ne semblait pas bien malade malgré cela, et comme on pensait qu'il n'y avait aucun danger à craindre, et que lord et lady Waldegrave avaient un long voyage à faire le lendemain (jeudi), ils se décidèrent à la laisser aux soins de leur amie.

(1) *L'Humanité posthume*, p. 76.
(2) *Les Hallucinations télépathiques*, p. 236.

La maladie suivit son cours habituel, et Hélène sembla aller tout à fait bien jusqu'au dimanche de la semaine suivante; le médecin me dit alors que la fièvre l'avait quittée, mais que l'état de faiblesse où elle se trouvait le rendait très inquiet. Je fis venir immédiatement une garde-malade, malgré Reddell, ma femme de chambre, qui, pendant toute sa maladie, avait servi de garde à Hélène et qui lui était très dévouée. Cependant, comme la garde ne pouvait venir que le jour suivant, je dis à Reddell de veiller Hélène cette nuit-là encore, pour lui donner sa potion et des aliments; il fallait en effet lui donner sans cesse à manger.

A 4 h. 30 environ, cette nuit-là ou plutôt le lundi matin, Reddell regarda sa montre, versa la potion dans une tasse et elle se penchait sur le lit pour la donner à Hélène, quand la sonnette du passage sonna. Elle se dit : « Voilà encore cette ennuyeuse sonnette dont le fil s'est embrouillé. » (Il semble qu'elle ait d'elle-même, parfois, sonné de cette façon.) A ce moment, cependant, elle entendit la porte s'ouvrir, et, comme elle regardait autour d'elle, elle vit entrer une *vieille femme fort grosse* (1). Elle était vêtue d'une chemise de nuit et d'un jupon de flanelle rouge (2); *elle tenait à la main un chandelier de cuivre d'un ancien modèle. Le jupon avait un trou* (par devant). Elle entra dans la chambre et sembla se diriger vers la table de toilette pour poser sa chandelle dessus. Elle était tout à fait inconnue à Reddell, qui cependant pensa tout de suite que c'était la mère d'Hélène qui venait la voir; elle en était tout heureuse, et elle acceptait cette idée sans discuter, comme on fait en rêve. Il lui sembla que la mère avait l'air fâché, peut-être parce que l'on ne l'avait pas envoyé chercher plus tôt. Elle donna sa potion à Hélène et, quand elle se retourna, l'apparition avait disparu et la porte était fermée. L'état d'Hélène avait beaucoup changé pendant ce temps, et Reddell vint me trouver; j'envoyai chercher le médecin et en l'attendant on appliqua à Hélène des cataplasmes chauds... mais elle mourut avant l'arrivée du médecin. *Elle avait toute sa conscience* une demi-heure avant sa mort; elle parut s'endormir à ce moment.

Pendant les premiers jours de sa maladie, Hélène avait écrit à une de ses sœurs; elle lui disait qu'elle n'était pas bien, mais sans y insister, et, comme elle n'avait jamais parlé que de sa sœur, les gens de la maison, pour qui elle était tout à fait une étrangère, supposaient qu'elle n'avait pas d'autres parents vivants. Reddell lui offrait toujours d'écrire à sa place, mais elle refusait toujours; elle disait que c'était inutile et qu'elle écrirait elle-même dans un jour

---

(1) Et très brune, ajoute Reddell dans son récit.
(2) Elle avait aussi un châle rouge sur les épaules, toujours d'après Reddell.

ou deux. Personne chez elle ne savait donc qu'elle était aussi malade; aussi est-il très remarquable que sa mère, qui n'est point du tout nerveuse, ait dit ce soir-là en allant se coucher : « *Je suis sûre qu'Hélène est très malade.* »

Reddel m'a parlé de l'apparition, ainsi qu'à ma fille, une heure environ après la mort d'Hélène. « Je ne suis ni superstitieuse, ni nerveuse, nous dit-elle tout d'abord, et je n'ai pas été effrayée le moins du monde, mais sa mère est venue la nuit dernière. » Elle nous raconta alors toute l'histoire et nous donna une description très fidèle de la figure qu'elle avait vue. On prévint les parents pour qu'ils pussent assister aux funérailles; le père et la mère vinrent, ainsi que la sœur, et *Reddell reconnut dans la mère la figure qu'elle avait vue*; l'expression même était bien celle qu'elle avait indiquée; elle était due non pas à l'inquiétude, mais à la surdité. *Je la reconnus comme elle, tant sa description était exacte.*

On jugea qu'il valait mieux ne pas parler de la chose à la mère, mais Reddell raconta tout à la sœur, qui lui dit que *sa description correspondait très exactement aux vêtements qu'aurait eus sa mère si elle s'était levée pendant la nuit*, qu'il y avait chez eux *un chandelier tout à fait pareil à celui qu'elle avait vu; le jupon de sa mère avait un trou*, ce trou était dû à la manière dont elle portait toujours son jupon. Il est curieux que *ni Hélène, ni sa mère ne paraissent s'être aperçues de cette visite*. Ni l'une, ni l'autre en tout cas, n'ont jamais dit qu'elles s'étaient apparues l'une à l'autre, ni même qu'elles l'avaient rêvé.

F. A. POLE-CAREW.

Francis Reddell n'a jamais eu d'autre hallucination. Suivant l'enquêteur, c'est une femme qui semble très sérieuse, très positive.

Quelle que soit l'explication que l'on veuille donner de ce fait, il n'en est pas moins des plus remarquables. Les savants anglais pensent que l'agent véritable aurait pu être Hélène, et que pendant son agonie « elle aurait eu devant les yeux la vivante image de sa mère ». Cette hypothèse est évidemment la plus simple, mais elle est démentie par la dernière phrase de Mme Carew qui écrit *qu'Hélène ni sa mère ne se sont pas aperçues l'une et l'autre*. Supposons un instant qu'il y ait eu hallucination, explique-t-elle tous les détails de cette observation? Avant que Reddell ait eu cette vision, elle a entendu tinter la sonnette de la porte d'entrée et, à ce moment, elle n'était pas hallucinée. Hélène aurait-elle donc suggéré aussi ce bruit imaginaire?

Imaginons que le fantôme soit une création de la pensée d'Hélène, cette image s'est transmise à Reddel avec une fidélité extraordinaire, puisque celle-ci a confondu cette fantasmagorie avec la réalité. Mais alors comment Hélène, qui est restée consciente pendant tout ce temps-là, n'a-t-elle rien dit à son amie de cette vision qui aurait dû l'émotionner profondément ? L'épisode du jupon troué semble établir aussi la réalité de l'apparition, car il est peu vraisemblable que ce fût toujours le même vêtement que la mère d'Hélène ait porté depuis le départ de celle-ci de la maison paternelle. Tout bien pesé, l'hypothèse d'un dédoublement de la mère semble au moins aussi probable, puisque ce jour-là, en allant se coucher, elle dit : « Je suis sûre qu'Hélène est très malade », ce qui prouve qu'elle était préoccupée de l'état de santé de sa fille. Qu'elle n'ait pas conservé le souvenir de sa sortie extra-corporelle, c'est ce qui a lieu très souvent et ne doit pas nous étonner, l'esprit étant en dehors du corps n'impressionne plus directement le cerveau matériel, de sorte que la mémoire est généralement abolie par tout ce qui s'est passé pendant son excursion nocturne.

***

Il semble que certaines personnes, sans éprouver une crise quelconque dans leur santé, aient inconsciemment le pouvoir de projeter leur image à l'endroit où se porte leur pensée, car elles apparaissent dans les lieux qu'elles ont l'habitude de fréquenter, *revêtues du costume qu'elles portent actuellement*, et qui est parfois tout à fait inconnu du voyant. On ne peut supposer, vraisemblablement, aucune action volontaire de leur part pour produire ce phénomène, qui doit être attribué, peut-être, à une disposition physiologique particulière du sujet. Nous verrons que cette curieuse propriété est assez fréquente pour avoir été baptisée du nom de *Deutéroscopie* par les Allemands. Puisons toujours dans les riches Annales de la Société Anglaise :

XCVII (260) (1). Capitaine A. S. Beaumont, 1 Crescent Road, South Norwood Park, Londres.

(1) *Les Hallucinations télépathiques*, p. 281.

24 février 1885.

En 1871, j'étais à Norton House, Temby, pour la première fois; je venais de me coucher, et j'étais bien éveillé. J'avais une bougie à ma droite, et je lisais. Au fond du lit et à droite se trouvait une porte fermée à clef, et, à ce que j'appris plus tard, sur cette porte une tapisserie était collée de l'autre coté. Je vis la forme de ma future femme (la dame de la maison) entrer par cette porte, drapée de blanc des pieds à la tête. C'est bizarre, mais je ne fus pas effrayé. J'eus l'idée que quelqu'un était malade, et qu'elle était venue prendre quelque chose dans la chambre. Je détournai la tête, et, lorsque je regardai de nouveau, l'apparition avait disparu. Je suppose que je la vis pendant deux ou trois secondes.

Alex. S. Beaumont.

Mme Beaumont écrit :

24 février 1885.

En 1872, deux ou trois mois après mon mariage, le capitaine Beaumont et moi, nous étions revenus de Londres à Temby. Je montai dans mon cabinet de toilette, et je donnai les clefs de mes bagages à ma femme de chambre, Ellen Rassett. J'étais devant le miroir et lui tournais le dos, quand je l'entendis pousser un léger cri aigu. Je me retournai en disant : « Qu'y-a-t-il ? » et je la vis avec mon bonnet de nuit à la main. Elle dit : « Oh ! rien, rien. » Puis je descendis.

Le lendemain, mon mari la vit occupée à arracher le papier de la porte qui conduisait de ma chambre à mon cabinet de toilette. Il dit : « Que faites-vous là ? » Elle répondit qu'elle ouvrait la porte. Il dit : « Mais la première nuit que je passai dans cette maison, je vis votre maîtresse passer par cette porte. » (Je dois dire que le capitaine Beaumont avait été assez souvent notre hôte dans cette maison. A l'époque dont je parle, il s'était imaginé que peut-être quelqu'un était malade dans la maison, et que j'étais entrée pour prendre quelque chose dans sa chambre, le croyant endormi.) La femme de chambre lui raconta alors qu'elle m'avait vue la veille de notre arrivée; elle ne savait pas quel jour nous devions arriver au juste. Elle couchait dans le lit où il couchait lorsqu'il m'avait vue. Elle allait se mettre au lit, lorsqu'elle me vit entrer « à travers la porte », avec un bonnet de nuit, et une bougie à la main. Elle fut si terrifiée qu'elle se sauva de la chambre par l'autre porte, et raconta aux autres domestiques qu'elle était sûre que j'étais morte. Ils la calmèrent du mieux qu'ils purent, mais elle ne voulut pas rentrer dans cette chambre. Ce qui lui fit pousser un cri, lorsque je l'entendis, c'est qu'en défaisant ma malle *elle avait trouvé un bonnet de nuit pareil à celui que l'apparition portait.* Le fait curieux, c'est que c'était un *bonnet de nuit que j'avais acheté à Londres,* dont je ne lui avais jamais parlé, *et qui ne ressemblait à aucun de ceux que je portais jusque-là.* Il avait trois ruches. J'avais l'habitude de porter des bonnets de nuit de mousseline de couleur, sans ruches.

La même domestique, quelques mois après l'incident du bonnet de nuit, alla dans la cuisine et dit aux autres domestiques : « Nous aurons des nouvelles de Madame aujourd'hui; je viens de la voir dans l'embrasure de la porte de la salle à manger; elle avait un chapeau de velours noir et un manteau noir. » (Nous étions à Londres depuis quelques semaines.) Cela s'était passé vers 9 heures du matin. Vers 10 h. 30, elle reçut une dépêche de nous, pour annoncer notre arrivée ce soir-là; la dépêche avait été envoyée de la gare de Paddington pendant que nous attendions notre train. *Le chapeau et le manteau avaient été achetés en ville sans qu'elle le sût.*

J'ai conservé cette femme de chambre pendant plusieurs années; elle n'était ni nerveuse, ni hystérique. Elle nous a quittés il y a déjà plusieurs années.

C. BEAUMONT.

Voici encore un autre cas, raconté toujours par le capitaine Beaumont :

24 février 1885.

Vers le mois de septembre 1873, mon père habitait alors 57, Inverness Terrace; j'étais assis un soir, vers 8 h. 30, dans la grande salle à manger. A table, en face de moi, tournant le dos à la porte, étaient assises ma mère, ma sœur et une amie Mme W. Tout à coup, il me semble voir ma femme entrer vivement par la porte de la petite salle à manger, que je pouvais voir de ma place. *Elle avait une robe mauve.* Je me levai pour la recevoir, quoique je fusse très étonné, car je la croyais à Temby. Comme je me levais, ma mère me dit : « Qui est là ? » sans avoir (du moins, je le crois) vu quelqu'un elle-même, mais en voyant le mouvement que j'avais fait. Je m'écriai : « Mais c'est Carry ! » et je m'avançai à sa rencontre. Tandis que je m'avançais, l'apparition disparut. Je m'informai et j'appris que ma femme passait la soirée chez une amie, et *qu'elle avait une robe mauve, que je n'avais jamais vue.* Je ne l'avais jamais vue avec une toilette de cette couleur. Ma femme se rappela qu'elle causait de moi à ce moment avec quelques amis, et qu'on regrettait beaucoup mon absence, parce que l'on allait danser, et que j'avais promis de faire danser. J'avais été inopinément retenu à Londres.

ALEX. S. BEAUMONT.

Voici deux confirmations de ce fait; l'une émane de l'amie qui assistait à l'incident, l'autre est de Mme Beaumont :

Grosvenor Street, W. Londres, 5 mars 1885.

Autant que je puis me le rappeler, le capitaine Beaumont était assis et causait, lorsqu'il leva la tête et eut comme un sursaut. Sa mère lui demanda ce qu'il avait. Il répondit : « J'ai vu ma femme traverser la salle à manger, au fond, mais ce n'est rien ; elle apparaît souvent aux gens, *ses domestiques l'ont vue plusieurs fois.* » La chambre où nous étions était une salle à manger double, l'une des pièces était éclairée au gaz, et l'autre, où Mme Beaumont apparut, était comparativement sombre. Personne ne la vit, sauf son mari. Mme Beaumont était en ce moment dans le pays de Galles, et cela se passait à Inverness Terrace, Bayswater.

FLORENCE WHIPMAN.

Mme Beaumont ajoute :

Je me rappelle distinctement avoir entendu parler mon mari de cette histoire le lendemain ou le surlendemain ; et dans sa lettre il demandait : « Que faisais-tu à telle heure, tel soir ? » Je pus me rappeler que j'étais dans un groupe d'amis et que nous regrettions son absence. *J'avais une robe mauve et je suis sûre qu'il ne me l'avait jamais vue.*

C. BEAUMONT.

Bonnet de nuit, chapeau, manteau, robe, tout le vestiaire de l'apparition est semblable à celui de Mme Beaumont, et il sera intéressant de chercher comment cette reproduction lointaine est produite. Je pourrais allonger la liste de ces cas intéressants, mais nous devons passer à d'autres exemples qui nous font voir, non seulement l'apparition revêtue du costume que portait à ce moment l'agent, mais avec des détails précis qu'il eût été impossible d'imaginer, tels que blessures, contusions, etc.

Une remarque non moins importante et qui doit être prise en très haute considération, c'est que souvent l'apparition a lieu *après* la mort de l'agent. Cette constatation ressort de l'examen des faits ; ce n'est donc pas une induction logique qui nous fait croire à *l'apparition des morts*, mais un FAIT NATUREL contre lequel il serait puéril de s'insurger.

APPARITIONS UN PEU AVANT, OU UN PEU APRÈS LA MORT, AVEC DÉTAILS CARACTÉRISTIQUES

LXV (210). Capitaine G. F. Russell Colt. Gartsh rrie, Coatbridge, N. B. (1).

1882.

Je passais mes vacances à la maison ; je demeurais avec mon père et ma mère, non pas ici, mais dans le Mid-Lothian, dans une autre vieille résidence de famille, construite par un de nos ancêtres au temps de Marie, reine d'Écosse, et appelée Inversek House. Ma chambre à coucher était une vieille pièce curieuse, longue et étroite, avec une fenêtre à un bout, et une porte à l'autre. Mon lit était à gauche de la fenêtre et regardait la porte. J'avais un frère, qui m'était bien cher, mon frère aîné, Olivier ; il était lieutenant au 7º Royal Fusilliers. Il avait à peu près dix-neuf ans, et il se trouvait à cette époque devant Sébastopol depuis quelques mois. J'entretenais une correspondance suivie avec lui.

Un jour il m'écrivit dans un moment d'abattement, étant indisposé ; je lui dis de reprendre courage, mais que si quelque chose lui arrivait, il devait me le faire savoir en m'apparaissant dans ma chambre où, jeunes garçons, nous nous étions si souvent assis, le soir, fumant et bavardant en cachette. Mon frère reçut cette lettre (comme je l'appris plus tard) comme il sortait pour aller recevoir la sainte cène ; le clergyman qui la lui a donnée me l'a raconté. Après avoir communié, il alla aux retranchements, il ne revint pas ; quelques heures plus tard commença l'assaut du Redan. Lorsque le capitaine de sa compagnie fut tombé, mon frère prit sa place et il conduisit bravement ses hommes. Bien qu'il eût déjà reçu plusieurs blessures, il faisait franchir les remparts à ses soldats, lorsqu'il fut frappé *d'une balle à la tempe droite*. Il tomba parmi des monceaux d'autres soldats ; il fut trouvé dans une sorte de posture agenouillée (il était soutenu par d'autres cadavres), trente-six heures plus tard. Sa mort eut lieu, ou plutôt il tomba, peut-être sans mourir immédiatement, le 8 septembre 1855.

Cette même nuit je me réveillai tout à coup. Je voyais en face de la fenêtre de ma chambre, près de mon lit, mon frère *à genoux*, entouré, à ce qu'il me semblait, d'un léger brouillard phosphorescent. Je tâchai de parler, mais je ne pus y réussir. J'enfonçai ma tête dans les couvertures ; je n'étais pas du tout effrayé (nous avons tous été élevés à ne pas croire aux esprits ou aux apparitions), mais je voulais simplement rassembler mes idées, parce que

---

(1) *Les Hallucinations télépathiques*, p. 202.

je n'avais pas pensé à lui, ni rêvé de lui, et que j'avais oublié ce que je lui avais écrit une quinzaine avant cette nuit-là. Je me dis que ce ne pouvait être qu'une illusion, un reflet de la lune sur une serviette ou sur quelque autre objet hors de sa place. Mais lorsque je levai les yeux, il était encore là, fixant sur moi un regard plein d'affection, de supplication et de tristesse. Je m'efforçai encore une fois de parler, mais ma langue était comme liée; je ne pus prononcer un son. Je sautai du lit, je regardai par la fenêtre et je m'aperçus qu'il n'y avait pas de clair de lune : la nuit était noire, et il pleuvait à grosses gouttes, à en juger d'après le bruit qu'on entendait contre les carreaux; je me retournai, et je vis encore le pauvre Olivier; je fermai les yeux, je marchai à travers l'apparition et j'arrivai à la porte de la chambre. L'apparition tourna lentement la tête vers moi et me jeta encore un regard plein d'angoisse et d'amour. Pour la première fois, je remarquai alors *à la tempe droite une blessure d'où coulait un filet rouge*. Le visage avait un teint pâle, comme de la cire, mais transparent; transparente aussi était la marque rouge. Mais il est presque impossible de décrire l'apparence de la vision. Je sais seulement que je ne l'oublierai jamais. Je quittai la chambre et j'allai dans celle d'un ami, où je m'installai sur le sofa pour le reste de la nuit. Je lui dis pourquoi j'étais venu chez lui. Je parlai aussi de l'apparition à d'autres personnes dans la maison, mais lorsque j'en parlai à mon père, celui-ci m'ordonna de ne pas répéter un tel non-sens, et surtout de n'en rien dire à ma mère.

Le lundi suivant (1); il reçut une note de Sir Alexandre Milne annonçant que le Redan avait été pris d'assaut, mais sans lui donner de détails. Je dis à mon ami de m'avertir s'il voyait avant moi le nom de mon frère parmi les tués et les blessés. Environ une quinzaine plus tard, il entra dans la chambre à coucher que j'occupais dans la maison de sa mère à Athole Crescent, Edinbourg. Je lui dis, l'air très grave : « Je suppose que vous venez pour me communiquer la triste nouvelle que j'attends. » Il répondit : « Oui ». Le colonel du régiment et un officier ou deux, qui avaient vu le cadavre, disaient que *l'aspect du corps était bien celui que j'avais décrit. La blessure mortelle était exactement là où je l'avais vue.* Mais personne ne put dire s'il était réellement mort tout de suite. Son apparition, dans ce cas, devait avoir eu lieu quelques heures après sa mort, car je l'avais vu quelques minutes après 2 heures du matin. Quelques mois plus tard, on renvoya à Inversek un petit livre de prières, et *la lettre que je lui avais écrite*. Les deux objets

(1) La communication avec la Crimée ne se faisait alors par télégraphe que pour une partie du chemin.

avaient été trouvés dans la poche intérieure de la tunique qu'il portait au moment de sa mort; je les ai encore (1).

La sœur du capitaine Colt, Mme Hope, de Fermoy, confirme ainsi le témoignage de son frère :

Le 12 décembre 1882.

Dans la matinée du 8 septembre 1855, mon frère M. Colt, nous a raconté, à moi, au capitaine Fergusson du 42ᵉ régiment, qui est mort depuis, au major Dorwick de la Rifle Brigade (qui vit encore) et à d'autres, qu'il s'était réveillé pendant la nuit, et qu'il avait vu, lui avait-il semblé, mon frère aîné, le lieutenant Olivier Colt, du « Royal Fusilliers » (alors en Crimée), qui se tenait debout entre le lit et la porte. Il avait vu qu'Olivier avait été blessé de plusieurs balles; je me souviens qu'il nous a parlé *d'une blessure à la tempe*. Mon frère s'était levé; il s'était précipité, les yeux fermés, vers la porte et en se retournant il avait vu l'apparition, qui se tenait entre lui et le lit. Mon père lui ordonna de ne plus parler de cela pour ne pas effrayer ma mère; mais bientôt après arriva la nouvelle de la prise du Redan et de la mort de mon frère.

Deux années plus tard, mon mari, le colonel Hope, invita mon frère à dîner. Mon mari n'était alors que lieutenant au Royal Fusilliers, et mon frère enseigne aux Royal Walsh Fusilliers. Ils parlèrent à dîner de mon frère aîné. Mon mari indiquait quel était l'aspect de son cadavre, quand on l'avait trouvé, lorsque mon frère décrivit ce qu'il avait vu. A l'étonnement de toutes les personnes présentes, *la description des blessures correspondait aux faits.*

Mon mari était l'ami le plus intime de mon frère aîné; il était parmi ceux qui virent le cadavre immédiatement après qu'on l'eût trouvé.

Les légères divergences quant à la date et à la position exacte de l'apparition, entre ce récit et le précédent, sont sans grande importance, d'autant plus que nous pouvons admettre une petite erreur de la part du narrateur de seconde main. Dans ce

---

(1) Le récit de la *London Gazette extraordinary* du 22 septembre 1855 prouve que l'assaut du Redan a commencé l'après-midi du 8 septembre et qu'il dura au moins une heure et demie. Le rapport de Russell nous apprend « que les morts, les moribonds et les non-blessés étaient entassés pêle-mêle ». On recherchait encore les blessés dans la matinée du 9 septembre. L'heure exacte de la mort du lieutenant Colt n'est pas connue.

cas encore, je ne crois pas à une hallucination télépathique, à cause de la précision des détails relatifs aux blessures, surtout celle de la tempe. Au milieu du fracas d'une bataille, dans toute l'ardeur du combat, il est tout à fait improbable d'imaginer que le lieutenant blessé pût se faire de lui-même une image assez exacte, en supposant qu'il ne soit pas mort sur le coup, pour qu'il pût la transmettre à son frère, vers lequel rien n'affirme que sa pensée fut dirigée. Remarquons encore que l'apparition porte tous les stigmates du corps physique, et ceci m'apparaît comme un caractère distinctif qui doit permettre de différencier l'apparition télépathique de l'hallucination véridique. Voici une seconde observation, aussi démonstrative que la précédente.

*
* *

XXXII (25) (1). Docteur Collyer, Beta House, 8, Alpha Road, St Johns Wood. N. W. Londres. (Cas publié d'abord dans *The Spiritual Magazine.*)

Le 15 avril 1861.

Le 3 janvier 1856, le vapeur *Alice*, que commandait alors mon frère Joseph, eut une collision avec un autre vapeur sur le Mississipi, en amont de la Nouvelle-Orléans. Par suite du choc, le mât de pavillon ou flèche s'abattit avec une grande violence et, venant heurter la tête de mon frère, lui fendit le crâne. La mort de mon frère *fut nécessairement instantanée*. Au mois d'octobre 1857, j'allai aux États-Unis. Pendant le séjour que je fis à la maison de mon père à Camden, New-Jersey, la mort tragique de mon frère devint naturellement le sujet de notre conversation. Ma mère me raconta alors qu'elle avait vu, au moment même de l'accident, mon frère Joseph lui apparaître. Le fait fut confirmé par mon père et par mes quatre sœurs. La distance entre Camden, New-Jersey et le théâtre de l'accident est en ligne droite de plus de 1.000 milles, mais cette distance s'élève à peu près au double par la route de poste. Ma mère parla de l'apparition à mon père et à mes sœurs le matin du 4 janvier, et ce ne fut que le 16, c'est-à-dire treize jours plus tard qu'une lettre arriva, qui confirmait les détails de cette « visite » extraordinaire. Il importe de dire que mon frère William et sa femme, qui habitent à présent Philadelphie, demeuraient

---

(1) *Les Hallucinations télépathiques*, p. 117 et sq.

alors près du lieu du terrible accident. Eux aussi m'ont confirmé les détails de l'impression produite sur ma mère.

Le docteur Collyer cite ensuite une lettre de sa mère, qui contient le passage suivant:

Camden, New-Jersey, États-Unis, le 27 mars 1861.

Mon cher fils,

Le 3 janvier 1856, je ne me sentis pas bien et j'allai me coucher de bonne heure. Quelque temps après je me sentis mal à mon aise, et je m'assis sur mon lit. Je regardai autour de la chambre et, à mon très grand étonnement, je vis Joseph, debout près de la porte. Il fixait sur moi des regards très graves et très tristes; *sa tête était entourée de bandages; il portait un bonnet de nuit sale et un vêtement blanc, pareil à un surplis*, également sale. *Il était tout défiguré;* je fus tout agitée le restant de la nuit à cause de cette apparition. Le lendemain matin, Mary vint de bonne heure dans ma chambre. Je lui dis que j'étais sûre de recevoir de mauvaises nouvelles de Joseph. Au déjeuner, je répétai la même chose à toute la famille; on me répondit que ce n'était qu'un rêve, que ce n'avait pas de sens. Mais cela ne changea pas mon opinion. Mon esprit était hanté d'appréhensions, et le 16 janvier je reçus la nouvelle de la mort de Joseph. Chose étrange, William ainsi que sa femme, qui étaient sur le lieu de l'accident, *m'ont affirmé que Joseph était habillé exactement comme je l'avais vu.*

Votre mère affectionnée,
Anne E. Collyer.

Le docteur Collyer continue:

On dira sans doute que l'imagination de ma mère était dans un état maladif, mais cette assertion n'explique pas le fait que mon frère lui ait apparu au moment exact de sa mort. *Ma mère ne l'avait jamais vu habillé comme il l'était d'après sa description*, et ce ne fut que *quelques heures après l'accident que sa tête fut entourée de bandages*. Mon frère William me raconta que la tête de Joseph était presque fendue en deux par le coup, que son visage était horriblement défiguré *et que son vêtement de nuit était extrêmement sali*.

Je ne peux être surpris que d'autres restent sceptiques, car les preuves que j'ai obtenues ne pourraient être acceptées sur le témoignage d'autrui. C'est pour cela que nous devons être indulgent envers les incrédules.

Robert H. Collyer, M. D., F. C. S. etc.

Dans une autre lettre, le docteur Collyer déclare qu'il n'avait jamais cru jusqu'alors à aucun rapport spirituel, et il ajoute :

... Dans le récit publié dans le *Spiritual Magazine*, j'ai oublié d'indiquer que, avant l'accident, mon frère Joseph s'était retiré pour la nuit sur sa couchette ; le bateau était amarré le long de la levée au moment où il fut heurté par un autre vapeur qui descendait le Mississipi. Naturellement, mon frère *était en chemise de nuit*. Aussitôt qu'on l'appela et qu'on lui dit qu'un vapeur se trouvait tout près de son propre bateau, il courut sur le pont. Ces détails me furent racontés par mon frère William qui se trouvait à ce moment même sur le lieu de l'accident. Je ne puis m'expliquer comment l'apparition portait des bandages, car on n'a pu en mettre à mon frère *que quelque temps après sa mort*. La différence entre Camden, New-Jersey, et la Nouvelle-Orléans est à près de 15°, ou une heure.

Il est probable que l'apparition n'a pas coïncidé exactement avec l'heure de la mort, mais qu'elle a eu lieu un peu plus tard. La tête de Joseph Collyer ayant été à peu près partagée en deux, la conscience a dû disparaître presque instantanément, en même temps que la vie. Cependant le fantôme du fils se montre à sa mère, non seulement avec le dernier vêtement qu'il portait, mais avec la blessure qui le défigure, qu'il n'a pu connaître normalement et, de plus, avec les bandages qui ont été ajoutés *après la mort*. Si l'apparition est de nature télépathique, il faut que l'agent ait conservé le pouvoir d'agir séparé de son corps, autrement dit que ce soit son esprit qui vint rendre visite à sa mère. Toutes les particularités de costume étant exactes enlèvent à l'hypothèse de l'hallucination, même retardée, toute valeur. Ce n'est pas un cas de clairvoyance lointaine de Mme Collyer, puisqu'elle ne voit que son fils, sans aucun des détails qui ont accompagné l'accident. C'est positivement une apparition, car l'action télépathique d'aucun vivant n'est admissible, l'équipage étant composé de nègres qui ne connaissaient pas Mme Collyer (1). Cette observation est précieuse, émanant d'un médecin, homme positif, qui a certainement examiné avec soin toutes les circonstances de ce tragique événement.

Le cas suivant mérite de devenir classique, aussi bien par la

(1) Voir la note de la page 120 des *Hallucinations télépathiques*.

preuve de la survie qu'il fournit, que par le soin avec lequel l'enquête de vérification a été conduite; elle a nécessité la rectification de l'acte de décès du capitaine Wheatcroft. Remarquons que ces deux histoires ont été relatées, l'une dans : *The Spiritual Magazine*, l'autre, comme nous allons le voir, dans un ouvrage spirite, ce qui prouve que livre et journal sont sérieusement documentés, puisque des enquêtes ultérieures ont démontré l'absolue véracité de ces récits. Ceci dit, en passant, pour répondre à ceux qui s'imaginent que la presse spirite accueille sans examen tous les faits qui lui sont signalés.

*
* *

XLI (166) (1). Mme Wheatcroft (cas publié par M. Dale Owen, in *Footfalls on the Baoundary of another world*, p. 299-303). L'un de nous a vu le sujet, Mme Wheatcroft, mais des raisons de famille l'ont empêché de donner aucun renseignement nouveau...

Je suis redevable du récit qui va suivre, dit Dale Owen, à l'obligeance d'amis de Londres. Il est impossible de mettre en doute la bonne foi des narrateurs :

Au mois de septembre de l'année 1857, le capitaine G. W., du 6ᵉ régiment des dragons de la garde, partit pour les Indes afin de rejoindre son régiment. Sa femme resta en Angleterre; elle demeurait à Cambridge. Dans la nuit du 14 au 15 novembre 1857, vers le matin, elle rêva qu'elle voyait son mari : il avait l'air anxieux et malade; puis elle se réveilla immédiatement, l'esprit très agité. Il faisait un magnifique clair de lune et en ouvrant les yeux elle vit de nouveau son mari debout à côté de son lit. Il lui apparut en uniforme, les mains pressées contre la poitrine; ses cheveux étaient en désordre et sa figure très pâle. Ses grands yeux noirs la regardaient fixement et il avait l'air très excité. Sa bouche était contractée d'une façon particulière, comme cela lui arrivait lorsqu'il était agité. Elle le vit, et avec toutes les particularités de ses vêtements, aussi distinctement qu'elle l'avait jamais vu durant toute sa vie, et elle se rappelle avoir vu entre ses deux mains le blanc de sa chemise, qui cependant n'était pas tachée de sang. Son corps semblait se pencher en avant avec un air de souffrance, et il faisait un effort pour parler; mais on n'entendait aucun son. Sa femme pense que l'apparition dura une minute environ, puis s'évanouit.

(1) *Les Hallucinations télépathiques*, p. 133.

Sa première idée fut de se rendre compte si elle était réellement éveillée. Elle se frotta les yeux avec son drap et sentit qu'elle le touchait réellement. Son petit neveu était dans son lit avec elle ; elle se pencha sur l'enfant endormi et elle écouta sa respiration. Elle en entendit distinctement le bruit et elle se rendit compte alors que ce qu'elle venait de voir n'était pas un rêve. Il est inutile d'ajouter qu'elle ne dormit plus cette nuit-là.

Le lendemain matin, elle raconta tout cela à sa mère, et elle exprima la conviction que le capitaine W... était tué ou dangereusement blessé, bien qu'elle n'eût pas vu de taches de sang sur ses vêtements. Elle fut tellement impressionnée par la réalité de cette apparition qu'elle refusa à partir de ce moment toutes les invitations...

Ce fut un mardi, au mois de décembre 1857, que le télégramme qui annonçait la mort du capitaine W... fut publié à Londres. Il disait que le capitaine avait été tué devant Lucknow le 15 *novembre*.

Cette nouvelle donnée par un journal de Londres attira l'attention d'un sollicitor de Londres, M. Wilkinson, qui était chargé des affaires du capitaine W... Quand, plus tard, ce monsieur rencontra la veuve, elle lui dit qu'elle avait été absolument préparée à recevoir cette triste nouvelle, mais qu'elle était sûre que son mari n'avait pas été tué le 15 novembre, car il était apparu dans la nuit du 14 au 15 du dit mois (1).

Le certificat délivré par le ministère de la Guerre, que M. Wilkinson dut se procurer, confirma pleinement la date du télégramme. Il était libellé de la façon suivante :

MINISTÈRE DE LA GUERRE

30 janvier 1858.

Nous certifions par la présente qu'il ressort des pièces contenues dans les archives de ce ministère que le capitaine G. W..., du 6e régiment de dragons de la garde, a été tué à l'ennemi le 15 novembre 1857 (erreur, comme l'indique M. Dale Owen : il s'agit du 6e dragons d'Inniskilling).

Signé : B. Hawes.

(1) La différence de longitude entre Londres et Lucknow est d'environ cinq heures ; 3 ou 4 heures du matin à Londres correspondent par conséquent à 8 ou 9 heures du matin à Lucknow. Mais c'est dans l'après-midi et non dans la matinée, comme on le verra par la suite, que le capitaine W... fut tué. Si, par conséquent, il avait été tué le 15, l'apparition qu'a vue sa femme se serait produite quelques heures avant l'engagement dans lequel il a succombé, alors qu'il était encore vivant et bien portant (R. D. O.).

Pendant que M. Wilkinson restait dans l'incertitude, en ce qui concernait la date exacte de cette mort, il se produisit un incident singulier qui jeta un nouveau doute sur l'exactitude du télégramme et du certificat. M. Wilkinson rendait visite à un ami, dont la femme avait eu des apparitions ; le mari était en outre médium. Ces faits ne sont connus cependant que de leurs amis intimes. Quoique je connaisse les personnes, je ne suis pas autorisé à publier leurs noms. Appelons-les M. et Mme N...

M. Wilkinson leur parla comme d'une chose étonnante de la vision qu'avait eue la veuve du capitaine, et de la liaison qui l'unissait à la mort de son mari, et il décrivit l'apparition telle qu'elle s'était présentée à Mme W... Mme N..., se tournant vers son mari, dit immédiatement : « Ce doit être la même personne que j'ai vue un soir lorsque nous parlions des Indes et que vous dessiniez un éléphant avec un *howdah* (mot indien) sur le dos. M. Wilkinson a décrit exactement l'aspect et la position de la figure : *uniforme d'officier anglais, les mains pressées sur la poitrine*, le corps *penché en avant* comme dans la souffrance. » Elle ajouta, en s'adressant à M. Wilkinson, que la forme avait apparu juste derrière son mari et avait l'air de regarder par-dessus son épaule.

(M. et Mme N..., qui étaient des spirites, obtinrent alors ce qu'ils appellent un message de cet étrange visiteur : *Il leur dit qu'il avait été tué l'après-midi par une blessure reçue à la poitrine.*) (Les auteurs anglais insinuent que le message pouvait n'être que le résultat des idées suggérées par la vision elle-même. Sans doute, mais puisque la description de Mme N... est celle du capitaine, qu'elle n'a jamais connu, il faut admettre que l'apparition était réelle ; il est dès lors infiniment plus probable de lui attribuer le message, d'autant mieux que le capitaine dit qu'il a été tué *l'après-midi du quatorze*, ce que tout le monde ignorait, et qui est vrai. Cette vision se produisit à 9 heures du soir, et la date notée le même soir est celle du 14 *novembre*.)

Cette confirmation du récit de Mme W... fit une telle impression sur M. Wilkinson qu'il se rendit aux bureaux de MM. Cox et Grunwood, agents de l'armée, afin de s'assurer qu'il n'y avait pas d'erreur dans le certificat. Mais rien ne parut confirmer qu'il y avait eu une inexactitude commise. La mort du capitaine W... était mentionnée dans deux dépêches séparées de sir Colin Campbell, et dans toutes deux la date correspondait avec celle donnée dans le télégramme.

Les choses en restèrent là jusqu'en mars 1858, époque à laquelle la famille du capitaine Wheatcroft, reçut du capitaine G. C... qui appartenait alors au train des équipages, une lettre datée d'un endroit voisin de Lucknow, 19 décembre 1857. Cette lettre l'informait que le capitaine W... avait été tué à la tête de son escadron, devant Lucknow, non pas le 15 novembre comme le disaient les dépêches de Sir Colin Campbell, mais *le 14 novembre dans l'après-midi*. Le capitaine C... était à côté de lui quand il était tombé. Il fut atteint par un éclat d'obus et à partir de ce moment il ne parla plus. Il fut enterré à Dilkooska, et une croix en bois fut érigée sur sa tombe par son ami, le lieutenant R..., du 9e régiment de lanciers. Les initiales .G. W... et la date de sa mort, le *14 novembre 1857*, furent gravés sur cette croix (1).

J'ai recueilli ce récit extraordinaire de la bouche des personnes intéressées elles-mêmes. La veuve du capitaine W... a obligeamment consenti à examiner et corriger le manuscrit et a bien voulu me permettre d'examiner une copie de la lettre du capitaine C... qui donnait les détails de la mort de son mari. Le manuscrit a également été soumis à M. Wilkinson qui a certifié son exactitude en ce qui le concernait. La partie du récit qui concerne Mme N... m'a été racontée par cette dame elle-même. Je n'ai, par conséquent, rien négligé pour m'assurer de l'authenticité des faits.

Ce fait a surtout sa valeur, parce qu'il fournit un exemple d'une double apparition. On ne peut prétendre que le récit de l'une de ces dames avait pu être la cause de l'apparition de la même personne à l'autre. Mme W... était au moment de l'événement à Cambridge et Mme N... à Londres ; ce ne fut que quelques semaines plus tard que l'une apprit ce que l'autre avait vu. Ceux qui voudraient expliquer la chose par une coïncidence auraient à tenir compte de trois faits distincts : l'apparition vue par Mme N..., l'apparition vue par Mme W... et enfin le moment exact de la mort du capitaine W... et la concordance exacte de ces trois faits.

M. Wilkinson, Winton House, Ealing W., Londres, en réponse aux demandes des enquêteurs de la S. P. R., répond ce qui suit :

5 novembre 1884.

M. Robert Dale Owen a examiné personnellement les faits et à soumis les messages à la veuve du capitaine Wheatcroft. J'ai revu moi-même la partie qui me concerne et celle qui a trait à l'apparition de Mme Nenner a été revue par elle-même et par son mari, le professeur Nenner. J'ai remis les originaux des certificats du décès délivrés par le ministère de la Guerre à M. Owen.

W. M. WILKINSON.

(1) Ce n'est pas dans son propre régiment, qui se trouvait alors à Meerut, que le capitaine W... servait au moment de sa mort. Immédiatement après être arrivé d'Angleterre à Cawnpore, il avait offert ses services au capitaine Wilson du 6e régiment. Ils furent d'abord refusés,

Le Mr. N... dont il est parlé est le révérend Maurice Nenner, professeur d'hébreu au collège des non-conformistes à Saint John's Wood. M. et Mme Nenner sont morts tous les deux.

Mais il paraît que le capitaine Wheatcroft s'est montré encore à une troisième personne, comme cela résulte de la note suivante, publiée dans le livre français que nous citons, à la page 137 :

Il existe un autre incident très curieux qui se rapporte à cette affaire. Dans une lettre adressée le 28 juillet 1876 au révérend B. Vrey Saville, lettre qu'il a eu l'obligeance de nous envoyer, un clergyman des comtés du Midland donne la permission de se servir du témoignage de sa femme pour établir que le capitaine Wheatcroft est apparu, *à la même date,* à « une de ses anciennes amies et compagne de jeux », à elle-même ! J'ai correspondu avec le clergyman en question, mais sans pouvoir me procurer d'autres détails pour le moment (1).

Les auteurs anglais font remarquer qu'il « n'existe aucune preuve que Mme Nenner ait *reconnu* le capitaine Wheatcroft ». Ceci est de la plus limpide évidence, puisqu'elle ne *l'avait jamais vu !* Mais sa vision est celle d'un officier anglais ; il est blessé ; il a la même pose et la même expression de figure que celle qui a été vue par sa femme et, de plus, il dicte par l'écriture médianimique qu'il a été tué, *d'une blessure à la poitrine, dans l'après-midi du 14 novembre.* Il me semble que le hasard est impuissant à rassembler autant d'éléments véridiques dans une hallucination sans cause, puisque le professeur et sa femme n'étaient intéressés en rien dans cet événement, survenu à l'autre extrémité du monde. L'hypothèse de la présence réelle du capitaine Wheatcroft me paraît de beaucoup la plus vraisemblable ; il fut attiré peut-être par la pensée des époux Nenner qui parlaient de l'Inde. En tout cas, on ne comprendrait pas une action simplement télépathique, s'exerçant après la mort sur une personne étrangère complètement à l'agent et la faisant écrire.

puis finalement acceptés, et il se joignit au détachement du train des équipages qui partait pour Lucknow. Ce fut dans les rangs de celui-ci qu'il trouva la mort (R. D. O.).

(1) Les originaux de ces deux certificats sont en ma possession ; le premier daté du 30 janvier 1858 et donnant la date du 15, comme je l'ai précédemment dit, et le second daté du 15 avril 1859, donnant celle du 14.

Comme toujours, l'apparition est costumée ainsi que l'était, de son vivant, l'individu qu'elle représente. C'est donc bien une règle générale, puisqu'elle s'applique, plus que probablement, dans le cas présent, à l'esprit d'un homme qui a quitté la terre. Il ne sera donc pas trop surprenant de retrouver plus tard le même caractère dans les apparitions matérialisées, c'est-à-dire dans celles qui ont toutes les apparences d'un être humain ordinaire.

RÉSUMÉ

Nous avons constaté au deuxième chapitre qu'il existe, dans certaines circonstances rares (maladies, accidents, blessures, émotions violentes), une communication extra-sensorielle entre des personnes séparées par la distance, mais éprouvant réciproquement des sentiments d'amitié ou de sympathie. Nous avons admis, à la suite des savants anglais, après les démonstrations qu'ils en ont faites, que la pensée peut se transmettre à travers l'espace et produire des effets variés en arrivant au cerveau du percipient, et que dans les cas d'hallucinations véridiques, l'image perçue était de nature *purement hallucinatoire*, mais qu'elle avait une intensité suffisante pour que le sujet la croie véritable.

Il a été ensuite observé que cette forme d'énergie qui sert à véhiculer la pensée diffère considérablement des forces que nous connaissons, puisqu'elle n'est ni réfléchie, ni réfractée, et qu'elle paraît aller directement à son but, sans s'affaiblir avec la distance ; enfin qu'elle ne semble pas être engendrée par des réactions chimiques ayant leur siège dans le tissu nerveux, car l'intensité des effets produits est hors de toute proportion, à cause de la distance, avec l'énergie dépensée au départ.

Déjà, la nécessité d'un organisme récepteur, différent du cerveau, s'est imposée à nous pour comprendre comment la pensée de l'agent pouvait se transmettre à la conscience ordinaire, sous forme d'hallucination.

Dans le chapitre actuel, d'autres phénomènes viennent donner à l'hypothèse d'un corps hyperphysique une probabilité plus grande.

Ce sont tout d'abord les faits de clairvoyance. Il a été établi par l'observation de cas bien contrôlés que la faculté de voir sans le secours des yeux, signalée si souvent par les magnétiseurs, existe réellement. Il ne faut pas se contenter de lire distraitement les quelques récits que j'ai rapportés, simplement à titre d'exemples, pour se faire une opinion. Il est urgent de consulter l'ouvrage anglais, celui de Camille Flammarion et de feuilleter la collection de l'édition française des *Annales Psychiques*, afin de voir combien ils sont nombreux. Pour tout esprit dégagé de préjugés, la preuve est faite surabondamment, à moins de refuser toute valeur au témoignage humain.

Dans ces conditions, ce n'est pas l'œil physiologique qui perçoit la scène qui se passe au loin ; la faculté de voir existe donc indépendamment des organes matériels et, de plus, nous avons été conduits, par la discussion des faits, à supposer que c'est l'âme humaine qui, sous l'influence de la pensée de l'agent, se détachait de son corps pour aller prendre connaissance de l'événement survenu au loin.

Ce qui paraît appuyer fortement cette hypothèse, c'est que non seulement le voyant a très souvent conscience de se déplacer, de se trouver effectivement à l'endroit qu'il voit, que ses descriptions sont exactes dans tous les détails, mais encore qu'il est *vu lui-même* dans ce lieu. L'hypothèse d'une hallucination réciproque, dont l'une serait la cause de l'autre, n'est pas, nous l'avons constaté, une explication suffisante pour tous les cas.

Nous avons observé, en effet, dans le cas Wilmot (1), par exemple, que si l'on suppose que c'est le mari qui est l'agent, comme il dormait, sa pensée n'a pas pu transmettre à sa femme l'image de M. Tait qui, à ce moment, se tenait éveillé, accoudé sur sa couchette et regardait le fantôme de Mme Wilmot. Cependant, celle-ci l'a vu distinctement, puisqu'elle en était gênée ; il faut donc qu'elle se soit trouvée là, non pas avec son corps physique qui dormait dans son lit, mais avec son organisme périsprital, qui fut visible pour M. Tait. Il en est de même dans l'exemple rapporté par le docteur Collyer (2). L'image du fils apparaît revêtue des linges dont la tête fut entourée, *après sa*

(1) Voir p. 109.
(2) Voir p. 131.

mort. Ce n'est évidemment pas la dernière pensée du mourant qui a transmis à sa mère l'impression télépathique de faits qui qui se sont produits lorsque son corps n'était plus qu'un cadavre ; nous sommes donc portés à supposer que c'est son esprit, et ici encore, cet esprit se montre sous un aspect physique reproduisant absolument et complètement celui du corps charnel.

Remarquons, néanmoins, qu'au point de vue spécial qui nous occupe, la plupart des apparitions, pour réelles qu'elles soient, peuvent cependant n'être pas objectives, dans le sens usuel du mot. Nous avons cité le cas Mouat où une apparition est vue par deux personnes seulement, sur quatre qui se trouvaient dans la pièce(1). L'état physique du corps périsprital reste assez éthéré pour n'être perçu que *par ceux qui subissent de la part de l'agent une action spéciale, capable de les rendre clairvoyants.* Dans ces conditions, les apparitions ne sont donc pas suffisamment *matérialisées* pour affecter la vision ordinaire. Elles ne sont vues que par les personnes que les spirites appellent des *médiums voyants.*

Afin de justifier davantage encore cette interprétation, nous constaterons, dans un chapitre suivant, que c'est au défaut de sensibilité de l'œil normal qu'il faut attribuer l'invisibilité du corps périsprital, insuffisamment matérialisé, car un appareil plus sensible que la rétine, la plaque photographique, en reproduit très souvent l'aspect. Aujourd'hui que les recherches sur les effluves électriques, sur les rayons X et sur les corps radio-actifs nous ont familiarisés avec ces formes invisibles de la matière qui agissent sur les sels d'argent, nous avons moins de peine à imaginer qu'il existe des états de la substance qui, bien qu'insaisissables pour la vue ou le toucher, n'en ont pas moins une existence incontestable.

Dans les cas de clairvoyance, compliquée d'apparition du clairvoyant, il est sûr que le fantôme est autre chose qu'une image virtuelle, puisque le sujet s'est senti transporté à cet endroit et qu'il se le rappelle ; ce n'était donc pas une effigie inanimée, ou vide de conscience qui a voyagé, c'était l'âme elle-même avec ses facultés

---

(1) Voir p. 114.

ordinaires de perceptions, et avec ce corps périsprital dont elle semble inséparable.

Ainsi donc, la substance dont est formée l'apparition, se montre à nous avec des caractères qui lui sont propres :

1° Elle passe à travers tous les obstacles;

2° Elle franchit l'espace avec une rapidité qui se rapproche de celles de la lumière ou de l'électricité, mais sans obéir aux mêmes lois;

3° Elle reproduit avec l'exactitude photographique tous les aspects du corps, aussi bien comme forme que comme couleur, et même ceux qui se produisent brusquement, comme les blessures, contusions, etc.;

4° Il en est de même pour les vêtements ou pour les accessoires qui sont figurés tels qu'ils existent dans la réalité (le chandelier dans le cas de Reddel, la canne de l'oncle, les robes, bonnets, de Mme B., etc.).

On s'est très souvent moqué du *vestiaire fluidique* des apparitions, mais je ferai observer que les railleurs doivent s'en prendre à la nature elle-même, car elle seule est coupable de froisser ainsi nos préjugés; les descriptions d'accessoires qui accompagnent les apparitions sont purement et simplement l'exposé de FAITS qui s'observent avec les âmes des vivants ou des morts, et alors même qu'ils seraient inexplicables, cela ne ferait qu'ajouter une toute petite contrée à l'immense territoire des choses que nous n'avons jamais comprises. Mais peut-être la création de ces apparences n'est-elle pas absolument inconcevable, comme nous le ferons voir par la suite.

Les récits relatifs aux manifestations de *morts* sont très fréquents dans les *Phantasms of the living* et dans les *Proceedings* de la Société Anglaise. Incontestablement, ce sont des faits qui sont en continuité les uns avec les autres; ils se révèlent de la même espèce et peuvent prendre place dans la même classe de phénomènes, car ils se produisent identiquement semblables, alors que l'agent est en vie, ou quand son corps est depuis longtemps rendu à la terre. Mais, remarquons que, cependant, une condition est indispensable : il faut un être vivant, et d'une organisation physiologique particulière pour que l'esprit, qui n'a plus à son service d'enveloppe charnelle, puisse se manifester objectivement, et cet être spécial est celui que les spirites appellent *un médium*. Nous verrons, toujours par l'examen *des faits*, quel rôle il joue dans le prodigieux phénomène des matérialisations.

L'étude des apparitions télépathiques nous a conduits à supposer que le dégagement de l'âme est plus probable que l'hypothèse d'hallucinations, simples ou réciproques, pour expliquer les cas où le fantôme présente des détails caractéristiques ; mais les partisans de la théorie télépathique pure pourront toujours soutenir qu'il n'existe pas de preuve formelle, absolue, que cette interprétation soit meilleure que la leur, et, dès lors, que la question reste ouverte.

Il faut donc apporter de nouveaux éléments à la discussion, et montrer que ce qui n'était que très probable dans les cas signalés jusqu'ici, devient une certitude avec les nouvelles observations et les expériences que nous allons passer en revue dans les chapitres suivants. La preuve qu'un phénomène aussi étrange que celui du dédoublement de l'être humain existe doit être sans réplique, c'est pourquoi je tenterai de la donner aussi complète que possible.

CHAPITRE IV

APPARITIONS MULTIPLES OU COLLECTIVES DE FANTÔMES DE VIVANTS

SOMMAIRE. — Généralité et antiquité des manifestations extra-corporelles de l'âme. — La dématérialisation de l'apôtre Pierre. — La bilocation des Saints. — Ce qui était miracle pour nos ancêtres, devient naturel pour nous. — Les apparitions sont vues parfois simultanément par plusieurs personnes. — Discussion sur le caractère objectif de ces phénomènes. — L'hallucination proprement dite détermine des effets différents chez les percipients. — Une apparition véritable, au contraire, est vue identiquement de même par tous les assistants. — Différents exemples. — Apparition d'un grand-père à ses petits-enfants. — Phénomènes de dédoublement et de clairvoyance dans une famille russe. — Un fantôme qui se montre à son fils et à sa sœur. — Le cas de la rue Jacob. — Un malade apparaît séparément à son frère et à sa sœur. — Le cas de Mme Elgée. — Vision collective prémonitoire. — Le cas de M. Barwell. Il faut noter que beaucoup de faits ne s'expliquent pas par l'hypothèse télépathique, celle d'un dédoublement est plus admissible. — Les apparitions du double d'Émilie Sagée. — Apparition à deux dames d'un de leurs amis. — Dédoublements réitérés pendant le cours de la vie de Mme Hawkins. — Trois apparitions d'un pasteur. — Les cas de Mlle Hopkinson. — Résumé.

GÉNÉRALITÉ ET ANTIQUITÉ DES MANIFESTATIONS EXTRA-CORPORELLES DE L'AME

Il faut se familiariser avec l'idée que les phénomènes que nous étudions en ce moment sont beaucoup moins rares qu'on ne le croit communément. La possibilité pour l'être humain de susciter une vision de lui-même à distance, ou de se montrer dans un autre lieu que celui où se trouve son corps, est, somme toute, assez fréquente pour que les Anglais aient donné le nom de *Wraith* au fantôme du vivant, que les Allemands ont baptisé

Doppelgeanger. Il est évident que ces désignations n'ont pu prendre naissance qu'à la suite d'observations excessivement réitérées, ce qui dénonce la généralité de ces remarquables manifestations psychiques.

Ce n'est pas d'aujourd'hui que datent les recherches au sujet de ces phénomènes. Un estimable auteur anglais, Mrs Crowe, a publié dans le milieu du siècle dernier un ouvrage bourré de faits, intitulé : *les Côtés obscurs de la Nature*, qui est remarquable pour l'époque. Or, chose digne d'attention, les faits qui y sont relatés sont tout à fait semblables à ceux recueillis par la *Société Anglaise de Recherches psychiques*, ce qui nous fait assister à la continuité de ces manifestations, qui présentent, au cours des âges, des caractères identiques.

En parlant de l'action à distance des somnambules, Mrs Crowe dit : « Beaucoup s'étonneront de ces allusions à une sorte de phénomène magnétique si peu connu et accepté en Angleterre, mais les physiologistes et psychologues allemands *étudient cette question depuis cinquante ans*, et le public anglais n'a aucune idée du nombre de volumes remplis par eux d'aperçus théoriques et de cas divers. »

Sans faire un historique de la question, si nous remontons dans le passé, nous constaterons que, deci-delà, des allusions sont faites par les auteurs anciens à des phénomènes de télépathie ou de dédoublement. Pétrarque vit sa Laure bien-aimée lui apparaître en rêve, le jour même où elle mourut. D'autre part :

Tacite rapporte que pendant le mois que Vespasien passa dans Alexandrie pour attendre le retour périodique des vents d'été et la saison où la mer devient sûre, plusieurs prodiges arrivèrent, par où se manifesta la faveur du ciel et l'intérêt que les dieux semblaient prendre à ce prince...

Ces prodiges redoublèrent dans Vespasien le désir de visiter le séjour sacré du dieu, pour le consulter au sujet de l'empire. Il ordonne que le temple soit fermé à tout le monde ; entré lui-même et tout entier à ce qu'allait prononcer l'oracle, il aperçoit derrière lui un des principaux Égyptiens nommé Basilide, qu'il savait retenu malade à plusieurs journées d'Alexandrie. Il s'informe auprès des prêtres si Basilide est venu ce jour-là dans le temple ; il s'informe auprès des passants si on l'a vu dans la ville, enfin il envoie des hommes à cheval, et il s'assure que dans ce moment-là même il était à 80 milles de distance. Alors il ne douta plus que la vision ne fût surnaturelle, et le nom de Basilide lui tint lieu d'oracle (1).

Le récit des Actes des Apôtres qui fait mention de la délivrance de saint Pierre, nous fait constater que, chez les Hébreux, la croyance à la bi-corporéité était acceptée par le peuple. Quand Pierre fut délivré de sa prison par l'ange, — et il n'est pas hors de propos de remarquer ici que lui-même « ne croyait pas que ce que l'ange faisait était réel, mais pensait qu'il avait une vision », c'est-à-dire qu'il doutait de ses sens et supposait être victime d'un songe — quand donc il fut délivré, et alla frapper à la porte de la maison dans laquelle beaucoup de ses amis étaient assemblés, ceux-ci dirent, lorsque la servante qui avait été ouvrir assura qu'il était là : *C'est son ange.*

Qu'entendaient-ils par là? Les mots employés sont : *son* ange, et non *un* ange. Il est assez curieux d'observer qu'aujourd'hui encore, en Orient, on appelle le double de l'homme son ange ou son messager. Comme les disciples, très troublés au sujet de Pierre, étaient assemblés dans la maison de Marc et priaient quand il arriva, il est à supposer qu'ils employèrent ce terme sérieusement, et nous sommes portés à croire qu'ils faisaient allusion à quelque phénomène reconnu. Ils savaient : ou que la forme d'un homme, son *ego* spirituel, apparaissait quelquefois là où il n'était pas corporellement, et que l'image, ou *eïdolon*, était capable d'exercer une force mécanique, comme nous le verrons plus loin, ou bien que d'autres esprits prenaient parfois une forme mortelle, car sans cela ils n'auraient pu supposer que c'était l'ange de Pierre qui *avait frappé* à la porte.

Il est naturel de penser que, très souvent, des faits relevant de la télépathie ont pu être confondus avec des hallucinations pures et simples, ou avec de *véritables fantômes de vivants*, puisque ce n'est que de nos jours que nous commençons à discerner les caractères qui séparent ces manifestations, en apparence si semblables entre elles.

---

(1) Tacite, *Histoires*, liv. IV, chap. LXXXI et LXXXII. Traduct. de Burnouf.

On trouve aussi dans l'histoire des saints des cas de dédoublements bien certains, que les hagiographes ont rapportés comme des miracles, sous le vocable spécial de *bilocation*. Pour ceux qui savent avec quel soin et quelle prudence sont conduites les enquêtes de canonisation, ce sera une assurance que le phénomène n'est pas légendaire, d'autant mieux que nous verrons tout à l'heure un grand nombre d'exemples semblables, ce qui leur enlève tout caractère surnaturel ou merveilleux, car leurs auteurs n'ont avec les saints que des rapports très éloignés.

Je résume sommairement quelques-uns de ces récits.

LA BILOCATION DES SAINTS

Saint Antoine de Padoue était en Espagne, lorsque tout à coup il s'endormit. Ce jour même, son père était en prison, à Padoue, accusé du meurtre d'un enfant dont on avait retrouvé le cadavre dans son jardin. Saint Antoine paraît devant le juge, démontre l'innocence de son père, désigne le vrai coupable, puis disparaît. Pendant que ces événements s'accomplissaient en Italie, il fut constaté que saint Antoine n'avait pas quitté l'Espagne (1).

*
* *

Saint François-Xavier, un des premiers Jésuites convertis par Ignace de Loyola, fut envoyé pour évangéliser les Indes. Il eut un grand succès; il voyagea ensuite au Japon et en Chine. Voici l'épisode qui a rapport à sa bi-corporéité (2) :

Saint François-Xavier se rendait, au mois de novembre 1571, du Japon en Chine, lorsque sept jours après le départ, le navire qui le portait fut assailli par une violente tempête. Craignant que la chaloupe ne fût emportée par les vagues, le pilote ordonna à 15 hommes de l'équipage d'amarrer cette embarcation au navire. La nuit étant venue pendant qu'on travaillait à cette besogne, les matelots furent surpris par une lame et disparurent avec la chaloupe. Le saint s'était mis en prière dès que la tempête avait commencé et celle-ci allait toujours redoublant de fureur. Cependant, ceux qui étaient restés sur le navire se souvinrent de leurs compagnons de la chaloupe, et crurent qu'ils étaient perdus.

---

(1) Laurentium, *De Probatis Sanctorum historiis*, etc., t. III, p. 732. — Voir aussi *Acta Sanctorum* des Bollandistes, vol. II. Anvers, 1698.
(2) P. Bouhours, *Vie de saint François-Xavier*.

Quand le danger fut passé, Xavier les exhorta à prendre courage, assurant qu'avant trois jours on les retrouverait. Le lendemain, il fit monter sur le mât, mais on ne découvrit rien. Le saint rentra alors dans sa cabine et se remit à prier. Après avoir passé ainsi la plus grande partie du jour, il remonta sur le pont, plein de confiance, et annonça que la chaloupe était sauvée. Néanmoins, comme le lendemain on n'aperçoit rien encore, l'équipage du navire se voyant toujours en danger refusa d'attendre plus longtemps des compagnons qu'ils considéraient comme perdus. Mais Xavier ranima encore leur courage, les conjurant par la mort du Christ de patienter encore. Puis, rentré dans sa cabine, il se remit à prier avec un redoublement de ferveur.

Enfin, après trois longues heures d'attente, on vit apparaître la chaloupe, et bientôt les quinze matelots qu'on croyait perdus eurent rejoint le navire. D'après le témoignage de Mendeo Pinto, on vit alors se produire un fait des plus singuliers. Quand les hommes de la chaloupe furent montés sur le pont du navire, et que le pilote voulut la repousser, ceux-ci s'écrièrent qu'il fallait auparavant laisser sortir Xavier *qui était avec eux*. C'est en vain qu'on tenta de les persuader qu'il n'avait pas quitté le bord. Ils affirmèrent *qu'il était resté avec eux pendant la tempête*, ranimant leur courage, et que *c'était lui qui avait ramené l'embarcation vers le navire*...

Nous verrons plus loin un cas qui présente assez d'analogie avec celui-ci. Le récit ne nous dit pas si le saint personnage avait conscience de son dédoublement, son insistance seule pour que l'on attendît permettrait de le soupçonner ; mais dans les deux exemples suivants, le souvenir de ce qui s'est passé pendant le dédoublement est parfaitement net (1).

* * *

Dans la matinée du 21 septembre 1774, Alphonse de Liguori, après avoir dit la messe, se jeta dans son fauteuil : il était abattu et taciturne et sans faire le moindre mouvement, sans articuler un seul mot de prière ni adresser jamais la parole à personne. Il resta dans cet état tout le jour et toute la nuit suivante ; durant tout ce temps, il ne prit aucune nourriture, et l'on ne vit pas qu'il désirât aucun service autour de sa personne. Les domestiques, qui s'étaient d'abord aperçus de sa situation, se tenaient à portée de sa chambre, mais ils n'osaient entrer. Le 22 au matin, ils reconnurent qu'Alphonse n'avait pas changé d'attitude, et ils ne savaient plus ce qu'il fallait

---

(1) Henrion, *Histoire générale de l'Église*. Paris, 1851, t. II, p. 272.

en penser ; ils craignaient que ce ne fût autre chose qu'une extase prolongée. Cependant, quand l'heure est un peu plus avancée, Liguori agite la sonnette pour annoncer qu'il veut célébrer la sainte messe. A ce signe, ce n'est pas seulement le frère laïque chargé de le servir à l'autel, mais toutes les personnes de la maison et d'autres étrangères, qui accourent avec empressement.

Le prélat demande, avec un air de surprise, pourquoi tant de monde. On lui répond qu'il y a deux jours qu'il ne parle ni ne donne aucun signe de vie. « *C'est vrai*, répliqua-t-il, *mais vous ne savez pas que j'ai été assister le pape qui vient de mourir.* » Une personne qui avait entendu cette réponse alla la porter, le jour même, à Sainte-Agathe. Elle s'y répandit aussitôt comme à Arienzo où résidait Alphonse. On crut que n'était là qu'un songe, mais on ne tarda pas à avoir la nouvelle de la mort de Clément XIV, qui avait passé à une autre vie le 22 septembre, précisément à 7 heures du matin, au moment même où Liguori avait repris ses sens.

L'historien des papes, Novaes (1), fait mention de ce *miracle* en racontant la mort de Clément XIV. Il dit que le Pontife avait cessé de vivre le 22 septembre 1774, à 7 heures du matin (treizième heure pour les Italiens), assisté des généraux des Augustins, des Dominicains, des Observantins et des Conventuels et, ce qui intéresse encore davantage, assisté miraculeusement par le bienheureux Alphonse de Liguori, quoique éloigné de corps, ainsi qu'il est constaté par le procès juridique du susdit bienheureux, approuvé par la Sacrée Congrégation des rites.

La séparation entre l'âme et le corps de saint Alphonse a été d'une certaine durée, mais ce laps de temps n'est rien à côté du développement que le phénomène aurait pris chez Marie d'Agréda, si l'on en croit ses biographes. Voici un résumé sommaire de cette prodigieuse histoire, dont quelques points paraissent tout à fait légendaires.

*
* *

Marie de Jésus, naquit à Agréda, ville de Castille, le 2 avril 1602, de parents nobles et de vertu exemplaire. Très jeune elle devint supérieure du monastère de l'Immaculée-Conception de Marie, où elle mourut en odeur de sainteté.

Suivant son histoire, en extase, elle découvrait le monde entier et distinguait dans la multitude des hommes ceux qui n'étaient pas encore entrés dans le giron de l'Église, et elle se désolait que

---

(1) *Elementi della Storia de somni pontifici*, in Roma, 1822. Tome XV, p. 210.

tant d'âmes fussent *perdues*. C'est ainsi qu'elle vit une fois le Nouveau-Mexique et qu'elle priait avec une sainte faveur pour ces païens infortunés. Tout à coup, Marie d'Agréda se sentit transportée sans savoir comment dans cette contrée inconnue. Elle prêchait aux Indiens, dans *sa langue espagnole* et les infidèles l'entendaient comme si elle eût parlé leur langue naturelle. Elle remplit pendant environ *huit années* ce rôle de missionnaire, car elle eut plus de 500 extases d'une durée plus ou moins longue.

Elle voyait aussi les Franciscains qui travaillaient à la conversion de ce nouveau monde, mais ils étaient loin de la contrée évangélisée par elle.

Ces Franciscains virent un jour arriver des Indiens qui leur demandèrent le baptême, et ils furent fort surpris d'apprendre que c'était une femme de race blanche qui disparaissait de temps à autre sans qu'on pût découvrir sa retraite, qui leur avait fait connaître la religion catholique. Quelques détails du costume de cette femme firent supposer aux missionnaires que ce pouvait être une religieuse.

Le père Alonzo de Bonavidès, retournant en Espagne, voulut connaître cette mystérieuse femme-apôtre, et par le général de son ordre, il fut mis en rapport avec Marie d'Agréda. « L'humble sœur se vit donc obligée de découvrir au missionnaire tout ce qu'elle savait touchant l'objet de sa mission auprès d'elle. Bonavidès interrogea la sœur sur les particularités des lieux qu'elle avait dû tant de fois visiter, et il trouva qu'elle était très instruite sur tout ce qui avait du rapport avec le Nouveau-Mexique, et à ses habitants. Elle lui exposa, dans le plus grand détail toute la topographie de ces contrées, et les lui décrivit, se servant même des noms propres, comme aurait pu le faire un voyageur après avoir passé plusieurs années dans ces contrées. Elle ajouta même qu'elle avait vu plusieurs fois Bonavidès et ses religieux, marquant les lieux, les jours, les heures, les circonstances ; et fournissant des détails spéciaux sur chacun de ces missionnaires... »

Il resterait à expliquer comment Marie d'Agréda, ne parlant que l'espagnol, pouvait être comprise des Indiens ?

Quoi qu'il en soit, il est certain que la bi-corporéité n'est pas un phénomène nouveau ; qu'il a été signalé assez souvent dans le passé, et que si nous le rencontrons de nos jours c'est en vertu d'une loi de la nature humaine que l'on ignorait, mais qui n'a rien de merveilleux ou de surnaturel, puisque nous constaterons plus tard que l'on peut provoquer expérimentalement ce dédoublement de l'être humain.

Pour en revenir à l'étude positive des faits actuels, je vais établir :

1° Que l'existence du fantôme humain est constatée objectivement par le témoignage concordant de plusieurs témoins qui l'ont vu ensemble ou séparément ;

2° Par des photographies du double obtenues accidentellement ;

3° Par l'influence que cette apparition produit simultanément sur des hommes et des animaux ;

4° Par les effets matériels et persistants exercés par le double sur la matière.

Si réellement ces phénomènes existent, nous pourrons en conclure que nous sommes en présence de la démonstration objective de l'existence du double, agissant hors de son enveloppe physique. Pour qu'il ne reste pas de doutes sur la nature de l'apparition, il sera nécessaire de prouver que ce fantôme est autre chose qu'un vain simulacre, une sorte d'image virtuelle projetée à distance. Précisément, dans un certain nombre d'exemples, nous observerons que l'apparition fait des actes qui témoignent de son intelligence et de sa volonté, pendant qu'au même moment le corps physique est inerte et inconscient. C'est donc bien le principe pensant qui s'est extériorisé sous une forme visible, ce qui nous obligera à conclure, non plus théoriquement, mais comme une conséquence inéluctable des faits : 1° que l'âme a une existence indépendante de l'organisme, puisqu'elle s'en sépare, sans perdre ses facultés ; 2° qu'elle possède une sorte de substantialité qui lui est inhérente ; 3° qu'il existe en elle des modes de perception et de manifestation indépendants des organes des sens dont elle se sert habituellement. Ces découvertes si importantes projettent une lumière si neuve sur les rapports de l'âme et du corps, elles ont des conséquences si sérieuses au point de vue de la biologie et de la psychologie, qu'il est pour nous du plus haut intérêt d'établir solidement l'existence des faits sur lesquels nous nous appuyons. Arrivons donc directement à l'étude des cas où le fantôme est visible pour un certain nombre de témoins.

DISCUSSION SUR LES APPARITIONS COLLECTIVES DE VIVANTS

Aux chapitres précédents, nous avons pris connaissance des récits dans lesquels le percipient est presque toujours seul à voir l'apparition. Alors même que les circonstances qui accompagnent cette vision, — telles que le souvenir conservé par l'agent de son voyage extra-corporel, et le témoignage du percipient qu'il a vu le fantôme, — paraissent démonstratives, il peut encore exister une certaine incertitude sur le dédoublement de l'agent, pour ceux qui voudront adopter jusqu'à ses extrêmes limites l'hypothèse de la télépathie. Mais si l'apparition se montre isolément ou simultanément, d'une manière identique, à plusieurs personnes, la théorie de l'hallucination devient beaucoup plus difficile à soutenir, voici pourquoi :

Au premier abord, il semblerait logique d'admettre que l'action de la pensée qui produit une hallucination chez un sujet A, peut déterminer la même hallucination chez des sujets B., et C., qui se trouvent réunis au même endroit. Ou bien, on pourrait imaginer également, que la pensée de l'agent a déterminé en premier lieu l'hallucination de A, et que c'est cette hallucination que A transmet mentalement à B., et à C. Mais en examinant plus attentivement ces hypothèses, on les trouve insuffisantes pour plusieurs raisons ; car, alors même que toutes les personnes réunies seraient en relation d'amitié ou de parenté avec l'agent — ce qui est le plus ordinairement une condition essentielle, — cela ne suffirait pas pour expliquer l'hallucination collective puisque nous avons constaté, par l'observation, que la pensée de l'agent, en arrivant dans le cerveau des différents percipients, n'engendre pas nécessairement une hallucination visuelle, mais parfois une impulsion irrésistible ou un phénomène d'audition.

D'ailleurs, notons encore que si l'on suppose que la pensée de l'agent a la puissance de produire chez tous les sujets des hallucinations visuelles, il est très probable que celles-ci différeront entre elles, puisque chaque cerveau construit la sienne avec ses souvenirs particuliers.

Dans les cas expérimentaux de transmission de pensée, il faut noter que si parfois l'image mentale de l'agent est reproduite sans modification appréciable par le percipient, sauf celles qui résultent de son inexpérience du dessin, il est d'autres cas, aussi nombreux, où l'*idée* qui a présidé au dessin est bien transmise, mais la forme de cette idée a pris, dans la conscience du percipient, une forme qui lui est particulière :

Par exemple l'agent dessine l'image d'une horloge avec poids, et c'est une pendule que reproduit le sujet.

Un tonneau, une bouteille sont bien dessinés par le percipient, mais pas avec les formes que leur avait données l'agent.

Mieux encore, l'idée et le dessin d'un pied se traduit par la reproduction d'une bottine, etc. (1) (Voir pages 52 et 53).

On doit se rappeler que ces expériences ont une valeur de premier ordre à cause de l'honorabilité absolue des enquêteurs, et de leur rigoureuse méthode scientifique, qui exclut toute idée de hasard, de coïncidence, de supercherie, ou de communications sensorielles entre les agents et les percipients.

Je ne puis que renvoyer le lecteur à l'ouvrage anglais, car la place me fait défaut pour donner tous les détails qui font, de ces travaux, des documents du plus haut intérêt.

Il devient dès lors extrêmement douteux que deux ou plusieurs témoins projettent, indépendamment l'un de l'autre, leurs impressions télépathiques *sous la même forme, au même moment et au même endroit*. Ce qui devrait arriver, si le phénomène était toujours subjectif, c'est que l'une d'elles perçût un son, tandis qu'une autre, immédiatement ou un peu plus tard, verrait lui apparaître son ami, et que la troisième éprouverait quelque douloureuse sensation, qu'elle n'objectiverait point. Ces cas ne sont pas sans exemple, mais ils sont très rares et, justement, ces impressions divergentes décèlent l'action télépathique, alors que la vision semblable implique une autre cause.

LE MÊME AGENT PRODUISANT DES IMPRESSIONS DIFFÉRENTES

Voici, comme exemple, deux cas empruntés toujours à la traduction française des *Phantasms* (2) :

---

(1) Myers, *Human Personnality*, appendice au chapitre VI, p. 615 et suiv.
(2) *Hallucinations télépathiques*, p. 354.

CXXXVI (322). Lady C.

13 octobre 1884.

En octobre 1879, je demeurais à Bishopthorpe, près de York, avec l'archevêque de York. J'étais couchée avec Mlle Z. T..., lorsque tout à coup je vis une *forme blanche* passer à travers la chambre, de la porte à la fenêtre. Ce n'était qu'une forme vaporeuse, et la vision ne dura qu'un moment. Je fus terrifiée et je criai : « L'avez-vous vu ? » Au même instant Mlle Z. T. s'écria : « *L'avez-vous entendu ?* » Je dis immédiatement : « J'ai vu un ange voler à travers la chambre. » Et elle répondit : « J'ai entendu un ange chanter. »

Nous étions très effrayées, mais nous ne parlâmes à personne de ce qui nous était arrivé.

K. C.

Miss T. nous écrit :

19 décembre 1884.

Une nuit, vers le 17 octobre 1879, Lady C..., (alors Lady K. L.) et moi, nous nous préparions à dormir après avoir causé quelque temps, lorsque j'entendis une musique très douce, et crus sentir ce que l'on appelle une « présence ». J'étendis la main et touchai Lady C..., en disant : « Avez-vous entendu cela ? » Elle me dit : « Oh silence ! je viens de voir quelque chose traverser la chambre ! » Nous fûmes très effrayées toutes deux, et nous essayâmes de nous endormir le plus vite possible. Mais je me rappelle avoir demandé à Mme C. ce qu'elle avait vu au juste, et elle me dit : « Une sorte d'ombre, comme un esprit. » Cela est arrivé à Bishopthorpe, York.

Z. J. T.

Ici, on saisit sur le vif les effets différents produits par une même cause.

Nous ignorons dans ce récit quel est l'agent qui a produit ces hallucinations, mais il est bien manifeste que, quel qu'il soit, son action s'est traduite instantanément par deux phénomènes hallucinatoires différents : une vision et une audition. Peut-être, comme je l'ai signalé déjà, cette différence est-elle due à ce que Lady C. appartenait au type visuel et miss T. au type auditif.

*
* *

Dans le cas suivant, c'est une impression de terreur qui est éprouvée par un des percipients, tandis que l'autre voit nettement le fantôme et ressent même un contact physique (1) :

---

(1) *Hallucinations télépathiques*, p. 350.

CXXXIV (343). Ce récit est dû à une personne fort intelligente qui a été plusieurs années au service d'une famille que nous connaissons personnellement. Ni le témoin ni sa mère n'ont jamais eu d'autre impression de cette espèce. La mère est morte depuis quelques années.

M. Ch. Matthews, 9 Blandford place, Clarence Gate, Regent's Park, Londres.

21 octobre 1882.

Pendant l'hiver 1850-51, moi Charles Matthews, âgé alors de vingt-cinq ans, j'étais maître d'hôtel chez le général Morse, à Troston Hall, près Bury Saint-Edmonds. Ma mère Mary-Anne Matthews était dans la même maison comme cuisinière et femme de charge ; c'était une femme très droite et très consciencieuse, aimée de tous les domestiques, sauf de la femme de chambre nommée Suzanne, j'ai oublié son nom de famille. Cette Suzanne se rendait désagréable à tous par ses cancans et sa tendance à faire le mal, mais elle craignait beaucoup ma mère, dont le caractère ferme lui imposait considérablement.

Suzanne eut la jaunisse ; on la soigna d'abord pendant quelques mois à Troston Hall, mais finalement elle fut transportée à l'hôpital de Bury Saint-Edmonds, et placée dans un dortoir réservé aux domestiques, aux frais du général Morse ; elle y mourut une semaine après son admission. Le général envoyait une femme du village à l'hôpital éloigné de sept milles, pour prendre les nouvelles, toutes les fois que la voiture n'allait pas à Bury Saint-Edmonds. Un certain samedi la femme y alla, mais elle ne revint que le dimanche soir ; elle dit alors qu'elle avait trouvé Suzanne sans conscience, et que, comme sa fin approchait, on lui avait permis de rester dans le dortoir jusqu'à la fin.

Pendant cette nuit du samedi, les fait mystérieux que je vais raconter se sont produits ; ils m'ont toujours intrigué. J'étais endormi ; tout à coup je fus éveillé avec ou par un sentiment soudain de terreur. Je regardai dans l'obscurité, mais je ne vis rien ; je me sentis en proie à une *terreur anormale* et tout à fait effrayé.

Je me cachai sous mes couvertures. La porte de ma chambre donnait sur un couloir étroit qui conduisait à la chambre de ma mère, et tous les gens qui passaient touchait presque ma porte. Je ne dormis plus de toute la nuit. Au matin, je rencontrai ma mère en bas, et je vis qu'elle paraissait malade, pâle et singulièrement bouleversée. Je lui demandai : « Qu'il y a-t-il donc ? » Elle répondit : « Rien, ne me le demande pas. » Une heure ou deux s'écoulèrent, et je voyais bien qu'il y avait quelque chose. Je me décidai à savoir ce que c'était ; ma mère de son côté ne voulait pas parler.

Enfin je demandai : « Est-ce que cela a trait à Suzanne ? » Elle éclata en pleurs et me dit : « Pourquoi cette question ? » Je lui racontai ma frayeur pendant la nuit et elle me raconta l'histoire qui suit :

« Je fus éveillée en entendant ouvrir ma porte, et je vis, à ma vive terreur, Suzanne entrer en costume de nuit. Elle vint droit à mon lit, et releva les couvertures et se coucha à côté de moi ; je sentis un frisson glacial courir le long de mon côté là où elle semblait me toucher. Je crois que je m'évanouis, car je ne me rappelle plus rien après, et, lorsque je recouvrai mes sens, l'apparition avait disparu ; mais je suis sûre d'une chose, c'est que ce n'était pas un rêve. »

Nous apprîmes par la paysanne à son retour, le dimanche soir, que Suzanne était morte au milieu de la nuit, et, qu'avant de perdre connaissance, *elle ne parlait que de retourner à Troston Hall*. Nous n'appréhendions nullement sa mort. Nous pensions qu'elle était allée à l'hôpital, non parce qu'elle était en danger, mais pour subir un traitement spécial...

M. Matthews me dit qu'il n'a jamais eu pareille sensation, et il croit que cette hallucination fut la seule qu'eût jamais sa mère, qui est morte il y a quelques années.

Si la porte de Mme Matthews avait été trouvée ouverte le lendemain matin, après qu'elle eût été bien certaine de l'avoir fermée le soir, il y aurait une très forte présomption du dédoublement de Suzanne. Mais d'après les circonstances, nous pensons que sa pensée seule s'est transportée à Troston Hall, et qu'elle a déterminé chez les deux percipients, ces hallucinations si différentes.

On voit que les raisons que nous avons exposées pour soutenir la réalité objective des visions simultanées par plusieurs témoins sont très sérieuses, et qu'elles nous assurent que si deux ou trois personnes décrivent exactement le fantôme qu'elles ont vu en même temps, ou même séparément, nous devons admettre que celui-ci existait réellement dans l'espace, à l'endroit où tout le monde l'a signalé. Ceci est encore plus évident quand l'apparition se déplace, et que toutes les personnes s'accordent pour décrire ses mouvements, car des hallucinations n'auraient pas cette simultanéité de modifications mentales.

L'hypothèse d'une image hallucinatoire commune à plusieurs personnes n'est cependant pas absolument dénuée de fondement. Carl du Prel (1) a signalé des exemples où un rêve a été fait par deux dormeurs pendant la même nuit, ce qui suppose que l'un d'eux agissait télépathiquement sur l'autre. Ces observations nous ramènent à la télépathie pure et simple, puisque deux sujets seulement sont en cause et que l'un doit être l'agent et l'autre le percipient ; d'ailleurs, il s'agissait presque toujours de personnes vivant ensemble, et le rêve était causé souvent par des préoccupations semblables. Ces cas sont rares et ne peuvent guère s'observer qu'entre parents dont une longue accoutumance a rendu l'accord psychique très complet, car les expériences que l'on a instituées pour les obtenir expérimentalement n'ont pas réussi. F. W. H. Myers (2) a essayé de transmettre la même pensée à deux sujets, cependant hypnotisés, qui devaient ensuite voir l'image hallucinatoire dans un cristal. Les résultats ont été négatifs.

Comme succès dans cette voie, on ne peut guère citer qu'une expérience de Wesermann (3), qui fit apparaître l'image d'une femme à deux jeunes officiers en train de causer dans leur chambre. Il faudrait beaucoup d'autres expériences pour que la possibilité de l'hallucination collective suggérée fût bien établie. Je reviendrai plus loin sur cette question quand nous aurons étudié les faits ; je signale seulement que lorsque personne ne songe à produire une hallucination, l'explication télépathique ne s'applique plus du tout.

L'hallucination, ou plus exactement *l'illusion* collective, a pu se présenter à certaines époques de l'histoire, probablement par suggestion verbale réciproque, au milieu des foules soumises à

---

(1) CARL DU PREL, *Experimental Psychologie und experimental Métaphysik*, pp. 60 à 63. Cité par M. Sage.
(2) F.-W.-H. MYERS, *la Conscience subliminale. Hallucinations provoquées. Annales psychiques*, mars-avril 1900.
(3) Wesermann écrivit trois récits de ces expériences. Le plus complet dans un ouvrage : *Der Magnetismus und die Allgemeine Weltsprache*, publié en 1822. Il n'était pas connu des auteurs des *Phantasms* quand celui qu'ils ont donné (v. I, p. 101) a été publié. Un résumé des trois récits de Wesermann a été imprimé dans le *Journal de la Société*, en mars 1890. Voir aussi le cas rapporté par M. Wiltze d'hallucination auditive, collective et provoquée : *Congrès des Sciences psychiques de l'Exposition colombienne*. Malheureusement ce récit, peu précis, n'est pas de première main et les témoins n'ont pas signé de procès-verbal.

l'influence de puissantes émotions religieuses, ou surexcitées par l'attente de grands événements. Les multitudes partant pour les croisades ont cru voir souvent dans les nuages du ciel des apparitions angéliques chargées de les conduire à la délivrance du Saint-Sépulcre. Les croyances du moyen âge favorisaient l'état d'esprit nécessaire à la production de ces illusions. Mais à notre époque sceptique, la mentalité générale est tout autre, et sauf parmi les masses crédules qui assistent à des pèlerinages fameux, ou dans les cas de contagion nerveuse, on n'observe plus guère de visions collectives. Les exemples que je rapporte sont pris parmi les épisodes de la vie courante; dénués complètement de tout caractère mystique, ils montrent que leur production s'effectue en vertu de lois qui n'ont rien à faire avec les préoccupations religieuses.

APPARITION D'UN GRAND-PÈRE A SES PETITS-ENFANTS

Nous commençons notre revue par un cas emprunté à l'ouvrage du docteur Kerner, — la *Voyante de Prévorst* — qui remonte à 1830, non seulement parce que le narrateur est une autorité reconnue, mais aussi pour montrer que ces faits ont été observés à toutes les époques et dans tous les pays. Voici ce qu'il dit (1) :

Je tiens de personnes absolument dignes de foi le fait remarquable suivant :

M. Hubschmann, de Stuggard, avait son père en Botnie et un frère à Strasbourg. Or, il arriva qu'un matin, au lever du jour, les enfants de M. Hubschmann l'éveillèrent en criant: « Grand-père, grand-père, grand-père est arrivé ! » M. Hubschmann regarda partout et ne vit rien. Il interrogea ses enfants, qui lui affirmèrent d'une façon absolue que leur grand-père était bien là, mais qu'ils ne savaient pas où il était allé. Quelques jours plus tard, M. Hubschmann reçut une lettre de son frère, lui demandant avec inquiétude s'il n'avait pas quelque nouvelle de leur père, car une circonstance récente l'avait très fortement alarmé. En effet, tel jour et à telle heure, *qui correspondait avec le moment où les enfants avaient poussé l'exclamation signalée plus haut*, il avait *rencontré leur père au moment où le matin, il entrait dans son atelier.* Huit jours après,

---

(1) KERNER, *la Voyante de Prévorst.* Traduction française du docteur Dusart, p. 61.

arriva la nouvelle de la mort du vieillard, il était mort au moment précis où il était apparu à Stuttgard et à Strasbourg.

Je rapporte ce cas parce qu'il est consigné par le docteur Kerner de la véracité duquel on n'a jamais douté, malgré qu'il manque de cette documentation qui donne aux observations de la S. P. R. une valeur sans prix. Mais il est aussi une autre considération qui a pour moi une grande importance, c'est qu'il ressemble complètement aux phénomènes similaires signalés depuis. Coïncidence entre les apparitions et le moment du décès ; vision simultanée du grand-père par ses petits-enfants, etc. Si cette histoire était inventée, elle n'aurait pas autant de similitude avec des faits que nous contrôlons minutieusement aujourd'hui.

Arrivons donc aux récits modernes.

PHÉNOMÈNES DE DÉDOUBLEMENT ET DE CLAIRVOYANCE DANS TOUTE UNE NOBLE FAMILLE RUSSE

La baronne Isabella von Ungern Sternberg raconte, dans *Die Uebersinnliche Welt*, de juin 1902 (1) une série de faits extranormaux qui se seraient passés dans la famille des comtes Steenboch, en Esthonie (Russie), près du golfe de Finlande. De génération en génération il y aurait eu dans cette famille des cas de dédoublement, visibles non seulement pour les membres de la famille mais aussi *pour des étrangers*.

Ainsi il arrivait plusieurs fois que le vieux comte Magnus se dédoublait pendant qu'il sommeillait dans son fauteuil après son déjeuner. A Zitter, où la famille passait l'été, il y avait, une après-midi, toute une société de jeunes gens réunis sur le balcon, d'où l'on jouit d'une très belle vue. C'étaient des parents et des amis et on causait gaiement. Mais voilà que *devant les yeux de tous*, le maître de la maison, qu'on croyait plongé dans le sommeil, sort du parc où il avait l'habitude de se promener. « Qu'arrive-t-il donc à papa », s'écrie Mme Emilie von Fritthof, « pour aller, contre son habitude, se promener à cette heure » ?

Doucement, elle entre dans la pièce où son père, à cette heure, avait l'habitude de prendre son sommeil, et elle *le voit dormir doucement dans son fauteuil*.

Pendant la guerre de 1830, le comte Magnus était à son régiment

(1) Traduction française dans la *Revue des Études psychiques*, octobre-novembre 1902.

près de Varsovie au moment où sa femme donna naissance à Narwa, à un petit garçon.

Quelques jours après, un domestique voit son maître arriver en traîneau et en descendre ; il lui ouvre la porte en le saluant. Le comte Magnus monte l'escalier et traverse une pièce où sa sœur Lili est assise ; celle-ci se lève, saisie, et s'écrie : « Comment toi, Magnus ! de retour si subitement ! » Mais, sans rien répondre, il entre chez sa femme, encore au lit, et à côté de laquelle se trouve la nourrice avec le bébé.

Silencieux, il regarde longtemps les deux êtres chéris. « C'est donc notre maître ? » demande la nourrice, et la comtesse, très émue, répond : « Oui, c'est lui. »

Mais, toujours muet, il quitte la chambre sans avoir touché personne ni avoir été touché, et le domestique qui était à la porte de la maison ne le voyait pas sortir. Le traîneau avait disparu (1).

Une autre fois, c'est son fils, le comte Nikolaï, alors âgé de 12 ans, qui, *avec sa sœur et l'institutrice de celle-ci*, le voit entrer dans la pièce où ils se trouvent.

Mais, sans rien dire, il leur fait un salut avec la main et passe dans une autre pièce. Au même instant l'enfant regarde par la fenêtre et s'écrie plein d'étonnement : « Mon Dieu, voilà papa de nouveau ; il traverse la cour et vient vers la maison. » Cette fois c'était réellement lui en chair et en os.

La comtesse Marie, femme de Michael Steenbock, raconte le cas de dédoublement suivant. Elle était allée à Pétersbourg voir son plus jeune fils, Netja, qui était à l'école dans cette ville. Elle l'avait revu, et, le croyant endormi, elle s'était couchée elle-même dans une chambre qui se trouvait au même étage que celle de l'enfant. Une institutrice française partageait la chambre avec elle, et toutes deux causaient vivement.

Alors l'enfant rentre, comme il avait l'habitude de le faire quelquefois, avec une couverture par-dessus sa chemise de nuit. « Mais, Netja », s'écrie la mère, « cela n'est pas convenable ; mademoiselle est déjà couchée ». Il s'approche et elle remarque *la broderie de la chemise faite par elle-même* et le col, trop large, qu'elle avait l'intention de changer. « Netja », continue-t-elle, « as-tu quelque chose de spécial à me dire ? » Mais Netja se penche sur elle sans mot dire et disparaît.

(1) L'épisode du traîneau peut être rapproché des autres cas où la vision se montre accompagnée d'objets accessoires : canne, parapluie, cheval, voiture, etc., qui n'ont aucune réalité objective, matérielle, mais existent cependant en image éthérée, car, parfois, ces sortes de mirages psychiques sont perçus simultanément par tous les témoins de l'apparition télépathique (G. D.).

Cette fois, le dédoublement n'était visible que pour la comtesse Marie ; lorsqu'elle demanda à l'institutrice française si elle avait vu quelque chose, celle-ci répondit : « Rien, madame, et j'ai été très étonnée de vous entendre tout d'un coup parler russe. » La comtesse courut immédiatement à la chambre de l'enfant et le trouva au lit, dormant paisiblement, et portant la chemise dont elle avait remarqué la broderie et le col trop large.

Dans la famille Steenboch il y a eu aussi de nombreux cas de clairvoyance et de rêves prémonitoires.

Ces facultés étranges semblaient surtout attachées au vieux comte Magnus.

Sa petite-fille, Mlle Adda von Fritthof, raconte comment, au milieu de ses parents et amis, il pouvait s'entretenir vivement avec des êtres invisibles.

Assis près de la cheminée et fumant sa longue pipe, il murmurait à mi-voix et en souriant des paroles, puis, avec un geste de la main, il renvoyait l'hôte invisible en disant : « Bien, bien, maintenant tu peux t'en aller. » L'année de sa mort lui fut prédite dans un rêve, par une apparition étrange (homme ou esprit), qui lui mordit la main ; la marque des dents s'y voyait le lendemain.

Sa sœur, Mme Pauline Anders, et la fille de celle-ci, Mme Clare Wiedemann possédaient aussi la faculté de clairvoyance, et prédirent plusieurs fois la mort de ceux qui leur étaient proches.

Enfin la comtesse Marie Steenboch raconte le fait suivant : Elle était dans les Ourals avec son mari, le comte Michael, lorsque celui-ci fut appelé à Pétersbourg pour des affaires, et forcé de partir. Elle était enceinte, mais on était en octobre et on n'attendait l'accouchement que pour le mois de janvier. Un soir de novembre, son mari fut tout d'un coup saisi d'une terrible inquiétude, qui s'aggrava pendant la nuit, et devint le matin si insupportable que la sueur froide lui mouillait le front. Et il voit alors des bords de la Newa, comment sa femme dans la chambre bien connue des Ourals, donne la vie à une fille aux cheveux noirs.

Son regard tombe par hasard sur l'horloge d'une tour, et il voit qu'il est 5 h. 20. Très agité, il marqua l'heure sur son calendrier et, vers le soir, il reçut d'Asie la bonne nouvelle qu'une fille lui était née deux mois trop tôt.

Nombreux sont encore les autres cas du même genre survenus dans cette famille dont tous les membres semblaient posséder des facultés extra-normales.

Il semble donc que certains organismes sont prédisposés à présenter le phénomène que nous étudions, à un degré éminent, car on peut l'observer plusieurs fois pendant la vie du sujet ;

nous en verrons des exemples assez nombreux, après avoir passé en revue les cas modernes d'apparitions collectives de vivants, que j'emprunte aux auteurs anglais, afin de n'avoir pas à prouver leur authenticité.

CARACTÈRES DES APPARITIONS COLLECTIVES DE VIVANTS

Si ma discussion sur la différence qui existe entre l'hallucination visuelle produite par une influence télépathique et celle qui résulte de la vision réelle d'un fantôme objectif est exacte, il faut que tous les témoins décrivent l'apparition d'une manière identique, puisque l'image existe dans l'espace, au même titre qu'un objet quelconque qui peut être perçu oculairement. C'est précisément le caractère qui s'observe dans les cas suivants, qui ont, à ce point de vue spécial, une très grande portée.

On remarquera que les deux premiers exemples ci-dessous relatent des apparitions qui se sont produites au moment de la mort de l'agent ; nous n'en tirerons pas la conclusion que c'est l'image d'un mort qui a été vue — bien que la chose soit très fréquente, comme je le montrerai plus loin, — car la coïncidence absolue est incertaine ; il est donc préférable d'admettre que le phénomène a eu lieu dans les derniers moments de la vie, ce qui me les fait classer sous la rubrique actuelle.

UN FANTÔME SE MONTRE A SON FILS ET A SA SŒUR

CXLIX (345). Mme Cox, Summer Hill, Queenstown, Irlande (1).

26 décembre 1883.

Dans la nuit du 21 août 1869, entre 8 et 9 heures, j'étais assise dans ma chambre à coucher, dans la maison de ma mère à Devonport. Mon neveu, un garçon de sept ans, était couché dans la pièce voisine ; je fus très surprise de le voir entrer tout à coup en courant dans ma chambre ; il criait d'un ton effrayé : « Oh ! tante ! je viens de voir mon père tourner autour de mon lit ! » Je répondis : « Quelle bêtise, tu as dû rêver. » Il dit : « Non je n'ai pas rêvé », et il refusa de retourner dans sa chambre. Voyant que je ne pouvais le persua-

---

(1) *Hallucinations télépathiques*, p. 372.

der d'y rentrer, je le mis dans mon lit. Entre 10 et 11 heures je me couchai. Une heure après environ, je crois, je vis distinctement, en regardant du côté de l'âtre, à mon grand étonnement, la forme de mon frère assise sur une chaise, et, ce qui me frappa particulièrement, ce fut la pâleur mortelle de la figure (mon neveu était à ce moment tout à fait endormi). Je fus si effrayée (je savais qu'alors mon frère était à Hong-Kong) que je me cachai la tête sous les couvertures. Peu après, j'entendis nettement sa *voix m'appeler par mon nom;* mon nom fut répété trois fois. Lorsque je regardai, il était parti. Le lendemain matin je dis à ma mère et à ma sœur ce qui était arrivé, et je dis que j'en prendrais note, ce que je fis. Le courrier suivant de Chine nous apporta la triste nouvelle de la mort de mon frère, elle avait eu lieu le 21 août 1869, dans la rade de Hong-Kong, subitement.

Minnie Cox.

Les auteurs anglais ont vérifié la date de la mort. Ils disent que cette dame n'a jamais eu d'autres hallucinations et que l'enfant n'était pas sujet aux frayeurs et ne craignait pas l'obscurité. Ils font également remarquer : « qu'il est peu probable qu'une personne qui n'a aucune tendance aux hallucinations ait pu en avoir une sous l'influence de ce qu'elle considérait comme le rêve d'un enfant effrayé ».

Notons aussi qu'elle s'est entendue appeler, ce qui suppose, si c'est un dédoublement, une véritable matérialisation de l'appareil vocal de l'apparition. Nous allons rencontrer ce fait assez souvent, et nous verrons plus tard comment on peut concevoir qu'il se produise.

Voici un cas plus ancien, mais qui a été assez bien contrôlé pour que les auteurs lui aient donné asile dans leur recueil (1) :

CLIII (357).

Mémorandum d'une conversation entre feu le général Birch Reynardson et le colonel, depuis sir John, Sherbrooke.

Au mois de novembre, sir John Sherbrooke et le général Wynyard dînaient (entre 5 et 6 heures) dans leur chambre à la caserne, à Sydney Cove, en Amérique. Il faisait sombre, et une bougie était placée sur la table à une petite distance. Une forme, vêtue d'habillements simples et coiffée d'un bon chapeau rond, passa doucement

---

(1) *Hallucinations télépathiques*, p. 383.

entre les personnes nommées ci-dessus et le feu. Tandis qu'elle passait, sir John Sherbrooke s'écria : « Dieu bénisse mon âme, qui est-ce? » Presque au même moment, le colonel W... dit : « C'est mon frère John Wynyard, et je suis sûr qu'il est mort. » Le colonel W..., était très agité ; il pleura et sanglota beaucoup. Sir John dit : « Le personnage a un diablement bon chapeau, je voudrais bien l'avoir. » Ils se levèrent aussitôt (sir John avait des béquilles, s'étant cassé la jambe), prirent une bougie et entrèrent dans la chambre à coucher, où la forme avait passé ; ils cherchèrent sous le lit et dans tous les coins de la chambre sans résultat ; les fenêtres étaient bouchées avec du mortier. M. Stuart, le trésorier-payeur du régiment, nota le fait au moment même. Sir John me déclara que le colonel W..., fut pendant deux ou trois jours très chagrin et très ennuyé, et qu'il resta parfaitement convaincu de la mort de son frère.

Ils ne reçurent aucune nouvelle d'Angleterre pendant cinq mois. Au bout de ce temps, arriva une lettre de M. Rush, le chirurgien ; il annonçait la mort de John Wynyard qui avait eu lieu, autant qu'on put s'en assurer, au moment où la figure avait apparu. Sir John me raconta en outre que deux ans et demi plus tard, comme il se promenait avec Lily Wynyard à Londres, il avait vu quelqu'un de l'autre côté de la rue, et qu'il lui avait semblé reconnaître la personne qui lui était apparue, ainsi qu'au colonel Wynyard en Amérique. Lily Wynyard lui avait dit que la personne qu'il montrait était un certain M. Eyre ; qu'il ressemblait tellement à John Wynyard qu'on les avait souvent pris l'un pour l'autre, et que l'on avait versé par erreur de l'argent à ce M. Eyre.

L'authencité de ce récit est confirmée par le colonel Ralph Gore, qui était à Sydney, dans l'île du Cap Breton, au moment où l'apparition se produisit. Il répondit par une note détaillée à des demandes qui lui furent posées par sir John Harvey, adjudant général des forces du Canada en 1823 ; plus tard, il raconta souvent ce fait à sa femme, dont la fille, Mlle Laugmead, de Belmont, Tore Torquay, fait un récit d'après les souvenirs de sa mère, qui ressemble dans ses traits principaux à celui qui vient d'être reproduit. Le Rév. O. H. Carry rapporte que sa mère a souvent entendu le même récit de la bouche du général Wynyard lui-même. Ces témoignages concordants donnent au fait en question une réelle valeur.

Ces deux cas se relient à ceux que nous avons étudiés au sujet des apparitions télépathiques, en ce sens qu'il est permis de supposer que le mourant a porté sa pensée vers ceux qu'il aimait, pendant les derniers instants de sa vie, et que c'est son ardent désir de les revoir qui a facilité son extériorisation.

Si je cite aussi fréquemment les auteurs anglais, ce n'est pas que les documents émanant d'autres sources me fassent défaut, c'est simplement parce que ceux de la S. P. R. ont été minutieusement contrôlés. Il est facile de montrer que de semblables phénomènes ont lieu dans tous les pays. En voici deux exemples authentiques, l'un observé à Paris, l'autre en Italie. Comme ils offrent de sérieuses références, je n'hésite pas à leur donner place ici.

LE CAS DE LA RUE JACOB

Je mentionne d'abord le récit publié dans les *Annales psychiques*, sous la signature du Dr Isnard (1) :

... C'était en 1878, j'habitais alors avec ma mère et mes deux sœurs, rue Jacob, 28.

Ma mère, gravement malade, était alitée depuis quatre mois. Ce jour-là, le 9 janvier, un jeudi, se sentant un peu mieux, elle manifesta le désir d'assister, de son lit, à notre repas du soir. Arriva un de nos amis, M. Menou, il accepta de passer la soirée avec nous.

L'appartement que nous occupions était composé de cinq pièces; trois prenant jour sur la rue Jacob : deux (la salle à manger et la chambre à coucher de ma mère), sur une cour intérieure. Dans la salle à manger trois portes : celle de l'antichambre, celle de la chambre de ma mère (celle-ci vitrée et à deux battants), l'autre, la troisième, fermée au bec de cane, donne accès par un petit couloir dans les pièces du devant.

Cette nuit-là était profondément calme, le temps brumeux et sombre; il était environ 9 heures ou 9 heures et demie. Nous étions à table, parlant de choses et d'autres, l'esprit très libre, je dirai presque rasséréné par le mieux sensible survenu dans l'état de ma mère. Le bruit de nos voix parut à la fin fatiguer la malade qui, voulant se reposer un peu, nous pria de fermer sa porte. Nous en adossâmes les deux battants et la conversation continua.

Brusquement, la porte du corridor s'ouvrit toute grande, les battants de la porte de la chambre de ma mère se heurtèrent avec fracas et s'ouvrirent en même temps, et la voix plaintive du vent

(1) *Annales psychiques,* 1891 : Le cas de la rue Jacob, p. 196.

s'éleva. Un coup de vent, toutes les fenêtres étant fermées, me parut étrange. Je regardai. Entre les portières qui encadraient l'entrée de la chambre à coucher était une ombre, celle d'une femme, petite, voûtée, la tête penchée, les bras croisés sur la poitrine. Un voile grisâtre et poussiéreux semblait la recouvrir, on eût dit une religieuse (1). Elle s'avança doucement dans la salle à manger, glissant sur le parquet, toujours dans la même attitude; on ne voyait point son visage. Elle passa près de moi, contourna la porte, entra dans le couloir dans l'ombre duquel elle s'évanouit. Un deuxième coup de vent s'éleva, fermant les portes. Cela avait duré six ou sept secondes.

Ce que j'éprouvai, ce ne fut point de la peur ; comme un sentiment de gêne s'établit entre nous, nous *avions vu tous les trois en même temps, une même chose* et nous n'osions pas nous l'avouer. Ma sœur semblait tout particulièrement affectée...

La sœur de M. Isnard étant entrée dans la chambre de sa mère, trouva celle-ci en train de sommeiller.

Dans les deux autres récits, celui de Mlle D. Isnard et celui de M. Menou-Cornuet, la description de l'apparition est presque identique, et les trois témoins ont vu distinctement le fantôme accomplir le même trajet: de la porte de la chambre à coucher à celle du corridor. Le mouvement si violent des portes qui accompagna l'apparition de la forme, et se reproduisit quand elle disparut, nous fait assister à une action sur la matière concomittante avec la production du fantôme. J'en citerai d'autres exemples plus tard. Bien que les témoins n'aient pas vu la figure de l'apparition, ils eurent tous les trois le sentiment que c'était une manifestation de la mère malade. Voici la fin du récit du docteur Isnard :

La semaine suivante, j'étais seul avec ma mère ; elle était dans la salle à manger, assise depuis quelques instants dans son fauteuil, mes deux sœurs étaient sorties. Il était cinq heures, c'était l'heure de la visite habituelle du docteur D... Jamais je ne m'étais trouvé avec lui. Étudiant en médecine, je soupçonnais la gravité de l'état de ma mère et je n'avais pas le courage de m'exposer à recevoir de la bouche du docteur, une sentence de mort que je ne prévoyais que trop déjà : aussi refusais-je d'aller lui ouvrir. Ma mère se leva

(1) Très souvent les apparitions ont de ces sortes de draperies qui recouvrent la tête. Voir, plus loin, la photographie du fantôme de jeune fille, publiée par M. de Rochas, p. 301.

et, à ce moment, je fus frappé par son attitude. C'était celle de l'ombre que nous avions vue : petite, courbée, elle s'avançait lentement vers la porte. Un châle lui couvrait les épaules et la tête, on ne voyait point son visage ; ses bras étaient croisés sur sa poitrine...

Docteur Isnard,
15, boulevard Arago.

D'après l'enquête faite sur les lieux par le docteur Dariex, directeur des *Annales*, qui connaît intimement les témoins, aucune ombre naturelle n'aurait pu se projeter accidentellement là où elle a été observée. Personne n'aurait pu jouer le rôle du fantôme car il avait, suivant le docteur Isnard, l'aspect que produit une toile d'araignée. Les témoins n'ont jamais éprouvé d'hallucinations.

Voici un autre cas d'apparition qui fut aussi bien contrôlé.

UN MALADE APPARAIT SIMULTANÉMENT A SON FRÈRE ET A SA SŒUR

Le docteur Joseph Martini a publié dans la Revue *Luce e Ombra* de novembre 1906, le récit suivant (1) :

Dans le courant de l'année 1863, les membres de la famille de Mme Maria Bogliani, de Rubbiano (Parme), étaient très occupés, parce que depuis plus d'un mois ils étaient sans nouvelles d'Edmond, frère de Mme Bogliani, qui se trouvait alors dans un régiment de bersagliers à Reggio de Calabre. A cette époque, madame Maria et son autre frère Tullo étaient tous deux retenus au lit, dans leurs chambres respectives.

Un soir, vers 10 heures, leur mère se rendit dans la chambre de Tullo, âgé de 15 ans, qui lui dit qu'à l'instant même il venait de voir son frère Edmond portant son uniforme de bersaglier et le regardant avec une grande fixité. Il avait l'air triste et était aussi pâle qu'un mort.

Maria fit peu après un récit identique à sa mère. Les deux chambres des malades étaient éclairées et ni l'un ni l'autre n'avait la fièvre.

Ce ne fut que le lendemain qu'on reçut une communication de la part des chefs d'Edmond, annonçant sa maladie. D'autre part, un de ses camarades écrivit que, *le jour même de l'apparition*, il se trouvait dans un état si grave, qu'on lui administra les derniers sacrements.

(1) Voir *Revue scientifique et morale du Spiritisme*, numéro de mai 1908, p. 700.

Cependant il échappa à la mort et à son retour dans sa famille, il déclara qu'*après avoir reçu les sacrements, se croyant à l'heure de la mort, il avait pensé avec une grande intensité à ses chers absents, avec le désir violent de les voir.*

Des recherches faites, il résulta que l'apparition eut lieu exactement à ce moment.

Signé : Docteur Joseph Martini.

APPARITION D'UN VIVANT LOIN DE SON CORPS

CL (348) (1). Mme Elgee, 18, Woburn Road, Bedford.

1ᵉʳ mars 1885.

Au mois de novembre 1864, je m'étais arrêtée au Caire, en allant aux Indes ; voici le curieux événement qui m'arriva :

A cause de l'affluence inaccoutumée de voyageurs, je dus, avec la jeune personne qui m'accompagnait (Mlle Dennys) et quelques autres passagers du courrier des Indes, m'installer dans un hôtel assez peu fréquenté. La chambre habitée par Mlle D... et moi-même était grande, haute de plafond et sombre ; le mobilier, des plus pauvres, était composé de deux petits lits placés presque au milieu de la chambre et qui ne touchaient pas du tout les murs, de deux ou trois chaises de cannes, d'une très petite toilette et d'un sofa de forme ancienne, qui était placé contre un battant de la grande porte de la chambre. Ce meuble était beaucoup trop lourd pour être déplacé, si ce n'est par deux ou trois personnes. On entrait par l'autre battant de la porte, la porte faisait face aux deux lits.

Je me sentais assez triste et sous l'impression d'un sentiment bizarre, et comme Mlle D... était une personne nerveuse, je fermai la porte à clef, et je mis la clef sous mon oreiller ; mais Mlle D... ayant fait la remarque qu'il pouvait y avoir une autre clef pour ouvrir la porte du dehors, je mis une chaise contre la porte, avec mon sac de voyage dessus, et ainsi disposé que, à la moindre pression du dehors, la chaise ou le sac devaient tomber sur le plancher, et faire assez de bruit pour me réveiller. Nous nous couchâmes alors ; le lit que j'avais choisi était près de l'unique fenêtre de la chambre, ses deux battants allaient presque jusqu'au plancher. A cause de la chaleur, je laissai la fenêtre ouverte, après m'être assurée que l'on ne pouvait entrer par là. La fenêtre donnait sur un petit balcon isolé, et nous étions à trois étages au-dessus du sol.

(1) *Hallucinations télépathiques*, p. 373.

Je m'éveillai brusquement d'un profond sommeil avec le sentiment que quelqu'un m'avait appelée, et, m'asseyant dans mon lit, à mon étonnement sans bornes, je vis, à la claire lumière d'une lueur matinale qui entrait par la grande fenêtre déjà mentionnée, la forme d'un vieil ami que j'aimais beaucoup et que je savais être en Angleterre. Il me semblait très désireux de me parler, et je lui dis : « Mon Dieu ! comment êtes-vous venu ici ? » La forme était si nette *que je remarquai chaque détail de son habillement, et même trois boutons en onyx qu'il portait toujours.* Il sembla s'avancer d'un pas vers moi, lorsque tout à coup *il montra du doigt l'autre côté de la chambre*, et, en me retournant, je vis Mlle D... assise dans son lit et qui regardait cette forme avec une expression de terreur intense. Je me retournai, mon ami parut secouer la tête, et se retira pas à pas, lentement, jusqu'à la porte, puis il sembla s'enfoncer à travers le battant devant lequel le sofa se trouvait. Je n'ai jamais su ce qui m'arriva après cela, mais je ne me souviens que du brillant soleil qui inonda la chambre en traversant la fenêtre. Peu à peu le souvenir de ce qui était arrivé me revint, et cette question se présenta à mon esprit : Avais-je rêvé ou avais-je eu une vision de l'autre monde ? La présence corporelle de mon ami était absolument impossible. Me rappelant que Mlle D... avait paru voir la forme aussi bien que moi, je résolus de l'interroger pour savoir si c'était un rêve ou une vision. Je me gardai de lui en parler avant qu'elle ne m'en parlât elle-même. Comme elle semblait encore endormie, je me levai ; j'examinai la porte soigneusement, je trouvai le sac et la chaise à leur place, et la clef sous mon oreiller ; le sofa n'avait pas été touché, et le battant de la porte ne semblait pas avoir été ouvert depuis des années.

Peu après, Mlle D... s'éveilla ; elle regarda autour de la chambre, et jetant les yeux sur la chaise et le sac, elle fit la remarque que *cela n'avait pas servi à grand'chose.* Je dis : « Que voulez-vous dire ? » Alors elle me dit : « Mais, *cet homme qui était dans la chambre ce matin* a dû sortir d'une manière ou de l'autre ? Elle se mit alors à me décrire *exactement ce que j'avais vu moi-même.* Je ne lui dis pas ce que j'avais vu et je la mis en colère en traitant cela de pure vision ; je lui montrai la clef encore sous mon oreiller ; la chaise et le sac encore en place. Je lui demandai alors si, puisqu'elle était si sûre d'avoir vu quelqu'un dans la chambre, elle savait qui c'était. « Non, dit-elle, je ne l'ai jamais vu avant, ni personne comme lui ». Je dis : « Avez-vous jamais vu son portrait ? » Elle répondit non. Mlle Dennys ne sut jamais ce que j'avais vu, et cependant elle fit à une *tierce personne la description exacte de ce que nous avions vu toutes les deux.* »

Naturellement, j'avais l'idée que mon ami était mort. Ce n'était pas cependant le cas ; je le rencontrai quatre ans plus tard, et, sans lui parler de ce qui m'était arrivé au Caire, je lui demandai, en plaisantant, s'il pouvait se rappeler de ce qu'il faisait certain soir de novembre 1864. « Ma foi, dit-il, vous me demandez d'avoir bonne mémoire » ; mais après avoir réfléchi un peu il répondit : « Mais c'est au moment où je me trouvais si tracassé en essayant de me décider pour ou contre le poste qu'on m'offrait, et *où je désirais tellement vous avoir avec moi pour causer de cette affaire*. Je restai assis très tard au coin du feu essayant de penser ce que vous m'auriez conseillé de faire. »

Quelques questions et la comparaison des dates mirent en lumière ce fait curieux que, eu égard à la différence d'heure qu'il y a entre l'Angleterre et le Caire, *ses réflexions auprès du feu et mon hallucination avaient été simultanées*. Lui ayant raconté les faits ci-dessus, je lui demandai s'il avait eu conscience d'une sensation inaccoutumée ou particulière. Il dit que non, mais qu'il avait seulement désiré me voir.

E. H. Elgee.

On a pu avoir plus tard de Mlle Dennys, devenue Mme Ramsay, une confirmation complète du récit de Mme Elgée. La seule différence, c'est que suivant Mme Ramsay l'apparition portait toute sa barbe, tandis que l'ami de Mme Elgée, le colonel L..., ne portait que les favoris et la moustache. Cette divergence est de peu d'importance, si l'on tient compte de la terreur de Mlle D.., qui a pu ne pas attacher son attention sur un détail aussi insignifiant que celui de porter toute la barbe ou seulement des moustaches et des favoris. Il est bon d'observer que c'est l'apparition qui désigne par un geste la terreur de Mlle Dennys, ce qui établit que ce n'était pas celle-ci qui produisait l'hallucination. D'autre part, Mme Elgée dormait quand le fantôme apparut ; il est donc bien improbable que ce soit elle qui ait créé cette forme. Le dédoublement apparaît ici nettement comme l'explication la plus vraisemblable.

VISION COLLECTIVE PRÉMONITOIRE

Sous le titre : *Gostley Visitors*, Stainton Moses, dont la haute notoriété est bien établie, a publié une série de récits qu'il affirme avoir vérifiés et dont il garantit l'authenticité. On y rencontre, entre autres, le fait suivant :

Mme Mc D... raconte qu'un soir, par un splendide clair de lune, elle rentrait de promenade avec sa sœur, lorsqu'elle vit une jeune servante sortir de sa maison, enveloppée dans un linceul de couleur sombre. S'avançant doucement sous les rayons de la lune, elle traversa l'espace entre la maison et les deux dames, comme si elle voulait les effrayer, puis disparut tout à coup.

Rentrée chez elle, Mme Mc D... lui demanda ce que signifiait son étrange conduite. Mais elle affirma qu'elle n'avait pas franchi le seuil de la porte. Peu après, elle fut atteinte de la variole et succomba. Son linceul fut fait d'une étoffe identique à celle que Mme Mc D..., lui avait vu porter dans la nuit en question.

Le double semble avoir, dans ce cas, une connaissance anticipée de l'avenir. Nous verrons en étudiant les cas d'autoscopie, c'est-à-dire de vision de son image par le sujet lui-même, que Goethe et d'autres personnes ont vu leur sosie revêtu d'un costume identique à celui qu'ils ont porté plus tard. Ces sortes de prémonitions n'ont évidemment plus aucun rapport avec la télépathie, et renforcent l'hypothèse que l'apparition est de nature animique.

LE CAS DE M. BARWELL

Dans l'exemple de Mme Elgée, on a vu que la préoccupation du colonel, qui aurait voulu consulter son amie, pouvait être considérée comme la cause de son dédoublement, de même que le bersaglier avait pensé avec une grande intensité à ses parents en désirant les revoir, ce qui est un motif suffisant pour amener le dédoublement de ceux qui possèdent ce pouvoir. Dans le récit suivant, il semble bien que l'hôte n'était pas préoccupé de la réception de ses amis, et s'il a pu se dégager pendant sa syncope pour se transporter vers eux, le motif est moins évident que dans les exemples précédents ; on ne peut pas bien expliquer non plus pourquoi il est apparu en wagon. Voici le fait (1) :

CLII (356). M. H. G. Barwell, 33 Surrey Street, Norwich.

1883.

Pendant la deuxième semaine de 1882, M. et Mme W... et sa

(1) *Hallucinations télépathiques*, p. 380.

famille s'étaient installés confortablement dans une maison qu'ils avaient louée à « The Lizard » Cornwall ; et quelques jours plus tard M. Cox, un artiste amateur de Liverpool les rejoignit. M. Barwell s'était arrangé pour rejoindre M. Earle, un artiste qui habitait Londres (ils ont signé tous deux le document) pour le lundi 7 août 1882, dîner avec lui et prendre le train poste de nuit à Paddington ; ils avaient pris leurs billets pour Peryn, Cornwall ; des voitures menaient les voyageurs de cette station à Helston, et de là au Lizard, où ils allaient rejoindre M. W... et sa famille, comme maintes fois auparavant.

Barwell et Earle partirent par conséquent, comme ils l'avaient arrangé, par le train poste de Paddington à 8 h. 10 du soir, le jour du *Bank Holiday*, lundi 7 août 1882. Ils voyagèrent toute la nuit ; le train à son arrivée à Peryn avait un peu plus de 15 minutes de retard, arrivant à destination le mardi matin, 8 août 1882, à 7 h. 23. Il ne descendit pas d'autres voyageurs à cette station. Ils éprouvèrent quelque difficulté pour trouver un porteur pour charger leur bagage sur l'omnibus en station à la gare. Le cocher leur dit que s'ils ne venaient pas de suite, il serait obligé de partir sans eux. Pour lui les voyageurs ne comptaient pas, il devait se charger des sacs de dépêches et les distribuer aux différents villages sur la route. Ils éveillèrent le porteur et insistèrent auprès de lui ; pendant ce temps-là leur train était parti et un autre train, allant de Falmouth à Londres, entra en gare (à l'heure exacte, 7 h. 24 du matin). On plaçait leur bagage sur l'omnibus ; Earle avait déjà grimpé sur son siège près du cocher, et Barwell ayant vu tout leur bagage placé en sûreté sur le véhicule, grimpait à côté de lui, lorsque Earle s'écria : « Mais, regarde là ! » Et Barwell levant les yeux, vit dans le train, qui venait de quitter la station et de partir dans la direction de Londres, leur ami W..., de Lizard, qui leur faisait des signes de la main, tout en se penchant anxieusement par la portière, pour s'assurer apparemment s'ils étaient arrivés. Ils rendirent le salut cordialement et le train disparut dans une courbe, W... était toujours penché à la portière et agitait la main.

Les deux amis firent alors différentes conjectures sur les raisons qui avaient pu faire partir M. W..., le jour même de leur arrivée ; et sur l'endroit où il pouvait bien aller... (ici ces conjectures sans intérêt pour le récit).

Ils arrivèrent en temps voulu à Helston, déjeunèrent, et se promenèrent à travers la vieille ville jusqu'à ce que la diligence partît pour le Lizard, c'est-à-dire jusqu'à 11 heures du matin. En approchant du Lizard, ils guettaient anxieusement les enfants de M. W..., ils espéraient recevoir, comme à l'ordinaire, leur cordial accueil de bienvenue à l'arrivée de la diligence et apprendre d'eux où ils devaient loger. La diligence arriva, mais il n'y avait là aucun membre de la famille W...

Le bagage fut descendu de la diligence et déposé sur la pelouse en face de l'hôtel, jusqu'à ce que l'on sut où les chambres avaient été retenues. Les deux amis s'éloignèrent, mais rencontrèrent bientôt deux des fils W... à qui ils demandèrent pourquoi leur père était parti. Ils semblèrent assez surpris de la question et répondirent que leur père était malade au lit chez lui, et que leur mère était aussi à la maison et très inquiète à son sujet. Les fils accompagnèrent Earle et Barwell à la maison de leur père dans le village. Mme W... sortit et les accueillit cordialement, leur disant en peu de mots que M. W... avait eu une syncope grave le matin même, et qu'elle le veillait avec une grande inquiétude.

M. Cox rentra alors de son travail du matin, et, après avoir salué Earle et Barwell, leur raconta les détails suivants sur la syncope de M. W... : M. W... ses deux fils et lui-même étaient partis du Lizard à 7 heures du matin, pour aller se baigner à Housel Cove à une distance d'un peu plus d'un demi-mille. Lorsque W... était sorti de la mer, il s'était assis contre un roc. Tout à coup il s'évanouit; Cox fut terriblement secoué et alarmé, car pendant un moment il ne put sentir les battements du cœur, et il craignit que W... ne fût mort ou mourant. Il employa tout les moyens qu'il put se rappeler, et étendit W... sur le sol : les pulsations se firent alors sentir et W... se remit alors un peu, mais se sentit trop faible pour faire, de longtemps, un mouvement. On alla chercher Mme W... et l'on déjeûna à Cowe, et lorsque M. W.., se sentit assez de vigueur pour grimper la côte raide avec l'aide de quelqu'un ils rentrèrent à la maison.

L'évanouissement de W... avait eu lieu à 7 h. 30 du matin à Housel Cove, au moment précis où Earle et Barwell avaient vu W... agiter la main par la portière du train de Penryn.

On a demandé à M. W... s'il avait pensé à Earle et à Barwell, ou s'il les avait vus soit avant soit pendant sa syncope, mais il ne se rappelle rien de la sorte.

Signés : Ch. Earle, 9 Duke Street, Portland Place, London;
H. G. Barwell, Surrey Street, Norwich;
Ch. H. Cox, Shrewsbury Road, N. Birkenhead.

Les auteurs anglais font remarquer qu'il est difficile de supposer une erreur d'identité, car les témoins étaient dans un état d'esprit qui diffère totalement de celui où l'on se trouve quand on attend un ami. Et puis la figure qu'ils ont vue ensemble bien nettement semble les avoir reconnus, de sorte qu'il faudrait supposer qu'ils ont pris *quelqu'un* pour leur ami, mais que ce quelqu'un les connaissait aussi, ce qui est une hypothèse tout à fait improbable. On observe également que deux personnes douées d'une excellente vue, comme c'est ici le cas, ne pouvaient guère se tromper en même temps sur une ressemblance.

REMARQUE IMPORTANTE

En étudiant les cas que nous allons citer maintenant, nous nous éloignons insensiblement de l'hypothèse télépathique, d'après laquelle la vision serait toujours causée par la pensée d'un agent agissant sur l'imagination du percipient. Déjà, avec la vision collective de l'apparition, nous avons reconnu qu'il était bien difficile de supposer une identité complète dans la description du fantôme puisque celui-ci, qu'il soit construit individuellement par chacun, ou projeté d'un percipient sur l'autre, subirait nécessairement des déformations individuelles, ce qui n'a pas lieu, et plaide en faveur de l'existence objective du fantôme.

Mais, maintenant, nous allons assister à des apparitions collectives de vivants qui ne sont engendrées par aucune action télépathique, et, bien mieux, qui se produisent contre la volonté de l'agent, ou, en tout cas, le plus souvent à son insu. Il semble que nous sommes, ici, en présence d'une faculté naturelle de dédoublement à laquelle les théories précédentes ne peuvent s'appliquer ni de près ni de loin. L'étude un peu détaillée de ces curieuses manifestations nous montrera combien il faut être réservé dans les généralisations, et ne pas vouloir absolument ouvrir toutes les serrures avec la même clef. Nous avons vu que l'hallucination pure et simple existe ; puis que l'hallucination peut avoir une cause extérieure, être en un mot véridique ; nous sommes arrivés ensuite, progressivement, au dédoublement causé par une émotion violente, un désir intense de revoir des êtres chers ; maintenant voici le dédoublement naturel, que rien de sérieux ne motive, sinon une prédisposition innée, une anomalie physiologique qu'il sera intéressant d'étudier expérimentalement, comme nous verrons que cela peut se faire.

APPARITIONS DU DOUBLE DE Mlle ÉMILIE SAGÉE

Nous empruntons à l'ouvrage d'Aksakof (1), la traduction qu'il a faite de ce récit. Voici d'abord les renseignements indispensables relatifs à l'auteur qui a relaté ce cas :

Nous sommes redevable de ce fait à Robert Dale Owen (2) qui le tenait de première main (de la baronne Julie de Güldenstubbe) et en a donné dans son *Footfalls on the boundary of Another world* (Echos de pas sur les frontières d'une autre vie), un court récit que Perty a mentionné [*Réalité des forces magiques* (p. 367)] mais plus tard, des renseignements plus détaillés, fournis par la baronne Güldenstubbe elle-même, ont été publiés dans le *Light* de 1883, p. 366 ; comme le cas est extrêmement remarquable et, en somme, pas très connu, je le cite en entier.

*
**

En 1845 existait en Livonie (et existe encore), à environ 36 milles anglais de Riga et à une lieu et demie de la petite ville de Volmar, un institut pour jeunes filles nobles, désigné sous le nom de « pensionnat de Neuwelcke ». Le directeur à cette époque était M. Buch.

Le nombre des pensionnaires, presque toutes de familles livoniennes nobles, s'élevait à 42, parmi elles se trouvait la seconde fille du baron de Güldenstubbe, âgée de treize ans.

Au nombre des maîtresses il y avait une Française, Mlle Emilie Sagée, née à Dijon. Elle avait le type du Nord : c'était une blonde, à très belle carnation, avec des yeux bleu clair, des cheveux châtains ; elle était élancée et de taille un peu au-dessus de la moyenne ; elle avait le caractère aimable, doux et gai, mais elle était un peu timide et d'un tempérament nerveux, un peu excitable. Sa santé était ordinairement bonne, et, pendant le temps (un an et demi) qu'elle passa à Neuwelcke, elle n'eut qu'une ou deux indispositions légères. Elle était intelligente et d'une parfaite éducation et les directeurs se montrèrent parfaitement satisfaits de son enseignement et de ses aptitudes pendant tout le temps de son séjour. Elle était alors âgée de trente-deux ans.

Peu de semaines après son entrée dans la maison, de singuliers bruits commencèrent à courir sur son compte parmi les élèves.

---

(1) Aksakof, *Animisme et spiritisme*, p. 499.
(2) Auteur américain très connu, qui fut ambassadeur des États-Unis auprès de l'ancienne cour de Naples. C'est à lui que fut emprunté déjà le cas du capitaine Wheatcroft.

Quand l'une disait l'avoir vue dans telle partie de l'établissement, une autre assurait l'avoir rencontrée ailleurs au même moment, disant : « Mais non, cela ne se peut, je viens de la croiser dans l'escalier », ou bien elle assurait l'avoir vue dans quelque corridor éloigné. On crut d'abord à une méprise ; mais, comme le fait ne cessait de se reproduire, les jeunes filles commencèrent par trouver la chose très bizarre et, enfin, en parlèrent aux autres maîtresses. Les professeurs mis au courant déclarèrent, par ignorance ou par parti pris, que tout cela n'avait pas le sens commun et qu'il ne fallait pas y attacher une importance quelconque.

Mais les choses ne tardèrent pas à se compliquer et prirent un caractère qui excluait toute possibilité de fantaisie ou d'erreur. Un jour qu'Emilie Sagée donnait une leçon à treize de ces jeunes filles, parmi lesquelles Mlle de Güldenstubbe, et que, pour faire mieux comprendre sa démonstration, elle écrivait le passage à expliquer au tableau noir, les élèves virent tout à coup, à leur grande frayeur, deux demoiselles Sagée, l'une à côté de l'autre. *Elles se ressemblaient exactement et faisaient les mêmes gestes.* Seulement la personne véritable avait un morceau de craie à la main et écrivait effectivement, tandis que son double n'en avait pas et se contentait d'imiter les mouvements qu'elle faisait pour écrire.

De là, grande sensation dans l'établissement, d'autant plus que *toutes les jeunes filles, sans exception, avaient vu* la seconde forme et étaient *parfaitement d'accord* dans la description qu'elles faisaient du phénomène.

Peu après, une des élèves, Mlle Antoinette de Wrangel obtint la permission de se rendre, avec quelques camarades, à une fête locale du voisinage. Elle était occupée à terminer sa toilette et Mlle Sagée, avec sa bonhomie et sa serviabilité habituelles, était venue l'aider et agrafait sa robe par derrière. La jeune fille, s'étant retournée par hasard, aperçut dans la glace deux Emilie Sagée qui s'occupaient d'elle. Elle fut tellement effrayée de cette apparition qu'elle s'évanouit.

Des mois se passèrent et des phénomènes semblables continuèrent à se produire. On voyait de temps à autre, au dîner, le double de l'institutrice, debout, derrière sa chaise, imitant ses mouvements, tandis qu'elle mangeait, mais sans couteau ni fourchette ni nourriture dans les mains. *Élèves et domestiques servant à table* en ont témoigné également.

Cependant, il n'arrivait pas toujours que le double imitât aussitôt les mouvements de la personne véritable. Parfois, quand celle-ci se levait de sa chaise, *on voyait son double y rester assis* (1). Une fois,

---

(1) Je souligne cette phrase, parce que, dans d'autres récits, nous verrons qu'il en est très souvent ainsi.

étant couchée à cause d'un grand rhume, la jeune fille dont il a été question, Mlle de Wrangel, qui lui lisait un livre pour la distraire, la vit tout à coup pâlir et se raidir, comme si elle allait se trouver mal ; là-dessus, la jeune fille, effrayée, lui demanda si elle se sentait plus mal. Elle répondit que non, mais d'une voix très faible et mourante. Mlle de Wrangel, se retournant par hasard quelques instants après, aperçut très distinctement le double de la malade *se promenant de long en large, dans la chambre*. Cette fois, la jeune fille eut assez d'empire sur elle-même pour garder son calme et ne pas faire la moindre observation à la malade, mais, peu après, elle descendit toute pâle et raconta ce dont elle venait d'être témoin.

Mais le cas le plus remarquable de cette activité, en apparence indépendante, des deux formes, est certainement le suivant :

Un jour toutes les élèves, au nombre de quarante-deux, étaient réunies dans une même pièce et occupées à des travaux de broderie. C'était une grande salle au rez-de-chaussée du bâtiment principal, avec quatre grandes fenêtres, ou plutôt quatre portes vitrées qui s'ouvraient directement sur le palier et conduisaient dans un assez grand jardin attenant à l'établissement. Au milieu de la salle était une grande table devant laquelle s'assemblaient habituellement les différentes classes pour se livrer à des travaux d'aiguille ou d'autres semblables.

Ce jour-là les pensionnaires étaient toutes assises devant la table, et elles pouvaient très bien voir ce qui se passait dans le jardin ; tout en travaillant, elles voyaient Mlle Sagée, occupée à cueillir des fleurs, non loin de la maison ; c'était une de ses distractions de prédilection. A l'extrémité supérieure de la table se tenait une autre maîtresse, chargée de la surveillance et assise dans un fauteuil de maroquin vert. A un moment donné, cette dame s'absenta, et le fauteuil resta vide. Mais ce ne fut que pour peu de temps, car les jeunes filles y aperçurent tout à coup la forme de Mlle Sagée. Aussitôt, elles portèrent leurs regards dans le jardin et la virent toujours occupée à cueillir des fleurs ; seulement, ses mouvements étaient plus lents et plus lourds, pareils à ceux d'une personne *accablée de sommeil ou épuisée de fatigue*.

Elles portèrent de nouveau leurs yeux vers le fauteuil, où le double était assis, silencieux et immobile, mais avec une telle apparence de réalité que si elles n'avaient pas vu Mlle Sagée, et qu'elles n'eussent su qu'elle avait apparu dans le fauteuil sans être entrée dans la salle, elles auraient pu croire que c'était elle-même. Mais certaines qu'elles n'avaient pas affaire à une personne véritable, et quelque peu habituées à ces étranges manifestations, deux des élèves les plus hardies s'approchèrent du fauteuil, et, touchant l'apparition, crurent y rencontrer *une résistance comparable à celle qu'offrirait un léger tissu de mousseline ou de crêpe.* L'une osa même passer au devant du fauteuil et *traverser* en réalité *une partie de la forme.* Malgré cela, celle-ci dura encore un peu de temps, puis s'évanouit graduellement. On observa aussitôt que Mlle Sagée avait repris la cueillette de ses fleurs avec sa vivacité habituelle. *Les quarante-deux pensionnaires constatèrent le phénomène de la même manière.*

Quelques-unes d'entre elles demandèrent ensuite à Mlle Sagée si, à cette occasion, elle avait éprouvé quelque chose de particulier ; elle répondit qu'elle se souvenait seulement d'avoir pensé à la vue du fauteuil vide : « J'aimerais mieux que l'institutrice ne s'en fût pas allée ; sûrement, ces demoiselles vont perdre leur temps et commettre quelque espièglerie. »

Ces curieux phénomènes durèrent avec diverses variantes environ dix-huit mois, c'est-à-dire pendant tout le temps que Mlle Sagée conserva son emploi à Neuwelcke (durant une partie des années 1845-1846) ; il y eut cependant des intervalles de calme d'une ou plusieurs semaines. Ces manifestations avaient lieu principalement à des moments *où elle était très préoccupée ou très appliquée à sa tâche.* On remarqua qu'à mesure que le double devenait plus net et prenait plus de consistance, la personne elle-même devenait plus raide et s'affaiblissait et réciproquement, qu'à mesure que le double s'évanouissait, l'être corporel reprenait ses forces. Elle-même était inconsciente de ce qui se passait et n'en avait connaissance que d'après ce qu'on lui disait ; elle en était ordinairement instruite par le regard des personnes présentes ; jamais elle ne vit l'apparition de son double (1), pas plus qu'elle ne semblait s'apercevoir de la raideur et de l'inertie qui s'emparaient d'elle dès que son double était vu par d'autres personnes.

Remarquons en passant, car je reviendrai sur ce point, qu'il existe une relation entre l'activité vitale de la jeune fille et le fantôme ; quand les fonctions de la vie ordinaire diminuent chez elle d'intensité, le double devient plus visible, et se concrète davantage, comme si une partie de l'énergie de l'organisme servait à le matérialiser. Ici, nous sommes loin de toute action télépathique, car les élèves ne sont pas hallucinées par Mlle Sagée, puisqu'elle-même non seulement ignorait l'existence de son dédoublement au moment même où il était visible pour d'autres, mais qu'elle redoutait cette éventualité, et qu'elle

---

(1) Nous verrons plus loin, p. 382, que, parfois, le double est visible pour l'auteur du phénomène, en même temps que pour les assistants.

s'y serait opposée si cela lui avait été possible, car ce fut, comme nous allons le voir, un véritable tourment pour elle et la cause de la perte successive de toutes ses places :

Pendant les dix-huit mois où la baronne Julie de Güldenstubbe eut l'occasion d'être témoin de ces phénomènes et d'entendre les autres en parler, jamais ne se présenta le cas de l'apparition du double à une grande distance, par exemple à plusieurs lieues de la personne corporelle ; quelquefois, cependant, le double apparaissait pendant ses promenades dans le voisinage, quand l'éloignement n'était pas trop grand. Le plus souvent, c'était dans l'intérieur de l'établissement. *Tout le personnel de la maison l'avait vu.* Le double paraissait être visible pour toutes les personnes *sans distinction d'âge ni de sexe.*

On peut aisément se figurer qu'un phénomène aussi extraordinaire ne pouvait se présenter avec cette insistance pendant plus d'un an, dans une institution de ce genre, sans lui causer de préjudice. Dès qu'il fut bien établi que l'apparition du double de Mlle Sagée, constatée d'abord dans la classe qu'elle dirigeait, puis dans toute l'école, n'était pas un simple fait d'imagination, la chose arriva aux oreilles des parents. Quelques-unes des plus craintives parmi les pensionnaires témoignaient d'une vive excitation et se répandaient en récriminations chaque fois que le hasard les rendait témoins d'une chose si étrange et si inexplicable. Naturellement les parents commencèrent à éprouver un scrupule de laisser leurs enfants plus longtemps sous une pareille influence, et beaucoup des élèves parties en vacances ne revinrent pas. Au bout de dix-huit mois, il ne restait plus que douze élèves sur quarante-deux. Quelque répugnance qu'ils en eussent, il fallut que les directeurs sacrifiassent Émilie Sagée.

En recevant son congé, la jeune personne, désespérée, s'écria en présence de Mlle Julie de Güldenstubbe : « Hélas ! déjà la dix-neuvième fois ; c'est dur, très dur à supporter ! »

Lorsqu'on lui demanda ce qu'elle entendait par là, elle répondit que partout où elle avait passé, — et depuis le début de sa carrière d'institutrice à l'âge de seize ans, elle avait été dans dix-huit maisons avant de venir à Neuwelcke, — les mêmes phénomènes s'étaient produits et avaient motivé son renvoi. Comme les directeurs des établissements étaient contents d'elle à tous les autres points de vue, ils lui donnaient chaque fois d'excellents certificats. En raison de ces circonstances, elle était obligée de chercher chaque fois une nouvelle place dans un endroit aussi éloigné que possible du précédent.

Après avoir quitté Neuwelcke, elle se retira pendant quelque temps non loin de là, auprès d'une belle-sœur qui avait plusieurs enfants tout jeunes. Mlle de Güldenstubbe alla lui faire visite là, et apprit que ces enfants, âgés de trois et quatre ans, connaissaient les particularités de son dédoublement ; ils avaient l'habitude de dire *qu'ils voyaient deux tantes Émilie.* Plus tard, elle se rendit dans l'intérieur de la Russie, et Mlle de Güldenstubbe n'en entendit plus parler.

Je tiens tous ces détails de Mlle de Güldenstubbe elle-même, et elle m'accorde volontiers l'autorisation de les publier avec l'indication de noms, de lieu et de date ; elle resta à l'institution de Neuwelcke pendant tout le temps que Mlle Sagée y enseigna ; personne n'aurait donc pu donner une relation aussi fidèle des faits avec tous leurs détails.

Il est regrettable qu'un fait aussi démonstratif n'ait pas été appuyé par d'autres témoignages ; mais nous n'avons aucune raison de suspecter l'entière bonne foi de Mlle de Güldenstubbe, et la fidélité de ses souvenirs, puisque le renvoi de Mlle Sagée semble établir la réalité complète de ce dédoublement. D'ailleurs, nous allons le constater, il existe pour d'autres phénomènes analogues des attestations très sérieuses, bien que le nombre des témoins ait été généralement moins grand ; nous verrons un cas, où le double est encore plus matérialisé et vu par toute une assemblée de fidèles. C'est celui de M. Stead. Dans ces exemples, c'est donc bien à l'apparition de vivants que l'on assiste, sans discussion possible, car l'hallucination réitérée des élèves, des domestiques, des maîtres de dix-neuf établissements est positivement une hypothèse plus invraisemblable que celle du dédoublement.

L'absence d'une action télépathique causée par une vive émotion de l'agent est encore très évidente dans les exemples qui suivent, car il ressort des récits eux-mêmes que la pensée ou la volonté de l'agent n'a eu presque aucune part dans le phénomène, qui se produit fortuitement, à l'insu du sujet, qui poursuit le cours de sa vie ordinaire.

APPARITION A DEUX DAMES D'UN DE LEURS AMIS

CXXXIX (327) (1). Mme Moberly, Tynwald, Hyte.

(1) *Les Hallucinations télépathiques,* p 357.

9 mai 1884.

Une de mes amies et moi, nous avons éprouvé une hallucination assez étrange. Nous fûmes toutes deux convaincues d'avoir vu, une après-midi, passer un ami devant la fenêtre derrière laquelle nous étions, et entrer dans le jardin. Nous le saluâmes toutes les deux, et nous crûmes qu'il nous avait répondu. Il resta en vue un moment, assez longtemps pour que nous puissions le reconnaître, et la route qu'il suivait passait près de la fenêtre où nous étions. C'était un chemin de campagne très tranquille ; nous connaissions tous les passants de vue et par leur nom, et notre ami était un homme facile à reconnaître et que l'on ne confondait pas facilement avec les autres : un homme de petite taille, vif et souple ; il avait l'air d'un étranger, les cheveux noirs et les favoris blancs, un pardessus qui n'était pas du tout de coupe anglaise, une manière de saluer qui lui était particulière ; il agitait son chapeau et se courbait profondément devant nous, toutes les fois qu'il nous rencontrait. Nous espérâmes en vain l'entendre annoncer.

En retournant chez elle, mon amie rencontra le fils de ce monsieur qui fut très surpris d'apprendre que son père était venu chez nous. Il avait eu l'intention de venir, mais, se trouvant occupé, il avait envoyé son fils à sa place. Naturellement, lorsque nous nous rencontrâmes, on discuta sur ce mystère à perte de vue, et l'on arriva finalement à la conclusion que c'était un mystère.

FRAS MOBERLY.

En réponse aux questions qu'on lui fit, Mme Moberly dit que le fait a eu lieu en 1863, qu'elle avait alors dix-neuf ans, qu'elle se portait bien et qu'elle n'avait jamais eu d'autre hallucination. L'autre témoin refuse de répondre à toute question « par principe ». Mme Moberly ajoute : « Elle n'a pas oublié les faits, elle serait bien heureuse qu'il en fût ainsi. »

En somme, il semble bien que la seule pensée d'aller voir ses amies a suffi pour produire le dédoublement de ce monsieur et le fantôme, comme toujours, est habillé ainsi que l'était l'agent lui-même. Des observations identiques sont applicables au cas suivant, extrait des *Proceedings* de la S. P. R. Volume X, page 306.

LE CAS DE MISS C. J. E.

Mars 1892.

Au mois d'août 1889, je jouais de l'harmonium dans l'église de X..., lorsque je vis ma sœur aînée portant un rouleau sous le bras, traverser l'église et se diriger vers le chœur. Lorsque je regardai de nouveau, elle avait disparu, et je pensai qu'elle n'était restée que quelques minutes et qu'elle était repartie.

Mais lorsque je lui demandai plus tard ce qu'elle cherchait dans l'église, elle en fut très étonnée, me disant que pendant toute l'après-midi elle était restée dans la bibliothèque de la cure, à consulter des tables généalogiques. Je ne pourrais citer la date exacte, mais je suis certaine de l'époque.

J'avais l'habitude de jouer de l'harmonium, et autant que mes souvenirs me permettent de l'affirmer, je me portais parfaitement et je n'avais aucun sujet d'inquiétude. J'avais dix-huit ans et une sœur plus jeune se trouvait à ce moment dans l'église. Elle était près de moi, debout sur une vieille tombe en pierre, et elle vit comme moi notre sœur aînée traverser l'église, *avec un rouleau de papier sous le bras*; mais elle ne vit là rien d'exceptionnel et regarda autre part. Lorsqu'elle reporta ses yeux dans cette direction, notre sœur avait disparu.

Ma sœur aînée avait son apparence ordinaire et ma jeune sœur remarqua comme moi qu'elle avait son chapeau et une jaquette. Elle marchait vivement en regardant devant elle. Elle nous affirma qu'elle n'avait pas quitté de toute l'après-midi la bibliothèque du presbytère, qui était à un jet de pierre de distance.

***

Interrogée pour savoir si elle avait eu d'autres genres de visions, Miss C. J. E. répondit :

Lorsque je me trouvais seule, la nuit dans ma chambre, j'ai quelquefois vu des formes sombres, mais comme je suis nerveuse, j'ai cru qu'il n'y avait là rien de réel et que c'était un effet de mon imagination. Quant à l'apparition de ma sœur, je l'ai bien positivement vue.

Plus tard, miss E. écrivait encore :

14 avril 1892.

Je suis absolument certaine que ce n'était personne ressemblant à K..., car j'ai vu très distinctement tous ses traits et ses formes, ainsi *que ses vêtements dans leurs moindres détails*, et j'ai bien remarqué qu'elle regardait droit devant elle. Ma vue est excellente et j'affirme que je n'ai pas pu me tromper. Je puis dire que lorsque je regardai, elle n'était pas à plus de trois mètres de moi. La forme *a pu* passer derrière moi sans que je m'en aperçoive, mais cela n'est pas probable, car j'avais la face tournée vers la nef qu'elle venait de traverser.

Miss H. E., l'autre percipiente, écrit :

Ma sœur et moi, nous passions la journée chez notre oncle à X... Comme il est pasteur, son jardin donne dans le cimetière. Pendant l'après-midi, je me rendis à l'église avec ma sœur C... Elle se mit à jouer de l'harmonium et je me tenais debout sur une tombe en pierre, en posant la main sur son épaule. Ma sœur jouait une hymne et je suivais les paroles des yeux sur le livre. C... leva les yeux, je fis comme elle ; et regardant dans la même direction, j'aperçus K... traverser l'église en se dirigeant vers nous, en portant sous le bras *un grand rouleau de papier*, ce qui me surprit beaucoup. Nous ne fîmes aucune observation et ne prîmes pas garde à ses mouvements, car lorsque nous venions à X..., nous nous rendions souvent à l'église. C'était certainement K... elle-même, *j'ai vu parfaitement sa figure*. C... et moi avons fini notre hymne et elle avait disparu. Aussitôt après, nous sommes allées prendre le thé. Pendant que nous le prenions K... nous dit : « Je regrette de n'être pas allée voir l'église cette après-midi, car je cherchais des documents dans la bibliothèque et en y allant je suis passée devant la porte. *Je fus sur le point d'y entrer*, mais je changeai de direction. » C... et moi nous échangeâmes un regard, mais sans faire d'observation. Cependant, le lendemain matin la conversation revint avec K... sur ce sujet. Celle-ci se montra fort étonnée, affirmant qu'elle n'était *certainement pas entrée dans l'église* ; qu'elle avait été dans la bibliothèque consulter les archives de la famille, puis qu'elle était *allée vers la porte de l'église*, mais avait rebroussé chemin.

Ma sœur et moi nous avons une excellente vue. Il semble bien impossible que K... ait visité l'église, et cependant nous sommes absolument certaines de l'avoir vue ou sa ressemblance. Nous avons *toutes deux décrit son costume dans ses détails* et K... nous a dit que c'était effectivement *celui qu'elle portait ce jour-là*. Avant de quitter X... j'ai vu l'arbre généalogique et nous avons constaté que c'étaient bien les papiers que K... portait sous le bras. Tels sont les détails de ce cas, sans exagération ni diminution, autant que ma mémoire puisse être fidèle.

Il est possible, mais tout à fait improbable, que K... ait quitté l'église sans que nous nous en soyons aperçues, car elle aurait été pour cela obligée de repasser sous nos yeux.

Enfin Miss K. E. écrit elle-même :

Pendant l'après-midi que ces faits étranges se passèrent, je me promenai quelque temps dans le jardin de mon oncle et j'eus une velléité d'entrer dans l'église, mais je changeai d'idée et ne le fis pas. J'allai dans la bibliothèque, et comme je m'intéressai à notre généalogie, j'étudiai les documents de famille de mon oncle jusqu'à l'heure du thé, et je fis remarquer à mes sœurs que je n'étais pas entrée dans l'église pendant l'après-midi. Elles me dirent qu'elles m'y avaient vue. Je n'éprouvai rien de particulier pendant tout ce temps et j'ai été fort étonnée de cet incident.

On remarquera encore que le sosie du vivant est toujours vêtu comme la personne qu'il figure, ainsi que cela s'est présenté dans les cas précédents. La circonstance que le double tenait un rouleau de papier sous le bras, tandis que miss K... n'en avait probablement pas, puisqu'elle étudiait des documents, nous met en présence d'un attribut du fantôme qui semble créé par lui. Je signale ce fait en passant, car nous le verrons se reproduire très souvent pour les apparitions de défunts, et nous chercherons l'explication de ce phénomène qui a été invoqué comme une preuve que la vision était hallucinatoire car, suivant les critiques, on ne peut concevoir des vêtements fluidiques, pas plus que des formes fantômales de tous les objets usuels.

L'exposé des cas authentiques rassemblés par les savants d'outre-Manche, par leur variété même, montre que si ces études étaient poursuivies méthodiquement, dans tous les pays, on en recueillerait un nombre suffisant pour que le dédoublement de l'être humain fût reconnu comme phénomène rare, mais naturel, d'une incontestable réalité. Certaines personnes semblent, comme Emilie Sagée, prédisposées à se monter dédoublées. Quelques exemples le prouveront suffisamment.

DÉDOUBLEMENTS RÉITÉRÉS

XCII (254) (1). Mme Hawkins, Beyton Rectory, Bury Saint Edmonds.

Voici les deux récits, écrits indépendamment, par les deux dames qui ont vu le dédoublement de Mme Hawkins. Le premier est de Mlle Dickins :

Cherington, Shipston-on-stour, 29 septembre 1884.

Je vous envoie les deux récits que Georgie et moi, nous avons

---

(1) *Les Hallucinations télépathiques*, p. 270. — Voir l'ouvrage au sujet des explications préliminaires de Mme Hawkins, trop longues pour être reproduites ici.

écrits à propos de votre apparition. Nous les avons écrits indépendamment l'une de l'autre, et je pense qu'ainsi ils constitueront un témoignage d'une qualité exceptionnelle. Ils concordent, en effet, presque dans les moindres détails, à une exception près : je croyais que Georgie m'avait rejointe pour vous chercher dans la cour, tandis qu'elle pense que non. Mais ceci n'a rien à faire avec le fait essentiel de l'histoire, avec la ferme croyance que nous vous avions vue en chair et en os.

Pendant l'automne de 1845, nous étions toute une troupe de jeunes gens à la maison, et un certain jour nous jouions à une espèce de jeu de cache-cache, dans lequel il nous était permis de nous rendre d'une cachette à l'autre jusqu'au moment où nous étions pris par quelqu'un de l'autre camp. Derrière la maison, il y avait une petite cour qui donnait d'un côté sur le verger et de l'autre sur la cour des écuries ; il y avait d'autres bâtiments sur la gauche. Je tournais autour de ces bâtiments lorsque je vis ma cousine se tenant sous les arbres à environ dix yards de moi ; je distinguai parfaitement sa figure. Ma sœur qui apparut à ce moment de l'autre côté la vit également et m'appela pour lui donner la chasse.

Ma cousine courut entre nous deux dans la direction de la petite cour, et quand elle atteignit la porte, nous étions toutes deux tout près d'elle, et nous la serrions de très près, mais lorsque nous entrâmes dans la cour, *elle avait entièrement disparu*, quoique une seconde à peine se fût écoulée. Nous nous regardâmes tout étonnées, et nous fouillâmes tous les recoins de la cour, mais sans succès.

Lorsque nous la trouvâmes quelques temps après, elle nous assura qu'elle n'avait jamais été derrière la maison ni de ce côté-là ; mais qu'elle était restée cachée à la même place jusqu'au moment où un des ennemis l'avait découverte.

S. F. D.

On pourrait croire que Mme Hawkins a voulu faire une plaisanterie de jeune fille en soutenant qu'elle n'était pas à l'endroit où toutes les deux la virent, mais la seconde lettre indique que le frère des jeunes filles était caché avec Mme Hawkins, ce qui confirme son assertion. La voici :

Je me rappelle fort bien l'incident où *votre double* (your fetch) nous est apparu. Je crois que j'ai noté dans le temps les détails de cette aventure, mais je ne sais pas ce que ces notes sont devenues. Il faut donc que je me fie à ma mémoire pour me rappeler les circonstances dans lesquelles elle a eu lieu ; mais je ne crains nullement qu'elle soit devenue infidèle, quoique 40 années se soient écoulées depuis lors.

Nous étions en train de jouer à notre jeu favori de *golowain*, qui consistait à nous séparer en deux camps pour jouer à cache-cache. Le camp qui se cachait avait le droit de circuler d'un endroit à l'autre jusqu'au moment où il atteignait le but, à moins qu'il n'eût été pris par l'autre camp.

Comme je me trouvais à l'extrémité du jeu dans le verger (je faisais partie du camp de ceux qui cherchaient), je vous vis vous glisser de mon côté ; vous étiez de l'autre camp. Comme vous portiez le même costume que votre sœur, et qu'à cause de cela je pouvais vous prendre pour elle, qui était de mon camp, je l'appelai par son nom et elle ne répondit de l'autre côté du bois. Je vous donnai alors la chasse, et comme vous vous tourniez alors vers moi en riant, *je vis distinctement votre figure*. Mais au même moment Nina, qui était de mon camp, mais votre adversaire, apparut au coin d'un bâtiment, et comme elle se trouvait encore plus près de vous que moi, je lui abandonnai la gloire de vous capturer. Elle vous serrait de près tandis que vous vous sauviez dans la cour des étables. J'étais tellement certaine que votre sort était décidé que je la suivis plus lentement, et comme la cloche, qui, suivant les règles de notre jeu nous rappelait au but, se faisait entendre, je me rendis à son appel. Je trouvai au but Nina qui vous reprochait de nous avoir aussi mystérieusement échappé dans la cour auprès de l'étable.

Tout étonnée, vous nous dites que vous n'étiez jamais allée de ce côté-là. Naturellement je soutins l'assertion de ma petite sœur ; tandis que notre frère confirmait votre dire, et nous assurait *qu'il était resté caché avec vous*, et comme vous étiez fatiguée, vous *étiez tous les deux restés cachés au même endroit*, jusqu'au moment où la cloche vous avait avertis que le jeu était fini. Cet endroit, c'était la buanderie qui se trouvait dans les communs, séparée de la cour de l'étable où nous avions cru vous donner la chasse.

G. M. (née Dickins.)

En réponse aux questions habituelles, Mlle Dickins et Mme Malcolm dirent qu'elles n'avaient jamais eu d'autres hallucinations visuelles. Signalons encore combien l'hypothèse d'une hallucination identique pour les deux jeunes filles est difficile à admettre, étant donné qu'elles jouaient et que leur esprit ne paraissait guère disposé à recevoir une impression télépathique, Mme Hawkins ne songeant nullement à les influencer. Pour que deux sujets voient la même chose sans s'être parlé, et par conséquent suggestionnés ; pour que la prétendue figure imaginaire exécute exactement les mêmes mouvements dans les deux hallucinations, il faudrait une identité de réceptivité que les circonstances ne nous paraissent pas possible de supposer. C'est pourquoi je range ce cas dans les apparitions produites par un dédoublement involontaire et inconscient du sujet.

La bilocation semble s'être produite un certain nombre de fois dans la vie de Mme Hawkins, qui continue sa narration en ces termes :

La seconde apparition de mon *double* a eu lieu au printemps, en février ou mars de l'année 1847 à Leigh Rectory, Essex. Mon père, le révérend Robert Eden (actuellement Primat d'Ecosse) était alors recteur de cette paroisse.

Ce fut la bonne d'enfants qui vit mon double. Je ne suis pas absolument sûre de son nom ; mais je crois que c'était une certaine Caroline. Comme elle est morte depuis de longues années, je ne puis vous faire ce récit que d'après mon propre souvenir, qui est très net. Elle avait raconté cette histoire, tout agitée et les larmes aux yeux.

Mais il faut vous dire tout d'abord qu'à ce moment j'avais les oreillons et que je me promenais la tête entourée d'un bandeau. La seule autre personne dans la maison, qui avait cette même indisposition, était mon petit frère, qui avait dix ans de moins que moi, et qui ne pouvait pas être confondu avec moi. Au premier étage du presbytère de Leigh se trouve un corridor qui tient toute la longueur de la maison et qui aboutit à la porte d'une chambre qui servait alors de chambre d'enfants.

Un matin, vers 10 heures et demie, Caroline sortait de la chambre d'enfants et comme elle s'avançait le long du corridor, elle passa devant une porte qui s'ouvrait sur l'escalier qui conduisait dans le « hall ». En passant, elle regarda en bas et m'aperçut (j'étais reconnaissable au mouchoir blanc que j'avais autour de la tête *et j'avais le visage tourné de son côté*). Je sortis du salon et je traversai le coin du hall pour aller à la bibliothèque. Elle continua son chemin dans le corridor et arrivant au pied de l'escalier du dernier étage elle rencontra notre femme de chambre qui lui dit : « Savez-vous où se trouve Mlle Eden ? J'ai besoin d'aller dans sa chambre. Oh ! oui, répondit Caroline, je viens de la voir entrer dans la bibliothèque. » Elles montèrent alors ensemble dans ma chambre, qui était une des mansardes et m'y trouvèrent assise; j'étais là depuis au moins une demi-heure à écrire une lettre.

Après un moment de stupeur, elles se sauvèrent, bien que je leur eusse dit d'entrer. Quand je descendis quelques minutes plus tard et que j'arrivai dans le corridor, je vis dans la chambre des enfants un groupe de domestiques qui avaient toutes l'air troublé, si bien qu'au lieu de continuer à descendre le grand escalier, je me rendis dans la chambre d'enfants et demandai ce qui était arrivé. Mais comme personne ne répondait et que la bonne d'enfant pleurait, je pensai qu'elles s'étaient disputées et je partis sans me douter que j'étais la cause de leur trouble.

Lucy Hawkins.

Le récit suivant est du fils de Mme Hawkins :

20 juin 1885.

Pendant l'automne de l'année 1877, je demeurais dans la maison de mon père, Beyton Rectory, à Bury Saint Edmunds. Il y avait en ce moment à la maison, mon père, ma mère, mes trois sœurs et trois servantes. Une nuit où il faisait clair de lune, je dormais depuis plusieurs heures, lorsque je fus réveillé par un bruit qui se produisait tout près de ma tête, et qui ressemblait à celui que l'on produit en faisant sonner de l'argent. Mon idée en me réveillant fut donc qu'un *homme* essayait de prendre mon argent dans la poche de mon pantalon, qui se trouvait sur une chaise à la tête de mon lit. En ouvrant les yeux, je fus étonné de voir une *femme* et je me rappelle avoir songé avec tristesse que ce devait être une de nos domestiques qui essayait de dérober mon argent. Je mentionne ces deux réflexions que je fis, afin de bien montrer que je ne pensais en aucune façon à ma mère. Lorsque mes yeux se furent habitués à la lumière, je fus plus étonné que jamais de voir que c'était ma *mère* dans un costume très particulier, gris argent, qu'elle avait fait faire à l'origine pour un bal costumé. Elle était debout, les deux mains étendues, comme si elle cherchait son chemin ; et dans cette position elle s'éloignait lentement de moi, passant devant la toilette qui était placée en face de la fenêtre entourée de rideaux. Une faible lueur était projetée par la lune à travers cette fenêtre. Naturellement mon idée fut, pendant tout ce temps, qu'elle était somnambule. En arrivant de l'autre côté de la table, son image s'effaça dans l'obscurité. Je m'assis alors dans mon lit et j'écoutai. N'entendant rien, je m'aperçus à travers l'obscurité que la porte qui se trouvait au pied de mon lit était toujours fermée. Pour y arriver, ma mère était forcée de passer par l'endroit éclairé. Je sautai alors de mon lit, j'allumai, et au lieu de trouver ma mère à l'autre bout de la chambre, comme je m'y attendais, je constatai que la chambre était vide. Je supposai alors pour la première fois que c'était une apparition et je craignais grandement que ce fût un présage de mort pour elle.

Je puis ajouter ici qu'à ce moment, j'avais complètement oublié que ma mère avait apparu à qui que ce fût à d'autres moments, sa dernière apparition remontait en effet à l'année 1847, c'est-à-dire à trois ans avant ma naissance.

Edward Hawkins.

Le narrateur n'a jamais eu d'autre hallucination, disent les auteurs anglais.

Je signale, dans les deux derniers récits, que les deux servantes et le fils de Mme Hawkins ont été très effrayés en voyant le double de cette dame, parce qu'ils supposaient que ce pouvait être un présage de mort. Il existe, en effet, une croyance populaire très répandue en Angleterre et en Allemagne que l'apparition d'un vivant est un signe précurseur de sa fin prochaine. Sans doute, il arrive très souvent que l'on constate une coïncidence remarquable entre une vision télépathique et le décès de la personne ainsi apparue ; mais ce n'est pas une règle absolue, tant s'en faut, puisque nous remarquons pour Mme H. qu'elle a continué de vivre, comme nous l'avons signalé déjà pour Mme Beaumont (1) et comme nous le noterons dans bien d'autres cas.

Je classe les apparitions de Mme Hawkins parmi les dédoublements, à cause de la vision simultanée de son fantôme par ses jeunes compagnes. Bien que les apparitions ultérieures n'aient pas été collectives, je suppose qu'on doit les attribuer à des extériorisations de cette dame puisqu'elle en offre un cas incontestable, suivant moi, qui est le premier cité. D'ailleurs, nous verrons plus tard, dans le chapitre consacré à l'étude expérimentale du dédoublement, que certains organismes semblent prédisposés à produire ce genre de phénomène, sans qu'il intervienne aucune action télépathique.

Ce point étant assez important à signaler, je vais citer quelques exemples de ces apparitions réitérées qui paraissent établir chez l'agent : ou bien un pouvoir télépathique très développé, ou bien une faculté de dédoublement, involontaire et inconsciente, qu'il est utile et intéressant de connaître.

Revenons au livre des auteurs anglais que j'emploie de préférence à d'autres, à cause de la sûreté des documents.

(1) Voir p. 125.

TROIS APPARITIONS D'UN CLERGYMAN

XCIII (253). Rév. T. L. Williams, pasteur de Porthleven, près Helston (1).

1ᵉʳ août 1884.

Il y a quelques années (je ne puis vous donner de dates, mais vous pouvez accepter les faits en toute confiance), pendant une de mes absences de la maison, ma femme en s'éveillant un matin vit, à son grand étonnement et à sa grande frayeur, mon εἴδωλον (eïdolon) debout près du lit et qui la regardait. Dans sa frayeur, elle se cacha la figure dans les couvertures, et, lorsqu'elle osa regarder de nouveau, l'apparition avait disparu.

Une autre fois (je n'étais pas absent ce jour-là), ma femme était allée à une réunion hebdomadaire de chant, qui avait lieu durant la semaine. A son arrivée à la porte du cimetière qui se trouve à environ une quarantaine de mètres de la porte de l'église, elle me vit, à ce qu'elle se l'imagina, venir de l'église *en surplis et avec mon étole*. Je m'avançai un peu vers elle, dit-elle, puis je tournai au coin du bâtiment et elle me perdit de vue. L'idée qui traversa son esprit fut que je sortais de l'église pour aller à un enterrement. A ce moment-là, j'étais *dans l'église, à ma place dans le chœur*, et elle fut fort étonnée de me voir lorsqu'elle pénétra dans l'édifice. J'ai souvent essayé d'ébranler la conviction qu'avait ma femme d'avoir réellement vu ce qu'elle imagine avoir vu. Pour le premier cas, je lui ai dit : « Tu n'étais qu'à moitié éveillée et peut-être rêvais-tu ? » Mais elle affirme toujours avec une ferme conviction qu'elle était tout à fait éveillée, et elle est bien certaine de m'avoir vu. Pour le second cas elle a la même conviction.

Ma fille m'a souvent dit, et maintenant elle me répète l'histoire, qu'un jour, lorsqu'elle habitait chez nous avant son mariage, elle passait devant la porte de mon cabinet de travail qui se trouvait grande ouverte, et qu'elle avait regardé pour voir si j'y étais. Elle m'avait vu assis dans mon fauteuil, et, au moment où elle me regardait, j'avais étendu les bras et je m'étais passé les mains sur les yeux, geste qui m'est familier, paraît-il. Je n'étais pas à la maison à ce moment, mais dans le village. Cela s'est passé il y a bien des années, mais ma femme se rappelle que ma fille lui fit part de l'incident à ce moment-là.

Rien ne survint au moment, ou à peu près au moment de ces apparitions qui pût leur servir de raison d'être. Je *n'étais pas malade et rien d'inaccoutumé ne m'était arrivé*. Je ne puis prétendre

---

(1) *Les Hallucinations télépathiques*, p. 275.

donner une explication, mais je rapporte simplement les faits comme me les ont racontés des personnes à la parole desquelles je puis me fier.

Voici un autre fait que je puis aussi bien raconter : il y a bien des années, une jeune fille très pieuse habitait dans ma paroisse : elle avait l'habitude de passer presque tout le temps dont elle pouvait disposer à l'église, en méditation et en prières. Elle affirmait qu'elle me voyait souvent debout devant l'autel, lorsque certainement je n'étais pas là corporellement. Au début elle avait peur, mais ayant revu l'apparition *plusieurs fois*, elle cessa d'éprouver la moindre frayeur. Elle est maintenant sœur de la Miséricorde à Honolulu.

Thomas Lockyer Williams.

Une lettre de Mme Williams confirme les visions qui la concernent ; elle déclare qu'elle ne dormait certainement pas pour la première, et qu'elle ne peut en aucune façon expliquer ces visions.

M. Williams écrit que ni sa femme ni sa fille n'ont jamais eu d'autres hallucinations.

Cette observation, comme la précédente et certains cas qui suivent, nous placent, je tiens à le répéter, en face d'un problème qui ne relève plus de la théorie télépathique, du moins telle que les auteurs anglais nous l'ont fait connaître. L'agent nous dit lui-même que rien d'inaccoutumé ne lui est survenu, qu'il n'a passé par aucune crise grave, que sa pensée ne s'est portée en aucune façon vers les percipientes ; il vit normalement, et cependant son image est aperçue avec autant de netteté par les sujets que si l'hallucination était d'origine télépathique.

D'autre part, les sujets sont, eux aussi, dans les conditions de la vie ordinaire, et rien ne les prédispose à subir une hallucination ; si celle-ci a lieu pour la femme et la fille du Révérend, et même pour une étrangère, sans aucun motif émotionnel, si c'est le même personnage qu'elles voient indépendamment les unes des autres et à des époques différentes, leur santé étant normale, c'est que ce n'est pas chez elle qu'il faut chercher la raison de cette prétendue hallucination, puisqu'elles n'en ont jamais eu ni avant, ni après.

Dès lors, il faut penser à faire intervenir une autre cause que la télépathie, et celle d'une extériorisation, de la projection involontaire et inconsciente de l'image objective du Révérend s'adapte mieux aux faits que l'hypothèse d'une hallucination, car ce fantôme semble n'être qu'un simulacre, un décalque de la réalité, une sorte de mirage dénué de pensée.

Lorsque nous étudierons expérimentalement, avec M. de Rochas, l'extériorisation de l'être humain, et divers cas d'autoscopie, je reviendrai sur ces exemples, qui peuvent servir en quelque sorte d'intermédiaires entre les phénomènes d'hallucinations télépathiques et les véritables cas de dédoublements. Actuellement, l'important est d'établir d'abord l'existence des faits. Je continue donc cet exposé.

Dans le récit suivant, c'est encore la même personne qui se dédouble à plusieurs reprises, et cela, sans aucune participation consciente ou volontaire de sa part.

APPARITIONS MULTIPLES DU MÊME SUJET

XCV (257). Mme Stone, Shute Haye, Walditch, Bridport (1).

1883.

J'ai été vue trois fois, alors que je n'étais pas réellement présente, et chaque fois par des personnes différentes. La première fois, ce fut ma belle-sœur qui me vit. Elle me veillait après la naissance de mon premier enfant. Elle regarda vers le lit où je dormais, et elle me vit distinctement, ainsi que mon double. Elle vit d'une part mon corps naturel, et de l'autre mon image spiritualisée et affaiblie. *Elle ferma plusieurs fois les yeux*, mais en les rouvrant elle voyait toujours la même apparition : la vision s'évanouit au bout d'un peu de temps. Elle pensa que c'était signe de mort pour moi, et je n'entendis parler de cela que plusieurs mois après.

La seconde vision fut aperçue par ma nièce. Elle habitait avec nous à Dorchester. C'était un matin de printemps, elle ouvrit la porte de sa chambre. J'étais habillée d'une robe de deuil noire, j'avais un col blanc, un bonnet blanc, c'étaient les vêtements que je portais habituellement, étant alors en deuil de ma belle-mère. Elle ne me parla pas, mais elle me vit, et elle crut que j'allais dans la *nursery*. A déjeuner, elle dit à son oncle : « Ma tante était levée de bonne heure ce matin, je l'ai vue dans la *nursery*. — Oh! non, Jane, répondit mon mari, elle n'était pas très bien, et elle doit déjeuner dans sa chambre avant de descendre.

---

(1) *Les Hallucinations télépathiques*, p. 278.

Le troisième cas fut le plus remarquable. Nous avions une petite maison à Weymouth, où nous allions de temps en temps pour jouir de la mer. Une certaine Mme Samways nous servait quand nous étions là et gardait la maison en notre absence; c'était une femme agréable et tranquille, tout à fait digne de confiance ; elle était la tante de notre chère vieille domestique Kitty Balston, qui était alors avec nous à Dorchester. Kitty avait écrit à sa tante le jour qui précéda la vision ; elle lui annonçait la naissance de mon plus jeune enfant et lui disait que j'allais bien.

La nuit suivante, Mme Balston alla à une « réunion de prières » près de *Clarence Buildings* ; elle était baptiste. Avant de partir, *elle ferma une porte intérieure qui conduisait à une petite cour derrière la maison;* elle ferma la porte de la rue, elle emporta les clefs dans sa poche. A son retour, en ouvrant la porte de la rue, elle aperçut une lumière à l'extrémité du passage; en approchant elle vit que la *porte de la cour était ouverte.* La lumière éclairait la cour dans tous ses détails, j'étais au milieu. Elle me reconnut distinctement ; j'étais couverte de vêtements blancs, très pâle et l'air fatigué. Elle fut très effrayée, elle s'élança vers la maison d'un voisin (celle du capitaine Court) et s'évanouit dans le passage. Lorsqu'elle fut revenue à elle, le capitaine Court l'accompagna dans la maison, qui était exactement telle qu'elle l'avait laissée ; la porte de la cour était hermétiquement fermée. J'étais à ce moment très faible, je restai plusieurs semaines entre la vie et la mort.

Il semble résulter du récit de cette dame que sa santé laissait à désirer et que c'était pendant qu'elle était couchée que son image se dégageait. Pour que l'hypothèse de l'hallucination pût expliquer ces apparitions, à trois personnes inconnues les unes des autres, et cela à des époques différentes, il faudrait supposer à Mme Stone un pouvoir hallucinatoire qu'elle aurait exercé à son insu, et encore ne comprendrait-on guère comment Mme Balston, une étrangère se trouvant à une grande distance, aurait pu en être influencée.

Remarquons également que la vision du double par la belle-sœur n'est pas subjective, puisqu'à plusieurs reprises elle ferme les yeux et que pendant ce temps la vision disparaît, pour redevenir visible lorsque de nouveau elle les ouvre.

LES CAS DE MADEMOISELLE HOPKINSON

XCIV. (256). Mlle Hopkinson, 37, Woburn place, W. C. Londres (1).

20 février 1886.

Dans le cours de ma vie, j'ai été accusée quatre fois d'apparaître aux gens. Je ne puis donner aucune explication de ces visites supposées. Voici l'exposé de ces cas dont il faut accepter le récit tel quel, car un certain nombre des témoins sont morts, d'autres refusent de s'occuper de ces faits et pour un autre, Mademoiselle H. ne veut pas lui demander son témoignage.

Cas I. — C'était il y a bien des années déjà, une jeune fille qui couchait dans une chambre contiguë à la mienne déclara que pendant la nuit j'étais allée la voir ; elle était réveillée, disait-elle, et je lui avais rendu quelques légers services. Elle maintint ses affirmations avec tant d'énergie que, malgré toutes mes dénégations, ceux qui l'entouraient ne me crurent pas. J'étais absolument certaine de n'avoir pas quitté ma chambre, je n'aurais pu le faire sans qu'on s'en fût aperçu. Je n'aurais pas confiance dans ma mémoire pour d'autres détails, après un si long laps de temps.

Signalons, en passant, combien il est utile pour les personnes qui exposent des faits de cette nature de bien donner tous les détails, même ceux qui semblent les moins importants. On conçoit de quelle nécessité serait ici l'exposé des raisons pour lesquelles Mlle Hopkinson n'aurait pu quitter sa chambre « sans qu'on s'en fût aperçu ». En effet, s'il était démontré qu'elle ne pouvait pas effectivement sortir sans qu'on le sût, le fait du dédoublement serait certain, puisque son double « aurait rendu quelques légers services » à la jeune fille qui couchait dans la chambre voisine, tandis que dans l'indécision où nous sommes, sans mettre en doute la bonne foi du témoin, nous pouvons supposer qu'elle a fait cette visite en état de somnambulisme, ce qui l'a empêchée de s'en souvenir au réveil. Continuons :

Cas II. — Il y a sept ans, j'étais allée dans la Cité (endroit que j'évite toujours) ayant à m'occuper d'une petite affaire qui concernait un de mes parents. Je tenais beaucoup à ce qu'il ne sût rien

(1) *Les Hallucinations télépathiques*, p. 277.

de ma démarche. Mes pensées étaient donc concentrées sur lui. Je fus tirée de ma rêverie par l'horloge de *Bow Church* qui sonnait trois heures. Le soir je vis mon parent et la première chose qu'il me dit fut : « L..., où êtes-vous allée aujourd'hui? Je vous ai vu venir chez moi, vous avez passé devant mon bureau, et je ne sais ce que vous êtes devenue. » Je lui répondis : « A quel moment avez-vous été assez ridicule pour penser que j'aurais pu aller vous voir ? Au moment où la pendule sonnait trois heures », répliqua-t-il.

Je changeai de sujet et depuis je ne suis plus revenue là-dessus. Ce monsieur me connaissait fort bien et savait comment je m'habillais d'ordinaire. Il va de soi que je n'allais pas le voir, si ce n'est pour affaires et lorsqu'il me donnait rendez-vous.

Cet épisode rentre complètement dans l'interprétation télépathique ; mais le suivant semble impliquer quelque chose de plus, puisqu'il est question d'une porte ouverte :

Cas III. — C'était il y a environ six ans ; j'habitais une maison de province à 100 milles de Londres. On était fort occupé dans la maison et d'esprit fort positif. Il y avait aussi beaucoup de jeunes gens très gais. Un matin je descendis déjeuner comme pressée par une sensation que je ne pouvais comprendre ni secouer. L'après-midi, cette sensation fut remplacée par l'idée obsédante d'une de mes parentes de Londres. Je lui écrivis pour lui demander ce qu'elle faisait, mais sa lettre se croisa avec la mienne, elle m'adressait la même question. Quand je la vis, elle me dit ce qu'elle m'a encore répété la semaine dernière ; elle était assise et travaillait tranquillement, *lorsque la porte s'ouvrit* et j'entrai, ayant mon air habituel. Bien qu'elle me sût fort loin, elle conclut en me voyant que j'étais revenue. Elle ne s'aperçut du contraire que lorsque je fus retournée et que je fus sortie de la chambre.

On ne voit pas bien dans le récit, comment la parente de Mlle H., s'aperçut que ce n'était pas elle en chair et en os, puisqu'elle se conduisit comme si elle avait été là corporellement. Malgré cela, on a quelque difficulté à comprendre comment l'agent a pu produire une série d'actes aussi compliqués sans en avoir conscience et sans s'être endormie. Il en est de même pour le récit suivant :

Cas IV. — Il y a quatre ans, une jeune fille m'assura que je m'étais tenue au pied de son lit (elle était souffrante à ce moment-là) et que je lui avais dit distinctement de se lever, de s'habiller, que je la croyais suffisamment bien pour le faire ; *elle obéit*. Je lui dis qu'elle s'était trompée et que je n'avais rien fait de pareil. Elle pensa évidemment que je niais le fait pour un motif quelconque. A ce moment-là j'étais à une distance de vingt minutes de marche de la chambre de cette jeune fille. Elle était sûre de ce qu'elle affirmait et je n'aurais pas voulu discuter la question avec elle.

Sa maladie n'était pas une maladie mentale.

Louisa Hopkinson.

Si ces cas avaient été mieux documentés, ils auraient pu prendre place dans la catégorie de ceux où l'apparition exerce une action physique sur la matière. Comme les renseignements font défaut, je ne les cite que pour montrer que les exemples d'apparitions multiples du même agent sont moins rares qu'on ne pouvait le supposer d'abord, et comme les personnes qui ont eu les visions sont inconnues les unes des autres, et que ceci s'est produit à des intervalles de temps assez éloignés, il faut en conclure que c'est Mlle H. qui est la cause involontaire de ces phénomènes, qui se rapprochent du dédoublement proprement dit.

RÉSUMÉ

L'énumération ci-contre, encore que très sommaire, des cas d'apparitions collectives de vivants, a prouvé l'antiquité et la généralité de ces phénomènes qui, par cela même, devraient attirer sérieusement l'attention des psychologues. Si la vision d'un fantôme par une seule personne peut être attribuée par les incrédules à un dérangement momentané des facultés du percipient, j'ai montré que cette explication devait tenir compte de la coïncidence qui existe entre cette hallucination et l'accident survenu à ce moment même à l'agent.

Ensuite, j'ai appelé l'attention du lecteur sur les cas où tout se passe comme si une véritable scission s'opérait dans l'individu, de sorte que sa conscience paraissait s'extérioriser pour prendre connaissance de ce qui se passait au loin, et alors on voyait le fantôme du clairvoyant justement à l'endroit où il avait la sensation d'être transporté.

Ces faits, déjà bien remarquables, acquièrent un caractère de réalité encore plus grand, quand c'est la même personne qui est vue à un certain nombre de reprises soit isolément, soit collectivement, car une hallucination identique atteignant des témoins qui ne sont pas en relation de sympathie, d'amitié ou de parenté avec l'agent, est bien extraordinaire, puisque l'observation montre que chaque percipient extériorise ses hallucinations sous des formes visuelles, auditives ou motrices, donc différentes les unes des autres. Si un fantôme est vu, décrit d'une manière semblable par les assistants, il est plus que probable que c'est parce que, n'étant pas subjectif, il occupe un certain lieu de l'espace ambiant et qu'il est perçu oculairement.

Il est encore une seconde constatation qui a non moins de valeur, et qui plaide en faveur du phénomène physique du dédoublement, c'est que dans les cas de Mlle Emilie Sagée, du révérend Lockyer Williams, de Mme Stone, de miss C. J. E., et Hopkinson, il n'existe aucun motif sensationnel pour halluciner simultanément ou successivement un grand nombre de personnes à l'état normal. La fréquence, relative, de ces dédoublements sans cause sérieuse m'incite à croire qu'ils relèvent plutôt d'une idiosyncrasie physiologique des agents, que d'une cause nettement psychologique. Ce serait une sorte d'anomalie biologique particulière, qui permettrait à l'agent de projeter *inconsciemment* une émanation concrète de lui-même à l'endroit où se dirige sa pensée. Il faut noter, en effet, que les apparitions appartenant à cette catégorie semblent dénuées de conscience. Elles font l'effet de simples simulacres de l'individu, d'images virtuelles, pour ainsi dire, tandis que le fantôme de vivant indique par son attitude, ses gestes, comme le double du colonel, dans le cas de Mme Elgée, qu'il a une intelligence et qu'il se rend compte de ce qui se passe.

La conséquence qui découle donc de l'examen des faits, c'est que les apparitions, pour si réelles qu'elles soient, ne sont pas toujours *voulues* par l'agent, ce qui n'empêche nullement le double d'avoir toutes les apparences de la réalité.

Déjà l'exemple de Mlle Sagée nous a mis en présence d'une forme fluidique qui avait assez de consistance pour offrir une certaine résistance au toucher, analogue à l'impression que produit du tulle ou de la mousseline; cette sensation tactile confirme l'objectivité du double. Je montrerai dans les chapitres suivants que les caractères physiques de certaines apparitions sont si nets qu'il ne peut plus rester de doutes sur la *véritable matérialité* du fantôme. C'est ainsi que par des degrés insensibles, par des transitions imperceptibles la nature nous fait passer des apparitions purement hallucinatoires à celles qui ont leur raison d'être dans une cause extérieure, pour arriver enfin au double, qui est lui-même un être véritable, bien que son existence à l'endroit où il est perçu soit seulement fugitive et momentanée.

CHAPITRE V

ESSAIS D'APPARITIONS VOLONTAIRES

Sommaire. — L'expérimentation a pour but de contrôler les hypothèses théoriques. Si celles-ci sont exactes, les faits doivent les confirmer. C'est justement ce qui se produit. — La volonté peut produire : ou des hallucinations, ou un dégagement de l'agent, ou une véritable matérialisation du double. — Phénomènes appartenant à la première catégorie. — Le fantôme de Mme Russell. — Celui du Révérend Godfrey. — Apparition télépathique. — L'agent se montre avec son costume. — Les cas de Miss Maugham. — Dédoublement probable de Miss Danwers. — Dégagement volontaire et apparition de M. Sinclair. — Vision prémonitoire d'un suicide. — Dégagement semi-conscient, avec action physique de Mme d'Espérance. — Le double est visible pour les deux sœurs Verity. — Une apparition qui cause au Révérend Stainton Moses. — Phénomènes de bilocation dans la famille de Mme Hæmerlé. — Les recherches faites en France. — Les cas de M. Christian. — Les expériences du Dr Gibotteau, celles du Dr Regnault.

IMPORTANCE DE L'EXPÉRIMENTATION

Dans la plupart des cas cités précédemment, de même que dans ceux rapportés par les auteurs anglais ou dans les observations faites en France, on remarque que le percipient n'a presque jamais eu d'autre hallucination que celle qu'il raconte et, précisément, c'est à la personne dont il voit l'image qu'un événement grave est survenu. J'ai signalé que la probabilité contre une coïncidence fortuite s'élève à un chiffre fantastique, ce qui équivaut, logiquement, à reconnaître qu'il existe entre les deux événements une relation de cause à effet. Mais les savants anglais ne se sont pas contentés de cette induction. Guidés par la véritable méthode scientifique, ils ont voulu vérifier expérimentalement la justesse de cette théorie. Ils ont donc cherché à savoir directement si la pensée d'un agent A. peut agir efficacement sur un sujet B. Nous avons vu qu'en toute rigueur ils ont pu observer que la pensée, sous toutes ses modalités, est capable de s'extérioriser et d'être perçue par un sujet approprié. Il restait à compléter l'expérience en se plaçant dans les conditions de la vie ordinaire.

Pourrait-on, sans entente préalable entre les opérateurs, réussir à influencer volontairement un sujet B, de manière à produire chez ce dernier un phénomène semblable à celui des apparitions naturelles? En cas de réussite, la relation de cause à effet deviendrait tout à fait évidente. Ce serait au jour choisi, à l'heure dite, à l'endroit désigné, que B verrait l'apparition de A, telle que celui-ci avait désiré la produire. Cette fois le hasard, mot commode pour masquer notre ignorance, ne pourrait plus être invoqué.

Or, ces expériences, qui ne réussissent pas toujours, ont été réalisées avec succès un nombre de fois suffisant pour que nous puissions affirmer que l'action télépathique existe, et qu'elle émane de l'agent, alors même qu'il n'a pu savoir directement si son essai avait été heureux. De même que nous l'avions remarqué dans les cas spontanés, ici encore, parmi les expérimentateurs, il s'en est trouvé un certain nombre qui ont eu conscience de s'être rendus à l'endroit où ils voulaient se montrer ; là, on a constaté visuellement leur présence, parfois même collectivement, ou bien ils ont agi physiquement, ce qui nous met nettement en face du dédoublement de l'être humain, au lieu d'une simple action produite par l'extériorisation de la pensée de l'agent.

Ce rapprochement entre les résultats de l'observation et ceux de l'expérience est éloquent : il prouve la rectitude des théories proposées, et c'est ce qu'ont fortement senti MM. Gurney, Myers et Podmore quand ils écrivent (1) : « L'originalité de ce livre consiste essentiellement à avoir rapproché les cas de télépathie spontanée des faits expérimentaux de transmission de pensée. Nous sommes convaincus que ce sont *surtout les expériences précises que nous avons faites* qui nous permettent d'affirmer

---

(1) *Les Hallucinations télépathiques*. p. 18.

l'existence dans l'esprit d'une faculté nouvelle ; c'est cette faculté à son tour qui nous permet de comprendre et de nous expliquer à nous-mêmes les hallucinations véridiques. » Voyons donc les faits où se montre avec le plus de netteté cette action volontaire de l'agent.

Remarque très importante, nous allons rencontrer dans les apparitions expérimentales les trois sortes de phénomènes que l'observation nous a fait distinguer, c'est-à-dire : 1° Des *hallucinations véridiques* où le fantôme est purement subjectif ; 2° des *apparitions télépathiques*, c'est-à-dire celles où l'âme de l'agent est bien à l'endroit où la voit le percipient, mais le fantôme n'est perceptible que pour la personne qui subit l'action télépathique qui la rend momentanément clairvoyante; 3° enfin des *apparitions objectives*, visibles pour tout le monde, parce qu'elles sont suffisamment *matérialisées* pour réfléchir la lumière ordinaire, et, par conséquent, pour être vues optiquement.

LE FANTÔME APPARAIT AU LOIN

Je commence par les faits de la première catégorie. Nous avons ici un exemple dans lequel la distance ne paraît pas un obstacle à l'action de l'agent. C'est ce que j'ai déjà signalé pour d'autres observations.

IX (686) (1). Ce cas est dû à Mme Russell, de Belgaum (Inde), femme de M. H. R. Russell, inspecteur de l'Instruction publique dans la présidence de Bombay.

8 juin 1886.

Suivant le désir que vous avez exprimé, je vous envoie le récit des événements dont je vous ai parlé ; je les rapporte aussi exactement que je le puis. Je vivais en Écosse, ma mère et mes sœurs étaient en Allemagne. J'habitais chez une amie qui m'était très chère, et chaque année j'allais en Allemagne voir les miens. Il arriva que pendant deux ans je ne pus aller dans ma famille comme j'en avais l'habitude. Je me décidai tout à coup à partir. Ma famille

(1) *Les Hallucinations télépathiques*, p. 48.

ne savait rien de mon intention ; je n'étais jamais allée auprès des miens au commencement du printemps, et je n'avais pas le temps de les prévenir par lettre. Je ne voulais pas envoyer de dépêche de peur d'effrayer ma mère. La pensée me vint *de désirer de toutes mes forces d'apparaître à l'une de mes sœurs*, de manière à les avertir de mon arrivée. *Je pensai à elles avec le plus d'intensité possible* pendant quelques minutes seulement. Je désirais de toutes mes forces être vue par l'une d'elles (j'éprouvais moi-même *une vision qui me transportait à demi au milieu des miens*). Je ne concentrai pas ma pensée pendant plus de dix minutes, je crois. Je partis par un vapeur de Leith, un samedi soir, fin avril 1859. Je désirais apparaître à la maison vers *six heures du soir, ce même samedi*.

J'arrivai à la maison vers six heures du matin le mardi suivant. J'entrai dans la maison sans être vue, car on venait de faire le vestibule et la porte d'entrée était ouverte. Je pénétrai dans la chambre. Une de mes sœurs se tenait le dos tourné à la porte ; elle se retourna lorsqu'elle entendit la porte s'ouvrir, et, en me voyant, elle me regarda fixement, devint d'une pâleur mortelle et laissa tomber ce qu'elle tenait à la main. Je n'avais rien dit. Alors je lui parlai et je dis : « C'est moi, pourquoi es-tu effrayée ? » Elle me répondit alors : « Je croyais te voir comme Stinchen (une autre de mes sœurs) t'a vue samedi. »

En réponse à mes questions, elle me raconta que le *samedi soir vers six heures*, ma sœur m'avait vue distinctement entrer par une porte dans la chambre où elle se trouvait, ouvrir la porte d'une autre chambre où se trouvait ma mère, et fermer la porte derrière moi. Elle s'élança à la suite de ce qu'elle pensait être moi, m'appelant par mon nom, et fut absolument stupéfaite lorsqu'elle ne me vit pas avec ma mère. Ma mère ne pouvait pas comprendre l'excitation de ma sœur. On me chercha partout, mais naturellement on ne me trouva pas. Ma mère en fut très malheureuse, elle pensait que je pouvais être mourante.

La sœur qui m'avait vue (c'est-à-dire qui avait vu mon apparition) était sortie le matin de mon arrivée. Je m'assis sur les marches pour voir, lorsqu'elle rentrerait, ce qu'elle éprouverait en me voyant moi-même. Lorsqu'elle leva les yeux et m'aperçut assise sur l'escalier, elle m'appela et faillit s'évanouir. Ma sœur *n'a jamais rien vu de surnaturel ni avant, ni depuis* ; et je n'ai pas renouvelé mes expériences depuis lors, et je ne les renouvellerai pas, parce que celle de mes sœurs qui me vit réellement lorsque je vins réellement à la maison tomba sérieusement malade dans la suite, à cause du choc qu'elle avait ressenti.

J. M. RUSSELL.

Mme Russell a écrit à sa sœur (Mlle Holst, 7, Wohler's Allee, Altona, Holstein) pour lui demander si elle se rappelait le fait ; elle a copié un extrait de sa réponse. En voici la traduction :

Évidemment je me rappelle l'affaire aussi bien que si c'était arrivé aujourd'hui. Je te demande de ne plus m'apparaître.

L'intention de Mme Russell d'apparaître à une de ses sœurs à un jour et une heure fixés, s'est donc complètement réalisée.

Voilà une expérience télépathique qui ne laisse rien à désirer, au point de vue de la précision des détails et de la netteté du résultat. Mais la vraie nature de la vision est difficile à établir.

Malgré les évolutions diverses accomplies par le fantôme, je crois qu'il n'y a dans ce cas qu'une simple image hallucinatoire représentant Mme Russell, parce que la mère des jeunes fille n'a rien vu quand le prétendu fantôme serait entré dans sa chambre en ouvrant la porte. Le fait que Mme Russel s'est crue un instant à demi transportée au milieu des siens n'est pas un indice suffisant de son dégagement spirituel, car elle ne remarqua aucun détail particulier dont plus tard on aurait pu vérifier la réalité. Nous verrons tout à l'heure des essais où la présence réelle de l'esprit de l'agent est beaucoup plus probable. Je continue l'énumération des cas qui paraissent purement télépathiques.

LES EXPÉRIENCES DU RÉVÉREND CL. GODFREY

Transmis par le Révérend Clarence Godfrey. Je (c'est Myers qui écrit) cite ce très bref compte rendu, contenu dans le travail de M. Podmore, *Apparitions et transmission de pensée*, pp. 228-230. Le 16 novembre 1886, M. Godfrey écrivait ce qui suit à M. Podmore :

« Je fus si frappé par le compte rendu de la page 105 des *Fantômes des vivants* (1), que je résolus de soumettre ce sujet à une expérience.

Le 15 novembre 1886, je me couchai à 10 h. 45 et décidai d'apparaître, si c'était possible, à une de mes amies, avec toute la force de volonté et la faculté d'énergie que je puis avoir ; je voulus

---

(1) Un cas que je citerai tout à l'heure : celui de M. S. H. B. avec les sœurs Vérity, p. 223.

apparaître au pied de son lit. Je n'ai pas besoin de dire que je n'avais au préalable laissé soupçonner en aucune façon mes intentions, ce qui aurait nui à mes projets et je ne lui en avais pas soufflé le moindre mot. Je vais raconter ce qui me concerne à titre d'*agent*.

Je fis naturellement appel à toute ma puissance d'imagination aussi bien qu'à ma force de volonté, en m'efforçant de *me transporter* en esprit dans sa chambre, d'appeler son attention tandis que je m'y trouverais. Je soutins cet effort pendant environ huit minutes, après lesquelles, me sentant fatigué, je cédai au sommeil.

Ce que je perçus d'abord, c'est que je rencontrais cette dame le lendemain matin (dans mon rêve, je suppose) et que je lui demandais aussitôt si elle ne m'avait pas vu dans la nuit. Elle me répondait : « Oui ! » — « Comment ? » Alors en paroles étrangement claires mais basses, comme par l'émission d'un soupir, elle me répondit : « J'étais assise derrière vous. » Ces paroles si nettes m'éveillèrent instantanément et je compris que je venais de rêver ; mais en réfléchissant je me rappelai ce que j'avais *voulu* avant de m'endormir, et cette pensée me vint : « Cela doit être une action *réflexe* de la percipiente. » *Ma montre marquait* 3 h. 40. Voici ce que j'écrivis aussitôt au crayon, en me tenant debout en costume de nuit : « En réfléchissant à ces claires paroles, elles me semblèrent tout à fait *intuitives*, je veux dire *subjectives* et produites *en moi-même* comme résultat de *ma propre conviction*, bien plutôt que comme une communication de quelqu'un d'autre. Je ne pouvais nullement me rappeler ses traits, comme cela est possible après un rêve très impressionnant. »

Mais ce qui était le plus surprenant et avait provoqué mon réveil, c'est qu'elles avaient été émises sur un ton clair et précis.

Dans la note qu'elle m'envoya pour me raconter ce *qui lui était arrivé*, mon amie me disait : « Je me rappelle qu'un homme emporta les lampes aussitôt que je fus arrivée au haut de l'escalier et que ce fut à trois heures quarante cinq. »

Voici la note que la percipiente envoya le 16 novembre 1886 à M. Godfrey pour lui rendre compte de ses impressions :

« Hier, c'est-à-dire dans la matinée du 16 novembre 1886, *un peu après trois heures et demie*, je m'éveillai en sursaut et avec le sentiment que quelqu'un était dans ma chambre. J'entendis un bruit étrange, mais je pensai que c'étaient les oiseaux qui se tenaient dans le lierre au dehors. Puis je ressentis le besoin singulier et irrésistible de quitter ma chambre et de descendre à l'étage inférieur. Cette pensée devint si impérieuse, qu'enfin je me levai, j'allumai une bougie et je descendis en pensant que si je pouvais prendre un verre de soda, cela me calmerait. Quand je revins dans ma chambre, *je vis M. Godfrey* qui se tenait devant la fenêtre du palier. Il portait son costume habituel et l'expression de ses traits était celle que je lui avais vue lorsqu'il était fort préoccupé. Il resta là et *je levai la bougie*, le regardant pendant trois ou quatre secondes avec un profond étonnement, puis, comme je traversais le palier, il disparut. L'impression qu'il a laissée dans mon esprit a été si vive, que je me disposais à éveiller une amie qui couchait dans la même chambre que moi, lorsque j'en fus empêchée par la pensée qu'elle se moquerait de cela comme d'une fantaisie de mon imagination.

« L'apparition de M. Godfrey ne m'effraya pas, mais elle me laissa si émue que je ne pus me rendormir. »

A M. Podmore qui l'interrogeait, cette dame dit qu'elle avait déjà eu l'apparition de deux de ses amis morts récemment.

Sur la demande de M. Myers, M. Godfrey fit deux autres tentatives, sans avertir cette dame. La première n'eut aucun résultat, la date choisie n'étant sans doute pas convenable. Mais l'essai tenté le 7 décembre 1886 réussit tout à fait. Mme X..., écrivit le 8 qu'elle fut éveillée par une voix qui disait : « Réveillez-vous » et en sentant qu'une main se posait sur le côté gauche de sa tête. Elle vit alors une forme penchée sur elle et reconnut M. Godfrey.

Dans ce dernier cas, le costume ne paraît pas avoir été vu nettement. Tandis que le 16 novembre, Mme X..., le vit non avec le costume qu'il portait réellement au moment de l'expérience, mais avec celui qu'il portait dans la journée.

Dans cet exemple, comme dans celui qui suit, nous sommes en présence de phénomènes qui peuvent se comprendre aussi bien par une action télépathique que par un dédoublement.

Pour rester fidèle à la méthode logique, il faut donner la préférence à l'action télépathique, parce que l'apparition n'a été vue que par une seule personne et qu'elle n'a pas laissé de traces matérielles de sa réalité objective.

Dans la dernière tentative, la percipiente dormait lorsque la voix de M. Godfrey l'éveilla ; il semblerait qu'une action physique est intervenue. C'est fort possible et je ne répugne pas à faire cette hypothèse ; mais il est également vraisemblable que l'action télépathique a commencé pendant le sommeil de la percipiente et s'est prolongé après son réveil, de sorte que le contact de la main du fantôme serait également de nature hallucinatoire; car il est notoire qu'il n'y a pas eu coïncidence entre l'heure où s'est produite l'action volontaire de M. Godfrey et celle où Mme X.., a eu la sensation de le voir.

Il est bon d'observer également que le costume de l'apparition n'est pas celui de l'agent au moment même. Dans le cas suivant, au contraire, c'est un détail qui a été noté par la voyante, et qui est de nature à nous faire pencher vers l'explication animique.

APPARITION VOLONTAIRE AVEC LE COSTUME DE L'AGENT

Agent M. Kirk, 2 Ripon Villas, upper Rippon Road, Plumstead (1).

7 juillet 1890.

Du 10 au 20 juin j'ai essayé d'agir télépathiquement sur Miss G.., espérant me rendre visible pour elle, et ne parvenant qu'à produire chez elle un sentiment d'inquiétude plus ou moins prononcé. Je ne l'avertissais ni du moment ni du but de mes tentatives, que je faisais toujours chez moi, de 11 heures du soir à 1 heure du matin.

Enfin, le 23 juin, contrairement à mon attente, je réussis tout à fait. Cette fois j'étais dans mon bureau et me décidai subitement à agir. Il était, autant que je puis me rappeler, entre 3 h. 30 et 4 *heures de l'après-midi* et je venais de me fatiguer à traiter mes affaires. Je posai mon crayon et m'étendis pour me reposer en pensant à faire un essai sur Miss G... Je ne savais où elle était, mais j'eus l'inspiration de me rendre dans sa chambre à coucher. Ce fut une heureuse idée, car j'ai su qu'à ce moment elle y sommeillait dans un fauteuil, condition la plus propre à lui permettre de recevoir un message télépathique.

La forme que vit Miss G... était *tête nue et vêtue exactement comme je l'étais en réalité*, c'est-à-dire avec une jaquette en tissu écossais d'un rouge sombre, ce qui était exceptionnel, car ordinairement je portais dans mon bureau un costume clair, mais j'avais dû envoyer celui-ci à réparer.

La couleur de mon costume me servit d'élément de preuve. Je lui demandai : « Comment étais-je habillée ? » Posant la main sur la manche de ma jaquette, qui était d'une étoffe *claire* : « Ce n'était pas avec ce vêtement, mais avec la jaquette de couleur foncée, que vous portez quelquefois, j'ai très nettement remarqué les *petits carreaux de l'étoffe* et j'ai vu tous les détails aussi nettement que si

---

(1) Extrait des *Proceedings*, vol. X, p. 270.

vous aviez été corporellement présent. Je ne pouvais vous voir plus distinctement ».

De son côté, Miss G... dit ceci :

28 juin 1890.

Une circonstance toute particulière m'arriva le mercredi de la semaine dernière. Dans l'après-midi, comme je me trouvais fatiguée par ma promenade du matin, je m'étais étendue sur une chaise-longue près de la fenêtre de ma chambre à coucher, je me sentis envahie par le sommeil. Il m'arrive parfois, mais rarement, de m'endormir pendant le jour, et alors je me réveille avec un grand sentiment de fatigue, qui ne tarde pas à se dissiper. Mais cette fois au contraire, je me réveillai tout à coup complètement en voyant près de ma chaise-longue M. Kirk se tenant en costume de couleur sombre, comme je l'avais vu quelquefois. Il tournait le dos à la fenêtre en étendant sa main droite vers moi. Il traversa la chambre, en se dirigeant vers la porte qui fait face à la fenêtre, qui en est éloignée de 15 pieds ; mais lorsqu'il fut à 4 pieds environ de la porte fermée, il disparut.

Ma première pensée fut la suivante : « Si cela s'était produit quelques heures plus tard, j'aurais cru à un phénomène télépathique », car je savais qu'à plusieurs reprises M. Kirk avait essayé d'agir sur moi, mais je ne pensais pas qu'il le fît encore actuellement. Quoique j'eusse été très intéressée par ses conversations sur les phénomènes psychiques, j'avoue que je ne les considérais pas encore comme des réalités ; et comme je savais qu'il devait être à son bureau au moment où je le vis aussi distinctement que s'il eût été réellement dans ma chambre, je pensai que, dans ce cas au moins, cela devait être un simple effet de mon imagination et je m'abstins d'en parler, jusqu'au jour où je lui signalai le fait, presque involontairement. Aussi fus-je très surprise lorsque je le vis si satisfait et qu'il me demanda d'en faire le récit par écrit, en ajoutant que, ce jour-là, se sentant très fatigué, il avait posé sa plume pour quelques instants, et pour me servir de ses propres paroles : « il s'était transporté dans cette chambre ». Il m'affirma qu'il ne m'en avait pas parlé jusque-là pour ne pas m'influencer, mais qu'il attendait avec une certaine anxiété que le sujet fût abordé par moi-même.

Je suis certaine de n'avoir pas rêvé de lui, et je ne me rappelle aucun incident qui ait pu me faire penser à lui dans cette après-midi.

M. Kirk écrivit plus tard :

Depuis le fait ci-dessus, je n'ai réussi qu'une seule fois à me montrer à Miss G... et cette fois, ce qu'il y a de singulier c'est que je n'étais pas plus grand qu'une *miniature* c'est-à-dire environ trois pouces.

L'incident du costume est à signaler car il indique, si l'action est télépathique, avec quelle fidélité l'aspect extérieur de l'agent est reproduit par sa seule pensée. Le narrateur signale lui-même qu'il comptait sur ce détail pour vérifier la réalité de la vision de Miss G... Celle-ci connaissait aussi le vêtement de M. Kirk, de sorte qu'il est possible que ce ne soit qu'une de ses images mentales qui a été revivifiée par l'action télépathique. L'agent ne se souvient pas d'avoir agi autrement qu'à distance et par la pensée, ce qui est tout à fait conforme à ce que nous connaissons de la télépathie pure et simple.

L'épisode dernier, où M. Kirk est vu « comme une miniature », paraît aussi favorable à l'hypothèse que tout s'est passé dans la conscience subliminale de Miss G...

LE CAS DE MISS MAUGHAM

Miss Maugham écrit (1) :

Septembre 1890.

Une nuit de septembre 1888, je lisais dans mon lit. Je venais de lire avec intérêt les faits de projection astrale dans les *Fantômes des Vivants* et je me souviens que je songeais à me présenter à quelqu'un par la force de ma volonté.

La chambre voisine de la mienne était occupée par mon amie, Miss Ethel Thompson, dont la disposition d'esprit était fort calme. Une porte actuellement condamnée faisait communiquer nos deux chambres qui ne s'ouvraient plus toutes deux que sur le palier. Je me rappelle parfaitement que cette nuit, étant couchée sur le dos, je pris la résolution, quoique doutant du succès, mais intriguée néanmoins, de paraître à Miss Thompson. Une bougie brûlait sur une chaise auprès de mon lit, et au moment où je formulai ma volonté, je n'entendais que le tic-tac de la pendule. Après quelques minutes je me sentis tout étourdie et à demi consciente.

Je ne sais combien dura cet état, mais je me rappelle que, reprenant conscience, je me dis que j'aurais mieux fait de ne pas m'y laisser aller, car cela me laissait comme épuisée.

Je pris une position plus commode, en songeant que je n'avais

---

(1) Extrait des *Proccedings S. P. R.*, vol. X, p. 273.

pas réussi et que je m'étais inutilement fatiguée pour satisfaire une fantaisie sans résultat possible. Je soufflai ma bougie et au même instant je fus surprise d'entendre un bruit indistinct dans la chambre voisine.

C'était la voix de Miss Thompson qui s'était fait entendre légèrement à deux reprises, sans que je pusse saisir autre chose qu'un son indistinct; puis le silence se fit. Je songeai qu'elle venait sans doute de faire un mauvais rêve; j'écoutai quelque temps, mais je pensai que cela n'était qu'une simple coïncidence. A ce moment, *deux heures du matin sonnèrent* et je m'endormis.

Le lendemain Miss Thompson parut fatiguée au déjeuner, mais je ne lui posai aucune question. Tout à coup elle me dit : « Est-ce pour m'effrayer que vous êtes venue cette nuit dans ma chambre? » Je lui répondis que je n'avais pas quitté la mienne. Elle me déclara qu'il lui avait semblé que j'étais venue et que je m'étais penchée au-dessus d'elle. D'après son récit, il pouvait être *entre une et deux heures du matin*. Son rapport a été envoyé à la *Société Psychique*. Tout ce que je puis ajouter, c'est que j'étais en parfait état de santé, tout à fait calme et songeant seulement à faire une expérience ».

Miss Thompson écrit :

The Chimes, Grove Park, Chiswick.

30 décembre 1889.

Pendant l'été de l'année 1888, à la fin d'août, j'étais chez Miss Maugham, dans le Lincolnshire. Nous avions causé de théosophie et de ceux qui ont la faculté de quitter leur corps pour apparaître dans leur forme astrale. J'ai le sommeil léger, mais sans agitation, et ma santé est excellente. Je m'étais déjà éveillée deux ou trois fois et je me trouvais parfaitement éveillée, lorsque je vis tout à coup Miss Edith Maugham se tenir près de mon lit, *dans son costume ordinaire de couleur foncée*. La lune nous éclairait suffisamment pour me permettre de voir nettement ses traits et la plus grande partie de son corps. Je me redressai sur mon lit et je lui dis brusquement : « Que venez-vous chercher ici, Edith ? » Je pensais qu'elle voulait plaisanter, mais comme elle ne me répondait pas, j'enflammai *immédiatement* une allumette, mais elle avait disparu. Il n'est pas exact que j'aie poussé des cris, mais j'ai dû parler assez haut pour être entendue de la chambre voisine. Je remarquai bien qu'elle avait quitté la chambre avec une excessive rapidité, je ne me préoccupai pas de ce détail. Le lendemain matin je lui demandai ce qu'elle était venue faire dans ma chambre. Elle me dit qu'elle n'y était pas venue : elle avait bien pensé à y aller, mais elle y avait renoncé pour ne pas me troubler. Elle ajouta qu'elle était restée assise dans son lit et qu'elle avait songé à se transporter hors de son corps, pour venir vers moi, et cela à l'heure où je la vis. Quoique plus d'une année se soit écoulée depuis, le souvenir de ce fait est encore aussi précis en moi que s'il était d'hier.

ETHEL THOMPSON.

Rien de spécial ne distingue ce cas, sinon que la réalité de l'action télépathique est incontestable. Il faut remarquer cependant que, dans ces expériences, la pensée de l'agent doit agir avec une grande puissance, pour arriver à impressionner le percipient et qu'il semble que le calme de celui-ci, même son état de sommeil, facilitent beaucoup la réussite.

Nous allons arriver maintenant à d'autres exemples, où le dédoublement de l'agent semble plus probable que l'action télépathique, non seulement parce que l'agent se *souvient* de s'être déplacé, ce qui pourrait être imaginaire, mais surtout parce qu'il contrôle ultérieurement que sa vision correspondait à une réalité ignorée de lui.

DÉDOUBLEMENT PROBABLE

Ce qui suit (1) est le récit d'une expérience faite entre deux dames bien connues de moi, que j'appellerai Mlle Danvers et Mme Fleetwood, que je cite ici à l'appui de quelques points sur lesquels je désire appeler l'attention. Je priai Mlle Danvers d'essayer d'apparaître à Mme Fleetwood, sans la prévenir, et de m'envoyer une carte postale, qui portant le timbre de la poste sur la carte écrite, fait foi, pour me dire ce qu'elle avait tenté, avant d'en connaître elle-même le résultat.

Le 20 juin 1894, je reçus la lettre suivante, datée du 19, que Mlle Danvers m'adressait avec deux notes incluses :

« Dans la nuit du dimanche, à minuit, j'essayai d'apparaître à Mme Fleetwood, à une distance d'environ neuf milles, et j'eus en quelque sorte *le sentiment que j'étais réellement dans sa chambre*. J'avais au *préalable* écrit une constatation que je vous adresse ci-jointe avec le récit de Mme Fleetwood, que je reçois à l'instant. Elle l'écrivit également *sans aucun délai, ne sachant pas* que j'essayais de lui apparaître. J'étais couchée et non agenouillée ; sauf cela tous les détails sont exacts. »

Voici le memorandum écrit par Mlle Danvers : « 17 juin 1894,

(1) Extrait des *Proceedings S. P. R.*, vol. X, p. 418, par F.-W.-H. Myers.

Minuit. J'écris ceci immédiatement avant d'essayer d'apparaître à Mme Fleetwood. *Mes cheveux sont défaits*, je vais me coucher et essayer de lui apparaître *avec les yeux fermés.* »

La note de Mme Fleetwood était ainsi conçue : « Nuit du dimanche 17 juin 1894. Je sors de mon premier sommeil et vois Edith Danvers, paraissant agenouillée sur une chaise-longue près de mon lit, son profil est tourné de mon côté, *ses cheveux sont flottants, ses yeux clos* ou fortement baissés. Je suis d'abord surprise, comme cela m'arrive toujours lorsque je vois des visions à l'état de veille ; mais je parviens à rester calme. Lorsque je fus parfaitement éveillée et capable de raisonner en moi-même, je constatai que la forme était encore là, mais qu'elle pâlissait peu à peu comme une vue qui s'efface. Je me levai et regardai l'heure. *Il était juste minuit.* J'étais seule dans ma chambre. Au moment où j'écris il est minuit et deux minutes environ. »

Dans une conversation que j'eus avec Mlle Danvers, le 23 juin, elle me dit *qu'elle avait vu*, comme dans une sorte d'éclair, Mme Fleetwood soulevée sur son lit, s'appuyant sur le coude et la regardant. Elle n'était pas absolument certaine de sa propre attitude dans la chambre de Mme Fleetwood, quoiqu'il lui semblait bien qu'elle occupait la place sur laquelle Mme Fleetwood fixait ses regards. Jamais auparavant Mlle Danvers n'avait pris note des expériences qu'elle tentait, et n'avait songé à l'importance de fixer immédiatement les faits, et n'avait pas la conviction que Mme Fleetwood la verrait réellement. Mme Fleetwood m'envoya la lettre que Mlle Danvers lui adressa le 18 juin et dans laquelle, parmi diverses autres choses, elle lui demandait : « Vous ai-je réellement apparu ? J'ai essayé cette nuit, mais vous n'étiez peut-être pas seule. » Aussi n'est-il peut-être pas prouvé que l'introduction de Mlle Danvers fût autre chose que subjective ; mais ce point est intéressant à signaler à propos de l'essai qui fut fait. Quant aux *visions pendant la veille* de Mme Fleetwood, cette dame croit bien qu'elles ont été réelles, mais elle ne se les rappelle pas. Elles comprennent deux visions de Mlle Danvers, au moment où celle-ci pensait fortement à Mme Fleetwood. Telle est du moins l'opinion de ces deux dames ; mais le récit n'en a pas été fait au moment même.

Mlle Danvers fit un second essai dans lequel, ne connaissant pas les meilleures conditions, elle prévint Mme Fleetwood de ce qu'elle se proposait de faire. Cependant il arriva que Mme Fleetwood ne vit rien. Ceci nous montre tout au moins que *l'attente de la part de celle-ci ne suffit pas pour provoquer une vision.* Mlle Danvers fit alors un troisième essai, *non annoncé*, et d'un caractère tout différent, qu'elle me décrit ainsi qu'il suit, dans une lettre en date du 27 juin 1894 :

« Le lundi 25 juin à minuit et un quart, je songeai à essayer de paraître dans la chambre de Mme Fleetwood, mais je ne pensais pas qu'elle pût me voir. Je parvins à voir sa chambre et remarquai *le troisième* volume de *Marcella* sur une chaise près de son lit. Je ne savais pas qu'elle le lisait, car je croyais qu'elle l'avait fini depuis longtemps; aussi j'en fus très surprise. Mme Fleetwood ne parut pas me voir, ou du moins elle ne le témoigna pas. La chambre *était tout autre que d'habitude*. Le même jour je vis Mme Fleetwood et lui demandai si ce que j'avais vu était exact, *et elle me dit que c'était parfaitement correct*. Elle ajouta qu'elle souffrait d'un mal de dents et ne m'avait pas vue, mais qu'elle avait eu conscience de la présence de quelqu'un dans sa chambre. »

Mme Fleetwood écrivit le 27 juin : « Lorsque Mlle Danvers vint luncher avec moi, lundi dernier, elle me demanda si j'avais dans ma chambre le troisième volume de *Marcella* pendant la nuit précédente ; elle dit qu'elle y était venue en esprit et l'avait vu sur une chaise près de mon lit. *Le fait était bien réel*. J'avais pris ce livre avec l'intention de le lire dès la première heure du matin, mais je suis bien sûre qu'elle ne savait pas que je l'avais fait, car ce n'est pas mon habitude. »

Le 30 juin, Mme Fleetwood ajoutait : « Mlle Danvers savait que j'avais *Marcella* chez moi, car elle l'avait lu en y venant. Mais elle pensait que je ne l'avais plus depuis longtemps, lorsqu'elle le vit dans ma chambre. Elle ne savait pas qu'étant occupée, je ne l'avais pas achevé et que le troisième volume restait encore à lire. »

Je crois que dans ces expériences il faut attacher une grande importance au fait que l'agent voit la chambre du percipient avec assez de lucidité pour en noter les détails. Dans le premier cas, ce n'est que pendant un temps rapide comme l'éclair que Mlle Danvers aperçoit Mme Fleetwood accoudée sur son lit. Mais dans le dernier exemple, la chambre arrangée autrement que d'habitude et le détail du livre de *Marcella*, indiquent que la clairvoyance a été réalisée. Or, je l'établirai plus loin, la vision à distance paraît un signe à peu près certain du dédoublement du sujet, d'autant mieux que Mme Fleetwood dit qu'elle avait la sensation de la présence de quelqu'un dans sa chambre. Les mêmes observations s'appliquent également au cas suivant, avec plus de force encore, et notons que les coïncidences exactes entre l'heure où l'agent agit et celle où se produit la vision sont tout à fait concluantes.

DÉGAGEMENT VOLONTAIRE ET APPARITION

Ce cas (1) nous fut communiqué par le docteur M. L. Holbrook (Associé de la branche américaine de la S. P. R.) qui écrit au docteur Hodgson les détails suivants :

Juin 1894.

« Je crois que le fait suivant est très intéressant. Je le connaissais depuis plusieurs années et je l'ai écrit il y a deux jours, pendant que j'étais à Lakewood, N. J. Le témoignage du fils, Geo Sinclair, a été rédigé sans aucune entente préalable avec ses parents et sans connaître ce qu'ils disaient de leur côté. »

Voici le compte rendu de l'agent, Mr B. F. Sinclair :

Lakewood, le 12 juin 1894.

Le 5 juillet 1887, je partis de Lakewood pour passer quelques jours à New-York. Ma femme ne se trouvait pas bien au moment où je la quittai, et lorsque j'eus fait quelques pas je me retournai et je la vis qui se tenait sur le seuil de la porte, paraissant très désolée de mon départ. Ce tableau me hanta tout le jour et, le soir avant de me coucher, je résolus de tenter de me rendre compte de son état, si c'était possible. J'étais déshabillé, assis sur le bord de mon lit, et prenant ma tête entre mes mains je voulus me trouver à Lakewood pour voir dans quel état elle se trouvait. Au bout de quelques instants *il me sembla que j'étais dans sa chambre, près de son lit*, où je la vis étendue et paraissant plus calme. Je fus tranquillisé en la trouvant mieux, et je fus moins préoccupé de son état pendant mon séjour à New-York. Je rentrai le samedi. Lorsqu'elle me vit, elle me fit la remarque suivante : « Je ne sais si je suis ou non heureuse de vous voir, car je pensais que quelque chose avait dû vous arriver. La nuit de votre départ, entre 8 h. 30 et 9 heures, je vous ai vu *debout devant mon lit aussi nettement que possible* et depuis j'étais fort tourmentée à votre sujet. Chaque jour j'envoyais à la poste et à notre dépôt demander de vos nouvelles ». Lorsque je lui eus rendu compte de mes efforts pour m'assurer de son état, tout devint clair à ses yeux. *Elle m'avait vu au moment où je m'efforçais de la voir moi-même*, pour juger de son état. Je pense donc que *je me suis rendu visible pour elle en même temps que je la voyais.*

Signé : B. F. SINCLAIR.

(1) Extrait du *Journal* de la S. P. R. Volume VII, p. 99.

Mme Sinclair écrit :

Je me rappelle parfaitement ce fait. Je le vis aussi nettement que s'il eût été là en réalité. *Je ne le vis pas en costume de nuit*, mais dans le costume qu'il avait l'habitude de porter dans la maison. Cela me préoccupa beaucoup, car je craignis qu'il lui fût arrivé un accident. Je fus au supplice jusqu'au samedi, et s'il n'était pas revenu ce jour-là, j'aurais envoyé voir s'il ne lui était pas arrivé un malheur.

Signé : H. M. S<small>INCLAIR</small>.

M. Georges Sinclair, le fils, répondit à M. le docteur Holbrook, qui lui demandait son témoignage.

27, 7e Rue New-York. City N.-Y., 14 juin 1894.

Cher monsieur, j'ai reçu votre lettre du 13 courant et c'est avec plaisir que je vais vous donner tous les renseignement que je pourrai. A la date en question, j'habitais Seven Stars à Lakewood ; je ne me rappelle pas la date exacte, mais je sais que ce fut au milieu de la semaine que ma mère me dit un matin : « qu'elle avait vu mon père le soir précédent, juste avant de se mettre au lit. Sa figure était vague et il paraissait comme mort ou comme s'efforçant de faire quelque chose au-dessus de son pouvoir ». Elle attendit toute la semaine avec la plus vive anxiété une lettre ou un télégramme qui ne vinrent pas, et le samedi elle était au désespoir de n'avoir encore rien reçu. Il revint subitement le samedi soir, disant qu'il dépenserait moins chez lui qu'en restant le dimanche à l'hôtel à New-York.

Lorsque ma mère le questionna au sujet de ce qui lui était arrivé au milieu de la semaine, il répondit : « Qu'il s'était mis en tête de la voir ce soir-là, si c'était possible, et qu'il avait concentré toute sa volonté pour y arriver », et cela eut le résultat que vous connaissez. Cela lui avait fait beaucoup de plaisir, mais avait beaucoup inquiété ma mère.

G<small>EO</small> S<small>INCLAIR</small>.

Remarquons que, dans cet exemple, comme dans beaucoup d'autres, si je crois que la présence de l'âme de M. Sinclair dans la chambre de sa femme est l'explication la plus probable, à cause de la clairvoyance bien nette et de la sensation qu'il éprouve d'y être transporté, il ne s'en suit pas nécessairement *qu'il s'est rendu visible* comme il se l'imagine. Sa femme peut parfaitement n'avoir éprouvé qu'une action télépathique, et n'avoir eu qu'une hallucination, mais véridique, c'est-à-dire la perception d'une image mentale produite directement par M. Sinclair, car celui-ci n'est pas vu avec le vêtement de nuit dont il était revêtu, mais avec « le costume qu'il avait l'habitude de porter ». Bien que le résultat final soit toujours une apparition, au point de vue théorique, la différence entre la vision mentale et la vue oculaire est utile à signaler, car dans le premier cas l'âme est réellement là, mais invisible physiquement, alors que, dans le deuxième cas, c'est son corps spirituel qui acquiert assez d'objectivité pour être perçu par l'œil, et serait visible pour tout le monde, et même par des animaux, comme nous le constaterons plus tard. C'est ce dernier phénomène qui constitue la *matérialisation* proprement dite ; elle se rencontre également dans les cas spontanés et dans les cas expérimentaux.

VISION PRÉMONTOIRE D'UN SUICIDE

Maintenant que le dégagement de l'âme peut être admis avec une probabilité aussi grande que l'action télépathique, il est possible que le cas suivant, où un suicide est vu dans tous ses détails *avant sa réalisation*, s'explique par la hantise que M. Espie éprouvait de se détruire à cet endroit déterminé. La pensée de ce monsieur a dû se communiquer à Mme Alpine, mais non de loin, puisqu'elle ne le connaissait pas, tandis que si l'âme de M. Espie était là, Mme Alpine a perçu le projet qu'il méditait et l'a confondu avec une réalité.

Récit de Mme Mc. Alpine (1).

Garscadden, Bearsden, Glascow, 20 avril 1892.

Je me rappelle que le 20 avril 1889, je me rendis à Castle Baney petite ville du comté de Monaghan, au devant de ma sœur qui devait arriver de Longford par le chemin de fer. Je l'attendais à trois heures, mais comme elle ne vint pas par ce train, je renvoyai le cheval et allai me promener dans le domaine. La journée était belle et très chaude et je me promenais à l'ombre sur les bords d'un lac qui se trouve dans cette propriété. Enfin, me sentant fatiguée, je m'assis sur un rocher qui se trouvait au bout du lac. J'étais entièrement absorbée par la contemplation de l'admirable scène

(1) Extrait des *Proceedings*, vol. X, p. 332.

que j'avais sous les yeux. Il n'y avait pas le moindre bruit et le seul mouvement était celui des petites vagues qui venaient mourir à mes pieds sur le sable. Tout à coup un frisson glacial envahit tout mon corps ; je sentis une étrange faiblesse dans les jambes comme s'il *m'avait été impossible* de les remuer, malgré toute ma volonté. Je me sentais glacée et comme rivée au point où je me trouvais et obligée de maintenir mes regards fixés sur l'eau directement devant moi. Peu à peu il se forma un sombre nuage, au milieu duquel était un homme de haute taille, vêtu légèrement, qui plongea dans l'eau et disparut.

Dès que la masse sombre eut disparu, je ressentis la chaleur du soleil et j'eus conscience de sa clarté, mais je restai sous le coup de la terreur et anéantie. Il pouvait être environ quatre heures, mais je ne pourrais dire l'heure exacte. Quand ma sœur arriva, je lui racontai ce qui venait de se passer ; elle en parut surprise, mais fut plutôt portée à en rire. En rentrant à la maison, j'en parlai à mon frère et je fus reçue de la même façon.

Cependant, environ une semaine plus tard, un employé de banque, nommé M. Espie, qui m'était inconnu, se suicida en se précipitant *à cet endroit précis*. Il laissa une lettre pour sa femme, dans laquelle il déclarait que depuis quelque temps il préméditait son suicide. Le souvenir de ma sœur est le seul élément de témoignage que je puisse citer. Je n'ai pas vu le rapport qui rendit compte de l'enquête faite à cette époque, et je n'ai parlé de mon aventure à aucune autre personne que mon frère et ma sœur.

F. C. Mc. Alpine.

La sœur de Mme Mc. Alpine écrit :

Roxboro, 15 février 1892.

Je me rappelle parfaitement que nous nous sommes trouvées à Castle Baney, lorsque je revenais de Longford et que vous m'avez raconté l'étrange aventure qui vous était arrivée dans la propriété. Vous savez qu'il vous arrivait souvent de voir ou d'entendre diverses choses et j'y faisais assez peu attention ; mais je me rappelle bien nettement qu'en racontant cette histoire vous étiez profondément troublée. Vous disiez qu'un homme de haute taille, vêtu d'étoffe légère avait passé près de vous et avait atteint une petite crique. Je crois, sans pouvoir l'assurer que vous avez dit qu'il avait de la barbe. Cela paraissait vous avoir fort troublée et je vous parlai d'autre chose. C'est en regagnant notre demeure que vous m'en avez parlé. Je crois, mais je ne l'affirme pas, que ce fut vers le 25 ou le 27 juin 1889 que je quittai Longford. Il ne m'est pas possible de donner une date exacte. *C'était certainement en juin* et c'est le 3 juillet 1889 qu'un M. Espie, employé dans une banque, se précipita dans le lac de la propriété de Blaney. Je suis certaine que c'est le jour de mon retour que vous avez vu le *plongeon* de M. Espie.

La réalisation ultérieure du suicide, à cet endroit précis, semble éloigner toute idée de coïncidence fortuite. Revenons aux cas expérimentaux proprement dits.

DÉGAGEMENT DEMI-CONSCIENT, AVEC ACTION PHYSIQUE

Mme d'Espérance, le médium bien connu dont j'aurai à parler longuement plus tard, a constaté un cas de dédoublement involontaire que nous verrons plus loin. Ici, le phénomène est encore plus intéressant, car c'est intentionellement que l'extériorisation s'est produite, bien que la narratrice ne fût pas persuadée du tout de l'objectivité de ce qu'elle percevait d'une manière clairvoyante. Elle avait plutôt une tendance à croire à un jeu de son imagination qu'à un déplacement animique. Cependant, c'est une action à distance qui a été réalisée; l'on assiste à une sorte de phénomène intermédiaire entre la trance proprement dite, et une espèce de somnambulisme vigile, qui a été signalé par différents auteurs.

Ce récit est extrait de l'ouvrage : *Northern Lights*, paru en 1901.

J'avais passé quelque temps à Helsingfors ; au moment où j'allais me rendre à Saint-Pétersbourg, mes amis insistèrent très vivement pour que je fisse de là un essai d'apparition au milieu d'eux. Je ne croyais pas à la réussite et je résistai longtemps. Enfin il fut convenu que le mercredi, ils m'attendraient de dix à onze heures du soir. Ils me demandaient de leur prouver ma présence en déplaçant quelques objets dans la pièce où ils se trouveraient, par exemple le candélabre qui serait posé sur la table, ou encore de frapper les verres de telle sorte qu'ils pussent les entendre. Comme je leur faisais remarquer que je ne serais peut-être pas libre à ce moment, ils me promirent d'attendre également le jeudi, si rien ne se produisait le mercredi.

Arrivée à Saint-Pétersbourg, j'avoue que j'oubliai tout à fait de me retirer dans ma chambre le mercredi à l'heure convenue, et lorsque j'y pensai j'entendis sonner minuit.

Le lendemain soir je rentrai plus tôt ; il était dix heures et quelques minutes, lorsque me tenant devant ma table de toilette je me demandai ce que je pourrais faire. Je n'avais pas sommeil et je ne croyais pas pouvoir m'endormir assez tôt après avoir arrangé mes cheveux et fait ma toilette de nuit. Je me demandais quelle était la différence de l'heure entre Saint-Pétersbourg et Helsingfors et je ne parvins pas à me la rappeler. Mes pensées étaient flottantes et je commençais à me sentir vaguement inquiète.

Enfin m'adressant la parole à moi-même je me dis en me regardant dans la glace : « Ce n'est pas bien ; vous avez donné votre parole et vous devez la tenir dans la mesure du possible. Vous feriez mieux de vous asseoir et de penser avec énergie à faire ce qui est convenu. Rappelez-vous que vos excellents amis d'Helsingfors attendent que vous teniez votre promesse. »

M'étant ainsi sermonnée je tournai le dos à la glace et je m'assis devant mon bureau, sur lequel brûlait une petite lampe pour la lecture. Je posai mes coudes sur la table, je me pris la figure entre les mains et réfléchis à la manière dont j'allais commencer.

Je vais m'imaginer que je me rends chez eux, me dis-je. Je me vis alors en imagination descendre l'escalier et sortir dans la rue, pour gagner la gare de Finlande et arriver par le train à Helsingfors. En y arrivant je marchai à travers des rues couvertes d'une neige profondément gelée, je remarquai quelques passants, les maisons, l'église, quelques lampes allumées et je me dis en moi-même : « Combien la ville est calme et triste à cette heure de la nuit. » J'arrivai au boulevard où se trouvait la demeure de mes amis, en remarquant les arbres et arbustes du parc couverts de neige. Ce qui me frappa, c'était qu'il était plus de dix heures et que les portes d'entrée de la maison devaient être fermées à clef, de sorte que je ne pourrais y entrer. Je les trouvai ouvertes ce qui me fit sourire et je pensai : « Voilà une idée ridicule : je suis assise ici à ma table, devant ma lampe, et cependant je m'imagine un voyage et je fais des réflexions sur les objets imaginaires que je rencontre dans ma pérégrination, comme si elle était réelle. » Ces réflexions me rendaient moins attentive et diminuaient ma résolution de poursuivre mon voyage de fantaisie. Je *fermai donc résolument les yeux* et je me forçai à monter les étages en comptant les marches, comme je le faisais jadis dans mon enfance quand je montais ou je descendais un escalier. En arrivant au troisième étage, je me souvins d'une paire de galoches que j'y avais vue une fois, et qui semblaient comme les pieds d'une sentinelle qui s'était évaporée en laissant là ses pieds pour monter la garde à sa place, et je ris comme je l'avais fait alors.

Arrivée devant la porte, je posai la main sur la poignée de la serrure : elle tourna ; j'entrai directement dans le salon qui était dans l'obscurité. Je connaissais la disposition des meubles, de sorte que je pus trouver la porte de la chambre que j'avais occupée et où il était convenu que je me rendrais. J'ouvris doucement et je regardai, constatant avec surprise qu'elle était également dans l'obscurité. Je m'étonnai que ce mouvement de surprise me reportait vers le sentiment de ma position réelle devant ma table dans une maison de la Perspective Newski à Saint-Pétersbourg. Mais j'écartai cette pensée, car je prenais un vif intérêt à mon excursion imaginaire, et je craignais de couper court à des impressions *qui devenaient si réelles pour moi.* Je regardais dans cette chambre toute noire, m'étonnant de la trouver ainsi et de ne pas l'avoir éclairée dans mon imagination. Je me demandais pourquoi il n'y avait personne.

Bientôt, m'habituant à l'obscurité, je commençai à avoir conscience de la présence de quelques personnes, et je remarquai qu'une faible lueur indiquait l'emplacement de la fenêtre. Peu à peu je pus distinguer des formes sombres, et comme nuageuses, ressortant sur le fond blanc des murs. Je les comptai et en trouvai dix. Je savais qu'il devait y avoir plusieurs personnes, mais je pensais que le nombre ne dépasserait pas six, celui des membres de la famille. Il faisait trop sombre pour que je pusse en reconnaître aucun. Me tournant vers la fenêtre, je vis une autre ombre, dont les contours se dessinaient sur les rideaux blancs, faiblement éclairés du dehors, et cela me fit penser au capitaine T.... Je le considérai quelques instants avec curiosité et je me dis : « Si c'est le capitaine il doit avoir son uniforme. » J'allai donc à lui et *j'étendis ma main pour explorer son épaule et la manche de sa tunique.* Ce n'était pas un uniforme et j'en conclus que ce n'était pas le capitaine.

Tournant le dos à la fenêtre, il me sembla que je pouvais distinguer les contours de diverses personnes et je me dis: « Si je ne m'étais pas trompée à propos du capitaine, je serais portée à dire que la personne à droite est le général T... et sa femme à sa gauche. Mais tout cela n'a pas le sens commun. Je ne vois rien, puisque je suis assise à ma table, avec mes cheveux tombant dans mon dos, en train de composer un rêve. Je ferais mieux de me coucher. »

Cependant, tout en me gourmandant, il me sembla que j'étais derrière la forme que j'avais prise pour le capitaine et, tout à coup, je vis une autre ombre, ou forme, que je n'avais pas d'abord remarquée, *étendue sur le parquet* entre le sopha et le capitaine supposé. J'en fus un peu surprise et je m'étonnai en outre des fantaisies que mon imagination créait ; mais en même temps je décidai que la forme accroupie sur le parquet devait être celle d'Ebba, le plus jeune membre de la famille, car je me rappelais que telle était souvent sa pose lorsqu'une conversation l'intéressait. Je souriais en moi-même des fantaisies créées par mon imagination, qui reproduisait ainsi des détails presque oubliés et les faisait repasser sous mes yeux comme des réalités.

J'avais le sentiment que j'avais quelque chose à dire ou à faire, mais je m'évertuais en vain à me le rappeler. Je m'efforçais de percer les ténèbres qui m'entouraient, espérant trouver un objet qui pût rafraîchir ma mémoire, mais je dus y renoncer et ne me rappelai rien.

Quelque chose comme le bruit d'une porte qui s'ouvre ou d'une sonnette qui tinte vint me secouer, et toute la scène imaginaire s'évanouit.

J'étais tout à la fois intéressée par cet effort de volonté que je venais de faire, et assez peu satisfaite de moi-même. Je songeais que si je m'étais couchée et endormie, les scènes imaginaires auraient pu prendre un caractère plus tangible ; mais comme il était plus de onze heures, je me sentis trop épuisée et fatiguée.

Quelques jours plus tard j'étais de retour à Helsingfors.

« Vous n'êtes pas venue le mercredi, lorsque nous nous trouvions réunis pour la soirée, » dirent mes amis.

« Non. Il me fut impossible de quitter la compagnie où je me trouvais, avant une heure trop avancée. Vous m'avez donc attendue ici ? »

« Oui, nous y étions tous, ainsi que le jeudi. N'avez-vous rien essayé ? »

« Oui : j'ai essayé ; mais je ne savais comment m'y prendre ; je ne suis rentrée dans ma chambre que vers dix heures ; je n'ai pu m'endormir à temps et je ne crois pas avoir réussi. Je me suis efforcée de fixer ma pensée sur vous tous, de m'imaginer que j'étais dans la chambre et que je vous y voyais tous assis ; mais j'avais conscience que tout cela n'était que pure imagination. Je ne pense pas que l'on puisse faire à volonté une pareille chose, quoique je m'imaginais vous voir tous solennellement assis et attendant dans l'obscurité. »

« Oui, nous avons pensé que le phénomène se produirait plus facilement si aucune lumière ne brillait. »

« Oh ! Voilà qui est curieux ! j'avoue que lorsque je m'efforçai de me transporter en imagination au milieu de vous, je fus surprise de trouver la chambre absolument obscure et il me sembla que vous étiez au nombre de dix, ou plutôt de onze. » Je fis cette correction parce que je me rappelai la forme accroupie que je n'avais pas d'abord aperçue, lorsque je comptai les formes obscures.

« Nous n'étions que dix. »

Je commençai à sentir dans le bout de mes doigts une sorte de fourmillement.

« Le capitaine n'était-il pas assis près de la fenêtre à laquelle il tournait le dos ? » — « Oui » — « Et le général à la droite de la table, près du poêle ? » — « Oui » — « Et Mme T... à sa gauche ? » — « Oui » — « Et trois personne sur le sopha en face de la porte ? ». — « Oui. »

Nous nous regardions, en proie à un étonnement de plus en plus grand.

« Le capitaine ne portait pas son uniforme ? » — « Si ; il le portait. » — « Alors cela ne s'explique plus et toutes les autres choses peuvent n'être que de simples coïncidences, car si j'ai été réellement ici, je n'ai pas vu d'uniforme à la personne que je prenais pour le capitaine. Et Ebba ? N'était-elle pas accroupie sur le parquet ou assise sur un tabouret, entre le sopha et le capitaine ? »

« Non, dit Ebba ; j'étais assise sur le sopha, entre ma sœur et Miss H... » — « Voilà une seconde erreur ! Je me suis figurée que quelqu'un se trouvait là, et j'ai cru naturellement que c'était Ebba. » — « Non : personne n'avait pris place ainsi. »

Dans ces conditions, la question fut abandonnée et l'on causa d'autre chose. Plus tard le capitaine vint se joindre à nous et reprit le sujet ; je lui rendis compte de ma tentative pour me trouver au milieu d'eux, des coïncidences et des erreurs, de l'uniforme, de la position d'Ebba, etc..

« *Mais je n'avais pas mon uniforme*, s'écria le capitaine. La pluie l'avait trempé et je l'échangeai contre une jaquette d'intérieur. Je tournais le dos à la fenêtre et il n'y avait personne près de moi. Tandis que je m'y trouvais, *je sentis nettement qu'une main touchait mon épaule*. Vous vous rappelez que je vous le signalai, dit-il en se tournant vers les autres. Cela me surprit beaucoup. *La main me toucha à l'épaule et descendit ensuite le long de mon bras, jusqu'à mon poignet.* »

Je n'avais pas dit un seul mot de mon examen imaginaire de la manche du vêtement du capitaine.

« Oui, dirent les autres, nous nous rappelons que vous nous avez dit que quelqu'un vous touchait. »

« *On pouvait même l'entendre nettement*, reprit le capitaine. Je dis à B..., qui était assis le plus près de moi, d'écouter et qu'il entendrait le frottement. Il s'approcha alors et se mit à genoux derrière moi, pour pouvoir entendre, si la chose se reproduisait une seconde fois. »

« Alors, c'était donc l'avocat B... *qui était accroupi sur le parquet et que vous avez pris pour Ebba !* »

La question commençait à revêtir un aspect tout nouveau, et j'avais l'étrange et passionnant sentiment qu'il y avait là autre chose qu'une simple plaisanterie.

« Mais alors, pourquoi n'avez-vous pas touché le candélabre ? »

Je me rappelai alors ce qui m'avait intriguée ; que j'avais oublié malgré tous mes efforts pour me le rappeler, lorsque je me tenais hésitante dans la chambre obscure.

« J'avais oublié, je m'efforçais de retrouver le souvenir et je cherchais autour de moi quelque chose qui pût me mettre sur la bonne voie ; mais il faisait vraiment trop noir. Je ne crois pas avoir aperçu le candélabre à aucun moment : je suis sûre que je me le rappelerais. »

« Nous aurions dû le laisser sur la table, fit remarquer la comtesse W... et alors vous l'auriez vu ; mais quelqu'un ayant fait remarquer que s'il se produisait des mouvements de table, le candélabre aurait pu être renversé et brisé, on le plaça dans la niche du poêle. Vous n'auriez guère pu le voir là ; mais n'y pensons plus. »

Ainsi donc les faits se reliaient d'une façon bien curieuse, et les faits notés dans ma visite imaginaire se confirmaient :

1° La chambre était dans l'obscurité.

2° Il s'y trouvait dix personnes.

3° Trois d'entre elles, le général, sa femme et le capitaine *étaient bien là où je les avais vus.*

4° Le capitaine ne portait pas son uniforme.

5° Mon exploration de son épaule et de sa manche avait été *entendue, sentie et signalée.*

6° Il y avait une forme accroupie ; et mon erreur qui me faisait voir onze personnes venait de ce que l'avocat avait changé de place après avoir été compté.

7° L'enlèvement du candélabre de la table expliquait suffisamment ma défaillance de mémoire.

Deux choses me frappent dans cette expérience : Mme d'Espérance ne tombe pas en trance complète ; et nous verrons qu'il en a été de même dans ses nombreuses séances de matérialisation. Elle reste dans un état vague où elle flotte entre l'état de trance dans lequel elle perçoit des amis à Helsingfors, et la notion de ce qui l'environne à Pétersbourg.

Nous notons en outre que son esprit, partiellement dégagé, est sensible à l'absence de lumière, tandis que les esprits qui se manifestent dans la plupart des séances agissent avec autant de précision au milieu de l'obscurité que sous une lumière éclatante.

J'ai signalé que certaines personnes paraissent avoir une

prédisposition au dédoublement inconscient, puisque nous l'avons vu se produire d'une manière réitérée pour Mme Hawkins, Mlle Hopkinson, pour le pasteur Lockyer Williams, et pour Mme d'Espérance. Voici encore un exemple de bilocation réelle, car cette fois le fantôme est aperçu par les deux sœurs, ce qui prouve, suivant moi, son objectivité. Je l'emprunte aux *Hallucinations télépathiques* (1).

LE DOUBLE EST VISIBLE POUR LES DEUX SŒURS

Le récit suivant a été copié sur un manuscrit de M. S. H. B.; il l'avait lui-même transcrit d'un *Journal* qui a été perdu depuis. Il est bon d'ajouter que tous les personnages mentionnés ici étaient connus personnellement de MM. Myers et Guerney, qui les considèrent comme des témoins dignes de toute confiance :

V. (14). Un certain dimanche du mois de novembre 1881, vers le soir, je venais de lire un livre où l'on parlait de la grande puissance que la volonté humaine peut exercer. Je résolus avec toute la force de mon être d'apparaître dans la chambre à coucher du devant, au second étage d'une maison située 22, Hogarth road Kensington. Dans cette chambre couchaient deux personnes de ma connaissance : Mlle H. S. Verity et Mlle C. F. Verity, âgées de vingt-cinq et de onze ans. Je demeurais à ce moment 23, Kildare Gardens, à une distance de trois milles à peu près de Hogarth Road, et je n'avais pas parlé de l'expérience que j'allais tenter à aucune de ces deux personnes, par la simple raison que l'idée de cette expérience me vint ce dimanche soir en allant me coucher. Je voulais *apparaître à une heure du matin*, très décidé à manifester ma présence.

Le jeudi suivant, j'allai voir ces dames, et, au cours de notre conversation (et sans que j'eusse fait aucune allusion à ce que j'avais tenté), l'aînée me raconta l'incident suivant :

Le dimanche précédent, dans la nuit, elle m'avait aperçu debout près de son lit et en avait été très effrayée, et, lorsque l'apparition s'avança vers elle, elle cria et éveilla *sa petite sœur qui me vit aussi*. Je lui demandai si elle était bien éveillée à ce moment, elle m'affirma très nettement qu'elle l'était. Lorsque je lui demandai à quelle heure cela s'était passé, elle me répondit que *c'était vers une heure du matin*. Sur ma demande, cette dame écrivit un récit de l'événement et le signa.

(1) Page 38 et suiv.

C'était la première fois que je tentais une expérience de ce genre et son plein et entier succès me frappa beaucoup.

Ce n'est pas seulement ma volonté que j'avais fortement tendue, j'avais aussi fait un effort d'une nature spéciale, qu'il m'est impossible de décrire. J'avais conscience d'une influence mystérieuse qui circulait dans mon corps, et j'avais l'impression distincte d'*exercer une force que je n'avais pas encore connue jusqu'ici*, mais que je peux à présent mettre en action à certains moments, *lorsque je le veux*.

S. H. B.

M. B. ajoute :

Je me souviens d'avoir écrit la note qui figure dans mon journal à peu près une semaine après l'événement, et pendant que le souvenir que j'en avais était encore très frais.

Voici comment Mlle Verity raconte l'événement :

Le 18 janvier 1883.

Il y a à peu près un an qu'un dimanche soir, à notre maison de Hogarth Road, Kensington, *je vis distinctement M. B. dans ma chambre vers une heure du matin*. J'étais tout à fait réveillée et fort effrayée ; mes cris réveillèrent ma sœur *qui vit aussi l'apparition*. Trois jours après, lorsque je rencontrai M. B., je lui racontai ce qui était arrivé. Je ne me remis qu'au bout de quelque temps du coup que j'avais reçu, et j'en garde un souvenir si vif qu'il ne peut s'effacer de ma mémoire.

L. S. Verity.

En réponse à nos questions, Mlle Verity ajoute :
Je n'avais jamais eu aucune hallucination.

Mlle E. C. Verity, dit :

Je me rappelle l'événement que raconte ma sœur. Son récit est tout à fait exact. J'ai vu l'apparition qu'elle voyait, au même moment et dans les mêmes circonstances.

E. C. Verity.

Mlle A. S. Verity dit :

Je me rappelle très nettement qu'un soir ma sœur aînée me réveilla en m'appelant d'une chambre voisine. J'allai près du lit où elle couchait avec ma sœur cadette, et elles me racontèrent toutes les deux qu'*elles avaient vu S. H. B. debout dans la pièce. C'était vers une heure* ; S. H. B. était en tenue de soirée, me dirent elles.

A. S. Verity.

M. S. H. B. ne se rappelle plus comment il était habillé cette nuit-là.

En discutant ce cas, les auteurs anglais font les très justes remarques suivantes : Mlle E. C. Verity dormait quand sa sœur aperçut l'apparition, elle fut réveillée par l'exclamation de sa sœur : « Voilà S... » Elle avait donc entendu le nom avant d'avoir vu l'apparition, et son hallucination pourrait être attribuée à une suggestion, mais cela ne suffit pas, évidemment, pour la considérer comme prédisposée à éprouver des impressions de ce genre. Il est certain qu'il faut autre chose que de dire à quelqu'un : voici M. X., pour que ce quelqu'un soit immédiatement halluciné. Les deux sœurs sont également sûres que l'apparition était en habit de soirée ; elles s'accordent aussi sur l'endroit où elle se tenait. Le gaz était baissé et l'on voyait plus nettement le fantôme que l'on eût pu voir une figure réelle.

Nous avons, disent encore les auteurs, examiné contradictoirement les témoins avec le plus grand soin. Il est certain que les demoiselles V..., ont parlé tout à fait spontanément de l'événement à M. B. Tout d'abord, elles n'avaient pas voulu lui en faire part, mais, quand elles le virent, la bizarrerie de l'affaire les poussa à le faire. Mlle Verity est un témoin très exact et très consciencieux ; elle n'aime nullement le merveilleux, et elle craint et déteste surtout cette forme particulière du merveilleux.

Les remarques précédentes peuvent nous faire admettre que dans le cas suivant, il y a eu autre chose qu'une simple action télépathique, d'abord parce que M. S. H. B., a eu un instant la sensation de quitter son corps, puis la percipiente Mme L., ne le connaissait pas assez pour se trouver en rapport avec lui, d'autant mieux que la pensée de ce monsieur n'était pas concentrée sur elle, mais sur ses deux sœurs. Voici ce fait intéressant, tel qu'il a été copié dans le manuscrit dont il est fait mention plus haut.

Le vendredi 1er décembre 1882, à 9 h. 30, je me retirai tout seul dans une chambre, je m'assis au coin du feu et je m'efforçai avec tant d'intensité de fixer ma pensée sur l'intérieur d'une maison de Kew (Clarence Road), où demeurait Mlle V. et ses deux sœurs, qu'il me *sembla que je m'y trouvais effectivement*. Pendant cette expérience, je dois m'être endormi d'un sommeil magnétique, car je ne perdis pas conscience, mais je ne pouvais remuer mes membres. Il ne me semblait pas avoir perdu la faculté de les mouvoir, mais je ne pouvais faire l'effort nécessaire pour cela. J'eus la sensation que mes mains, posées légèrement sur mes genoux à peu près à six pouces l'une de l'autre, allaient se rejoindre involontairement, *et elles semblaient se rencontrer*, quoique j'eusse conscience qu'elles ne remuaient pas.

J'appelle l'attention du lecteur sur ce dernier fait, qui est très curieux, car nous verrons plus tard, en étudiant les travaux de M. de Rochas, que les sujets sur lesquels on produit expérimentalement l'extériorisation de la sensibilité ont aussi l'impression de sentir leurs mains fluidiques se rencontrer, sans que les membres matériels se touchent. Ce rapprochement entre un fait spontané et ceux qui sont provoqués artificiellement, me paraît établir que le dédoublement de M. S. H. B. est d'autant plus probable, qu'il croit s'être trouvé dans une sorte d'état somnambulique. Poursuivons :

A 10 heures, un effort de volonté me ramena à mon état normal. Je pris un crayon et je notai sur une feuille de papier ce que je viens de dire.

La même nuit, quand j'allai me coucher, je pris la résolution d'apparaître à minuit dans la chambre à coucher située sur le devant de la maison dont nous venons de parler, et d'y rester jusqu'à ce que j'eusse rendu sensible *ma présence spirituelle* aux habitants de la chambre.

Le lendemain, samedi, je me rendis à Kew pour y passer la soirée, et j'y rencontrai une sœur mariée de Mlle V... (Mme L.). Je n'avais rencontré cette dame qu'une seule fois, c'était à un bal costumé, deux ans auparavant ; nous n'avions pas échangé plus d'une demi-douzaine de mots. Cette dame devait donc avoir perdu tout souvenir de mon extérieur, si même elle l'avait jamais remarqué.

Je ne pensai pas une minute à lui poser une question relative à l'expérience que j'avais tentée, mais dans le cours de notre conversation elle me raconta qu'*elle m'avait vu distinctement deux fois* la nuit précédente. Elle avait passé la nuit à Clarence Road et elle avait couché dans la chambre du devant. Vers 9 *heures et demie*, à peu près, elle *m'avait vu passer dans le couloir pour aller d'une chambre à une autre*, et, *vers minuit*, étant parfaitement réveillée, *elle me vit entrer dans sa chambre à coucher, me diriger vers l'endroit où elle dormait et prendre dans mes mains ses cheveux* qui sont très longs. Elle me raconta aussi que l'apparition *lui saisit la main* et la regarda avec beaucoup d'attention, de sorte qu'elle dit : « Vous ne devez pas regarder les lignes, car je n'ai jamais eu aucun malheur. » Puis elle réveilla sa sœur, Mlle V..., qui couchait avec elle, et lui raconta ce qui venait de se passer. Après avoir entendu son récit, je sortis de ma poche ce que j'avais écrit la veille ; je le montrai à quelques-unes des personnes présentes qui furent fort étonnées, malgré leur incrédulité.

Je demandai à Mme L..., *si elle ne rêvait pas*, au moment de la deuxième apparition, mais elle me dit de la manière la plus nette qu'elle était *tout à fait éveillée*. Elle me dit qu'elle avait oublié comment j'étais fait, mais qu'elle m'avait reconnu tout de suite en me voyant.

Mme L..., a une imagination très vive. Elle m'a dit qu'elle était sujette depuis son enfance à des impressions, à des pressentiments (*fancies*) (1), etc. Mais la coïncidence étrange, merveilleuse, des heures (qui était exacte) me convainquit que ce qu'elle venait de me raconter n'était pas dû à son imagination seule. Sur ma demande, elle écrivit brièvement ce qu'elle avait éprouvé et le signa.

S. H. B.

L'édition française reproduit la narration de Mme L..., qui est conforme à celle faite par M. S. H. B. et l'attestation de la sœur de Mme L..., qui affirme que le récit des deux visions lui a été fait immédiatement après la seconde apparition.

Pour les raisons énumérées plus haut : d'abord une première apparition, qui fut objective pour les deux sœurs Verity ; puis dans la seconde expérience, le dégagement de M. S. H. B. ; son apparition à une personne qu'il connaissait à peine et dont il ignorait la présence à la maison de Clarence Road, je crois que l'extériorisation fut réelle et qu'il y a eu très probablement *matérialisation temporaire* du double, qui s'accuse par l'ouver-

---

(1) Comme on demandait à M. B. d'expliquer cette phrase, il dit : « Je n'ai jamais entendu dire que Mme L. eût eu des hallucinations. Les phénomènes auxquels je fais allusion sont simplement des phénomènes qu'on peut expliquer par le rapport télépathique qui existe entre elle et M. L. » Par exemple : elle avait l'impression qu'il reviendrait à l'improviste à la maison (pendant qu'il était dans le nord de l'Angleterre) et il se trouva plusieurs fois que ses impressions étaient exactes.

ture de la porte (signalée dans le récit de Mme L...) et par les attouchements des cheveux et de la main. Malheureusement le récit ne spécifie pas si Mme L. a constaté que la porte, d'abord fermée, est restée ouverte après la disparition du fantôme, sans quoi la certitude de l'objectivité physique de l'apparition serait complète.

Dans le deuxième épisode du récit qui suit, il semble bien aussi qu'il y a eu tout autre chose qu'une simple action télépathique, car *une conversation* tenue avec une apparition implique la présence réelle de l'interlocuteur. Voici les faits :

UNE APPARITION QUI CAUSE AU RÉVÉREND STAINTON MOSES

IV (13) (1). Le sujet de l'expérience est notre ami le Rév. W. Stainton Moses ; il croit posséder un récit contemporain de l'événement, mais il n'a pu encore le retrouver au milieu de ses papiers. Nous connaissons un peu l'agent. Son récit a été écrit en février 1879, et l'on n'y a fait en 1883 que quelques changements de mots, après l'avoir soumis à M. Moses, qui l'a déclaré exact.

*
* *

Un soir, au commencement de l'année dernière, dit l'agent, je résolus d'essayer d'apparaître à Z (Stainton Moses), qui se trouvait à quelques milles de distance. Je ne l'avais pas informé d'avance de l'expérience que j'allais tenter, et je me couchai un peu avant minuit en concentrant ma pensée sur Z... ; je ne connaissais pas du tout sa chambre ni sa maison. Je m'endormis bientôt et je me réveillai le lendemain matin sans avoir eu conscience que rien se fût passé. Lorsque je vis Z..., quelques jours après, je lui demandai : « N'est-il rien arrivé chez vous, samedi soir ? — Certes, oui, me répondit-il, il est arrivé quelque chose. J'étais assis avec M... près du feu, nous fumions en causant. Vers minuit et demi, il se leva pour s'en aller, et je le reconduisis moi-même. Lorsque je retournai à ma place, près du feu, pour finir ma pipe, *je vous vis assis dans le fauteuil* qu'il venait de quitter. Je fixai mes regards sur vous, et je pris un journal pour m'assurer que je ne rêvais point, mais lorsque je le posai, je vous vis encore à la même place. Pendant que je vous regardais sans parler, vous vous êtes évanoui. Je vous voyais, dans mon imagination, couché dans

(1) *Les Hallucinations télépathiques*, pp. 37-38.

votre lit, comme d'ordinaire à cette heure, mais cependant *vous m'apparaissiez vêtu des vêtements que vous portiez tous les jours.* C'est donc que mon expérience semble avoir réussi, lui dis-je. La prochaine fois que je viendrai, demandez-moi ce que je veux ; j'avais dans l'esprit certaines questions que je voulais vous poser, mais j'attendais probablement une invitation à parler. »

Quelques semaines plus tard, je renouvelai l'expérience avec le même succès. Je n'informai pas non plus cette fois-là Z..., de ma tentative. Non seulement *il me questionna* sur un sujet qui était à ce moment une occasion de chaudes discussions entre nous, *mais il me retint quelque temps par la puissance de sa volonté,* après que j'eus exprimé le désir de m'en aller.

Lorsque le fait me fut communiqué, il me sembla expliquer le mal de tête violent et un peu étrange que j'avais ressenti le lendemain de mon expérience. Je remarquai du moins alors, qu'il n'y avait pas de raison apparente à ce mal de tête inaccoutumé. Comme la première fois, je ne gardai pas le souvenir de ce qui s'était passé la nuit précédente, ou du moins de ce qui semblait s'être passé.

M. Moses nous écrit :

21 Birchington Road. N. W., le 27 septembre 1885.

Ce récit est, autant que je m'en souviens, exact, et il m'est impossible de le compléter, n'ayant pas de notes à ma disposition.

W. Sainton Moses.

Il est presque impossible de supposer qu'il s'agisse dans la deuxième expérience d'une action télépathique, car une conversation exige pour les demandes et les réponses une influence réciproque qui ne se comprendrait plus. En effet, dans l'hypothèse d'une action télépathique, c'est l'agent qui a choisi le jour et l'heure où W. Sainton Moses devait avoir une hallucination, et celle-ci s'est produite. Mais quand le révérend cause, il faut que sa pensée arrive claire et distincte à l'agent, qui doit, à chaque instant, modifier l'apparition, pour lui donner l'apparence de répondre aux questions qui lui sont posées. Si cela a lieu ainsi, on ne comprend pas trop comment la volonté de M. Moses aurait eu le pouvoir de retenir un fantôme qui n'aurait possédé aucune réalité, et ceci contre la volonté de l'agent. Au contraire, si l'esprit de l'interlocuteur est présent, il devient compréhensible que la force magnétique de M. Moses le contraigne à rester, car il est des exemples nombreux de cette action de la volonté sur des sujets sensibles. Il est possible que la vue de l'esprit de l'agent soit due à la clairvoyance du révérend, qui était un excellent médium et, dans ce cas, ce ne serait plus une conversation verbale qui aurait été tenue, mais plus probablement un échange de pensées qui aurait pris la forme d'hallucinations auditives chez le percipient. Quoi qu'il en soit, la présence de l'esprit de l'agent semble plus rationnelle qu'une action télépathique réciproque.

Dans les cas suivants, le dédoublement semble tout à fait bien bien constaté.

DÉDOUBLEMENTS VOLONTAIRES ET RÉITÉRÉS

M. A de Rochas a publié dans les *Annales des Sciences psychiques* (1), l'article suivant, que je crois utile de reproduire en entier :

La réalité des phénomènes qu'on classe aujourd'hui sous le nom de phénomènes psychiques est maintenant admise par tous ceux qui ont étudié la question. Il y a de nombreuses théories, fort différentes les unes des autres; celle qui me paraît, pour le moment, la plus rapprochée de la vérité est celle du corps astral ; aussi, toutes les expériences qui tendent à prouver son existence et à définir ses propriétés ont-elles une importance considérable. Le phénomène de bilocation est certainement un de ceux qui laissent le moins de prise aux autres interprétations.

Je me bornerai à rappeler ici qu'on en a observé de nombreux cas dans la vie des saints, et je passe de suite à sa production expérimentale. Les auteurs de *Phanstasms of the Living* en citent sept cas parfaitement attestés, que tous les lecteurs des *Annales* doivent connaître.

En voici quatre autres qui se sont produits, il y a quelques années, dans la famille de Mme Agathe Hæmmerlé, la savante amie de Carl du Prel, dont elle a traduit les principaux ouvrages. L'auteur de la relation est sa fille Alma, alors âgée environ de dix-huit ans, et à qui je laisse la parole.

1re Expérience.

La première expérience a eu lieu à Kherson (Russie méridionale),

(1) Septembre 1906, p. 369.

où mon frère terminait ses études au gymnase. Ses amis de classe fréquentaient notre maison, et comme ma mère s'occupait de questions psychiques qui nous intéressaient tous, nous résolûmes un soir de faire une expérience.

En conséquence nous fixâmes l'heure à laquelle deux de ces jeunes gens, MM. Stankewitch et Serboff, tâcheraient d'envoyer le lendemain leur double vers nous : l'un à 11 heures du soir, l'autre à 11 heures et demie. Nous réglâmes nos montres, et il fut convenu que M. Stankewitch irait trouver mon frère dans sa chambre à coucher, tandis que M. Serboff se montrerait au salon.

Le lendemain soir, ma sœur Irma s'assit dans la salle à manger, d'où elle pouvait voir la porte donnant sur le salon. Mon frère, comme il était convenu, resta dans sa chambre et s'étendit sur son lit pour pouvoir mieux concentrer son attention sur le phénomène qu'il attendait. La chambre à coucher était attenante à la salle à manger.

Après avoir été un moment auprès de ma sœur, j'entrai dans la chambre de mon frère et, m'accoudant sur la rampe au pied de son lit, je lui demandai quelle heure il était. Il tira sa montre et me dit qu'il était juste 11 heures. La lampe de la supension brûlant dans la salle à manger donnait assez de clarté dans la chambre à coucher pour pouvoir distinguer les objets. Au même instant je sentis quelque chose qui me poussait l'épaule, et je vis à côté de moi la forme très distincte de M. Stankewitch ; *je pouvais distinguer son uniforme foncé avec les boutons en métal blanc.* En même temps mon frère me dit : « *Le voilà auprès de toi.* » — « *L'as-tu vu ?* », ajouta-t-il presque aussitôt ; car, après la première question, l'apparition avait disparu.

Ma sœur, nous entendant parler, s'approcha de nous en disant : *qu'elle venait de voir M. Stankewitch entrer par la porte du salon, passer auprès de la table dans la salle à manger,* et puis disparaître à ses yeux. Elle l'avait vu *aussi en uniforme et avait pu distinguer les boutons en métal blanc.*

Immédiatement après, nous entrâmes tous les trois au salon, qui était éclairé par la lampe de la salle à manger, pour attendre l'apparition de M. Serboff. Il ne vint qu'à minuit. Cette apparition nous sembla plus pâle que la précédente et moins distincte. Il entra par l'antichambre au salon, où il s'arrêta un moment près de la porte, s'avançant *tantôt à droite vers un des corps de la bibliothèque, tantôt à gauche vers l'autre;* puis il disparut subitement. Nous gardâmes encore le silence pendant quelque temps, croyant qu'il réapparaîtrait, mais ce fut en vain.

Mon frère inscrivit alors en détail sur deux feuilles le résultat des expériences, les mit sous enveloppes et les cacheta. Le lendemain, au gymnase, mon frère demanda à ses deux amis s'ils n'avaient pas oublié leur promesse. *Ils se mirent aussitôt à raconter, devant leurs camarades, tous les détails qui correspondaient exactement à tout ce que mon frère avait inscrit.* Alors il leur remit les enveloppes cachetées, qui furent ouvertes et dont le contenu fut lu à haute voix devant toute la classe. Après avoir lu le compte rendu qui le concernait, M. Serboff dit qu'au moment d'entrer au salon, *il était indécis relativement à l'armoire dont il voulait s'approcher,* car il avait eu l'intention d'ouvrir la bibliothèque et d'y prendre un livre; mais il perdit la force de concentration et revint à lui. Se sentant trop fatigué, il ne put recommencer l'expérience. M. Stankewitch ajouta qu'il était étonné *de sentir une résistance en s'approchant du lit*, car il ne s'attendait pas à ma présence; il croyait que la résistance provenait de ce qu'il s'était trop approché de la muraille, puisqu'il ne voyait que mon frère.

Nous avons perdu de vue M. Stankewich, mais M. Georges Serboff est avocat et habite actuellement Kerson; mon frère, Alfred Hæmmerlé, habite Odessa, rue Catherine, 14.

2ᵉ *Expérience.*

Ma sœur Irma alla passer quelques jours à la campagne, auprès d'une de nos amies, pendant que je restais avec mes parents. C'était la première fois que je me séparais de ma sœur jumelle; et, comme son absence m'était très pénible, je résolus d'aller voir ce qu'elle faisait.

Il était 11 heures du soir et j'étais couchée. Bientôt, *je me vis* dans la chambre qu'elle partageait avec notre amie, et j'aperçus ma sœur couchée dans son lit, un livre à la main et lisant à la lueur d'une lampe munie d'un abat-jour vert. Elle sentit ma présence, releva les yeux et me *vit debout près du poêle*. Lorsque je vis qu'elle me regardait, je tâchai de me cacher derrière le poêle, dans la crainte qu'elle ne s'effrayât de l'apparition, n'étant pas sûre qu'elle me reconnaîtrait.

Le lendemain, je lui écrivis les détails que je viens de relater, et je reçus une lettre, datée du même jour, me disant qu'elle m'avait vue la veille, à 11 heures du soir, *près du poêle.*

Ma sœur et moi nous avons renouvelé plusieurs fois cette expérience, qui ne réussit pas toujours.

3ᵉ *Expérience.*

Un soir, me trouvant dans la famille Spechnieff, où il y a quatre sœurs qui sont mes amies, l'aînée, Mlle Anna, dit, d'un air soucieux, que son frère (qui était officier et qui devait partir le lendemain pour Vladivostok) venait d'être pris subitement d'un fort accès de fièvre. Voyant mes amies si inquiètes, je résolus, en rentrant chez moi, de tâcher de guérir le malade par suggestion mentale.

Je me vis alors transportée dans la chambre du malade ; je le fixai en employant toute ma volonté, lui suggérant mentalement une guérison complète. Quand, le lendemain, j'allai visiter mes amies pour leur demander des nouvelles de leur frère, Mlle Anna me dit qu'il était parti bien portant et qu'il avait dit, le matin même, qu'il avait eu pendant la nuit une apparition : *il m'avait vue au fond de la chambre*, il avait senti que ma présence avait une influence calmante et qu'au même instant la fièvre l'avait quitté.

Les autres sœurs me virent aussi un jour où il était convenu que je leur apparaîtrais.

4e *Expérience.*

Une de mes cousines, qui s'intéressait beaucoup à la psychologie, a fait de nombreuses expériences de dédoublements.

Nous passions quelques jours à la campagne chez ma tante. Un soir, voulant savoir si elle s'apercevrait de ma présence, je résolus d'aller la voir sans l'avertir d'avance.

Nous habitions l'aile droite, au fond de la cour. Sa chambre était située au rez-de-chaussée et je voulais entrer par la fenêtre qui donnait dans la cour. J'essayai, d'abord, d'ouvrir le volet, ce qui ne me réussit pas ; je résolus alors d'entrer par un simple acte de ma volonté. *Le bruit que j'avais fait en essayant d'ouvrir le volet* réveilla ma cousine, qui sauta du lit pour aller voir ce que cela pouvait être. *Elle me vit devant elle*, et, se doutant de mon intention, se tranquillisa. Le lendemain, elle me fit part de son étonnement d'avoir pu constater que le corps astral avait *la faculté de mouvoir des objets.*

Mlle Alma, dit M. de Rochas, que j'avais magnétisée à son passage à Paris pour me mettre en rapport avec elle, devait essayer de venir me trouver en corps astral en partant de Mardö en Norvège, où elle se rendait avec sa mère et sa sœur dans une propriété de famille. L'expérience ne réussit pas pour diverses causes, parmi lesquelles se trouvait ma mise à la retraite d'office par le général André, ce qui me força à quitter Paris et à me retirer dans ma maison de campagne de l'Agnélas, où Mlle Alma n'était jamais allée.

Voici le récit qu'elle a fait de cette tentative infructueuse.

Mardö, la nuit du 25 au 26 août 1906.

« Le soir, en me couchant, je me sentais disposée à me dédoubler. Je fis d'abord un essai, et je vis à six pas de distance mon corps couché sur le lit. En revenant à moi, je me dis que je serais en état de faire une plus grande expérience. Je me sentis transportée en France ; mais n'ayant pas relu l'itinéraire indiqué dans votre lettre, je me demandais où l'Agnélas pouvait se trouver. Mais, au même instant, l'idée me vint que je n'avais besoin que de penser à vous. Un moment après, je me trouvais au pied de votre lit. Je vous y voyais étendu et je vous fixais avec l'intention que vous me regardiez. Vous vous mîtes alors sur le séant, en regardant autour de vous comme si vous cherchiez quelque chose, en clignant des yeux comme on le fait lorsqu'on est réveillé subitement au milieu de la nuit. Vous aviez sur vous un vêtement de nuit assez large et à col rabattu ; le cou était un peu découvert et les cheveux un peu en désordre. Autour de vous je ne distinguais que le coussin blanc et le bord blanc qui recouvrait votre couverture. Je regrette de n'avoir pas eu l'idée de voir toute la chambre. Je me trouvais à votre droite, au coin du pied du lit. »

Les détails que donne Mlle Alma sont exacts, mais leur banalité leur ôte toute importance. Il est fort possible que je me sois assis sur mon lit en cherchant à savoir ce qui m'avait réveillé, mais je n'en ai aucun souvenir.

J'ai renouvelé des essais de ce genre avec Mme Henriette, dont le *Bulletin de la Société d'études psychiques de Marseille* vient de publier le cas ; ils n'ont rien prouvé, parce que je ne suis sans doute pas d'un tempérament à percevoir des impressions de cette nature. Mais ces observations négatives ne doivent en rien infirmer les observations positives : en voici une, un peu oubliée aujourd'hui, qui est excellente. Je l'emprunte au livre du docteur Charpignon, intitulé : *Physiologie, Médecine et Métaphysique du magnétisme.*

« Une autre fois, une de nos somnambules (d'Orléans) désira dans un de ses somnambulismes, aller voir sa sœur qui était à Blois. Elle connaissait la route et la suivit mentalement.

« — Tiens, s'écria-t-elle, où va donc M. Jouanneau?

« — Où êtes-vous donc ?

« — Je suis à Meung, vers les Mauves, et je rencontre M. Jouanneau, tout endimanché, qui va sans doute dîner à quelque château.

« Puis elle continua son voyage.

« Or, la personne qui s'était offerte spontanément à la vue de la somnambule était un habitant de Meung, connu de plusieurs personnes présentes, et on lui écrivit de suite pour savoir de lui s'il était vraiment en promenade dans l'endroit désigné à l'heure indiquée.

« La réponse confirma minutieusement ce qu'avait dit Mlle Céline.

« Que de réflexions ! Que d'études psychologiques dans un état si fortuitement produit ! La vision de cette somnambule n'avait pas *bondi*, comme cela s'observe si souvent, à l'endroit désiré ; elle avait parcouru toute la distance d'Orléans à Blois et avait vu, dans ce rapide voyage, ce qui pouvait attirer son attention (1). »

Le premier cas relaté laisse un peu à désirer au point de vue expérimental, en ce sens que l'heure où les apparitions devaient se produire ayant été fixée d'avance, on pourrait objecter qu'il y a eu auto-suggestion des témoins, du frère et de la sœur, pour créer le fantôme de M. Stankewitch. Mais il ne faut pas oublier que le troisième témoin de l'apparition, la sœur de Mlle Hæmerlé, voit aussi l'apparition, et cela indépendamment de son frère et de sa sœur. De plus, le souvenir de sa sortie psychique a été conservé par M. Stankewitch, et il a *senti* le contact de Mlle Hæmerlé à côté du lit, alors qu'il ne savait pas qu'elle devait se trouver dans la chambre de son frère. Les descriptions concordantes de trois témoins, et le souvenir que l'agent a gardé de son dédoublement, établissent clairement, suivant moi, la réalité physique de l'apparition, qui agit intelligemment, ce qui prouve que c'est bien l'âme de M. Stankewitch qui s'est transportée chez son ami.

La seconde et la troisième expérience sont également démonstratives de la présence spirituelle de Mlle Alma, à cause de la justesse avec laquelle elle localise sa présence fantomale dans la chambre de sa sœur, à côté du poêle, et dans la guérison qui a suivi immédiatement pour l'officier la vision de la jeune fille.

Enfin, remarquons que le double de Mlle Hæmerlé a le pouvoir d'agir sur le volet de la fenêtre, avec assez d'énergie pour produire le bruit qui éveille sa cousine. Cette action physique que l'auteur se souvient d'avoir exercée, nous la retrouverons assez souvent dans les cas naturels, et elle nous servira de critérium pour établir la matérialité du double, car il faut une force physique pour déplacer un objet matériel.

Il ne paraît pas que ces études expérimentales aient suscité chez nous un grand intérêt. Cependant, il semble que depuis quelque temps un mouvement se dessine dans cette direction,

(1) J'ai cité ce cas dans mon livre : *le Spiritisme devant la science*, p. 118. (G. Delanne.)

car pendant ces dernières années (1907-1908), différentes tentatives ont été faites pour reprendre en France la série des recherches poursuivies avec tant de succès de l'autre côté de la Manche.

AUTRES EXPÉRIENCES RÉCENTES

M. Pierre Piobb a publié quelques observations (1) sur des essais de dédoublement volontaire faits par certaines personnes de sa connaissance. Je vais résumer rapidement ces récits — qui auraient eu besoin d'une documentation plus précise pour acquérir un caractère vraiment scientifique — parce que j'ai confiance dans la sincérité des narrateurs et dans le contrôle de M. Piobb.

A vrai dire, il n'existe aucune preuve objective que l'on soit dans ces cas en présence de véritables dédoublements. Il faut s'en rapporter, pour se faire une opinion, aux sensations des opérateurs, et si le fait de la clairvoyance paraît établi, celui du dégagement spirituel de l'agent est moins certain, bien que ce soit l'hypothèse la plus probable.

Voici les faits :

M. Christian, homme de lettres, résolut d'essayer de s'extérioriser pour se rendre chez son ami M. Piobb, habitant le XVIIIᵉ arrondissement. Voici comment il rend compte de ses impressions :

La première expérience eut lieu le vendredi 12 octobre 1906. J'étais chez des amis M. et Mme M.... dans le quartier de l'Observatoire. A 9 heures, heure fixée pour l'expérience en leur présence, je tentai de m'extérioriser. J'étais devant une table, je m'y accoudai en mettant les paumes de mes mains sur mes yeux fermés. Tant que dura mon expérience, une dizaine de minutes environ, mes amis présents gardèrent scrupuleusement le plus profond silence.

Sitôt l'expérience terminée, j'en écrivis les résultats sur mon carnet *ad hoc* et leur en fis connaître la teneur que voici :

Parti de chez les M... à 9 heures du soir, j'éprouve une grande difficulté à monter l'escalier de la maison de M. Piobb. Je pénètre par le salon dans le cabinet de travail de mon ami et remarque ce qui suit : il n'y a qu'une lampe d'allumée, elle est placée sur le

(1) P. Piobb, *l'Année occultiste et psychique*, p. 205 et suiv. Voir aussi *l'Écho du Merveilleux*, numéro du 15 juillet 1907.

bureau de Mme Piobb, qui est assise auprès et travaille à quelque chose que je ne distingue pas. Piobb circule dans la chambre, dans la pénombre, et au moment où je pénètre, se trouve debout adossé à la cheminée. Bientôt après il se déplace. Je reste peu de temps.

Je suis demeuré peu de temps parce qu'il m'était très désagréable, pénible même, d'être hors de moi-même. Cette sensation, assez commune paraît-il au début de ce genre d'expérience, je l'ai éprouvée très nettement.

Les faits que je viens de rapporter ont été reconnus parfaitement exacts. M. et Mme Piobb avaient noté leurs faits et gestes de 9 heures à 9 heures et demie et il y eut concordance parfaite entre la disposition de la chambre, ce qu'ils avaient fait, et ce que j'avais vu et noté de 9 heures à 9 h. 10.

Cette expérience n'a rien de bien particulier, car M. Christian connaissant le cabinet de travail et les habitudes de M. Piobb, aurait pu parfaitement imaginer cette petite scène d'intérieur, d'autant plus qu'il ne peut pas distinguer à quel genre d'ouvrage travaille Mme Piobb. Notons aussi que nous n'avons pas l'attestation de M. et Mme M..., ce qui enlève au récit cette précision minutieuse à laquelle les savants anglais nous ont habitués. Le second essai, un peu plus détaillé, est meilleur comme preuve de la clairvoyance :

Une seconde expérience fut tentée par moi le 17 octobre à 6 heures et demie du matin. Je copie mon carnet.

Couché sur mon lit, peu après être rentré, je me rends chez Piobb. Je remarque en chemin ce qui suit : l'aspect des rues est différent de celui perçu lors de mes visites nocturnes. Arrivé chez Piobb, chez qui je ne suis jamais allé de jour, je remarque, en montant l'escalier, comme précédemment avec peine, l'éclairage des marches par le jour, faible encore, venant des fenêtres.

Arrivé à la porte, je tente de sonner et de frapper violemment au panneau : l'opération ne semble pas donner de résultats. Je ne perçois aucun bruit. Je n'ai pas eu d'ailleurs jusqu'ici la sensation d'entendre. Je remarque à la porte un pain très long et très mince, appuyé à la gauche, un papier de soie l'enveloppant par le milieu. Je pénètre dans le couloir à travers la porte, ce qui me demande un certain effort. Le couloir est obscur. A ce moment j'éprouve un sentiment de crainte. Je redoute que mon ami, éveillé par les coups que j'ai cru frapper, ne tente quelque cérémonie magique de défense qui me blesse, et je m'en vais après une courte promenade dans le salon où je constate que la lumière pénètre par les fenêtres, alors que le cabinet de travail de Piobb, où je passe ensuite est obscur.

Les faits vérifiables, ceux notamment relatifs au pain, furent reconnus en tout *strictement exacts*. Une note de M. Piobb, placée sur mon carnet en regard des résultats inscrits par moi immédiatement après l'expérience, dit :

« Le pain était, en effet, à gauche et le papier de soie au milieu, comme le boulanger le faisait par erreur depuis quelques jours. Pain baguette. »

Quant à l'obscurité du couloir une note dit : « Le couloir n'a pas de fenêtre. »

Pour le salon, une autre note dit : « Les jalousies du salon n'étaient pas baissées. Les rideaux de tenture ne sont pas encore posés. Dans le cabinet de travail, au contraire, les rideaux de tenture étaient tirés et ne laissaient pas pénétrer la lumière. »

Voici maintenant les raisons sur lesquelles se fonde M. Christian pour croire que le phénomène est bien dû à une extériorisation de son moi, allant sur les lieux prendre connaissance de ce qui s'y passe. Suivant lui, la vision n'aurait pas lieu *in situ*, elle résulte d'un véritable dégagement, d'une bilocation, voici pourquoi :

J'ajouterai que je n'avais aucune donnée de mémoire qui pût me servir à imaginer l'éclairage des marches de l'escalier, la forme et la position du pain, l'éclairage du salon, etc. Enfin je dirai pour terminer que mes sensations au cours de mes extériorisations furent très différentes des faits de mémoire.

Ainsi les rues que je parcourais entre mon point de départ et la demeure de M. Piobb, n'avaient pas l'aspect qu'elles ont dans mon souvenir, — aspect conforme à celui qu'elles présentent aux heures où elles me sont le plus familières — mais bien un aspect particulier, et en quelque sorte *circonstancié*. J'éprouvais d'autre part une *sensation de flottement* à quelques mètres de hauteur que jamais je n'éprouve en parcourant par le souvenir un chemin déjà fait. Je vais beaucoup moins vite en astral, d'un point à un autre, qu'en souvenir.

Mon souvenir d'une rue, d'un lieu, etc., est synthétique ; ma vision en astral est analytique, même quand elle manque de clarté et de précision. Enfin je puis toujours par le souvenir parcourir et revoir des lieux connus ; je ne puis pas toujours, loin de là, m'extérioriser et éprouver les sensations particulières de déplacement et de vision que j'éprouve dans ce cas-là.

Nous retrouvons dans ces descriptions ce sentiment « d'aller à l'endroit » qui est vu, que j'ai signalé souvent dans d'autres récits, et il est difficile de supposer que ce ne sont là que des sensations subjectives, car si celles de la vision sont exactes, pourquoi celles-ci, qui y sont attachées, seraient-elles imaginaires ? Toujours dans le même volume, se trouvent les autres exemples suivants :

AUTRES RÉCITS OFFRANT LES MÊMES PARTICULARITÉS

Mlle B.., qui est aquafortiste, n'a tenté qu'une seule expérience ; elle est relatée de la façon suivante :

Bien que peu convaincue de la réussite, j'essayai un soir, cet hiver, de faire une sortie en astral (1) selon les moyens que m'avait indiqués M. P. Piobb.
Il était environ cinq heures, la nuit tombait, j'étais en mon domicile, dans le IIIe arrondissement, étendue sur le canapé de mon atelier où régnait un grand calme. De toute ma volonté tendue j'allais vers une de mes amies qui habite Asnières — parcours que je fais souvent et qui m'est très familier. — Au bout de quelques instants d'immobilité, je perdis conscience du lieu où je me trouvais et *me vis* debout, au milieu de la pièce, mettant avec des gestes fébriles *mon manteau, mon chapeau, mes gants*, puis j'atteignis l'escalier sur lequel je glissai au lieu de le descendre marche à marche.

Notons qu'avant le dédoublement, se produit d'abord un phénomène *d'autoscopie*, le sujet *se voit* mettre son chapeau, ses gants, etc. La conscience est encore en partie dans le corps, bientôt elle le quittera pour accompagner le double. En effet :

Bientôt, poursuit la narratrice, dans la rue je me trouvai soulevée du sol et poussée avec rapidité comme par un vent violent et j'allais — j'allais légèrement inclinée en avant, dépassant dans la rue les gens affairés, — hypnotisée par le but à atteindre. — J'arri-

---

(1) Les occultistes appellent « astral » ce que les spirites nomment *l'erraticité*, c'est-à-dire le monde fluidique dans lequel le nôtre est contenu. On sait que les physiciens admettent qu'une substance, qu'ils nomment l'éther, remplit l'espace et pénètre tous les corps ; pour les spirites, l'éther n'est qu'une des formes les plus inférieures du monde spirituel (G. D.).

vai à la gare, *je pris le train*, j'en descendis, tout cela comme si je l'accomplissais réellement, je suivis une rue et je fus chez mon amie.

Il paraît, au premier abord, que tous ces épisodes se produisent comme dans le rêve, et ne semblent pas correspondre à des actes effectifs accomplis par le double ; mais il ne faudrait pas se hâter de conclure que tout est imaginaire, car nous verrons plus loin que des actes aussi compliqués ont été accomplis par l'être extériorisé, *et matérialisé*. Ce sont ces analogies avec d'autres faits parfaitement contrôlés qui me font admettre la sincérité de cette demoiselle. Ceci dit, je continue :

Je parcourus toutes les pièces de l'appartement que je vis en grand désordre (elle venait en effet d'emménager) et dans la chambre, je la vis ; elle était debout devant l'armoire les bras levés, rangeant du linge sur les planches du haut. — Je rentrai chez moi, je me levai et marchai pour reprendre mes idées, impressionnée par ce qui venait d'arriver. J'étais alors extrêmement lasse et comme étourdie. Je regardai l'heure, mon voyage avait durée vingt minutes à peine.

Le lendemain, je vis mon amie et lui demandai ce qu'elle faisait la veille entre cinq heures et cinq heures vingt, elle me dit : hier, oui, je rangeais sûrement dans mon armoire ; donc je l'avais bien vue.

Ici encore, déplorons que l'auteur ne signe pas et que l'on n'ait pas demandé à l'amie un témoignage écrit qui aurait ajouté de la valeur à la documentation du récit. C'est parce que les membres de la *Société Psychique* Anglaise ont pris toutes ces précautions que leurs rapports ne peuvent plus être traités d'historiettes plus ou moins fantaisistes.

Je crois, pour les raisons indiquées plus haut, à l'autenthicité de ce fait, et je remarque que la percipiente a éprouvé également la sensation de glissement dans l'air. Ces faits sont moins probants que ceux que j'ai cités dans ce chapitre, mais ils mettent en relief que la volonté peut produire le dégagement du moi chez des personnes normales, nullement entraînées à ce genre d'exercice. Il serait à désirer que ces tentatives se multipliassent beaucoup, car ce n'est que par le grand nombre des expériences, cette fois bien contrôlées, que nous arriverons à découvrir les lois qui régissent ces curieux phénomènes et que l'on vaincra le scepticisme des incrédules.

Voici un autre récit (1) qui ressemble davantage à ceux rapportés déjà. C'est probablement une simple apparition télépathique, mais elle est intéressante parce qu'elle a été produite volontairement, bien que l'agent n'ait pas eu conscience de la réussite de son essai.

HALLUCINATION TÉLÉPATHIQUE EXPÉRIMENTALE

M. J. L..., un habile expérimentateur qui désire modestement garder l'anonyme, rapporte les faits suivants, fort curieux, lesquels dénotent chez lui des facultés psychiques.

Il y a quelques années, dit-il, j'étais en relations avec une femme que j'endormais régulièrement tous les huit jours par des passes magnétiques. J'avais constaté dans cet état hypnotique plusieurs phénomènes de communication avec l'invisible et de coups frappés à distance.

Un jour je pris la résolution, *sans l'en prévenir*, de tenter de lui apparaître dans sa chambre qui était dans une maison du côté de la gare du Nord, étant moi-même dans la mienne au bout du boulevard Saint-Michel.

Un soir donc, je rentrai me coucher *vers minuit*, je concentrai toutes les forces de ma volonté pour essayer de dégager mon corps astral, selon l'expression des théosophes. Autant que je puis m'en souvenir, je me trouvais alors dans une sorte d'extase, sans cesser de garder toute la conscience de moi-même, et ce n'est que quelques instants après que je m'endormis, toujours avec le même vouloir, et en pensant fortement à cette femme dont je me représentais les traits par l'imagination.

Quelle ne fut pas ma surprise quand, le lendemain vers les six heures du soir, au rendez-vous que je lui avais donné, je la vis éclater en amers reproches envers moi au sujet de l'influence hypnotique que j'exerçais sur elle, et qui lui avait causé une violente migraine la nuit précédente.

Et mon étonnement fut à son comble, tant je comptais peu sur la réussite de mon expérience, quand elle me dit que la veille, *vers minuit*, à l'heure même où je voulais lui apparaître, elle me vit tel que j'étais en ce moment, assis à son chevet et me rapprochant

(1) P. Piobb, *ouvrage cité*, p. 219.

d'elle, lorsqu'elle poussa un cri d'effroi qui fit aussitôt cesser la vision. Malheureusement personne n'était à côté d'elle à ce moment. Une autre fois ce monsieur est apparu à une dame de ses amies, mais sans l'avoir désiré.

Rien n'autorise, dans ce récit, à voir autre chose qu'une simple hallucination télépathique produite par la volonté de l'opérateur, qui ne s'est pas senti dédoublé et qui n'a pas eu conscience d'aller trouver le sujet chez lui.

*
* *

Je signalerai dans cet ordre d'idée une série d'expériences faites par le Dr Gibotteau (1), dans lesquelles une femme « Berthe », agissant sur lui, ou sur un de ses amis, a produit à distance des hallucinations visuelles et des troubles du sens de l'espace.

*
* *

SUGGESTION A DISTANCE PENDANT LE SOMMEIL

Le docteur J. Regnault rapporte, lui aussi, des expériences de suggestions mentales, à distance, sur différents sujets (2). Un de ceux-ci, Marguerite B..., était particulièrement sensible au commandement du sommeil. Voici, d'après le carnet de notes du docteur, une vision onirique provoquée par lui :

Le 13 juin, 8 h. 30 du soir. Marguerite m'apprend qu'elle est devenue très paresseuse. Mardi (11), entre 2 heures et 2 h. 15 elle a senti ses paupières s'alourdir et elle s'est endormie malgré elle. Aujourd'hui (13), après son déjeuner, elle a lu pendant 1 heure, après quoi elle a travaillé jusque vers 4 heures ; alors elle s'est endormie de sommeil hypnotique.

Tout cela avait été produit par le docteur Regnault. — Le 11 juin, à 11 h. 15 du soir, le docteur veut que Marguerite dorme et qu'elle le voie.

(1) Docteur GIBOTTEAU, Notes sur une série d'expériences relatives à la télépathie, poursuivies en 1888. *Annales des Sciences psychiques* (septembre-décembre 1892).
(2) J. REGNAULT, *la Sorcellerie*. Alcan, 1879, p. 250.

Voici ce que raconte la jeune femme :

Ce qui l'a le plus frappée, c'est que mardi (11) après s'être couchée vers 9 h. 30, elle s'était endormie paisiblement. « Entre 11 heures et minuit, vers 11 h. 30, je crois, dit-elle, j'ai rêvé de vous, je vous ai vu..., vous êtes resté cinq minutes près de moi ; quand vous êtes parti, je n'ai pas pu m'empêcher de dire : vous partez déjà, tant je croyais que mon rêve était la réalité ; cela m'a même tellement frappée, à cause de la *netteté de l'apparition*, que je me suis réveillée à demi, juste assez pour avoir l'idée d'allumer une bougie afin de vérifier qu'il n'y avait personne dans ma chambre, mais je n'ai pas eu le courage de me soulever sur mon oreiller, je me suis endormie profondément. »

— Comment savez-vous qu'il était 11 h. 30 ?

— C'est que j'avais entendu sonner 11 heures, et que j'ai été éveillée quand l'horloge a sonné minuit.

J'insistais pour faire préciser l'heure, car j'étais persuadé que je n'avait tenté l'expérience qu'après minuit ; je fus fort étonné de constater sur mon journal d'expériences, que j'avais bien opéré à 11 h. 15 c'est-à-dire entre 11 heures et minuit.

Je pourrais citer d'autres exemples empruntés aux magnétiseurs, mais je crois que la preuve est faite maintenant de l'action à distance de l'agent sur le percipient. Il était plus intéressant de signaler les essais d'apparitions volontaires entre des personnes n'ayant jamais été soumises à l'action magnétique. L'observation nous a fait constater qu'il existe des faits qui ne peuvent plus se comprendre par de simples hallucinations, non seulement parce que l'agent voit exactement ce qui se passe à l'endroit qu'il veut visiter, qu'il a le sentiment de s'y être rendu, mais aussi parce qu'il y est vu, parfois par plusieurs personnes, avec tous les caractères de la réalité.

Arrivons donc, maintenant, aux observations nombreuses dans lesquelles le fantôme agit matériellement, qui ont été signalées de tout temps, et qui donnent à la dualité substantielle de l'être humain un si haut degré de probabilité, qu'il équivaut presque à la certitude.

CHAPITRE VI

ACTIONS PHYSIQUES EXERCÉES PAR LE DOUBLE DES VIVANTS

Sommaire. — Parfois, le fantôme du vivant est objectif. — Problèmes que soulève la réalité physique du fantôme. — Celle-ci, cependant, est attestée dans certains cas par des actions physiques. — Le fantôme d'un homme vivant frappe à la porte de chez lui. — La voyante de Prévorst ; son action à distance produite volontairement. — Dédoublement de Mme d'Espérance, sous l'influence d'une grande préoccupation. — Une apparition, vue par deux servantes, ouvre la porte de chez elle. — Empreintes laissées dans la poussière par une main mystérieuse. — Le fantôme de vivant ouvre une porte fermée à clef. — Un autre ouvre et ferme une barrière. — Une hantise de vivant qui rappelle les cas de sorcellerie. — Le double peut se dégager pendant l'état de veille. — Le fantôme a assez de réalité pour être vu par toute une assemblée. — Le double d'une personne éveillée, prend et feuillette un livre. — Un autre indique l'endroit où se trouve le livre dont il a besoin. — Passagers sauvés par suite du dédoublement de l'un d'eux. — Le fantôme vient réclamer son portrait. — Les dédoublements de Mme Florence Marryat. — Un fantôme cause en se promenant avec son fils. — Le cas du Révérend Benning. — Un double qui se transporte d'Amérique en Europe. — Le fantôme sonne, parle et boit. — Preuves photographiques, obtenues fortuitement, que les doubles sont des êtres réels. — Les cas signalés par M. de Rochas. — Résumé.

PARFOIS, LE FANTÔME DU VIVANT EST OBJECTIF

Comme tous les phénomènes peu connus, le dédoublement de l'être humain aura besoin d'être observé encore bien des fois avant d'être admis par la généralité des physiologistes et des philosophes. C'est le sort de toutes les vérités nouvelles ; mais il me paraît que, dès maintenant, les preuves en faveur de cette duplication de l'organisme sont assez nombreuses et assez sérieusement contrôlées pour encourager les chercheurs à s'engager dans cette voie, si féconde en surprises pour ceux qui n'y sont pas préparés par leurs études antérieures.

Il est parfaitement légitime, et, d'ailleurs, conforme à la méthode scientifique, de n'avoir recours à une autre hypothèse que lorsque celle que l'on avait adoptée d'abord ne satisfait plus à l'explication des phénomènes. La théorie télépathique a été assez difficile à faire admettre pour que l'on n'y renonce pas avant de l'avoir poussée jusqu'à ses dernières limites; je ne serai donc pas surpris de rencontrer des incrédules au sujet de l'interprétation que j'adopte en ce qui concerne la nature des apparitions collectives. J'ai exposé les raisons très fortes qui m'obligent à conclure que l'apparition est réelle, lorsqu'elle est décrite par plusieurs personnes avec les mêmes caractères physiques; mais il est certain que la démonstration de l'objectivité du fantôme serait à l'abri de toutes les objections, et deviendrait même irréfutable, si celui-ci agissait physiquement de manière à mettre en évidence sa matérialité.

Or, il existe précisément un certain nombre d'exemples où cette tangibilité se révèle de diverses manières, et alors on constate que le double de l'être humain n'est pas une apparence incorporelle, un mirage, une forme idéale sans consistance, mais incontestablement une individualité qui possède des propriétés physiologiques analogues à celles d'un être vivant, en un mot, le double *est matérialisé;* il peut ouvrir ou fermer une porte; sonner; tenir un livre; parler; écrire, etc., et, chose encore plus précieuse, — car alors il reste un témoignage persistant de son action, après qu'il a disparu, — se laisser photographier.

Personne ne comprend mieux que moi combien la notion d'un dédoublement matériel de l'être humain semble en opposition avec toutes nos connaissances antérieures, et même avec les lois biologiques. Mais il est incontestable que chaque jour nous découvrons des faits qui nous obligent à modifier nos opinions anciennes, et même à prendre le contre-pied des idées régnantes. C'est ainsi que les phénomènes de la radio-activité de tous les corps paraît détruire radicalement la croyance à l'atome éternel et insécable, puisque celui-ci se désagrège en retournant à l'éther. Une semblable révolution s'accomplira pour les sciences qui concernent les êtres vivants, lorsque les faits que nous étudions seront plus connus.

En présence d'une action physique exercée par le fantôme, il ne viendra à l'idée de personne de suspecter sa réalité, et alors nous sommes en face d'un phénomène qui dépasse considérablement tout ce que l'on savait jusqu'alors sur la nature et les pouvoirs de l'être humain. Que de problèmes soulève une pareille constatation !

Cet organisme fluidique existe-t-il normalement dans le corps physique ? Si oui, quelles sont ses fonctions physiologiques ? Par quel procédé s'opère la séparation des deux parties de l'être humain ? Qui est-ce qui maintient la vie organique pendant l'exode du double ? Comment peut-il se faire que ce fantôme reproduise tous les traits de la personne dont il est le sosie ? Par quelle sorte de matière est-il constitué ? Quelle intelligence l'anime ? D'où lui vient l'énergie qu'il manifeste, et comment peut-il parler, boire ou manger ? Que deviennent les aliments ingérés ? Serait-il donc, intérieurement, une copie de l'organisme humain, comme il en a l'apparence extérieure ? Comment lui est-il possible de rester agrégé en franchissant de grandes distances ou en passant à travers des obstacles opaques comme les murs d'une maison ? Que devient sa substance quand il a disparu. Autant d'énigmes que le temps et la science résoudront, mais dont les phénomènes déjà connus permettent d'esquisser une théorie provisoire.

Sans plus tarder, pénétrons donc dans ces régions nouvelles, si captivantes par leur nouveauté.

Il paraît évident, dans les cas que nous avons relatés au chapitre précédent, que si toutes les apparitions étaient visibles, rien ne nous autorisait à penser qu'elles étaient assez objectivées pour exercer une action physique quelconque. Sauf les cas de Mlle Sagée (1), de Mme d'Espérance (2) et de Mlle Haermerlé (3), dans lesquels des attouchements semblent avoir été produits, nous ne savons rien sur la constitution du fantôme, et il serait téméraire de faire une autre supposition que celle qui ressort de leur visi-

---

(1) Voir page 175.
(2) Voir page 217.
(3) Voir page 231.

bilité. Maintenant, nous allons voir le fantôme à l'œuvre, et ses actions diverses nous permettront de faire quelques inductions concernant sa véritable nature.

Comme précédemment, je choisirai des exemples dans lesquels la vision a été collective, lorsqu'il ne reste pas de traces persistantes de son action. Dans les autres cas, l'action physique du double n'est pas niable puisque l'on en possède un résultat qui survit à la cause qui l'a produit. En faisant cette sélection, je néglige nécessairement un grand nombre de récits intéressants, mais c'est pour éviter de donner prise à l'objection de la théorie télépathique, car nous savons que, souvent, l'hallucination de la vue s'accompagne d'autres hallucinations visuelles, et même parfois auditives ou tactiles, en rapport avec la présence supposée de l'agent.

C'est ainsi, par exemple, que M. Beaunis, professeur de physiologie à la Faculté de médecine de Nancy, avait donné pendant son sommeil, à un sujet, la suggestion qu'elle le verrait 132 jours plus tard, c'est-à-dire le 1er janvier. Revenue à l'état normal, la jeune fille ne se souvint de rien, mais au jour de l'an, le matin, elle vit le professeur *entrer dans sa chambre en ouvrant la porte, lui parler, puis ressortir*. Cependant, à la même époque, M. Beaunis était à Paris. Dans ce cas, M. Beaunis n'avait pas fixé d'avance tous les détails de l'expérience, mais le sujet les inventa, au fur et à mesure, en objectivant les hallucinations nécessaires à la parfaite exécution de l'ordre suggéré. Nous devons donc tenir compte de cette possibilité et ne citer que des faits où la vision a été collective, ou bien ceux où l'apparition a été accompagnée de bruits perçus simultanément par des tiers. La discussion détaillée des faits mettra encore mieux en évidence les caractères que je signale ici.

Voici un exemple rapporté par un témoin des plus honorables, par M. H. Wegwood, membre de la *Société de recherches psychiques* de Londres (1) :

---

(1) *Light*, année 1883, p. 458. Cité par Aksakof dans *Animisme et spiritisme*, p. 512. J'emprunterai à cet auteur un certain nombre de cas, car son livre est un des plus sérieux qui aient été publiés sur ces questions.

LE FANTÔME D'UN HOMME VIVANT FRAPPE A LA PORTE DE CHEZ LUI

Vers la fin de septembre, j'étais l'hôte de Mme T., une de mes amies, qui possédait des facultés médianimiques. Son mari se rend tous les jours à Birmingham pour affaires ; la distance est d'environ 20 milles.

Quinze jours avant mon arrivée, c'était un samedi, et juste quelques instants avant l'heure où son mari devait rentrer, Mme T. se tenait à la fenêtre de sa chambre à coucher qui donnait sur la rue, et aperçut son mari *qui ouvrait la porte grillée du jardin;* il avait dans ses mains *plusieurs rouleaux,* ce qui excita la curiosité de Mme T.

Elle se précipita pour aller lui ouvrir ; sur son chemin, elle rencontra son beau-frère et lui fit part qu'elle venait de voir son mari qui était entré par la petite porte, chargé de plusieurs rouleaux. Pendant qu'elle parlait à son beau-frère, elle entendit frapper à la porte principale *la série des coups adoptés par son mari.* Les coups étaient si nets qu'elle n'eut pas de doute que son beau-frère les avait aussi entendus, ce qui n'était pas le cas cependant; mais la servante, dans la cuisine qui était attenante au vestibule, *les avait parfaitement entendus*, et était persuadée que c'était le maître de la maison ; *elle accourait pour ouvrir;* mais Mme T. qui l'avait devancée ouvrit elle-même la porte. N'apercevant personne, Mme T. envoya la femme de chambre à l'entrée de service et alla elle-même dans la salle à manger, à l'autre extrémité de l'appartement, croyant que son mari était entré par la porte du jardin ; là non plus, elle ne trouva personne. Pendant qu'elle restait ainsi perplexe, la femme de chambre vint la prévenir que M. T. était arrivé et qu'il entrait à ce moment par la grande porte. Elle alla au-devant de son mari et lui demada pourquoi il était revenu sur ses pas après être entré une première fois par la porte du jardin. Celui-ci lui répondit qu'il n'en avait rien fait, qu'il venait directement de la gare. — « Allons, je t'ai bien entendu frapper, et je t'ai vu venir avec deux paquets sous les bras ! » fit-elle, du ton d'une personne convaincue qu'elle avait été l'objet d'une plaisanterie. M. T. n'y comprenait rien. Il avait, en effet, *deux rouleaux sous les bras* ainsi que sa femme avait cru le voir.

Le beau-frère affirme de son côté, qu'étant près de la fenêtre, il avait bien entendu les paroles de la femme de chambre, *disant que le maître venait de frapper,* et cela juste au moment où Mme T. croyait l'apercevoir sur le chemin du jardin. J'ai eu la confirmation depuis par la femme de chambre elle-même. Son dire est, d'ailleurs, amplement corroboré par ce fait qu'elle était venue pour ouvrir la porte. Il est certain que les coups avaient une telle *réalité objective* qu'ils ont été entendus simultanément par deux personnes, lesquelles se trouvaient dans des parties éloignées de la maison et ne communiquant pas entre elles.

Je tiens ce fait des témoins même de l'incident, et je l'ai transcrit d'après leurs propres paroles, séance tenante, quinze jours après l'événement.

La vision de Mme T. et l'audition simultanée par la maîtresse de maison et la servante du même frappement, semblent bien indiquer l'objectivité du fantôme. Cependant l'hypothèse qu'une action télépathique du mari aurait d'abord déterminé l'hallucination visuelle de Mme T. puis, subsidiairement, celle des coups sur la porte, serait acceptable, puisque le beau-frère n'a rien entendu ; mais la servante ne se trouvant pas là, il faudrait alors imaginer que c'est la seconde hallucination de Mme T. qui s'est transmise à la femme de chambre, ce qui paraît bien improbable, car l'apparition portait des rouleaux sous le bras, comme M. T. lui-même ; c'est là un détail qui ne s'invente pas et qui montre que le dédoublement s'étend jusqu'aux objets portés par l'agent, qui est inconscient de sa duplication. Nous avons rencontré déjà le même phénomène pour miss C. J. E. que ses deux sœurs virent tenant un papier roulé sous son bras ; mais, ici, une action physique du fantôme complique les faits, et nous met en présence de ces bruits réels dont s'accompagnent si souvent les apparitions de vivants ou de morts.

Nous constatons qu'une certaine énergie est dépensée par le double, et nous chercherons plus tard où il peut emprunter cette force.

Une circonstance est encore à noter : c'est que si Mme T. n'avait pas été à sa fenêtre pour reconnaître l'apparition, on aurait entendu les coups sans en *voir* la cause, c'est-à-dire le double ; c'est ce qui arrive parfois, non seulement parce que personne n'est là au moment où la manifestation se produit, mais aussi parce que cette cause peut être invisible pour l'œil humain.

Justement voici, au sein de la même famille, un second cas dans lequel le double n'est pas aperçu, tout en produisant des bruits intelligents. C'est toujours M. Wedgwood qui le rapporte (1) :

(1) *Light*, 1883.

Antérieurement à l'incident que je viens de raconter, M. T... avait déjà, paraît-il, averti de son retour les personnes de la maison, en provoquant des effets que chacun pouvait constater, mais sans que son double ait été aperçu par qui que ce soit.

Pour rentrer avant l'heure du dîner, M. T... pouvait prendre soit le train de 5 heures et demie, soit celui de 6 heures et demie. Le 12 juin, il prévint sa femme qu'il ne reviendrait probablement que par le dernier train. Vers six heures et demie, Mme T... eut l'idée d'aller à la gare pour se rendre à la rencontre de son mari ; au moment où elle s'apprêtait à mettre son chapeau, elle entendit soudain le son de plusieurs accords frappés au piano, dans le salon, à l'étage au-dessous ; ces accords furent suivis d'un passage rapide en octaves, et ensuite elle entendit jouer une mélodie avec un doigt, comme le faisait d'ordinaire M. T... Croyant que son mari venait d'arriver avec le premier train, elle se débarrassa de son chapeau et descendit en toute hâte. Mais elle trouva le salon vide et le piano fermé.

Il n'y avait personne dans la maison, car la bonne était dans la buanderie, à l'autre extrémité du bâtiment (1).

Si ce dernier cas était isolé, je l'aurais passé sous silence puisque Mme T... fut seule à l'entendre, mais rapproché du précédent, il paraît indiquer une action réelle exercée par M. T... Des faits de cette nature ont été souvent observés, et même produits intentionnellement, comme les récits suivants, dus au docteur Kerner, permettent de le supposer (2) :

LA VOYANTE DE PRÉVORST

Dans cette même journée du 2 mai dont nous parlons ci-dessus, vers neuf heures du soir, Mme Hauffe (la voyante) pendant son sommeil s'écria : « Ah ! Dieu ! » puis s'éveilla comme secouée par sa propre exclamation. Elle dit alors qu'elle venait d'entendre deux voix sortir d'elle-même. A l'heure même où ce fait se produisait, le docteur Fohr, de Botwar, le médecin qui avait donné ses soins au décédé (le père de Mme Hauffe) se trouvant avec un oncle de Mme Hauffe dans une chambre voisine de celle où gisait le corps entendit les mots « Ah ! Dieu ! » si distinctement, qu'il alla voir qui était là, mais ne trouva que le corps.

(1) *Light*, 1883.
(2) Justinus Kerner, *la Voyante de Prévorst*, traduction française, par M. le docteur Dusart, p. 58.

Le docteur Fohr m'écrivit à ce propos : « Après mon arrivée à Oberstenfeld, où je trouvai M. W... mort, j'entendis distinctement de la chambre voisine, où se trouvait le cadavre les mots « Ah ! Dieu ! » je pensai qu'ils sortaient de la bière et que M. W... était seulement en état de mort apparente. Je le veillai pendant une heure, jusqu'à ce que je fusse convaincu qu'il était bien réellement décédé. *L'oncle n'entendit rien.* Il est certain qu'il n'y avait personne dans la partie de la maison d'où partait la voix. »

La voyante expliquait ceci en disant que son désir intense de

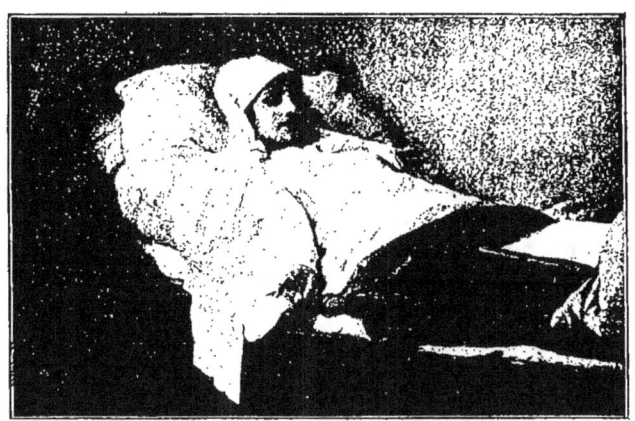

Fig. 16. — Mme Hauffe, dite : La voyante de Prévorst.

savoir comment allait son père avait permis à son âme d'accompagner son fluide nerveux (c'est ainsi qu'elle désignait le double) jusqu'à l'endroit où il gisait, et que son *sentiment et ses pensées étant énergiquement fixés sur le médecin et ses capacités*, il en était résulté que celui-ci avait pu entendre l'exclamation poussée par l'âme sur la bière, qu'elle répéta en reprenant son corps, lorsque je l'entendis moi-même.

Il faut dire que Mme Hauffe était préoccupée de la santé de son père, à cause d'une vision qui lui montrait un cercueil placé auprès du lit paternel. Elle concentrait ses pensées sur lui, ce qui détermina le phénomène relaté plus haut.

L'explication donnée par la voyante, c'est déjà la théorie télépathique, formulée bien longtemps avant celle des savants anglais : le sentiment et la pensée de Mme Hauffe concentrés énergiquement sur le docteur Fohr lui font percevoir l'exclamation de la voyante, et lui seul est influencé, puisque l'oncle n'entend rien. Le fait de la présence de l'âme de la voyante dans la maison de son père résulte de la connaissance qu'elle possède de tous les incidents. Ce n'était pas par clairvoyance qu'elle assistait à la scène, mais en état de dédoublement, car elle agit sur le docteur dont elle ignorait normalement la présence. Malgré cette induction légitime, j'aurais supprimé ce fait, comme insuffisant pour établir une action matérielle du double, si elle n'avait pas donné des preuves de son pouvoir en produisant des bruits à distance, entendus par le docteur Kerner et sa femme, voici dans quelles conditions :

Comme ses parents m'avaient dit, une année avant la mort de son père, qu'au début de son état magnétique elle pouvait se faire entendre de ses amis, la nuit, lorsqu'ils étaient couchés dans le même village, mais dans des habitations différentes, par des coups frappés comme *on le rapporte des décédés* (1), je lui demandai pendant son sommeil si elle pouvait encore le faire, et à quelle distance? Elle me répondit qu'elle pourrait le faire quelquefois et que la distance *n'existait pas pour l'esprit*. Peu après cela, nos enfants et les domestiques étant déjà endormis, nous entendîmes, au moment de nous coucher, un coup paraissant frappé dans l'air au-dessus de nos têtes. *Six coups furent ainsi frappés à une demi-minute* d'intervalle. C'était un son creux, mais net, doux et bien distinct. Notre maison est tout à fait isolée et nous étions bien certains que les bruits ne pouvaient provenir d'aucune personne près de nous ou au-dessus de nous.

Le lendemain soir, lorsqu'elle fut endormie, quoi que je n'eusse parlé de ce fait à qui que ce fût, elle demanda si je voulais qu'elle frappât *de nouveau* pour nous ? Comme elle ajouta que cela *l'épuisait*, je refusai. Elle me dit ensuite que ces coups étaient produits dans l'air par l'esprit et non par l'âme ; mais que la voix entendue près de la bière de son père s'était produite lorsque son âme avait quitté son corps, en même temps que l'esprit, sous l'influence des sentiments intenses qui l'animaient.

La voyante appelle *esprit* l'enveloppe animique qu'elle croit formée de fluide nerveux. Le docteur Kerner ajoute : Ces phénomènes ne nous surprendront pas, si nous voulons nous rap-

(1) C'est moi qui souligne, pour faire constater combien est plus ancienne que l'on ne le suppose ordinairement la croyance à l'action physique exercée par l'âme des défunts.

peler que les mourants, lorsque l'esprit est déjà sorti, mais que l'âme est encore attachée au corps, ont la faculté d'apparaître avec leurs traits caractéristiques à des amis éloignés. C'est ainsi qu'un parent de mon ami le docteur Seyffer lui apparut au moment de sa mort, et que le prince de Hohenlohe apparut au docteur OEsterler, son collègue à l'Académie.

Nous avons vu déjà, et noterons encore, plus loin, qu'il est possible de provoquer expérimentalement le dédoublement, et, de plus, que l'être extériorisé produit des phénomènes de motricité analogues à ceux de la voyante de Prévorst. Ce sont ces confirmations ultérieures, indépendamment de la créance que nous devons accorder à un homme aussi justement considéré que le docteur Kerner, qui me font classer le dernier fait cité parmi les effets physiques déterminés par le double, puisque les coups furent entendus par le docteur et par sa femme.

Voici maintenant un second récit que nous devons à Mme d'Espérance, auteur d'ouvrages spirites appréciés et dont la parfaite sincérité est attestée par M. Aksakof, qui l'a particulièrement connue. Elle cite d'ailleurs le nom des témoins et donne leur attestation ; comme elle n'a pas été démentie, nous sommes autorisés à considérer son récit comme tout à fait véridique. Il a paru dans le livre qu'elle publia en 1901, sous le titre : *Northern Lights*, en voici la traduction :

LE DÉDOUBLEMENT PENDANT LE SOMMEIL ORDINAIRE

Sans aucune prétention à soutenir une théorie, je vais rapporter quelques incidents choisis dans un très grand nombre d'égale valeur. Les circonstances ayant démontré que la vérité de ces cas était incontestable, je les ai pris de préférence. Au lecteur de juger si l'indépendance du corps spirituel des personnes encore vivantes est suffisamment démontrée.

Mme d'Espérance aidant M. Fiddler dans ses recherches chimiques et micrographiques sur certaines altérations du lait, demanda à un M. Lemberg, habitant Bonared, l'autorisation de les poursuivre dans sa laiterie et de mettre dans ce but à sa disposition sa provision de glace, ses divers appareils et ses serviteurs, ce qui fut accordé. Voici comment Mme d'Espérance rapporte le fait qui nous intéresse :

Je décidai de me rendre à Bonared le vendredi 27 octobre 1893. Cette localité est à 50 milles de Gothembourg, à vol d'oiseau, mais le voyage en chemin de fer, bateau et voiture, demande de cinq à six heures. Résolue à partir dès la première heure, je fis tous mes préparatifs la veille dans la soirée et je me couchai après avoir recommandé de m'éveiller de bonne heure.

La crainte de n'être pas prête à temps me tint longtemps éveillée, mais enfin je m'endormis. Pendant mon sommeil il me sembla que je venais d'effectuer mon voyage et que j'étais arrivée à Bonared. Je trouvai que rien n'avait été préparé pour me recevoir et que je devrais modifier diverses dispositions pour exécuter mon travail. Lorsque je demandai au directeur de la laiterie la disposition des appareils et de la glace, il m'opposa un refus formel.

Irritée et ennuyée des retards que cela allait me causer, je résolus de m'adresser à M. Lemberg habitant Skene, à cinq milles de Bonared. Je m'y trouvai soudain rendue, en costume de travail, *tenant en main un tube de lait et un thermomètre*. Comment y suis-je arrivée ? Je ne m'en rendis pas compte, pas plus que de mon voyage à Bonared.

Une fois là je demandai à voir M. Lemberg, mais il me fut répondu que je ne le pouvais pas, parce qu'il était encore couché. Je me dirigeai vers sa chambre, à la porte de laquelle je trouvai sa femme. Je lui expliquai qu'il était nécessaire que je visse son mari sans aucun retard et je lui dis pourquoi. Elle refusa, me disant que son mari dormait encore et qu'elle ne voulait pas troubler son sommeil.

Il me sembla que pour une cause quelconque Mme Lemberg était décidée à ne pas me laisser causer avec son mari. Ce nouvel obstacle m'irrita et je résolus de ne pas manquer le but de mon voyage.

Je pénétrai donc dans la chambre, malgré les protestations de Mme Lemberg. Je trouvai M. Lemberg étendu dans son lit ; il souleva la tête et me regarda d'un air assez effrayé. Je songeai alors que j'aurais mieux fait d'attendre dans une pièce voisine et tout en regrettant ces retards fâcheux, je me disposais à sortir, lorsque ma porte en s'ouvrant me tira de mon profond sommeil. C'était ma bonne qui m'apportait mon café du matin et une dépêche de M. Fidler, m'annonçant qu'il était inutile d'aller à Bonared.

J'eus beaucoup de peine à me convaincre que la visite à la laiterie et chez M. Lemberg n'avait été que le jeu d'une vision. J'étais très fatiguée et lorsque je vis M. Fidler dans l'après-midi, je lui dis combien cette expérience m'avait préoccupée la nuit précédente.

Voyons maintenant la suite de cette histoire, pour laquelle je laisse la parole à M. Lemberg.

« Voici une chose qui vous paraîtra bien étrange, que je ne comprends pas moi-même, mais dont je suis absolument certain. Mme d'Espérance était chez moi à Skene, vendredi dernier, 27 octobre. Comment pouvait-elle être en même temps à Gothembourg? Il m'est impossible de m'en rendre compte, mais *ma conviction est absolue*.

« Ce jour-là, de grand matin, ma femme m'éveilla subitement, en me disant : « Mme d'Espérance est ici dans la chambre ». Lorsque je fus tout à fait éveillé elle me dit que Mme d'Espérance était là, et qu'elle avait disparu tandis que je m'éveillais. Ma femme ajouta qu'elle était étendue toute éveillée, *lorsque la porte s'ouvrit* et que Mme d'Espérance entra et jeta ses regard sur nous. Elle tenait *un grand thermomètre à la main*. Ma femme ne savait ce que voulait Mme d'Espérance, mais en lui voyant ce thermomètre en main elle pensa qu'elle voulait faire une expérience sur la température. Je me levai aussitôt, mais je ne trouvai aucune trace de Mme d'Espérance dans toute la maison. A mes questions, ma femme répondit que Mme d'Espérance portait un costume imprimé de couleur claire, avec des manches courtes et un tablier blanc. Dans la main qui ne portait pas de thermomètre elle tenait un objet que ma femme n'avait pas bien distingué.

Mme Lemberg a déclaré que si on le jugeait utile, elle était prête à affirmer *par serment* devant un officier ministériel qu'elle avait vu Mme d'Espérance à la date et dans les circonstances sus-indiquées. On n'est pas allé jusque-là, mais on a rédigé un rapport signé en présence de trois témoins, constatant que le 27 octobre 1893, vers quatre heures du matin, Mme d'Espérance était dans la chambre à coucher à Skene ; que Mme Lemberg était parfaitement éveillée et l'avait reconnue sans aucune hésitation. »

En outre une jeune dame, fille adoptive de M. Fidler, a fait la déclaration suivante :

« Dans la soirée du 26 octobre 1893, Mme d'Espérance résolut de se rendre à Bonared, pour y faire quelques expériences. Elle discuta diverses questions, me donna diverses instructions et se coucha comme d'habitude. Je sais d'une façon positive que le 27 octobre, elle était dans sa chambre de trois à sept heures du matin, c'est-à-dire une heure avant et trois heures après avoir été vue à Skene, et qu'elle prit une tasse de café à sept heures.

La netteté du souvenir de Mme d'Espérance n'est pas tout à fait complète en se réveillant, puisqu'elle s'imagina avoir causé avec Mme Lemberg ; mais celle-ci la vit ouvrir la porte, et le détail du thermomètre, indique qu'il y a eu probablement autre chose qu'une simple action télépathique, car on n'attendait pas le moins du monde Mme d'Espérance, et M. et Mme Lemberg ne pouvaient guère imaginer qu'elle se rendait chez eux à une heure si matinale, en costume de travail.

Une fois de plus, nous voyons le fantôme avec des vêtements spéciaux, qui ne sont pas ceux dont le corps est vêtu à ce moment-là. Si le phénomène est télépathique, il ne s'explique guère mieux que le dédoublement, car il faudra admettre que c'est Mme d'Espérance qui a fabriqué inconsciemment une image d'elle-même, pour la projeter à distance, jusque dans la chambre de M. Lemberg, et ouvrir la porte, ou donner à Mme Lemberg l'hallucination qu'elle le faisait, ce qui est aussi étrange qu'un dédoublement. Ici encore, la conviction de Mme d'Espérance d'être réellement à Skene est aussi grande que la certitude de Mme Lemberg de l'y voir, ce qui donne à la théorie de l'extériorisation de l'âme de l'agent la plus grande probabilité.

Arrivons maintenant à des cas où l'action physique exercée ne permet plus l'ombre d'un doute, non seulement sur sa réalité, mais aussi sur sa cause. Citons en premier lieu un dédoublement involontaire et inconscient, pendant la veille. Il est dû à M. Georges Wyld, docteur en médecine (1) qui semble un enquêteur consciencieux.

L'APPARITION OUVRE LA PORTE DE LA CUISINE

J'avais, dit-il, d'excellents rapports d'amitié depuis quinze ans avec Miss J... et sa mère. Ces deux femmes ont reçu une instruction des plus distinguées et sont absolument dignes de foi. Le récit qu'elles m'ont fait a été confirmé par l'une des servantes. Quant à l'autre, je n'ai pas pu la retrouver.

C'était quelques années avant notre connaissance, Miss J... était très assidue à visiter les pauvres. Or, un jour qu'elle regagnait son domicile après une tournée charitable, elle se sentit fatiguée et mal à l'aise à cause du froid, et éprouva le désir d'aller à son retour se réchauffer auprès du four, dans la cuisine. Au moment précis où cette idée lui était passée par l'esprit, deux servantes qui étaient occupées dans la cuisine, virent *tourner le bouton de la porte, celle-ci s'ouvrir* et livrer passage à Miss J... Celle-ci s'approcha du feu et se chauffa les mains. L'attention des servantes

---

(1) *Light*, 1882, pp. 26 et 50.

était attirée par des *gants de chevreau glacé de couleur verte* que Miss J... avait aux mains. Subitement, devant leurs yeux, elle disparut. Frappées d'étonnement, elles montèrent précipitamment chez la mère de Miss J... et lui firent part de leur aventure, sans oublier le détail des gants verts.

La mère en conçut quelque appréhension de mauvais augure, mais elle essaya de tranquilliser les servantes, leur disant que Miss J... ne portait que des gants noirs, qu'elle n'en avait jamais eu de verts et que, par conséquent, leur vision ne pouvait être considérée comme le fantôme de sa fille.

Une demi-heure après, Miss J... en personne faisait son entrée ; elle alla droit à la cuisine et se chauffa devant le feu. Elle avait à ses mains des gants verts, *n'en ayant pas pu trouver de noirs.*

Dans une notice explicative, le docteur Wyld ajoute :

Il ne manque pas de comptes rendus, fabriqués à la légère, de phénomènes psychiques ; quant à moi, je me suis toujours appliqué à être le plus précis possible. Par exemple, dans le cas considéré, comprenant très bien ce qu'il y avait d'important à se tenir aux faits, je me suis livré aux investigations les plus minutieuses, entrant dans les moindres détails ; ainsi, je me suis fait répéter à plusieurs reprises ce fait que, des deux servantes qui se trouvaient dans la cuisine, une seule avait vu le mouvement du bouton de la porte, *mais que toutes les deux avaient vu la porte s'ouvrir.*

Indépendamment de la ressemblance absolue du fantôme avec le corps physique et avec les vêtements, dans ce cas, nous avons la preuve directe que ce double possède une substantialité, car pour tourner le bouton de la porte, pour l'ouvrir, il faut déployer une certaine force mécanique qu'un être incorporel, inconsistant, ne pourrait manifester. La matérialité du double, son objectivation, ressort donc avec évidence de ses actes, et cette motricité est analogue à la nôtre lorsque nous accomplissons des actes semblables. La main fantômale est réelle, tangible, et dépense de l'énergie. C'est là un fait de la plus haute importance et l'on ne saurait trop le signaler, car il est gros de conséquences.

Il est malheureusement assez rare que le phénomène spontané atteigne ce degré d'objectivité ; cependant l'exemple précédent n'est pas isolé, car en voici trois autres, dont le premier, tout récent, affirme la continuité des manifestations.

LES EMPREINTES D'UNE MAIN MYSTÉRIEUSE

Le Docteur Francisco Pazienza (1) est un médecin zélé et instruit qui exerce à Roccafinata, près de Tarente, où il habite avec des parents encore jeunes, une aile de l'ex-palais du marquisat. Très matérialiste, il a changé d'allure depuis un mois et est devenu pensif. Interrogé sur ce changement de caractère, il a raconté à ses amis le fait extraordinaire d'une visite d'esprit dans sa maison. Presque tous les jours, à la même heure, au moment où l'on va se mettre à table, on entend sonner à la porte de la maison *et une voix faible* demande la permission d'entrer. On ouvre la porte de dedans toute grande et... on ne voit personne. Mais pendant qu'on referme la porte et après qu'elle a été fermée, on entend distinctement un bruit léger, comme celui que ferait une personne entrant dans la maison et se rendant au salon. Qu'on s'imagine l'impression subie par les habitants de la maison ! On va au salon et on ne voit personne ; seulement le lendemain matin on trouve des traces de la visite. Dans la maison le sol est couvert de carreaux qui font beaucoup de poussière et, malgré tous les soins, il s'en forme une couche sur les meubles. Or le docteur et ses parents voient, avec horreur, sur le piano, *dans la poussière, l'empreinte nette d'une main difforme*, comme celle d'un goutteux.

On essuya le tout après la première visite de l'esprit invisible, mais à la visite suivante, la même empreinte se retrouva au même endroit. Mais ce qu'il y a de plus singulier, c'est que le Docteur P. *pensa un jour à part lui*: « Pourquoi cette empreinte se montre-t-elle toujours sur mon piano et non pas sur ma table de nuit par exemple ? » Le lendemain l'empreinte était sur la table de nuit. Beaucoup de personnes ont été admises à constater ce phénomène.

Nous verrons qu'on a pu observer le même phénomène avec Eusapia, dont la main fantômale a laissé des traces sur du noir de fumée. Je poursuis. Le cas suivant a été introduit par Miss Dallas dans la traduction anglaise qu'elle fit de notre ouvrage : *l'Ame est immortelle* ; elle l'a emprunté au *Journal* de la S. P. R. Nous savons avec quel soin les savants anglais vérifient les cas qui leur sont soumis, nous avons donc toute raison d'admettre l'authenticité complète de celui-ci :

---

(1) *Luce e Ombra*, numéro d'octobre 1907. D'après le *Secolo XIX* du 14 septembre.

LE FANTÔME DU VIVANT OUVRE UNE PORTE FERMÉE A CLEF

Un soir de février 1891, vers onze heures, je me trouvais dans le fumoir du nouveau Club à Edimbourg. Le sommeil s'empara de moi et je dormis profondément pendant environ une heure. Pendant mon sommeil, j'eus le rêve très intense que voici :

Je rêvais que je regagnais mon domicile d'Abercrombie Place, craignant d'arriver trop tard pour le dîner. *J'ouvrais la porte avec ma clef et me hâtai de monter* pour faire ma toilette. Au milieu de l'escalier, je me retournais et, regardant au bas, j'y aperçevai mon père qui, *du vestibule, dirigeait ses regards vers moi*. A ce moment je m'éveillai, et constatant qu'il était plus de minuit, je me levai et rentrai chez moi.

En arrivant, je fus étonné de voir la maison tout éclairée et que mon père et l'un de mes frères, parcouraient toute la maison en m'appelant. A ma vue, mon père témoigna une vive surprise et me demanda d'où je venais. Je lui expliquai que j'arrivais directement du cercle. Il me demanda si je n'étais pas déjà venu vers minuit, et sur ma réponse négative, il me raconta les faits suivants :

Selon sa coutume, il était dans son fumoir, lorsque vers minuit il se leva pour aller se coucher. En ouvrant la porte qui donnait sur le vestibule, *il entendit ouvrir la porte de la rue et me vit en hâte traverser le vestibule et me précipiter vers l'escalier*. En levant les yeux, *il m'aperçut regardant en bas*, puis disparaître. Il se rendit dans sa chambre et dit à ma mère *qu'il avait refermé* la porte de la rue après que je fus entré.

Ma mère lui répondit qu'il devait s'être trompé, car si j'étais rentré je n'aurais pas manqué de lui souhaiter le bonsoir en passant devant sa porte.

Mon père lui assura d'une façon expresse qu'il *m'avait vu entrer* et comme elle restait incrédule, il se rendit dans ma chambre, la trouva vide et appela mon frère pour faire des recherches avec lui. C'est alors que je rentrai en réalité. Mon père était tellement certain de m'avoir vu, que je fus un moment avant de le convaincre que je ne faisais que de rentrer, et je n'oublierai jamais notre commune stupéfaction devant un tel événement.

16 décembre 1897.

Signé : Arthur Hamilton Boyd.
S. Boswelo, M. B.

La remarquable coïncidence entre la vision de ce qui se passait chez lui par M. Boyd, c'est-à-dire la présence de son père dans le vestibule, *le regardant*, et le sentiment qu'il avait *d'y être et de le voir*, nous met encore une fois en présence de ces faits que le dédoublement explique mieux que l'hypothèse de la clairvoyance, compliquée d'une action télépathique exercée par le fils sur le père.

En effet, la théorie de l'extériorisation du moi, accomplissant une série d'actes en rapport avec son désir de rentrer chez lui reçoit, comme dans l'exemple précédent, une consécration formelle du fait que la porte fut *certainement ouverte* par l'apparition, puisque le père la referma. Une image hallucinatoire n'existe pas en dehors du cerveau du percipient et ne saurait, par conséquent, exercer aucune action physique. Puisque la porte a été ouverte par le fantôme, c'est que celui-ci était matérialisé, et ceci nous met en présence d'une nouvelle complication, car pour faire mouvoir la serrure il faut une clef, et l'on peut se demander comment le double l'a transportée depuis les salons du nouveau Club jusqu'à sa demeure. Ce déplacement d'un objet matériel à travers l'espace n'est pas inconnu des spirites, qui ont fréquemment observé des phénomènes semblables (1). Contentons-nous de signaler actuellement cet épisode, quitte à rechercher plus tard comment on peut, sinon l'expliquer complètement, du moins en concevoir la possibilité.

L'apparition est si semblable au corps physique de l'agent, vêtements, physionomie, allure, etc., que le père s'y trompe et ne peut d'abord croire que ce n'était pas son fils qui fût rentré. C'est là un caractère général et absolu de tous les dédoublements, du moins en ce qui concerne le corps, car pour le costume il peut varier quelquefois, le fantôme se montrant vêtu autrement que l'agent au moment même où l'extériorisation a lieu. C'est à cette similitude complète que se reconnaît la bilocation, qui peut être consciente ou non de la part du sujet. Si M. Boyd ne s'était pas souvenu des incidents de ce qu'il prenait pour un rêve, le phénomène ne s'en serait pas moins produit, mais nous n'au-

(1) Voir, entre autres, dans l'ouvrage de W. Crookes, *Recherches sur le Spiritualisme*, comment une sonnette qui se trouvait dans sa bibliothèque fut transportée dans sa salle à manger, dont la porte et la fenêtre étaient fermées.

rions pas son témoignage, qui est si instructif et si intéressant pour notre étude.

Comme on doit le remarquer, ces phénomènes se présentent dans les circonstances les plus ordinaires de la vie ; ils n'ont aucun caractère mystique ou surnaturel ; ils se révèlent à nous comme une faculté, ou un pouvoir de l'être humain s'exerçant lorsque les conditions nécessaires à la bi-corporéité se produisent. Quelles sont ces conditions ? c'est ce que nous essaierons de déterminer plus tard, quand nous aurons passé en revue toutes les catégories de faits. Montrons en ce moment qu'il existe une très grande variété dans les manifestations objectives des fantômes de vivants.

UN FANTÔME QUI OUVRE UNE BARRIÈRE

Le médecin Mac-Nish est une excellente autorité, car il est cité souvent par M. Ribot et les psychologues contemporains ; son témoignage doit donc être pris en sérieuse considération. Voici ce qu'il rapporte, suivant Mme Crowes, à laquelle j'emprunte ce récit (1) :

M. H... se promenait un jour dans la rue, en parfaite santé et vit, ou crut voir, son ami M. C... marcher devant lui. Il l'appela, mais l'autre ne parut rien entendre et continua sa route. M. H... pressa alors le pas pour le rattraper, M. C... pressa aussi le sien, comme pour maintenir la distance entre eux, et marcha si vite qu'il fut impossible à M. H... de le rejoindre.

Après quelque temps de ce manège, M. C..., arrivant à une *barrière, l'ouvrit et la ferma violemment* au nez de M. H... Confondu d'un tel procédé de la part d'un ami, celui-ci rouvrit immédiatement la barrière, examina le chemin sur lequel elle donnait et, à son profond étonnement, *ne vit personne*.

Résolu à démêler ce mystère, il alla chez M. C... et apprit qu'il *était au lit* depuis quelques jours. Ces messieurs se rencontrèrent une semaine ou deux après chez un ami commun ; M. H... raconta la chose, disant pour plaisanter à M. C... que, comme il avait vu son *wraith*, il ne vivrait plus longtemps. Ils en rirent tous de bon cœur, mais quelques jours s'étaient à peine écoulés que M. C... fut pris

---

(1) Mrs. Crowe, *les Côtés obscurs*, etc., p. 185.

d'un mal de gorge infectieux qui l'emporta ; et peu de temps après sa mort, M. H... fut aussi enterré.

La mort survenue peu après la vision du fantôme du vivant est une simple coïncidence, puisque nous avons vu nombre d'exemples où le dédoublement du vivant n'a pas eu de suites funestes.

L'action physique du double est très vigoureuse et ne peut laisser aucun doute sur sa réalité, la scène se passant en plein jour, et M. H... étant dans un état parfaitement normal.

UNE HANTISE DE VIVANT

16 décembre 1897.

On trouve dans le volume intitulé : *The Clairvoyance of Bessie Williams* (Mme Russell Davies) le récit suivant :

Un jour, comme je descendais de ma chambre, je regardai dans une chambre inoccupée dont la porte était ouverte et, à mon grand étonnement, je vis, debout au pied du lit et regardant avec fixité dans celui-ci, un homme étrange. Il était en bras de chemise et portait un pantalon et un gilet noirs. Je crus un instant que c'était un ouvrier du propriétaire, mais j'abandonnai cette idée, en me rappelant que celui-ci ne nous avait pas dit qu'il en attendait.

Ces idées traversèrent rapidement mon cerveau, tandis que je regardais par la porte ouverte, et bientôt je me sentis immobilisée par la terreur, lorsque je vis l'homme me regarder fixement dans les yeux, puis disparaître.

Je ne me rends aucun compte du temps pendant lequel je regardai ainsi. Cela se passait en plein jour, le soleil dardant ses rayons sur la fenêtre, et le fantôme resta assez longtemps sous mes yeux pour me permettre d'observer tous les détails de sa personne. Sa figure était d'une pâleur mortelle, ses yeux noirs et perçants, son front chauve et sa barbe et ses moustaches noires. Je le vis si nettement que je le reconnaîtrais au milieu de plusieurs milliers.

Dès qu'il eût disparu, je me précipitai dans l'escalier. Je voulais m'assurer que l'on ne m'avait joué aucun mauvais tour, mais je constatai que la bonne était sortie depuis un certain temps avec les enfants ; qu'une servante préparait le lunch dans la cuisine et que l'autre lavait le vestibule ; il était donc impossible que quelqu'un fût sorti sans être aperçu par elle.

Mon mari faisait sa promenade du matin et j'attendis avec impatience sa rentrée, pour lui compter mon aventure. Lorsqu'il la connut (quoiqu'il me crût incapable d'inventer de telles histoires) il se livra, pour sa propre satisfaction, à une perquisition depuis le haut jusqu'au bas de la maison. Il interrogea les bonnes avec soin, mais n'en apprit pas plus que moi, et il resta bien évident que notre mystérieux visiteur était venu et reparti sans laisser aucune trace de son passage.

Cela me tracassa pendant plusieurs jours; puis cette impression s'effaça et je me décidai à me servir de nouveau de cette chambre, en prenant la précaution de tenir la porte fermée et d'en garder la clef dans ma poche.

Il y avait, je crois, environ trois semaines que j'avais éprouvé cette émotion, lorsqu'en rentrant de promenade j'allai dans la chambre pour déposer, selon mon habitude, mon chapeau sur le lit inoccupé et recouvert d'un couvre-lit.

En ouvrant la porte, j'entendis un bruit de chaise déplacée et de pas sur le parquet, mais *je ne vis rien*, si ce n'est que la couverture blanche du lit *était relevée du côté droit*, le plus éloigné de la porte, tandis que j'étais bien sûre que lorsque je quittai la chambre pour la dernière fois, elle était parfaitement étendue et couvrait tout le lit.

Je posai mon chapeau sur le lit, comme d'habitude ; je rejetai la couverture sur lui et je sortis en *fermant la porte et mettant la clef dans ma poche*.

On n'entendit rien ni dans le reste du jour, ni pendant la nuit, et le lendemain matin je rentrai dans la chambre pour revêtir mon amazone. Dès que j'ouvris la porte, j'eus conscience qu'il s'était passé quelque chose de mauvais. J'allai chercher mon mari et nous rentrâmes ensemble. On eût dit que le diable lui-même y était passé. Les couvertures étaient arrachées du lit; la descente de lit était roulée sur le garde-feu ; les chaises étaient jetées pêle-mêle ; quant à mon joli chapeau neuf, qu'était-il devenu ? Mis en pièces ! Les plumes gisaient en menus fragments sur le parquet; les rubans avaient subi le même sort et la paille ne formait plus qu'une masse informe.

Mon mari et moi nous étions stupéfaits. J'en fus si frappée, que je tombai malade et dus garder le lit.

Nous nous efforcions de ne rien laisser savoir à nos domestiques, mais il est bien difficile de garder un secret comme celui-là, et leur maintien nous prouva bientôt qu'elles étaient effrayées. Quant à moi, comme je l'ai dit plus haut, je perdis mon chapeau et gardai le lit.

Vers quatre heures du soir, on m'annonça que deux dames demandaient à me voir et étaient au salon. Je me levai et descendis pour les recevoir. Elles furent bientôt au courant de l'histoire de mon malheureux chapeau. Elles restèrent absolument incrédules et l'aînée, femme remarquable et très intelligente, déclara que quelque mauvais plaisant m'avait joué un tour et qu'on devrait le punir de façon exemplaire lorsqu'on l'aurait découvert. Cependant lorsque je lui eus raconté ma première aventure, et que j'eus fait la description de l'homme que j'avais vu dans la chambre inoccupée, ses traits s'altérèrent et se tournant vers sa fille, elle lui dit :

Mais Edith, Mme Davies vient de nous faire le portrait de l'homme arrêté comme meurtrier de sa femme, et qui fut acquitté à la faveur d'un *alibi*. Il est en outre à remarquer que c'est *dans cette maison que le meurtre fut commis !* Chose étrange, cet homme est encore *actuellement vivant* et, il n'y a que quelques semaines, il habitait près d'ici, square M... »

Mes amies firent alors une enquête et cette dernière circonstance fut reconnue exacte.

La maison que nous habitions avait été occupée par M. et Mme X..., sans enfants, qui vivaient en fort mauvaise intelligence, de telle sorte qu'ils se séparèrent, la femme continuant à demeurer ici. Peu à peu elle se livra à la boisson et au milieu de la nuit des personnes passant devant la maison, virent qu'elle était en feu. La pauvre créature fut trouvée complètement brûlée.

Dès que cela fut possible, nous quittâmes cette maison maudite, où j'avais éprouvé la plus grande émotion de ma vie.

Étant données les précautions prises, il est peu probable que les domestiques aient pu jouer ces vilains tours. Dès lors, les actions physiques exercées par le double qui a été vu sont absolument incontestables, et cadrent bien avec le caractère du personnage incriminé. Cette hantise mauvaise d'un vivant rappelle les cas bien connus de sorcellerie, où des persécutions sont exercées par le fantôme du sorcier (1) ; elles font songer également à celle des morts, qui sont parfois aussi désagréables.

Nous regrettons que ce fait n'ait pas été attesté par les deux dames auxquelles le récit a été raconté le jour même, mais il nous paraît que Mme Davies a dû être très frappée par ces événements, puisqu'elle en fut malade. Dans les ouvrages qui relatent des faits d'apparitions de vivants, il existe quelques exem-

(1) Voir l'histoire du presbytère de Cideville, dans l'ouvrage de M. de Mirville, *Des Esprits et de leurs manifestations fluidiques*, p. 331. Depuis, d'autres phénomènes de ce genre ont été étudiés, notamment à Valence en Brie et à Yseure. Voir : L'*Initiation* et l'*Echo du Merveilleux*, années 1896-1897.

ples de doubles se livrant à des persécutions sur des personnes pour lesquelles l'agent avait de la haine. On trouvera dans l'ouvrage de M. Dassier, *l'Humanité posthume* les cas de Julienne Cox et de Jeanne Broocks (1), qui ne sont pas sans analogie avec celui-ci, mais comme ils ont eu lieu à une époque très éloignée, nous ne les citons ici que pour mémoire, et pour rappeler encore que ces phénomènes étaient déjà connus et observés bien avant notre époque.

DÉGAGEMENT DU DOUBLE PENDANT LA VEILLE

On trouve le fait suivant dans le volume intitulé *From Mater to Spirit* du professeur De Morgan. Londres, 1863 :

Miss F... était malade dans une ville de province. Une de ses amies, Mme W..., qui était en rapport magnétique avec elle, rendant visite à Mme N..., manifestait sa grande sympathie pour la malade et son ardent désir de lui procurer du soulagement. Ces deux dames avaient assisté à des séances spirites. Tout à coup, Mme N... remarqua que pendant le cours de la conversation Mme W... paraissait absorbée et comme *absente*. Cela dura de une à deux minutes, après lesquelles Mme W... reprit le cours de la conversation. Mme N... constata avec soin qu'il était quatre heures moins quelques minutes. Le lendemain elle recevait une lettre de la mère de Mme W... qui soignait la malade chez elle. Cette dame écrivait que, le jour susdit, vers quatre heures, se trouvant dans une chambre de l'étage supérieur, elle avait *reconnu le pas de sa fille dans l'escalier* et qu'elle l'avait vue *traverser le couloir et entrer dans la chambre de la malade*. Elle l'avait vue de dos, mais avait pu entrevoir ses traits. Quoiqu'elle fût étendue se reposant dans sa chambre, elle l'avait nettement vue à travers les portes et les murs et décrivit en détail, avec une *parfaite exactitude la toilette que portait sa fille* pendant sa conversation avec Mme N...

Le bruit de pas entendu par la mère de Mme F..., à laquelle Mme N. ne songeait pas, me paraît de nature objective, c'est pourquoi je place ici ce récit qui, sans cela, aurait pris place dans les exemples de clairvoyance télépathique.

Un récit plus actuel est le suivant, remarquable aussi bien par sa durée que par le nombre des personnes qui l'ont constaté :

---

(1) Dassier, *l'Humanité posthume*. Chapitre III, pp. 65 et suiv.

LE DOUBLE MATÉRIALISÉ EST VU PAR UNE ASSEMBLÉE ENTIÈRE

Voici un cas, relaté avec toutes les preuves à l'appui, qui montre comment le dédoublement de l'être humain est un phénomène naturel, assez rare à la vérité, mais qui se présente néanmoins avec une fréquence suffisante pour en affirmer la réalité. C'est M. Stead, l'illustre pacifiste, directeur de la *Review of Review*, qui en a publié l'observation dans le numéro d'avril du *Borderland* de 1896. On verra, par le nombre et la diversité des témoignages, qu'il est impossible de supposer une fraude concertée à l'avance, ce que le caractère loyal de l'éminent journaliste anglais rend d'ailleurs tout à fait invraisemblable.

Fig. 17. — M. W. Stead.

Les personnages mis en cause ne voulant pas être nommés sont désignés ainsi qu'il suit : Mme A... est la personne dont le double a été vu; Mme B... est une parente ; Mme C... est sa mère; D... sa femme de chambre ; E... la gouvernante ; le docteur F... le médecin.

Ce sont les témoins qui étaient auprès du sujet au moment, ou presque au moment, où le double s'est montré dans l'église congrégationnelle du faubourg de Londres que nous appellerons Z... Ils étaient dans la maison qu'habite Mme A... à Bayswater. M. Stead les connaît personnellement et a pris lui-même directement leurs témoignages, le lendemain de l'apparition.

Dans l'église de Z... les témoins sont : M. Stead ; trois membres de sa famille ; une femme de chambre, connaissant tous bien Mme A... de vue, tandis que les autres, c'est-à-dire le pasteur, les diacres, les membres du chœur et de la congrégation, déposent en faveur de la réalité de l'apparition, que tous ils ont, au moment même, cru être Mme A... en personne.

Je reproduis maintenant le récit de M. Stead.

Au mois de septembre dernier, Mme A... étant en visite chez sa mère dans le voisinage de Z..., je lui demandai si elle ne viendrait pas le dimanche à l'église congrégationnelle où j'allais très régulièrement. Mme A... s'était montrée surprise que j'allasse deux fois à l'église le dimanche, et cela m'avait amené à l'inviter à venir voir par elle-même si c'était vraiment perdre son temps.

En ce même mois de septembre 1895, un dimanche matin, Mme A... vint à l'église avec un petit manteau bleu et une petite coiffure qui lui allait très bien. Son aspect était très frappant et l'originalité de sa mise attirait beaucoup l'attention. Elle vint de bonne heure, avant le commencement du service, et choisit sa place dans un banc près de la sainte table, tout près du chœur, du côté nord, en face de la chaire. Deux des diacres lui parlèrent, le ministre la remarqua. Et dans le chœur et dans les places avoisinantes bien des gens demandèrent qui était cette étrangère, dont l'aspect original frappa tout le monde.

Peu de temps après, Mme A..., qui habite Bayswater, tomba malade. Elle avait des crises qui la prenaient subitement dans la rue, le train ou l'omnibus.

Elle donna des inquiétudes et il lui fut formellement recommandé de ne pas sortir sans être accompagnée. Je la vis le 7 ou le 8 octobre. Elle semblait au plus mal, mais elle me dit que le dimanche soir 6, elle avait été saisie, sans savoir ni pourquoi ni comment, par un désir presque irrésistible d'assister au service de notre église. « Promettez-moi, lui dis-je, que vous ne songerez pas à une pareille folie. Vous êtes à peine capable de faire un pas et si vous vouliez faire ce voyage, vous auriez probablement une crise de nerfs dans l'église, et ce serait une belle affaire ! — Oh ! je n'y serais pas allée, dit-elle, seulement le désir était très fort. Mais je promets que si cette envie me reprenait, je n'irais pas. Je puis vous le promettre, absolument. »

Dans la semaine, j'appris qu'elle avait essayé de faire quelques visites rue d'Oxford et qu'elle s'était trouvée si subitement et tellement mal, qu'elle avait eu beaucoup de peine à rentrer.

Le dimanche soir, 13 octobre, *pendant qu'on chantait le premier hymne*, je vis une personne en noir glisser très rapidement le long de la nef et prendre la même place près du chœur que Mme A... avait occupée le 29 septembre. Nous étions au premier rang dans la galerie. « Mon Dieu ! pensai-je, on dirait Mme A... Mais ça ne peut pas être elle, bien entendu ». Au même moment elle entrait dans le banc et je l'ai reconnue. C'était bien Mme A...

Je ne comprenais pas. Elle m'avait promis de ne pas venir et, depuis dix-huit mois que je la connaissais, je ne l'avais jamais vue manquer à sa parole. Et comme elle paraissait être mal ! Elle avait une pâleur spectrale, livide, une pâleur de morte. Elle était entièrement en noir, avec un grand chapeau noir que je lui avais vu porter à Londres. Mon premier sentiment fut une surprise mêlée d'incrédulité ; puis j'éprouvai un vif ressentiment pour ce manque de parole et cette folle imprudence ; mais ce qui ensuite me domina complètement fut une réelle inquiétude. Elle avait l'air si égaré et si malade, que j'étais sûr qu'elle tomberait sans connaissance avant la fin du service. Comme j'étais seul à la bien connaître et à savoir que, dans ses crises, elle restait plusieurs heures aussi raide qu'une planche, aussi inanimée qu'une pierre, je ne pouvais m'empêcher de me demander ce que je ferais si, comme je m'y attendais, l'accident arrivait.

Elle ne se tint pas debout pendant le chant, mais elle resta seule assise dans le banc près de la nef latérale. Un membre de la congrégation *lui offrit un livre de prière, qu'elle prit mais n'ouvrit pas.* Alors l'ouvreuse *lui donna un livre qu'elle prit aussi d'un air distrait* et laissa sur l'appui devant elle. Elle resta assise pendant tout le service jusqu'au dernier hymne, qu'elle *écouta debout*. Pendant le second et le troisième hymne, *elle leva quelquefois son livre* mais ne parut pas chanter. Pendant le sermon elle était tellement livide que je croyais que vraiment elle était dans une de ses crises. J'essayais d'arrêter son regard, mais pas un instant elle ne parut m'apercevoir. Une seule explication de sa présence était que peut-être elle s'était crue sur le point de mourir et, se dégageant de sa promesse, elle avait voulu risquer tout pour aller encore une fois à l'église.

Au moment de la quête, le quêteur avança la boîte devant elle, je remarquai qu'elle ne donna rien.

Comme je l'ai dit, pendant le dernier hymne, *elle se leva son livre à la main*. Et, après le dernier verset, *elle posa brusquement le livre* et, descendant rapidement la nef, elle disparut. *J'avais eu le temps de la voir bien en face, de reconnaître tous ses traits*, elle ne fit aucun signe de reconnaissance.

Quelques minutes plus tard, la bénédiction était prononcée et l'on se dispersait. Je courus en hâte à la station. Le train que je croyais qu'elle allait prendre se remplissait. Je ne la vis pas sur la route et ne pus la trouver à la gare. *Je regardai dans toutes les voitures, elle n'y était pas.* Je surveillai les derniers arrivants, rien. Je retournai à l'église pensant qu'elle était peut-être restée à la salle de prière. Rien encore. Nouvelle course inutile à la gare. Je rentrai profondément ennuyé et inquiet. Que faire de plus, cependant ? Au dîner, mon troisième fils remarqua que Mme A... avait été à l'église. Le lendemain matin, ma fille aînée dit qu'elle avait vu Mme A... la veille au soir, et que mon fils aîné avait fait quelque remarque sur la rencontre qu'il avait faite d'elle en revenant de l'église. Mon plus jeune garçon, qui n'avait pas été à l'église, dit alors que son ami W... était venu à la maison et avait fait de lui-même la remarque que Mme A... avait encore été à l'église.

On le constate déjà, la vision de Mme A... ne pouvait pas avoir été une hallucination particulière de M. Stead, puisque deux de ses fils et un étranger l'avaient vue également. Plus loin, nous allons trouver encore d'autres témoignages pour affirmer la présence de Mme A... à l'église. Cependant, elle n'était pas sortie de chez elle. Reprenons le récit :

Le lundi matin, poursuivit M. Stead, je reçus une lettre de Mme A... commencée le dimanche matin et finie le dimanche soir à 9 heures. La voici :

« Cher ami, j'ai été si atrocement malade pendant deux heures que j'ai demandé à ma sœur d'envoyer chercher le docteur. J'aurais bien donné cent francs pour être débarrassée de cette horrible crise. Sérieusement, je croyais ma dernière heure arrivée. Le docteur m'a donné une drogue qui m'a fait un bien énorme, une espèce de narcotique qui m'a calmée et m'a fait dormir paisiblement. Je voudrais tant vous voir demain... Le médecin a dit à Mme B... que j'étais vraiment très mal et devrais suivre un traitement... Les douleurs, etc... »

Cette lettre n'indiquait certes pas qu'elle avait été à Z... à l'église, entre 7 h. 5 ou 10 et 8 h. 30. En la relisant une troisième fois, j'eus tout à coup l'idée que la dame en noir avait été son Double ! Je ne pouvais douter un instant de l'identité de la personne que j'avais vue. C'étaient sa tournure, ses traits, ses mouvements, sa mise simple mais gracieusement originale. Les becs de gaz avaient été réparés et la lumière était d'un éclat presque excessif. Mme A... était restée en plein sous cette lumière pendant *une heure et demie*, en vue d'une réunion de plusieurs centaines de personnes, et, pour que toute erreur fût impossible, pendant qu'on chantait le dernier hymne, elle descendit, la tête levée, le bas côté de l'église, faisant ainsi face à tous les fidèles.

Après le lunch, je pédalai jusqu'à Bayswater : « Comment va

Mme A... ? demandai-je à la gouvernante. — Un peu mieux. Hier elle a été bien mal; *elle n'a pas du tout quitté la maison.* — Vous en êtes tout à fait sûre ? — Tout à fait. Le docteur est venu. Elle est allée se coucher. — Mme B... était-elle là ? » Et sur la réponse affirmative de E..., je demandai à la voir.

Mais je trouvai d'abord Mme A... elle-même, étendue sur une chaise-longue dans le salon. Elle avait l'air aussi spectral que le soir précédent. Je lui demandai si elle était sortie la veille. Elle me répondit que non, qu'elle n'avait pu sortir du lit qu'à 3 heures, et qu'après une terrible crise, le docteur lui avait donné un remède, et qu'elle était *retournée se coucher vers 7 heures. Elle avait dormi jusqu'à 9 heures.* En se réveillant elle avait continué sa lettre pour moi et avait recommencé de dormir. *Elle aurait été incapable de faire le tour de la maison* sans quelqu'un pour la soutenir. Elle n'avait pas traversé le seuil de sa porte.

« Pourquoi me demandez-vous cela ? » Je lui dis que nous l'avions vue à Z... la veille au soir, entre 7 heures et 8 h. 30. « Mais je vous avais promis, je ne serais pas venue, même si j'en avais eu envie ; hier je n'y ai même pas pensé. J'avais seulement envie d'être débarrassée de ma douleur. — Eh bien ! que vous y ayez pensé ou non, vous étiez là et nous vous avons tous vue. — Vous êtes fou. — Non, vous dis-je, c'était vous. Nous vous avons tous vue. — Enfin, que voulez-vous dire ? Je n'ai pas bougé de la maison de toute la journée... Si vous ne me croyez pas, demandez à Mme B..., à E... et à D... Elles savent toutes que je n'ai pas quitté la maison. »

Je vis ces personnes, y compris D..., la femme de chambre qui aida Mme A... à se déshabiller vers 6 heures. Elles étaient toutes également affirmatives. Mme A... n'était pas sortie le dimanche. Elles avaient été sérieusement inquiètes. E... avait renoncé à une cérémonie à son église pour être auprès de Mme A... dans le cas d'une nouvelle crise.

On trouve dans le texte les lettres de chacune de ces personnes donnant toutes des détails concordants. Il résulte absolument de la comparaison des heures pendant lesquelles Mme A... a été vue chez elle par sa femme de chambre, sa mère, la gouvernante, qu'elle ne pouvait avoir été à l'église, même en supposant un état de somnambulisme pendant lequel elle aurait fait le voyage et qui lui aurait enlevé la mémoire des événements survenus. Il y a 27 minutes de chemin de fer entre la résidence de Mme A... et l'église de Z... Or la parente Mme B... est montée dans la chambre de Mme A... vers 7 heures, et elle a vu Mme A...

couchée et paraissant dormir. Pendant ce temps, ou quelques minutes après, son double était vu à 7 h. 5 ou 7 h. 10 à l'église de Z... Un peu plus tard, vers 8 h. 30 « la malade paraissait raidie et avait un drôle d'air. Je l'éveillai, ce qui la mit de mauvaise humeur. Dans un tel état de faiblesse, je suis absolument sûre qu'elle était dans l'impossibilité de quitter la maison ».

Donc, impossibilité pour Mme A... de s'être habillée inconsciemment et d'avoir, soit à l'aller soit au retour, eu le temps de faire le voyage de l'église de Z... chez elle et de s'être déshabillée, puisque Mme B... *la réveille dans son lit*, presque à l'heure exacte où M. Stead et ses enfants voient le double quitter l'église.

Le docteur déclare que c'eût été un acte de folie de la part de Mme A... de sortir de chez elle, et il considère « comme extrêmement improbable qu'elle eût pu faire cette expédition sans accident mortel ou sans perte de connaissance ».

Enfin Mme C.., la mère de Mme A..., est allée voir la malade vers 8 h. 30, en sortant du service religieux de l'église du voisinage. Or elle trouve sa fille couchée, venant de se réveiller. A la même heure, M. Stead voyait le double à l'église de Z... et s'assurait que le train de 8 h. 34 n'emportait pas Mme A... Comme il n'y en a plus d'autre avant 9 h. 20, on voit qu'il est impossible de supposer que ce fût Mme A... elle-même qui se trouvait à l'église.

Sont-ce seulement les membres de la famille Stead qui voient le fantôme de Mme A...? Non, des étrangers font la même remarque. Citons quelques lettres :

Le pasteur K. L. écrit :
Je me rappelle, dimanche soir, 13 octobre, avoir remarqué une dame tout en noir, assise au bout du banc le plus voisin du chœur. Je connais tout le monde à l'église... Et elle attira tout de suite mon attention, quand elle entra et elle resta tout le temps du service. Quand je la vis, je pensai aussitôt : « Voilà encore cette singulière personne qui est venue l'autre dimanche et qui avait ce jour-là une robe de couleur. » Je ne l'avais pas alors autrement remarquée, mais je n'hésitai pas à la prendre pour la même personne que celle qui avait occupé la même place, dans le même

banc. Je ne l'avais jamais vue auparavant et je ne l'ai pas revue depuis.

Signé : K. L. 3 novembre 1895.

Voici la lettre d'un diacre :

Le dimanche soir, 13 octobre, je remplaçai A. B. pour placer les fidèles. Pendant que l'on chantait le premier hymne, une dame habillée en grand deuil, avec un grand chapeau noir et que je n'avais encore jamais vue, *a ouvert la porte battante* et a monté rapidement le bas côté. Elle m'a paru étrangère et je m'étonnai de la rapidité de sa marche. Comme elle semblait bien savoir où elle allait, je ne l'ai pas accompagnée. Elle alla droit au banc le plus près du chœur. Après la première lecture de la Bible, pendant qu'on chantait, je remarquai qu'elle restait assise. *J'allai vers elle et lui offris un livre de prières. Elle le prit* mais resta assise. Je vis alors qu'un autre livre lui avait été donné par une dame du banc voisin. Elle n'y a pas touché. Je n'avais plus fait attention à elle jusqu'à ce que l'on ait chanté le dernier hymne, quand je la vis descendre rapidement et *pousser la porte* sans que je l'aidasse. Elle se trompa de côté, sortit, et je ne l'ai plus vue.

Signé : C. D.

Vient ensuite l'attestation de celui qui fit la quête, remarqua très particulièrement la dame en noir, lui présenta la boîte où elle ne mit rien.

Puis c'est une lettre signée par trois personnes qui disent avoir très bien remarqué et reconnu la dame comme la même que celle venue quelques semaines auparavant.

Des témoignages semblables, dit M. Stead, je pouvais en recueillir indéfiniment. Mme A. aurait pu être choisie entre mille pour l'originalité de son aspect empêchant de la confondre avec une autre. L'évidence est complète des deux côtés. Aucune incertitude sur les heures. Ordinairement, un double vous laisse à peine le temps de l'apercevoir. Ici, il peut être observé pendant *une heure un quart*. Ordinairement, il n'est vu que par une ou deux personnes. Ici, c'est par une foule réunie dans une église. Ordinairement il y a un lien entre le double et ceux qui le voient, un lien de sentiment. Ici, il est aussi bien vu par ceux qui n'ont jamais vu l'original que par ceux qui le connaissent peu ou beaucoup. Ordinairement, il faut quelques jours pour avoir des témoignages. Ici, ils sont donnés avant qu'il soit question de l'apparition. Et ils le sont sans aucune incertitude.

Ainsi donc, je crois positivement que le Double de Mme A. est apparu à Z. ce dimanche soir. Et il était assez matérialisé pour avoir *pu pousser une porte battante en entrant et en sortant, tenir un livre de prière,* bien qu'ils aient remarqué, dans le chœur, qu'il ne tournait pas les pages, mais garda le livre ouvert comme on le lui avait donné...

Il n'y avait eu entre Mme A. et moi aucune conversation sur cette sorte de phénomène. Nous n'avions jamais fait aucune expérience pouvant lui suggérer une semblable idée, et je n'avais jamais entendu personne raconter que son Double avait été déjà vu.

Je pense qu'il faudrait plus que du scepticisme pour ne pas reconnaître que ce dédoublement est établi d'une manière absolument rigoureuse, et que la constatation de sa présence à l'église ne prête en rien à la critique. La seule hypothèse que l'on pourrait invoquer en faveur d'une explication naturelle, serait celle d'une sortie, volontaire ou en état somnambulique, de Mme A. Mais l'état de santé de cette dame, constaté par le médecin, ne permet pas de supposer que même si sa volonté avait été de se rendre à l'église de Z, elle en eût eu le pouvoir, ce qui n'est guère probable d'ailleurs, étant donné qu'elle avait pris vis-à-vis de M. Stead l'engagement de ne pas céder à ce désir. D'ailleurs, en état de somnambulisme, elle n'aurait pas pu faire ce voyage, puisque sa parente, Mme B. l'a vue dans sa chambre à 7 heures et à 8 heures 3o, et que ce témoignage se fortifie encore de celui de la mère de Mme A., qui a vu également sa fille à 8 heures 3o. Donc le fait du dédoublement est incontestable.

Une remarque de M. Stead met bien en évidence la différence qui existe entre une apparition télépathique et un dédoublement. Une apparition télépathique n'est pas objective, c'est-à-dire n'existe pas en dehors du cerveau de celui qui voit. Un dédoublement, lorsqu'il est *matérialisé complétement*, est visible pour tout le monde, comme le serait une personne ordinaire; c'est pourquoi nous trouvons ici autant de témoignages concordants. On ne peut pas distinguer un fantôme matérialisé d'un être réel, et cela aussi bien pour l'esprit d'un vivant que pour l'esprit définitivement dégagé de son enveloppe terrestre. Dans le premier cas, c'est le corps matériel du sujet qui fournit l'énergie nécessaire à la matérialisation, dans le second, c'est au médium que cet emprunt est fait, mais le résultat est toujours le même : l'apparition visible, tangible, matérialisée de l'âme.

Comme toujours, ainsi que nous l'avons déjà constaté, tout l'aspect extérieur du fantôme de Mme A... reproduit ses vêtements ordinaires : robe, chapeau, gants, bottines, bijoux, etc. M. Stead reconnaît parfaitement le chapeau spectral, et les assistants, sans exception, ne font entre l'apparition et ses voisins aucune différence, quant à la nature des costumes. Quelque étrange-baroque ou extraordinaire que puisse paraître cette idée d'un fantôme habillé à la dernière mode, il faut l'admettre sans discussion, parce que c'est un fait, et qu'un fait n'est jamais ridicule ou absurde.

ENCORE UN DOUBLE QUI TIENT UN LIVRE

Dans ce dernier exemple, le sujet dormait au moment où son double était assez matérialisé pour être vu ; mais le même phénomène de tangibilité s'observerait également chez un individu à l'état normal, si l'on en croit le récit suivant rapporté par M. Maximilien Perty, professeur à l'Université de Berne, dans son livre : *les Phénomènes mystiques de la vie humaine.*

Le juge de canton J... à Fr... envoya un jour son commis à un village des environs. Après un certain laps de temps, il le vit rentrer, prendre un livre dans l'armoire et le feuilleter. Il lui demande brusquement pourquoi il n'était pas encore parti ; le commis disparaît à ces mots, *le livre tombe par terre* et le juge le pose ouvert sur la table comme il était tombé.

Le soir, lorsque le commis fut de retour, le juge lui demanda s'il ne lui était rien arrivé en route, s'il n'était pas revenu dans la chambre où il était en ce moment. — Non, répondit le commis ; j'ai fait la route avec un de mes amis ; en traversant la forêt nous avons eu une discussion à propos d'une plante que nous avions trouvée, et je disais que si *j'étais à la maison*, il me serait facile de montrer la page de *Linné* qui me donnerait raison. — C'était justement ce livre qui était resté ouvert à la page indiquée.

Si cette histoire est tout à fait exacte, le livre tombé de la main du fantôme suffit ici à montrer l'objectivité du phénomène, sans qu'il soit nécessaire d'insister.

L'APPARITION INDIQUE LE LIVRE DONT L'AGENT A BESOIN

Mistress Crowes (1) rapporte le fait que voici :

Un président de la cour suprême d'Ulm, nommé Pfiser, atteste l'exactitude du récit suivant :

Un Monsieur, occupant une situation officielle à Gottingen, écrivit à son père pour le prier de lui envoyer un livre dont il avait besoin pour préparer une thèse. Le père répondit qu'il avait cherché en vain l'ouvrage en question. Peu après, prenant un livre sur un rayon, il aperçut, en se retournant, son fils qui tendait les bras vers un volume se trouvant sur un rayon élevé de l'autre côté de la chambre. « Hallo ! » s'écria-t-il, croyant que c'était le jeune homme lui-même ; mais le fantôme disparut, et en examinant le rayon, *le père y trouva le livre demandé* qu'il expédia directement à Gottingen ; avant qu'il n'y fût parvenu, M. X... reçut une lettre de son fils décrivant l'endroit même où le volume devait être.

Dans cet exemple, l'indication par geste du fantôme pour signaler le rayon de la bibliothèque où se trouvait l'ouvrage désiré par lui, est la révélation d'un fait inconnu du percipient, qui me semble nécessiter la présence de l'agent matérialisé, à l'endroit même où il est vu, une action télépathique n'ayant jamais cette précision.

PASSAGERS SAUVÉS PAR SUITE DU DÉDOUBLEMENT DE L'UN D'EUX

Nous avons constaté que le fantôme du vivant peut ouvrir une barrière, une porte, ou tenir un livre pendant un certain temps, nous ne serons donc pas trop surpris de le voir écrire, ce qui donnera en même temps la preuve que non seulement le double est tangible, mais aussi qu'il est animé par une intelligence qui use de cet organisme fantômal de la même manière qu'elle se sert de son corps physique. Ainsi, à des actions *physiques* se joignent des phénomènes *intellectuels*, qui montrent que, dans certains cas au moins, l'âme se trouve bien à l'endroit où le double est aperçu.

(1) Mrs. Crowes, *les Côtés obscurs de la Nature*, pp. 205-206.

C'est encore à Richard Dale Owen (1) qu'est dû le récit suivant, qui lui a été fait par Mr. J. S. Clarke, capitaine du schooner *Julia Hallock*, qui le tenait à son tour de Robert Bruce lui-même :

Un certain Robert Bruce, Écossais, était, en 1828, à l'âge de trente ans environ, capitaine en second sur un navire marchand faisant le trajet entre Liverpool et Saint-Jean du Nouveau-Brunswick. Un jour, — on était dans les eaux de Terre-Neuve, — Robert Bruce, assis dans sa cabine, voisine de celle du capitaine, était absorbé dans des calculs de longitude ; pris d'une doute sur l'exactitude des résultats qu'il avait obtenus, il interpella le capitaine qu'il croyait dans sa cabine : « Quelle solution avez-vous ? » lui cria-t-il. Ne recevant pas de réponse, il tourna la tête, et crut apercevoir le capitaine dans sa cabine, occupé à écrire. Il se leva et s'approcha de l'homme qui écrivait à la table du capitaine. L'écrivain leva la tête, et Robert Bruce aperçut un personnage absolument inconnu, qui le regardait fixement.

Bruce monta précipitamment sur le pont et fit part au capitaine de ce qu'il avait vu. Ils descendirent ensemble : il n'y avait personne ; mais sur l'ardoise qui se trouvait sur la table du capitaine, ils purent lire ces mots, écrits d'une main étrangère : « Gouvernez au Nord-Ouest ». On compara cette écriture à celle de tous les autres passagers ; on alla jusqu'à faire des perquisitions, mais sans aucun résultat. Le capitaine se disant qu'il ne risquait que quelques heures de retard, ordonna de tenir au Nord-Ouest. Après quelques heures de navigation, ils aperçurent les débris d'un vaisseau pris dans les glaces, ayant à bord l'équipage et quelques passagers en détresse. C'était un navire parti de Québec, à destination de Liverpool, emprisonné dans les glaces depuis quelques semaines. La situation des voyageurs était désespérée. Quand ils eurent été recueillis à bord du vaisseau sauveur, Bruce, à son grand étonnement, *reconnut dans l'un d'eux l'homme qu'il avait vu dans la cabine du capitaine*. Ce dernier pria l'inconnu d'écrire derrière l'ardoise ces mêmes mots : « Gouvernez au Nord-Ouest. »

L'écriture était identiquement la même !

On apprit que ce jour même, vers midi, ce voyageur était tombé dans un profond sommeil, et qu'en se réveillant, une demi-heure après, il avait dit : « Aujourd'hui nous serons sauvés. » Il avait vu *en songe qu'il se trouvait sur un autre navire*, qui venait à leur secours ; il *fit même la description de ce navire*, et, à son approche,

---

(1) ROBERT DALE OWEN, *Footfalls on the boundary of another world*, p. 242. Cité par Aksakof dans *Anim. et spirit.*, p. 521.

les voyageurs n'eurent pas de peine à le reconnaître. Quant à l'homme qui avait fait ce rêve prophétique, il lui semblait connaître tout ce qu'il voyait sur ce nouveau vaisseau ; mais comment cela était arrivé, il n'en savait rien.

Quel dommage qu'un événement aussi important n'ait pas été consigné immédiatement par écrit et affirmé par tous les témoins. Jadis on ignorait les exigences de la méthode scientifique, mais comme les circonstances qui accompagnent ce dédoublement ressemblent à d'autres cas qui, eux, ont été bien observés, nous n'avons pas de raison sérieuse pour douter de son authenticité.

Je ne crains pas de me répéter en signalant toujours la ressemblance entre le fantôme du vivant et le corps physique du sujet. De même, l'extériorisation du moi pendant le sommeil est prise par le passager pour un rêve ordinaire, alors que c'est une vision de son âme, qui s'est transportée sur le navire sauveur, puisqu'elle y a écrit les mots qui ont déterminé le capitaine à modifier sa direction. Ce n'est plus ni la télépathie ni la clairvoyance qu'il faut invoquer ici, mais le dédoublement de l'être humain, qui est la théorie la plus générale, celle qui s'adapte le mieux à l'ensemble des faits.

Jusqu'alors, ce sont des phénomènes de motricité auxquels nous assistons. Maintenant, nous allons entendre le fantôme de vivant parler, ce qui nous conduira à supposer qu'il n'a pas seulement les apparences extérieures du sujet vivant, mais qu'il possède une constitution interne analogue à celle des humains.

UN FANTÔME QUI VIENT RÉCLAMER SON PORTRAIT

Cas extrait du *Journal* de la S. P. R. volume V, p. 147.
Le fait suivant a été constaté par M. Dickinson, photographe, et le récit en a été fait à M. Niobet, de Newcastle-on-Tyne :

Le samedi 3 janvier de cette année, j'arrivai à mon bureau quelques moments avant huit heures. Un monsieur *vint me demander si ses photographies étaient prêtes*. Je m'assurai par la date qu'elles devaient l'être, et je lui dis sans hésiter : que s'il voulait revenir dans quelques instants, on pourrait lui en remettre, mais qu'à cette heure matinale les employés n'étaient pas encore arrivés. *Il répon-*

dit : « *J'ai voyagé toute la nuit et je ne pourrai revenir,* » et il se retourna brusquement pour sortir. Voulant le calmer, je lui dis : « Puis-je vous les envoyer par la poste ? » Mais il ne me répondit pas. Je consultai de nouveau mon registre et j'inscrivis à l'encre sur une feuille de papier : « *Thompson* n° 7976 : envoyer par la poste. » A neuf heures, lorsque Miss S... qui tenait mon salon de réception arriva, je lui tendis le papier, lui disant que le monsieur qui réclamait paraissait très étonné de ne pas encore avoir reçu ses photographies. Miss S... très surprise me dit : « Un vieux monsieur est venu hier, vendredi, et je lui ai dit qu'elles ne pourraient pas être prêtes cette semaine, à cause du mauvais temps, ce qui nous avait fait perdre trois semaines. » Je fis remarquer qu'elles auraient dû être prêtes et lui demandai qui avait été chargé de leur tirage.

Elle me dit que le négatif était encore là, et peu après elle me l'apporta. Je l'examinai *et reconnus parfaitement le client qui venait de passer*. Elle me répéta qu'elle avait bien dit la veille que rien n'était prêt et ne pourrait l'être cette semaine. « Bien, répliquai-je mettez-le de côté et, lundi, je verrai à presser ce travail. »

Le lundi, 5 janvier, j'étais dans un des ateliers de tirage, lorsque vers 10 heures et demi ayant quelques cadres libres, je songeai au négatif de Thompson et je descendis le demander à Miss S... « Voilà, répondit-elle, et en voici encore quelques-uns de pressés. » — « Je ne puis m'en occuper, car je n'ai qu'un ou deux cadres de libres. Donnez-moi celui de Thompson et ne me parlez pas des autres. » En le cherchant parmi ceux qu'elle avait apportés, je laissai échapper le tout, et c'est celui-là qui fut brisé dans la chute. La fracture en deux morceaux divisait juste le front. J'écrivis à M. Thompson, le priant de venir poser à nouveau et offrant de le dédommager de ses ennuis et de la perte de son temps. Cinq minutes plus tard la lettre était expédiée et je n'y pensai plus. Cependant, le vendredi 9 janvier, j'étais en haut de mes ateliers de tirage, lorsque Miss S... me pria de descendre parce que le gentleman venait pour le négatif. « Quel négatif ? » « Celui de M. Thompson que nous avons brisé. » — « Je suis trop occupé pour descendre ; vous connaissez mes propositions : demandez-lui de poser de nouveau. » — « Mais il est mort ! » — « Il est mort ! » m'écriai-je, et je me hâtai de descendre à mon bureau.

J'y trouvai un vieux monsieur qui paraissait très ennuyé : « Sûrement, vous n'avez pas voulu dire qu'il fût mort ? » — « Ce n'est que trop vrai », me répondit-il. « Sa mort a donc été bien soudaine, lui dis-je avec intérêt, car *l'ai vu samedi dernier.* » Le vieux monsieur secoua tristement la tête et me dit : « Vous vous trompez, car c'est samedi qu'il est mort ! » « Je n'ai pu me tromper, *car j'ai reconnu son négatif.* » Cependant le père (car tel était son degré de parenté avec mon client) soutint que je m'étais trompé et que c'était lui qui était venu le vendredi et non son fils. Il ajouta en montrant Miss S... : « J'ai vu cette jeune dame et elle m'a dit que les portraits ne seraient pas prêts cette semaine-là. » — « C'est exact, dit Miss S..., mais M. Dickinson a vu aussi un monsieur le samedi matin ; et lorsque je lui montrai le négatif, il me dit : *oui ; c'est bien le monsieur qui est venu*, et je fis connaître alors à M. Dickinson votre visite du vendredi. » Cependant M. Thompson persista dans l'opinion que nous nous trompions, et toutes les questions que je lui posai ne purent que le confirmer dans son idée. Il dit : « Personne n'a reçu mission de venir ; aucun de nos parents ou amis ne savait que les portraits avaient été commandés, et personne ne ressemble à celui qui est venu poser. »

Je ne revis le vieux monsieur que la semaine suivante. Il paraissait plus calme et me dit que son fils était mort le samedi 3, *à deux heures et demi de l'après-midi* et que, au moment où je le vis, il était sans connaissance et resta ainsi jusqu'au moment de sa mort. Je n'ai reçu jusqu'aujourd'hui, 26 février 1891, aucun nouveau détail sur ce fait mystérieux.

Il est curieux que je n'aie aucun souvenir de sa visite de pose. Dans son apparition, il était pâle et maigre et semblait très malade. Cette pensée me vint quand il me dit qu'il avait voyagé toute la nuit.

43, Grainger street. Newcaste on Tyne.

Signé : James Dickinson.

Miss S... et M. Thompson père confirment en tous points le récit ci-dessus.

Le professeur Sidgwick fit une enquête près de M. Dickinson, en septembre 1891. Ce dernier confirma son récit, et ajouta qu'il n'avait pas entendu marcher M. Thompson fils, ni lorsqu'il entra, ni lorsqu'il sortit.

Nous classons ce fait parmi les dédoublements, parce que le fantôme de M. Thompson a été reconnu par M. Dickinson sur le négatif de sa photographie ; et aussi parce que l'hallucination d'une personne déterminée par un agent inconnu du percipient est excessivement rare, et n'aurait pas l'intensité suffisante pour produire une hallucination aussi continue que celle nécessitée par la conversation entre le photographe et le fantôme. Des détails de ce cas, trop longs à reproduire, il résulte que le malade était fort occupé par le désir de posséder sa photographie, ce qui pourrait être la cause de son extériorisation. J'engage les chercheurs que ce récit intéresserait à se reporter aux textes originaux, pour se convaincre par les témoignages concordants des témoins : père, photographe et employée, que les choses se sont bien passées comme il est dit ci-dessus.

LES DÉDOUBLEMENTS DE Mme FLORENCE MARRYAT

Nous avons observé déjà plusieurs fois que la possibilité du dédoublement d'un sujet semble due à une prédisposition physiologique que la moindre émotion, ou la plus petite concentration de la pensée suffit à mettre en action, la volonté de l'agent n'y étant pour rien. Je citerai deux cas rapportés par Mme Florence Marryat, l'auteur bien connu de l'ouvrage : *There is no death* (*Il n'y a pas de mort*) dans le chapitre intitulé : *Esprits de vivants*. Cette dame a donné de nombreux comptes rendus de séances auxquelles assistaient W. Crookes, Harisson, le directeur du *Spiritualist*, Sergent Cox, etc., et elle ne s'est jamais attiré de démentis, ce qui nous permet d'avoir confiance dans l'exactitude de ses récits. Elle-même était médium et, de plus, présenta plusieurs fois des exemples de bilocation. Le premier cas que je reproduis ressemble à ceux cités antérieurement, où la vision du double est simplement collective ; mais dans le second, le fantôme parle longuement, comme nous allons le constater.

C'est donc le même phénomène qui se répète, mais avec un degré d'objectivation bien plus accentué en dernier lieu.

Voici d'abord l'extériorisation visible, mais muette :

Lorsque je me rendis pour la première fois en province, pour jouer un rôle dans la pièce de *Lady Jane*, j'espérais pouvoir répéter pendant quatre jours ; mais l'actrice à laquelle je devais succéder partit le jour même, et le directeur me demanda de prendre aussitôt le rôle. J'en fus vivement troublée, et à la fin du second acte, j'attaquai l'air que je devais chanter, un peu trop haut ou un peu trop bas, je me rappelle pas exactement, et cela augmenta mon trouble. Plus tard, cela ne se reproduisit pas.

Un soir, j'entendis à un moment donné des chuchotements autour de moi et je demandai au pauvre Frédéric, qui jouait le rôle du colonel, ce que cela signifiait, d'autant plus qu'il venait de me prier de me tenir toujours sur la scène aussi loin que possible de lui, disant que mon voisinage le magnétisait tellement qu'il ne pouvait plus chanter. Il me répondit : « Eh bien ! c'est qu'il se produit avec vous une chose vraiment étrange. Il arrive parfois que lorsque vous êtes en scène, *vous apparaissez en même temps assise parmi les stalles. Tout le monde l'a constaté comme moi*, et je vous assure que c'est bien vrai. »

« A quel moment me voyez-vous ainsi ? » lui demandais-je avec étonnement. « C'est toujours au même moment », répondit-il, « c'est-à-dire au moment où vous vous précipitez sur la scène, à la fin du second acte. Ce n'est qu'une apparition, mais c'est vraiment fantastique. » Je lui avouai alors le *sentiment de véritable détresse* que j'éprouvais chaque fois que je devais aborder ce passage, à ce point que mon esprit semblait me précéder sur la scène.

L'appréhension produisait chez Mme Marryat une anxiété si vive qu'elle amenait involontairement sa bilocation. Maintenant, on comprendra que des chagrins violents ont pu déterminer une extériorisation plus complète, comme dans le cas suivant :

Mes visites à mes amis pendant que mon corps était loin d'eux ont parfois été plus palpables que dans le dernier cas (1). Une fois, tandis que j'habitais Regent's Park, je passai une nuit terrible et pleine d'angoisses. Le chagrin et la crainte me tinrent éveillée la plupart du temps, et le matin je me trouvai complètement épuisée. Vers onze heures je fus surprise de voir arriver Mme Fitzgerald (plus connue comme médium sous son nom de fille de Bessie William), qui habitait Goldhawk Road, Shepherd's Buch. « Je n'ai pu résister, dit-elle, au désir de venir vers vous. Je n'aurais pu être tranquille avant de savoir comment vous vous trouviez après la terrible scène que vous venez de traverser ». Je la regardai très étonnée : « Qu'avez-vous vu ? » lui demandai-je. « Je fus éveillée cette nuit, entre deux et trois heures du matin, par un bruit de sanglots et d'exclamations dans mon jardin. Je me levai, j'ouvris la fenêtre et je vous vis au milieu de *la pelouse, en costume de nuit et sanglotant*. Je vous demandai ce que vous aviez et vous *me dîtes ceci et cela*. » Elle me fit le détail de tout ce qui se passait dans ma chambre à l'autre extrémité de Londres, répétant exactement les *paroles mêmes* qui avaient été prononcées, et tout ce qui était arrivé. Je

(1) Il s'agit d'une communication écrite que Mme Marryat donna à distance, pendant son sommeil, à un de ses amis.

n'avais pas dit un mot de tout cela entre l'événement et la visite de Mme Fitzgerald. Si son récit n'était pas vrai, qui donc avait pu l'informer des moindres détails de faits que chacun des intéressés avait le plus vif désir de tenir secrets ?

C'est très probablement pendant le sommeil de Mme Marryat que son âme s'est dégagée pour aller raconter ses peines à son amie, mais elle n'a pas conservé le souvenir, au réveil, de son voyage nocturne. Le fait que Mme Fitzgerald s'est levée et a ouvert sa fenêtre, prouve que ce n'était pas une hallucination télépathique, sans quoi elle aurait eu lieu aussi bien dans sa chambre, ainsi que nous l'avons vu pour les cas rapportés dans le second chapitre.

Le récit qui suit, nous montre également un double qui cause longuement avec son fils, et se promène en *tenant une canne*, ce qui accentue encore le caractère de matérialisation du fantôme.

UN FANTÔME QUI SE PROMÈNE EN CAUSANT AVEC SON FILS

Ouvrons le livre de quelqu'un qui fait autorité dans tout ce qui touche au magnétisme, de Du Potet, voici ce qu'il relate (1) :

Le fait suivant est bien attesté et peut être rangé parmi les phénomènes les plus difficiles à expliquer dans l'ordre du Spiritisme (2). Il a été publié dans le manuel *Pocket Book* de 1814 des Amis de la religion par Jung Stilling, auquel il a été rapporté comme une *expérience personnelle* par le baron de Sulza, chambellan du roi de Suède.

Ce baron raconte qu'ayant été rendre visite à un voisin, il revint chez lui vers minuit, heure à laquelle, en été, il fait assez clair en Suède pourqu'on puisse lire l'impression la plus fine. Comme j'arrivai, dit-il, dans mon domaine, mon père vint à ma rencontre devant l'entrée du parc ; il était vêtu comme d'habitude, et il *tenait à la main une canne que mon frère avait sculptée. Je le saluai et nous conversâmes longtemps ensemble*. Nous arrivâmes ainsi jusqu'à la maison et à l'entrée de sa chambre. En y entrant, je vis mon père déshabillé, couché dans son lit et profondément endormi ; au même instant l'apparition s'était évanouie.

(1) Du Potet, *Cours de Magnétisme animal*, in fine, p. 549.
(2) Il ne faut pas oublier que ces lignes ont été écrites en 1850, alors que les faits expérimentaux étaient à peu près inconnus en France.

Peu de temps après, mon père s'éveilla et me regarda d'un air d'interrogation. « Mon cher Edouard, me dit-il, Dieu soit béni que je te revoie encore sain et sauf, car *j'ai été bien tourmenté, à cause de toi, dans mon rêve*; il me semblait que tu étais tombé dans l'eau et en danger de te noyer. » Or, ce jour-là, ajoute le baron, j'étais allé à la rivière avec un de mes amis pour pêcher des crabes, et je faillis être entraîné par le courant. Je racontai à mon père que j'avais vu son apparition à l'entrée du domaine, et que nous avions eu ensemble *une longue conversation*. Il me répondit qu'il *arrivait souvent* des faits semblables.

On peut attribuer à la clairvoyance du père durant le sommeil la connaissance du danger couru par son fils pendant la journée; et l'inquiétude dont il était tourmenté a pu être la cause de l'extériorisation de l'âme, qui est ici compliquée d'une matérialisation très accentuée. La conversation prolongée de M. de Sulza avec son fils en est une première preuve, et nous assistons en sus au transport par l'apparition d'un objet matériel : la canne sur laquelle le double s'appuyait. Nous avons déjà vu un double emporter sa clef et s'en servir; ce sont des faits qu'il ne faut pas négliger et dont l'explication viendra plus tard.

LE CAS DU RÉVÉREND THOMAS BENNING

Aksakof a reproduit (1) le récit suivant, dans lequel le dédoublement paraît avoir été volontaire, ce qui, nous le savons, n'est pas sans exemple, mais avec cette circonstance que la vision du double fut collective et, de plus, accompagnée d'actions matérielles qui ne pouvaient laisser aucun doute sur sa réalité objective. Je le reproduis intégralement.

Mme Hardinge-Britten (l'auteur bien connu en Amérique) raconte un fait curieux dans son mémoire sur les apparitions de doubles, publié dans le *Banner of Light* (6 novembre et 11 décembre); ce fait est reproduit par M. A. Oxon (Stainton Moses) dans son article « De l'action extra-corporelle de l'esprit de l'homme » (*Human Nature*, 1876, p. 118). Le voici :

C'était à l'époque où se tenaient les séances du célèbre cercle de New-York, auxquelles prenait part assez souvent le révérend

---

(1) Aksakof, *Animisme et spiritisme*, p. 316.

Thomas Benning, récemment décédé. Il avait reçu l'invitation, pour un samedi, de faire une conférence à Troy, New-York ; mais, la veille du jour fixé, il ressentit un violent mal de tête qui ne lui eût pas permis de se rendre à l'invitation qu'il avait acceptée. Il écrivit à la hâte une lettre d'excuses au président de la Société de Troy. Vers le soir, cependant, il éprouva un mieux et put aller au cercle de sa ville. Pendant la séance, sa préoccupation obsédante était de savoir si la lettre arriverait à temps pour permettre à la société de Troy de se pourvoir d'un autre conférencier. Le tout bien pesé, il lui semblait impossible que sa lettre parvînt à temps, et cela le tourmentait d'autant plus qu'il ne voyait aucun remède à la situation.

En proie à ces pensées, il n'eût qu'une oreille distraite pour ce qui se passait à la séance. Il faut dire que dans le cercle de Troy l'apparition de doubles n'était pas chose rare. M. Benning eut l'idée de tenter l'expérience, c'est-à-dire de prévenir par ce moyen ses amis à Troy *de l'ennui qu'il éprouvait*. Cette tentative ne se trahit en lui par aucun signe déterminé, sinon par une vague absorption dont il ne put se défaire pendant une bonne partie de la soirée (1). Cette sensation s'effaça subitement, et il put alors prendre part aux occupations du cercle aussi consciencieusement qu'il en avait l'habitude, et avec la netteté d'esprit qui lui était propre.

Mais transportons-nous à Troy et voyons ce qui s'y passait pendant ce même temps. Dans cette ville, comme à New-York, il y avait un cercle dont le Révérend T. Benning était membre. Ce cercle comptait en tout dix-huit adhérents. Comme M. Benning se rendait souvent dans cette ville pour y prononcer le sermon du dimanche, on avait décidé de choisir le samedi pour la séance. Ce samedi-là, dix-sept des membres se réunirent pour la séance, mais M. Benning sur lequel on avait compté d'une façon certaine n'arrivait pas.

Plus de trente minutes s'étaient écoulées depuis l'heure fixée pour la séance, lorsqu'on entendit frapper à la porte de la maison *le coup convenu* pour annoncer l'arrivée d'un des membres. La pièce louée pour les séances était située au deuxième, et les membres *devaient frapper d'une façon particulière* pour éviter qu'une personne étrangère pût s'introduire.

Dès que le signe familier se fut fait entendre, M. A..., dont c'était le tour de veiller aux arrivées, descendit l'escalier, ouvrit la porte et *aperçut M. Benning qui se tenait sur le seuil en plein clair de lune*. Il fit des remontrances au retardataire et le pressa de monter, pour rejoindre les collègues qui l'attendaient avec impatience. A son grand étonnement, M. Benning ne manifesta aucun désir d'entrer : il

(1) Nous avons déjà vu cet état particulier de l'agent dans le cas rapporté par Mme de Morgan, p. 265.

restait devant la porte, irrésolu et *murmurant quelques mots pour annoncer qu'il ne pourrait lire son sermon* demain. Impatienté de ce manque d'empressement, M. A..., prit M. *Benning par l'épaule*, le poussa dans la porte, tout en se plaignant du froid qui pénétrait dans la maison ; puis, l'ayant invité à monter, il ferma la porte et *mit la clef dans sa poche*, ainsi qu'il avait l'habitude de le faire quand le cercle était au complet. Les membres réunis en haut commençaient à trouver le temps un peu long, et déléguèrent deux d'entre eux pour aller voir ce qui se passait. *Ils rencontrèrent M. Benning sur l'escalier* et lui firent des reproches au sujet de son retard. Celui-ci murmura, *de la même voix sourde*, quelques mots d'excuses qui ne se rapportaient pas justement à son retard ; *il parlait de l'impossibilité où il était de dire son sermon le lendemain.* « C'est bien, c'est bien, dit M. B..., mais nous avons assez attendu, dépêchez-vous un peu. » Là-dessus, il voulut prendre M. Benning par le bras, mais à sa grande stupéfaction, *ce dernier le repoussa avec force et, écartant les deux autres camarades*, il descendit l'escalier quatre à quatre et se précipita dans la rue *en fermant la porte violemment derrière lui.*

Les membres du cercle restèrent consternés devant cette conduite de leur respectable confrère, et dans le courant de la soirée on parla beaucoup de cet incident bizarre. Il fut inséré au procès-verbal de la séance avec tous les détails, bien que personne n'eût pu trouver le mot de l'énigme. Ce n'est qu'après la séance, lorsque tout le monde fut descendu et se trouva devant la porte fermée à clef, qu'un vague soupçon se glissa dans l'esprit de ces messieurs, et ils commencèrent à se douter que l'incident dont ils avaient été témoins présentait un caractère mystérieux, occulte.

Le jour suivant, plusieurs membres du cercle allèrent au sermon dans l'espoir d'obtenir une explication de la bouche de M. Benning lui-même. L'absence du prédicateur n'était pas faite pour dissiper leurs appréhensions. Ils apprirent qu'à la suite d'un retard de la poste, la lettre de M. Benning était arrivée la veille à 10 heures seulement, et, comme elle portait la mention « pressée » le receveur de la poste l'avait, par obligeance, fait parvenir le lendemain dimanche matin. Cette lettre n'en était pas moins livrée 12 heures après que l'étrange visiteur de la veille en eût communiqué le contenu aux membres du cercle de Troy.

L'auteur de ces lignes tient ce récit de *M. Benning et des deux personnes qui ont vu, reconnu et touché le fantôme sur l'escalier*. Ils lui ont affirmé que, malgré le caractère tout immatériel que le visiteur pouvait avoir, *son bras a fait preuve d'une vigueur assez considérable pour écarter l'un d'eux, et pousser l'autre avec tant de force qu'il a failli dégringoler l'escalier.*

Bien que l'auteur de cette narration tienne le détail de ces incidents des témoins directs, il est regrettable que ceux-ci n'aient pas donné leur attestation ; mais il ne faut oublier qu'on était moins exigeant il y a un demi-siècle que de nos jours, au sujet des vérifications, de sorte que nous devons accepter ce récit comme réel, puisque la publication dans le *Banner of Light* n'a pas amené de rectification, et que la bonne foi de Mme Hardinge Britten n'a jamais été suspectée. Un point reste obscur, c'est celui de la porte fermée à clef par M. A. et que les deux témoins virent cependant s'ouvrir devant l'apparition, et se « refermer violemment derrière lui (1) ».

Si ce dernier détail est tout à fait exact, c'est encore un genre particulier d'action que le double a exercée sur la matière en faisant jouer le pêne de la serrure d'une manière anormale, puisqu'il n'en possédait pas la clef, et que l'on ne signale aucune dégradation de la fermeture.

La force déployée par le fantôme est considérable : elle fait songer à celle dont un homme pourrait faire preuve dans de semblables circonstances. Une aussi grande dépense d'énergie est rarement constatée mais, somme toute, elle n'est que le développement de ce pouvoir de motricité dont nous avons relaté des exemples dans les cas précédemment énumérés.

L'histoire suivante n'est pas moins étrange, car des effets physiques à grande distance auraient été produits par le double ; malheureusement ce récit, qui n'a rien d'invraisemblable, n'est pas de première main, de sorte qu'on ne peut l'accepter sans réserve. Je le rapporte néanmoins, parce qu'il renferme des incidents, dont, plus tard, des expériences avec Eusapia Paladino ont montré la possibilité. Le voici (2) :

UN DOUBLE QUI SE TRANSPORTE D'AMÉRIQUE EN EUROPE

Le *spiritual Magazine* de 1862, p. 535, a reproduit, d'après le *Herald of Progress* de Boston, la lettre suivante :

(1) Cette action est à rapprocher de celle produite par le fantôme de la rue Jacob, dont j'ai parlé à la page 165.
(2) Aksakof, *Animisme et spiritisme*, p. 520. Je lui emprunte la traduction.

Je viens vous communiquer un incident qui m'a été raconté par une dame de mes amies, demeurant dans cette ville, et dont la probité et l'honorabilité sont au-dessus de tout soupçon.

L'hiver dernier, cette dame a engagé à son service une jeune fille allemande, dont les parents habitent l'Allemagne avec leurs autres enfants. Pour correspondre avec ses proches, cette jeune fille avait recours à l'obligeance de sa maîtresse, qui écrivait ses lettres. L'hiver dernier Barbe, c'est le nom de la jeune fille, tomba malade de la fièvre intermittente et dut se mettre au lit. Comme elle avait un peu de délire, sa maîtresse venait souvent la voir la nuit. Une jeune bonne couchait encore dans la chambre. Cela dura deux semaines, pendant lesquelles la malade disait souvent à sa maîtresse : « Oh! Madame, toutes les nuits, *je suis en Allemagne, auprès des miens!* » Son délire atteignit son paroxyme pendant deux nuits. Une fois, elle quitta précipitamment son lit et *emporta linge et couvertures dans la chambre voisine; une autre fois elle essaya de tirer la petite bonne de son lit.*

Elle guérit néanmoins, et l'on ne pensait déjà plus à sa maladie quand une lettre arriva d'Allemagne, de ses parents, qui écrivaient que sa mère était dans le désespoir, car, pendant quinze nuits consécutives, leur fille *avait frappé à la porte* de la maison paternelle; on *l'avait laissé entrer, tous les membres de la famille l'avaient vue et reconnue*, sans en excepter sa mère qui ne cessait de s'écrier : « Oh! ma jeune Barbe, elle doit être morte! » *Une fois on l'avait vu arracher une couverture d'un lit et la porter dans une autre chambre*; la nuit suivante, elle *saisit sa sœur et essaya de la faire descendre du lit.*

Cette lettre plongea la jeune fille dans une grande consternation. Elle prétendait qu'en Allemagne on l'aurait traitée de sorcière, et jusqu'aujourd'hui elle évite de faire la moindre allusion à cet incident. Je puis ajouter que je transmets simplement les faits, tels que je les tiens de cette dame, qui habite toujours Dayton, avec la servante en question.

Laura Cuppy.

Dayton, Ohio, le 12 septembre 1862.

Ce récit nous met en présence d'un phénomène assez remarquable, celui du synchronisme entre les mouvements de la personne réelle et ceux du fantôme. La jeune personne emporte pendant son délire son linge dans la chambre voisine, pendant que le double en faisait autant en Allemagne. Une autre fois, c'est la petite bonne que Barbe essaie de tirer son lit, et son sosie agit de même vis-à-vis de sa sœur. On a souvent observé, avec Eusapia, qu'elle faisait avec sa main le simulacre des mouvements nécessaires pour ouvrir, par exemple, la porte d'un buffet, et l'on constatait que le battant du meuble obéissait à cette action à distance, comme si le double avait réellement ouvert la porte.

C'est en raison de cette analogie que j'ai rapporté le cas précédent, pensant que les détails précités sont de ceux que l'on ne penserait pas à inventer dans une histoire apocryphe.

Je cite, pour terminer, un exemple où le fantôme de vivant, sonne, parle, *boit un verre d'eau*, et se fait voir à plusieurs personnes. C'est encore au livre d'Aksakof que j'en emprunte la relation (1).

UN FANTÔME DE VIVANT QUI SONNE, PARLE ET BOIT

Le docteur Britten, mentionne dans son livre : *Man and his relations* (l'homme et ses affinités), New-York, 1864, le cas suivant, extrait d'une lettre de M. E-V. Wilson. Cette lettre, Mr Britten la reproduit in-extenso. En voici la traduction :

Le vendredi 19 mai 1854, j'étais assis devant mon bureau ; je m'endormis dans cette position, la tête appuyée sur la main. Mon sommeil dura de trente à quarante minutes. Je rêvai que je me trouvais dans la ville d'Hamilton, à 40 milles anglais à l'ouest de Toronto, et que je visitais diverses personnes pour encaisser de l'argent. Après avoir terminé ma tournée de recouvrements, je voulus aller voir une dame de ma connaissance, qui s'intéressait beaucoup à la question spirite. Je rêvais que j'étais arrivé chez elle et que *je sonnais à sa porte*. Une servante *vint m'ouvrir* et m'informa que Mme D. était sortie, et qu'elle ne serait pas de retour avant une heure. Je demandai un verre d'eau, *qu'elle m'apporta*, et je m'en allai *la chargeant de transmettre mes compliments à sa maîtresse*. Il me sembla que je retournais à Toronto. Sur ce, je me réveillai et ne pensai plus à mon rêve.

Quelques jours plus tard, une dame qui habitait Toronto, dans ma maison, Mme J..., recevait une lettre de Mme D..., datée d'Hamilton ; cette lettre contenait le passage suivant : « Dites à M. Wilson qu'il a de drôles de procédés, que je le prie, à sa prochaine visite, de me laisser son adresse, pour m'éviter de courir dans

---

(1) Aksakof, *Animisme et spirit.isme*, p. 518.

tous les hôtels d'Hamilton, et en pure perte encore. Vendredi dernier, *il est venu à ma maison; il a demandé qu'on lui serve un verre d'eau, il a donné son nom et m'a fait transmettre ses compliments.* Connaissant l'intérêt que je prends aux manifestations spirituelles, il aurait pu s'arranger, me semble-t-il, de façon à passer la soirée avec nous. Ce fut une déception pour tous nos amis, je n'oublierai pas de lui dire ma façon de penser à notre prochaine entrevue. » — A la lecture de ce passage, je me mis à rire. Mme D.., et ses amis auront été induits en erreur, dis-je, — ou bien ils sont détraqués, car je ne suis pas allé à Hamilton depuis un mois, et à l'heure désignée je dormais, assis devant mon bureau, dans mon magasin.

Mme J.., se contenta d'observer qu'il y avait évidemment erreur de part ou d'autre, car Mme D. était une personne honorable, méritant toute confiance. Un trait de lumière traversa soudain mon esprit ; je me souvins du songe que j'avais fait, et je dis, en manière de plaisanterie, que le visiteur en question n'était probablement autre chose que mon fantôme. Je chargeai Mme J. d'écrire à Mme D..., pour lui dire que sous peu je serais à Hamilton, en compagnie de plusieurs amis, et que nous irions tous la voir ; que je priais Mme D... de ne pas prévenir ses domestiques de notre arrivée, à seule fin que l'une ou l'autre de ses servantes reconnût, sur son instigation, parmi les arrivants, le M. Wilson qui s'était présenté le 19 mai.

Le 29 mai, j'allai à Hamilton avec quelques camarades, et nous fîmes tous irruption chez Mme D. Cette dame nous ouvrit elle-même et nous fit entrer au salon ; je la priai alors d'appeler ses domestiques et de leur demander si elles remettaient l'un d'entre nous. *Deux des servantes me reconnurent pour le monsieur qui était venu le 29 et avait dit se nommer Wilson.* Les deux bonnes m'étaient complètement inconnues, je ne les avais jamais vues ni l'une ni l'autre. Elles sont prêtes, de même que Mme D., à confirmer tous les détails du récit que je vous envoie.

Agréez, etc. E. V. WILSON.

(*Human Nature*, 1876, p. 112-113.)

La reconnaissance de la personne réelle a été complète, ce qui nous confirme que le fantôme ressemble absolument au corps physique. Indépendamment des preuves de la matérialisation du double fournies par les actions diverses de tirer la sonnette et de parler, nous voici en présence d'un autre problème au moins aussi imprévu que ceux que nous avons rencontrés jusqu'ici, c'est celui de savoir ce que devient l'eau que le fantôme a peut-être absorbée, bien que le récit ne mentionne pas expressément que l'eau ait été bue par l'apparition. Cette fois encore, nous attendrons que d'autres faits nous soient connus pour hasarder une hypothèse.

Si une quantité d'autres faits relatifs aux matérialisations observées dans les séances spirites ne présentaient pas des phénomènes analogues, ceux-ci paraîtraient tout à fait invraisemblables, tandis que nous y verrons, au contraire, la preuve que ces faits étranges se produisant déjà pendant la vie, leur constatation post-mortem prouve qu'ils appartiennent à l'âme elle-même, vivante ou désincarnée.

Il est encore un autre genre de preuve, convaincant, de l'objectivité du double, c'est la photographie. Là on ne peut alléguer l'hallucination, puisque le bromure d'argent n'enregistre que ce qui existe dans l'espace ; mais propriété précieuse pour nos recherches, il est capable d'être impressionné par des vibrations qui n'agissent pas sur notre œil, et de nous révéler ainsi la réalité d'une forme invisible, bien que présente. On sait que la photographie de la voûte céleste a fait constater l'existence d'étoiles que les plus puissants télescopes n'avaient pu découvrir. Cette révélation doit être attribuée au pouvoir que possède la plaque sensible d'accumuler les radiations actiniques, lesquelles acquièrent, par leur sommation, l'énergie chimique nécessaire à la décomposition des sels d'argent. Dans les cas dont je veux parler, ce sont peut-être d'autres vibrations qui agissent, car la durée de la pose est la même qu'à l'ordinaire, et c'est en faisant des portraits que l'on constata, accidentellement, la présence du fantôme invisible.

Avec la preuve photographique disparaît toute incertitude. Les subtils raisonnements sur l'hallucination simple ou collective s'évanouissent. Nous sommes en face d'une réalité indiscutable. Alors même que les yeux ne voient rien, si la plaque montre un fantôme, c'est qu'il était là, invisible mais présent.

Sans aucun doute, on peut aisément simuler ces phénomènes. Rien n'est plus simple que de fabriquer une apparition artificielle ; mais c'est aux critiques à n'accepter que des témoignages de premier ordre, c'est-à-dire émanant de personnes qui n'ont aucun intérêt à tromper. Il est possible, également, qu'un prétendu dédoublement soit produit par deux poses sur la même plaque, la première n'ayant eue qu'une durée très courte. Un peu d'attention dans la pratique photographique peut mettre l'observateur sincère à l'abri de ces erreurs, comme de celles qui proviennent d'un trou dans la chambre noire, doublant l'image. C'est ce que les photographes appellent un sténopé.

On verra dans les exemples que je cite que ces causes d'erreur ont été discutées par les opérateurs et que, parfois, le fantôme, tout en reproduisant les traits de la personne dédoublée, a une autre expression de physionomie et un costume qui diffère de celui du modèle.

Il faut considérer ces photographies accidentelles comme très précieuses, parce qu'elles ont été faites par hasard, à un moment où on ne les attendait pas et, sauf peut-être pour le premier cas, par des hommes qui n'avaient aucun intérêt à tromper, et qui ont été les premiers étonnés des résultats qu'ils obtenaient.

PHOTOGRAPHIES FORTUITES DE DOUBLES

En parlant de ces faits, M. Aksakof dit (1) :

Il me reste à mentionner une photographie de Mumler, sur laquelle est représenté M. Herrod, un jeune médium, dormant sur une chaise, en état de trance. On voit derrière lui *l'image astrale de sa propre personne ou de son double*, se tenant debout, presque de profil, les yeux fermés, la tête un peu inclinée vers le médium.

Nul n'ignore que l'on peut facilement imiter un double sur une photographie; et comme Mumler était photographe de profession, on pourra le suspecter d'avoir usé de supercherie dans le but d'attirer chez lui les naïfs clients spirites, comme cela est arrivé en France, avec le nommé Buguet. Mais lorsque l'expérience est tentée par des chercheurs qui n'ont aucun intérêt professionnel à tromper, il semble bien que les résultats obtenus sont sérieux. Laissons donc parler les faits. Le récit suivant est dû à M. Glendinning, renommé en Angleterre comme observateur perspicace et impartial des phénomènes spirites (2).

(1) Aksakof, *ouvrage cité*, p. 78.
(2) *Spiritualist*, n° 234. Londres, 16 février 1877, p. 76.

Il y a vingt ans environ, dit-il, que l'un de nos amis, bon médium, et moi, nous nous sommes occupés de photographie spirite. Nos expériences ont été couronnées de quelques succès.

Au commencement, nous obtenions sur la plaque des taches bizarres (1). Si j'avais été plus versé dans la question, j'aurais conservé ces plaques pour les soumettre à un minutieux examen ; toutes les fois que nous n'avions pas obtenu un résultat bien net, je frottais la plaque avec les doigts et je la lavais ensuite. Les verres et les produits nous étaient fournis par M. Melhuish, secrétaire d'une société photographique écossaise. Nous étions tous de bonne foi, comme cela se passe entre hommes comme il faut.

Un jour nous obtînmes le portrait du médium, *dans une pose qu'il avait occupée dix ou quinze minutes avant l'exposition*, c'est-à-dire à mi-chemin entre la chambre noire et le fond. Nous avions dans cette pièce ce que l'on nomme *la planchette*, connue sous le nom d'*Indicator*, qui indiquait très rapidement au moyen de l'alphabet, ce que nous devions faire, car les « esprits » nous disaient qu'eux-mêmes ne savaient pas encore comment produire ces images, — qu'il fallait faire quelques essais ; ils nous donnèrent le conseil de mesmériser [magnétiser] la chambre obscure, les produits chimiques et tout le reste. Nous suivîmes ces indications autant *pour nous amuser* que par curiosité. Lorsque nous leur demandâmes pourquoi nous avions obtenu le portrait du médium *dans la pose qu'il occupait AVANT l'exposition de la plaque*, ils nous répondirent que c'était dans cette position qu'il avait laissé *son influence*, et que, s'il s'était trouvé un clairvoyant dans la chambre, il aurait perçu le médium précisément dans cette pose. Je ne comprends pas cela, mais nous n'avons pas obtenu d'autre explication.

Dans ce cas spontané, on ne saurait suspecter la bonne foi des assistants, puisqu'ils ne comprennent rien au résultat et qu'ils ne faisaient pas des expériences dans le but de soutenir une théorie quelconque, mais simplement « pour s'amuser et par curiosité ». On ne peut attribuer l'image spectrale à une double pose, car la position du fantôme est celle qu'occupait le médium avant l'exposition de la plaque. Peut-être, tout à l'heure, arriverons-nous, avec les connaissances acquises depuis l'époque où écrivait M. Glendinning, à comprendre ce qui a eu lieu dans

(1) Comme celles constatées par M. Beattie, photographe expert, de même que l'on en obtient toujours au début des essais photographiques, lorsque l'on opère avec un bon médium.

cette circonstance et dans la suivante, rapportée par Pierrart dans sa Revue (1).

M. Curcio Paulucci, photographe à Chiavari, près de Gênes, prenait un groupe de trois personnes. Au développement, le portrait d'une quatrième personne apparut sur la plaque. C'était celui d'un docteur, ami de Paulucci, *qui avait placé ces personnes quelques minutes auparavant* pour les mettre au point *et qui s'était retiré ensuite*. On voyait ses moustaches, ses yeux, les cheveux divisés d'un côté, la cravate à demi cachée par le col, le triangle blanc de la chemise, et les épaules jusqu'à la moitié de l'humérus. La tête de la dame était à la hauteur de la poitrine de l'image du docteur et par son corps cachait le reste.

M. Guido, ingénieur, un ami de M. Paulucci, celui qui communique le fait à Pierrart, décrit toutes les manipulations chimiques auxquelles il s'est livré pour s'assurer que cette image se trouvait bien sur le collodion et non sur la plaque de verre. De plus, M. Paulucci fait remarquer qu'il avait pris une plaque neuve et que jamais il n'avait fait le portrait du docteur qu'en groupe et le chapeau sur la tête.

UN FAUX DÉDOUBLEMENT

J'appelle l'attention du lecteur sur la photographie suivante qui a été obtenue par hasard dans un atelier de peintre. On voit que le modèle, qui est debout, à droite en regardant l'épreuve, est reproduit aussi à genoux et semble transparent. Cette apparence est due tout simplement à ce que l'artiste a fait deux poses avec la même plaque. La seconde impression, celle dans laquelle le sujet est debout, ayant été plus longue que la première, le fond, c'est-à-dire le tableau s'est superposé en partie sur la première image, en l'effaçant partiellement dans les parties les plus sombres, ce qui produit l'illusion de la transparence du corps.

On conçoit que rien ne serait plus simple que de s'amuser à varier cette petite expérience, pour faire croire qu'à côté du sujet existe un prétendu double, dont la diaphanéité serait pour des novices une preuve du caractère extranormal du soi-disant dédoublement. En examinant les bords de la planche à modèle, on s'aperçoit que celle-ci a été déplacée pendant les deux poses.

(1) *Revue spiritualiste*, t. VII, 1864.

Il faut donc toujours, lorsqu'on examine des photographies semblables, être bien sûr du sérieux de celui qui expérimente, et s'assurer qu'une faute opératoire n'a pas été commise, comme

Fig. 18. — Un faux dédoublement.

celle d'une double exposition involontaire. Il semble que ces conditions sont remplies dans les trois cas suivants :

LE DÉDOUBLEMENT DE DEUX PERSONNES

Le cliché de la figure 19 a été pris par M. le docteur Draper Speakmann, à la villa du Rocher, aux environs de Pau, qu'il habite pendant quatre mois de l'année. Au nombre des amis de M. et Mme Speakmann est une charmante Américaine, bon médium, que j'appellerai miss X. Voici le récit tel qu'il a été publié dans la *Revue scientifique et morale du Spiritisme* (1), par

(1) *Revue scientifique et morale du Spiritisme*, année 1899-1900, p. 265.

le commandant Mantin. Je rétablis les noms exacts, avec l'autorisation ultérieure des intéressés.

Le décor est la villa du Rocher. Mme Speakmann, la jeune Américaine et l'enfant sont descendus sur le chemin, devant la muraille... Il est une heure, en pleine lumière, en plein soleil. Le temps de dire : « Don't stir ! » (Ne bougez plus) c'est fait, et le docteur, qui, semblable à Pierre Petit, opère tout seul, se sauve et rentre révéler

Fig. 19. — Le dédoublement de deux personnes.
Les formes fantômes, peu visibles, sont au coin de la maison.

immédiatement cet instantané, de la rapidité d'un dixième de seconde.

Cette fois miss X. s'est dédoublée, et, fait plus curieux, le baby qu'elle tient par la main l'est aussi.

Tous ceux qui font de la photographie, et ils sont légion aujourd'hui, savent que la rapidité du Kodac est telle qu'il n'est pas possible de reproduire deux fois un point quelconque sans doubler toute l'image.

Comme miss X. n'a pas bougé, elle n'aurait dû être reproduite qu'une fois dans la même position, debout, comme ils sont dans la position située du côté droit. Si l'appareil, au lieu d'être armé à rapide, l'avait été pour la pose, l'opérateur, convaincu qu'il faisait un instantané, aurait dû bouger et alors il aurait obtenu une série de personnages et de villas.

Or vous constaterez, mon cher ami, qu'en ce dixième de seconde, miss X. et l'enfant se trouvent doublés en deux points distants de cinquante centimètres et dans deux attitudes différentes. L'épreuve est très nette, pas de séries de personnages entre les deux poses, et les autres sujets photographiés sur le même cliché *n'ont pas bougés* et sont nettement reproduits.

Cette dernière remarque est des plus sérieuses pour détruire la supposition qu'involontairement l'obturateur aurait été ouvert par mégarde un instant très court avant la deuxième pose, car, dans ce cas, les images des personnes en marche seraient dédoublées aussi. Je continue.

Un ami spirite à qui j'ai montré cette reproduction m'a fait l'objection suivante qui est sensée : Très bien ! que miss X. soit dédoublée, je l'admets, mais pourquoi l'enfant l'est-il de même ? Tout simplement parce que notre médium le tenait par la main, et que le bébé subissait son influence, faisait partie d'elle-même, comme sa robe, son corsage, son chapeau et une ombrelle qu'elle eût tenue en main, au lieu de l'enfant...

Commandant Mantin.

Extrait d'une lettre de Mme Draper Speakmann, au commandant Mantin :

Quant à la photographie que mon mari vous a adressée de nouveau depuis votre départ des Eaux-Bonnes, M. Delanne peut en faire ce qu'il jugera bon, pourvu que le nom de notre amie miss X. demeure inconnu. Il peut même citer le nom de mon mari en garantie. Il vous répète que cette photographie est un instantané des plus rapides fait au grand soleil. La pose de droite est celle qu'avait miss X. L'enfant qu'elle tient par la main et qui a partagé le dédoublement du milieu est un baby que nous ne connaissions pas, qui jouait sur la route.

Affirmez à M. Delanne que mon mari fait lui-même le travail de toutes ses photographies. Il répond de l'exactitude du fait.

AUTRE DÉDOUBLEMENT SIMULTANÉ DE DEUX ENFANTS

M. le commandant Darget, bien connu pour ses recherches au sujet de la photographie de la pensée, m'a communiqué l'épreuve photographique suivante qu'il a obtenue, au milieu de quelques autres, au cours d'une série d'expériences.

Il pria M. Pinard, magnétiseur à Tours, de bien vouloir se

Fig. 20. — Autre dédoublement simultané.

mettre à sa disposition avec ses deux fillettes pour faire quelques essais. M. Pinard accepta. Il magnétisa ses filles pendant quelques minutes, comme il magnétisait ses malades pour les guérir, et M. Darget prit diverses photographies des enfants.

Sur plusieurs plaques on voit des traînées blanches, anormales, qui ressemblent à celles que l'on photographie dans les séances spirites, et qui semblent indiquer la réalité de l'existence de la force psychique extériorisée. Sur l'une des plaques, à sa grande surprise, le commandant vit que les enfants étaient dédoublées. M. Darget déclare être *absolument sûr* que l'appareil n'a pas bougé pendant l'opération, ce qu'il est facile de constater puisque les formes fantômales n'ont pas la même pose que les figures réelles.

Pour les incrédules, l'explication la plus simple sera évidem-

Fig. 21. — L'image spectrale du prêtre est en dessous de son visage matériel.

ment qu'il y a eu deux impressions sur la même plaque, à l'insu de M. Darget. Les différences qui existent entre les deux groupes de figures s'expliqueraient facilement de cette manière. Mais M. Darget affirme qu'il n'en est pas ainsi, c'est pour cette raison qu'il croit à un dédoublement.

La même hypothèse explicative peut servir pour l'image suivante, celle du prêtre dont on voit une deuxième image, cachée en partie par son corps, et dont l'expression de physionomie diffère légèrement de celle du visage vivant.

Ce cliché a été pris par un second prêtre, photographe amateur, qui est convaincu de n'avoir pas bougé, ce qui paraît certain, et de n'avoir pas fait deux poses sur la même plaque.

Il est clair que ces photographies sont moins probantes que celles de la jeune fille dont le double est vêtu autrement que la personne normale, que nous allons voir. Mais si l'on tient compte des faits rapportés plus haut par M. Paulucci et M. Glendinning, il est possible de leur attribuer une certaine valeur, sans les tenir cependant pour des preuves rigoureusement scientifiques. La bonne foi des opérateurs est absolument incontestable; mais on peut croire à une inattention momentanée de leur part pendant les opérations, de sorte qu'il reste toujours un doute sur la réelle valeur de ces derniers clichés.

TROIS CAS PLUS RÉCENTS

M. de Rochas, dans les *Annales Psychiques* (1), présente trois photographies de doubles, obtenues sans préméditation aucune, qui montrent l'extériorisation du double se produisant involontairement, dans les conditions les plus ordinaires de la vie, ce qui fortifie encore mon opinion que le dédoublement de l'être humain est un phénomène qui relève plutôt de la physiologie, d'une disposition organique spéciale, que d'une action télépathique quelconque.

Après quelques considérations préliminaires, M. de Rochas dit qu'il est très important de faire connaître les cas de photographies spirites qui présentent de sérieuses garanties d'authenticité. Cédons-lui la parole :

Tel est celui que je présente aux lecteurs des *Annales*. La lettre qui accompagne les figures 22 et 23 date de quelques années et elle émane de M. B..., homme très sérieux, que j'ai connu particulièrement et dont la famille est alliée à la mienne.

On a quelquefois objecté à ces sortes de photographies que les

(1) De Rochas, *Annales psychiques*, 1905, p. 581.

personnages pris pour des esprits ou pour des doubles astraux étaient dus à des images adventives produites par des petits trous dans la boîte de l'appareil. Tel pourrait bien être le cas représenté par la figure 24 où l'on voit la figure d'une vieille dame se reproduire à sa droite, bien que dans cette reproduction il y ait des particularités assez difficiles à expliquer (1) ; mais les planches 1 et 2 montrent bien une image vaporeuse qui s'est transformée pendant que l'opérateur retournait son châssis.

M. B. AU COLONEL DE ROCHAS

« Cher Monsieur,

« Une circonstance tout à fait imprévue me permet de me rappeler à votre bon souvenir.

« Il vient de nous arriver un fait inouï, qui nous a tous très vivement impressionnés ; comme je sais que vous vous occupez avec succès d'hypnotisme et que ce cas y a rapport, je crois, je viens vous le soumettre en vous priant de vouloir bien me donner tous les éclaircissements que vous pourrez trouver, et quels qu'ils soient, vous promettant de conserver pour moi seul ceux qui seraient par trop impressionnants pour les parties plus intéressées que moi.

« Voici le fait :

« J'ai un beau-frère qui s'occupe de photographie en amateur. Dernièrement, voulant photographier sa fille, il a obtenu le cliché suivant : au premier plan, la jeune fille très ressemblante ; au second plan, une espèce d'ombre-fantôme la représentant d'une façon très reconnaissable, mais amaigrie, vieillie, malade, sur le point de rendre l'âme. Ce fantôme est bien une ombre transparente, puisque au travers, on distingue les plis de la toile qui sert de fond.

« La jeune fille a été pendant trois ans assez sérieusement ma-

---

(1) L'expression de la bouche n'est pas la même ; les yeux sont plus tournés sur la droite dans la figure adventive que dans l'autre. La position du bras droit n'est pas tout à fait la même. La poitrine de la figure adventive se détache nettement sur le montant de la porte, tandis que l'autre se détache un peu nébuleusement sur le bras de la jeune dame. Enfin le corps de la vieille dame laisse transparaître la main et la manchette du monsieur placé derrière elle, comme s'il s'était dématérialisé en partie pour former le fantôme voisin. Tout cela pourrait bien être dû à une impression fortuite de la plaque par un petit trou de la boîte alors que la position des personnages formant le groupe n'était pas encore arrêtée et que le photographe cherchait l'orientation de son appareil. (de R.)

Je ferai remarquer que si un trou avait existé, à la seconde fois on aurait eu également un dédoublement, ce qui n'a pas eu lieu. D'ailleurs, on aurait observé ce phénomène avant ou après, ce qui ne s'est pas produit, d'après ce que j'ai pu savoir à Lyon, à ce sujet. (G. Delanne.)

Fig. 22. — Le double est vêtu autrement que le corps physique.

Fig. 23. — Deuxième pose du même sujet.

lade d'une chloro-anémie ; maintenant, elle va bien. Dernièrement, à la campagne, étant assise au soleil avec quelques personnes, elle voit arriver une dame inconnue, qui, apercevant du monde, a rebroussé chemin. Elle a couru vers cette dame qui avait subitement disparu ; elle l'a cherchée partout sans succès. Ceci se passait il y a une dizaine de jours ; elle en fut profondément impressionnée.

Fig. 24. — Dédoublement accidentel observé à Lyon.

« Auparavant, rien de semblable ne s'était produit chez cette jeune fille, ce qui fit croire à une hallucination. Mais pour la photographie, on ne peut en dire autant, puisque l'image subsiste.

« Il y a là quelque chose d'anormal, de surnaturel peut-être, qu'il nous est impossible d'expliquer.

« Le père, la jeune fille et nous tous, nous ne nous sommes

jamais occupés ni du spiritisme, ni du magnétisme. La jeune fille surtout ignore complètement ce que c'est.

« Expliquez-moi donc, je vous en prie, ce cas et dites-moi tout ce que vous en pensez ; je vous le répète, je ne dirai à la famille que ce que je croirai devoir dire.

« Les deux photographies que je vous envoie sont de deux clichés différents ; ils ont été pris au même moment... »

J'écrivis à M. B... pour le rassurer. Je lui donnai quelques détails sur les idées actuellement admises relativement au corps astral ; je lui suggérai l'hypothèse que l'apparition n'était autre chose que le corps astral de sa nièce qui avait pris les formes correspondantes aux pensées qui avaient traversé son esprit. Enfin, je lui demandai de vouloir bien me mettre en rapport avec cette jeune fille qui devait être un sujet intéressant à étudier.

M. B... me répondit que les parents de la jeune fille ne voulaient à aucun prix que la chose s'ébruitât, de peur de nuire à son établissement. Je ne pus donc la voir et je ne sais ce qu'elle est devenue ; quant à M. B..., il est mort récemment.

Ici, le fantôme est vêtu d'une autre manière que le corps matériel, ce qui est assez rare pour être signalé, mais on ne peut se tromper sur la ressemblance entre le double et la jeune fille, ce qui est l'essentiel.

L'EXTÉRIORISATION DE M. SIGURD TRIER

Dans la revue métapsychique danoise *Sandhedssoegeren* (1) « le Chercheur de Vérité » le rédacteur en chef *M. Sigurd Trier*, docteur ès lettres et président de la *Société métapsychique danoise*, décrit une expérience photographique chez *M. R. Boursnell* à Londres, le photographe psychique bien connu (surtout après les articles de *M. W. T. Stead* dans la *Borderland* de 1895).

M. Trier raconte d'abord que l'existence de son « double » a été constatée maintes fois ; on l'a *vu* et on l'a *entendu*, et c'était précisément le désir de M. Trier d'acquérir une preuve scientifique de l'existence du « double ».

Lorsque le docteur danois séjournait à Londres, au mois de novembre 1906, comme chef d'une expédition métapsychique scandinave (les deux autres membres étaient le docteur en médecine *O. T. Axell* d'Oestersund, Suède, et le médecin *Harry Holst* de Co-

(1) No 49-50, de 1907.

penhague) il faisait des expériences photographiques au moyen de la médiumnité de M. R. Boursnell (13 Richmond Road, Shepherds bush). Le résultat était étonnant. Sans parler d'une quantité de preuves d'identité de personnes *mortes* (même d'amis que M. Trier aurait eus dans une prétendue incarnation antérieure, lorsqu'il était un lieutenant français d'artillerie nommé *Agriella Bourneville*, au temps de la grande Révolution) le docteur obtint une preuve photographique de la réalité de son « double ».

Pendant une visite que M. Trier fit à M. Boursnell, celui-ci, qui est très clairvoyant, dit tout à coup : « Monsieur Trier, je peux vous voir en *deux* éditions ! » — « Ah, quelle belle vue ! » riposta M. Trier avec un petit sourire. — « Pouvez-vous prendre une photographie de mon double et de moi ? » — « Je veux *essayer*. Je ne puis dire davantage, car cela ne dépend pas de *moi*. Veuillez bien prendre vous-même la pose ».

Fig. 25. — M. Sigurd Trier, dédoublé partiellement.

M. Trier s'assit sur sa chaise, mit la main gauche contre le dos de celle-ci et leva un bouquet de violettes vers sa bouche. Mais en même temps il *pensa* à tourner la tête et les yeux à gauche (avec un regard très fixe) et à poser sa tête contre sa main droite.

« C'est très bien ! » s'écria le vieux photographe (il a 77 ans). « Prenez garde ! » et il exposa la plaque pendant 20 secondes. M. Trier contrôla les opérations photographiques, qu'il connaît assez bien (il est amateur photographe depuis 1892 et a pris plus de 4.000 photographies lui-même).

Le résultat fut excellent, car on ne peut discerner M. Trier de son « double ». La plupart des examinateurs se méprennent. D'ailleurs, on voit sur la plaque le portrait d'un esprit, une jeune fille anglaise. (Ici, il est supprimé.)

M. Trier termine son rapport, qui est très clair et très exact, par ces mots concernant la photographie de son « double » :

« Rien ne serait plus facile que de produire photographiquement un semblable cliché si l'on s'était permis de faire *deux* expositions — d'abord de moi assis avec la tête tournée à *gauche* et alors (après mon changement de posture) une autre sur la même plaque, la tête tournée à *droite* — *mais pour cela ma complicité aurait été absolument nécessaire*. La seule hypothèse de fraude est donc que moi — sans doute pour « servir ma cause » ou peut-être pour « faire sensation » — je me suis allié avec le photographe pour tromper nos honorés contemporains !

« Peut-être imaginera-t-on que depuis la première expérience photographique, le 13 novembre 1906, M. Boursnell a eu à sa disposition une plaque non développée avec mon portrait? je répondrai que *toutes les plaques* ont été développées *à l'instant*, et que nous en avons contrôlé le nombre. D'ailleurs, je n'ai jamais pris à aucune expérience photographique, une pose semblable à celle présentée par mon « double ».

« Si l'on préfère l'appeler la photographie d'une *pensée*, — pour moi je n'y vois pas d'obstacle.

« Sigurd Trier. »

Si l'on récapitule tous les faits cités, on constatera combien ils ont de ressemblance générale, et l'on en déduira que si l'hallucination télépathique est bien la première cause à laquelle il faut attribuer certains de ces phénomènes, dans d'autres cas, une image de l'être humain s'extériorise involontairement, inconsciemment même, avec une substantialité qui lui permet d'être vue par des tiers, ou d'agir, bien qu'invisible, sur la plaque photographique, en y laissant une reproduction de l'extérieur du sujet, y compris ses vêtements. Nous allons voir dans le chapitre suivant que ces phénomènes peuvent être comparés à ceux que M. de Rochas a observés pendant l'extériorisation de la sensibilité, ce qui nous conduira à formuler une hypothèse pour expliquer la fabrication de ce fantastique costume fluidique qui accompagne toujours les modalités les plus variées d'apparitions.

RÉSUMÉ

Il aurait été facile d'augmenter de beaucoup le nombre des cas rapportés dans ce chapitre, mais comme les sources auxquelles le lecteur peut se reporter sont indiquées, je pense que ces quelques exemples suffisent pour démontrer que le double de l'être humain est capable d'acquérir parfois une objectivité assez grande pour être vu par plusieurs personnes, et pour agir physiquement, comme pourrait le faire un être ordinaire.

Le phénomène du dédoublement a présenté d'abord toutes les particularités que nous avons signalées antérieurement : c'est-à-dire une parfaite ressemblance avec le corps matériel de l'agent, et la similitude s'est étendue jusqu'aux vêtements. Puis cette image s'est révélée à nous avec des caractères qui la rapprochent de ceux de l'être humain. Au lieu d'être une espèce d'effigie inerte, un simple simulacre, c'est une figure agissante que nous avons vu se déplacer intentionnellement, accomplir des actes coordonnés : soit pour ouvrir une porte et monter dans la chambre de l'agent, soit pour assister à l'office religieux, soit pour rendre une visite à une amie, soit enfin pour donner une indication qui a permis de sauver les passagers d'un navire en détresse. Tous ces actes témoignent d'une intelligence active. Les cas réunis ici sont bien différents de ceux que nous avons étudiés dans le chapitre précédent, où le sosie semblait plutôt une sorte d'image virtuelle dépourvue de pensée, qu'un être intelligent accomplissant volontairement un acte désiré par lui.

Le moment n'est pas encore venu de réunir dans une synthèse explicative tous les traits épars que l'on peut recueillir et qui résultent d'une étude attentive de ces diverses observations, mais une remarque s'impose: c'est que les phénomènes deviennent de plus en plus semblables aux manifestations d'un être humain ordinaire, lorsque l'extériorisation atteint son plein développement. Nous ne sommes plus en face, comme dans le cas d'Émilie Sagée, d'une forme nuageuse offrant simplement une légère résistance au contact; dans l'exemple du Révérend Benning, c'est une action énergique qui est exercée par le double, puisque l'un des observateurs a été repoussé si vigoureusement qu'il a failli choir dans l'escalier.

Tous ces phénomènes de motricité nécessitent, plus que probablement, un substratum matériel pour se produire. Une main qui ne serait pas matérialisée ne pourrait guère tourner le bouton d'une porte, ou se servir d'une clef, et nous sommes conduits, par les faits eux-mêmes, à supposer que l'identité extérieure que l'on constate entre le corps et son fantôme doit se poursuivre pour les organes internes, puisque le fantôme parle très souvent, ce qui exige l'équivalent d'un larynx et d'une bouche dans lesquels de l'air est expiré.

Incontestablement, ces phénomènes paraîtront, malgré les preuves ci-dessus énoncées, assez invraisemblables à un grand nombre de lecteurs. On pourra critiquer les récits en reprochant à quelques-uns de n'être pas appuyés de témoignages suffisants; pour d'autres, on objectera peut-être aussi qu'ils ont pu être exagérés ou dénaturés involontairement par les narrateurs ; mais, cependant, il est indéniable que beaucoup d'entre eux sont absolument réels, et que les ressemblances qui existent entre ces rapports, faits par des témoins qui ignoraient probablement les récits antérieurs, leur donnent assez de valeur pour que nous devions en tenir compte. Les cas de photographies fortuites de doubles sont bien convaincants, car on ne peut guère les attribuer à une supercherie, à moins de récuser systématiquement tout témoignage humain contraire à nos habitudes d'esprit.

Cette extériorisation invisible de la forme humaine doit être moins rare qu'on ne l'imaginerait au premier abord, puisqu'elle s'est présentée ainsi quelquefois, et il serait curieux de connaître les résultats qu'une enquête faite chez des photographes donnerait sur ce sujet.

Arrivons maintenant à un autre genre de preuves, celles qui résultent de l'expérimentation. Nous allons constater que des faits très nombreux et très intéressants ont été réunis et que de leur ensemble, il résulte cette fois la démonstration complète de ce fait capital : la possibilité du dédoublement de l'être humain.

CHAPITRE VII

RECHERCHES EXPÉRIMENTALES SUR L'EXTÉRIORISATION DU DOUBLE

Sommaire. — Les études des magnétiseurs spiritualistes ouvrent la voie de la recherche expérimentale. — Ils connaissaient la télépathie et le dédoublement. — Les observations de Chardel. — Celles de Teste, de Despines, de Charpignon, de Reichenbach. — Les effluves humains. — Leur visibilité à la lumière ordinaire. — Divers travaux sur ce sujet. — Les recherches de M. de Rochas. — Leur caractère positif. — Qu'est-ce que le fluide du magnétiseur? — La radio-activité. — Action du fluide humain sur la plaque photographique. — Les travaux du commandant Darget et du docteur Baraduc. — Ceux de MM. Luys et David. — Recherches personnelles. — L'extériorisation de la sensibilité. — Détail des expériences de M. de Rochas avec Albert et Mme Lux. — Expérience de M. le docteur Janet avec Léonie. — Etudes sur la formation du fantôme de vivant. — Photographie volontaire du double. — Résultats obtenus par M. de Rochas. — Les fantômes spéculaires ou autoscopiques. — Ils offrent tous les degrés de matérialisation. — Hallucination autoscopique prémonitoire. — Preuve expérimentale absolue de dédoublement, donnée par Crookes et Varley, au moyen d'un contrôle électrique. — Bilocation de Mme Fay. — Les frères Davenport. — Action physique du double, commandée par le magnétiseur. — Photographie du double obtenue par MM. Istrati et Hasdeu et par le capitaine Volpi. — Les expériences de M. Durville. — Action du fantôme sur la matière. — Les actions à distance du médium. — Expériences de l'Agnélas. — Mouvements sans contact direct. — Séance du 28 septembre 1895. — Synchronismes des mouvements. — Les remarques de Crookes. — Comment se produisent les mouvements à distance. — Les observations du docteur Ochorowicz. — Les mains fluidiques. — Le témoignage du professeur Richet. — Preuves absolues du dédoublement du médium. — Empreintes et moulages de la main fluidique. — Empreinte de visage à Montfort-l'Amaury. — Les dernières expériences à Paris. — Photographies de mains. — Empreinte du visage fluidique d'Eusapia. — Relations entre le corps du médium et son double. — Action de transport d'une matière colorante du double au corps physique. — Crookes, Aksakof. — Moulage de l'extériorisation du pied droit d'Eglinton.

LES ÉTUDES DES MAGNÉTISEURS SPIRITUALISTES

Dans une question aussi neuve que celle que nous étudions ici, il est indispensable de ne négliger aucunes sources d'informations, surtout lorsque l'une d'elles peut nous mettre sur la trace d'un procédé qui donnera une connaissance plus approfondie du sujet; c'est pourquoi je vais relater sommairement les théories des anciens magnétiseurs spiritualistes relatives au dédoublement de l'être humain, qui était pour eux un fait d'une certitude incontestable.

Les quelques cas cités dans les chapitres précédents ne sont, je ne saurais trop le répéter, que des exemples pris parmi un très grand nombre d'autres qui ont trait aux fantômes de vivants. Ils démontrent que soit vision télépathique, soit dédoublement proprement dit, les apparitions sont beaucoup moins rares qu'on ne le supposait, mais le vent de scepticisme qui a soufflé pendant le siècle dernier empêchait beaucoup de personnes de relater les faits dont elles étaient témoins, dans la crainte de passer pour des hallucinées, c'est-à-dire des malades. Cette réserve était causée aussi par une sorte de respect humain qui nous porte à cacher les phénomènes qui ne sont généralement pas admis dans le cercle de nos relations. « Ceux, dit Kant, qui se donnent à bon marché le nom et le relief de savants se moquent de tout ce qui, inexplicable pour le savant comme pour l'ignorant, les place tous deux au même niveau. C'est ce qui fait que les histoires de revenants sont toujours écoutées et bien accueillies dans l'intimité, mais impitoyablement désavouées devant le public. »

Depuis les Encyclopédistes, il était de bon ton de railler les fantômes et ceux qui y croient. Les études sur le magnétisme et le somnambulisme, puis les recherches spirites, ont contribué à la modification de la mentalité contemporaine. De nos jours, les enquêtes sur ces sujets réussissent parfaitement, car on a compris que les problèmes psychiques sont d'une importance capitale, et qu'ils ne pourront être résolus qu'en s'appuyant sur l'observation et l'expérience, puisque la philosophie a été impuissante à formuler des arguments irréfutables.

Si intéressants et si démonstratifs que soient les rapports que nous avons examinés, ils ne nous font guère connaître que le fait brut de l'apparition, sans nous renseigner beaucoup sur la nature du fantôme, ni sur son origine. De l'examen, même minutieux des narrations, il résulte seulement : 1º le fait général de la ressemblance entre le double et le corps ; 2º, que la matérialité du fantôme est plus ou moins prononcée ; 3º, et que parfois il agit comme un être humain ordinaire; mais nous ne savons pas si ce sosie est une émanation de l'organisme ou une création de la pensée, ou même une sorte d'image formée subitement, de mirage qui dépendrait de conditions atmosphériques inconnues, etc. En un mot, nous n'assistons pas à la naissance et à la formation du double, ce qui autorise toutes les suppositions explicatives. Mais s'il est possible de combiner l'observation avec l'expérience, on pourra noter une foule de particularités intéressantes et découvrir peut-être son origine, en même temps que le processus au moyen duquel le fantôme humain arrive à se former et à s'extérioriser.

Les magnétiseurs spiritualistes ont les premiers, parmi les modernes, signalé qu'il existe en chacun de nous une image invisible de notre corps, en s'appuyant sur les affirmations de leurs sujets qui, sans se connaître, faisaient des descriptions semblables. Les travaux de ces savants ont été longtemps dédaignés ; mais de nos jours on reconnaît que la plupart de leurs observations étaient exactes, à tel point que beaucoup de médecins s'imaginent découvrir dans l'étude de l'hypnose des phénomènes nouveaux, alors que les magnétiseurs les avaient — tous, sans exception, — parfaitement signalés. Nous pouvons donc avoir confiance en eux, du moins en ceux qui se recommandent par leur science et leur esprit critique.

Parmi les plus sérieux était le docteur Kerner, que nous connaissons déjà, et auquel nous faisons encore appel en ce moment. Son sujet, Mme Hauffe, plus connue sous le nom de la voyante de Prévorst, disait que l'âme est accompagnée, entourée d'un *esprit nervique* qui reproduit la forme de son corps, et qui la suit lorsque l'âme s'extériorise pour voir à distance. « Comme cela arrive ordinairement avec les somnambules, dit Kerner, Mme Hauffe avait la faculté de distinguer nettement les organes internes du corps, surtout lorsqu'ils étaient malades. Elle voyait parfaitement le trajet des nerfs et *pouvait les décrire anatomiquement.* » Bien entendu, cette clairvoyance fut niée résolument par tous ceux qui n'ont jamais expérimenté ; mais voici que cette faculté est signalée de nos jours sous le nom d'*Auto-représentation*, par les docteurs Bain et Comar qui en affirment la réalité (1), et sous celui d'*Autoscopie interne* par le docteur Sollier (2). C'est une nouvelle preuve de ce que j'affirmais plus haut, à savoir : que sous des noms nouveaux, tous les phénomènes décrits par les magnétiseurs et combattus avec acharnement par la science officielle, reparaissent affublés d'un faux-nez, afin de ne pas trop froisser l'orgueil académique des négateurs.

Lorsque Mme Hauffe rencontrait une personne qui avait perdu un membre, elle continuait à voir le membre encore attaché au corps. C'est-à-dire qu'elle voyait la forme du membre produite par la projection du fluide nerveux, de la même façon qu'elle voyait les formes fluidiques des personnes décédées. Ce phénomène peut nous donner peut-être une explication des sensations éprouvées par les personnes qui sentent encore le membre qui a été amputé. L'invisible forme fluidique du membre est encore en rapport de continuité avec le corps visible, et ceci nous prouve suffisamment qu'après la destruction de l'enveloppe visible, la forme est conservée par le fluide nerveux.

Si nous substituons au mot fluide nerveux le mot périsprit, nous verrons que l'explication précédente est tout à fait acceptable, car c'est celle que les faits nous imposent, malgré l'opinion contraire qui attribue la sensation du membre disparu aux influences qui agissent sur les parties terminales des nerfs coupés. Quel degré de confiance devons-nous accorder à ces affirmations de la voyante ? Voici ce que le docteur Kerner dit sur ce point :

« J'ai visité Mme Hauffe au moins trois mille fois, passant des

---

(1) BAIN, *De l'Auto-Représentation chez les hystériques*, et docteur COMAR, in *Revue neurologique*, mai 1901, p. 491 et *Presse médicale*, 17 janvier 1903.
(2) Docteur SOLLIER, *l'Autoscopie interne*, *Revue philosophique*, janv. 1903.

heures et des heures avec elle ; je connaissais mieux qu'elle son entourage et les conditions dans lesquelles elle se trouvait. Je me suis donné plus de peine que je ne puis le dire pour contrôler tous les récits, mais jamais je n'ai pu découvrir de fourberie. D'autres, au contraire, qui ne l'ont jamais ni vue, ni connue, et qui parlent d'elle comme des aveugles parlent des couleurs, ont découvert la fourberie sans difficulté. » On voit que la négation a *priori* est de tous les temps, ce qui ne doit pas nous décourager, puisque la vérité finit toujours par s'imposer.

L'école allemande du siècle dernier s'est beaucoup occupée de provoquer le dédoublement par des pratiques magnétiques. Frantz von Baader dit, dans une lettre au docteur Kerner (1), « qu'Eckharthausen lui assura, peu de temps avant sa mort, qu'il avait le pouvoir de faire apparaître le double de quelqu'un pendant que son corps gisait ailleurs dans un état de trance ou de catalepsie. Il ajouta que l'expérience pouvait être dangereuse si l'on ne prenait pas soin de bien conserver le rapport entre la forme éthérique et la forme matérielle. » Dès cette époque, l'opinion des chercheurs était divisée au sujet de l'explication qu'il faut donner de l'apparition. Les uns n'y voyaient qu'une action produite sur l'imagination du voyant, ce qui est déjà l'hypothèse télépathique, tandis que d'autres croyaient à la présence réelle de l'âme de l'agent. Nous savons maintenant que les uns et les autres avaient raison, suivant les cas, puisque les deux phénomènes se produisent.

Le professeur Kieser, qui soignait Auguste Muller, somnambule remarquable doué de la faculté d'apparaître ailleurs pendant que son corps gisait froid et raide sur son lit, dit : « que ce phénomène, en ce qui touche le voyant, doit être regardé comme purement subjectif, c'est-à-dire qu'il n'y avait pas de forme définie d'Auguste Muller visible aux organes des sens, mais que l'influence magnétique du somnambule agissait, par la force de sa volonté, sur l'imagination du voyant et créait l'image que celui-ci croyait voir ».

C'est la théorie de la transmission de la pensée telle qu'elle

---

(1) CROWES, *les Côtés obscurs de la nature*, p. 188, Traduction française. Voir aussi pour l'autre citation, p. 190.

est admise de nos jours. Nous savons qu'elle ne s'applique pas à toutes les apparitions, ce qui était objecté déjà par le docteur Werner lorsqu'il écrit : « Mais alors, en supposant même qu'il en soit ainsi, comment expliquer les cas nombreux où les somnambules ne jouent aucun rôle, et où il n'y a pas, à notre connaissance, de rapport spécial établi entre les deux parties ? » Pourquoi, ajouterai-je, le dédoublement se produit-il aussi parfaitement chez des personnes éveillées, sans but précis, sans action télépathique de qui que ce soit, comme la photographie nous l'a fait constater ? En réalité, puisque le fantôme, même invisible pour l'œil, est capable d'agir sur les sels d'argent, c'est qu'il est formé par une sorte de matière très raréfiée dont l'état vibratoire est plus rapide que celui des ondulations qui agissent sur la rétine. Comment devient-il visible pour tout le monde ? c'est ce que nous allons étudier.

La première supposition à faire, celle qui paraît la plus simple, est que si le double reproduit le dessin de l'organisme humain, c'est que celui-ci doit en être le générateur. Il restera à prouver ensuite que l'hypothèse est justifiée, et à chercher quelle sorte de substance est extériorisée pour produire le fantôme et lui donner sa forme.

Nous devons absolument nous familiariser avec l'idée que la matière peut revêtir des états très variés qui échappent complètement à nos sens. L'air n'est visible que par la coloration bleue de l'atmosphère, mais n'affecte pas la vue dans un espace restreint. Les gaz comme l'hydrogène, l'oxygène, l'azote, l'acide carbonique, etc., ne se décèlent à nous que par leurs réactions, et même des êtres vivants, comme les microbes, seraient totalement inconnus sans les formidables grossissements du microscope.

Les régions infra-rouges et ultra-violettes du spectre solaire ne sont analysables que par le bolomètre et la plaque photographique ; de même les rayons X n'ont été découverts que parce qu'ils rendent le platinocyanure de baryum phosphorescent ; et les corpuscules radio-actifs par leur propriété de décharger l'électroscope. Il faut donc des réactifs ou des appareils spéciaux, appropriés à tous les états que la matière ou l'énergie revêtent, pour que nous puissions connaître et étudier ces modalités de la substance.

C'est précisément ce qui a lieu pour la matière très raréfiée qui émane du corps humain, à laquelle on a donné le nom de fluide magnétique ou de force psychique. L'œil des sujets en état de somnambulisme a été d'abord le seul instrument capable d'en révéler l'existence, par suite d'une hyperesthésie de la rétine, qui la rend sensible à ces vibrations qui n'affectent pas l'œil normal. Un auteur très prudent, Deleuze, dit (1) :

La plupart des somnambules voient un fluide lumineux brillant environner leur magnétiseur et sortir avec plus de force de sa tête et de ses mains ; ils reconnaissent que l'homme peut le produire à volonté, le diriger et en imprégner certaines substances. Plusieurs le voient non seulement pendant qu'ils sont en somnambulisme, mais encore quelques minutes après qu'on les a réveillés. Il a pour eux un goût qui est très agréable, et il communique un goût particulier à l'eau et aux aliments. Quelques personnes aperçoivent ce fluide lorsqu'on les magnétise, *quoi qu'elles ne soient pas en somnambulisme* ; j'en ai même rencontré qui le voient en magnétisant, mais ces cas sont extrêmement rares.

Chardel, membre du gouvernement provisoire en 1830, puis conseiller à la cour de cassation, d'un caractère très pondéré, s'occupa pendant presque toute sa vie de magnétisme, et publia divers ouvrages qui sont remplis d'observations soigneuses. Voici ce qu'il écrivit au sujet du fluide magnétique et du dédoublement (2) :

LES OBSERVATIONS DE CHARDEL

Un jour que la somnambule Lefrey dictait à son magnétiseur quelques prescriptions thérapeutiques, elle lui dit d'un ton singulier :

« Vous entendez bien *qu'il* me l'ordonne ? (3)

— Qui, demande le docteur, vous ordonne cela ?

(1) Deleuze, *Histoire du magnétisme animal*, p. 84.
(2) Chardel, *Physiologie du magnétisme*, pp. 85, 87, et 328.
(3) Cette somnambule, comme beaucoup d'autres, affirmait être en rapport avec un être invisible pour le magnétiseur, mais réel pour elle, qui lui donnait des conseils. Voir sur ce sujet : docteur Bertrand, *Traité du somnambulisme*, chapitres 3 et 5 ; Du Potet, *Journal du magnétisme*, 1852, première semaine.

— Mais lui, vous ne l'entendez pas ?
— Non, je n'entends ni ne vois personne.
— Ah ! c'est juste, reprit-elle, vous dormez, tandis que moi, je suis éveillée...
— Comment, vous rêvez, ma chère, vous prétendez que je dors pendant que j'ai les yeux parfaitement ouverts, que je vous tiens sous mon influence magnétique et qu'il ne dépend que de ma volonté de vous ramener à l'état dans lequel vous étiez tout à l'heure. Vous vous croyez éveillée parce que vous me parlez et que vous avez jusqu'à un certain point votre libre arbitre, tandis que vous ne pouvez pas desserrer vos paupières.
— Vous êtes endormi, je le répète ; moi, au contraire, je suis presque aussi complètement éveillée que nous le serons tous un jour à venir. Je m'explique : tout ce que vous pouvez voir actuellement est grossier, matériel ; vous en distinguez la forme apparente, mais les beautés réelles vous échappent, tandis que moi dont les sensations corporelles sont momentanément suspendues, dont l'âme est presque entièrement dégagée de ses entraves ordinaires, je vois ce qui est invisible à vos yeux, j'entends ce que vos oreilles ne peuvent entendre, je comprends ce qui pour vous est incompréhensible.
Par exemple, vous ne voyez pas *ce qui sort de vous pour venir à moi, lorsque vous me magnétisez* ; moi je le vois très bien. A chaque passe que vous dirigez vers moi, je vois comme de petites colonnes d'une poussière de feu qui sort du bout de vos doigts et vient s'incorporer en moi, et quand vous m'isolez, je suis environnée à peu près d'une atmosphère ardente de cette même poussière de feu (1). J'entends, quand j'en ai le désir, le bruit qui se fait au loin, les sons qui partent et se répandent à cent lieues d'ici ; en un mot, je n'ai pas besoin que les choses viennent à moi, je *puis aller à elles, en quelque lieu qu'elles se trouvent*, et en faire une appréciation beaucoup plus juste que ne le pourrait toute autre personne qui ne serait pas dans un état analogue au mien.

Je signale encore que la somnambule a la sensation *d'aller* vers les objets qu'elle désire voir, et que sa clairvoyance n'est pas produite par une extension de son pouvoir visuel, mais qu'elle est due à un déplacement effectif de l'âme, puisque les sens physiques ne jouent ici aucun rôle.

L'auteur de la *Physiologie du Magnétisme* rapporte aussi qu'une somnambule avait, la nuit, pendant le sommeil naturel, une sorte d'extase qu'elle expliquait en ces termes :

(1) On ne dira pas que la somnambule était suggestionnée par son magnétiseur, puisque celui-ci ignorait l'existence des effluves.

J'entre, alors, disait-elle, dans un état semblable à celui que le magnétiseur me procure et mon corps se dilatant peu à peu, je le vois très distinctement loin de moi, immobile et froid comme un mort ; quant à moi, je me *parais une vapeur lumineuse* et je me sens penser séparée de mon corps ; dans cet état, je comprends et je vois beaucoup plus de choses que dans le somnambulisme, lorsque la faculté de penser s'exerce sans que je sois séparée de mes organes ; mais, après qu'il s'est écoulé quelques minutes, un quart d'heure au plus, *la vapeur lumineuse de mon âme* se rapproche de plus en plus de mon corps, je perds connaissance et l'extase cesse.

Chardel ajoute qu'à ce degré d'épanouissement du système nerveux, l'homme spiritualisé, ou, si l'on aime mieux, fluidifié dans tout son être, jouit de toutes les facultés de ceux qu'on appelle les Esprits, et que c'est seulement en cet état que la centralisation de la sensibilité nerveuse est comme rompue et toute diffuse.

Nous verrons tout à l'heure que le récit de cette somnambule, relatif à l'état de vapeur lumineuse qu'elle revêt une fois sortie de son corps, est confirmé expérimentalement par les travaux de M. de Rochas sur l'extériorisation de la sensibilité.

Poursuivons.

Une autre somnambule qui avait, comme celle-ci, dans les heures de la nuit, des visions qui ne ressemblaient en rien aux rêves ordinaires, et la laissaient dans une fatigue extrême, dit un jour au même observateur :

Je croyais être suspendue dans l'air sans forme matérielle, mais *toute vapeur et toute lumière* ; je vous montrais mon corps que j'avais quitté, étendu dans mon lit : ce n'était qu'un cadavre. Vous voyez, vous disais-je, il est mort, il sera ainsi dans trente jours. — Puis, insensiblement, *cette lumière que je sentais être moi* se rapprocha du cadavre, s'y mit, et je repris mes sens, brisée comme après un long et pénible sommeil magnétique.

AUTRES AFFIRMATIONS

Les docteurs Teste (1) et Despines (2) affirment également leur croyance en l'existence d'un agent qui sort du corps

(1) Docteur TESTE, *Magnétisme animal expliqué*, p. 428.
(2) Docteur DESPINES, *Observation de médecine pratique*, etc., 1840.

humain pour agir sur l'organisme des personnes qui sont soumises à l'action magnétique. Déjà l'illustre Laplace (1) avait écrit :

> Les phénomènes singuliers qui résultent de l'extrême sensibilité des nerfs dans quelques individus ont donné naissance à diverses opinions sur l'existence d'un nouvel agent que l'on a nommé *Magnétisme animal*, sur l'action du magnétisme ordinaire, sur l'influence du soleil et de la lune dans quelques affections nerveuses; enfin sur les impressions que peut faire éprouver la proximité des métaux ou d'une eau courante. Il est très naturel de penser que l'action de ces causes est très faible et qu'elle peut être facilement troublée par des circonstances accidentelles. Ainsi, parce que dans quelques cas elle ne s'est pas manifestée, il ne faut pas rejeter son existence.
>
> Nous sommes si loin de connaître tous les agents de la nature et leurs divers modes d'action, qu'il serait peu philosophique de nier les phénomènes, uniquement parce qu'ils sont inexplicables dans l'état actuel de nos connaissances. Seulement nous devons les examiner avec une attention d'autant plus scrupuleuse qu'il paraît plus difficile de les admettre.

Non seulement le fluide magnétique s'échappe de l'organisme, mais il peut être conservé par certaines substances : l'eau, les métaux, les étoffes, etc. Lafontaine dit à cet égard (2) :

> Les somnambules, en touchant plusieurs objets semblables, tels que des pièces de cinq francs, parmi lesquelles il s'en trouvera une que l'on aura magnétisée, ne se tromperont pas : *ils l'indiqueront toujours exactement*, même quand la pièce aura été magnétisée la veille. Ce n'est pas qu'ils voient, mais ils *sentent* le fluide sur la pièce.

Il ne faudrait pas inférer de cette dernière phrase que Lafontaine n'enseigne pas, comme les autres magnétiseurs, la visibilité de l'effluve humain ; au contraire, il prétend que la clairvoyance des sujets n'est même pas indispensable :

> Il n'est pas nécessaire que les somnambules soient clairvoyants pour voir le fluide. Il est même des personnes qui, dans la somnolence seulement, voient positivement, les yeux fermés, le fluide et l'apprécient. Il est semblable par la couleur au fluide électrique ; cependant il est aperçu quelquefois blanc comme de l'argent.

(1) Laplace, *Essai philosophique sur les probabilités*, p. 120.
(2) Lafontaine, *l'Art de magnétiser*, p. 117.

Mlle Anna Sherville, lorsque je la magnétisais, voyait le fluide sortir de mes mains brillant comme du feu et un peu bleuté. Elle le voyait la pénétrer et parcourir en elle tout le trajet des filets nerveux, puis envahir son cerveau.

Les somnambules voient le fluide et prétendent même pouvoir en apprécier la qualité et l'intensité par la couleur plus ou moins brillante, et indiquer la force et la puissance magnétique de tel ou tel individu...

LES RECHERCHES DE REICHENBACH

Un autre observateur, chimiste distingué qui découvrit la paraffine et la créosote, le baron de Reichenbach, consacra la plus grande partie de sa vie à l'étude de cet effluve qui sort de l'organisme humain, qui existe également dans les végétaux, les cristaux, les aimants, et auquel il donna le nom d'*od*. Ce qui constitue l'originalité des travaux de ce savant, c'est qu'il découvrit que certaines personnes, *sans être endormies magnétiquement*, — ce que Deleuze avait déjà signalé — voient les lueurs qui s'échappent du corps humain, ou des plantes et des cristaux. Mais pour que ces sujets spéciaux, auxquels il donne le nom de *sensitifs*, soient capables de percevoir ces radiations, il est indispensable qu'ils séjournent *pendant plusieurs heures* dans une obscurité complète.

Alors ils font la description des phénomènes auxquels ils assistent, et par la comparaison des différents récits des sensitifs qui ignorent ce qu'ils ont dit réciproquement, on peut se persuader qu'ils voient réellement cette force particulière qui émane de l'organisme humain. D'ailleurs il est bien simple, à l'insu du sujet, de placer dans la salle obscure un objet ou une plante, et l'on ne pourra douter que le sujet voie quelque chose, si on l'entend faire la description exacte de cet objet ou de cette plante qu'il ne savait pas là. Sans doute, on peut objecter que cette connaissance est communiquée au sensitif par transmission de pensée; mais ceux qui ont expérimenté savent qu'une telle transmission est très difficile à produire, même avec des sujets bien entraînés, et qu'il est *impossible* de la réaliser constamment sur des personnes éveillées. Voici quelques extraits des publications du savant autrichien, dont la traduction est empruntée à M. de Rochas, qui les a puisés dans l'ouvrage de Reichenbach : *Lettres Odiques et Magnétiques*, Studggart, 1856(1).

Conduisez un sensitif dans l'obscurité, prenez avec vous un chat, un oiseau, un papillon, si vous pouvez vous en procurer un, et plusieurs pots de fleurs.

Après quelques heures d'obscurité vous l'entendez dire des choses curieuses : les fleurs sortiront de l'obscurité et deviendront perceptibles ; d'abord elles sortiront de l'obscurité générale sous la forme d'un nuage gris isolé ; plus tard il se formera des points plus clairs ; à la fin chaque fleur deviendra distincte, et les formes apparaîtront de plus en plus nettement.

Un jour je posai un de ces vases devant M. Endlicher, professeur distingué de botanique, qui était un sensitif moyen ; il s'écria avec un étonnement mêlé de frayeur : « C'est une fleur bleue, c'est une gloxinie. » C'était effectivement une *glocinia speciosa* variété *cœrulea* qu'il avait vue, dans l'obscurité absolue, et reconnue par la forme et la couleur.

Mais sans lumière on ne peut rien voir dans l'obscurité ; il a fallu la présence d'une lumière pour apercevoir la plante avec une telle évidence qu'on a non seulement pu en reconnaître la forme, mais encore la couleur. D'où arrivait cette lumière ? *Elle sortait de la plante elle-même*, qu'elle éclairait : germes, anthères, pistils, corolles, tiges, tout apparaissait finement illuminé ; on pouvait même apercevoir les feuilles, quoique plus sombres. Tout paraissait comme dans une douce incandescence : les parties génitales étaient plus brillantes, puis la tige et enfin les feuilles.

Votre papillon, votre chat, votre oiseau, vous apparaîtront de même, dans l'obscurité certaines parties de ces animaux deviendront lumineuses. Bientôt le sensitif déclarera qu'il vous voit vous même...

Chose curieuse, la même lumière se dégage aussi des cristaux et des aimants naturels ou artificiels. Cette similitude avait été déjà signalée par les docteurs Despines et Charpignon, comme nous allons le montrer dans un moment. Voici ce que Reichenbach dit à cet égard (lettre 4) :

Je fis mon premier essai sur les aimants avec Mlle Nowstuy à Vienne en 1844, et je le répétai ensuite *par centaines de fois* avec d'autres sensitifs dans la chambre obscure. De chaque bout du barreau aimanté se dégage une flamme lumineuse, ardente, fumante et jetant des étincelles, bleues au pôle nord, jaune-rouge

(1) De Rochas, *l'Extériorisation de la sensibilité*, pp. 4 et 5.

au pôle sud. — Si vous posez le barreau verticalement, le pôle sud en haut, le sensitif vous dira que la flamme grandit. Si l'aimant est d'une force suffisante, la flamme s'élèvera jusqu'au plafond et y produira un cercle lumineux de 1, 2, jusqu'à 3 pieds de diamètre, si clair que le sujet, s'il est assez sensible, pourra vous décrire *les détails du plafond*. Mais, je vous en préviens, ne négligez aucune des précautions que je vous ai indiquées pour obtenir une obscurité absolue, et préparez les yeux de votre sensitif *pendant des heures entières*; sans cela il ne verrait rien, vous travailleriez inutilement, et l'exactitude de mes affirmations courrait le risque d'une suspicion imméritée.

La plaque photographique possède la propriété d'accumuler les radiations qui agissent sur les sels d'argent, et Reichenbach était un observateur trop avisé pour ne pas essayer d'utiliser ce moyen de démonstration. Voici le récit de ses tentatives (1) :

Pour me convaincre moi-même, autant que possible, s'il s'agissait bien là d'une lumière ou d'une autre espèce d'apparence perçue par les sensitifs, je désirais faire une expérience avec le daguerréotype, et voir si une plaque d'argent iodé pouvait être impressionnée. M. Karl Schuh, professeur libre de physique à Vienne, bien connu par ses recherches sur le microscope à gaz et par son habileté en daguerréotypie, voulut bien me prêter son concours.

Il mit dans la chambre noire une plaque iodée, en face de laquelle on plaça un aimant.

Après quelques heures, il reconnut que la première plaque, après qu'elle eût été traitée par les vapeurs mercurielles, *avait été affectée par la lumière*, tandis que la seconde ne l'avait pas été; mais la différence entre les deux était peu marquée. Pour mieux voir l'effet, il prit l'aimant, l'appliqua sur une plaque iodée, en prenant les plus grandes précautions pour éviter la moindre trace de lumière pendant la manipulation à laquelle j'assistai ; il plaça le tout dans une boîte que je glissai entre d'épais matelas et qu'on laissa là pendant 64 heures. Reprise dans l'obscurité et exposée à la vapeur mercurielle, la plaque laissa voir le plein effet de la lumière qu'elle avait reçue sur toute sa surface.

Il est évident, à moins que d'autres causes ne soient capables d'affecter les plaques photographiques, après un temps considérable, qu'une lumière faible, il est vrai, et d'action lente se dégage de l'aimant.

(1) REICHENBACH, *Recherches physico-physiologiques*, Brunswich, 1849- Traduction de M. Lacoste dans *le Fluide des magnétiseurs* de M. de Rochas.

On sait aujourd'hui (1) que certains métaux, tels que le mercure, le zinc, le magnésium, le cadmium, le nickel, l'aluminium, le plomb, le bismuth, l'étain, le cobalt et l'antimoine agissent au bout d'une semaine, sur la plaque photographique, dans l'obscurité, même à travers une pellicule de celluloïde, probablement, comme nous le verrons plus loin, à cause de *l'émanation* qui se dégage spontanément des métaux. Mais le fer, l'or et le cuivre n'ont pour ainsi dire qu'une action nulle, ce qui porte à supposer que l'action signalée par Reichenbach tient bien à l'effluve magnétique.

VISIBILITÉ DES EFFLUVES A LA LUMIÈRE ORDINAIRE

Un observateur moderne, très prudent, M. Maxwell, docteur en médecine et avocat général à la Cour d'appel de Bordeaux, a publié des observations sur les effluves qui s'échappent des mains, et bien qu'il fasse des réserves sur leur objectivité, il croit que la réalité du phénomène est « plus probable que son inexistence ». « Je n'aurais pas de doutes, dit-il, si les personnes avec qui j'ai expérimenté avaient toujours vu les effluves se diriger de la même manière au cas où elles convergent ou divergent; mais il n'en est pas ainsi. J'ai souvent observé des contradictions entre les descriptions qui m'étaient faites. Cependant elles sont plus fréquemment concordantes. »

Les divergences proviennent, peut-être, soit de l'inaptitude des sujets à bien dépeindre ce qu'ils voient, soit des conditions de l'expérience, qui ne sont pas toujours identiquement les mêmes chez celui qui présente ses doigts à l'observation, car il faut tenir compte dans ces recherches de la disposition physiologique et psychique de l'opérateur, au moment même où a lieu la tentative. Quoi qu'il en soit de ces dernières suppositions, voici ce que M. Maxwell relate (2) :

On ne peut, par définition, obtenir les curieuses lueurs que je vais décrire que dans une obscurité complète. Elles sont en général

---

(1) *Revue scientifique*, 25 décembre 1897. Communication de M. Russel à la *Société royale* de Londres.
(2) Maxwell, *les Phénomènes psychiques*. Chapitre IV, p. 118. Alcan, éditeur.

très faibles et me paraissent ordinairement à la limite de la visibilité.

Je commencerai cependant par signaler un phénomène assez curieux, qui est très facilement observable. Je ne suis pas très persuadé de sa réalité objective, mais je le signalerai cependant en indiquant les raisons pour lesquelles je crois devoir le faire.

Un certain tour de main est nécessaire pour le mettre en évidence; il est utile de procéder de la manière suivante :

1° Se placer en face de la source de lumière autant que possible;

2° Mettre entre soi et la source lumineuse, lampe ou fenêtre, un objet foncé et mat. Il ne faut pas le placer comme un écran entre la lumière et les opérateurs. Il faut simplement le placer entre les expérimentateurs, et par exemple, la fenêtre. Le moyen le plus commode est de rouler un fauteuil tendu de velours foncé de manière à faire présenter le dos du fauteuil à la lumière.

3° Présenter ses mains, la face palmaire tournée vers la poitrine, de manière à les projeter sur le fond sombre préparé. Il faut écarter légèrement les doigts tendus de la main : on rapproche ensuite les mains de façon à ce que les doigts se touchent, et on écarte très lentement les mains en tenant toujours les doigts légèrement en extension.

4° On fait placer derrière soi la personne avec laquelle on veut expérimenter de telle sorte que sa tête soit à peu près au niveau de la tête de l'opérateur, et dans une position à peu près normale au milieu du plan qu'occupent les mains.

Dans ces conditions, *sept ou huit personnes sur dix* (1) verront, quand les doigts s'écartent, une sorte de buée grisâtre en réunir les extrémités d'une main à l'autre. Il faut avoir grand soin de ne pas prévenir la personne avec laquelle on expérimente de ce qu'elle doit voir, car on vicierait l'expérience en y ajoutant un élément suggestif ou imaginatif.

J'ai dit que les trois quarts des personnes avec qui j'ai expérimenté apercevaient une légère buée aller de l'extrémité d'un doigt à celle du doigt symétrique de l'autre main ou même à l'extrémité d'un autre doigt de cette main. Je perçois moi-même très bien cette impression et je ne puis la comparer qu'à la fumée de la cigarette exhalée de la bouche. C'est la même couleur grise, la même apparence, mais avec beaucoup de ténuité. C'est ordinairement de cette manière que la plupart des gens la voient, mais j'en ai rencontré un certain nombre qui lui trouvent une coloration différente. Les personnes qui voient l'effluve coloré sont en général douées de facultés psychiques : je n'ai pu arriver à des conclusions certaines sur ce point, mais j'ai quelques raisons de croire que la perception

(1) C'est moi qui souligne.

colorée de ce que, faute d'autres termes, j'appelle l' « effluve digital » indique un tempérament très psychique. Un jeune médecin, médium très remarquable, le voit *rouge*. C'est le seul qui l'ait perçu de cette couleur. J'ai trouvé deux personnes qui le voient jaune : j'ai bien des raisons de penser que l'une d'elles est un médium ; mais il refuse d'expérimenter et déclare *à priori*, que les phénomènes psychiques dont je m'occupe sont « de la blague », pour employer son expression familière. L'autre était un magistrat éminent. J'ai trouvé un certain nombre de personnes qui le voient bleu. Étant donné le nombre des expériences que j'ai faites, je compte que sur trois cents personnes de l'un et l'autre sexe, 240 à 250 perçoivent l'effluve ; 2 à 3 p. 100 le voient coloré en bleu ; j'en ai trouvé deux le voyant jaune ; un le voyant rouge.

Je n'ai pas remarqué que la couleur de l'effluve de la main droite leur parut différer de celle de la main gauche ; il est vrai que je redoute tellement la possibilité de la suggestion que je ne pose que des questions incapables de provoquer une réponse déterminée. Je n'ai donc pas provoqué d'explication sur la différence possible des colorations : mais je crois qu'elle m'eût été indiquée si elle eût été perçue.

Habituellement, l'effluve paraît réunir entre elles les extrémités des doigts symétriques. Il n'en est pas toujours ainsi, cependant. Souvent deux ou trois effluves digitaux convergent vers un des doigts de la main opposée au lieu de réunir les doigts symétriques.

J'ai remarqué que les conditions météorologiques et les variations de la température avait une certaine influence sur la visibilité des effluves.

Lorsqu'il fait froid, ils sont très peu nets, je parle de la température ambiante de l'appartement. De même lorsque le temps est mou et pluvieux l'effluve est faible. Il m'a paru avoir un maximum d'intensité en été, quand la température est très chaude et spécialement les jours d'orage. Quand le temps est très orageux, l'effluve est épais et très visible pour moi et pour les personnes à qui je le fais voir. Lorsque l'orage a éclaté son intensité décroît.

Il varie aussi suivant les personnes ; certaines gens ont un effluve plus visible que certaines autres, je n'ai pu saisir aucune relation entre le sexe, l'âge, le tempérament des différentes personnes avec qui j'ai expérimenté et l'apparence de l'effluve ; une relation paraît exister au contraire entre l'état de santé ou de fatigue et l'émission de cette buée ; elle est très peu visible quand le sujet qui l'émet est fatigué ou malade.

Telles sont les principales remarques que l'observation de ce curieux phénomène m'a permis de faire...

Il eût été intéressant de savoir si les sujets étudiés par M. Maxwell auraient perçu l'effluve de la même manière dans l'obscurité totale car, peut-être, leur œil ayant dégorgé la lumière emmagasinée par la rétine leur eût-il permis de voir ces colorations lumineuses, que le grand jour peut dénaturer. Une flamme d'alcool est très peu visible à la lumière du soleil, tandis que dans les ténèbres, elle est presque lumineuse et colorée. Revenons à Reichenbach.

Au sujet de l'être humain, voici la description que fait le sensitif de ce qu'il voit dans l'obscurité, lorsqu'on appelle son attention sur soi-même :

Fixez son attention sur les mains; d'abord elles auront une faible ressemblance avec avec *une fumée grise;* ensuite elles ressembleront à une *silhouette sur un fond faiblement éclairé* ; enfin les doigts paraîtront avec leur propre lumière ; il verra à chaque doigt un prolongement luisant, qui pourra parfois paraître aussi long que le doigt lui-même.

Lorsque le premier étonnement relatif à la faculté lumineuse de tous les hommes, restée inconnue jusqu'ici, sera passé, et que vous voudrez diriger l'attention de votre sensitif sur le détail de ces lueurs, vous lui entendrez peut-être dire avec une nouvelle surprise que les couleurs dans les différentes parties du corps ne sont pas semblables; que les mains droites luisent d'un feu bleuâtre, pendant que les mains gauches apparaissent jaune rouge, et que par suite les premières semblent plus sombres que les secondes; que la même différence existe pour les deux pieds; que même tout le côté droit de votre figure et même du corps entier est bleuâtre et plus sombre que le côté gauche qui est jaune rougeâtre et paraît sensiblement plus clair que l'autre. (Lettre 5.)

Les attestations précédentes sont des affirmations autorisées en faveur de l'existence de cette matière-énergétique qui émane de l'organisme de tous les hommes, car ce ne sont plus seulement les magnétiseurs qui projettent cette subtile fumée visible, elle existe normalement dans notre corps, de même que chez les végétaux, les cristaux et l'aimant.

Mais voici que cette émanation ne reste pas adhérente au corps; ou du moins son rayonnement possède parfois, comme les rayons X, la propriété de traverser certains des obstacles interposés, de manière à reproduire l'image d'un homme de l'autre côté d'un mur. Donnons encore le témoignage de Reichenbach en faveur de cette importante propriété (1) :

Un de nos sensitifs, dit-il, attendait dans la chambre noire le moment où sa puissance visuelle aurait atteint l'intensité maximum. A côté de lui, séparé par une *cloison en briques*, se trouvait un pupitre sur lequel je m'occupais en attendant. Cette personne ne fût pas peu étonnée d'apercevoir, sur *le mur derrière lequel je me trouvais*, une *silhouette qui se découpait brillante*, et qui *reproduisait exactement tous mes mouvements*. Un escalier, ménagé dans un autre bâtiment, conduisait dans la chambre obscure, et cela tout contre le mur qui séparait les deux corps de logis. Si, pendant qu'une personne *bien sensible*, restait dans l'obscurité, je me déplaçais sur cet escalier, *elle voyait mon image se mouvoir sur la face intérieure du mur.*

D'autres sensitifs voyaient, lorsque quelqu'un se promenait au-dessus de la chambre, une tache lumineuse prendre naissance à à chaque pas. Une sensitive, couchée dans une pièce très obscure, voyait des taches ovales lumineuses se produire sur le plancher de sa chambre. Elle s'en effraya, et lorsqu'on regarda la chose de plus près, on se rendit compte que l'apparition de ces taches coïncidait avec le mouvement d'une personne habitant la chambre de dessous.

Ainsi, le *quelque chose* de lumineux, pour les sensitifs, qui éclaire l'organisme peut s'extérioriser suffisamment pour traverser un mur en briques et dessiner la silhouette du corps dont il émane. Nous commençons à nous rapprocher du phénomène de dédoublement, à en soupçonner l'origine, puisque l'émanation ne se diffuse pas dans l'espace, mais conserve, une fois sortie du corps, une forme déterminée, ce qui montre qu'il existe une sorte de liaison entre les différentes parties de cette radiation. Si nous arrivions à constater l'action de l'od sur la plaque photographique, nous comprendrions assez aisément comment on a pu obtenir spontanément des photographies de doubles, cependant invisibles pour l'œil ordinaire. Or, précisément, nous verrons plus tard qu'on est parvenu à ce résultat. Revenons aux observateurs qui ont étudié le magnétisme et dont les travaux établis-

---

(1) DE ROCHAS, *le Fluide des magnétiseurs*, p. 85.

sent la réalité de ce rayonnement, que l'on appelle indifféremment fluide magnétique, od ou force psychique, car elle obéit à la volonté, ce que nous constaterons dans un moment.

LES RECHERCHES DU DOCTEUR CHARPIGNON

Parmi les auteurs qui ont traité du magnétisme, une place spéciale doit être réservée au docteur Charpignon, lauréat de l'Académie de médecine, à cause de son talent d'observation et de la rectitude de son jugement. Lui aussi a voulu savoir si les affirmations des somnambules n'étaient pas imaginaires, et voici quelques-unes des expériences qui lui ont permis d'affirmer l'existence du fluide magnétique humain, qui est presque semblable, comme aspect, à celui qui s'échappe des aimants. Voyons comment il expose ses recherches (1) :

Puisque le fluide des aimants est invisible, nous ne pouvions espérer aucun signe visible du fluide magnétique animal. Cependant, *quelques magnétisés*, parvenus à l'état de somnambulisme lucide, disaient voir sortir *de nos mains, de nos yeux, de notre bouche, des traînées de lumière qui les pénétraient* et déterminaient en eux des modifications qui variaient suivant leurs maladies et les procédés de magnétisme que nous employions. Cette assertion n'était du reste que la confirmation de celles que beaucoup de magnétiseurs avaient rapportées.

Pour vérifier d'une manière certaine ce que l'exquise sensibilité nerveuse des somnambules leur permettait d'apprécier, nous fîmes une série d'expériences dont nous allons consigner le précis.

Ayant quatre fioles de verre blanc, j'en magnétise une *à l'insu* du somnambule. Pour cela, tenant la bouteille d'une main, je charge son intérieur de fluide magnétique, en tenant pendant quelques minutes les doigts de l'autre main rassemblés en pointe sur l'orifice; puis bouchant immédiatement, je mêle cette fiole avec les autres.

Présentant ces quatre flacons au somnambule, il en indique un comme étant rempli d'une vapeur lumineuse. C'est en effet celui qui a été magnétisé. Cette expérience, répétée *un grand nombre de*

---

(1) CHARPIGNON, *Physiologie, médecine et métaphysique du magnétisme*, p. 23 et suiv.

fois, avec *des sujets différents*, a toujours donné les mêmes résultats.

Pour que le phénomène ne fût pas seulement *une transmission de pensée*, ces flacons furent parfois magnétisés par d'autres personnes, *à mon insu* comme à *celui du* somnambule.

On constate, ici, que les magnétiseurs savaient aussi se mettre à l'abri de la suggestion, même mentale, ce qui montre le soin et le discernement que beaucoup apportaient dans l'appréciation des phénomènes. Pourquoi ces études sont-elles si difficiles ? cela tient, d'une part, au parti pris des savants, et, de l'autre, à ce que l'observation de ces faits est délicate, car tous les sujets ne possèdent pas la sensibilité nécessaire à la vision des effluves et que, souvent, leurs descriptions ne sont pas toujours identiques. Ces divergences ont fait croire qu'ils ne voyaient pas des choses réelles, alors qu'en poussant plus à fond l'examen de ces perceptions, on a remarqué que c'est parce que les conditions de visibilité varient avec la profondeur du sommeil magnétique, qui est loin d'être toujours un état uniforme.

Je continue :

Les somnambules, écrit encore le docteur Charpignon, assez sensibles pour voir le fluide magnétique *sont rares*. Le fluide magnétique émis par les nerfs du bras est pur, d'une lumière brillante et blanche. Celui que le souffle émet est moins brillant. Il est probable que c'est à cause des autres gaz dégagés par l'expiration en insufflant dans le flacon.

La présentation des flacons au somnambule doit être immédiate, parce que le fluide magnétique s'évapore plus promptement que le fluide électrique, *même à travers le verre*. Le succès de ces expériences dépend en grande partie de l'habileté et du soin qu'on y apporte. Le fluide nerveux ou magnétique est plus ou moins brillant, pur et actif, suivant l'âge, le sexe, la santé et l'énergie morale.

Le docteur Charpignon dit que les somnambules qui voient le fluide magnétique sont capables aussi de voir l'électricité qui charge les conducteurs d'une machine statique ; cette lumière est plus brillante et plus forte que celle du fluide nerveux. Ses sujets ignoraient totalement la théorie de l'électricité et, cependant, ils ne se trompaient jamais en indiquant si la machine était chargée ou non.

Ayant chargé une bouteille de Leyde et la présentant à ses somnambules, ils la virent toujours pleine d'un feu brillant qu'ils distinguaient parfaitement du fluide magnétique animal. Les sujets sont capables, une fois bien entraînés, de différencier parfaitement l'électricité naturelle qui imprègne tous les corps, du fluide électrique produit par les machines, et du fluide magnétique, quand ils les ont comparés.

Même le fluide de l'aimant est également visible pour eux (1) :

Ayant posé devant des somnambules quatre petits barreaux de fer, parmi lesquels un seul était aimanté, *ils signalèrent toujours le barreau aimanté.* Ils le reconnaissaient aux deux extrémités qu'ils voyaient enveloppées d'une lumière brillante. La vapeur de chaque extrémité était différente, l'une moins brillante que l'autre. Or cette différence dans la force du fluide magnétique correspondait aux deux pôles, de telle sorte que l'extrémité indiquée comme la plus lumineuse était le pôle austral. Jamais je n'ai pu mettre en défaut ces somnambules, *qui reconnaissaient immédiatement la nature des pôles,* bien qu'ils fussent sur ce sujet *d'une ignorance absolue.*

Rapprochons ces expériences de celles de Reichenbach, et nous serons étonnés de voir que des observations aussi précises, aussi faciles à vérifier, affirmées par des hommes aussi honorables et instruits que ceux-ci, soient restées lettre morte pour la science officielle. Quelle triste idée des savants nous donnent ces dénis de justice ! Il faut malheureusement constater qu'il existe dans les sciences une sorte d'orthodoxie, aussi intransigeante que celle du clergé, vis-à-vis de ceux qui ont l'audace de s'affranchir de la routine académique en explorant des terrains nouveaux. Aussi fait-on le silence autour d'eux, on n'a à leur égard que des sourires méprisants, jusqu'au jour où la postérité place les novateurs sur un piédestal, et stigmatise comme ils le méritent leurs ignares et prétentieux contemporains.

L'heure de la pleine justice n'a pas encore sonné pour ces précurseurs, mais le temps est proche maintenant où on appréciera à leur juste valeur ces recherches si méritoires. Continuons donc cet exposé, destinés à convaincre les gens de bonne

---

(1) CHARPIGNON, *Ouvrage cité*, p. 27.

foi de la réalité de cette force de radiation qui s'échappe du corps humain, et qui possède des propriétés aussi remarquables. Nous allons voir comment un savant moderne a contrôlé, par une méthode originale, toutes les découvertes de ses prédécesseurs dans cette voie.

LES RECHERCHES DE M. DE ROCHAS

Il est utile de signaler toutes les expériences qui nous mettent à même d'étudier objectivement ces émanations fluidiques encore trop peu connues, c'est pourquoi je vais rappeler les expériences de M. de Rochas, si clairement exposées dans

Fig. 26. — Photographie de M. de Rochas.

son ouvrage : *l'Extériorisation de la sensibilité*. On sait que cet observateur éminent s'occupe depuis plus de vingt ans de ces questions, mais ce que l'on ignore généralement, c'est que ses recherches sur des questions mises en quarantaine par la science officielle d'hier lui ont coûté sa position d'administrateur de l'École Polytechnique, ce qui démontre, une fois de plus, avec quelle passion sectaire sont poursuivis les esprits indépendants qui ont l'audace de supposer que la nature n'a pas encore révélé tous ses mystères à nos pontifes académiques.

Le docteur Le Bon, dont nous allons étudier tout à l'heure les découvertes, fut en butte, lui aussi, aux sarcasmes des physiciens patentés, pour avoir signalé l'erreur de M. Becquerel sur la nature des radiations de l'uranium, et un journal d'électricité poussant jusqu'à ses dernières limites la platitude envers les autorités, a été jusqu'à imprimer, en tête de ses colonnes, que la publication des expériences de M. Le Bon « constituait un véritable scandale (1) » ! M. de Rochas, qui cite ce fait, ajoute mélancoliquement (2) :

J'ai subi une pareille mésaventure : en 1897, je publiai chez Michel Carré la première traduction française des conférences faites en 1866 par Reichenbach sur les effets mécaniques de l'od; quelques mois après, mon éditeur vint aimablement me prier de l'autoriser à céder le livre à son confrère Flammarion, parce que les savants officiels qui constituaient sa clientèle trouvaient compromettant pour leurs publications le voisinage d'un recueil aussi peu sérieux. La cession fut faite et l'édition est aujourd'hui épuisée. La traduction du texte était due au capitaine d'artillerie Lebas, l'un des rédacteurs scientifiques les plus appréciés du *Cosmos*. Très épris de son métier, il avait demandé à être envoyé en Tunisie où il croyait pouvoir rendre plus de services qu'en France; mais les tracasseries que des chefs sectaires ne ménagèrent pas à un esprit aussi indépendant dans ses convictions que fidèle à ses devoirs, l'amenèrent à se retirer prématurément du service.

Déjà, en 1891, j'avais publié sous le titre de : *le Fluide des Magnétiseurs* (3), un résumé de l'œuvre de Reichenbach et j'avais entrepris, avec l'aide d'un de mes camarades, physicien distingué, une série d'expériences destinées à étudier les actions réciproques

(1) Depuis que ces lignes ont été écrites, M. Le Bon a cru devoir, en ce qui concerne le spiritisme, se montrer aussi injuste que les savants l'ont été pour lui. Sans tenir compte des centaines de témoignages favorables émanant de savants qualifiés, il nie la réalité des faits spirites, ce qui prouve que l'apologue de la paille et de la poutre est toujours d'actualité.
(2) *Les Phénomènes odiques*, etc. Préface, p. 10.
(3) Dont nous avons cité des extraits au sujet des travaux de Reichenbach.

de l'od et des autres forces connues. M. Potier, professeur de physique à l'École Polytechnique, avait gracieusement mis à notre disposition un de ses laboratoires; mais l'inspecteur général Gillon me déclara qu'il ne pouvait tolérer qu'on s'occupât de sciences occultes dans une école militaire. En vain lui fis-je observer que toutes les sciences étaient occultes avant d'être découvertes, et que l'École s'appelait Polytechnique parce qu'elle n'était pas spécialement militaire; le laboratoire nous fut retiré et je dus me borner à faire connaître le résultat de nos premiers essais dans mon livre intitulé : *l'Extériorisation de la sensibilité*. Nous ne tardâmes pas du reste à subir le sort commun ; et une mise à la retraite anticipée, prononcée par le général André, ministre de la Guerre, fut la conséquence de nos recherches dans un monde encore mal connu, objet d'effroi instinctif pour ceux qui ne veulent rien admettre au delà de la matière perceptible par leurs propres sens.

Si l'on rapproche cette révocation de la mise à l'index infligée au docteur Gibier, laquelle l'obligea à s'expatrier faute de pouvoir gagner sa vie en France, le mot de Mme de Staël: « qu'il n'y a pas de bonnes bêtes », est pleinement justifié.

Je reviens à l'étude des effluves qui s'échappent du corps humain. Nos habitudes scientifiques actuelles ne nous permettent plus de nous contenter des affirmations des sujets dans l'état somnambulique. Il faut que nous puissions contrôler objectivement, par des expériences précises, la réalité de ces phénomènes invisibles pour l'œil ordinaire. C'est ce que M. de Rochas a fait avec une sûreté de méthode qui ne laisse rien à désirer. Nous savons aujourd'hui que le sommeil magnétique n'est pas uniforme : il présente des phases qui diffèrent suivant l'intensité de l'action magnétique, et l'on devait se demander tout d'abord si cette vision de l'effluve était attachée plus particulièrement à un état qu'à un autre. C'est alors que M. de Rochas fut conduit à reconnaître que (1) :

1º La faculté de vision attribuée par les premiers magnétiseurs aux somnambules n'apparaît en général que dans l'état appelé par lui état de rapport, et disparaît quand le sommeil s'approfondit.

2º Chez les sujets très sensibles, on peut déterminer l'état de

(1) *L'Extériorisation de la sensibilité.*

rapport d'une partie quelconque du corps, et en particulier des yeux, en agissant magnétiquement sur ces organes, pendant que le reste du corps est à l'état naturel.

3° Dans ces conditions, certains sujets acquièrent une hyperexcitabilité momentanée de la vue qui leur permet de voir en pleine lumière les effluves, objet de cette étude.

Je rencontrai, dit M. de Rochas, dans le service du docteur Luys à la Charité, un sujet nommé Albert L..., qui jouissait à un haut degré de cette dernière faculté et qui, de plus, était dessinateur de profession, de sorte que, grâce à l'obligeance du docteur Luys à qui je révélais cette singulière propriété, nous fûmes l'un et l'autre en possession d'un instrument de travail de beaucoup supérieur à celui dont se servaient nos prédécesseurs, puisque, au lieu d'être obligés de nous en rapporter comme eux à des descriptions plus ou moins vagues, nous pouvions obtenir des dessins et même des peintures auxquels le sujet avait la facilité d'apporter toute la précision désirable, moyennant la simple précaution de remettre de temps en temps ses yeux à l'état convenable, état dans lequel M. Luys a fait constater que *le fond de l'œil présente un phénomène d'éréthisme vasculaire, extraphysiologique* (1) et que les vaisseaux sanguins y ont presque triplé de volume.

Rappelons, en passant, que nous avions prévu, en 1884, cette modification matérielle de la rétine pour qu'elle devint apte à percevoir ces radiations invisibles à l'œil ordinaire, par suite de leur mouvement vibratoire trop rapide (2). En parlant des médiums voyants naturels, nous attribuions à l'esprit qui se fait voir un pouvoir semblable à celui du magnétiseur humain qui produit cette action, mais le résultat est le même dans les deux cas : il a pour conséquence de rendre l'œil sensible à des radiations qui ne l'affectent pas normalement.

Ayant en mains l'instrument nécessaire, il fallait se tracer un programme d'étude capable de répondre à toutes les objections. Voici comment M. de Rochas s'est posé le problème :

Première question. — Y a-t-il perception d'un phénomène réel, ou bien la description faite par le sujet est-elle due à sa mauvaise

(1) *Comptes rendus de la Société de biologie*, séance du 17 juin 1893.
(2) GABRIEL DELANNE, *le Spiritisme devant la science*, p. 424. Edition Dentu, 1884.

foi ou à un travail de son imagination ? S'il n'y a là que tromperie ou hallucination, la cause est immédiatement jugée, et il n'y a pas besoin d'aller plus loin. Si, au contraire, on parvient à constater que les descriptions du sujet correspondent à quelque chose de réel, qui persiste d'une façon indubitable dans de nombreuses expériences où l'on exerce sur le sujet un contrôle rigoureux, *fondé sur des procédés scientifiques dont il ne peut avoir connaissance* (1) on dispose alors d'un terrain solide pour asseoir la base de l'édifice.

Deuxième question. — La deuxième question vient alors immédiatement à l'esprit : s'il y a un phénomène réel, par quel organe se fait la perception ? Il ne faudrait pas, en effet, trop se presser de conclure que, puisqu'il s'agit d'un phénomène appartenant à la catégorie de ceux que nous appelons lumineux, la perception doit forcément en être effectuée par la voie de la rétine ; il est possible qu'elle s'effectue, dans certaines conditions, par une autre voie (on peut citer le phénomène de l'audition colorée) ; — et, lorsqu'il s'agit de l'hypnose (2), c'est-à-dire d'un état qui apporte de si profondes modifications dans l'état de la sensibilité des différentes parties du système nerveux, il n'est pas hors de propos de chercher à fixer l'organe par lequel s'effectue la perception de l'effluve.

Troisième question. — Cet organe de perception donne à chaque sujet une sensation, qui peut dépendre de la nature même du phénomène et du tempérament propre de chaque individu. Il est indispensable de savoir comment ces différentes influences sont susceptibles d'agir sur les descriptions données par chaque sujet.

Quatrième question. — Il est naturel de penser aussi que l'effluve, s'il existe, peut encore présenter certaines propriétés variables suivant le genre de force qui le produit ; on est ainsi amené à déterminer l'influence des différentes formes de l'énergie.

Cinquième question. — L'hypnose comporte un certain nombre d'états différents ; la perception de l'effluve, si elle est réelle, varie-t-elle si on place le sujet dans tel ou tel de ces états ? Il est nécessaire de résoudre cette question pour qu'on puisse placer le sujet dans les conditions les plus convenables à l'expérience.

Sixième question. — Une question très grave consiste dans l'influence qu'une suggestion pourrait exercer sur la façon dont le sujet décrit l'effluve. Nous entendons ici par suggestion une idée dirigeante et persistante imprimée dans le cerveau du sujet par des

---

(1) C'est moi qui souligne.
(2) M. de Rochas se sert du terme d'hypnose, bien qu'en réalité ce soit du sommeil magnétique qu'il s'agisse, puisque les procédés employés sont les passes des magnétiseurs. L'auteur a dû sans doute tenir compte de l'état d'esprit de ceux auxquels il s'adressait et employer un vocabulaire qui ne les effarouchât pas trop.

actes ou des paroles antérieurement au moment où il donne les descriptions de l'effluve. De la réponse à cette question doit résulter l'indication des précautions à prendre, s'il y a lieu, pour se mettre à l'abri d'une sérieuse cause d'erreur.

Septième question. — Enfin on doit se demander s'il n'existe pas quelque difficulté ou même quelque impossibilité d'interprétation de la production et de la perception de l'effluve au point de vue théorique. Autrement dit, la production et la perception de l'effluve peuvent-elles s'expliquer par nos connaissances scientifiques actuelles ?

Nous ne pouvons entrer dans le détail des expériences décrites dans l'ouvrage de M. de Rochas : *l'Extériorisation de la sensibilité*, il nous suffira de résumer rapidement les résultats obtenus, en signalant les précautions prises pour éliminer les chances d'erreur.

Tout d'abord, il fallait avant tout se mettre en garde contre la suggestion ; aussi aucune parole capable de l'influencer n'était prononcée par les expérimentateurs devant le sujet, soit à l'état de veille, soit à l'état hypnotique. On lui posait seulement la question : Que voyez-vous ? Puis, toujours pour la même raison, les attributions des deux opérateurs étaient nettement séparées (1). M. de Rochas s'occupait de placer le sujet dans l'état convenable ; M. C... exécutait les opérations à l'insu du sujet, et aussi de M. de Rochas, sans s'occuper en aucune façon de la partie hypnotique.

Les expérimentateurs se sont servis de trois principes de physique dont les résultats sont très nettement caractérisés ; ce sont l'aimantation d'un barreau de fer doux ou d'acier par le courant électrique, la réfraction et la polarisation de la lumière étudiée au spectroscope.

Voici les résultats obtenus (2) :

a) Au moyen de l'électro-aimant, nous faisons naître, ou nous supprimons ou nous intervertissons à volonté, *à l'insu du sujet*, les

(1) M. de Rochas s'était adjoint pour ces recherches un physicien distingué, qui a rédigé le compte rendu des travaux ; mais occupant une situation officielle, ce savant, pour éviter les appréciation malveillantes et peut-être aussi par une prudence, hélas ! trop justifiée, n'a pas voulu être nommé.

(2) DE ROCHAS, *l'Extériorisation de la motricité*, p. 22.

pôles magnétiques du noyau de fer doux; non seulement les descriptions de l'effluve concordent parfaitement avec ces opérations, dans les vingt-deux expériences exécutées, mais le sujet constate même le passage du courant à un moment où l'opérateur croyait l'avoir supprimé.

Avec un noyau d'acier, que le sujet ne pouvait cependant pas distinguer du fer doux, des effluves décrits au moment du passage du courant persistent ensuite.

Dans ces expériences, le sujet ne pouvait faire aucune différence entre les fils venant de la pile et ceux qui aboutissaient à l'électro-aimant ; de plus, il lui était impossible de voir la position du commutateur, et comme ses descriptions relatives à l'effluve qui se produit aux extrémités d'un barreau de fer aimanté coïncidaient toujours avec le passage du courant, on peut affirmer qu'il voyait réellement l'effluve naître quand le courant circulait, de même qu'il annonçait sa suppression, justement quand on interrompait ce courant. Il y a donc dans ce phénomène la preuve que la vision du sujet n'était pas subjective, ne provenait pas d'une hallucination, en un mot on se trouvait en présence d'un fait réel, incontestable : la production d'effluves invisibles à l'œil aux extrémités d'un barreau de fer doux quand on l'aimante au moyen de la pile.

Pour déterminer par un autre procédé non seulement la présence, mais aussi la couleur exacte de l'effluve, le spectroscope était tout indiqué, aussi on y eut recours, et voici les résultats :

b) *L'extrémité des doigts* et les pôles d'un aimant puissant, placés devant la fente du spectroscope, donnent lieu à des colorations très nettes; on vérifie que la description de chaque coloration concorde bien avec la position de l'oculaire qui permet seule d'admettre dans le champ la radiation lumineuse correspondante ; on vérifie aussi que le sujet ne voit plus rien dès que, *à son insu*, on éloigne et l'on détourne de la fente du spectroscope ce qui est, d'après les descriptions antérieures du sujet, l'emplacement de l'effluve.

c) L'axe commun de deux nicols (1) est dirigé au-dessus des pôles

---

(1) On appelle nicol, un petit prisme en spath d'Islande travaillé de telle sorte qu'une seule des images auxquelles il donne naissance puisse le traverser. Deux nicols placés l'un à côté de l'autre peuvent, suivant la disposition de leurs faces, laisser passer ou éteindre un rayon lumineux

d'un gros aimant, avec les précautions nécessaires pour que le champ ne contienne autre chose qu'un fond sombre ; le sujet voit ce champ éclairé en bleu au-dessus du pôle nord et en rouge au-dessus du pôle sud. Si on fait tourner le polariseur ou l'analyseur L.... décrit très nettement, et sans aucune hésitation, les variations d'intensités de ces lumières, et l'on constate que les positions des maxima et des minima décrits correspondent bien à celles qui résultent des lois de la polarisation.

Si l'appareil est dévié de la direction des pôles, L... ne voit plus rien.

Ces expériences répétées un grand nombre de fois, dans des conditions très variées, ont constamment donné le même résultat. En présence de ces trois ordres de faits, et eu égard aux conditions dans lesquelles ils se sont produits, il nous semble difficile de ne pas conclure à l'existence de l'effluve.

La présence de l'effluve émanant de l'extrémité des doigts ou des parties extrêmes d'un barreau de fer aimanté par les procédés habituels, ou par le courant, est donc certaine. Un sujet ne connaissant pas les lois de la polarisation de la lumière ne tomberait pas toujours juste dans ses descriptions relatives aux effets produits par le jeu des nicols. C'est là une consécration rigoureuse des affirmations des anciens magnétiseurs, et des sensitifs de Reichenbach, dont nous avons parlé plus haut.

La perception de l'effluve n'est donc pas douteuse ; quant à sa coloration : bleue pour le côté droit du corps et rouge à gauche, elle est variable suivant les sujets et, souvent, en raison de l'état dans lequel se trouve le même sujet. Ce fait tient probablement à une modification dynamique de la partie du système nerveux du sujet qui préside à la perception des couleurs. C'est une sorte d'*allochirie* (1) que l'on trouve assez souvent chez les hystériques, ou les personnes en état d'hypnose.

Notons aussi que l'effluve n'est pas toujours localisé aux extrémités du corps ; parfois il enveloppe le corps entier et se présente sous l'aspect d'un duvet brillant. La perception est bien oculaire, car si le sujet ferme les yeux, il ne voit plus rien.

qui les traverse simultanément. On donne à l'un des prismes le nom d'analyseur et à l'autre celui de polariseur.

(1) Le mot : *allochirie*, a été créé pour désigner l'inversion des sensations d'un sujet.

Il est tout particulièrement intéressant pour nous de savoir si cet effluve est un phénomène d'émanation, c'est-à-dire si la substance de l'effluve est assez matérielle pour subir l'influence mécanique d'une cause physique, telle que le déplacement de l'air. Si l'effluve était absolument immatériel, l'agitation de l'air ne le déplacerait aucunement. On sait, en effet, d'après les travaux de Fresnel, vérifiés par l'expérience de Fizeau sur l'entraînement des ondes lumineuses, que les molécules d'éther d'un milieu gazeux lancé avec la plus grande vitesse qu'on puisse lui imprimer, n'entraînent pas les vibrations lumineuses d'une manière sensible. Si donc l'observation montre que le déplacement de l'air produit une déformation de l'effluve, c'est que les molécules d'éther du milieu où siège l'effluve ne sont pas seules intéressées, et que certaines molécules pondérables de ce milieu participent au mouvement vibratoire de la source de radiation.

Il est établi aujourd'hui que les corps radio-actifs émettent des particules matérielles infiniment petites qui sont chargées d'électricité négative; nous pourrons donc supposer que l'effluve est un phénomène de radio-activité, d'autant plus que les réactions chimiques sont radio-actives, et que le corps humain est un laboratoire dans lequel se poursuit sans interruption un formidable labeur chimique, en même temps qu'un dégagement continu d'électricité (1).

Nous arrivons donc encore, par une autre voie, à la confirmation de la matérialité de l'effluve, matérialité très relative, bien entendu, que la balance serait impuissante à déceler, mais enfin que l'on constate indirectement, et qui nous oblige à concevoir l'existence de ces formes impondérables de la substance que l'on nomme les fluides.

Dans quelle catégorie des forces ou des substances raréfiées devons-nous placer l'effluve?

Ici, la réponse ne peut pas être catégorique; et M. de Rochas qui a une grande expérience en ces matières, a été conduit à formuler l'observation suivante :

(1) Des expériences en cours (novembre 1908) semblent établir que certains sujets extériorisés déchargent l'électroscope placé dans le champ de l'effluve. Si elles se confirment, l'hypothèse qu'une partie, au moins, du rayonnement humain est de nature radio-active deviendra une certitude.

.. J'ai déjà dit que tous les sujets ne voyaient pas de même les effluves émis par les mêmes objets. Non seulement ils intervertissent souvent les couleurs, mais ils les indiquent quelquefois comme autrement distribuées dans le détail, surtout pour le corps humain ; *ce qui semblerait prouver qu'ils ne perçoivent pas tous les mêmes radiations, dont plusieurs systèmes polarisés peuvent co-exister*, un système *étant visible pour les uns et un autre pour les autres* (1).

Cette remarque me semble d'autant plus justifiée que souvent les sensitifs qui perçoivent l'effluve ne peuvent pas voir d'autres radiations fluidiques, par exemple celles qui émanent des esprits, alors que des médiums voyants qui décrivent avec exactitude des personnes mortes, ne voient pas les effluves des cristaux ou de l'aimant. Ce domaine est encore si peu exploré qu'il faut se garder avec soin de conclusions hâtives, et ne pas décréter à la légère que des résultats, en apparence discordants, soient des démonstrations de la fausseté des descriptions des sujets. Que l'effluve soit formé d'une matière si raréfiée qu'elle devienne impondérable pour nous, c'est ce que semblent indiquer aussi les observations faites par Raoul Pictet : que les métaux soumis aux plus basses températures émettent encore des vapeurs qui forment autour d'eux une sorte d'atmosphère.

D'autre part, M. Narkiewicz Iodko (2) a montré que lorsque le corps d'un sujet sert de condensateur dans un champ électrique, on peut obtenir la photographie de l'effluve électrique s'échappant des doigts ou de la main, et l'on voit nettement qu'il y a eu entraînement de particules matérielles qui ont laissé leurs empreintes sur la plaque sensible. Mais, certainement, les découvertes récentes sur le phénomène que l'on a appelé la *radio-activité* de la matière est celui qui peut nous offrir le plus de rapprochement avec nos études, c'est pourquoi je vais en dire quelques mots.

QU'EST-CE QUE LE FLUIDE DES MAGNÉTISEURS ?

Avant de poursuivre l'étude des travaux de M. de Rochas, arrê-

---

(1) C'est moi qui souligne.
(2) Durville, Voir pour les résultats photographiques l'ouvrage : *Traité expérimental de magnétisme*, p. 295 et suiv,

tons-nous un instant pour nous demander de quoi est composé le fluide des magnétiseurs, et ce qu'il faut entendre par ce mot, qui semble si vague.

Indépendamment du parti pris des savants officiels, une des causes du discrédit dans lequel la théorie magnétique est tombée, était la difficulté de classer l'agent dont les somnambules signalaient l'existence parmi les phénomènes naturels étudiés jusqu'alors. Le mot fluide prêtait à l'équivoque. Avait-on affaire à une substance matérielle comparable à l'état des gaz très raréfiés, ou bien se trouvait-on en présence d'une manifestation nouvelle de l'énergie, analogue à la lumière ultra-violette ou à l'électricité ? Les observations relatées semblaient appuyer aussi bien l'une que l'autre supposition, et cette indécision était encore augmentée par le fait que le fluide en question traversait les obstacles matériels et semblait transmettre de l'énergie, toutes choses qui paraissaient profondément invraisemblables, avant que les découvertes faites depuis un quart de siècle ne nous aient familiarisés avec les rayons cathodiques et les rayons X, qui présentent justement des propriétés analogues.

Remarquons aussi que l'analogie que l'on établissait entre le fluide magnétique et celui qui s'échappe des plantes, des cristaux, des aimants, n'était pas faite pour jeter de la lumière sur ce problème, car si beaucoup de magnétiseurs attribuaient au système nerveux le pouvoir d'engendrer ce fluide, cette explication ne convenait plus pour les plantes, et à plus forte raison pour les cristaux et le fer aimanté. Il est vrai que Charpignon avait remarqué que les somnambules bien entraînés distinguent entre elles ces différentes radiations, mais sans désigner les caractères spécifiques de chacune d'elles.

Bien que nous n'ayons pas encore aujourd'hui une connaissance précise du genre de radiation qui s'échappe du corps humain, spontanément ou pendant l'action magnétique, les recherches entreprises sur la matière raréfiée dans le tube de Crookes et les remarquables propriétés des émanations de l'uranium, du thorium, du radium etc., nous mettent en présence d'états de la matière qui étaient profondément inconnus jusqu'alors. L'abîme qui semblait exister entre la matière et l'éther se comble maintenant par une série d'états intermédiaires, pour ainsi dire semi-matériels, qui relient la substance pondérable à celle qui ne l'est pas. C'est en partie aux travaux du docteur Le Bon que l'on doit ces connaissances nouvelles, car, le premier, il a démontré a généralité du phénomène de la radio-activité, que l'on croyait spécial à quelques corps seulement. Je résumerai donc, d'après lui, les recherches de ces dernières années, qui révolutionnent les théories scientifiques sur la constitution de la matière et ouvrent aux physiciens et aux physiologistes des horizons immenses (1).

Il y a peu de temps encore, on considérait comme une certitude absolue le dogme de l'indestructibilité de la matière. L'atome était insécable, éternel ; il constituait la base physique de l'univers et restait inaltéré au milieu de ses incessantes mutations. Mais voici que des faits nouveaux viennent détruire cette antique croyance. Des recherches de Curie, de Le Bon, de Thomson, de Rutherford, etc., il résulte que l'atome, sous l'influence de divers causes, peut se fragmenter, se diviser en plusieurs parties, en un mot se *dissocier*, pour donner naissance à des particules infiniment petites, animée de vitesses énormes, capables de rendre l'air conducteur de l'électricité, de traverser des obstacles, et dont certaines peuvent être déviées par un champ magnétique. Aucune des forces actuellement connues ne pouvant produire de tels effets et, en particulier, l'émission de particules dont la vitesse approche de celle de la lumière, il était évident que l'on se trouvait en présence de phénomènes complètement inconnus.

Plusieurs théories furent proposées pour expliquer les faits, mais la seule qui ait survécu est celle de la dislocation des atomes. Chose très importante à constater, c'est que cet émiettement de l'atome est un phénomène absolument général. On trouve aujourd'hui de la radio-activité — terme par lequel on désigne aussi la fragmentation de l'atome — à peu près partout ; dans certains métaux frappés par la lumière, dans l'eau, le sable, l'argile, la brique, etc.

---

(1) Docteur Le Bon, *l'Evolution de la matière.*

M. Le Bon écrit :

Que devient la matière en se dissociant? Peut-on supposer que les atomes en se désagrégeant ne font que se diviser en parties plus petites formant ainsi une simple poussière d'atomes ? Nous verrons qu'il n'en est rien et que la matière qui se dissocie *se dématérialise* (1) en passant par des phases successives *qui lui font perdre graduellement ses qualités de matière* jusqu'à ce qu'elle soit finalement retournée à l'éther impondérable d'où elle semble issue.

Après avoir reconnu que les atomes peuvent se dissocier, il fallait rechercher où ils puisent l'immense quantité d'énergie nécessaire pour lancer dans l'espace des particules avec une vitesse de l'ordre de celle de la lumière.

L'explication était en réalité assez simple puisqu'il suffisait de constater, comme j'ai essayé de le montrer, que loin d'être une chose inerte, capable seulement de restituer l'énergie qui lui a été artificiellement fournie, la matière est un réservoir énorme d'énergie, *l'énergie intra-atomique*.

Mais une telle doctrine heurtait trop de principes scientifiques, fondamentaux, séculairement établis, pour être immédiatement admise et avant qu'on l'acceptât, diverses hypothèses furent successivement proposées.

Habitués à considérer comme des vérités absolues les principes rigides de la thermodynamique, persuadés qu'un système matériel isolé ne peut posséder d'autre énergie que celle qui lui a été d'abord fournie du dehors, la plupart des physiciens persistèrent longtemps, et quelques-uns persistent encore, à chercher à l'extérieur les sources de l'énergie manifestée pendant la dissociation de la matière. Naturellement ils ne la trouvaient pas, puisqu'elle est dans la matière même et non extérieure à elle.

Ces idées ne sont pas particulières au docteur Le Bon, car voici ce qu'écrivent maintenant des physiciens éminents comme comme MM. Lodge et Crookes :

Nous ne devons plus admettre, dit le premier, que l'atome est permanent et éternel. La matière peut probablement naître et périr. L'histoire d'un atome présente des analogies avec celle d'un système solaire. Dans la théorie électrique de la matière, la combinaison des électrons peut produire l'agrégat électrique appelé un atome, et sa dissociation s'accompagne d'un phénomène de radio-activité.

(1) C'est moi qui souligne. Pour ce passage voir *l'ouvrage cité* p. 7 et suiv.

W. Crookes, à son tour, arrive à une conclusion analogue :

Cette fatale dissociation des atomes, dit-il, semble universelle. Elle se manifeste quand nous frottons un bâton de verre, quand le soleil brille, quand un corps brûle, quand la pluie tombe, quand les vagues de l'océan se brisent. Et, bien que la date de l'évanouissement de l'univers ne puisse être calculée, nous devons constater *que le monde retourne lentement au brouillard informe du chaos primitif*. Ce jour-là, l'horloge de l'éternité aura terminé son cycle.

Ainsi donc, la matière n'est pas éternelle. Lentement, sous l'influence de causes très diverses que nous énumérons plus loin, elle se fragmente en une poussière de corpuscules dont il est impossible de s'imaginer le prodigieux état de ténuité, puis s'évanouit dans l'éther. L'atome est déjà quelque chose de presque incompréhensible pour nous, puisque Crookes a montré que dans un ballon de 13 centimètres de diamètre où le vide a été fait au millionième, il doit passer *trois cents quintillions* de molécules par seconde dans l'ouverture la plus fine, celle produite au moyen d'une étincelle électrique, — pour que le vide soit comblé en une heure et demie ! Que penser alors de particules qui sont elles-mêmes *mille fois* plus réduites que l'atome d'hydrogène, le plus petit de ceux que nous connaissons ?

Il est clair que ce monde de l'infiniment petit nous échappe complètement, et que ce n'est que par des comparaisons que nous pouvons grossièrement nous représenter ce quasi néant. Essayons d'en donner une idée.

Suivant des expériences très précises exécutées par d'éminents physiciens tels que Rutherford, Thomson, etc., *un millimètre cube* d'hydrogène contiendrait 36 *millions de milliards* de molécules ! Essayons de nous figurer un nombre aussi gigantesque : grossissons par la pensée chacune des molécules jusqu'à ce qu'elles aient *un millimètre* de côté et la forme d'un petit cube. Pour contenir les 36 millions de milliards de petits cubes, il faudrait un réservoir cubique dont la base aurait *cent mètres* sur chacune de ses faces et une hauteur de *trois mille six cents mètres* ! Ce n'est pas tout ; il serait nécessaire de rendre *mille fois plus haut* ce réservoir, si l'on voulait représenter par la même hypothèse la quantité de particules que pourrait donner un millimètre cube d'hydrogène dissocié !

Suivant le mot célèbre de Pascal, l'homme est bien situé entre deux infinis : celui de la grandeur et celui de la petitesse. Déjà, comme le fait observer le docteur Le Bon (1), on était arrivé, par d'autres voies, à des résultats qui stupéfient l'imagination. On a calculé qu'il fallait 6 à 700 millions de bactéries pour faire le poids de 1 milligramme. Or ces êtres vivants sont formés de molécules organiques, contenant un certain nombre d'atomes qui, en se dissociant, multiplient encore par mille, au moins, le total formidable des particules qui s'échapperaient de ce milligramme de matière complètement désagrégée. Le professeur Mackendrick cite des spores ayant $1/20.000°$ de millimètre, au-dessous desquelles il y en a probablement que nous ne voyons pas, comme le prouverait l'action des solutions filtrées où le microscope le plus puissant ne distingue rien.

Nous avons d'ailleurs des exemples journaliers de l'incroyable divisibilité de la matière, avec les parfums. M. Berthelot (2) s'est livré sur ce sujet à d'intéressantes recherches. Il a essayé de déterminer la perte de poids que subissaient des corps très odorants, bien que fort peu volatils. Le sens de l'odorat est d'une délicatesse prodigieusement supérieure à la plus sensible des balances, puisque, pour certaines substances telles que l'iodoforme, la présence de *un centième de millionième de milligramme* peut, suivant M. Berthelot, être facilement révélée. D'après ce savant, l'iodoforme perdrait seulement un *centième de milligramme* de son poids en cent ans, bien qu'émettant sans cesse un flot de particules odorantes dans toutes les directions. Si la même étude avait été faite sur le musc, les poids perdus auraient été beaucoup plus petits, « mille fois plus, peut-être », dit ce savant, ce qui ferait cent mille ans pour la perte de un milligramme.

On sera peut-être moins surpris maintenant d'apprendre qu'un corps radio-actif peut émettre des millions de corpuscules par

---

(1) Docteur Le Bon, *ouvrage cité*, p. 221.
(2) Berthelot, *Comptes rendus de l'Académie des sciences*, 21 mai 1904, cité par M. Le Bon.

seconde, et cela pendant des années, sans que l'on puisse constater une diminution appréciable de son poids. Il faudrait des siècles pour qu'un gramme de matière quelconque fût complètement dissocié.

Contrairement à ce que l'on croyait jadis, en dehors des états franchement solide, liquide, gazeux, la matière peut se présenter sous des formes impondérables dans lesquelles, malgré son absence de poids, elle n'a pas encore dépouillé tous ses caractères matériels. Je crois bon de citer quelques extraits d'une conférence faite en 1905 par M. d'Arsonval, membre de l'Institut et de l'Académie de médecine (1), pour montrer quelle évolution s'est accomplie dans le monde savant, grâce aux dernières découvertes dont il vient d'être question. Après avoir parlé des vibrations électriques, il dit :

J'arrive maintenant aux radiations émises pour ainsi dire matériellement, qui n'ont plus l'air d'être des vibrations, mais qui ont l'air d'être un transport de matière. Il faudrait d'abord bien nous entendre sur le mot matière. On croit généralement que la matière — ce sont les philosophes qui lui ont fait cette mauvaise réputation — *est quelque chose de grossier, toujours tangible* (2), alors que les expériences que nous voyons aujourd'hui nous montrent que la matière peut recevoir *tous les degrés de raréfaction et de spiritualisation* possibles (2). Nous parvenons, en effet, à obtenir *des matières qui sont absolument impondérables* (2), qui peuvent sortir d'un corps pendant des milliers et des milliers d'années, *sans que le poids de ce corps en soit affecté* ; en un mot, nous arrivons à une divisibilité de la matière bien supérieure à celle qu'avaient pu supposer les anciens atomistes. L'atome, par définition, était le dernier corps matériel solide en lequel on put diviser la matière.

Arrêtons-nous un instant pour signaler quel *tolle* eût suscité, il y a dix ans seulement, un pareil langage ! Parler de spiritualisation de la matière c'est là, semble-t-il, un terme tout à fait révolutionnaire dans la bouche d'un physicien. Lorsque les magnétiseurs et les spirites annonçaient l'existence du fluide humain, il n'y avait pas assez de haussements d'épaules pour accueillir

(1) *Bulletin de l'Institut psychologique général*, mars 1905, p. 144.
(2) C'est moi qui souligne.

une ânerie semblable. Ne connaissait-on pas tous les états de la matière ? Ignorait-on qu'au delà des gaz il ne saurait plus exister de formes matérielles, et alors où classer ces prétendus fluides ? Est-ce que la caractéristique absolue de la matière n'est pas sa masse, comment parler alors de matière qui n'en a pas ? Voici maintenant que les notions de substances impondérables deviennent courantes dans la science, ce qui justifie magnétiseurs et spirites d'en avoir proclamé l'existence, à une époque où pareille affirmation semblait une monstrueuse hérésie. Une fois de plus, les faits donnent tort aux théories, ce qui nous enseigne la relativité de ces échafaudages provisoires créés d'abord pour faciliter les recherches et que, bientôt, on s'habitue à considérer comme des vérités intangibles. Je continue :

Aujourd'hui, dit encore M. d'Arsonval, l'*atome n'existe plus* : on le coupe, on le tranche, on le divise et on en arrive, par les radiations du radium, par exemple, à trouver que ce corps émet des atomes qui sont mille fois plus petits que l'atome d'hydrogène qui était réputé jusqu'ici le plus petit de tous, et que ces centres matériels se trouvent chargés d'une quantité énorme d'électricité; que cette quantité d'électricité circule supportée par ces atomes matériels avec une vitesse qui se rapproche de celle de la lumière, c'est-à-dire de 300.000 kilomètres par seconde. Il part constamment de ces atomes chargés d'électricité, du foyer d'un tube de Crookes, d'un tube de rayons X ; ces rayons X se chargent d'électricité négative et l'on s'explique ainsi comment ils peuvent, à des distances considérables, décharger instantanément des corps électrisés. Le radium en contient; le radium émet des radiations, des corpuscules qui sont chargés d'électricité négative ; il en émet également de plus gros qui sont chargés d'électricité positive.

Tout cela, ce ne sont pas des théories, des phénomènes imaginés pour les besoins de la cause ; ce sont des phénomènes *matériels, mesurables, objectifs*, qui montrent ainsi que la matière est capable de se montrer *sous des aspects tout à fait autres que ceux que nous lui supposions.*

Mon intention n'est pas de faire une étude détaillée de ces nouveaux états de la matière, mais de montrer quels sont leurs rapports possibles avec le sujet étudié par nous. Il est utile que l'on connaisse leurs propriétés et dans quelles conditions ils sont engendrés.

Une conclusion tout à fait inattendue se dégage des travaux du docteur Le Bon, des recherches de M. et Mme Curie, de Thomson et de Rutherford, c'est qu'une certaine partie des corpuscules qui proviennent de la désagrégation de la matière sont semblables par leurs propriétés aux rayons cathodiques produits dans l'ampoule de Crookes par le courant électrique, et aussi aux rayons X, que ces mêmes rayons cathodiques produisent par leurs chocs contre le verre de l'ampoule où ils sont renfermés.

Pour différencier entre elles ces radiations, on est convenu lorsqu'elles se produisent à l'air libre, de les désigner sous les noms de rayons α, rayons β et rayons γ, dont il est utile d'indiquer sommairement les caractères principaux.

Les rayons α, composés de particules relativement grosses, sont électrisés positivement et déviés par un champ magnétique intense. Ils forment environ 99 p. 100 du total de l'émission du radium. Ils agissent, mais très faiblement, sur la plaque photographique et leur pouvoir de pénétration est très limité, car une simple feuille de papier suffit à les arrêter. Le nombre de ces particules varie suivant les différents corps d'où ils proviennent ; pour le thorium et l'uranium il serait de 70.000 pour un gramme, par seconde, tandis que le radium en émettrait 100 milliards pendant le même temps, et ce rayonnement pourrait se maintenir pendant plusieurs centaines d'années.

En frappant les corps phosphorescents, ces corpuscules les rendent lumineux (1).

Les rayons β sont électrisés négativement et déviés par un champ magnétique dans un sens opposé à celui des rayons α. Ils semblent beaucoup plus petits que les précédents, et presque dégagés de toute matière. Leur vitesse varie entre 33 et 96 p. 100 de celle de la lumière. Ils sont émis en quantité beaucoup plus faible que les premiers, car ils ne forment que le 1 p. 100 du total de la radiation. Ils impressionnent fortement la plaque photographique et leur pouvoir de pénétration est assez grand

---

(1) C'est une propriété sur laquelle j'appelle l'attention du lecteur, car on verra, plus loin, qu'un écran de sulfure de calcium peut devenir lumineux quand on le place dans le fantôme extériorisé d'un vivant.

pour leur permettre de traverser des plaques d'aluminium de plusieurs millimètres d'épaisseur. Leur puissance d'action sur les corps phosphorescents est assez puissante pour les rendre lumineux, même à travers une mince plaque d'aluminium.

Chose très digne d'attention, ces radiations doivent être complexes, car elles ne possèdent pas toutes la même vitesse, ce que l'on constate par l'étendue de l'impression photographique qu'elles produisent, et leur pouvoir de pénétration n'est pas non plus le même. Il est donc très probable qu'elles représentent des stades différents de la dissociation de la matière.

A côté des radiations α et β chargées, les premières d'électricité positive, les secondes d'électricité négative, les corps radio-actifs émettent en proportion extrêmement faible (moins de 1 p. 100) des rayons γ tout à fait analogues par leurs propriétés aux rayons X, mais possédant un pouvoir de pénétration supérieur, puisqu'ils peuvent traverser plusieurs centimètres d'acier. Cette propriété permet de les séparer facilement des radiations α et β, arrêtées par une lame de plomb de quelques millimètres d'épaisseur.

Ici ne se termine pas l'étude des produits de la dissociation de la matière, car une des plus singulières propriétés des corps radio-actifs est de donner naissance à un produit de nature ambiguë, nommé par Rutherford *Emanation*. C'est une substance *demi-matérielle*, qui a d'abord quelques propriétés d'un gaz, mais qui s'évanouit ensuite spontanément en particules électriques. D'après les recherches de Thomson, elle existe dans la plupart des corps ordinaires : l'eau, le sable, la pierre, l'argile, etc.

« Si, dit le docteur Le Bon, nous qualifions l' « émanation » de substance demi-matérielle, c'est parce qu'elle possède à la fois les propriétés des corps matériels et celle des corps qui ne le sont pas ou ont cessé de l'être. On peut la condenser, de même qu'un gaz à la température de l'air liquide, et voir *grâce à sa phosphorescence*, comment elle se comporte. On peut la conserver quelque temps dans un tube de verre scellé, mais elle s'en échappe bientôt en se transformant en particules électriques et cesse alors d'être matérielle. »

Le chimiste Ramsay a constaté que l'émanation enfermée

quelque temps dans un tube fermé à la lampe présente le spectre de l'hélium, qu'elle ne montrait pas d'abord, ce qui nous place en face d'une véritable transmutation de la matière.

Des observations précédentes, il se dégage cet enseignement que la matière ne reste pas identique à elle-même dans le cours des siècles. Même les corps prétendus simples se décomposent, et l'atome se fragmente, se dissocie, s'émiette en donnant naissance à des produits qui, d'abord encore matériels comme l'émanation ou les rayons α, se transforment ensuite en particules impondérables.

Les quelques radiations que nous savons classer maintenant ne sont probablement qu'une partie des premiers stades que la matière parcourt en retournant à l'éther d'où elle est sortie. Il ne faut pas douter que lorsque le corps humain sera étudié à ce point de vue spécial, on n'arrive à découvrir qu'il peut engendrer d'abord une sorte d'émanation particulière, car les médiums offrent souvent le spectacle d'effluves phosphorescents qui se dégagent des différentes parties du corps : le côté, l'estomac, la tête, l'extrémité des doigts, etc. Puis de projeter des radiations qui ont très probablement une parenté avec les rayons β ou γ, tant à cause de leur action sur la plaque photographique, que par la propriété qu'elles possèdent de traverser les obstacles matériels, comme les expériences de Reichenbach, du Potet, Lafontaine, etc., l'ont établi péremptoirement.

On voit maintenant pourquoi nous avions besoin de connaître les propriétés des corps radio-actifs, c'est parce que nous y trouvons nettement étudiés ces états de la matière que l'on ne connaissait pas il y a seulement dix ans, autrement que par les affirmations des somnambules. Nous saisissons sur le vif le mécanisme par lequel la matière pondérable se transforme, par étapes, en substance immatérielle, et nous sommes d'autant plus autorisés à supposer que le corps humain est le théâtre d'actions ininterrompues de cette espèce, que non seulement *toute matière est radio-active* dans des conditions déterminées, mais encore que les actions chimiques sont une cause puissante de dissociation de la matière.

« Les expériences réunies à la fin de cet ouvrage, dit le docteur Le Bon (1), prouvent qu'un grand nombre *de réactions chimiques*, accompagnées ou non d'un dégagement de gaz, produisent des *effluves* analogues aux rayons cathodiques, et révèlent par conséquent une destruction sans retour de la matière pendant les réactions. »

Or l'organisme humain est un laboratoire dans lequel s'accomplissent sans trêve les opérations les plus compliquées de la chimie, et les cellules de l'organisme entier sont le théâtre de réactions incessantes, souvent très intenses, dans les muscles qui travaillent, ou dans les glandes qui sécrètent.

Il est fort possible, et même probable, que les procédés employés par la nature pour arriver à désagréger la matière, sont différents de ceux dont nous nous servons pour parvenir aux mêmes résultats, car nous savons bien que la chimie biologique a des méthodes qui lui sont spéciales, et que si elle utilise les lois générales, c'est cependant à sa manière et avec ses procédés.

Les édifices chimiques que savent construire d'humbles cellules, remarque encore le docteur Le Bon, comprennent non seulement les opérations les plus savantes de nos laboratoires : éthérification, oxydation, réduction, polymérisation, etc., mais beaucoup d'autres bien plus savantes encore que nous ne saurions imiter. Par des moyens que nous ne soupçonnons pas, les cellules vitales savent élaborer ces composés compliqués, variés : albuminoïdes, cellulose, graisse, amidon, etc., nécessaires à l'entretien de la vie. Elles savent décomposer les corps les plus stables tels que le chlorure de sodium, extraire l'azote des sels ammoniacaux, le phosphore des phosphates etc. Ne fabriquent-elles pas les ferments naturels et figurés, et pour se soustraire aux toxines introduites par les microbes dans l'organisme, ne créent-elles pas immédiatement ces anti-toxines si admirablement adaptées à leur but ? Ne fabriquent-elles pas aussi de l'énergie à haute tension emmagasinée dans ces produits oxydables très compliqués qu'elles savent construire avec de l'eau et de l'acide carbonique ?

---

(1) Docteur Le Bon, *ouvrage cité*, p. 143 et à la fin de l'ouvrage p. 349 et suiv.

Donc, je ne *prétends nullement* que les produits de la dématérialisation de la matière vivante sont *identiques* à ceux des corps radio-actifs, je dis simplement qu'il existe des analogies évidentes entre les uns et les autres, analogies révélées par les actions semblables que le fluide humain produit sur la plaque photographique, et aussi parce qu'il traverse la matière comme les rayons X. Lorsqu'on voudra étudier à ce point de vue les sujets en état d'extériorisation, on verra que parfois la matière qui forme le fantôme est capable d'agir sur la plaque photographique, nous l'avons constaté déjà (1), et que probablement les couches extériorisées doivent avoir une action sur l'électroscope, sur des corps phosphorescents ou fluorescents, ou bien sur d'autres réactifs qu'une expérimentation persévérante permettra de découvrir.

Je désire montrer seulement que certains sujets agissent certainement sans contact sur les sels d'argent, par une action extra-corporelle, comparable à celle des rayon β ou γ du radium.

ACTION DU FLUIDE HUMAIN SUR LA PLAQUE PHOTOGRAPHIQUE

Les premières tentatives pour obtenir la photographie du fluide magnétique furent faites en 1883 par le commandant Darget, puis reprises par lui en 1894, en compagnie du docteur Baraduc. Le commandant Darget a publié le récit de ses expériences dans la *Revue scientifique et morale du spiritisme* (2). Voici les différents procédés auxquels il eut recours :

1º Dans le bain révélateur, mettre une plaque et placer trois doigts de chaque main. Tout opérateur, sans exception, produira des effluves plus ou moins intenses (3) en raison des qualités fluidiques qu'il aura. Dans les commencements rester quinze minutes.

---

(1) Voir pages 295 et suiv. les photographies involontaires de doubles de certaines personnnes.
(2) Voir *Rev. scientif. et morale du spirit.* Années 1896 et 1897 et *Congrès spirite* de 1900, p. 111 et suiv.
(3) Cette affirmation est trop absolue, car dans une série d'expériences faites par nous, en compagnie de plusieurs autres personnes, chez M. Allard, le sculpteur bien connu, très souvent nous ne réussissions pas à obtenir une empreinte quelconque, après 20 minutes de pose dans les conditions indiquées.

Souvent on obtiendra des couleurs sur l'emplacement des doigts qui doivent toucher la gélatine (1).

2° Placer les doigts de la même façon que précédemment et pendant le même temps, au-dessus d'une autre plaque, mais sans la toucher, les doigts effleurant le révélateur.

3° Mettre les doigts, côté verre, dans le révélateur.

4° Les deux mains dirigées vers la plaque, à sec, quinze minutes de magnétisation.

5° Plaque tenue au-dessus du front, à environ 0 m. 01 pendant quinze minutes.

Ce sont surtout les procédés 4 et 5 qui doivent être utilisés dans la pratique, pour éviter les interprétations inexactes auxquelles pourraient donner lieu les figures que l'on remarque parfois sur la plaque. Ces dessins proviennent de différentes causes dont nous allons parler tout à l'heure en discutant ces procédés, et la valeur de ces observations. Signalons, en passant, que M. le commandant Darget a obtenu sur la plaque sensible des *images* qui étaient celles *pensées par lui*. J'aurai l'occasion de revenir plus tard sur ces remarquables expériences, lorsque nous étudierons comment peuvent se produire les vêtements des apparitions.

Le procédé qui consiste à mettre le doigt sur une plaque baignée par le révélateur est défectueux, parce que, comme M. Guebhard l'a montré, un objet quelconque, chaud ou froid, laisse une trace sur la gélatine, et, souvent, on remarque des sortes d'effluves qui ne sont « que l'émiettement tourbillonnaire des vitesses acquises, qui aboutit à une répartition alternante des parties constitutives du révélateur, le long des dernières lignes de flux ou d'égal potentiel hydrodynamique ». Cette observation s'applique à tout révélateur, même filtré, qui séjourne au dessus de la plaque sans être agité. Délaissons donc ce procédé, puisqu'il prête à l'équivoque. Je dis bien *équivoque*, car d'après

---

(1) Ici encore, nous croyons devoir faire des réserves, car souvent ces colorations sont dues à une très mince couche grasse laissée par les doigts, ces lames minces produisent des phénomènes d'interférences qui donnent lieu à des colorations variées qui ne proviennent pas des radiations enregistrées, car, à notre connaissance, on ne les observe jamais sur les effluviographies obtenues sans contact et développées dans un bain neuf.

(1) *Revue scientifique*, 15 janvier 1898, p. 75 et suiv.

mon expérience personnelle, il n'est pas vrai que *toujours* la plaque soit influencée après que le doigt s'y est appuyé pendant deux minutes. Nous ne retiendrons donc, par excès de prudence, que les expériences qui ont été faites *à sec*, sans contact direct,

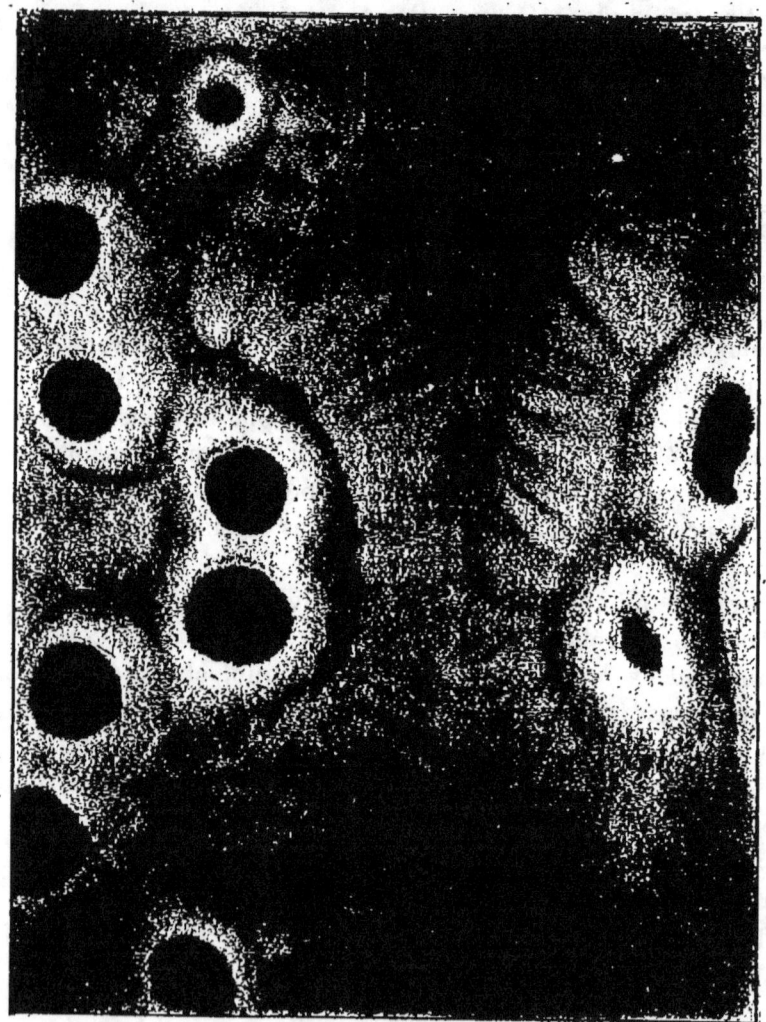

Fig. 27. — Effluviographie, avec une auréole entourant le point de contact des doigts sur la plaque sensible.

avec des plaques soigneusement essuyées et développées dans un liquide tout à fait limpide, qu'on aura agité pendant toute la durée de son action.

M. Luys, membre de l'Académie de médecine, et M. David, sous-directeur des Gobelins, successeur de Chevreul au laboratoire de chimie de cet établissement, présentèrent différentes notes à la Société de Biologie pendant l'année 1897, desquelles nous extrayons les passages suivants (1) :

Les effluves *de l'œil*, dont nous présentons en même temps un spécimen, ont été obtenus par la *fixation directe et prolongée du regard* sur une plaque sensible, dans l'obscurité complète. Le temps de pose étant notablement prolongé (trente minutes), cette reproduction, croyons-nous, n'a pas encore été obtenue en photographie.
Il va de soi que ces études nouvelles vont donner un corps à une série de phénomènes anciens connus depuis longtemps sous forme de conceptions subjectives, faute d'avoir reçu une démonstration objective de leur réalité. Le fluide des magnétiseurs — le fluide signalé par Reichenbach sous le nom d'od — la force neurique de Baréty, etc., vont ainsi trouver leur certificat de réalité scientifique.

Dans une séance ultérieure (2), les mêmes observateurs font le récit de nouvelles expériences et répondent ainsi à diverses objections qui avaient été formulées au sujet de leur précédente communication :

A la suite de nouvelles recherches que mon collaborateur et moi avons poursuivies dans ces derniers temps, nous avons constaté que les *organes auditifs*, comme ceux de l'appareil visuel, sont susceptibles d'émettre, sous forme d'irradiation, des effluves, et que ces effluves sont pareillement enregistrables par les plaques photographiques au gélatino-bromure d'argent. Ci-joint, je présente un cliché photographique qui démontre ce que j'avance, *les effluves irradiés de l'oreille humaine*.
Le mode opératoire est des plus simples et à la portée de tous ceux qui voudront répéter l'expérience. Il suffit de tenir appliquée sur le pavillon de l'oreille une plaque au gélatino-bromure d'argent, de dimension appropriée, et de la maintenir à l'aide d'un bandeau, *pendant une demi-heure* dans l'obscurité complète. Au bout de ce temps, l'opération s'est faite toute seule. On traite alors la plaque suivant les procédés d'usage, et on constate après la fixation, *au niveau du trou auditif*, l'existence d'un *nuage floconneux noir*, qui dénote l'existence d'un élément photogénique quelconque, irradié du fond du conduit auditif, et capable d'impressionner

(1) *Comptes rendus de la Société de biologie*, séance du 29 mai 1897.
(2) *Comptes rendus*, 10 juillet 1897.

normalement la plaque sensible; on distingue encore çà et là quelques effluves isolés sous forme lancéolée. C'est je crois, la première démonstration qui ait été faite.

A propos des effluves irradiés de l'œil dont nous avons déjà entretenu la société, on nous a fait l'objection suivante : on nous a dit que ce que nous considérons comme effluves *autogéniques* ne pourrait bien être que le reflet de la lumière diurne emmagasinée et une véritable restitution des rayons solaires. Cette lumière intra-oculaire n'est pas un phénomène nouveau, tout le monde le connaît, il suffit d'examiner à contre-jour le bord de l'œil de certains animaux, les chats entre autres, pour reconnaître qu'ils émettent des rayons lumineux, et que ces rayons sont susceptibles de varier suivant les émotions qui les animent.

L'objection consistant à représenter ces effluves optiques que nous avons les premiers signalés à l'attention (1) comme n'étant qu'une restitution de rayons lumineux emmagasinés, tombe devant ce fait nouveau de l'enregistrement, *sous les mêmes apparences photographiques*, des effluves irradiés du fond de l'oreille, où il n'y a pas, certes, à citer l'emmagasinement de vibrations lumineuses. Ce sont là des phénomènes photographiques de même ordre.

On peut donc admettre que les appareils des sens *s'extériorisent* sous forme d'effluves semblables, venus soit des extrémités digitales, soit de celles du plexus de la rétine aussi bien que des expansions terminales des nerfs auditifs.

Ces effluves sont susceptibles physiologiquement d'émettre des vibrations centrifuges d'une nature spéciale, douées d'un pouvoir *photogénique* propre, aptes à réduire les sels d'argent et à être, par conséquent, enregistrées par la plaque photographique.

M. le docteur Baraduc s'est beaucoup occupé de ces questions et a publié un gros volume (2) dans lequel il expose les résultats auxquels il est parvenu, en employant diverses méthodes, principalement celles qui utilisent l'électricité, soit par le procédé de M. Narkiewicz Iodko, soit au moyen des effluves d'une machine statique dont un des pôles est relié au corps de l'opérateur, et la plaque avec l'autre pôle. Ces iconographies présentent une grande variété ; mais nous ne suivrons pas l'auteur dans les déductions qu'il en tire, car il ne paraît pas, d'abord, que ces

---

(1) Ceci n'est pas tout à fait exact, puisque nous avons vu que les magnétiseurs signalent le fait bien avant les recherches contemporaines.
(2) H. Baraduc, *l'Âme humaine, ses mouvements et ses lumières*. Carré, éditeur, 1896.

figures soient spécialement celles du fluide humain, et en second lieu, il me semble que les théories de l'auteur, empruntées à l'occultisme et à la théosophie, ne sont nullement nécessaires

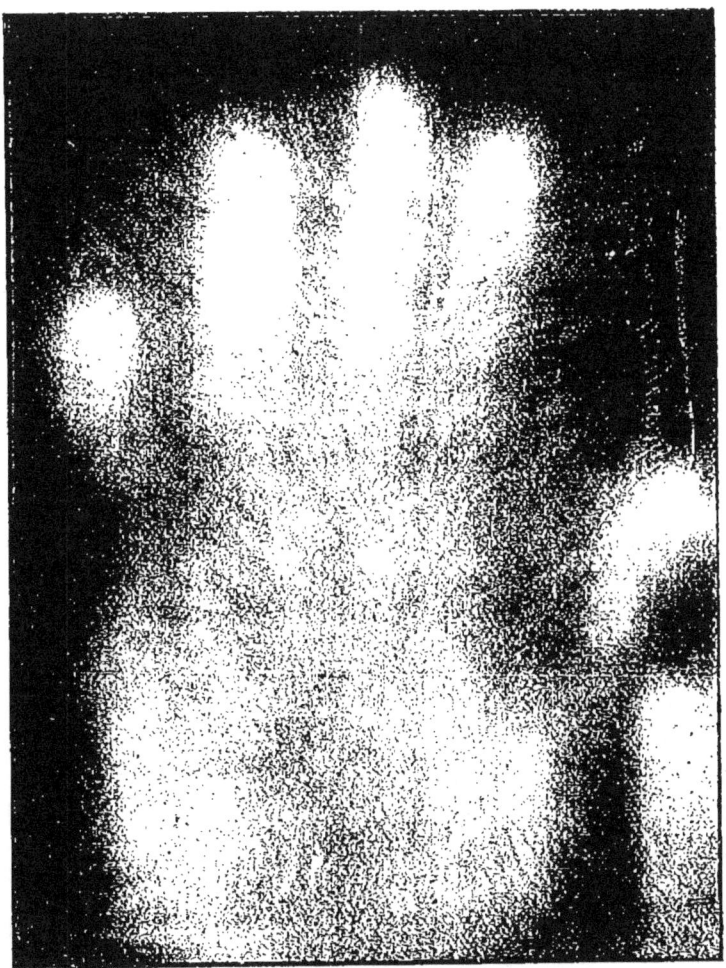

Fig. 28. — Effluviographie de main, avec contact de la plaque dans le bain révélateur.

pour expliquer les dessins divers produits par les effluves qui s'échappent du corps lorsqu'il est parcouru par le courant électrique.

Je crois, que dans ce domaine encore si neuf de l'étude du

rayonnement vital, il faut éviter les hypothèses hasardeuses, aussi bien que les solutions hâtives, si l'on ne veut pas discréditer ces recherches, qui rencontrent déjà tant d'hostilité systématique de la part des savants.

Il est nécessaire d'abord de différencier les causes diverses qui sont capables d'agir à distance sur la plaque. Or les recherches de MM. Boudet, Thomasis, Chardonnet, etc., démontrent que l'effluve électrique produit par une machine statique ordinaire, ou par une bobine de Rumkorf, agit non seulement sur la plaque sensible, mais même à travers un châssis en bois, une feuille d'aluminium, une plaque de verre argenté ou des étoffes enfermant la plaque au gélatino-bromure. Ceci établi, il n'est pas extraordinaire que l'effluve électrique s'échappant des doigts ou d'une autre partie du corps réduise les sels d'argent. Mais lorsque l'on fait agir séparément et successivement les électrodes métalliques provenant des pôles négatif et positif d'une machine statique sur une plaque photographique, on remarque que l'effluve provenant du pôle positif dessine une figure arborescente, un centre d'où partent des branches qui présentent des ramifications comme celles des plantes, tandis que le pôle négatif reproduit des formes de feuilles de palmier bien caractérisées.

Ces dessins varient si l'on fait aboutir une des électrodes à un tampon de peau, que l'on place sur le côté verre de la plaque ; en présentant la main du côté de la gélatine, on remarque qu'il se produit d'abord une partie blanche lumineuse, en connexion avec l'endroit où le tampon touche le verre, puis des étincelles qui semblent traverser la plaque.

Si l'on se contente d'approcher la main de la plaque sensible, sans y toucher, les graphies varient beaucoup et présentent tantôt l'aspect de nuées blanches, tantôt celui de pois lumineux, ou des vortex, des traînées blanches ou noires ressemblant vaguement à des sortes de nébuleuses. Tous ces aspects, je le suppose du moins, proviennent des particules solides qui font partie de la perspiration cutanée, et qui sont entraînées par le vent électrique qui s'échappe de la main par laquelle le courant circule. C'est un fait bien connu que l'organisme dégage des vapeurs et des odeurs chargées de parcelles de matière

ACTION DU FLUIDE HUMAIN SUR LA PLAQUE PHOTOGRAPHIQUE 357

très petites, qui, sous l'influence des conditions de l'expérience, peuvent prendre toutes les formes, comme la fumée qui s'échappe d'un foyer ou d'un corps en combustion présente les aspects les plus diversifiés, depuis celui d'une nappe horizon-

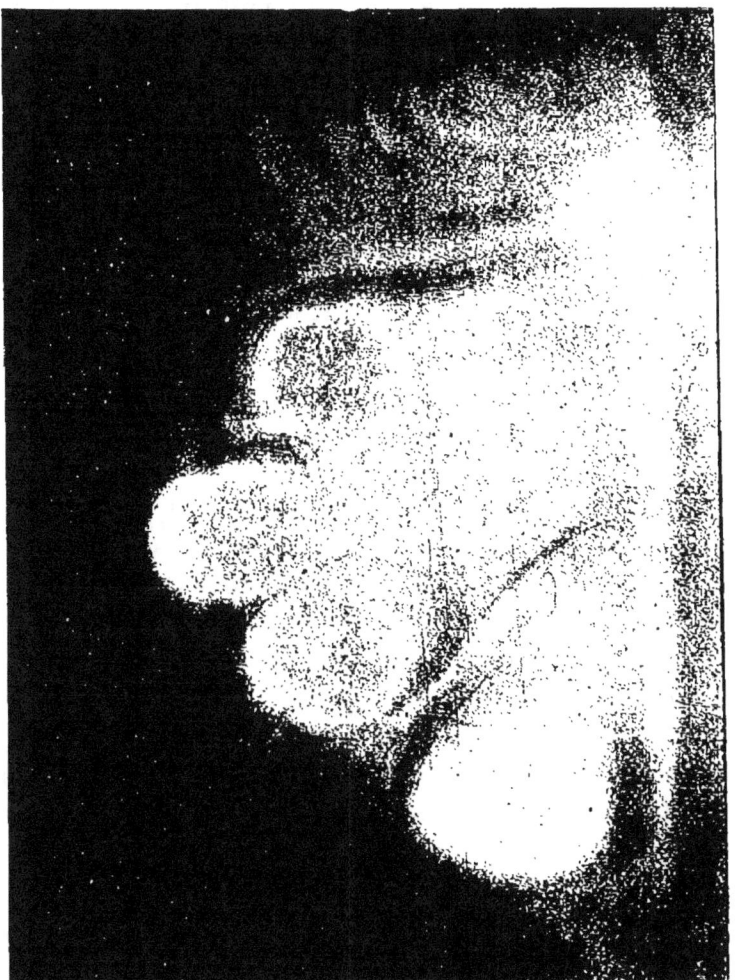

Fig. 29. — Effluviographie avec contact montrant les lignes de flux qui peuvent être attribuées aux mouvements dynamiques du révélateur, quand on ne l'agite pas constamment.

tale, d'un brouillard uniforme, ou de volutes capricieuses qui s'échevèlent dans tous les sens. A mon avis, ce n'est pas là une action nette du fluide humain, mais seulement les graphies des remous des parties solides de la perspiration cutanée, mélangées, peut-être, avec le véritable fluide, que l'on ne peut plus distinguer.

Mais si des réserves sont nécessaires au sujet des iconographies où intervient l'électricité, en revanche je crois que les effluviographies obtenues *à sec, et sans contact* avec la plaque sensible, comme celles des pages 111, 131 et 132, de l'ouvrage du docteur Baraduc, sont très intéressantes, de même que celles qui ont été produites dans l'obscurité, en braquant un appareil photographique sur un sujet qui posait naturellement, sans faire intervenir l'électricité. On remarque sur la plaque des nuées blanches qui me paraissent incontestablement du fluide extériorisé.

RECHERCHES PERSONNELLES

Pendant quelques années (1) j'ai étudié les différents modes d'impression de la plaque photographique, en profitant des observations faites par les expérimentateurs précédents et de leurs critiques. Je donnerai, ici, seulement les quelques expériences qui m'ont paru démonstratives pour établir incontestablement l'action extérieure du fluide humain.

Je rappelle les précautions indispensables pour opérer avec soin. Il faut que la plaque sensible, dans l'obscurité, soit nettoyée avec minutie pour qu'il ne reste pas de grains de poussière adhérents à la gélatine ; que le révélateur soit filtré ; que l'action de la main ait lieu *à distance*, sans contact avec la plaque, enfin que pendant le développement le bain soit constamment agité, afin d'éviter sur la plaque ces dessins réticulés, cloisonnés, floconneux, ou ces lignes qui simulent un flux de matière rayonnante, qui ne sont que les dernières vibrations du liquide qui s'enregistrent. Si, une fois ces précautions prises, nous trouvons des dessins qui reproduisent des objets placés à proximité de la plaque, nous aurons le droit de conclure que les causes précédentes n'interviennent pas dans l'explication ; mais il faudra ensuite éliminer d'autres facteurs tels que la lumière latente, celle emmagasinée par l'objet et qu'il peut restituer dans l'obscurité, et peut-être une action possible électrique cutanée, pour

---

(1) *Revue scientifique et morale du spiritisme*, juillet-août 1896, p. 65, novembre 1896, p. 342 ; janvier 1897, p. 419 ; septembre 1897, p. 141 ; décembre 1897, p. 347, mai et juin 1898, p. 648, etc.

être certain qu'il ne reste pour cause de la figure que le fluide émané des objets.

La plaque au gélatino-bromure que l'on sait fabriquer aujourd'hui est d'une sensibilité exquise. — On obtient maintenant des impressions photographiques en un *cent millième de seconde*, et nous ignorons la limite qu'on pourrait atteindre dans cette direction. Mais il y a plus : « Les plaques photographiques, dit M. Janssen (1), que l'on prépare actuellement sont non seulement sensibles à tous les rayons élémentaires qui excitent la rétine, mais elles étendent encore leur pouvoir dans les rayons ultra-violets et dans *les régions opposées de la chaleur obscure* (l'infrarouge), où l'œil demeure également impuissant. »

Cette délicatesse extrême de la plaque photographique est une difficulté lorsqu'il s'agit d'empêcher l'action de la chaleur rayonnante. Voici les résultats auxquels nous sommes parvenus, que nous copions dans les comptes rendus publiés en 1896, dans la *Revue Scientifique et morale du spiritisme* :

Pour en revenir aux effluves humains, voici les expériences que nous avons faites avec Mme W. B. comme opérateur. Il s'agissait de se placer dans des conditions telles que l'action de la chaleur fût éliminée, ou atténuée suffisamment pour qu'on ne pût attribuer le résultat, s'il y en avait un, à cette cause. De plus, il ne fallait pas mettre *la main sur le dos de la plaque, ni même dans la cuvette qui la contenait*, afin d'éviter jusqu'à la possibilité d'une explication relative à l'électricité cutanée due aux courants de Tarchanoff, aussi bien qu'à la lumière emmagasinée.

Nous avons employé deux dispositifs pour réaliser ces conditions. Il fallait trouver une solution qui absorbât les radiations calorifiques obscures, l'alun nous a paru tout indiqué pour cet office. On sait, en effet, que si l'on expose au soleil un ballon contenant une solution concentrée d'alun, les rayons réfractés forment un foyer très lumineux, comme s'ils sortaient d'une lentille de verre. Mais la presque totalité de la chaleur obscure est absorbée, car un fragment de coton-poudre reste indéfiniment intact au foyer éblouissant des rayons filtrés par l'alun. Nous fîmes donc une dissolution concentrée d'alun dans une cuvette en verre et, après évaporation du liquide, nous obtînmes une couche d'alun, d'environ 15 millimètres d'épaisseur moyenne. La plaque sensible se trouvait

(1) JANSSEN, *Annuaire des longitudes*, 1883, p. 187,

dans une seconde cuvette et baignée dans l'hydroquinone. En plaçant la cuvette d'alun sur celle qui contenait la plaque sensible, la main de Mme W. B. était tout à fait isolée du liquide révélateur et de la plaque, et la chaleur ne pouvait se communiquer par con-

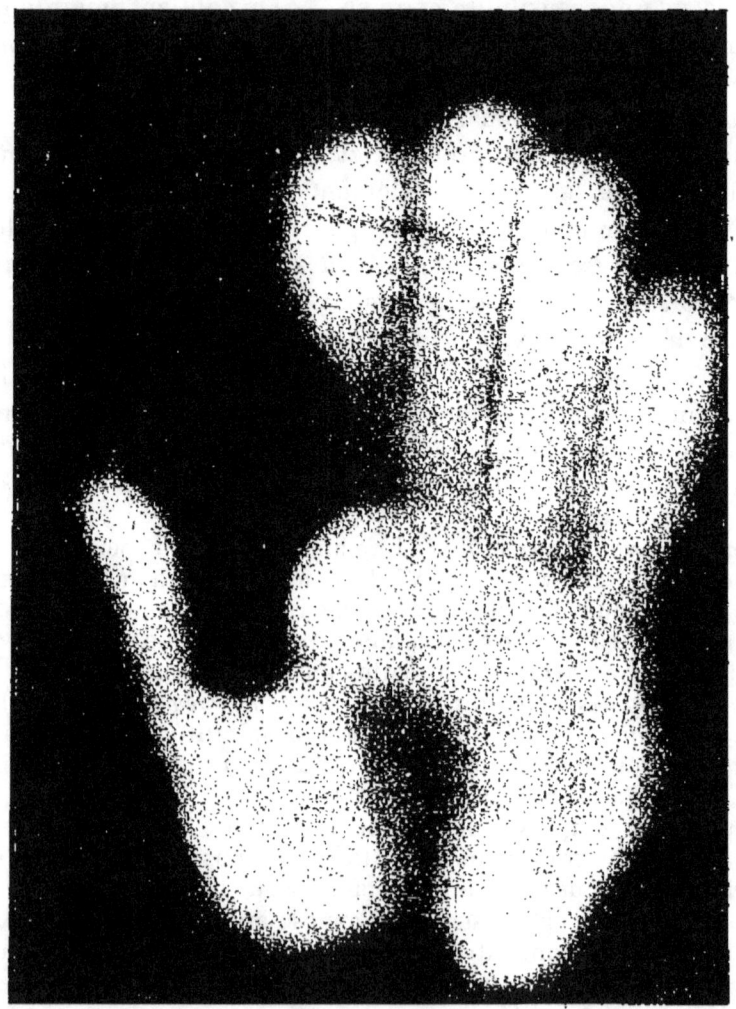

Fig. 30. — Effluviographie d'une main obtenue sans contact avec la plaque et à travers une couche d'alun.

ductibilité du verre, car la surface palmaire de la main ne touchait que l'alun solide.

En opérant de cette façon dans une obscurité absolue, nous avons obtenu, au bout de 30 minutes de pose, une véritable photographie de la main par effluviographie directe, et de grandeur naturelle.

On peut voir sur la radiographie reproduite ci-contre (figure 3o) que le mode d'impression de la plaque n'a aucun rapport avec la photographie ordinaire, car l'énergie qui émane de la main passe directement à travers l'alun et le verre de la cuvette, sans subir de réfraction, en dessinant à peu près les contours des doigts, avec une influence plus grande dans les parties en regard des endroits où les nerfs sont massés.

Voici la contre-épreuve. En opérant comme précédemment, c'est-à-dire en mettant la cuvette à fond d'alun sur l'autre contenant la plaque immergée dans l'hydroquinone, si l'on remplaçait la main par un verre sans pied, entouré d'ouate, contenant de l'eau à la température de 40° centigrades, maintenue à ce degré par un siphonage qui l'alimentait constamment, alors même que l'expérience était prolongée pendant 35 minutes, on ne distinguait aucune action sur la plaque sensible. Une seule fois il y eut sur la plaque de légères traces de réticulation et une petite ligne droite, correspondant à l'arête droite, inférieure et longitudinale de la cuvette d'alun, mais les impressions étaient si faibles qu'elles disparurent complètement dans le bain d'hyposulfite.

Voici maintenant la seconde manière d'opérer, qui nous a donné des résultats semblables à ceux précédemment décrits :

En suivant l'avis d'un savant physicien que nous étions allés consulter, nous résolûmes d'interposer entre la main et la plaque sensible un écran liquide, dans lequel de l'eau serait sans cesse renouvelée. Il est évident que la chaleur rayonnée par la main étant emportée par l'eau, à mesure qu'elle se dégage du corps, ne peut avoir aucune action sur la plaque sensible. Voici de quelle manière nous sommes arrivés à réaliser cette expérience.

Nous prîmes deux plaques de verre de 30 centimètres de longueur sur 40 centimètres de largeur. Puis entre ces plaques, et suivant les bords longitudinaux, nous intercalâmes deux bandes de caoutchouc, d'environ 1 centimètre d'épaisseur. A une des extrémités libres, nous fîmes arriver un tube de caoutchouc dont l'une des extrémités s'engageait entre les deux plaques, pendant que l'autre bout était attaché à un robinet pouvant fournir l'eau nécessaire. Les deux plaques étant solidement ligaturées, en leur donnant une position un peu inclinée, on obtenait un écran liquide ; lorsque le robinet était ouvert, l'eau sortait librement par le côté opposé et se répandait dans un évier. Le débit était d'environ un litre et demi par minute. En plaçant la cuvette contenant la plaque sensible et le révélateur sous cet écran, la main était donc tout à fait isolée de la plaque. De plus, pour éviter l'action possible de la lumière qui aurait pu être emmagasinée par la main, nous avions posé sur la

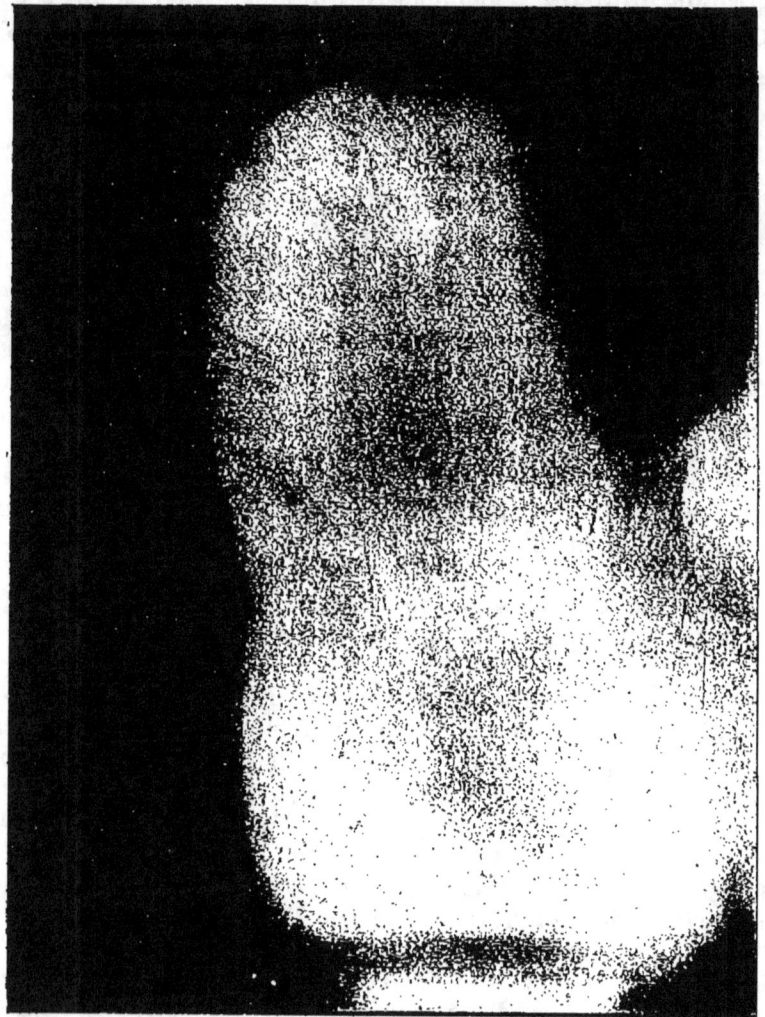

Fig. 31. — Effluviographie de main obtenue sans contact, à travers un écran liquide dont la partie supérieure était couverte par une mince feuille d'étain.

surface supérieure de l'écran une feuille d'étain très mince qui la recouvrait entièrement.

L'obscurité complète étant faite et l'appareil disposé comme nous venons de le dire, c'est-à-dire l'écran posé sur la cuvette légèrement inclinée contenant l'hydroquinone, on glissait la plaque sensible dans cette cuvette, on ouvrait le robinet et Mme W. B. posait pendant une demi-heure sa main sur la feuille d'étain qui recouvrait la partie supérieure de l'écran. Nous avons obtenu ainsi des graphies analogues à celles que nous reproduisons ici (fig. 31).

Comme contre-épreuve, le même verre d'eau, employé dans les mêmes conditions que celles décrites précédemment, et posé pendant le même temps sur l'écran d'eau courante, *n'a produit aucune action sur la plaque.*

Ces expériences paraissent mettre hors de doute l'action photogénique de l'homme. Il ne s'agit plus ici de dessins plus ou moins vagues dont la cause réelle résiderait dans des impuretés de la plaque ou serait due aux derniers mouvements moléculaires du révélateur. La forme de la main est suffisamment dessinée, dans son ensemble, et si les détails manquent, c'est probablement parce que les radiations émanées des différentes parties de la face palmaire ont subi une diffusion, due soit au courant d'eau qui a pu les dévier partiellement, soit à la distance qui séparait la main de la plaque. Mais, incontestablement, pour tout esprit non prévenu, cette graphie est bien celle de la main et du pouce. Nous ne regrettons qu'une chose, c'est que l'on ne puisse pas obtenir ces effluviographies *à volonté*, ce qui pourrait faire suspecter notre témoignage par ceux qui n'auraient pas la patience nécessaire pour faire un nombre suffisant d'essais.

Tout le monde n'est pas apte à extérioriser ces effluves pour obtenir des résultats semblables et, même avec un bon sujet, on n'est *jamais certain* de réussir à jour fixe. C'est ce que nous faisions remarquer en ces termes dans l'article cité :

Les expériences précédentes sont bien réelles, mais on ne peut cependant les reproduire toujours à volonté. L'étude des effluviographies que nous poursuivons depuis plus de dix-huit mois, nous a montré qu'il faut une grande persévérance pour arriver à des résultats concluants.

Parfois, en opérant dans des conditions, *en apparence*, identiques, on n'obtient rien ou très peu de chose. Ces différences montrent bien qu'il ne s'agit pas d'une action purement physique. L'émission de l'od est liée à l'état physiologique et psychique du sujet. Reichenbach avait déjà signalé ce fait, et c'est encore une raison de plus pour nous obliger d'admettre qu'il y a dans ces enregistrements par la plaque autre chose que l'action de la chaleur.

L'existence des effluves est donc décelée déjà :
1° Par les descriptions des sujets magnétisés ;
2° Par les affirmations des sensitifs éveillés de Reichenbach ;
3° Par les remarques du docteur Maxwell ;
4° Par les expériences de M. de Rochas, contrôlant l'existence et la couleur de l'effluve au moyen de électricité et du spectroscope ;
5° Par les photographies spontanées de doubles de vivants ;
6° Enfin par les effluviographies de Luys et d'autres chercheurs.

Ces témoignages concordants, émanant d'observateurs opérant dans des conditions si diverses, et les contrôles physiques obtenus, nous assurent de l'existence incontestable des effluves qui s'échappent de l'organisme, dans certaines conditions qu'il faudra déterminer plus tard. Cette émission est presque insensible normalement ; mais elle peut acquérir une grande intensité soit chez des individus prédisposés, soit lorsque le sujet passe par une crise grave qui tend toutes les énergies de son être. Remarquons également que le rayonnement humain conserve dans l'espace la forme de la partie du corps d'où il provient, plus ou moins bien délimitée, suivant les circonstances, et nous voici sur la voie du dédoublement expérimental dont M. de Rochas va nous faire connaître les phases.

L'EXTÉRIORISATION DE LA SENSIBILITÉ

En poursuivant ses études sur les modifications de la sensibilité pendant les différentes phases du sommeil magnétique d'un sujet B..., M. de Rochas, en se servant des indications d'un autre sujet A, dont les yeux ont été préalablement amenés dans l'état où ils perçoivent les effluves extérieurs, remarqua le phénomène suivant, qui est de la plus haute importance. Cédons-lui la parole (1) :

Dès que chez le sujet que je magnétise la sensibilité commence à disparaître, le duvet lumineux recouvrant sa peau à l'état de

(1) DE ROCHAS, *l'Extériorisation de la sensibilité*, p. 55 et suiv.

veille, semble se dissoudre dans l'atmosphère, puis reparaît au bout de quelque temps sous la forme d'un brouillard léger qui, peu à peu, se condense en devenant de plus en plus brillant de manière à prendre en définitive l'apparence d'une couche très mince, suivant, à 3 ou 4 centimètres en dehors de la peau, tous les contours du corps.

Si, moi magnétiseur, j'agis sur cette couche d'une façon quelconque, B... éprouve les *mêmes sensations que si j'avais agi sur sa peau*, et il ne sent rien, ou presque rien, si j'agis ailleurs que sur cette couche ; il ne sent rien non plus, si c'est une personne non en rapport avec le magnétiseur qui agit.

Si je continue la magnétisation, A voit se former autour de B une série de couches équidistantes séparées par un intervalle de 6 à 7 centimètres (le double de la distance de la première couche à la peau), et B ne sent les attouchements, les piqûres et les brûlures que sur ces couches qui se succèdent parfois jusqu'à 2 ou 3 mètres, en se pénétrant et s'entrecroisant sans se modifier, au moins d'une façon appréciable, leur sensibilité diminuant proportionnellement à l'éloignement du corps (1).

Au bout d'un temps variable, généralement après la troisième ou quatrième phase de léthargie, les couches concentriques présentent deux maxima d'intensité, l'un sur le côté droit du sujet, l'autre sur son côté gauche, et il s'y forme comme deux pôles de sensibilité...

Nous allons voir, tout à l'heure, le développement complet du phénomène, signalons dès maintenant un fait remarquable : c'est que cette extériorisation peut se produire chez certaines personnes, presque à l'état de veille, et chez d'autres sans aucune pratique magnétique, ce qui nous ramène aux observations spontanées telles que celles que nous avons étudiées dans les chapitres précédents. Je cite toujours :

Le processus de l'extériorisation de la sensibilité étant ainsi connu, il devenait beaucoup plus facile de continuer les observations sans avoir recours au sujet voyant A. J'ai pu reconnaître alors, par de très nombreux essais, que la première couche sensible extérieure se formait généralement dans le troisième état, que chez quelques sujets *elle n'apparaissait jamais* et que chez d'autres,

---

(1) Pour bien me rendre compte, dit M. de Rochas, comment ces couches se disposaient autour du corps, j'ai pris un carton que j'ai entaillé de telle sorte que le sujet B. peut y enfoncer la main perpendiculairement ; j'ai alors marqué sur ce carton les traces des couches sensibles concentriques.

au contraire, tels que Mme Lux, Mme O... et Mlle T. H....elle se produisait sous l'influence de quelques passes, dès l'état de crédulité qui est une modification presque invisible de l'état de veille, ou même, *sans aucune manœuvre hypnotique, à la suite d'une émotion, d'un trouble nerveux et peut-être d'une simple modification* de l'état électrique de l'air.

Ces dernières observations nous rapprochent des conditions

Fig. 32. — Dessin schématique montrant les couches de la sensibilité extériorisée. Les parties noires sont les intervalles séparant les couches sensibles. En haut, une coupe du coffret montrant que les couches sensibles passent à travers la matière, et comment l'esprit de la voyante peut entrer *en rapport* avec les objets contenus dans cette boîte.

de la télépathie, dans lesquelles une émotion violente est généralement ressentie par l'agent. Mais il se peut, également, qu'un certain état névropathique produise également l'extériorisation, comme semblent l'établir les cas suivants, cités par M. de Rochas :

Mlle T. H..., fort bien portante habituellement, a, de temps en temps, de violentes crises d'hystérie, pendant lesquelles elle s'extériorise parfois spontanément; elle se plaint alors qu'on la blesse quand on passe trop près d'elle.

On a amené, il y a quelques mois, à la consultation de M. le docteur Luys, à l'hôpital de la Charité, une jeune fille qui avait la curieuse infirmité de ne pouvoir supporter que des vêtements extrêmement souples comme la mousseline, bien que sa peau fût insensible ; on a reconnu que la sensibilité était naturellement extériorisée chez cette personne, qui ressentait tous les froissements des étoffes placées à quelques centimètres de son corps.

L'*Étoile* (numéro d'avril 1892, p. 267) a signalé un cas singulier de somnambulisme qu'on venait d'observer à l'Hôtel-Dieu de Fréjus. Pendant les accès du sujet, on ne pouvait ni le toucher, ni toucher un objet placé près de lui sans provoquer une crise « d'autant plus violente que le contact venait d'une personne qui lui était plus inconnue.

« Un inspecteur qui visitait l'hospice ne voulut pas tenir compte des avertissements qu'on lui donna à ce sujet, et, par curiosité sans doute, toucha les vêtements de Louis D... Aussitôt celui-ci tomba à la renverse, et, l'inspecteur ayant voulu le prendre dans ses bras pour le retenir, la crise devint terrible et laissa le malade sourd pendant plusieurs semaines. »

Que conclure de ces faits ? Ce qui s'en dégage immédiatement, c'est-à-dire :

Nous supposerons donc qu'il existe chez tout homme vivant un fluide qui circule le long de ses nerfs comme l'électricité d'un réseau télégraphique circule le long des fils métalliques. Ce fluide vient affleurer la peau par l'extrémité de tous les nerfs et y séjourne à l'état statique; il s'échappe à l'état dynamique par les pointes du corps (doigts, orteils), par l'haleine et le souffle qui en sont chargés, enfin par les yeux et les oreilles, organes de la vue et de l'ouïe.

M. de Rochas ayant remarqué que le courant électrique d'une machine statique agit sur *certains sujets*, exactement comme les passes, pour leur faire parcourir les différentes phases du sommeil magnétique et qu'un courant de même nature, mais de sens opposé, les réveille progressivement en les faisant repasser par les mêmes phases, mais en sens inverse, il conclut que :

Il est donc naturel de supposer que les passes agissent surtout comme un courant électrique, et que, comme les passes d'un aimant sur un barreau d'acier, elles ont, entre autres effets, celui d'orienter les molécules du corps du sujet de telle façon que le trop-plein du fluide vital, au lieu de s'échapper par les extrémités des membres, s'échappe normalement à la surface de la peau et sur toute sa périphérie. Il est en outre probable que le fluide émis par le magnétiseur ou la machine électrique chasse en dehors du corps du sujet son propre fluide vital, qui jaillit alors par tous les pores, avec une abondance anormale.

Sans aucun doute, ces deux agents: magnétisme et électricité agissent, mais ce ne sont pas les seuls facteurs qui produisent ce phénomène, puisque nous venons de voir qu'un état pathologique est capable d'amener le même résultat, comme nous le constaterons encore tout à l'heure.

M. de Rochas attribue les zones régulièrement alternées des maxima et minima de sensibilité (1) à des interférences produites par les ondes extériorisées dues aux deux grands mouvements rythmiques du corps humain, celui du cœur et celui de la respiration. On peut supposer que ce sont, en effet, des interférences qui localisent la sensibilité par couches concentriques et équidistantes, mais je crois que c'est le rythme du fluide du magnétiseur qui interfère avec celui du sujet, dans *l'intérieur du corps fluidique* à demi extériorisé, car si la sensibilité n'était pas incluse dans un *champ de force*, elle se diffuserait dans l'atmosphère, tandis que nous constaterons qu'elle occupe des zones fixes dans l'espace, relativement au corps. Nous verrons un peu plus loin que cette demi-extériorisation n'est que le début du phénomène, qui s'achève par la formation d'un fantôme complet, autonome, bien que relié toujours à l'organisme.

L'exode de la sensibilité en dehors du corps est un phénomène des plus bizarres pour les physiologistes. Séparer l'organe de ce qui semblait sa fonction est certainement la preuve que

---

(1) Voir *ouvrage cité*, p. 62.

l'appareil nerveux n'en est pas le producteur, mais seulement l'instrument habituel de ses manifestations. Ce point étant d'une grande importance, il est bon d'énumérer les preuves qui le confirment complètement.

M. de Rochas observa que les couches lumineuses peuvent être arrêtées par l'eau, dans laquelle elles semblent se dissoudre, car le sujet voit le liquide s'illuminer dans toute sa masse et, après saturation, une fumée brillante s'en élever verticalement. Le phénomène est, jusqu'à un certain point, analogue à celui de la phosphorescence. L'eau s'est chargée de sensibilité comme le sulfure de calcium se charge de lumière, et elle rayonne jusqu'à ce qu'elle ait renvoyé tout ce qu'elle a reçu ou, en d'autres termes, jusqu'à ce que l'énergie qui lui a été communiquée soit épuisée.

Prenant le verre d'eau (sensibilisé) et le portant à quelque distance, je constatai qu'il restait sensible, c'est-à-dire qu'Albert ressentait les attouchements que je lui faisais subir, bien qu'à la même distance il n'y eut plus trace ailleurs de couches sensibles. Si l'on s'éloignait trop, la communication de sensation ne s'effectuait plus, *mais elle reparaissait quand on s'approchait de nouveau et à distance convenable*. Au bout de quelques instants, l'eau perdait ses propriétés, si elle restait éloignée des couches sensibles.

Les mots que j'ai soulignés montrent bien qu'il existe une zone, un *champ* en dehors duquel le transfert ne s'opère plus ; et dans cette zone, seules les couches brillantes sont sensibles, ce qui nous indique les limites de l'extériorisation du double, encore rattaché au corps. Une remarque montre aussi le rapport qui existe entre les différentes parties du corps et les couches sensibles environnantes, c'est la suivante :

La sensation est toujours perçue au point du corps du sujet le plus rapproché du point de la couche sur laquelle on agit, ou au point dont les effluves ont servi à sensibiliser l'objet, si l'on agit sur un objet sensibilisé.

L'eau n'est pas le seul véhicule de la sensibilité externe :

En opérant avec divers sujets, dit l'habile observateur, j'ai reconnu que les substances propres à emmagasiner leur sensibilité étaient presque toujours les mêmes qui emmagasinent les odeurs : les liquides, les corps visqueux, surtout ceux d'origine animale, comme la gélatine, la cire, l'ouate, les étoffes à structure lâche ou pelucheuse comme le velours de laine. J'ai cependant trouvé deux exceptions remarquables et bien nettes ; M. Laurent sensibilise surtout le fer et Mme de V... la soie ; ils n'agissent presque pas, l'un et l'autre, sur l'eau ou la cire.

M. de Rochas a voulu savoir si d'autres sensations se transmettaient, par exemple celle de l'ouïe, en parlant à voix basse contre l'eau sensibilisée emportée à petite distance. Il n'a pu produire qu'une légère sensation de chatouillement à l'oreille. M. Noutin, ingénieur-électricien, ancien élève de Polytechnique, a été plus heureux, il écrit à la date de février 1894 :

Je vous ai déjà signalé le fait que j'ai constaté avec le même sujet (Marguerite de P...) et qui consiste en ce que l'extériorisation n'affecte pas chez elle le seul sens du tact, mais tout aussi bien la vue, l'odorat et l'ouïe. En parlant tout près d'un verre d'eau sensibilisé, je lui téléphonais ce que j'avais à lui dire. Je me suis d'ailleurs assuré qu'il était impossible d'attribuer le fait à la suggestion mentale ; en plongeant des fleurs odorantes dans un verre d'eau sensibilisé placé dans une chambre voisine, Mlle M. de P... reconnaît les fleurs.

Malheureusement ces expériences n'ont pu être renouvelées, ce qui arrive souvent, comme le remarque M. de Rochas, dans une science où l'objet de l'étude ne s'achète pas chez le marchand de produits chimiques.

Comment s'assurer que les sensations du sujet, lorsqu'on agit sur les couches sensibles extériorisées, ne sont pas dues à des suggestions mentales ? S'il en était ainsi, il est clair que la preuve objective d'une extériorisation quelconque ferait défaut, puisqu'il ne resterait que les témoignages visuels du sujet, toujours plus ou moins contestables. Voici les faits qui garantissent la certitude de l'extériorisation de la sensibilité et des rapports qui persistent avec les parties correspondantes du corps physique.

Après avoir constaté que la cire à modeler faisait partie des substances propres à emmagasiner la sensibilité, M. de Rochas fabriqua une statuette et la chargea de la sensibilité d'un sujet ;

en piquant cette statuette à la tête, celui-ci éprouvait un malaise à la partie supérieure du corps. La sensation devenait plus nette si des cheveux empruntés au sujet étaient fixés sur la tête de son effigie :

Je suis arrivé à localiser la sensibilité en coupant pendant son sommeil, une mèche de cheveux à la nuque du sujet et en l'implantant dans la tête de la statuette; quand le sujet fut réveillé, il ignorait l'opération que je venais de lui faire subir ; *je me plaçai hors de sa vue* et je tirai les cheveux fixés dans la cire. Immédiatement le sujet se retourna en disant : « Mais qui est-ce qui me tire les cheveux ? » — Expérience tout aussi nette avec la barbe d'un autre sujet; une autre plus confuse avec une rognure d'ongle.

On pourrait encore supposer, ici, que le sujet a senti qu'on lui coupait des cheveux et qu'il a pu simuler une sensation qu'il ne ressentait pas. L'expérience suivante semble répondre à cette objection :

En général, la sensation ne se transmettait qu'à une distance de 5 ou 6 mètres ; un jour cependant, le sujet, Mme Vix, avait terminé la séance où j'avais expérimenté avec la figure de cire ; elle retournait chez elle et je la suivais des yeux dans une grande cour qu'elle traversait lorsque M. B... qui était avec moi, eut l'idée de piquer la cire ; je vis aussitôt Mme Vix se baisser et se frotter la jambe. Je l'appelai et je pus constater qu'elle possédait un point hypnogène précisément au point où elle avait éprouvé la sensation.

Était-ce une simple coïncidence fortuite ? Il fallait d'autres expériences encore pour répondre à toutes les objections possibles. Les suivantes ne laissent rien à désirer :

En réfléchissant, dit toujours M. de Rochas, sur ce fait que les effluves des différentes parties du corps se fixaient surtout dans les points de la matière absorbante qui en étaient les plus rapprochés, je fus amené à supposer que j'aurais une localisation bien plus parfaite si je parvenais à réunir, sur certains points de la matière absorbante, les effluves de telle ou telle partie du corps et à reconnaître ces points. Comme les effluves se réfractent d'une façon analogue à la lumière (1) une lentille réduisant l'image du corps

---

(1) Ici, je ferai observer que, probablement, il existe un certain nombre de radiations différentes les unes des autres émanant du corps humain, et qui n'obéissent pas aux mêmes lois, — tout en agissant égale-

remplissait la première partie de programme. Il ne s'agissait plus que d'avoir une matière absorbante où se serait fixée l'image réduite, je pensai qu'une plaque au gélatino-bromure pourrait réussir, surtout si elle était légèrement visqueuse.

De là mes essais avec un appareil photographique, essais que je vais raconter d'après mon registre d'expériences.

30 juillet 1892. — J'ai photographié Mme Lux, d'abord éveillée, puis endormie et extériorisée, ensuite endormie et extériosée en ayant soin de me servir dans ce dernier cas d'une plaque que j'avais eu soin de faire séjourner quelques instants contre son corps, dans son châssis, avant de la porter dans l'appareil.

J'ai constaté qu'en piquant avec une épingle la première plaque, Mme Lux ne sentait rien ; avec la seconde elle sentait un peu ; avec la troisième elle ressentait vivement ; tout cela quelques instants après l'opération.

2 août 1892. — Mme Lux étant présente, j'essayai la sensibilité des plaques qui avaient été impressionnées le 30 juillet et qui avaient été développées. La première ne donne rien, la deuxième peu de chose ; la troisième était aussi sensible que le premier jour. Voulant voir jusqu'où irait la sensibilité de cette troisième plaque, je donnai deux forts coups d'épingle sur l'image de la main de manière à déchirer la couche de gélatino-bromure. Mme Lux, qui était à 2 *mètres de moi et ne pouvait pas voir la partie que je piquais*, tomba aussitôt en contracture en poussant des cris de douleur. J'eus assez de peine à la faire revenir à son état normal ; elle souffrait de la main, et quelques secondes après, je vis apparaître sur sa main droite, celle dont j'avais piqué l'image, *deux petits traits rouges* dont l'emplacement correspondait aux piqûres. Le docteur P..., qui assistait à l'expérience, *constata que l'épiderme n'était pas entamé* et que les rougeurs étaient *sous la peau*.

Dans ce cas, nulle simulation possible. Les traces sont sous-jacentes et correspondent aux blessures du cliché. Le transfert est manifeste et, du coup, l'extériorisation de la sensibilité devient incontestable.

On ne peut faire intervenir la suggestion mentale, car Mme Lux reste insensible aux essais qui ont précédé celui-là,

ment sur la plaque photographique — comme nous avons vu que c'était le cas pour les radiations β. et les rayons X émis par les corps radioactifs. Les expériences d'effluviographie de la main à travers l'écran liquide nous ont fait constater que toutes les radiations ne sont pas absorbées par l'eau, et qu'elles ne semblent pas se réfracter comme celles qui servent de véhicule à la sensibilité.

alors qu'elle ne pouvait deviner sur laquelle des plaques l'essai devait réussir et que M. Rochas ne savait pas trop lui-même ce qui se produirait en cette occurrence :

Je constatai en outre — dit-il — que la couche de gélatino-bromure (qui était beaucoup plus sensible que la plaque qui le supportait) émettait des radiations avec des maxima et des minima comme le sujet lui-même ; ces radiations ne se présentaient presque pas de l'autre côté de la plaque.

5 OCTOBRE 1892. — Mme Lux n'a été magnétisée par personne depuis le 2 août ; je l'endors et je l'extériorise fortement par des passes prolongées. Je charge de ses effluves une plaque photographique en la plaçant d'abord entre ses mains, puis en la promenant lentement devant son corps.

M. B. fait l'opération de la pose qui dure vingt secondes, le jour étant très sombre, M. B. va développer la plaque ; Mme Lux ne sent rien pendant cette opération, qui se fait à une distance de plus de 10 mètres. La plaque étant rapportée, Mme Lux sent quand je touche la plaque, mais elle ne sent rien quand c'est M. B. qui la touche, à moins que je ne touche moi-même M. B. Elle sent les attouchements, même sur les parties recouvertes par les vêtements.

Je donne un coup d'épingle sur l'image de l'une des mains : Mme Lux s'évanouit. Quand elle revient à elle, je constate qu'une égratignure qu'elle avait à la main avant l'opération photographique est devenue plus apparente. Je lui dis que c'est l'effet de ma piqûre, mais elle me répond que ce n'est pas là qu'elle s'est sentie piquée et qu'elle souffre ; deux ou trois minutes après apparaît une *raie rouge* avec légère dépression de la peau à l'endroit sensible. Le stigmate augmente d'intensité à vue d'œil.

On pourrait supposer qu'il y a transmission de pensée, ou plutôt d'image, entre l'opérateur et le sujet et que celui-ci, par autosuggestion, crée les stigmates dont l'existence est constatée. Pour répondre à cette hypothèse, M. de Rochas affirme qu'il a toujours piqué, *sans regarder*, à l'emplacement des mains et que le sujet ignorait, aussi bien que l'opérateur, où allait se reproduire la déchirure qui se répercutait sur l'épiderme. D'ailleurs, Mme Lux était réfractaire à la suggestion mentale. Avant cette expérience, M. de Rochas avait remarqué que le rapport avec Mme Lux étant bien établi, il lui suffisait de se pincer la main pour que la marque de ses ongles apparût au point correspondant de la main de son sujet, reproduisant à peu près la célèbre expérience du docteur P. Janet, avec Mme B. au Havre. Rappelons ce fait que M. P. Janet semble avoir bien oublié aujourd'hui (1) :

EXPÉRIENCE DE M. JANET AVEC LÉONIE

Mme B. (le sujet, qui se nomme Léonie) semble éprouver la plupart des sensations ressenties par la personne qui l'a endormie. Elle croyait boire elle-même quand cette personne buvait. Elle reconnaissait *toujours exactement* la substance que je mettais dans ma bouche et distinguait parfaitement si je goûtais du sel, du poivre ou du sucre.

Nous avons remarqué que le phénomène se passe encore de même *si je suis dans une autre chambre*. Si même dans une autre chambre, je *me pince fortement la jambe*, elle pousse des cris et s'indigne qu'on la pince au bras ou au mollet. Enfin mon frère, qui assistait à ces expériences et qui avait sur elle une singulière influence, car elle le confondait avec moi, essaya quelque chose de plus curieux. En se tenant dans une autre chambre, il se brûla fortement le bras, pendant que Mme B. était dans cette phase de somnambulisme léthargique où elle ressent les suggestions mentales. Mme B. *poussa des cris terribles* et j'eus de la peine à la maintenir. Elle tenait son bras droit au-dessus du poignet et se plaignait d'y souffrir beaucoup. Or, je ne savais pas moi-même exactement l'endroit où mon frère avait voulu se brûler. *C'était bien à cette place-là*. Quand Mme B. fut éveillée, je vis avec étonnement qu'elle serrait encore son poing droit et se plaignait d'y souffrir beaucoup, sans savoir pourquoi. Le lendemain, elle soignait encore son bras avec des compresses d'eau fraîche, et le soir, je constatai *une grosseur et un gonflement très apparents à l'endroit exact où mon frère s'était brûlé*; mais il faut remarquer qu'elle s'était touché et gratté le bras pendant la journée.

La communauté de sensation entre le magnétiseur et son sujet montre la relation que le magnétisme établit, le lien qui relie l'opérateur et la somnambule, et nous permet de l'assimiler à celui que l'on observe entre ce sujet et un objet chargé de sa sensibilité. La relation est si étroite, nous l'avons vu, qu'une blessure de l'image photographique se répercute sur le corps du

---

(1) P. Janet, *Notes sur quelques faits de somnambulisme. Bulletin de la Société de Psychologie physiologique*, 1885, fascicule n° 1, et *Revue philosophique*, n° 8, avril 1886.

sujet et y détermine un stigmate visible et durable. Il existe donc autre chose encore qu'une simple transmission de sensation produisant de la douleur, mais aussi une action amenant une désorganisation physiologique, matérielle, qui ne peut s'expliquer que par la liaison intime, absolue, entre le corps charnel et son émanation, puisque le traumatisme est reporté sur la main, à la place exacte où il a été produit sur la photographie.

Le *pantélégraphe* de Casselli offre une analogie de ce phénomène, car l'on sait que grâce à un dispositif ingénieux, toute trace laissée sur l'appareil de départ se trouve automatiquement reproduite sur l'appareil récepteur situé au loin, l'électricité reliant chacun des points des deux surfaces, à un moment déterminé. Le téléphone nous montre aussi journellement comment les vibrations d'une plaque peuvent se reproduire à grande distance, grâce aux variations électro-magnétiques du courant électrique. Nous pouvons donc concevoir que si l'émanation qui sort du corps du sujet reste en relation continue avec lui dans toutes ses parties, toute action exercée en un endroit du double pourra avoir sa répercussion sur l'organisme, et y produire un désordre qui deviendra visible.

Une autre expérience bien curieuse fut faite par M. de Rochas chez Nadar, en compagnie du docteur Barlemont et de M. Anthony Guerroman, la voici :

Pendant que le sujet dormait encore, on avait fait une seconde épreuve de sa personne et on avait pris aussi une photographie de *la paume de ma main droite* à peu près en grandeur naturelle, de manière à remplir une plaque de même grandeur que celle où se trouvait le portrait de Mme O. (le sujet).

Mme O. étant éveillée et causant avec nous, l'opérateur, *caché derrière un paravent* à proximité, plaça la photographie de ma main au-dessus du sujet, les deux couches de gélatine tournées l'une sur l'autre, selon mes instructions données *à l'insu du sujet*, qui ne se doutait même pas qu'une expérience de ce genre dût être tentée.

J'avais supposé que, puisque j'endormais Mme O. simplement en présentant à distance la paume de ma main droite devant son front, ma main rayonnait, et que ce rayonnement pourrait être enregistré dans une plaque de gélatine comme le rayonnement du sujet lui-même quand il était extériorisé. Cette image de ma main, rendant ensuite à son tour par rayonnement l'agent dont elle était chargée, devait communiquer les vibrations productrices de l'hypnose à l'image de Mme O. qui, servant simplement de relai, les transmettrait à Mme O. elle-même, si elle était assez près.

Ce que j'avais prévu arriva : au moment où l'opérateur, caché par le paravent, plaçait les deux plaques en regard, Mme O. cessait de parler et s'endormait presque spontanément.

Je passai alors moi-même derrière le paravent, *et je réveillai le sujet en soufflant sur son image.*

Puis nous recommençâmes l'expérience, le sujet ignorant, comme c'est la règle, qu'il s'était endormi puis réveillé : le second essai réussit comme le premier.

Nous prévînmes alors Mme O. de ce qui s'était passé ; elle eut beaucoup de peine à le croire. Comme elle est très peu suggestible, même en état d'hypnose, elle nous assura qu'elle allait résister à l'envie de dormir si réellement elle se produisait, et que nous ne parviendrions pas à amener le sommeil chez elle.

L'opérateur ramena les deux plaques en regard en sa présence, et la lutte ne dura guère plus d'une minute : elle s'endormit encore.

Les expériences sur l'extériorisation de la sensibilité ont été vérifiées depuis cette époque par d'autres observateurs. M. le docteur Luys (1), M. le docteur Paul Joire (2), M. Aster Denis (3), M. le docteur Broquet (4), etc., de sorte que nous pouvons considérer le fait comme rigoureusement établi. Arrivons maintenant au dédoublement complet.

ÉTUDES SUR LA FORMATION DU FANTÔME DE VIVANT

Rappelons qu'un sujet A (5), dont les yeux sont hyperesthésiés par l'hypnose, voit les effluves qui s'échappent normalement du corps et décrit les divers phénomènes produits par l'action du magnétiseur sur un sujet B, de sorte qu'il existe un double contrôle, car B, lui aussi, peut se rendre compte de ce qui a lieu.

---

(1) Docteur Dupouy, *Sciences occultes et physiologie psychique*, p. 85.
(2) Docteur Paul Joire, *les Annales des sciences psychiques*, novembre-décembre 1897, p. 341.
(3) Aster Denis, *Annales psychiques.*
(4) Docteur Broquet, *Revue scientifique et morale du spiritisme.*
(5) De Rochas, *Photographie spirite*, dans *Paris-photographe*, numéro du 30 juin 1894. A ce moment, M. de Rochas, à cause de ses fonctions à l'École polytechnique, était obligé de signer ses articles du pseudonyme de Lecomte.

Nous savons que la sensibilité forme des couches brillantes, équidistantes, qui s'éloignent du corps ; que se passe-t-il ensuite si l'on continue d'agir par le magnétisme. Voici :

Au bout d'un temps variable, généralement après la septième ou huitième phase de léthargie, les couches dont l'intensité se développait principalement sur les côtés du sujet, se coagulent pour ainsi dire en une sorte de fantôme bleuâtre placé à sa droite, à la distance d'un mètre environ. Ce fantôme prend rapidement *la forme et la position* de la moitié droite du corps du sujet, qui ne sent plus que les actions exercée sur la portion de l'espace occupée par ce fantôme ou (mais à un bien moindre degré) sur *les liens qui réunissent* les parties correspondantes du corps matériel et du corps fluidique. Ce dernier répète du reste, *comme une ombre, tous les mouvements exécutés par le premier* (1).

De nouvelles passes déterminent la formation, à gauche du sujet, et à peu près à la même distance, d'un second demi-fantôme jouissant des mêmes propriétés que le premier, mais qui est rouge au lieu d'être bleu.

Poursuivons encore la magnétisation, et après une ou deux nouvelles phase de léthargie, *les deux sujets voyants s'accorderont à dire* que les deux demi-fantômes de B. se sont peu à peu allongés du côté de l'opérateur en émettant des flammes mobiles, et ont fini par se souder de matière à former entre cet opérateur et le sujet *un fantôme complet*, bleu à droite, rouge à gauche.

Ce fantôme devient de plus en plus matériel et aussi de moins en moins *sensible* à mesure que le fluide du magnétiseur remplace (c'est du moins une hypothèse qu'on peut admettre) dans le corps du sujet, le propre fluide de celui qui s'extériorise dans le double. Ses vêtements, qui dans le début ne présentaient qu'une forme indéterminée et rappelaient ces suaires blancs que la tradition attribue aux spectres, *se précisent, prennent des formes nettes*, tout en restant transparents comme le reste du corps astral à travers lequel les voyants aperçoivent les objets placés en arrière.

Remarquons encore que dans ce cas, aussi bien que dans les observations de dédoublements naturels, le fantôme est vêtu, d'abord de sortes de draperies, puis de ses vêtements ordinaires.

---

(1) J'ai déjà signalé, p. 287, ce synchronisme entre le corps et son double. Nous retrouverons souvent ce phénomène dans l'étude des mouvements exécutés par un médium qui va produire des actions à distance. Ces faits établissent que la motricité s'extériorise comme la sensibilité, ce qui permet de concevoir comment un double, doué de l'énergie nécessaire, pourra agir sur la matière.

C'est un fait tout à fait général, que nous retrouverons dans les matérialisations des Esprits, et qui s'impose à nous avec la force de l'évidence, alors même que nous serions tout à fait incapable de le comprendre. Nous avons vu, page 301, que l'image fantômale de la jeune fille est drapée de blanc, comme le sujet de M. de Rochas avant que la concentration du double soit tout à fait réalisée.

Lorsque le fantôme est formé complètement, le sujet a perdu progressivement ses forces, il ne peut plus remuer aucun de ses membres, mais par sa volonté, il est capable de faire mouvoir ce corps fluidique, de lui faire traverser des murailles et de voir ainsi, confusément, ce qui se passe dans une pièce voisine.

Dans les *Annales Psychiques* de 1895, M. de Rochas a publié d'autres recherches, qui complètent celles dont je viens de parler. Voici une expérience intéressante à plus d'un titre, par ses analogies avec ce qui se produit naturellement :

2 janvier 1894.

Je me place en face de Laurent et je le magnétise avec des passes dans une demi-obscurité. Au bout de quelque temps, il voit une colonne lumineuse bleue se former à sa droite, puis s'éloigner à mesure que se succèdent les états de l'hypnose séparés par leurs phases de léthargie. En même temps se développait à gauche une colonne lumineuse rouge, qui avait apparu postérieurement à la colonne bleue, et qui s'éloigne également. Ces colonnes deviennent de plus en plus lumineuses, mais sans formes distinctes ; ce sont des nuées de sa grosseur et de sa hauteur, représentant grossièrement le profil de son corps : quand il soulevait un de ses bras, un renflement apparaissait à la nuée du côté correspondant. J'actionnai alors vivement son épigastre de manière à soutirer du fluide. Laurent déclara qu'il se *sentait vider* ; au bout de quelques instants, il vit les colonnes se réunir entre lui et moi et former une colonne mi-partie rouge et bleue, représentant encore la forme de son corps.

J'en approchai un tison enflammé ; il accusa une forte sensation de brûlure. Quand je touchais son fantôme avec la main, il sentait mon contact ; si je pinçais ma main, il sentait le pincement, mais il ne le sentait plus dès que ma main cessait d'être en contact avec le fantôme. J'interposais pendant trente secondes la main entre le fantôme et sa jambe : après le réveil, la jambe était complètement inerte, et je dus la frictionner énergiquement pour la ramener à son état normal.

Je plaçai dans le fantôme une plaque de porcelaine recouverte de noir de fumée et je constatai que le noir de fumée roussit sur une partie de son étendue ; mais il faudrait recommencer cette expérience pour être bien assuré que le changement de couleur est bien dû à l'absorption ou au frottement de la substance extériorisée.

Aujourd'hui que nous connaissons les rapports qui existent entre les émanations radio-actives et la force psychique, il serait du plus haut intérêt de mettre un électroscope chargé dans le champ du fantôme, pour voir si l'appareil se déchargerait. On pourrait également essayer si le fantôme n'agirait pas sur le platinocyanure de baryum ou des corps phosphorents ou fluorescents, car les radiations qui le composent doivent pouvoir se déceler objectivement, au moins pendant une certaine phase du phénomène, peut-être avant que le double soit tout à fait formé. J'espère que ces expériences bien simples seront faites par les futurs expérimentateurs, car elles seraient fécondes en instructions de différente nature (1).

Le fantôme ayant une tendance à s'échapper, je dis à Laurent de le laisser aller ; il me raconte alors que le *fantôme monte à sa chambre et s'assied sur son fauteuil devant sa table* (2). Je lui dis de prendre un crayon, du papier et d'écrire : « J'y suis », afin d'avoir une preuve matérielle de cette extériorisation. Il me répond que ses doigts ne peuvent tenir le crayon. Je lui prescrivis alors de faire revenir son double et je le réveillai.

On pourrait se demander jusqu'à quel point la suggestion mentale de l'opérateur a pu intervenir pour dicter au sujet ses descriptions ?

Il est certaines circonstances qui se sont présentées inopinément, qui militent en faveur de la réalité de la vision de Laurent.

C'est ainsi que dans une expérience faite le 8 janvier, Laurent

---

(1) Depuis que ces lignes ont été écrites, M. Durville, le magnétiseur bien connu, a utilisé le procédé indiqué par nous dès le mois de mai 1900, dans la *Revue scientifique et morale du spiritisme*, p. 467 comme suite des travaux du docteur Le Bon, qui consiste à se servir d'un écran phosphorescent pour dévoiler la présence du fantôme odique. J'indiquerai plus loin le résultat des expériences de cet habile observateur.

(2) C'est moi qui souligne.

voit tout à coup deux fantômes complets. Ni lui, ni M. de Rochas ne savent d'abord comment expliquer ce phénomène qui ne s'était jamais produit ; mais tout s'expliqua quand M. de Rochas et le sujet s'aperçurent que le vrai double était en face d'une glace qui réfléchissait son image. Ce sont là des incidents qu'on ne songe pas à inventer et qui, en dehors de toute suggestion, affirment la substantialité du fantôme spéculaire.

D'ailleurs, ici encore, il y a eu une fois photographie de l'extériorisation. Voici la note placée à la page 258 des *Annales* de l'année 1895 :

Des expériences de dégagement de corps astral ont été répétées sur plusieurs autres sujets et ont donné lieu à des phénomènes analogues, dont quelques-uns ont été contrôlés par un appareil photographique. — Voir dans *Paris-Photographe* du 30 juin 1894, l'article intitulé : *Photographie spirite*.

PHOTOGRAPHIE DU DOUBLE

Je donne le détail de cette expérience démonstrative :

Le sujet est encore Mme L... ; nous étions parvenus à obtenir avec elle la production du fantôme lumineux à sa droite, et nous ignorions alors qu'on pouvait aller plus loin dans cet ordre de manifestations. (1).

Il s'agissait de voir si le fantôme lumineux pourrait impressionner une plaque photographique. Pour cela nous fîmes asseoir Mme L.., dans le cabinet noir où M. Nadar produit ses agrandissements à la lumière oxhydrique. Derrière elle était disposé un écran d'étoffe d'un noir mat.

Le sujet soumis à la magnétisation ayant déclaré que le fantôme était formé à environ un mètre d'elle sur sa droite, j'allongeai ma main vers l'endroit indiqué, jusqu'au moment où il sentit le contact de cette main, ce qui indiquait que je touchais le fantôme ; on alluma un papier pour éclairer ma main et on put mettre ainsi au point un appareil braqué sur elle. On reboucha l'objectif. On plaça le châssis avec la plaque dans l'appareil. On retomba dans l'obscurité et on déboucha de nouveau l'objectif pour commencer la pose

---

(1) D'après cette phrase, il est facile de constater que M. de Rochas n'avait pas d'idées préconçues et que c'est l'expérimentation seule, qui l'a conduit aux résultats qu'il indique.

qui se prolongea pendant près d'un quart d'heure, jusqu'au moment où Mme L..., déclara qu'elle s'affaiblissait de plus en plus et qu'elle allait s'évanouir.

Pendant toute la pose, Mme L..., nous tenait au courant de ses impressions. Elle voyait sur la droite ce qu'elle appelait son double, sous forme de vapeur lumineuse bleuâtre, à peine distincte pour le corps, mais avec des effluves partant des pieds ; et beaucoup plus nette pour la figure qui lui apparaissait toujours de profil et comme enveloppée de flammes vacillantes.

Quel ne fut pas notre étonnement quand, en développant la plaque, nous vîmes surgir sur cette plaque qui avait été braquée à un mètre du sujet sur un écran absolument noir, une tache représentant un profil humain *exactement comme l'indiquait le sujet.*

Nous sommes donc encore en face d'une vérification expérimentale de la réalité des descriptions faites par le sujet, et de l'emplacement du fantôme. Le cliché portait deux taches blanches, l'une sous la narine, l'autre sous l'œil droit, qui correspondaient à deux points hypnogènes de Mme L..., que M. de Rochas découvrit ensuite. Les opérateurs s'assurèrent par l'examen microscopique que ces taches n'étaient pas dues ni à la plaque ni à une impureté du bromure d'argent, ce qui montrait que le fluide s'échappe plus abondamment par les points hynogènes que par les autres parties du corps.

Malheureusement, cette expérience si décisive n'a pu être renouvelée, malgré trois essais qui eurent lieu plus tard par des temps humides, alors que la première avait réussi par un temps sec, de sorte que l'on pourrait alléguer que des causes fortuites ont pu produire les taches observées. Cependant le sujet annonçait au préalable, que, probablement, on n'obtiendrait rien, parce qu'il voyait les effluves se dissiper et se dissoudre dans l'air humide avant d'arriver à la plaque. On a constaté effectivement que l'objectif était chaque fois recouvert d'une buée produite par la condensation de l'eau atmosphérique, ce qui est une autre présomption en faveur de l'objectivité de ses perceptions. Nous avons vu que, depuis cette époque, la photographie du double a été obtenue à l'improviste, et nous allons constater tout à l'heure que des tentatives expérimentales ont parfaitement réussi, d'où nous concluons que lorsque des recherches suivies dans cette

LES FANTÔMES SPÉCULAIRES OU AUTOSCOPIQUES

Jusqu'alors, sauf pendant l'état somnambulique, le sujet ne voit pas son double ; celui-ci apparaît au loin et, souvent, le sujet n'a même pas conscience de ce qui s'est passé. Mais il existe des cas nombreux où des individus, malades ou en bonne santé, se voient eux-mêmes comme dans une glace, et sont effrayés par cette apparition inattendue. Ces phénomènes curieux sont connus depuis longtemps, mais des études récentes de MM. les docteurs Sollier, Comar, Bain, etc. (2), présentent une théorie intéressante pour nous, en ce qu'elle offre une certaine ressemblance avec celle de M. de Rochas, que nous venons d'exposer.

Nous avons noté que lorsqu'on rencontre un sujet approprié, l'extériorisation de la sensibilité dans l'espace se produit quand le sommeil est profond, et qu'en même temps la sensibilité de la surface de la peau disparaît, relativement au magnétiseur ; puis que le retour à l'état de veille ramène la sensibilité normale dans le corps. M. le docteur Sollier (3) a, pendant ces dernières années, pratiqué un traitement de l'hystérie qui s'appuie sur les idées théoriques suivantes : Pour lui, les hystériques, alors même qu'ils ont l'apparence d'être éveillés sont cependant plongés dans un sommeil pathologique, qu'il nomme le *vigilambulisme*. L'abolition de la sensibilité, sous tous ses modes, est un signe de ce sommeil, et l'étendue et la profondeur de cette anesthésie traduisent par leur intensité le degré du sommeil céré-

---

(1) Depuis le commencement de cette année (1908), M. Emmanuel Vauchez a institué une commission chargée d'accorder des prix aux expérimentateurs qui réussiront à photographier les effluves, par *un procédé qui réussira toujours*. La souscription ouverte se monte à l'heure actuelle (fin décembre 1908) à 33.000 francs.

(2) Voir l'ouvrage du docteur Bain : *l'Auto-Représentation* chez les hystériques.

(3) SOLLIER, *l'Hystérie et son traitement*, voir pp. 28, 55 et suiv. Consultez également son ouvrage : *Genèse et nature de l'hystérie*.

bral. On guérit le malade en le *réveillant* ; alors l'hystérie disparaît à mesure que se rétablit la sensibilité normale. Il existe incontestablement un rapport entre la manière de voir de M. Sollier et les théories du colonel de Rochas, sauf que le docteur ne dit pas que la sensibilité disparue s'est extériorisée. Mais si le rapprochement que je fais est exact, on doit constater l'extériorisation du fantôme fluidique chez certains hystériques, chez ceux qui auront le sens de la vue suffisamment hyperesthésié pour percevoir ces effluves. C'est effectivement ce qui a lieu, comme nous allons le constater.

Cette étude particulière aurait dû, logiquement, prendre place dans la première partie, consacrée à l'observation, mais j'ai cru utile de l'intercaler ici, parce que les expériences précédentes permettent de mieux comprendre ce qui a lieu dans ces cas, qui ne sont pas des dédoublements proprement dits, c'est-à-dire une sortie de l'âme humaine. Dans la nature, il semble que nul fait n'est isolé ; tous se relient les uns aux autres par des transitions insensibles, et ceux même qui ne relèvent pas d'une cause unique peuvent avoir néanmoins beaucoup de ressemblance extérieure.

Jusqu'alors, sauf quelques exceptions, le dédoublement de l'être humain a pu être envisagé par nous comme une sortie de l'âme humaine en dehors de son organisme corporel. Cette âme s'est montrée inséparable d'une sorte de substantialité qui reproduisait physiquement, matériellement, le corps humain, et témoignait d'une force dynamique qui lui permettait, dans certaines circonstances, de parler, de se déplacer, de porter un livre, d'ouvrir une porte, etc. Maintenant nous voulons étudier les cas où il semble bien que le fantôme, pour réel qu'il soit, n'est qu'une sorte d'image, qui, bien que la reproduction fidèle du corps et de ses vêtements, n'est pas l'âme et son enveloppe périspritale, mais seulement une copie fidèle, exacte de l'aspect extérieur de l'individu, vide de tout contenu psychique ; une sorte de sosie coloré, une véritable doublure, mais sans conscience et sans personnalité, émanant du corps matériel du sujet, involontairement et inconsciemment. Dans ce cas, l'âme n'étant plus la cause efficiente du phénomène, il faut se demander : 1° comment ce simulacre peut se produire, et 2° comment il se fait que lui aussi semble vêtu comme l'individu d'où il sort.

J'ai essayé de démontrer ailleurs (1) que l'image hallucinatoire, qu'elle soit d'origine morbide ou suggérée, a une existence réelle dans l'intérieur du cerveau ; et que si l'esprit lui attribue toutes les notions d'extériorité qui appartiennent aux images du monde ambiant, c'est parce qu'Helmholtz a établi que toute sensation subjective est perçue, extériorisée et localisée de la même façon que si elle correspondait à un objet extérieur. Il existe donc bien réellement des hallucinations au sens propre du mot, mais il peut également se faire que beaucoup de ces phénomènes, tout en étant hallucinatoires quant à leur cause, c'est-à-dire déterminés par une action interne, anormale, morbide, soient réels en ce sens que l'hallucination est positivement projetée au dehors, existe fluidiquement dans l'espace, et soit même matérialisée suffisamment pour être vue par des tiers ; ou si elle est invisible, pour être photographiée.

Je vais donner des exemples de chacun de ces phénomènes qui ont été étudiés par Brierre de Boismont (2), le docteur Sollier (3), M. Lemaître (4), le docteur Seglas, etc., que je citerai librement.

Dans les montagnes de l'Écosse et dans quelques contrées de l'Allemagne, on croit encore à la réalité d'une apparition qui est, dit-on, le présage d'une mort prochaine. On voit, hors de soi, un autre soi-même, une figure en tout semblable à la sienne, pour la taille, les gestes, les traits et l'habillement. C'est ce phénomène que les Allemands appellent *Deutéroscopie*. Gœthe assure (Œuvres complètes, t. XXVI, p. 83) avoir aperçu un jour l'image de sa propre personne venir à sa rencontre. Il est juste d'ajouter qu'il n'est mort que longtemps après, ce qui prouve que cette vision, comme je l'ai déjà fait observer, ne présage pas nécessairement un décès.

---

(1) Voir numéro de juillet 1903 de la *Revue scientifique et morale du spiritisme*, et les 12 numéros de 1905.
(2) Brierre de Boismont, *les Hallucinations*, pp. 55 et 408.
(3) Sollier, les Hallucinations autoscopiques. *Bulletin de l'Institut psychologique*, janvier-février 1902, p. 39.
(4) Lemaitre, Hallucinations autoscopiques. *Archives de psychologie de la Suisse romande*, juin 1902, p. 357.

LES FANTÔMES SPÉCULAIRES OU AUTOSCOPIQUES

Le docteur Ferré a substitué au mot de Deutéroscopie celui d'hallucination spéculaire, ou mieux encore d'autoscopie, car l'aspect sous lequel se montre le double de soi-même peut n'être pas identique, comme attributs, au sujet dans le moment actuel.

Par exemple, tout le monde a lu dans la *Nuit de décembre*, d'Alfred de Musset, la description poignante de ce fantôme qui « lui ressemble comme un frère » et qui vient s'asseoir auprès de lui pendant les heures de mélancolie ou de désespoir. Ce n'est pas une simple fantaisie poétique, car on reconnaît dans la description tous les traits essentiels de l'hallucination autoscopique :

> Du temps que j'étais écolier,
> Je restais un soir à veiller
> Dans notre salle solitaire ;
> Devant ma table vint s'asseoir
> Un pauvre enfant vêtu de noir,
> Qui me ressemblait comme un frère.
>
> Son visage était triste et beau :
> A la lueur de mon flambeau,
> Dans mon livre ouvert il vint lire.
> Il pencha son front sur sa main,
> Il resta jusqu'au lendemain
> Pensif, avec un doux sourire.
>
> Je m'en suis si bien souvenu
> Que je l'ai toujours reconnu
> A tous les instants de ma vie.
> C'est une étrange vision ;
> Et cependant, ange ou démon,
> J'ai vu partout cette ombre amie.
>
> Partout où j'ai voulu dormir,
> Partout où j'ai voulu mourir,
> Partout où j'ai touché la terre,
> Sur ma route est venu s'asseoir
> Un malheureux, vêtu de noir.
>
> . . . .

Et le poète se demande :

> Qui donc es-tu, qui donc es-tu, mon frère,
> Qui n'apparaît qu'au jour des pleurs ?

Musset n'est pas le seul poète qui ait eu semblable hallucination. Shelley voyait aussi sa propre personne, qui parfois lui adressait la parole, et Guy de Maupassant, en 1889, c'est-à-dire au moment où il entrait dans la paralysie générale, fut affecté de la même façon. Voici comment le docteur Sollier, auquel j'emprunte ces exemples, raconte le fait, d'après un ami intime du romancier :

Étant à sa table de travail dans son cabinet, où son domestique avait ordre de ne jamais entrer pendant qu'il écrivait, il lui sembla entendre sa porte s'ouvrir. Il se retourna et ne fut pas peu surpris de voir entrer sa propre personne qui vint s'asseoir en face de lui, la tête dans la main, et se mit à dicter tout ce qu'il écrivait. Quand il eut fini et se leva, l'hallucination disparut. Du reste, le *Horla* de cet auteur n'est que l'ébauche de l'hallucination cénesthésique (1) que nous décrivons ici.

G. de Maupassant raconte, en effet, qu'il le sentait près de lui sans cesse, qu'il pénétrait en lui-même, mais il ne le distinguait pas, ne le voyait pas. Dans ce cas, il a eu la vraie hallucination autoscopique, ce qui montre bien ses rapports avec les autres cas où il n'y a qu'hallucination cénesthésique.

Encore un vrai cas d'hallucination pure est celui raconté par le docteur Seglas. Il s'agit d'un homme âgé de quarante-neuf ans, atteint depuis quatre ans d'un délire systématisé des persécutions avec hallucinations multiples. Parmi ces dernières, celles qui suivent rentrent dans le cadre de notre étude :

Le malade raconte qu'à plusieurs reprises, le soir, au moment où il est sur le point de s'endormir, il voit tout à coup lui apparaître dans un décor variable, un jardin, une maison, différents personnages en mouvement, des membres de sa famille ou de ses persécuteurs, au milieu desquels il se voit lui-même figurer ou agir ; au bout de quelques instants la vision s'efface et disparaît.

Une fois, la vision autoscopique s'est manifestée sous une forme beaucoup plus nette.

C'était dans la matinée, au grand jour. Il était levé, habillé lorsqu'il aperçut tout à coup dans sa chambre, deux personnages. Dans l'un, il reconnut immédiatement un de ses persécuteurs les

---

(1) On entend par ce mot l'ensemble de toutes les sensations vagues qui parviennent confusément de toutes les parties du corps à la conscience, et l'aident à constituer la notion de sa propre existence.

plus acharnés, le sieur P..., le second personnage n'était autre que lui-même, ou plutôt son « dédoublé », comme il dit, exactement de même taille, de même physionomie, avec les mêmes vêtements que lui. D'abord éloigné, P... se rapprocha de ce double, puis brusquement lui sauta à la gorge et tenta de l'étrangler. A ce moment tout disparut, toute la scène avait été muette.

Lui, cependant, était resté immobile, contemplant en spectateur « la voyance » qu'il avait sous les yeux. Il n'a ressenti, dit-il, à ce moment, aucun choc, aucune sensation spéciale, pas même au moment où P... tentait d'étrangler son double.

Cela, ajoute-t-il, ne l'a nullement impressionné parce qu'il sait que les voyances sont des manœuvres de ses ennemis. Il est à remarquer que, comme les persécutés en général, il n'est pas dupe de ses hallucinations de la vue. Tout en le voyant très distinctement (comme je vous vois, dit-il), il n'a pas cru que M. P... était à ce moment réellement présent dans sa chambre ; et de même, en se voyant en dédoublé, comme il dit, il ne s'est pas senti, ni cru dédoublé réellement.

Il est des cas où l'hallucination est moins compliquée : elle se réduit à la vision pure et simple du sujet lui-même, qui s'aperçoit dans l'espace.

Beaucoup de cas rapportés par le docteur Sollier ont été pris dans sa clinique et concernent des hystériques dont il s'efforçait de faire renaître la sensibilité dans les différentes régions du corps d'où elle avait disparu. Prenons quelques exemples :

Une jeune fille de vingt-trois ans, Gabrielle L..., présenta de la confusion des idées, des hallucinations variées au cours de sa maladie, et ce fut pendant sa convalescence qu'elle éprouva sa vision autoscopique. Elle se promenait tranquillement dans Paris, quand, tout à coup, sa propre image se dressa devant elle, à 2 ou 3 mètres environ, identique comme costume à elle-même. C'était la véritable hallucination spéculaire. Elle dura quelques instants, puis disparut.

Une autre femme de vingt-huit ans, au moment où elle fut guérie, c'est-à-dire à la suite de la dernière séance qui la ramena à l'état normal, éprouva le soir même l'impression de se voir devant elle comme si elle se regardait dans une glace, et instinctivement elle aurait reculé si elle ne s'était raisonnée. Cela dura presque toute la soirée.

Il faut noter que c'est lorsque ces malades recouvraient la santé que cette sorte d'hallucination avait lieu. Le fantôme ne bouge pas ; il est vêtu comme le sujet et ressemble à son image dans une glace, d'où la désignation de spéculaire, qui est très exacte. Ce sont, en somme, des nerveux qui présentent des exemples de ce phénomène, et l'on ne sera pas trop surpris qu'un individu en bonne santé puisse, lorsqu'il est temporairement surmené par une fatigue cérébrale, éprouver une hallucination de cette nature. Voici comment M. Lemaître expose un cas dont il eut connaissance dans sa pratique professionnelle :

Un collégien — que nous appellerons Boru — intelligent et pas du tout névrosé, ni lui ni sa famille, eut à l'âge de dix-huit ans et en préparant son examen de littérature française, une autoscopie d'une admirable netteté. C'était dans la soirée du 22 janvier 1901, au moment où il élaborait un parallèle entre les caractères des deux pièces cornéliennes : « Polyeucte et Le Cid ». Et voici comment il m'en fit le récit :

« J'étais très affairé, assis en négligé à ma table de travail, quand, au milieu de l'analyse d'une scène du Cid, j'eus besoin d'un renseignement. Je me levai et m'en allai dans une autre pièce chercher le volume où je devais trouver ledit renseignement. Comment cela se fit-il? mais, toujours préoccupé de ce menu détail, je me trouvai sur le seuil de la porte de ma chambre et vers la tête de mon lit, le livre dans une main, tandis que l'autre main tenait la poignée de la porte. J'étais dans cette position, quand tout à coup, je vis *moi* en négligé et écrivant à ma table la phrase que je traitais ou fabriquais mentalement. Je ne sais combien de temps cela dura, mais il ne manquait dans cette vision aucun détail, ni la lampe avec son abat-jour vert, ni la petite bibliothèque au-dessus de ma tête, ni les cahiers, ni l'encrier, etc. Chose curieuse, j'avais parfaitement conscience d'être debout devant la porte et sentais le froid métallique de la poignée que je tenais, mais en même temps j'avais la sensation d'être assis sur une chaise et d'exercer avec mes doigts sur ma plume la pression nécessaire pour écrire. Je voyais Boru assis ; mieux que cela, je voyais et lisais la phrase qu'il écrivait, et pourtant il était distant de la porte de deux ou trois mètres. Puis je suis allé à ma table et rien ne subsistait de cette doublure. Boru 1 et 2 s'étaient peut-être repliés en un seul.

Remarquons la liaison qui existe entre Boru et son image. Il a parfaitement conscience d'être avec son corps matériel debout tenant le bouton de la porte, mais en même temps, il *sent* son apparence diriger le porte-plume et écrire. Je signale ici une analogie instructive avec les pratiques expérimentales de M. de Rochas, dont les sujets ressentaient tous les attouchements exercés sur la partie d'eux-mêmes qui étaient extériorisée. C'est un détail qui me paraît assez important et que nous allons retrouver dans d'autres récits. Il arrive même que la conscience semble quitter complètement le corps pour se réfugier dans son image, témoin ce cas du docteur Sollier concernant une jeune fille qui voyait parfois l'intérieur de son corps :

Un soir que cette jeune fille était assise auprès d'une table où il y avait une petite lampe, ne faisant rien et rêvassant, elle se vit tout à coup comme dans une glace — c'est elle-même qui me l'expliqua ainsi. Elle avait les mêmes mains, mêmes vêtements, même figure. Mais ce qui l'effraya surtout, c'était de voir ses yeux qui la regardaient effarés. Elle se voyait respirer et vivre à l'unisson avec elle-même. C'est l'hallucination spéculaire parfaite. Elle ne proféra aucune parole. Cela dura assez longtemps. Elle ne sait plus ce qu'elle a ressenti alors. « Je ne sais plus ce que je sentais, dit-elle, c'est comme si c'était moi qui avais été en face. » Comme je le faisais remarquer plus haut [dit le docteur Sollier] c'est encore ici le vrai *moi* qui paraît être en dehors. Et pensant à ses yeux qui avaient l'air effaré, elle me fit la réflexion que les siens devaient avoir la même expression dans le même moment, car elle était très effrayée. Cela dura une heure environ ; puis tout devint noir et elle se retrouva dans son fauteuil, courbaturée et toute tremblante...

Dans les exemples rapportés jusqu'ici, l'hallucination présente trois aspects différents :

1º L'image de l'individu est extérieure, immobile, sans liaison avec lui ; il se voit comme dans un miroir ;

2º Sa représentation dans l'espace est toujours identique à lui-même, mais alors qu'il a nettement conscience d'en être séparé, il est en communication avec son effigie, il sent ce qui se passe dans son fantôme ;

3º Enfin il semble au sujet que son moi, sa conscience, n'est plus inhérente à son propre corps, mais logée dans son image. En ce qui concerne ce dernier cas, je suppose qu'il y a dédoublement véritable, mais pour cet exemple, comme pour les autres, nous ne pouvons plus attribuer la création des vêtements qui recouvrent l'apparition à une action volontaire de l'âme.

Évidemment, répondraient les docteurs cités par moi, puisque le fantôme est dû à une hallucination, c'est-à-dire à une perception fausse dont le résultat est de faire croire à l'existence de quelque chose qui n'a aucune réalité extérieure. Ce que voit le malade, c'est une image mentale qu'il projette à tort dans l'espace par suite de sa maladie, mais qui, en définitive, n'est pas sortie de son cerveau. Chacun de nous possède mentalement une idée de sa propre personne, formée par les images de la vue et par celles que nous enregistrons en nous regardant dans une glace, dans l'eau, etc. Ces images, très nombreuses, contiennent tous les traits du visage pris individuellement et dans leur ensemble, de même que des représentations de la stature, du maintien, de la démarche, et en somme une idée photographique des toilettes portées le plus souvent par le sujet. C'est tout cet ensemble que l'hallucination tire de l'inconscient et illumine ; ce sont ces images qui, dans une sorte de cinématographie mentale, s'agitent, se meuvent, et c'est l'intensité de cette image qui finalement lui communique ces caractères de réalité et d'extériorité qui en font une hallucination proprement dite.

Cette explication serait parfaite si certains faits ne tendaient pas à faire croire que l'image, même en la supposant d'origine hallucinatoire, possède une réalité objective. Nous savons par les expériences de transmission de pensée qu'une image peut sortir du cerveau pour aller s'imprimer dans un autre cerveau ; que l'image subjective d'une bouteille peut impressionner la plaque photographique, et comme l'objectivation d'une idée se produit aussi visiblement sur la peau d'un sujet dans les cas de suggestions de brûlures, de croix, de lettres, etc., et s'imprime dans les nœvi, avec sa forme et ses couleurs (1), il n'est pas absurde de supposer, quand on connaît les faits de matérialisations que je viens de rappeler, qu'il puisse se produire quelque chose d'analogue dans les cas où l'image spéculaire du sujet est vue par d'autres personnes, en même temps que par lui-même.

Voici les faits auxquels je viens de faire allusion ; ils sont

---

(1) Voir tous les exemples que nous en avons donnés dans la *Revue scientifique et morale du spiritisme* de novembre et décembre 1903, pp. 257 et 321.

empruntés au livre du professeur Maximilien Perty, de l'université de Berne, intitulé : *les Phénomènes mystiques de la vie humaine*. Nous verrons que la télépathie et le dédoublement de l'être humain expliquent bien quelques-uns des cas, mais que les autres paraissent rentrer dans la catégorie de l'image autoscopique matérialisée.

I. — Un propriétaire campagnard fut vu par son cocher dans l'étable, les regards tournés vers les bestiaux, au moment où il était à communier dans l'église. Il raconta cela plus tard à son pasteur qui lui demanda à quoi il avait pensé au moment de la communion. — Mais, répondit-il, si je dois dire la vérité, je pensais à mes bestiaux. — Voilà votre apparition expliquée, répliqua l'ecclésiastique.

Il doit y avoir eu, très probablement, dans ce cas, une simple action télépathique du campagnard sur son cocher. Passons.

II. — M. Eriptis, secrétaire du gouvernement, à Weimar, se rendant à la chancellerie pour y chercher un paquet d'actes dont il avait un grand besoin, s'y voit déjà assis sur sa chaise habituelle (comme le jeune Boru, mentionné plus haut) et ayant des actes devant lui. Il s'effraie, rentre chez lui, et envoie sa domestique avec l'ordre de prendre les actes qu'elle trouverait à sa place ordinaire. Celle-ci y va *et voit également son maître assis sur sa chaise*.

III. — Hoppak, l'auteur de l'ouvrage : *Matériaux pour l'étude de la psychologie*, dit que l'abbé Steinmetz, ayant du monde chez lui, dans sa chambre, se vit en même temps dans son jardin, à son endroit favori. Se montrant d'abord lui-même du doigt, puis son semblable, il dit : Voici Steinmetz le mortel, celui là-bas est immortel.

IV. — F..., de la ville de Z..., qui fut plus tard juge, se trouvant dans sa jeunesse à une campagne, fut prié par la jeune fille de la maison d'aller lui chercher un parasol qu'elle avait oublié dans sa chambre. Il s'y rendit, et vit la demoiselle assise à sa table à ouvrage, mais plus pâle que quand il l'avait quittée ; elle regardait devant elle. F..., malgré sa peur, prit le parasol qui était à côté d'elle et le rapporta. En voyant ses traits bouleversés, elle lui dit : — Avouez que vous avez vu quelque chose, que vous m'avez vue ? Mais ne vous inquiétez pas, je ne suis pas près de mourir. Je suis double (en allemand *Doppelgaenger*, littéralement : quelqu'un qui marche double) ; j'étais en pensée auprès de mon ouvrage, et j'ai déjà souvent trouvé mon image à côté de moi. Nous ne nous faisons rien...

V. — Le comte D... et les sentinelles prétendirent voir une nuit l'impératrice Élisabeth de Russie, assise sur le trône, dans la salle du trône en grand costume d'apparat, pendant qu'elle était couchée et endormie. La dame d'honneur de service qui s'en était aussi convaincue, alla l'éveiller. L'impératrice se rendit aussi dans la salle du trône et y vit son image. Elle ordonna à une sentinelle de faire feu ; l'image disparut alors. L'impératrice mourut trois mois après.

VI. — Un étudiant, nommé Elger, devint très mélancolique après s'être vu souvent dans l'habit rouge qu'il portait ordinairement. Il ne voyait jamais sa figure, mais les contours d'une forme vaporeuse qui lui ressemblait, toujours dans le crépuscule ou au clair de la lune. Il voyait l'image à la place à laquelle il venait d'avoir longtemps étudié.

L'ouvrage de Perty renferme encore un grand nombre de faits de ce genre, mais ceux-ci suffisent à montrer ce que je voulais signaler, à savoir : que l'image autoscopique est souvent réelle, puisqu'elle est vue par une ou plusieurs autres personnes que le sujet lui-même. Dans ces exemples, de mêmes que dans ceux rapportés dans la première partie, il y a non seulement extériorisation, mais aussi *matérialisation* du double. Les analogies très grandes entre ces récits et ceux relatés de nos jours par les médecins, nous empêchent de croire qu'ils ont été inventés de toutes pièces. Sauf la visibilité de l'image autoscopique par des tiers, ces hallucinations ont bien les caractères de celles rapportées plus haut ; nous les supposerons donc véridiques. Doit-on admettre comme probable une sorte de contagion psychique, ou une action télépathique du sujet sur ceux qui l'environnent pour leur imposer son hallucination ? Cette hypothèse, déjà peu vraisemblable en soi, est difficilement admissible lorsqu'il s'agit d'une collectivité qui devrait subir une hallucination identique, sans suggestion préalable, comme c'est le cas pour le fantôme de l'impératrice Élisabeth et pour celui d'Émilie Sagée déjà cité. Mais il existe quelques faits très rares, qui se sont produits par hasard, et qui mettent hors de doute l'extériorisation invisible, involontaire et inconsciente, d'une sorte d'émanation matérielle reproduisant complètement l'aspect d'un individu présent, comme nous l'avons constaté par les photographies obtenues par MM. Cursio Paulucci, Glendinning, et les deux portraits du double de la jeune fille publiés par M. de Rochas.

HALLUCINATION AUTOSCOPIQUE PRÉMONITOIRE

Il est déjà singulier de se voir dédoublé, mais il l'est certainement davantage encore de remarquer que le fantôme est revêtu d'un costume inconnu et de constater, plus tard, qu'on porte sans le vouloir un vêtement tout à fait identique. Le cas rapporté par Gœthe dans ses *Mémoires* (1) est remarquable :

Alors qu'il s'éloignait du village où il venait de faire ses adieux à Frédéricque, je « vis, dit-il, non avec les yeux de la chair, mais avec ceux de l'intelligence, un cavalier qui, sur le même sentier, s'avançait vers Sesenheim ; ce cavalier, c'était moi-même ; *j'étais vêtu d'un habit gris, bordé de galons d'or* comme je n'en avais jamais porté ; je me secouai pour chasser cette hallucination et je ne vis plus rien. Il est singulier que, huit ans plus tard, je me retrouvai sur cette même route, rendant une visite à Frédéricque et *vêtu du même habit dans lequel je m'étais apparu ;* je dois ajouter que ce n'était pas ma volonté, mais le hasard seul qui m'avait fait prendre ce costume ».

Parfois, la vision autoscopique s'accompagne de détails plus tragiques.

Il y aurait lieu de rapporter ici des exemples de ce que M. Lemaître (2) appelle le *prophétisme cénesthésique*, mais cela nous entraînerait trop loin. — Il cite l'exemple d'un jeune homme qui se voyait souvent dans une hallucination autoscopique, précipité du haut d'un rocher et gisant sanglant et meurtri, les membres brisés, au fond d'un ravin. Le 10 juillet 1904, cette fatale prémonition se réalisa de point en point ; et l'on se demande même si ce ne sont point ces visions autoscopiques qui auraient suggéré le dénouement fatal lorsque les circonstances propices se trouvèrent réunies, c'est-à-dire une promenade dangereuse sur la Montagne du Salève.

(1) Goethe, *Mémoires*, traduction de Mme de Carlowitz, t. I : *Poésie et vérité*, p. 270, cité dans les *Ann. pschy.*, 1893, p. 125.
(2) Lemaitre, Hallucinations autoscopiques, *Revue de psychologie de la Suisse romande*, p. 379, t. I.

Voici encore un fait qui montre une vision autoscopique matérialisée, reproduisant la personne du sujet, vêtue *comme elle le sera plus tard* (1) :

A l'automne de 1863, je vivais avec mon mari et mon premier enfant, un bébé de huit mois, dans une maison isolée appelée Sibberton, près Wansford, Nortamptonshire, qui avait été autrefois une église. A l'approche de l'hiver une de mes cousines et son mari vinrent nous voir. Un soir, comme nous soupions, une apparition se dressa près du buffet; nous étions tous les quatre assis à la table, et cependant ce visiteur spectral vêtu d'une légère robe d'été de mousseline rayée, c'était moi; il ne présentait rien de terrible ni dans son expression, ni dans sa manière d'être. *Nous le vîmes tous les quatre*, lorsque mon mari eut attiré notre attention sur lui en disant : « C'est Sarah » du ton de quelqu'un qui vous reconnaît, c'est de moi qu'il voulait parler : l'apparition disparut alors. Aucun de nous n'avait eu peur ; l'apparition nous avait semblé à tous toute naturelle et familière. Cette figure était extérieure à moi et à ce que je ressentais, comme aurait pu l'être une peinture ou une statue. Mes trois parents, qui, avec moi, virent l'apparition, sont tous morts : ils moururent entre 1868-69.

Sarah-Jane-Hall

Les auteurs ajoutent :

La robe que portait l'apparition ne ressemblait à aucune de celles que Mme Hall possédait à ce moment. *Mais elle en porta une semblable deux ans plus tard.*

Cette vision anticipée de l'avenir, bien qu'inexplicable, me semble établir que ces phénomènes ne relèvent pas de la physiologie pure et simple, mais doivent se rattacher à cette partie de nous-mêmes qui se montre indépendante des lois de l'espace et du temps, c'est-à-dire à l'âme humaine.

Revenons aux preuves expérimentales de l'extériorisation du moi.

LE CONTROLE ÉLECTRIQUE DU SUJET

Le dédoublement de l'être humain peut se constater aussi par l'action extra-corporelle de l'âme humaine, faisant écrire à distance un médium, frappant des coups qui sont entendus des assis-

---

(1) *Les Hallucinations télépathiques*, p. 362.

tants, ou déplaçant des meubles dans des salles où personne n'est entré (1). Dans ce volume, nous occupant spécialement de l'apparence extérieure de l'apparition, nous bornerons donc nos citations aux exemples où la présence du fantôme, visible ou non, est constatée objectivement.

Il est certain que pour établir l'authenticité du dédoublement on ne saurait accumuler trop de preuves, car ce fait démontre avec une telle certitude la dualité de l'être humain, et par conséquent l'existence de l'âme, qu'il ne faut pas craindre de multiplier les témoignages. Si, poussant le scepticisme à ses dernières limites, on récusait en bloc les récits télépathiques qui ont été rapportés jusqu'alors, bien que cela semble difficile, — et tous ceux, encore plus nombreux, qui existent à l'heure actuelle, — comme empreints d'exagération ou arrangés inconsciemment après coup par l'imagination des narrateurs, il faudra se rendre aux démonstrations rigoureuses données par M. de Rochas, et par les savants spirites qui ont constaté d'une manière indiscutable la bilocation des vivants. Je vais citer quelques exemples de ces faits.

Tout d'abord, voici le récit d'une expérience à laquelle prirent part deux hommes de science de la plus haute valeur : William Crookes, universellement connu, et Cromwell Varley, ingénieur en chef des lignes télégraphiques de l'Angleterre, membre de la Société Royale. Il s'agissait de s'assurer automatiquement que le sujet qui est dans le cabinet de matérialisation ne peut pas en sortir pour jouer le rôle de l'esprit, après s'être déguisé. Ce fut avec Florence Cook que l'on inaugura ce mode de contrôle, qui est d'une précision et d'une sûreté qui ne laissent rien à désirer.

Je copie ce compte rendu dans l'ouvrage d'Aksakof, qui lui-même renvoie pour les détails le lecteur aux *Psychische Studien* de 1874, p. 341 à 349.

Pour établir si miss Cook se trouvait à l'intérieur du cabinet pendant que Katie se présentait devant l'assistance, hors du ca-

(1) Voir notre ouvrage *l'Ame est immortelle*, 2ᵉ partie, chap. I et II où de nombreuses observations sont citées.

binet, M. Varley conçut l'idée de faire traverser le corps du médium par un faible courant électrique, pendant tout le temps que la forme matérialisée était visible et de contrôler les résultats ainsi obtenus, au moyen d'un galvanomètre placé dans la même chambre, en dehors du cabinet.

L'expérience dont nous parlons eut lieu dans l'appartement de M. Luxmore. La pièce du fond fut séparée de celle du devant au moyen d'un rideau, pour empêcher l'entrée de la lumière; elle devait servir de cabinet obscur. Avant le commencement de la séance, on eut soin d'explorer ce cabinet obscur et d'en fermer les portes à clef. La pièce de devant était éclairée par une lampe à paraffine avec un écran qui en tamisait la lumière. On plaça le galvanomètre sur la cheminée, à une distance de onze pieds du rideau.

L'assistance se composait de MM. Luxmore, Crookes, Mme Crookes et Mme Cook avec sa fille, MM. Tapp, Harrisson et moi (Varley).

Miss Cook occupait un fauteuil dans la chambre du fond. On fixa, avec du caoutchouc, à chacun de ses bras, un peu au-dessus des poignets, une pièce de monnaie en or, à laquelle était soudé un bout de fil de platine. Les pièces d'or étaient séparées de la peau par trois couches de papier buvard blanc, d'une forte épaisseur, humecté d'une solution de chlorhydrate d'ammoniaque. Les fils de platine *passaient le long des bras jusqu'aux épaules* et étaient attachés au moyen de cordons, de manière à laisser aux bras la liberté des mouvements. Les bouts extérieurs des fils de platine étaient réunis à des fils de cuivre, recouverts de coton, et qui arrivaient jusque dans la chambre éclairée où se trouvaient les expérimentateurs. Les fils conducteurs étaient reliés à deux éléments Daniel et à un appareil de contrôle. Quand tout fut prêt, on ferma les rideaux, laissant ainsi le médium (miss Cook), dans l'obscurité. *Le courant électrique traversa le corps du médium pendant toute la durée de la séance.*

Ce courant, prenant naissance dans les deux éléments, passait par le galvanomètre, par les éléments de résistance, par le corps de miss Cook et retournait ensuite à la batterie.

Avant l'introduction de miss Cook dans le courant, tandis que les deux pièces de monnaie qui formaient les deux pôles de la batterie étaient réunies, le galvanomètre marquait une déviation de 300°.

Après l'introduction de miss Cook, les pièces d'or furent placées sur les bras du médium, un peu au-dessus du poignet, avec le papier buvard mouillé, et le galvanomètre ne marqua plus que 220°.

Ainsi donc, le corps du médium, introduit dans le circuit, offrait une résistance au courant électrique, équivalant à 80 divisions de l'échelle.

Le but principal de cette expérience était précisément de connaître la résistance que le corps du médium pouvait offrir au courant électrique.

Le moindre déplacement des pôles de la batterie, qui étaient fixés au bras de miss Cook par des caoutchoucs, aurait *inévitablement* produit un changement dans la force de résistance offerte par le corps du médium.

Or, c'est dans ces conditions que la figure de Katie apparut plusieurs fois dans la fente du rideau; elle montra *ses deux mains et ses deux bras*, puis demanda un papier et un crayon, et écrivit sous les yeux des assistants.

Nous avons dans cette expérience la preuve absolue que l'apparition n'est pas un déguisement du médium, ni même une transfiguration, car le fantôme a les mains libres de toute entrave. Or, si les pièces de monnaie et le papier buvard avaient été relevés jusqu'aux épaules, de manière à découvrir les deux bras du médium, le trajet parcouru par le courant dans le corps de miss Cook aurait été raccourci de près de moitié, par conséquent la résistance offerte par le corps du médium aurait aussi diminué de moitié, soit de 40° et *l'aiguille du galvanomètre serait passée* de 220° à 260°. Et, cependant, c'est le contraire qui s'est produit : dès le début de la séance, et jusqu'à la fin, la déviation de l'aiguille a régulièrement *diminué* de 220° à 146°, à cause du dessèchement progressif du papier mouillé qui augmentait lentement la résistance.

Il est absolument certain que si l'une des pièces d'or avait été refoulée, ne fût-ce que d'un centimètre, la déviation eût *augmenté* et la supercherie du médium eût été démasquée; mais, au contraire, l'aiguille du galvanomètre n'a pas cessé de *baisser*, et l'on a vu Katie King avec les bras nus, ce qui démontre avec évidence qu'elle était indépendante du médium.

Ce mode de contrôle est des plus précis, car le galvanomètre à réflecteur employé par Varley est si sensible que le courant électrique le plus faible, transmis à 3.000 milles par un câble sous-marin, serait enregistré. Il résulte de ce qui vient d'être exposé que le *moindre mouvement* aurait été dénoncé par les variations du galvanomètre, ainsi qu'il résulte du rapport suivant dans lequel M. Varley a consigné, minute par minute, les variations de l'aiguille :

Avant que le médium ne tombât en trance, on le pria de faire des mouvements avec ses bras ; *le changement de la surface métallique mise en contact réel avec le papier et le corps* produit une déviation s'élevant à 15 à 20 divisions, et même davantage parfois ; par conséquent si au cours de la séance, le médium avait fait le moindre mouvement avec ses mains, le galvanomètre l'aurait sûrement indiqué. Dans l'espèce, miss Cook représentait un câble télégraphique au moment du contrôle.

L'importance de ces expériences sera appréciée par tous les hommes de science. Ici, c'est un appareil électrique d'une exquise délicatesse qui certifie que le médium n'a pas bougé et cette preuve est absolue, car elle est indépendante du témoignage des sens, qui peuvent être hallucinés, alors qu'un galvanomètre donne toujours des indications mathématiquement exactes. Si l'on renouvelle ces expériences, il sera utile d'intercaler un voltemètre enregistreur dans le circuit, de manière à conserver un document reproduisant la courbe des variations de l'intensité du courant pendant toute la durée du phénomène.

Ce mode de contrôle fut employé encore par William Crookes, seul, cette fois, et l'apparition se montra non seulement à l'ouverture des rideaux, *mais dans la salle* où se trouvaient les observateurs.

Voici textuellement le rapport :

A la deuxième séance, ce fut M. Crookes qui dirigea l'expérience, en l'absence de M. Varley. Il obtint des résultats similaires, tout en ayant pris la précaution de ne laisser aux fils de cuivre que juste assez de longueur pour permettre au médium de se montrer dans l'écartement du rideau, au cas où il se déplacerait. Cependant Katie s'avança au delà du rideau, d'environ 6 à 8 pieds ; *elle n'était retenue par aucun fil*, et l'observation du galvanomètre ne fit constater rien d'anormal à aucun moment.

En outre, Katie, sur la prière de M. Crookes, *plongea ses mains dans un récipient contenant de l'iodure de potassium, sans qu'il en résultât la moindre oscillation de l'aiguille du galvanomètre*. Si les fils conducteurs avaient été en communication avec sa personne, le courant se serait dirigé par la voie la plus courte que lui offrait ainsi le liquide, ce qui aurait occasionné une plus forte déviation de l'aiguille...

M. Harrisson, l'éditeur du *Spiritualist*, qui assistait à cette expérience et en a publié le compte rendu dans son journal, a fait paraître dans un autre organe spirite *le Médium*, la note suivante, *avec approbation de MM. Crookes et Varley* :

Monsieur le directeur,

A la suite de ma présence à plusieurs séances récentes, au cours desquelles MM. Crookes et Varley ont dirigé un faible courant électrique à travers le corps de miss Cook, pendant tout le temps qu'elle se trouvait dans le cabinet, alors que Katie était au dehors, quelques personnes ayant fait partie de l'assistance m'ont prié de vous communiquer les résultats obtenus à ces expériences, dans l'espoir que cet article aura pour effet de protéger un médium loyal et honnête contre d'indignes attaques.

Quand Katie sortit du cabinet, aucun fil métallique n'adhérait à sa personne ; pendant tout le temps qu'elle se tint dans la chambre en dehors du cabinet, le courant électrique ne subit aucune interruption, *ainsi que cela aurait inévitablement eu lieu* si les fils avaient été détachés des bras de miss Cook sans que leurs extrémités fussent immédiatement remises en contact.

En admettant même que ce fait se fût produit, la diminution de la résistance aurait été aussitôt mise en évidence par l'aiguille du galvanomètre. Dans les expériences dont il s'agit, il a été diversement démontré que miss Cook était dans le cabinet pendant que Katie s'exhibait au dehors.

Les séances ont eu lieu en partie dans l'appartement de M. Luxmore, en partie dans celui que M. Crookes. Avant de vous adresser la présente lettre, *lecture en a été faite à MM. Crookes et Varley, qui ont donné leur approbation.*

11. Ave Maria lane, le 17 mars 1874.
William H. Harrison.

Jamais les documents que nous venons de citer n'ont été démentis ; ils sont donc authentiques, de sorte que nous possédons une preuve scientifique absolue que les matérialisations de Katie King n'étaient pas dues à un déguisement de Florence Cook.

Un point de la plus haute importance que je tiens à signaler dès maintenant, c'est que l'apparition diffère physiquement et moralement du médium. Alors même qu'une partie de la substance de Mlle Cook servait à produire la matérialisation du fantôme, car le poids du corps diminuait pendant la durée du phénomène, comme nous le verrons plus tard, le type de l'apparition était autre que celui du médium et différait intellectuellement de celui-ci.

Au contraire, dans tous les cas de dédoublement, *sans exception*, le fantôme reproduit avec une fidélité scrupuleuse l'apparence extérieure de l'individu d'où il émane et, lorsque l'on peut observer des manifestations intellectuelles, la parole, l'écriture, le style, etc., sont ceux de l'agent.

Cette constatation est d'une très grande utilité pour discerner une apparition provenant d'une cause étrangère au médium, de celle qui est produite par le dédoublement de ce médium. Je reviendrai plus tard sur la discussion de ces faits, il me suffit d'avoir dès maintenant appelé l'attention du lecteur sur ce point.

LA BILOCATION DE Mme FAY

Nous avons dans l'expérience suivante une certitude incontestable au sujet du dédoublement de Mme Fay, constaté avec les mêmes précautions que précédemment par M. Crookes, et c'est pour faire apprécier la valeur de cette expérience que j'ai rapporté en détail le procédé opératoire mis en œuvre par MM. Varley et Crookes.

Maintenant, ce n'est pas une individualité étrangère qui se montre : c'est le double du médium qui s'extériorise ; et, comme je l'ai signalé si souvent, avec des vêtements identiques à ceux que le médium portait au même moment. On conçoit que toute la valeur de la preuve réside dans le fait que l'on est absolument sûr que le médium ne peut pas se déplacer. Voici ce que M. Cox, un jurisconsulte connu, écrit (1) :

Dans son excellente description de la séance dont il s'agit,

(1) *Spiritualist*, 1875, vol. 1, p. 151.

M. Crookes dit qu'une forme humaine entière a été vue par moi ainsi que par d'autres personnes. C'est la vérité. Lorsqu'on me remettait mon livre, le rideau s'écartait suffisamment pour voir la personne qui me le tendait. C'était la forme de Mme Fay, dans son intégralité : sa chevelure, *sa robe de soie bleue*, sa figure, ses bras, nus jusqu'au coude *et portant des bracelets ornés de perles fines*. A ce moment le courant galvanique *n'enregistra pas la moindre interruption*, ce qui se serait produit inévitablement si Mme Fay avait dégagé ses mains des fils conducteurs.

Le fantôme apparut au côté du rideau opposé à celui où se trouvait Mme Fay, à une distance d'au moins huit pieds de sa chaise, de sorte qu'il lui eût été impossible, de toutes manières, d'atteindre le livre sur le rayon sans être obligée de se dégager des fils conducteurs. Et, cependant, je le répète, *le courant n'a pas subi la moindre interruption*. Il y a un autre témoin qui a vu *la robe bleue et les bracelets*. Personne de nous n'a fait part aux autres de ce qu'il avait vu, avant que la séance ne fût terminée ; par conséquent nos impressions sont absolument personnelles et indépendantes de toute influence.

Notons que l'apparition est parée des mêmes bijoux que le médium, et revêtue d'une robe bleue identique à celle de Mme Fay. Le fantôme a aussi assez de matérialité pour transporter un livre, ce qui dénote une force mécanique analogue à l'action musculaire du corps humain. C'est là une constatation de la plus haute valeur, et qui montre bien que le double est assimilable dans sa forme et dans les effets qu'il produit à un organisme vivant ordinaire. Cette remarque s'ajoutant à celles que nous avons faites plus haut, lorsque le fantôme cause ou écrit, nous fortifie de plus en plus dans la croyance qu'une matérialisation de vivant ou de mort est la reproduction anatomique et physiologique absolue d'un corps humain normal (1).

LES FRÈRES DAVENPORT

On comprendra facilement que la possibilité du dédoublement

---

(1) Pour que cette affirmation ne paraisse pas trop hasardée, il faut savoir que dans les cas de dédoublement de certains médiums : Eglinton, Eusapia, par exemple, l'empreinte laissée par le double sur du noir de fumée, où les moulages obtenus, comme nous le verrons par la suite, reproduisent jusqu'aux plus petites sinuosités ou dessins de l'épiderme. De là le mot *anatomique* employé plus haut.

du médium complique de beaucoup l'observation scientifique du phénomène de la matérialisation. Puisque, réellement, le fantôme d'un médium peut se montrer en dehors de son corps, et revêtu de son costume habituel, dans le local où se font les expériences, dans beaucoup de cas les expérimentateurs novices seront tenté de crier à la supercherie, alors, qu'en réalité, le médium sera innocent. C'est ce qui eut lieu pour les frères Davenport.

Je rappelle comment on put se convaincre de leur bonne foi, car dans ces recherches si nouvelles il est indispensable que les investigateurs connaissent parfaitement toutes les causes qui peuvent intervenir, et ne s'empressent pas de suspecter l'honorabilité des médiums, tant que des preuves absolues de leur tricherie volontaire n'auront pas été constatées.

C'est vers 1855 que fut signalé, pour la première fois, le dédoublement du jeune médium Ira Davenport dans une séance obscure :

Au beau milieu de la séance, « un agent de police ouvrit sa lanterne sourde et éclaira la chambre. Alors se passa une scène étrange. Davenport père se leva en sursaut et déclara, en proie à une vive excitation, *qu'il avait vu son fils Ira près de la table, en train de jouer sur l'un des tambourins,* juste au moment où la chambre venait d'être éclairée, *et qu'il l'avait vu revenir à sa chaise* ». M. Davenport était exaspéré ; mais quel ne fut pas son étonnement lorsque, « le calme une fois rétabli, *une vingtaine* des assistants *affirmèrent sur leur honneur*, qu'ils avaient distinctement vu, outre la forme humaine auprès de la table — le double ou fantôme d'Ira Davenport — en *même temps le garçon lui-même, en chair et en os, assis sur la chaise, entre deux autres personnes.* Le fantôme s'était dirigé vers le garçon, mais n'était probablement pas arrivé jusqu'à lui, vu qu'il avait disparu à environ 6 pieds de l'endroit où il était assis (1).

Dans l'ouvrage que j'indique en note, nous apprenons comment s'y est pris le professeur Mapes pour s'assurer que les phénomènes physiques étaient produits par les doubles des frères Davenport : « Lorsque, dit-il, la guitare arriva près de moi, je palpai soigneusement la personne que je supposais être le jeune Ira

---

(1) Voir *The Davenport Brothers, a biography*, par Randolph, Boston, 1869, pp. 198, 199, cité dans le *Spiritualist*, 1873, pp. 154, 470.

Davenport. Je cherchai à m'assurer de sa présence en passant ma main sur sa forme entière ; mais je ne pus le retenir, parce qu'il glissait entre mes mains, *s'évanouissait* pour ainsi dire, avec la plus grande facilité du monde. »

C'est surtout au vêtement du jeune Davenport que M. Mapes était sûr de l'avoir reconnu dans l'obscurité ; mais à la lumière, qui fut immédiatement demandée, *on put constater que le jeune Ira était toujours attaché à sa chaise*, ainsi que l'avait laissé le professeur.

A une séance qui eut lieu chez M. Mapes, ce dernier, aussi bien que sa fille, purent encore une fois constater le dédoublement des bras et des manches du médium (Voir pp. 185-186, de l'ouvrage cité).

Le révérend J.-B. Fergusson, qui accompagnait les frères Davenport dans leur voyage en Angleterre et les avait pris sous sa protection, tout en les surveillant de très près, s'exprime en ces termes :

« *J'ai vu de mes propres yeux les bras, le buste*, et à deux reprises, *le corps d'Ira Davenport*, à une distance de 2 à 5 pieds *de l'endroit où il se trouvait en personne, ainsi que tout le monde l'a pu voir*, attaché solidement à sa chaise. »

Et plus loin :

« Dans certaines conditions, encore peu déterminées, *les mains, les bras et les vêtements des frères Davenport se dédoublent tant* pour l'œil que pour le toucher (1). »

Les faits contrôlés avec Mme Fay nous permettent de croire que le dédoublement du jeune Davenport, bien que constaté seulement par la vue et le toucher, était réel, car le professeur Mapes était un savant considéré aux États-Unis qui, suivant ses propres paroles, n'avait entrepris ces recherches que pour empêcher ses contemporains de « courrir tout droit à l'imbécillité, » — et il n'existe aucune bonne raison non plus pour contester le témoignage du Révérend Fergusson. C'est peut-être parce que, la plupart du temps, les phénomènes étaient produits par l'extériorisation des frères Davenport que ceux-ci pouvaient donner des séances à dates fixes, ce qui ne se produit pas habituellement avec les médiums qui ne possèdent pas la faculté de bilocation. Observons encore que les vêtements paraissent se dédou-

---

(1) *Supra mondane Facts in the life of Rev. J.-B. Fergusson.* (Faits supraterrestres dans la vie du Rev. Fergusson). Londres, 1865, p. 109.

bler comme le corps physique, puisqu'ils accompagnent l'apparition.

Il est clair que si l'on pouvait arriver à produire expérimentalement le dédoublement de l'être humain, la question de l'existence, indépendante de l'âme pendant la vie, recevrait rapidement une solution positive. Malheureusement, les expériences sur ce point sont encore assez rares, et il faut espérer que les Sociétés psychiques anglaises et françaises, entreront résolument dans cette voie si féconde. En attendant, nous avons vu les expériences réussies qui eurent lieu en Angleterre, en voici encore quelques autres.

On peut procéder de deux manières : ou bien s'habituer soi-même à sortir de son corps, pour agir à distance, ou bien entraîner un bon sujet magnétique dans cette direction. Les expériences relatées par M. de Rochas dans son ouvrage sur *l'Extériorisation de la sensibilité* donnent des indications sur la méthode que l'on doit suivre pour arriver à ce dernier résultat. Voici un exemple de duplication d'un sujet provoqué par la volonté du magnétiseur. Il est d'autant plus intéressant que le double a assez de matérialité pour toucher une personne et être vue par elle. Aujourd'hui, avec des somnambules aussi bien doués, on essayerait de photographier le double. Écoutons le récit de M. Desmond Fitzgérald, ingénieur télégraphiste :

LE FANTÔME EXTÉRIORISÉ EST VU PAR UNE ÉTRANGÈRE

Le magnétiseur le plus puissant au monde que j'aie jamais connu est un certain H. E. Lewis, un nègre avec le concours duquel Lord Lytton (Bulwer) a pratiqué une grande partie de ses expériences semi-spiritiques. Je fis sa connaissance, il y a vingt ans, par l'intermédiaire de M. Thompson, qui était également un magnétiseur très fort. A cette époque, je me livrais assidûment à l'étude des phénomènes du mesmérisme et les expériences que je fis alors furent le point de départ de mes convictions spiritiques actuelles. Décidé à me faire une idée nette quant à l'authenticité de certains phénomènes, je louai une chambre dans la maison de Lewis dans

(1) *Spiritualist*, 1875, I, p. 97, cité par Aksakof dans son livre : *Animisme et spiritisme*, p. 511, auquel cette traduction est empruntée.

Baker-Street, et organisai, avec son concours, plusieurs conférences sur le mesmérisme, dans les environs, choisissant des localités qui lui étaient inconnues.

En février 1856, nous allâmes à Blackheath ; il s'y produisit un incident très curieux. Nous étions descendus à l'hôtel, et, le soir, dans le salon commun, Lewis magnétisa plusieurs personnes et fit quelques expériences frappantes d'électro-biologie, qui intéressèrent vivement l'auditoire.

Il fut convenu qu'on mettrait une salle à la disposition de Lewis et, le lendemain, la conférence eut lieu. Après les expériences habituelles de magnétisme, qui réussirent à merveille, Lewis procéda à la démonstration de quelques-uns des phénomènes de clairvoyance et de somnambulisme, sur la personne d'une jeune fille, qu'il *n'avait jamais vue auparavant* et qui, avec d'autres personnes, avait quitté les rangs du public pour monter sur l'estrade. Après l'avoir plongée dans un profond sommeil, il lui enjoignit d'aller chez elle et de rendre compte de ce qu'elle y verrait. Elle se mit alors à raconter qu'elle voyait la cuisine, qu'il s'y trouvait deux personnes, occupées aux besognes domestiques.

« Croyez-vous pouvoir toucher celle des deux personnes qui se trouve le plus rapprochée de vous ? » demande Lewis. Il n'obtint pour toute réponse qu'un murmure inintelligible. Là-dessus, il posa une main sur la tête du sujet et l'autre sur le plexus solaire, et lui dit : « Je veux que vous lui touchiez l'épaule ; vous devez le faire et vous le ferez ! » La jeune fille se mit à rire et dit : « Je l'ai touchée ; comme elles sont effrayées ! » S'adressant au public, Lewis demande si quelqu'un connaissait la jeune personne.

Ayant reçu une réponse affirmative, il proposa qu'une députation se rendît au domicile de la jeune fille, afin de s'assurer de l'exactitude de son récit. Plusieurs personnes s'y rendirent, et, lorsqu'elles furent de retour, *elles confirmèrent en tous points* ce que la jeune fille endormie avait raconté : la maisonnée était, en effet, sens dessus dessous et dans une profonde excitation, parce qu'une des personnes qui se trouvait dans la cuisine avait déclaré avoir vu un fantôme et *que celui-ci lui avait touché l'épaule.*

La jeune fille qui avait été soumise à l'expérience comme « sujet sensitif » était employée en qualité de servante chez M. Taylor, cordonnier à Blackheath. Dans mon carnet, je trouve en outre le nom d'un M. Bishop, dentiste habitant Blackheath, qui s'offrit pour certifier la réalité de l'incident.

Nous retrouvons, dans cette expérience et dans celle de Crookes et Varley, les mêmes caractères physiques du double que nous avons déjà signalés comme appartenant aux fantômes des vivants étudiés par les savants de la Société psychique, et par d'autres observateurs. Le double de Mme Fay *tient un livre* et celui de la jeune personne *touche* une des assistantes. Cette action sur la matière peut être plus ou moins énergique, mais on conçoit déjà qu'il n'est plus impossible de supposer qu'un transport de force puisse se produire du corps du sujet à son double, puisque déjà la sensibilité s'y est extériorisée. C'est une question d'observation. Or non seulement les magnétiseurs ont démontré qu'ils pouvaient agir à distance, mais Robert Hare et W. Crookes ont construit des appareils qui mesurent l'intensité de cette énergie agissant en dehors de l'organisme (1). Ceci dit en passant pour que l'action mécanique de fantôme ne paraisse pas invraisemblable, d'autant plus que l'on a pu en constater la réalité avec le médium Eusapia, comme je l'établirai plus loin avec les détails nécessaires.

Il est curieux de constater que tous les écrivains qui ont étudié la télépathie naturelle aient négligé de rapporter ces faits expérimentaux, qui jettent une si vive lumière sur la nature des apparitions de vivants, et sur leur véritable cause. Seul, Aksakof, a indiqué cette voie, mais sans la poursuivre jusqu'au bout, parce que les documents faisaient défaut à son époque. Bien que nous ne soyons pas encore très riches en ce moment, nous possédons du moins quelques faits positifs qui sont comme des jalons indicateurs pour nous assurer que notre interprétation est exacte, puisque l'expérience vérifie les prévisions de la théorie.

LA PHOTOGRAPHIE VOLONTAIRE DU DOUBLE

Nous avons observé que l'énergie qui rayonne de l'organisme de certains sujets est capable d'impressionner la plaque photographique. Le fantôme, en se saturant de cet agent, peut donc avoir lui aussi une action sur le bromure d'argent, et si l'expérience établit que l'on obtient à distance, volontairement, de ces sortes de photographies, l'objectivité du fantôme devient incontestable et le dédoublement sera démontré aussi rigoureusement qu'il est possible de le faire. Alors même que ce double ne serait

---

(1) Voir R. HARE, *Spiritualism. Scientifically demonstrated* et *Recherches sur le spiritualisme*, par W. CROOKES, p. 12 et suiv.

pas visible pour l'œil, on est obligé de conclure à la réalité de sa présence, puisqu'il agit sur la plaque photographique. Il est évident que dans ces sortes de recherches, il faut être absolument certain de la bonne foi et de la compétence des expérimentateurs, car une supercherie pourrait presque toujours être assez facilement réalisable. Je n'indiquerai donc ici que les expériences qui ont été faites par des hommes au-dessus de tout soupçon, non seulement à cause de leur valeur intellectuelle et morale, mais aussi parce qu'ils n'avaient aucun intérêt matériel à divulguer les résultats de leurs recherches, plutôt de nature à les discréditer, étant donnés les préjugés qui règnent encore dans le public au sujet de ces passionnantes questions.

Les premiers savants dont j'invoquerai le témoignage sont le docteur Istrati, ancien ministre de l'Instruction publique en Roumanie, et M. Hasdeu, directeur de l'enseignement dans le même pays. Voici textuellement la note transmise à M. de Rochas et imprimée dans l'ouvrage du docteur Baraduc : *l'Ame humaine, ses mouvements, ses lumières.* Explication XXIV *bis* :

Le docteur Istrati (1) se rendant à Campana, il est convenu qu'il doit, à date fixe, essayer d'apparaître à Bucharest sur une plaque du savant Roumain, à une distance d'environ Paris-Calais. Le 4 août 1893, M. Hasdeu évoque l'esprit de son ami en se couchant, un appareil au pied, l'autre à la tête de son lit. Après une prière à l'ange protecteur, le docteur Istrati s'endort à Campana, en voulant avec toute sa force de volonté, apparaître dans l'appareil de M. Hasdeu. Au réveil, le docteur s'écria : « *Je suis sûr que je suis apparu dans l'appareil de M. Hasdeu, comme une petite figurine,* car je l'ai rêvé très clairement. »

Il l'écrivit au professeur P..., qui va, lettre en main, et trouve M. Hasdeu en train de développer.

Je copie textuellement la lettre de M. Hasdeu à M. de Rochas, qui me l'a communiquée :

« Sur la plaque A, on voit trois essais, dont l'un, celui que j'ai noté au dos avec une croix, est extrêmement réussi.

« On y voit le docteur regarder attentivement dans l'obturateur de l'appareil dont l'extrémité en bronze *est illuminée par la lumière propre de l'esprit.* »

(1) Dernièrement, ayant eu l'honneur de faire la connaissance de M. Istrati, j'ai obtenu sa confirmation verbale de l'exactitude complète de ce récit.

M. Istrati revient à Bucharest et reste tout étonné devant son profil physionomique; son image fluidique est très caractéristique, en ce sens qu'elle l'exprime plus exactement que son profil photographique. La réduction du portrait et l'image de l'être fluidique sont très ressemblants.

Nous constatons, d'après le récit, que M. Istrati, le lendemain matin en se réveillant, se souvient d'être allé en esprit pendant la nuit dans la chambre de M. Hasdeu et d'avoir observé que la plaque photographique le représente comme une *petite figurine*, ce qui est tout à fait conforme à la réalité. Le fait que la plaque a été impressionnée démontre que la vision nocturne du docteur Istrati n'est pas un phénomène de clairvoyance, mais réellement un dédoublement, puisque, nous l'avons observé déjà, le corps fluidique imprégné de force psychique agit sur les sels d'argent comme la lumière. On peut voir dans l'ouvrage que nous avons cité, le portrait de profil de M. Istrati et celui du double qui offrent beaucoup de similitudes. Les témoignages concordants de MM. Hasdeu, Istrati et P... ne permettent pas de suspecter un seul instant la réalité de ce phénomène. Si les incrédules n'y attachent aucune valeur, c'est très regrettable pour eux, cela prouvera qu'ils sont incapables d'étudier scientifiquement les phénomènes nouveaux, et que leur incurable misonéisme les place au rang de ces esprits bornés qui ont méconnu toujours l'importance de toutes les découvertes.

Notons encore que le cas de M. Istrati est tout à fait semblable à ceux que j'ai rapportés, dans lesquels l'analyse des circonstances nous a conduits à supposer qu'il n'y avait pas simplement clairvoyance de l'agent, mais un dédoublement véritable, cet agent se souvenant de s'être déplacé, d'avoir assisté à certains événements inconnus de lui à l'état normal, mais exacts, et qu'en même temps il était vu à cet endroit. L'expérience précédente nous assure que ce déplacement du double n'est pas illusoire, et qu'il est plus simple d'admettre la présence réelle du fantôme, que d'imaginer des actions télépathiques réciproques.

*
* *

Voici, en second lieu, une photographie obtenue par M. le capitaine Volpi, que nous connaissons personnellement et dont nous garantissons absolument la sincérité. L'apparition que l'on voit à gauche est celle d'une jeune fille qui, au moment de la

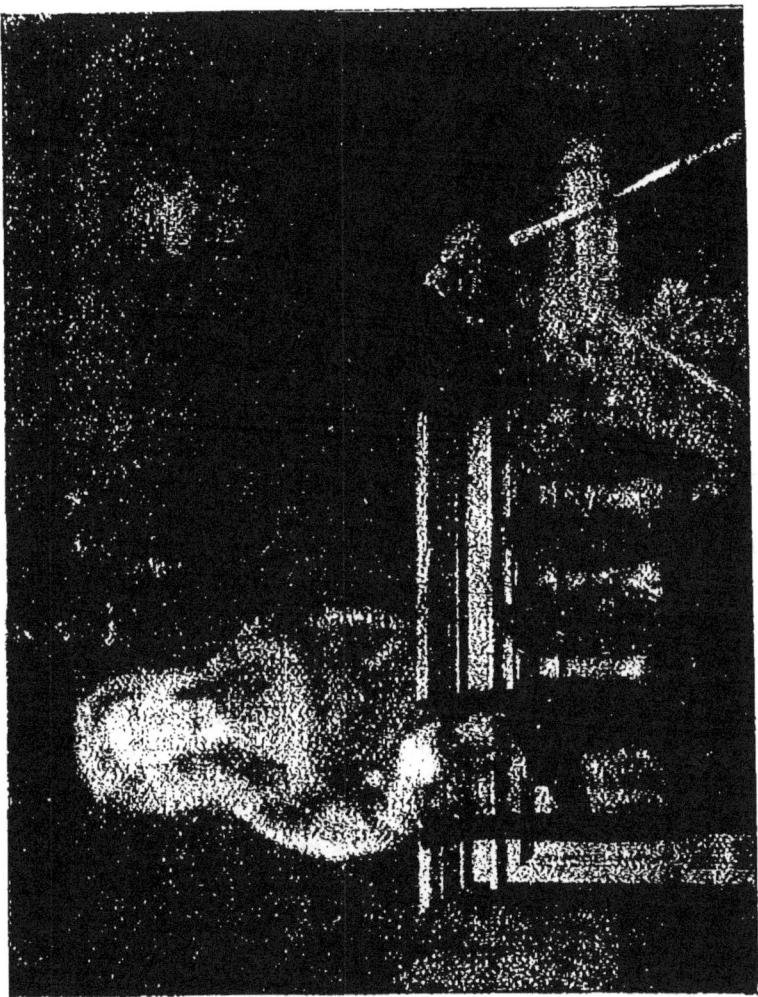

Fig. 33. — Photographie d'un double de vivante.

pose, était souffrante et couchée. On remarquera que le fantôme, bien qu'il ne fût pas visible pour le capitaine ou pour l'opérateur, avait assez de matérialité pour voiler, en partie, les objets placés derrière lui. Ceci est particulièrement net pour la main qui est sur le dossier de la chaise. Le corps de l'apparition est *en même temps* derrière la balustrade, ce qui montre que cette image n'existait pas sur la plaque avant la pose du capitaine Volpi. Des observateurs très compétents, comme l'ingénieur Mac-Nab, l'ingénieur Deinhard, vice-président de la Société de psychologie expérimentale de Munich et le docteur Otéro-Acévédo, affirment le caractère transcendant de cette photographie ; celle-ci, d'ailleurs, présente des particularités qui militent en faveur de son origine supra normale. Voici comment le capitaine Volpi, qui a étudié pendant de longues années la photographie, les signale :

Tant que mes adversaires ne pourront pas m'opposer un cliché qui présente les caractères exceptionnels en question, je reste convaincu que le public s'appuiera sur mes expériences et sur celles d'autres, qui ne sont pas les premiers venus dans l'art de la photographie et dans l'investigation spirite, plutôt que sur des assertions basées sur des présomptions superficielles.

J'ai la certitude mathématique de ce que je dis ; elle est fondée sur une loi photographique à laquelle je suis arrivé en faisant des expériences de contre-épreuve, et sur la loi de la réflexion de la lumière qui est non moins certaine et absolue.

La première nous dit qu'il existe un rapport entre un corps volumineux qui pose et le relief qui en est la conséquence sur le négatif et le positif; un corps plan, c'est-à-dire une simple surface présentée à l'objectif, ne *donne pas le même relief qu'un corps solide*.

Cette loi, dans notre cas (celui de la photographie ci-contre) (fig. 33) fait disparaître toute supposition qu'il y ait eu une manipulation au moyen de plaques, de miroirs, de portrait préparé d'avance ; en un mot d'une surface plane de quelque genre que ce soit. Ce fait ressort d'une manière indubitable, en comparant les deux figures qui se voient sur la photographie, dont l'une représente ma propre personne. Or, la figure que je déclare transcendantale, présente une *densité moindre* que l'autre tandis qu'elle présente *un relief égal* à cette dernière, relief qui est aussi en harmonie avec celui des meubles qui faisaient partie de la pose.

Donc cette figure moins dense a dû être nécessairement l'impression photographique d'une personne qui avait les dimensions d'un corps humain, et cela en raison de la loi que je viens d'énoncer.

On ne peut pas dire qu'elle est moins dense que l'autre pour avoir été moins longtemps en pose, puisque les *parties blanches sont aussi parfaitement développées* que celles de la figure qui me représente. La main droite de la première qui est placée sur le dossier d'un siège, ainsi que le commencement du bras, sont transparents à vue d'œil, puisqu'ils laissent apercevoir les objets qui se trouvent derrière eux. On peut aussi reconnaître la transparence totale de la forme en question au moyen de la loi de réflexion de la lumière. Celle-ci venait du côté gauche de la pose ; or, elle a été réfléchie par ma personne et par les meubles existants ; mais non par la personne qui reste invisible aux yeux de tout le monde. On peut s'en assurer en observant les clairs-obscurs de la photographie qui nous occupe...

Une matière très ténue ayant des vibrations au delà du violet, qui reste invisible à mes yeux et à ceux des assistants, laisse son empreinte sur la plaque sensible. Voilà l'explication que j'ai toujours donnée de ce fait, bien avant la découverte de Rœntgen. Cette matière avait la forme humaine. J'ajoute que par une série de faits compliqués — y compris la ressemblance physionomique — j'ai acquis la conviction absolue que la figure de l'apparition transcendentale est l'effet d'un cas de télépathie, compliqué du dédoublement de la personne vivante qui s'est présentée devant la plaque avec son corps fluidique, alors que son corps matériel était dans un lit, retenu par la maladie et plongé dans un assoupissement qui durait depuis quelques jours.

Nous attendons une réfutation sérieuse de cette argumentation ; jusque-là, nous la tenons pour concluante. Remarquons que le double est vêtu comme l'était ordinairement la jeune fille pendant la journée, et non comme le corps physique, à ce moment couché dans un lit. Cette observation a son importance pour l'étude qui nous occupe, d'autant plus que nous la voyons se répéter assez souvent, aussi bien dans la photographie des doubles que dans les cas spontanés d'apparitions relatés dans les *Phantasms of the living*.

Ainsi qu'il est facile de le constater, l'observation des cas naturels est confirmée par des expériences, et cette remarquable identité dans les effets nous permet maintenant de conclure avec certitude sur la cause de ces phénomènes. Ils sont dus à l'extériorisation d'une matière subtile qui reproduit avec exactitude le corps d'où elle sort.

Les apparitions de vivants présentent tous les degrés d'objectivation, depuis un simple brouillard à peine perceptible, à forme indécise, jusqu'à une matérialisation complète reproduisant l'aspect de la réalité. Chose bien remarquable et qu'il ne faut jamais oublier, c'est que le fantôme du vivant, alors même qu'il est extériorisé, qu'il existe dans l'espace d'une manière indéniable, n'est pas nécessairement perceptible par l'œil normal. Nous en avons des preuves incontestables dans les photographies de M. de Rochas, du docteur Hasdeu, du capitaine Volpi. Ces formes qui possèdent le pouvoir d'être photographiées sont cependant invisibles, de sorte que si la plaque sensible n'existait pas, nous serions dans l'impuissance absolue de démontrer leur existence par ce procédé physique, et nous devrions alors nous contenter des affirmations des percipients ou des sujets en somnambulisme, ce qui est insuffisant pour convaincre certains sceptiques endurcis. Mais la preuve photographique lève tous les doutes ; elle nous oblige d'admettre qu'il est des réalités invisibles, des êtres ayant la forme et certaines des propriétés du corps humain, qui existent dans l'espace, autour de nous, sans que rien décèle ordinairement leur présence.

LES EXPÉRIENCES DE M. DURVILLE

Ce volume était déjà composé, lorsque M. Durville, directeur du journal *le Magnétisme*, a fait connaître un nouveau moyen de démontrer la réalité du fantôme extériorisé. Il consiste à placer un écran de sulfure de calcium dans l'endroit où l'on suppose que se trouve le double du sujet. Alors l'écran s'illumine et indique, par l'augmentation de son pouvoir lumineux, qu'une source d'énergie a produit sur lui le même effet que la chaleur ou la lumière.

Si ces expériences se confirment, ce serait un procédé pratique qui, s'ajoutant à la photographie, nous donnerait encore une preuve objective de la réalité du fantôme des vivants.

Voici comment M. Durville rapporte ses expériences :

Le fantôme dégage des rayons N en très grande abondance qui illuminent les écrans phosphorescents d'une façon très remarquable (1).

(1) On sait que la réalité des rayons N a été très contestée ; mais comme nous avons vu que les radiations α et β des corps radio-actifs

Je vais donner quelques indications sur ces rayons pour ceux qui ne sont pas familiarisés avec les dernières découvertes qui ont eu lieu en physique.

Au commencement de 1903, M. Blondlot, professeur de physique à l'Université de Nancy, en étudiant les rayons X, qui ne se réfractent pas, observa des rayons qui se réfractent. Bientôt il découvrit que ces rayons sont indépendants des rayons X, et qu'ils ont pour caractéristique principale d'augmenter l'éclat d'une petite flamme.

Ces rayons se trouvent en abondance dans la lumière du soleil, dans la lumière d'un bec Auer lorsque le manchon est neuf ; dans le corps humain, comme Charpentier, un autre professeur de Nancy, l'a démontré, et certains agents de la nature, comme d'autres observateurs l'ont constaté. Les professeurs de Nancy ont donné à ces nouveaux rayons, qui augmentent l'éclat d'une petite flamme, le nom de *rayons N,* comme ayant été découverts à Nancy.

La pratique a démontré qu'on pouvait avantageusement remplacer la petite flamme par un écran noir, sur lequel on a préalablement déposé, de place en place, des petites surfaces de sulfure de calcium, à condition que cet écran ait été soumis pendant quelques instants à une source de rayons N, de préférence à la lumière du soleil. L'écran ainsi insolé est conservé à l'ombre, dans un endroit sec, et lorsqu'on veut s'en servir on se met dans une obscurité relative, si on ne peut avoir l'obscurité complète, et l'écran devient lumineux dès que l'on approche de lui une source secondaire quelconque de rayons N.

C'est avec ces écrans que j'ai fait mes expériences sur le fantôme. Voici la relation d'une séance d'études :

J'ai deux grands écrans et un certain nombre de petits. Pour les expériences que je vais exposer, j'ai pris les deux grands écrans et un petit que j'avais exposés à la lumière du soleil. Voici le résultat d'une expérience faite dans l'obscurité complète. Le sujet est Mme François ; les témoins sont M. François et M. Sigogne, professeur à l'Université de Bruxelles.

Le sujet étant dédoublé, je prends les trois écrans en question, et les présente aux témoins qui constatent *qu'ils sont complètement obscurs*. Laissant momentanément le petit de côté, je dépose l'un des grands sur l'abdomen du sujet et tiens l'autre dans le fantôme qui est assis sur un fauteuil à la gauche du sujet.

L'écran placé dans le fantôme *s'illumine rapidement* et celui qui

excitent également la phosphorescence, il ne faut retenir de ces expériences que le fait lui-même, quittes, plus tard, à découvrir la véritable cause qui produit cette luminosité des écrans. (G. DELANNE.)

est sur le sujet reste complètement obscur. Au bout de quelques minutes, je les prends tous les deux et je les présente aux témoins qui sont très étonnés de ce phénomène. Je prends ensuite ce dernier écran resté obscur sur le sujet, et le place dans le fantôme. Il s'illumine immédiatement comme le premier. Je les présente de nouveau aux témoins qui les voient suffisamment illuminés pour qu'ils puissent très facilement compter toutes les taches de sulfure de calcium à un mètre de distance.

Je prends ensuite le petit écran qui n'a pas encore servi et le place sur l'abdomen du sujet pendant deux à trois minutes sans qu'il donne la plus petite trace de luminosité. Je le place ensuite dans le fantôme et il s'illumine à un très haut degré. Les témoins constatent qu'il éclaire assez pour permettre à l'un d'entre eux *de voir l'heure que marque une montre.*

Ces expériences répétées une dizaine de fois avec sept à huit sujets différents, m'ont toujours donné des résultats analogues. — résultats très intenses lorsque les écrans étaient bien insolés, moins importants lorsque l'insolation était insuffisante.

Il est bon d'ajouter ici que j'avais préalablement constaté avec presque tous les sujets non dédoublés leur action sur les mêmes écrans. Lorsque, dans l'obscurité, ils approchent leur main de l'écran, surtout s'ils ferment énergiquement le poing, l'écran s'illumine plus ou moins ; comme il le fait d'ailleurs avec n'importe quelle personne. Mais il est à remarquer que la luminosité est toujours considérablement moins grande que celle que l'on observe lorsque l'écran est posé dans le fantôme.

Cette série d'expériences avec des écrans phosphorescents démontre une fois de plus que le corps physique du sujet dédoublé n'est plus le siège d'aucune activité ; dans tous les cas, qu'il ne produit pas de rayons N, tandis que le fantôme devient une source extraordinairement intense de ces rayons.

ACTION DU FANTÔME SUR LA MATIÈRE

Communication faite à la Société magnétique de France, le 8 février 1908, par M. H. Durville.

Après avoir étudié comment le fantôme d'un sujet dédoublé se comporte vis-à-vis du fantôme d'un autre sujet, reconnu que toutes les sensations des mêmes sujets sont transportées dans le fantôme ; et comment sans être sensitifs, tous les témoins peuvent se rendre compte de la présence de celui-ci à la place qu'il occupe réellement, j'ai cherché à obtenir d'autres phénomènes.

J'ai d'abord essayé de photographier le fantôme, d'obtenir l'impression de sa main sur la farine, d'agiter une feuille de papier suspendue à un fil ; mais, si ce n'est quelques traces d'action lumineuse sur deux ou trois plaques, traces qui, d'ailleurs, ont disparu pendant le cours du développement, je n'ai absolument rien obtenu, quoique j'aie eu la patience de répéter chaque essai quatre à cinq fois à huit jours d'intervalle.

Je résolus alors de modifier mon expérimentation, en cherchant à obtenir des effets très simples, que les deux sujets avec lesquels j'expérimentais alors régulièrement, observent parfois spontanément chez eux, sans s'expliquer la cause et le mécanisme de leur production : je veux dire des *coup frappés* et le *déplacement d'un objet*. Je rapporte les faits tels que je les ai notés après chaque séance.

Coups frappés. — Le sujet d'expériences est Mme François, qui ne connaît rien des phénomènes spirites. M. et Mlle Huselstein, MM. François et Dubois assistent à l'expérience. Nous sommes dans l'obscurité ; il est 9 heures du soir.

Je dédouble le sujet et lorsque la condensation du fantôme me paraît suffisante, je dis au sujet : Puisque nous n'avons pas obtenu le déplacement de la feuille de papier, je vais laisser au fantôme le choix de l'action qu'il pourra exercer ; puis j'ajoutai, il fera ce qu'il voudra, mais je serais heureux s'il voulait frapper deux coups dans la table. Ce meuble — une table de salon vernie en noir, sans tapis — est placé à 1 mètre environ en avant du fauteuil occupé par le fantôme, à ma droite et en arrière de moi, de telle façon que, sans cesser de toucher le sujet, et seulement en étendant mon bras dans cette direction, je puisse constater la présence du fantôme. Les témoins sont assis près de mon bureau à 2 m. 25 environ des bords de la table.

Au bout d'un temps que j'évalue à trente ou quarante secondes, nous entendons tous, très distinctement, deux coups secs sur la table. Ces coups résonnaient comme lorsque nous frappons énergiquement avec l'articulation phalango-phalangine du médius plié.

Un peu étonné de ce résultat, je dis au fantôme : si c'est vous qui avez frappé sur la table, je vous prie de vouloir bien y frapper encore. A peine ces mots étaient-ils prononcés, que deux coups moins forts que les précédents, étaient de nouveau entendus sur la table.

Très satisfait de ce résultat, je prie le fantôme de vouloir bien frapper encore trois coups. Une certaine agitation se produit chez le sujet que je tenais par les mains, et il déclare que le fantôme ne peut plus rien faire, car il est fatigué. Nous attendons, mais aucun bruit ne se fait entendre. Le sujet dit qu'il est fatigué ; je le réveille lentement, pour le rendormir pendant quelques minutes et le réveiller définitivement. Il est dans d'excellentes dispositions physiques et morales. En voici la preuve pour le physique : A l'aide du dynamomètre de Aubry, je mesure, comme je le fais à presque toutes les séances, la force musculaire du sujet avant et après. Avant la séance, la main droite exerçait une traction de 85° ; après le premier réveil, la même main n'exerçait plus que 75, et après le second elle en accusait 98. Elle avait donc gagné 13°.

Huit jours après, à la séance suivante, je cherche à obtenir quatre à cinq phénomènes différents ; mais le fantôme, partageant en même temps son énergie pour la production des divers phénomènes exigés, je n'obtiens absolument rien. Au contraire, le fantôme étant épuisé par des efforts inutiles, et par suite insuffisamment condensé, le sujet, qui en supporte le contre-coup, tombe dans une syncope que je ne peux faire cesser qu'au bout de quinze à vingt minutes (1).

MM. Dubois et François, ainsi que Mme Léontine, assistaient à la séance. Celle-ci, extrêmement sensitive, voyait très distinctement tous les mouvements et gestes du fantôme. « Il n'est pas assez fort, disait-elle. Il fait de grands efforts pour obtenir tout ce que vous demandez, mais insuffisamment condensé, ses mains passent à travers les objets, sans que ceux-ci soient affectés. »

Malgré ce petit accident, le sujet réveillé est en bonnes dispositions, mais il a perdu une petite somme de force musculaire. Avant la séance, la main droite exerçait une traction de 80°. Après le premier réveil, elle n'exerçait plus que 72, et après le second réveil, 74. Dans cette séance inutile au point de vue phénoménal, elle avait perdu 6°.

La séance suivante avec le même sujet, à la même heure et dans les mêmes conditions, a lieu en présence de MM. Dubois et François :

Profitant de l'enseignement reçu aux deux séances précédentes, je ne cherche à obtenir que des coups frappés.

Je dédouble le sujet. La condensation du fantôme me paraissant suffisante, je le prie de vouloir bien, lorsqu'il pourra, frapper encore des coups dans la table. Au bout de deux à trois minutes, nous entendons quelques craquements dans la table que personne ne touche, puis deux coups légers sont entendus distinctement comme s'ils étaient frappés avec le bout des doigts. Je prie le fan-

---

(1) Il est regrettable que les assistants n'aient pas fait la « chaîne », car il est très probable que le double aurait puisé dans leur association la force qui lui manquait. A noter que le sujet est très fatigué, ce qui rapproche ce cas de l'épuisement constaté chez les médiums à effets physiques. (Gabriel DELANNE.)

tôme de vouloir bien frapper deux autres coups. A peine ce désir était-il énoncé que deux coups analogues aux premiers sont entendus dans la table. Je laisse le sujet se reposer pendant quelques instants ; puis je prie le fantôme de frapper encore trois coups. Des craquements se font entendre dans la table et immédiatement après trois coups analogues aux précédents sont distinctement entendus.

A ce moment, on sonne à la porte. Le sujet s'agite, et je constate que le fantôme n'est plus vers la table ni dans le fauteuil placé pour lui à la gauche du sujet. Je demande à celui-ci où se trouve le fantôme. — « Il est allé voir ce qu'il y a à la porte, dit-elle ». Je lui demande qui est-ce qui vient nous déranger, et si on doit lui ouvrir. — « C'est un homme, dit-elle, qui vient vous voir ; on peut lui ouvrir ». Je prie M. Dubois d'aller ouvrir au visiteur qui se disposait à se retirer. C'est M. le docteur Ridet, qui vient m'apporter un manuscrit. Il est introduit dans le cabinet d'expériences.

Le fantôme revenu dans le fauteuil est désorganisé, et le sujet est énervé. Je calme celui-ci, et cherche ensuite à condenser le fantôme. Lorsque cette condensation me paraît suffisante, je le prie de s'approcher de la table et de frapper deux coups. Au bout de 2 à 3 minutes, des craquements se font entendre dans la table, et deux coups, puis trois coups sont entendus, comme s'ils étaient frappés avec la pulpe des doigts de la main ouverte.

Le sujet est énervé et la présence du nouveau témoin qu'il ne connaît pas le gêne beaucoup. Craignant une crise comme celle de la dernière séance, je réveille lentement le sujet, en prenant les précautions habituelles. Quoique un peu fatigué, il est dans de bonnes dispositions physiques et morales.

Déplacement d'une porte entr'ouverte. — Le sujet d'expériences est Mme Léontine, qui a constaté plusieurs fois chez elle qu'une porte de placard s'ouvrait et se fermait d'elle-même. Notons ici que le sujet n'a jamais assisté à une séance spirite, et qu'il ne se considère pas comme médium. Les témoins sont : Mme X..., MM. Bonnet et Dubois. Nous sommes dans l'obscurité.

C'est avec le sujet dédoublé que j'ai cherché inutilement, quatre à cinq fois de suite, à imprimer la main droite de son fantôme dans la farine ; je pense être plus heureux en cherchant à obtenir soit la fermeture du couvercle d'un coffret ouvert sur la table, soit une action quelconque sur une porte de ma bibliothèque, que je laisse entr'ouverte pour cela.

Je dédouble le sujet, et lorsque le fantôme me paraît suffisamment condensé, je dis : « Puisque nous n'avons pas obtenu de résultats sur la farine, nous allons essayer d'obtenir un autre phénomène.

« A son choix, le fantôme voudra bien fermer le couvercle du coffret qui est ouvert sur la table, ou pousser la porte du placard de la bibliothèque qui se trouve entr'ouverte. »

Au bout de 4 à 5 minutes, nous entendons très distinctement un bruit analogue au grincement des charnières de la porte. Nous allumons une bougie, et nous constatons que l'ouverture de la porte, qui était environ de 30 centimètres avant la séance, n'est plus que de 15 centimètres. La porte a donc été poussée de 15 centimètres environ. Nous tirons la porte pour la repousser ensuite ; et à chaque mouvement, nous entendons le même grincement des charnières qu'il y a quelques instants. Il n'y a aucun doute chez n'importe lequel des témoins : c'est bien le fantôme qui a produit le bruit entendu en poussant la porte (1).

Aussi bien pour l'étude de ces fantômes que pour mettre sous les yeux du lecteur tous les documents que l'on possède actuellement, je vais citer encore les expériences spirites faites par des savants qualifiés, et nous serons à même de constater que le double n'a pas simplement l'*apparence* d'un être humain, mais qu'il en possède la corporéité. Le fantôme a une véritable constitution *anatomique*; il reproduit le *volume* d'un être humain ; c'est une seconde édition du même type, un ménechme, mais fluidique, et dont toutes les parties conservent dans l'espace, après sa sortie de l'organisme, les mêmes rapports réciproques, que le corps lui-même.

Les actions physiques ou mécaniques sont exercées par le double de la même manière que par le corps lui-même, et il semble, lorsque l'extériorisation n'est pas complète, qu'il faille que le sujet fasse matériellement le geste que le fantôme doit reproduire. Cette extériorisation de la motricité est analogue à celle de la sensibilité et a été très souvent observée. En voici quelques exemples que nous devons aux savants qui ont étudié le médium napolitain Eusapia Paladino, dont je parlerai plus longuement dans le second volume (2).

---

(1) L'espace étant limité, je renvoie les lecteurs au *Journal du Magnétisme* pour prendre connaissance des expériences plus précises qui furent faites ultérieurement au moyen d'une balance dont les plateaux furent déplacés verticalement par le fantôme.

(2) Consulter l'ouvrage de M. de Rochas, *l'Extériorisation de la motricité* qui est consacré à l'étude de l'action *à distance* des médiums. J'emprun-

ACTIONS A DISTANCE DU MÉDIUM

Jusqu'alors, nous avons observé des extériorisations complètes ; mais il arrive souvent, dans les séances spirites, qu'une partie seulement du corps du médium se dédouble et, le plus fréquemment, c'est la main fantômale qui est projetée, pour déplacer les objets que la main charnelle du médium ne pourrait atteindre, soit parce qu'elle est tenue soigneusement par les expérimentateurs, ou parce que la distance qui sépare l'objet du médium est trop considérable pour lui permettre un contact direct.

Pendant de longues années, les critiques n'ont tenu aucun compte des récits publiés par les spirites, alléguant que les observateurs manquaient du sens critique nécessaire pour opérer avec la rigueur indispensable à ces sortes de recherches, dans lesquelles la fraude joue parfois un très grand rôle. Sans doute, beaucoup de comptes rendus anciens sont insuffisants pour imposer la conviction. On n'y sent pas la froideur méthodique d'investigateurs défiants, en garde contre toutes les causes d'erreurs provenant de l'illusion que favorise parfois la demi-lumière, indispensable pour l'obtention de ces phénomènes. Cependant, il serait profondément injuste de repousser en bloc tous les témoignages spirites, d'abord parce que certains ne laissent rien à désirer au point de vue de la précision et de la méthode de contrôle, et ensuite en raison des recherches ultérieures, faites cette fois par des savants : physiologistes, physiciens, etc., qui confirment sur tous les points la réalité des faits signalés par les recherches spirites depuis un demi-siècle. Que l'on soit très sévère dans le choix des documents qui servent à l'établissement de cette science nouvelle, rien de plus légitime, car c'est un devoir de ne pas perdre son temps à discuter des témoignages douteux. Mais cet ostracisme ne doit pas être absolu, sans quoi l'on court le risque de laisser perdre des obser-

---

terai un certain nombre des exemples cités à ce volume, que j'engage les chercheurs à lire attentivement.

vations précieuses et de retarder inutilement la connaissance de la vérité.

Pour que mon argumentation actuelle échappe à toute critique sérieuse, je ne rapporterai que les expériences qui furent instituées par des savants non spirites, en rappelant, à chaque fois, les conditions dans lesquelles ces phénomènes furent observés. On verra par l'énumération des précautions prises que toute supercherie était impossible, alors même que l'on dût n'avoir qu'une lumière très atténuée.

LES EXPÉRIENCES DE L'AGNÉLAS

Ne pouvant reproduire *in extenso*, à cause de sa longueur, le rapport de la commission réunie du 20 au 29 septembre 1895, au château de l'Agnélas, chez M. de Rochas, je suis obligé de renvoyer le lecteur au volume sur *l'Extériorisation de la motricité* qui le contient. Les expérimentateurs étaient M. le docteur Dariex, directeur des *Annales des sciences psychiques*; le comte Arnaud de Gramont, docteur ès-sciences physiques; M. Maxwell, actuellement docteur en médecine et avocat général près la Cour d'Appel de Bordeaux; M. le lieutenant-colonel de Rochas, ancien élève de l'École Polytechnique; M. Sabatier, professeur de zoologie et anatomie comparée à la faculté des sciences de Montpellier; le baron C. de Watteville, actuellement docteur ès-sciences physiques et licencié en droit; plus trois membres de la famille de Rochas qui ont pris part exceptionnellement à quelques séances.

Pour concilier les exigences de la recherche scientifique avec la susceptibilité du médium, car il est *absolument indispensable*, si l'on veut obtenir des résultats, de ne pas froisser la sensibilité morale du sujet, voici ce que la commission a dit à Eusapia :

Vous êtes, nous le savons, le sujet de phénomènes très remarquables, et qui ont été observés et contrôlés par des hommes de science d'une valeur telle que nous ne pouvons douter de leur témoignage. Nous sommes donc disposés à croire à la réalité des phénomènes que vous produisez. Ils nous intéressent au plus haut degré, et nous désirons en être les témoins. Nous vous serons donc très reconnaissants de les reproduire devant nous. Nous considérons comme un grand privilège que vous fassiez pour nous ce que vous avez déjà fait pour d'autres. Nous sommes des gens de bonne foi et prévenus en votre faveur; mais nous sommes aussi des hommes de science, qui observons, non par vaine curiosité, mais *pour connaître la vérité et la faire connaître aux autres* (1). Le caractère étonnant et très frappant des faits que vous produisez, aussi bien que le respect de la vérité, notre situation scientifique et le soin de notre dignité et de notre crédit, exigent que nous fassions nos observations dans toutes les conditions de contrôle nécessaires pour que l'on ne puisse pas nous objecter que nous avons observé superficiellement, que nous n'avons pas pris toutes les précautions nécessaires pour éviter toute fraude et toute erreur. Un contrôle modéré pourrait, à la rigueur, ne pas porter atteinte à notre conviction, et nous permettre de croire à votre pouvoir remarquable. Mais il ne saurait en être de même de nos lecteurs, de ceux auxquels nous ferons le récit de nos observations. Pour eux, encore plus que pour nous, il faut que toute objection possible soit supprimée, et que nous puissions entraîner leur conviction par la rigueur de notre contrôle. Sachez donc qu'en tout temps nous voulons prendre les précautions exigées par une bonne observation, et que nous ne considérerons comme faits acquis que ceux pour lesquels vous aurez autorisé tous les moyens de contrôle désirables et nécessaires.

L'attitude correcte des observations envers Eusapia eut un excellent résultat. La bienveillance qui lui fut témoignée lui donna une confiance et une sécurité morale qui accentua son pouvoir de production des phénomènes, bien que les moyens de contrôle devinssent chaque jour plus rigoureux, jusqu'au moment où les possibilités de fraudes parurent complètement supprimées. Je recommande aux investigateurs futurs cette sage méthode, s'ils veulent se convaincre de la réalité de ces manifestations si profondément instructives.

Arrivons maintenant à la description des phénomènes où il semble que les mouvements d'objets sont produits par une sorte de prolongement dynamique des membres du médium. Voici d'abord comment on procédait. Dans la séance du 25 sep-

---

(1) C'est moi qui souligne, car souvent, si les savants désirent connaître la vérité, ils n'ont pas, la plupart du temps, le courage moral de la faire connaître aux autres, lorsqu'elle est impopulaire et que son affirmation les exposerait aux brocards des ignorants!

tembre 1895, Eusapia est assise devant une table dans le salon de M. Rochas, le dos tourné à un espace clos, formé par l'enfoncement de la fenêtre et fermé par les rideaux ; dans ce cabinet improvisé, se trouve un fauteuil vide, lourd, massif, à roulettes. Sur ce fauteuil on a déposé un petit piano, jouet d'enfant du poids de 900 grammes et dont le clavier comprend douze notes. Cet enfoncement de la fenêtre, *très soigneusement examiné*, ne renferme *rien de plus*. A la distance de 2 m. 50, dans le salon, se trouve une grande table sur laquelle il y a une lampe à pétrole avec abat-jour de mousseline blanche, claire et transparente, et éclairant bien la pièce. Dans l'angle du salon, à la gauche d'Eusapia, se trouve un bahut, mais qu'elle ne pourrait toucher que difficilement sans se déplacer.

Voici maintenant le compte rendu textuel des mesures de contrôle :

Le médium s'assied à l'un des bouts de la table, sur une chaise dont le dossier correspond à la ligne de jonction des deux paires de rideaux.

A ce moment l'éclairage de la pièce est donné par la lumière de la lampe à pétrole placée à deux ou trois mètres des observateurs ; la flamme en a été légèrement abaissée, mais on y voit très distinctement, et assez bien pour lire un livre à petits caractères ; et la lumière permet de se rendre un compte exact *du moindre mouvement du médium* et des assistants. Le médium est vêtu d'une robe noire plate, très simple qui dessine exactement ses formes. M. Sabatier s'assied à la droite du médium et tient de la main gauche la main droite de celui-ci ; M. Maxwell s'assied à la gauche du médium et sa main droite tient la main gauche de celui-ci ; M. de Gramont prend place en face du médium, à l'autre extrémité de la table, *les mains du médium étant embrassées par celles des observateurs de manière à ne pouvoir leur échapper*. Le docteur Dariex s'est placé à droite du médium, il est presque couché sur le parquet, accoudé seulement sur un tabouret bas, au coin de droite de la table, surveillant ce qui se passe au-dessous.

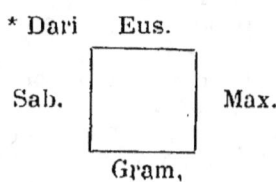

De cette position tout particulièrement favorable pour cette inspection, le docteur Dariex voit parfaitement le milieu de la table et les genoux du médium; il voyait très clairement trois des pieds en entier; l'extrémité inférieure du quatrième pied étant masquée, pour lui, par la robe d'Eusapia, était surveillé par M. Maxwell. Les mains d'Eusapia, séparées l'une de l'autre, et celle des observateurs qui les tiennent, sont posées au-dessus de la table sans rapports avec les bords même de la table.

Le médium entre en trance, gémit, se tord, paraît souffrir de douleurs analogues à celles de l'accouchement. La lumière est affaiblie graduellement, sur la demande d'Eusapia, à mesure que sa trance s'accentue, jusqu'au moment où l'œil habitué ne distingue plus que la silhouette des objets. A ce moment, la table, après s'être inclinée en s'élevant des deux pieds du côté gauche du médium, s'est élevée à 0 m. 30 au moins au-dessus du sol, horizontalement, *les quatre pieds étant simultanément détachés du sol.* Cette position se maintient au moins pendant trois secondes; puis la table retombe brusquement. *Pendant qu'elle est en l'air,* MM. Maxwell et Sabatier, situés chacun d'un côté du médium et lui tenant chacun une main qui se *voit très clairement,* constatent que les mains, placées simplement au-dessus de la table, *n'en saisirent nullement les bords et se détachent même parfois de la surface de la table soulevée;* ils constatent aussi *de visu,* en se penchant, que les pieds de la table, voisins du médium, sont *entièrement libres de tout contact avec ce dernier.* M. Dariex, placé en observation au-dessous de la table, comme il a été dit ci-dessus, affirme que les genoux du médium sont restés immobiles et qu'aucune jambe n'a été avancée pour soulever la table par en-dessous et la maintenir ainsi en lévitation. Le même phénomène se reproduit encore une fois dans des conditions semblables. M. Sabatier en profite pour passer sa main droite restée libre le long des jambes du médium, et constate qu'il n'y a aucun déplacement de ses jambes et *aucun* contact avec la table soulevée.

Il faut également noter que pendant cette première partie des expériences et pendant les premières lévitations de la table, le médium avait placé son pied droit chaussé sur le pied gauche de M. Sabatier et son pied gauche également chaussé sur le pied droit de M. Maxwell. L'un et l'autre ont pu sentir le contact continu des pieds du médium et *les voir directement;* et ils ont ainsi constaté qu'il n'y avait pas eu de mouvements des pieds du médium capables d'expliquer le soulèvement de la table. Voici comment M. Sabatier s'assurait de la main droite du sujet; il la tenait avec la main gauche, le pouce et l'index formant un anneau qui enchâssait l'articulation du poignet et les trois autres doigts serrant les doigts d'Eusapia et étant serrés par elle. Pendant toute la période de la séance où M. Sabatier a tenu la main du médium, il affirme que cette main ne l'a pas quitté, et que c'est bien toujours la main droite du médium, et *elle seule,* qui a été en contact avec lui : il n'y a pas pour lui d'erreur possible à cet égard.

Donc pieds et mains du médium étant surveillés d'une manière irréprochable, la table quitte le sol, s'enlève dans l'air, sans que l'on puisse supposer une action mécanique d'Eusapia pour contrebalancer l'action de la pesanteur. Une force émane d'elle et agit comme pourrait le faire un être vivant qui voudrait élever la table en l'air en la prenant par le plateau. Il est à remarquer que pendant la durée de la lévitation, les mains du médium ont quitté la surface de la table sans que celle-ci retombât. Nous allons voir maintenant des modes d'action très variés de cette force, qui n'agit pas simplement dans une seule direction, mais dans tous les sens et avec des procédés très diversifiés. De plus, et c'est là le point important pour cette étude, il semble que dans beaucoup de cas il soit nécessaire qu'une partie du corps du sujet exécute le simulacre du mouvement qui doit être accompli à distance, pour que celui-ci s'exécute (1).

Revenons au compte rendu des séances de l'Agnélas.

MOUVEMENTS DIVERS PRODUITS SANS CONTACT DIRECT

Lévitation, transport du petit piano et action exercée sur le clavier. — Le docteur Dariex passe à gauche du médium et s'assied sur un tabouret bas de 0 m. 20 de hauteur. Sur la demande du médium la lumière est abaissée ; les pieds et les mains du médium sont contrôlés comme précédemment.

Il est à noter, quant à la main gauche du côté de M. Maxwell, que c'est Eusapia qui *tient* la main de M. Maxwell ; elle entrelace quelquefois ses doigts dans ceux de M. Maxwell et insiste parfois pour que le contact soit assuré de cette manière ; le pouce d'Eusapia s'oppose aux autres doigts et la pression est très forte. C'est donc Eusapia qui *tient* la main de M. Maxwell, mais le contact est tou-

---

(1) Je rappelle que des photographies prises un très grand nombre de fois, et dont j'ai donné quelques-unes au chapitre Ier, détruisent radicalement l'hypothèse d'une hallucination collective des assistants, la plaque sensible reproduisant ce qui est vu identiquement par tous les expérimentateurs.

jours donné par la face palmaire de la main d'Eusapia, la position du pouce est observée soigneusement par M. Maxwell dont l'attention a été attirée sur ce point; il a toujours l'impression d'être serré par une main gauche, le pouce est toujours replié, la main toujours la paume en dessous, l'ongle du pouce d'Eusapia fait fortement sentir sa pression par la tranche. Quand un phénomène se produit, *la pression de la main est très forte.*

Je demande pardon au lecteur de l'aridité de ces descriptions, mais elles sont indispensables pour montrer avec quel soin tous les détails du contrôle ont été observés. Ce sont des garanties indispensables de la réalité des phénomènes.

Le docteur Dariex pose sa main droite sur les deux genoux rapprochés du médium, et la main gauche à plat sur la face dorsale des pieds, également rapprochés de ce dernier. Dans ces conditions, la table, après quelques oscillations, s'est mise en *lévitation horizontale*, les pieds de la table étant à 0 m. 25 ou 0 m. 30 du sol. *Rien de suspect.* A ce moment, sur la demande du médium, la lampe est emportée dans la pièce voisine (le vestibule), et n'éclaire qu'à travers la porte entre-bâillée et par réflexion, mais cependant avec une lumière suffisante pour qu'on *distingue les mains et la figure du médium et qu'on puisse en suivre les mouvements.* Même contrôle pour les mains et les pieds fait par MM. Sabatier, Maxwell et Dariex. Le fauteuil situé derrière le rideau est déplacé avec bruit. A ce moment, trois notes successives du piano vivement frappées se font entendre. Le pied gauche appuyé sur le pied droit de M. Maxwell et tenu (ainsi d'ailleurs que le droit) par le docteur Dariex, *produit des mouvements correspondant aux coups frappés sur le piano*, mais ne constituant certes pas un déplacement notable du pied capable d'atteindre le piano, *placé en arrière du médium et sur le siège du fauteuil.* On ne peut d'ailleurs constater *aucun lien ou moyen de communication tangible entre aucune partie du médium et le piano.*

Un peu plus tard, à 9 h. 45, le contrôle est assuré de la manière suivante :

M. Dariex tient la nuque d'Eusapia dont la tête repose sur celle de M. Dariex, tandis que celle de M. de Gramont repose sur celle d'Eusapia, dont la tête est par conséquent doublement contrôlée. Le docteur Dariex tient d'ailleurs étroitement enlacés les genoux et les pieds du médium. MM. de Gramont et Maxwell sont sûrs de bien tenir la main chacun de leur côté.

Le docteur Dariex est touché au nez comme par des doigts qui caressent ensuite la barbe et le menton. M. Maxwell est pincé légèrement et chatouillé sous l'aisselle droite. Le rideau s'est rapproché de M. Maxwell, mais la sensation éprouvée a été semblable à celle que produirait une main pinçant légèrement. Le fauteuil lourd, situé derrière le rideau, vient *heurter vivement, à plusieurs reprises,* la chaise de M. Maxwell. Celui-ci constate qu'au moment de la production du phénomène, la main gauche d'Eusapia, qu'il tenait *est glacée. Eusapia a agité la main pendant les mouvements du fauteuil et synchroniquement avec eux...* Les observateurs sont sûrs du contrôle.

Il faut noter que de véritables mains sont perceptibles pour les opérateurs, qui tiennent étroitement celles du médium. Nous en citerons de nombreux exemples plus tard.

Le rapport signale aussi l'état de fatigue qui résulte pour Eusapia de cette action à distance, dans les termes que voici :

Comme remarque générale, il est important de noter qu'Eusapia, presque toujours, a annoncé les phénomènes au moment où ils allaient commencer à se produire, et que par là elle facilitait singulièrement la surveillance et le contrôle.

En outre, elle paraissait pendant tout le temps de l'expérience dans un état de trance douloureux et pénible, qui se traduisait par des soupirs, des gémissements, une toux nerveuse, une transpiration abondante. Quand un phénomène allait se produire, les gémissements redoublaient et on sentait en elle un *état d'effort et de tension considérables.* Dès que le phénomène cessait, elle retombait inerte et *comme épuisée par la dépense de force qu'elle avait dû faire.*

La nécessité pour Eusapia de connaître l'emplacement exact où doit agir la force extériorisée est mise en évidence par la remarque suivante :

Notons que, dans le cours des expériences, Eusapia a quitté un moment la main de l'observateur de droite, pour toucher le piano qui était sur la table. Mais elle en a prévenu les expérimentateurs, et a ajouté qu'elle procédait ainsi pour bien savoir *où elle devait agir.*

Non seulement Eusapia *projette* sa force dans la direction nécessaire, mais elle *la dirige* en faisant exécuter à son corps physique les mouvements qui seraient nécessaires pour les produire physiquement. Ce point important est signalé par le rapport en ces termes :

Il faut également noter qu'Eusapia *esquisse* généralement les mouvements de ses membres qui sont censés devoir produire le phénomène. Mais elle les esquisse seulement par des mouvements de faible amplitude, *incapables d'atteindre les objets qui sont remués et transportés.* Il y a là quelque chose qui rappelle les mouvements synergiques que l'on produit instinctivement lorsqu'on observe et qu'on veut aider un homme faisant un très grand effort. Ainsi, quand Eusapia veut attirer et mettre en mouvement un fauteuil placé dans son voisinage, elle porte un peu la main, ou mieux, le poing fermé du côté du fauteuil, et la retire ensuite, *comme pour tirer le fauteuil* à l'aide d'un lien matériel. Dans aucun cas, ce lien matériel *n'a pu être saisi ou même soupçonné* par les observateurs.

Quelques exemples montreront bien cette synergie de mouvements entre le corps matériel d'Eusapia et son double extériorisé, car nous allons voir tout à l'heure, indiscutablement, que c'est très souvent sa main fantômale qui exécute les coups et les déplacements.

Dans la séance du 27 septembre 1895, le contrôle étant très bon, mains et pieds tenus : « trois coups sont frappés dans le bahut placé derrière M. Maxwell et séparé d'Eusapia par ce dernier. A chaque coup *correspond un léger mouvement synchrone de la main gauche*, bien tenue par M. Maxwell ».

Un peu plus tard, Eusapia, de la main gauche, mime des coups à 30 centimètres au-dessus de la table ; ces coups sont simultanément entendus dans la table, d'une manière très forte. Puis elle dirige cette même main, tenue par M. Maxwell, vers le rideau derrière elle, mais sans atteindre le fauteuil placé dans l'embrasure ; « aussitôt on entend ce fauteuil se mouvoir ensemblant *suivre les mouvements de la main*, comme si cette main *était un aimant*. Contrôle parfait ».

Le rapport insiste encore plus loin sur le synchronisme des mouvements du médium et des déplacements d'objets à distance :

Pendant tout le temps de sa surveillance, M. de Gramont a bien observé que chaque manifestation produite par le médium est immédiatement précédée ou accompagnée d'un mouvement corrélatif du pied ou de la jambe tout entière du côté où le phénomène va se produire ou se produit. Ce mouvement est accompagné d'un effort musculaire violent, révélé par le durcissement des muscles, mais il n'a qu'une amplitude *très faible* et tout à fait hors de proportion avec le mouvement produit...

SÉANCE DU 28 SEPTEMBRE 1895

Je vais citer *in extenso* le rapport, car il précise et résume complètement les faits précédents. La lumière est suffisante pour qu'on observe parfaitement la figure et les mains du médium. Le contrôle est exercé par M. de Rochas, qui prend la main droite du médium. M. Sabatier relève la jambe droite du médium sur son genou et en saisit le pied de la main droite. M. de Watteville tient la main gauche du médium de sa main droite, et la jambe du médium de sa main gauche ; Mme de Rochas a assisté à la *toilette complète* d'Eusapia et M. Sabatier l'a *palpée* très librement :

Eusapia s'incline à droite, et en avant, sur M. Sabatier, c'est-à-dire du côté *opposé au fauteuil* (placé environ à 1 mètre derrière Eusapia) et le prévient qu'elle va lui tirer doucement les cheveux, et que, pendant ce temps, le fauteuil placé à environ 1 *mètre*, s'avancera lentement de son côté. Cela se réalise parfaitement. Puis elle *repousse* la tête de M. Sabatier et le fauteuil *recule et s'éloigne*. La lumière est suffisante pour que les bras et les deux mains soient nettement *vus de tous*, sur la *tête* de M. Sabatier. Le pied droit est tenu comme précédemment, par M. Sabatier, et le gauche par M. de Watteville.

Eusapia, les mains et les pieds tenus comme ci-dessus, prévient qu'elle va tirer la clef du buffet placé à sa gauche et *trop éloigné* d'elle pour que, sans se pencher très fortement, elle puisse l'atteindre, soit avec les mains, soit avec les pieds. D'ailleurs, M. de Watteville est placé *entre le médium et le bahut*, si bien que le médium ne saurait atteindre le bahut qu'en passant à côté de M. de Watteville, ou même en le poussant. En outre, la lumière est suffisante pour qu'on puisse voir nettement si Eusapia dirige un de ses membres vers le bahut. Aussitôt, on entend grincer distinctement la clef dans la serrure ; mais la clef, mal engagée, refuse de sortir, Eusapia prend d'une main le poignet gauche de M. Sabatier et, des doigts de l'autre main, lui entoure l'index. Elle produit autour de ce doigt des *mouvements alternatifs de rotation* auxquels correspondent des *grincements synchrones de la clef tournant tantôt dans un sens, tantôt en sens contraire*.

9 h. 45. — Mme de Rochas entre dans la chaîne entre M. de Rochas et M. Sabatier. Le contrôle reste le même : le pied droit tenu par M. Sabatier, le gauche par M. de Watteville. Eusapia se frappe

les mains devenues *libres, en l'air, au-dessus de la table,* ses mains sont vues de tous. Le fauteuil *frappe des coups synchrones avec la mimique des mains.* Elle frappe des mains, et le fauteuil *accompagne fidèlement de ses bonds et de ses coups les mouvements des mains.* Les mains sont bien en *vue* de tous, les pieds sont bien tenus et même *vus* : le contrôle est déclaré excellent par tous les observateurs.

Eusapia, saisissant de ses *deux mains* la main de M. Sabatier qui est assis à droite, fait *des gestes saccadés de va-et-vient,* comme pour ouvrir la porte du bahut, situé à gauche, à 1 mètre de distance environ, et derrière M. de Watteville. Aussitôt la porte du *bahut s'agite et produit des sons saccadés et tumultueux* comme ceux d'une porte qu'on s'efforce d'ouvrir, mais qui résiste, la serrure n'étant pas ouverte.

Notons qu'il faut, ici, que la force agissante exerce une sorte de *préhension*, qui n'est plus comparable à une pression directe appliquée normalement à une surface. Poursuivons :

A ce moment, M. de Watteville demande s'il n'y a pas lieu de dégager directement la clef du bahut, que les efforts d'Eusapia n'ont pu que faire tourner sans l'ouvrir. Sur avis conforme des observateurs, M. de Watteville tourne la clef, ce qui rend libre la porte du bahut. Alors, sur *un nouveau geste d'Eusapia, la porte s'ouvre.* Eusapia s'inclinant vers M. Sabatier, placé à *droite,* met *chacune* de ses mains sur la *joue correspondante* de M. Sabatier. Les pieds sont toujours bien tenus, le droit par M. Sabatier, le gauche par M. de Watteville. Eusapia frappe des *deux mains,* en cadence les joues de M. Sabatier : la porte de l'armoire *s'ouvre et se ferme alternativement en cadence.* Un coup sur les joues l'ouvre, le coup suivant la ferme. Les mains sont parfaitement *vues et senties* ; les mouvements de la porte sont également *vus et entendus,* car la porte vient frapper en s'ouvrant contre la chaise de M. de Watteville, assis devant le bahut, entre le bahut et Eusapia, et en se fermant contre le bahut lui-même. *Les mouvements de la porte sont proportionnés* comme vivacité *aux mouvements des mains.* Après un certain nombre de coups ainsi portés, Eusapia pousse *vivement* la tête de M. Sabatier vers le bahut, la porte se ferme avec *violence.*

Avant que ces phénomènes se produisent, Eusapia *les avait clairement annoncés* ; aussi les observateurs sont-ils très en éveil, et le contrôle très rigoureusement observé. Les pieds sont tenus et *vus,* la tête l'est également, les mains sont senties et *vues* par M. Sabatier et *vues* par tous les observateurs. Il fut, en outre, constaté après la séance, qu'Eusapia, de la place où elle était, ne pouvait atteindre la porte et la clef du bahut avec les pieds. D'ailleurs, la présence de M. de Watteville entre elle et le bahut, aurait fort contrarié des mouvements de cette sorte. Les mains appliquées sur les joues de M. Sabatier ne sauraient être mises en cause. En outre, il est bien constaté qu'il n'y a entre Eusapia et ce bahut, ni lien, ni levier, ni les deux ficelles nécessaires pour produire ce mouvement alternatif, ni aucun moyen direct de transmission. D'ailleurs, on avait, au cours des expériences, changé de place et circulé entre Eusapia et le bahut, ce qui aurait dérangé le truc, s'il avait existé. A aucun moment des expériences, Eusapia n'a été vue en situation ou en action pour placer des moyens matériels de communication entre elle et le buffet et sa clef. Il est bon de répéter que les expériences se faisaient à une lumière suffisante pour que les mouvements des personnes et des objets fussent *distinctement vus et constatés*.

Le luxe de détails concernant le contrôle, la lumière excellente, la compétence des observateurs donnent à ces phénomènes le cachet le plus incontestable d'authenticité, et nous permettent de conclure que réellement la force *émane* du médium, qu'elle est *dirigée* par lui et que, physiquement, matériellement, il simule ou esquisse avec les membres charnels, les mouvements qui doivent s'exécuter plus loin, hors de sa portée.

A Montfort-l'Amaury, en 1897, chez M. Blech (1), le synchronisme des mouvements du médium et d'une boîte à musique est ainsi décrit par Camille Flammarion :

... Le rideau s'avance de nouveau vers moi et une main assez forte me saisit le bras. J'avance immédiatement le bras pour saisir la main, mais ne trouve que le vide. Je prends alors les deux jambes du médium entre les miennes et je serre sa main gauche dans ma main droite. Le médium a sa main droite prise dans la main gauche de M. de Fontenay.

Alors Eusapia amène la main de M. de Fontenay vers ma joue et simule sur cette joue, *avec le doigt de M. de Fontenay*, le jeu d'une petite manivelle que l'on tourne. La boîte à musique qui est à manivelle, joue en même temps, derrière le rideau et *avec un synchronisme parfait*. Quand la main d'Eusapia s'arrête, la musique s'arrête, tous les mouvements correspondent, ainsi que dans le télégraphe Morse. Ce fait a été expérimenté pendant cinq minutes et, chaque fois, le mouvement du doigt correspondait au jeu de la boîte.

(1) Voir l'ouvrage très intéressant de M. de Fontenay : *A propos d'Eusapia Paladino*, p. 98 et les *Annales Psychiques*.

On conçoit que cet effort s'accompagne d'une fatigue assez prononcée, que nous avons vue signalée plus haut, et que d'autres observateurs avaient déjà notée comme succédant toujours à la production des phénomènes. Ce point étant important, je rapporte ici, le témoignage de William Crookes qui suivit ses expériences avec Home (1).

LES REMARQUES DE W. CROOKES

Je ne puis que renvoyer le lecteur à l'ouvrage du célèbre physicien anglais dans lequel on trouvera un historique de l'action à distance des médiums, constatée par MM. Agénor de Gasparin (2) et le professeur Thury (3). On y trouve également la description des appareils construits par Robert Hare, professeur de physique américain, et celui de Crookes, avec les courbes qui mesurent la force extériorisée par différents médiums, et surtout par Dunglas Home, le plus puissant de tous. Voici comment s'exprime l'inventeur du radiomètre :

Ces expériences (celles de Crookes) mettent *hors de doute* les conclusions auxquelles je suis arrivé dans mon précédent mémoire, savoir : l'existence d'une force associée, d'une manière encore inexpliquée, à l'organisme humain, force par laquelle un surcroît de poids peut être ajouté à des corps solides *sans contact effectif*. Dans le cas de M. Home, le développement de cette force varie énormément, non seulement de semaine à semaine, mais d'une heure à l'autre ; dans quelques occasions, cette force ne peut être accusée par mes appareils pendant une heure ou même davantage, et puis tout à coup elle reparaît avec une grande énergie. Elle est capable d'agir à une certaine distance de M. Home (il n'est pas rare que ce soit jusqu'à deux ou trois pieds); mais toujours elle est plus puissante auprès de lui.

Dans la ferme conviction où j'étais qu'un genre de force ne pouvait se manifester sans la dépense correspondante d'un autre genre de force, j'ai vainement cherché pendant longtemps la nature de la force ou du pouvoir employé pour produire ces résultats.

(1) W. Crookes, *Recherches sur le spiritualisme.*
(2) Agénor de Gasparin, *les Tables tournantes.*
(3) Thury, *les Tables tournantes*, considérées au point de vue de la question de physique générale qui s'y rattache. Librairie Allemande Kessemann, Genève, 1855.

Mais, maintenant que j'ai pu observer davantage M. Home, je crois découvrir ce que cette force psychique emploie pour se développer. En me servant des termes de *force vitale, énergie nerveuse*, je sais que j'emploie des mots qui, pour bien des investigateurs, prêtent à des significations différentes; mais après avoir été témoin de l'état *pénible de prostration nerveuse et corporelle* dans laquelle quelques-unes de ces expériences ont laissé M. Home, après l'avoir vu dans un *état de défaillance presque complète étendu sur le plancher, pâle et sans voix*, je puis à peine douter que l'émission de *la force psychique* ne soit accompagnée d'un épuisement correspondant de la force vitale.

Cette force psychique est-elle exceptionnelle et le privilège de quelques rares individus ? Non, répond Crookes.

Cette force (psychique) est probablement possédée par tous les êtres humains, quoique les individus qui en sont doués avec une énergie extraordinaire soient sans doute rares. Pendant l'année qui vient de s'écouler, j'ai rencontré, dans l'intimité de quelques familles, cinq ou six personnes qui possèdent cette force d'une manière assez puissante pour m'inspirer pleinement la confiance que, par leur moyen, on aurait pu obtenir des résultats semblables à ceux qui viennent d'être décrits, pourvu que les expérimentateurs opérassent avec des appareils plus délicats et susceptibles de marquer une fraction de grain, au lieu d'indiquer seulement des livres et des onces.

COMMENT SE PRODUISENT LES MOUVEMENTS A DISTANCE

On a imaginé bien des théories — en admettant la réalité des faits, — pour expliquer l'action à distance du médium. La plus connue est celle de Hartmann, qui prétend qu'il n'est pas nécessaire de supposer un organisme fluidique agissant comme le ferait le corps matériel pour comprendre les déplacements sans contact ; l'extériorisation pure et simple de la force nerveuse, projetée directement dans diverses directions, suffirait pour expliquer comment se produisent tous les mouvements d'objets. Aksakof (1), dans une discussion très serrée, a démontré combien cette interprétation était fantaisiste. Si les mouvements constatés ne s'effectuaient qu'en ligne droite, on pourrait supposer,

---

(1) AKSAKOF, *Animisme et spiritisme*, p. 264 et suiv.

en effet, une projection ou une attraction rectilignes. Mais lorsque l'objet se déplace suivant des courbes, ou en exécutant des mouvements variés, il faut l'intervention d'autres centres de force pour modifier l'impulsion primitive, ou l'action directe et constante d'un agent dynamique qui change la direction première. Cette dernière interprétation est la seule acceptable, car, dans des cas particuliers, on *voit* la main qui tient l'objet en mouvement, et dans d'autres circonstances, cette main laisse des traces persistantes de son action, ce qui établit que la vision n'était pas hallucinatoire.

Nous verrons, dans le second volume, des exemples nombreux de cette action de mains fluidiques ; citons seulement ici les cas observés avec Eusapia, et qui sont certainement très souvent des dédoublements des mains du médium.

J'ai déjà signalé, à propos des frères Davenport (voir p. 401), le danger de porter un jugement précipité sur un médium, que l'on croirait un vulgaire charlatan, si les expérimentateurs n'avaient pas connaissance de la possibilité du dédoublement. Des savants modernes, *nullement spirites*, sont arrivés à des conclusions analogues, car M. le docteur Ochorowicz, tout en admettant que parfois Eusapia fait des substitutions de main, pour s'épargner la fatigue qui résulte pour elle de l'extériorisation de l'énergie nerveuse, signale aussi l'existence de la main fluidique.

Notons bien, d'ailleurs, que les faits frauduleux, n'enlèvent aucune valeur aux faits réels et bien constatés. Comme le dit le docteur Dariex « ce qui importe, c'est de savoir si cela est ou si cela n'est pas, et pour que cela soit, il n'est point nécessaire que cela soit toujours et se produise toujours, pas plus qu'il n'est nécessaire que la lune se voile toutes les nuits pour prouver qu'elle est sujette à des éclipses ». Il est donc indispensable que les observateurs aient une connaissance approfondie de toutes les modalités du phénomène déjà observées antérieurement, avant de se prononcer d'une manière définitive, aussi bien pour ne pas être grossièrement trompés, que pour ne pas déconsidérer injustement un médium qui peut frauder *inconsciemment*, en agissant avec sa main fluidique, sans le *vouloir ni le savoir* à l'état normal.

Sans aucun doute, l'observation de ces phénomènes est beaucoup plus délicate, beaucoup plus difficile que celle d'un phénomène physique ordinaire, non seulement en raison des conditions défavorables dans lesquelles on est placé la plupart du temps, mais aussi à cause de la complexité des faits psychologiques que produit l'état de trance du médium, qui le rend sensible à la suggestion des observateurs, aussi bien qu'à ses impulsions propres.

J'aurai l'occasion de revenir plus complètement sur l'emploi de la fraude dans les séances spirites, car c'est évidemment un point capital ; mais je ferai cette étude plus tard, lorsque nous connaîtrons mieux les faits. Actuellement, je rapporte seulement une partie de la réponse que M. le docteur Ochorowicz a faite aux savants de la *Société de recherches psychiques*, réunis à Cambridge, qui ont prétendu qu'Eusapia trichait toujours (1). Celle-ci a été étudiée depuis vingt ans par plus de cinquante savants ; les documents la concernant sont donc très nombreux.

LES OBSERVATIONS DU DOCTEUR OCHOROWICZ

Je cite textuellement :

A Cambridge on a constaté que E. P. *délivre sa main*, lorsqu'on la laisse faire. C'était connu ; bien (qu'ailleurs) on ne l'ait jamais laissé user si longtemps de cette liberté. Après avoir délivré sa main, en fait-elle toujours un usage frauduleux ? Les rapporteurs de Cambridge nous le donnent à croire, mais sans preuves suffisantes.

En effet, ils se trompent : quelquefois la main du médium va jusqu'au point visé, touche elle-même, soulève ou transporte elle-même, *mais pas toujours*. Dans ce dernier cas, c'est la fraude inconsciente, incomplète, constatée à Varsovie et à l'île Roubaud et méconnue complètement à Cambridge. En voici quelques exemples :

1° A Varsovie (chez M. le docteur Ochorowicz, où E. P., est restée un mois) le 17 décembre 1893, le docteur Mayzel, contrôleur du côté gauche, a eu ses lunettes enlevées. Il tenait la main gauche tout entière. Les lunettes ont été passées au docteur Dunin, assis un peu plus loin, également à gauche. Ce dernier, en prenant les

(1) DE ROCHAS, *Extériorisation de la motricité. Examen de la fraude*, p. 206 et suiv.

lunettes, avance sa main et attrape la main gauche d'Eusapia. Le médium, sans se débattre, demanda la lumière. Je l'allume et on vérifie :

Que le docteur Dunin tient la main gauche d'Eusapia avec la main droite du docteur Mayzel qui ne l'a pas quittée un instant;

Que la main droite est tenue bien séparément par le contrôleur de droite, le docteur Harusewicz ;

Qu'au moment de l'enlèvement des lunettes, la main de E. P. a fait *un petit mouvement vers le haut*, mais SANS QUITTER LA TABLE et sans lâcher son contrôleur;

Qu'au moment où les lunettes ont été passées au docteur Dunin, la main gauche *s'est avancée dans cette direction*, mais *sans atteindre le docteur Dunin et sans quitter le docteur Mayzel*. C'est à ce moment qu'elle a été attrapée par le docteur D., qui pour cela, avança sa main droite de plusieurs centimètres.

Par conséquent, il y a *eu rapprochement de la main du médium vers les points visés*, mais sans possibilité de contact immédiat.

2° A Varsovie, le 27 décembre, je suis couché sous la table et je tiens les deux pieds de E. P. Un peu avant la lévitation de la table, le pied gauche essaya de se délivrer. Je le sens un peu; il est sensiblement hyperesthésié; il s'arrête. Il s'éloigne de nouveau; je le laisse aller en l'entourant légèrement des doigts de ma main droite. — Il va dans la direction du pied gauche de la table, le touche, *revient à sa place, devient froid;* et ce n'est qu'à ce moment que la lévitation a lieu.

3° Le 25 septembre, à Carqueirane (chez le professeur Richet), je suis dans la même position sous la table. Le piano est derrière et à gauche du médium. A un moment donné, le pied gauche essaye de se délivrer; je ne le quitte pas, en le tenant légèrement; il fait quelques centimètres de chemin dans la direction du piano, devient froid — j'annonce ce phénomène à gauche ! — Le pied se contracte avec effort, et *à chaque mouvement du talon*, correspond *une note jouée sur le piano*. — Si j'avais lâché le pied contrôlé (comme on le faisait à Cambridge) j'aurais cru qu'il était allé jusqu'aux touches du piano.

Il ne faut donc pas confondre les mouvements synchrones avec des fraudes, faute dans laquelle sont tombés trop d'investigateurs inexpérimentés, qui se croyaient cependant de remarquables critiques.

LES MAINS FLUIDIQUES

Nous arrivons ici à une partie de l'argumentation du docteur

Ochorowicz qui établira jusqu'à quel point les phénomènes sont convaincants pour les témoins, puisqu'ils obligent des physiologistes à reconnaître l'existence du dédoublement, fait prodigieux qui bouleverse toutes leurs croyances antérieures sur la constitution de l'homme.

Cet aveu, émanent d'un positiviste endurci, est éloquent pour quiconque comprend combien cette reconnaissance de la vérité a dû coûter à son auteur; aussi sachons lui en bon gré, car le courage moral est peut-être la chose la plus rare parmi les savants officiels. Voici le texte :

Il existe encore chez E. P. un autre genre de fraude inconsciente partielle, il y a *dédoublement de la main du médium* (1), mais c'est sa main matérielle qui touche la personne visée ou transporte l'objet, tandis que le contrôleur *n'est en contact qu'avec la main médianimique* (2).

Une fois, M. Richet et moi nous avons été en contact prolongé avec *trois* mains du médium. John (pour les spirites, le guide du médium, pour les sceptique, c'est une personnalité somnambulique de E. P.) se mit à rire et nous prouva que c'était sa main à lui que nous avions prise pour la troisième main du médium. Ce fait a été observé une fois à Varsovie et beaucoup plus tôt et à plusieurs reprises par M. Chiaïa, à Naples.

Voici ce qu'il m'écrit à ce sujet : « Pendant dix ans d'expériences, faites presque journellement avec E., j'ai pu constater plusieurs fois des résultats, non seulement nuls, mais contradictoires. Au commencement, ma foi a été très souvent mise à une dure épreuve et j'ai subi d'amères désillusions, jusqu'au moment où j'ai dû me convaincre de la parfaite bonne foi du médium, qui devient un instrument *absolument passif* de cette force occulte et intelligente qui l'assiste et se fait appeler *John*. Cette force ou esprit, comme il vous plaira de la nommer (3), peut produire directement tous les phénomènes physiques, *lorsqu'elle trouve les conditions médianimiques favorables*; dans le cas contraire, elle se sert

(1) Cette phrase est soulignée par M. Ochorowicz lui-même.
(2) Cette fois, c'est moi qui souligne.
(3) Pour moi, ce n'est ni une personne étrangère au médium, ni une force nouvelle indépendante et occulte, mais un état psychique spécial qui permet au dynamisme vital du médium (« corps astral » des occultistes) d'agir à distance dans certaines conditions exceptionnelles. C'est la seule hypothèse qui me paraît *nécessaire, dans l'état actuel de nos connaissances* (Note du docteur Och.). Nous verrons, plus tard, avec cette même Eusapia, qu'il est *nécessaire* d'admettre l'action de *personnalités fluidiques*, étrangères totalement au médium. (G. D.)

très souvent des bras et des mains du médium, *pour ne pas trop l'épuiser.* »

M. Chiaïa raconte, entre autres, le fait suivant :

Tout en croyant sentir la main de E. P. sur la sienne, il voit le bras délivré du médium. Il l'attrape ; le médium subit une secousse momentanée, mais reste impassible et immobile, en prétendant qu'il n'a pas bougé. M. Chiaïa lui fait des reproches, menace de l'abandonner, etc. ; alors elle tombe en trance, et John explique que *c'était sa main fluidique* qui restait sur celle de M. Chiaïa, tandis qu'il s'était servi de la main du médium pour produire les attouchements ; *ce qui lui épargnait la tâche de matérialiser complètement la sienne...*

Parbleu ! diront les incrédules, voilà une explication bien commode pour excuser toutes les fraudes, et nous reconnaissons bien là la complaisance des spirites pour toutes les hypothèses qui favorisent leurs idées préconçues. Pas du tout, et en voici la preuve :

Il m'a proposé alors, poursuit M. Chiaïa, de tenir les *deux* mains d'E. serrées dans l'une des miennes, et m'a ordonné de soulever bien en l'air mon autre bras ; ce que j'ai fait, et *je me suis senti prendre par une main qui m'a tiré en haut fortement par le bout des doigts.* (Écrit le 2 octobre 1895.)

La déclaration franche de M. Chiaïa a suffi pour exciter l'ambition du médium et pour contraindre John à lui donner un phénomène correct.

Les phénomènes spirites étant étudiés aujourd'hui un peu partout, il est de toute urgence de porter à la connaissance des investigateurs les résultats auxquels sont parvenus les savants indépendants car, ainsi, on évitera d'innombrables malentendus, au sujet de prétendues fraudes qui, en réalité, n'en sont pas, du moins dans le sens ordinaire de ce mot. Si Eusapia remplace sa main charnelle par celle de son double fluidique pour appuyer sur la main du contrôleur, c'est un phénomène transcendant, au même titre que lorsque la main fantômale agit à distance ; mais comme dans ce cas c'est le bras physique qui déplace l'objet, il y a là une mauvaise direction de la force opérante qu'il faut rectifier, en l'avertissant qu'on ne veut pas que le médium agisse ainsi et, alors, on obtient un phénomène correct dans toutes ses phases.

Malgré sa longueur, il est donc utile de reproduire en entier la partie du mémoire de M. Ochorowicz qui a trait à l'action des mains du médium. La voici :

Précisons maintenant la question essentielle : *Pourquoi le médium essaie-t-il si souvent de dégager sa main* ?
Pour les expérimentateurs de Cambridge, la cause en est bien simple et toujours la même : il dégage sa main pour tricher. En réalité, les causes de la délivrance sont multiples et compliquées.
1° Faisons observer d'abord que E. P. dégage souvent sa main rien que pour dégager sa tête, qui souffre au moment des manifestations. C'est un mouvement réflexe naturel ; et, chez elle, c'est une habitude invétérée. Comme, le plus souvent, elle ne s'en aperçoit pas, ou du moins ne prévient pas le contrôleur, l'obscurité justifie les soupçons.
2° Immédiatement avant le dédoublement médianimique, sa main est hyperesthésiée, et par conséquent la pression d'une main étrangère lui fait mal, surtout du côté dorsal ; elle place donc, le plus souvent, la main qui doit être active médianimiquement, *au-dessus* et non au-dessous de celle du contrôleur en cherchant à la toucher le moins possible. Lorsque le dédoublement est complet et *la main dynamique* plus ou moins matérialisée, celle du médium se crispe et appuie avec force sur le contrôleur : juste au moment du phénomène, elle est presque insensible et contracturée.
Dans de très bonnes conditions médianimiques, *le dédoublement est facile* et l'hyperesthésie initiale de courte durée ; dans ce cas le médium permet d'embrasser sa main complètement et de mettre les pieds des contrôleurs sur les siens, comme nous faisions toujours à Rome en 1893 ; mais, depuis, elle ne supporte pas cette position et préfère être plutôt tenue par les mains sous la table.
3° Suivant les lois psychologiques, la main va toujours, automatiquement, dans la direction de nos pensées (*Cumberlandisme*). Le médium agit par auto-suggestions, et l'ordre d'aller jusqu'au point visé est donné par son cerveau, en même temps *à la main dynamique et à la main corporelle, puisque à l'état normal elles ne font qu'un*. Et comme, immédiatement après l'hyperesthésie initiale, son sentiment musculaire s'émousse et que la main devient engourdie, il arrive, surtout lorsque le médium procède négligemment et ne gouverne pas assez ses mouvements, *que la main dynamique reste sur place*, tandis que c'est la main propre qui va dans la direction visée. La première, *n'étant pas matérialisée* ne produit qu'un simulacre de pression et une autre personne capable de voir un peu dans l'obscurité, n'y verra rien, et même pourra constater par le toucher l'absence de la main du médium sur celle du contrôleur. En même temps la main du médium va dans la direction de l'objet,

et il se peut qu'elle ne l'atteigne pas réellement, *en agissant à distance par un prolongement dynamique.*

Notons, en passant, que M. Ochorowicz dit en parlant de la « main dynamique » qu'elle n'est pas matérialisée dans les cas qu'il étudie, ce qui suppose qu'elle peut l'être dans d'autres circonstances. C'est, en effet, ce qui a lieu, comme nous le verrons plus tard.

C'est ainsi que je m'explique, dit l'auteur, les cas où la main, étant délivrée, n'a pu cependant atteindre le point visé, physiquement inaccessible, et les nombreuses expériences faites à Varsovie en pleine lumière, avec une clochette diversement suspendue, avec des boussoles de formes différentes, avec une toute petite table de quelques centimètres, etc., expériences dans lesquelles les doigts de Eusapia Paladino étaient tout près, *mais ne touchaient pas l'objet.* J'ai vérifié qu'il n'y avait là en jeu aucune force électrique, mais que les choses se passaient *comme si les bras du médium s'allongeaient en agissant invisiblement,* mais *mécaniquement.* Inutile de dire qu'on a d'abord mis hors de doute l'absence de cheveux, fils, etc.

Nous avons déjà constaté que, dans certains cas, la photographie nous oblige de croire à l'existence dans l'espace d'un organisme invisible, d'une forme reproduisant celle du corps physique, imperceptible pour l'œil, mais assez objective pour agir sur la plaque sensible. Ici, par une autre voie, nous arrivons à des conclusions identiques, et nous assistons aux actions mécaniques exercées par la main dynamique.

Dans les expériences faites avec Eusapia chez M. Maxwell, à Choisy Yvriac, en 1896, le colonel de Rochas a pu s'assurer de cette continuité invisible qui existe entre le membre matériel et le double. Voici comment (1) :

Le jeudi 8 octobre (5ᵉ séance), en présence du général Thomassin arrivé la veille pour assister à cette unique séance, Eusapia, non encore entrancée, se place debout devant le petit côté de la table et présente ses poings fermés, les ongles en l'air, à environ 15 centimètres de la table, *complètement isolée de sa personne.* La table recule en glissant sur le parquet. A ce moment je porte vivement ma main entre la table et les poings d'Eusapia *et je pince*

---

(1) De Rochas, *l'Extériorisation de la motricité,* p. 359, 4ᵉ édition, 1906. Chacornac, éditeur.

l'air avec force. Eusapia pousse un cri *de douleur*, et me frappe avec colère en disant que je lui *ai fait mal*. Il y avait donc entre elle et l'objet mû un lien invisible, qui correspondait avec son cerveau, et la force se décelait à nu, par ainsi dire, entre son point d'émission et son point d'application. — Si nous avions prévu ce phénomène, qui se produisait pour la première fois, nous aurions pu interposer sur le trajet une plaque photographique pour essayer de l'enregistrer. Malheureusement le médium ne put le répéter.

Un autre observateur, M. G. de Fontenay, est obligé aussi de supposer qu'Eusapia *crée* une main, mais les faits que nous allons voir plus loin semblent mieux s'expliquer par l'hypothèse du dédoublement que par celle d'une *création*.

Je termine maintenant mes emprunts à l'étude de M. Ochorowicz par les lignes suivantes, qui font bien comprendre les mouvements du médium :

Rapprocher sa main de l'objet visé dans la pensée, c'est donc encore une action réflexe, instinctive et inévitable s'il n'y a pas d'obstacles. Pour l'arrêter, il faut : ou bien un obstacle *mécanique* (le contrôleur), ou bien un empêchement psychique (l'attention même du médium, suffisamment éveillée et excitée).

4° Indépendamment de l'hyperesthésie cutanée initiale, *tout le processus de dédoublement, de déchirement physiologique entre le bras et son dynamisme*, s'accompagne de douleur et demande un certain excès de forces nerveuses. Lorsque le médium est épuisé, ou seulement lorsqu'il agit avec nonchalance, c'est-à-dire *sans un effort spécial* de sa volonté somnambulique, il affranchira sa main tout simplement pour frauder et il exécutera la substitution aussi adroitement que possible, *parce que c'est beaucoup moins fatigant et parce qu'on le lui permet*. Puisque le phénomène vrai s'accompagne de douleur, pourquoi ne pas l'éviter, quand on trouve des contrôleurs aussi complaisants que M. Hodgson ?

LE TÉMOIGNAGE DU PROFESSEUR CH. RICHET

Rien ne met mieux en évidence la nécessité absolue de l'explication spirite par le dédoublement, pour comprendre les phénomènes, que l'aveu de M. Richet, qui ne s'est résigné à cette conclusion « qu'en désespoir de cause » et non *sans douleur*, dit-il. Mais, comme le remarque Al. Russel Wallace : « Les faits sont des choses opiniâtres » contre lesquels il est malséant de s'insurger si l'on veut faire de la science. Ce n'est qu'à la suite de séances nombreuses qui eurent lieu chez lui, au château de Carqueiranne et à l'île Roubaud, que le célèbre physiologiste, après avoir employé des appareils de contrôle qui ne lui donnèrent pas toute satisfaction, résolut d'avoir recours au meilleur de tous les procédés : celui de tenir directement les mains du médium, car, alors, on est bien certain qu'il ne peut pas s'en servir pour agir à distance, si l'on ne lui permet pas la substitution de mains. « Il me semble, dit ce savant, qu'après trois mois d'exercices et de méditations on peut arriver à la certitude qu'on tient bien une main humaine. »

Ceci bien posé, continue-t-il, il est une expérience qui me paraît fondamentale. Elle ne réussit malheureusement pas toujours et il faut parfois beaucoup de patience pour obtenir ce phénomène. Il s'agit de tenir *les deux mains du médium* et d'être touché par *une main bien distincte*.

Il est clair que lorsque je dis une main *bien distincte*, je suppose qu'on a songé à toutes les supercheries possibles. Un contact vague, ce n'est pas une main ; la sensation d'un moignon ou d'une paume ne suffit pas. Une main bien distincte, c'est une main nettement formée dont on sent les doigts, qui est capable de pincer les bras, de tirer les cheveux ou la barbe, de faire sentir ses doigts, de donner, en un mot, une sensation telle qu'une main seule peut la donner ; main vivante, animée, tout à fait identique à une main humaine.

Eh bien ! *cette expérience je l'ai faite* (1) ; et pour ne pas parler des expériences de Rome où elle avait réussi aussi, à l'île Roubaud quatre fois elle a réussi avec moi. Une fois, entre autres, je tenais d'une main les deux d'Eusapia ; je lève mon autre main en l'air, très haut ; alors cette main qui est en l'air est saisie vigoureusement par une main qui me prend deux doigts, les tire avec force, et, après les avoir tirés, me donne sur le dos, de cette même main, une petite tape assez forte pour que tout le monde entende. Malheureusement, comme je l'ai dit, cette expérience essentielle, importante, fondamentale, on ne peut pas toujours l'obtenir. On ne l'obtient même que rarement, je ne sais pourquoi, de sorte que sa rareté est une cause de doute, et même de doute assez grave (2).

(1) Souligné par M. Ch. Richet.
(2) Pourquoi ? Il suffit qu'un fait soit constaté d'une manière absolument incontestable quelquefois, pour que sa réalité soit certaine, surtout lorsque plusieurs observateurs affirment l'existence du même phé-

Pourquoi est-il plus facile d'avoir un contact quand chaque main est tenue par une personne différente que quand c'est la même personne qui tient les deux mains ?

Et cependant ce n'est pas moi seulement qui ai été ainsi touché par une main distincte, alors que je tenais les deux mains d'Eusapia.

Le 9 juillet, Ochorowicz est touché dans le dos par une main bien distincte, alors qu'il tenait les deux mains d'Eusapia.

Le 21 juillet Lodge, tenant les deux mains d'Eusapia, est touché distinctement par une main à l'épaule.

Le 26 juillet, pendant que je tenais les deux mains d'Eusapia, je suis touché par une *grande main* qui se promène sur ma tête.

Fig. 34. — Le professeur Olivier Lodge.

Ce qui rend cette sorte d'expérience très instructive, et à mon sens *absolument décisive*, c'est qu'il faut admettre ou une hallucination tactile, ce qui me paraît absurde ; ou une mauvaise plaisanterie de la part des assistants, ce qui est impossible à admettre ; ou enfin, et c'est la conclusion à laquelle j'arrive, quelque chose comme *la matérialisation d'une main vivante* ; conclusion que j'admets *en désespoir de cause*, et à laquelle je ne me résigne pas sans douleur.

Cette dernière phrase montre l'effort qu'a dû faire un physiologiste comme M. Richet pour arriver à une semblable conclusion, qui est si directement en opposition avec toutes ses opinions antérieures ! Mais elle nous montre aussi la haute probité intellectuelle de ce savant, et tous ceux qui mettent la vérité au-dessus des préjugés d'école, ou du respect humain, l'admireront d'avoir pris place parmi ces hardis pionniers qui ouvrent à l'humanité et à la science des voies si nouvelles.

nomène. L'impossibilité de l'obtenir *à volonté*, et dans des conditions fixées d'avance, ne prouve que notre ignorance des causes, mais absolument rien contre la réalité du phénomène.

Dans un ouvrage très étudié, M. G. de Fontenay a rendu compte de trois séances qui eurent lieu en 1897, à Montfort-l'Amaury, avec Eusapia, et lui aussi arrive à supposer l'existence d'une main supplémentaire pour l'explication des phénomènes mécaniques (1).

Je me bornerai seulement, dit-il, à faire observer que l'explication la plus simple et, je crois rationnelle, de ces différents phénomènes, consiste à admettre l'action d'une main demi-fluidique soit extériorisée par Eusapia comme prolongement de sa main charnelle, soit plus probablement matérialisée, de toutes pièces en quelque sorte, à proximité de n'importe quel point du corps. Plus rarement il y aurait matérialisation ou extériorisation d'une autre partie de son individu, par exemple de la tête, ainsi que nous en avons la preuve par le moulage du 27 juillet.

Je reviendrai, plus loin, sur cet épisode si instructif, lorsque nous étudierons le dédoublement d'autres parties du corps. Actuellement, en ce qui concerne les mains, voici comment M. de Fontenay justifie sa manière de voir :

A coup sûr, cette explication ne prétend pas indiquer la cause des phénomènes, elle ne porte que sur la façon dont ils se produiraient et je ne l'offre, du reste, qu'à titre d'hypothèse ; encore est-il bien probable qu'elle n'est pas neuve. Mais voici pourquoi je la crois bonne.

En premier lieu, le fait, dans beaucoup de cas, n'est pas contestable. Lorsque l'on reçoit une poignée de main bien caractérisée ; lorsque l'on est pincé de certaine manière ou caressé ; lorsque l'on entend en l'air un claquement de doigts ; lorsqu'on relève une empreinte bien définie, le doute est impossible.

Lorsque tout de suite après vous sentez que votre chaise est fortement tirée comme par un voisin mystérieux ; ou que vous entendez le bruit sec d'ongles qui frappent les touches d'un piano avant que celui-ci résonne, les lois de l'analogie vous permettent, je crois, de supposer que c'est le même agent, la même main ou une main semblable qui exécute cet exercice...

Plus récemment encore, (décembre 1906) (2), Eusapia Paladino donna une série de séances au grand journal italien *le*

(1) G. DE FONTENAY, *A propos d'Eusapia Paladino*, p. 177.
(2) Voir *Revue scientifique et morale du spiritisme*, mars 1907, p. 570 et suiv.

Corriere della sera, à Milan, sous le contrôle du savant psychiâtre Morselli, de MM. Bozzano et du docteur Venzano. Le reporter, M. Barzini, croyait primitivement à des trucs, mais il fut obligé de convenir de son erreur en ces termes :

Ma première impression a été qu'il devait exister des trucs ingénieux bien qu'incompréhensibles. Je m'amusais comme devant des tours de passe-passe bien exécutés et j'avais une forte envie de m'écrier : « Bravo Eusapia ! » au lieu de l'habituel « Merci John ! » D'autant plus que les mouvements du médium, simultanés avec les phénomènes, me donnaient la conviction qu'elle agissait directement en libérant *l'autre main*, l'autre, car de celle que je tenais, j'en répondais. Comment faisait-elle ? Qui sait ? Ce n'était certainement pas par des moyens à moi connus.

Mais quand j'eus le contrôle des *deux* mains et que les phénomènes se sont reproduits, et même manifestement en dehors de la portée du médium, alors j'ai dû reconnaître mon erreur. Les faits sont sincères, mais ils ne s'expliquent pas.

Pardon ! ils s'expliquent parfaitement, mais pas pour un ignorant comme M. Barzini, qui ne fait que commencer cette étude.

Nous avons vu avec quelle force d'induction M. Ochorowicz met en évidence l'existence d'un prolongement dynamique de la main du médium, pour produire les déplacements d'objets à distance. Ce que le raisonnement oblige d'admettre, les sensations tactiles ou mêmes visuelles le confirment, et il faut autre chose que des négations à priori pour détruire ce faisceau de preuves. Malgré tout, les irréductibles adversaires de l'explication spirite soutiendront qu'il est plus admissible de croire à une hallucination tactile, et même visuelle des témoins, que d'admettre la réalité du dédoublement. Je cite donc, pour terminer, les expériences qui ne laissent plus aucun prétexte raisonnable à la négation, et qui démontrent l'absurdité qu'il y a supposer que des hommes froids et défiants sont tout à coup hallucinés, — eux qui ne le furent ni avant, ni après, — et qu'ils auraient tous subi la même hallucination.

PREUVES ABSOLUES DU DÉDOUBLEMENT DU MÉDIUM

Il est bien clair qu'un phénomène hallucinatoire n'a pas de

réalité en dehors du cerveau de celui qui l'éprouve. Une main imaginaire ne saurait avoir aucune action sur la matière, de sorte que dans les séances avec Eusapia, si la main qui agit, qui pince les doigts des assistants, laisse une trace matérielle et persistante de son action, alors même qu'on ne l'aura pas vue et qu'elle ait disparu, il reste un témoignage durable de son existence, et nul ne pourra plus la mettre en doute.

Or, ces preuves existent et elles sont de nature à imposer la conviction aux plus récalcitrants, à moins d'accuser tout le monde de mensonge, ce qui est à la fois odieux et invraisemblable, lorsqu'il s'agit des personnalités que j'ai citées.

Voici tout d'abord un fait signalé en 1889 par M. Chiaïa, observateur des plus sérieux, auquel nous devons la conversion du professeur Lombroso (1). Le contrôleur de droite était le professeur Otero Acevedo, de Madrid, qui, depuis, publia un livre sur le spiritisme dans lequel il affirme croire à la réalité des faits, après une enquête approfondie durant plusieurs années. Voici la description de la fin de la séance :

Après ceci, Eusapia nous dit qu'elle était fatiguée, ce qui nous parut raisonnable, vu que la petite flamme sur la montre nous avait fait voir clairement qu'il était deux heures du matin. Seulement don Manuel Otero, aussi exigeant et attentif que difficile à contenter, rappela à John une promesse faite au commencement de la séance, c'est-à-dire une empreinte sur l'argile déjà préparée dans un vase posé dans un coin de la chambre. Il lui fut répondu que cette promesse serait tenue un autre soir, le médium ayant déjà dépensé trop de fluides.

Pendant que la table répondait ainsi, typtologiquement (2), et en pleine lumière, Eusapia, suggérée tout-à-coup, dit à Otero : « Prends ce vase plein d'argile, mets-le en face de moi, sur cette chaise, et indique l'endroit où tu veux que le phénomène se produise. » L'argile fut mise à 2 mètres environ d'elle, *bien examinée par M. Otero*, et couverte de son mouchoir blanc ; il indique l'endroit. Nous regardions Eusapia qui, *poussant le bras droit convulsivement*, tourne la main dans cette direction, et étendit *trois doigts*, leur imprimant un mouvement indéfinissable, en disant : *c'est fait !*

Notons toujours les mouvements exécutés par les membres

---

(1) *Congrès spirite de* 1889. *Mémoire de M. Ercole Chiaïa*, p. 328.
(2) C'est-à-dire au moyen de coups frappés dans le meuble.

446   LES APPARITIONS MATÉRIALISÉES

matériels du médium pour diriger la main fantômale. Poursuivons :

Ayant enlevé le mouchoir, nous trouvâmes *l'empreinte des trois doigts*, au point précis indiqué par le professeur Otero.

A cette preuve évidente, palpable, écrasante, d'une puissance surnaturelle (1), d'une force fluidique invisible qui émane de cette

Fig. 35. — Empreintes de mains obtenues dans l'argile, à distance, avec Eusapia par M. Gellona.

femme, qui se dégage de tous ses pores et de ses doigts de magicienne, mais soumise à une volonté étrangère à notre humanité, le professeur Otero, M. Tassi et l'ingénieur F. Agri, se regardèrent stupéfaits, remercièrent respectueusement l'invisible John, qui répondit à l'instant, en saluant par quatre coups très forts dans la table *restée isolée* au milieu de la chambre...

* * *

M. le docteur Ochorowicz a eu la bonne fortune d'observer également la production d'une empreinte de doigts dans d'excellentes conditions, l'argile n'étant même pas recouverte d'un tissu quelconque. Ceci a eu lieu chez lui, à Varsovie, en 1894. Il venait d'obtenir dans l'obscurité un moulage de figure que nous

---

(1) Non, pas surnaturelle du tout, mais seulement inconnue de la généralité du public.

étudierons tout à l'heure, et il se rendait dans la salle voisine pour l'examiner à la lumière. Laissons-lui la parole (1) :

Je pris alors le plat d'argile et nous passâmes dans la salle à manger pour mieux examiner l'empreinte que je plaçai sur une grande table, *près d'une grosse lampe à pétrole*. Eusapia, retombée en trance, resta quelques instants debout, les deux mains appuyées sur la table, immobile et comme inconsciente. Je ne la perdais pas de vue et elle me regardait sans rien voir. Ensuite, d'un pas incertain, elle se dirigea à reculons vers la porte et passa lentement dans la chambre que nous venions de quitter. Nous la suivîmes

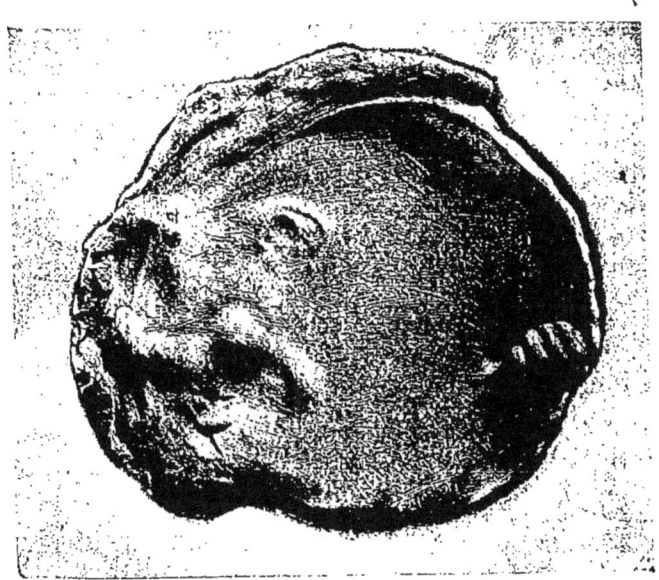

FIG. 36. — Visage et main obtenus, à distance, dans l'argile, avec Eusapia, par le Dr Visani Scozzi.

tous en l'observant et en laissant l'argile sur la table. Nous étions déjà arrivés en cette chambre lorsque, s'appuyant contre le battant de la porte, elle fixa les yeux sur l'argile qui était restée sur la table. *Le médium était bien éclairé*; on était à deux ou trois mètres et nous apercevions nettement tous ces détails. Tout-à-coup, Eusapia *tendit brusquement la main vers l'argile*, puis s'affaissa en poussant un gémissement; nous nous précipitâmes vers la table, et nous vîmes, à côté de l'empreinte de la tête, une nouvelle em-

(1) *L'Extériorisation de la motricité*, p. 407.

preinte très forte, *d'une main qui s'était produite ainsi sous la lumière de la lampe et qui ressemblait fort à la main d'Eusapia.*

Ici encore, la matérialité d'une *main invisible* est incontestable, et sa ressemblance avec celle du médium permet de supposer que c'est bien son double extériorisé.

Plus récemment, à Gênes, en 1906, au Cercle *scientifico Minerva*, le professeur Morselli et l'astronome Porro, purent constater aussi la production, en pleine lumière, de l'empreinte de trois doigts. Voici ce qu'observe le professeur Porro, d'abord fort sceptique, à la quatrième séance (1) :

Toujours en pleine lumière, Eusapia appelle M. Morselli, et, contrôlée par ses deux voisins, l'emmène avec elle vers la table sur laquelle est placé le bloc de plâtre à mouler. Elle lui prend la main ouverte et la pousse trois fois sur le plâtre, comme pour l'enfoncer et y laisser une empreinte. La main de M. Morselli demeure à une distance de plus de dix centimètres du bloc ; néanmoins, à la fin de la séance, les expérimentateurs vérifient que le bloc portait l'empreinte de trois doigts — empreintes plus profondes que celles qu'il est possible d'obtenir directement au moyen d'une pression volontaire.

Cette induction, que c'est le dédoublement de la main physique qui agit, va devenir une certitude absolue, lorsqu'il y aura *identité complète* entre le membre fluidique et la main charnelle. Arrivons donc enfin à cette démonstration péremptoire.

EMPREINTES ET MOULAGES DE LA MAIN FLUIDIQUE

On trouve dans l'ouvrage de M. de Rochas (2), deux rapports de M. de Siemiradski, sur des expériences qui eurent lieu à Rome, en 1893 et 1894. M. de Siemiradski, un artiste distingué qui obtint la médaille d'honneur à l'exposition universelle de Paris, en 1878, était membre correspondant de l'Institut, et l'on nous le donne comme un expérimentateur habitué aux méthodes précises d'investigation par les études brillantes qu'il fit à la faculté des Sciences naturelles de Kharkof.

(1) *Revue des études psychiques*, juin-juillet 1901, p. 205.
(2) De Rochas, *l'Extériorisation de la motricité. Les expériences de M. de Siemiradski*, à Rome, p. 127 et suiv.

Détachons de ces relations les parties qui nous intéressent plus spécialement en ce moment. Voici d'abord pour l'année 1893 :

Attouchements de mains invisibles. — Ces attouchements très nettement perçus par ceux qui en ont été l'objet, semblent être produits par une main matérielle et humaine qui, tantôt effleure légèrement la tête, le visage, le corps ou les membres des voisins du médium, tantôt leur serre assez fortement les mains pour soulever celles-ci au-dessus de la table et les secouer à plusieurs reprises, tantôt les frappe sur le dos d'une manière assez violente pour que les autres assistants entendent très nettement le coup.

Il est arrivé quelquefois que cette main, comme pour écarter l'idée d'une suggestion ou d'une hallucination collective, a laissé des traits bleus à la craie sur nos dos et sur nos bras, juste à l'endroit où nous nous étions sentis touchés.

La démonstration de l'objectivité du phénomène est encore allée plus loin. La main mystérieuse *a laissé des empreintes parfaitement distinctes de doigts avec leur épiderme*, sur des surfaces couvertes de noir de fumée (assiettes ou morceaux de carton Bristol), *alors que les mains d'Eusapia* et celles des assistants ne portaient aucune trace de noir.

Nous avons pu encore constater par un procédé différent, l'existence réelle d'une main n'appartenant à aucun des assistants ; c'est par le moulage. Nous plaçâmes un lourd bassin rempli de terre glaise à modeler sur la grande table au milieu de la salle à manger, et nous nous assîmes autour de la petite table d'expériences éloignée de la grande *de plus de un mètre*. Après quelques minutes d'attente, le bassin *vint se poser* sur notre table. Eusapia gémissait, se tordait et tremblait de tous ses membres ; cependant, *pas un moment ses mains ne quittèrent les nôtres*. Puis elle dit : « E fatto » (c'est fait). La bougie allumée, nous trouvâmes un creux irrégulier sur la surface de la terre glaise ; ce creux empli ensuite de plâtre nous donna un moulage parfait de doigts crispés *et comme enveloppés d'une toile fine dont les plis très nettement formés laissaient voir distinctement l'empreinte d'un tissu*. Deux autres moules moins parfaits furent obtenus dans les mêmes conditions.

Cette série de phénomènes est des plus instructives. Transport, *sans contact*, du bassin contenant la terre glaise, les mains d'Eusapia étant bien tenues ; 2° matérialisation d'une main ; 3° matérialisation *d'un tissu*. Ce dernier phénomène semblera encore plus extraordinaire que le précédent, car si, à la rigueur, on peut imaginer une émanation s'échappant de chaque point du corps pour reconstituer, plus loin, une main fluidique, la création d'un tissu semble plus inexplicable. Cependant les faits sont liés l'un à l'autre d'une manière indissoluble et il ne nous est pas permis de faire un choix dans les résultats, alors même que nous ne pourrions nous les expliquer, ou simplement les concevoir en aucune façon. Déjà, dans toutes les observations de dédoublements spontanés, l'apparition est *vêtue ;* dans les cas de photographie involontaire ou provoquée, on voit des vêtements, et dans l'expérience de Crookes et Varley avec Mme Fay, le costume et les bijoux étaient visibles sur le double. Nous constaterons plus tard qu'il en est de même pour les apparitions *post mortem* ; c'est une réalité qui s'impose et contre laquelle on ne peut s'inscrire en faux. Peut-être arriverons-nous, lorsque tous les cas seront connus, à faire quelques remarques qui rendront ces faits moins incompréhensibles. Revenons au rapport de M. de Siemiradski :

Au printemps de 1894, j'ai eu l'occasion de prendre part à une nouvelle série de séances avec Eusapia, avec la collaboration de MM. le professeur Richet, le docteur baron de Schrenk-Notzing (de Munich), le docteur Lombroso (qui n'assista qu'à une seule), le professeur Danilewski (de l'Ecole de Médecine de Saint-Pétersbourg) et le docteur Dobizycki (rédacteur de la *Gazette de médecine* de Varsovie). Les résultats furent toujours à peu près les mêmes et toujours très concluants...

Pendant une séance, nous plaçâmes sur la table une assiette couverte de noir de fumée. La main mystérieuse y laissa l'empreinte du bout de ses doigts. Les mains des assistants, *y compris celles d'Eusapia* étaient blanches. Nous engageâmes ensuite le médium à reproduire l'empreinte de sa propre main sur une autre assiette enfumée. Elle le fit. La couche de noir enlevée par ses doigts les avait fortement noircis. La comparaison des deux assiettes nous fit constater une ressemblance frappante, ou, pour mieux dire, l'*identité dans la disposition des cercles en spirale de l'épiderme*, et l'on sait que la disposition de ces cercles est différente suivant les différents individus. *C'est une particularité qui parle d'une manière éloquente en faveur de l'hypothèse du dédoublement du médium* (1).

Non, ce n'est plus seulement une hypothèse, mais une *certitude*, car les sinuosités de l'épiderme des doigts d'une autre main auraient

---

(1) Souligné par l'auteur du rapport.

des dessins différents. Ce sont ceux de la main charnelle d'Eusapia, qui était tenue par les observateurs, donc c'est la preuve absolue du dédoublement. Les mêmes contrôleurs eurent encore un moulage et, cette fois, Eusapia avait conscience de son extériorisation, car elle se plaignait, pendant l'opération, de la difficulté d'imprimer sa main fluidique :

> Nous réussîmes aussi, dit l'auteur, à obtenir le moulage de la *main fluidique enveloppée de son voile*. Voici les particularités de l'expérience. Les mains d'Eusapia étaient fortement tenues ; elle n'avait de libre que le bout des doigts qu'elle enveloppa du mouchoir de poche du docteur Schrenk-Notzing. Le plat d'argile était *hors de sa portée*. A un moment donné, elle commença à gémir, puis, toujours tenue aux poignets, elle appuya fortement le bout des doigts enveloppés sur le dos de ma main.
> Pendant cette opération, Eusapia semblait souffrir beaucoup ; *elle se plaignait que l'argile était dure*. Il paraissait évident que sa sensibilité était extériorisée *avec le double de sa main* et transmettait au médium la sensation douloureuse de la résistance que présentait la terre glaise à cette main fantômale...

Notons toujours la pression exercée par la main physique, au moment où la main fantômale doit agir fortement.

A MONTFORT-L'AMAURY

J'ai cité déjà l'ouvrage de M. de Fontenay, *A propos d'Eusapia Paladino*, je vais lui faire encore deux emprunts, l'un signalant, lui aussi, des empreintes de doigts, et l'autre, un phénomène assez rare, celui du dédoublement de la figure d'Eusapia. Voici d'abord pour la main (1) :

Après l'exposé d'un phénomène douteux d'empreintes, M. de Fontenay dit :

> Le fait est que le contrôle étant tout d'abord sévèrement repris, je me rapprochai de la table, le plateau (supportant le mastic) solidement serré dans mes deux mains. Je m'étais à peine assis et je le tenais pour le poser avec précaution sur la table, que j'eus la sensation d'une main pesant lourdement sur le mastic et y formant une empreinte. Puis la pression cessa et une main, à température

(1) Voir page 70.

normale serra très franchement le dos de ma main droite, en appuyant, comme pour dire : c'est fini. L'indication était si claire, que j'annonçai le phénomène aussitôt, me levant pour aller vérifier à la lumière, sans attendre aucune confirmation du médium, qui resta muet.

Sorti de nouveau avec Mme Z. Blech, j'ai constaté, ainsi qu'elle, une magnifique empreinte de cinq doigts parfaitement finis pour la plupart ; avec ongles et papilles. Cette fois le contrôle avait été parfait et d'autant plus à l'abri des contestations que je ne m'étais pas dessaisi un seul instant du plateau, que les *mains du médium n'avaient pas un seul instant été abandonnées*, et que certainement il ne s'était pas écoulé quatre minutes entre les deux vérifications du mastic ; l'attention des contrôleurs ne peut donc être suspectée d'aucune défaillance...

LE DÉDOUBLEMENT DE LA FIGURE D'EUSAPIA

A la troisième séance, celle du 27 juillet 1897, on demande à *John* de vouloir bien imprimer sa figure sur du mastic de vitrier, auquel on ajouta de l'huile de lin pour le rendre plus mou. Ce mastic était disposé en couche de moyenne épaisseur sur un large plateau à thé. Ce bloc est déposé dans le cabinet, sur une chaise, à 50 centimètres de l'ouverture des rideaux. Eusapia est assise devant les rideaux, dans la salle, et tenue comme nous allons le voir. Écoutons M. de Fontenay (1) :

On demande à John de mouler, s'il est possible, son visage sur le grand plateau. C'est beaucoup d'ambition et cela n'a jamais été fait encore en France, je crois (2). Le médium répond que c'est difficile et demande *que l'on n'y pense pas*. Instinctivement je resserre le contrôle. C'est toujours inquiétant, une phrase semblable. Que de gens ont été éloignés de ces études par de telles paroles et n'ont pas daigné prendre la peine de pousser à fond leur enquête, disant : Vous l'entendez, elle se condamne elle-même. Il lui faut, pour nous duper, la complicité de notre inattention !

M. Flammarion, de son côté, fait bonne garde. Les autres observateurs peut-être essaient d'obéir aux instructions de John ; mais il n'y paraît guère : pas un mot n'est échangé. Le médium s'est renversé à demi étendu sur l'épaule gauche de M. Flamma-

---

(1) G. DE FONTENAY, *A propos d'Eusapia Paladino*, p. 104 et suiv.
(2) Le phénomène a été obtenu fréquemment en Italie, comme nous le verrons plus loin, dans le second volume.

rion, qui a de la sorte le *contrôle de la tête et de la partie supérieure du buste* ; au surplus, l'obscurité ne nous empêche pas de percevoir vaguement le contour des objets volumineux, des personnes et *en particulier d'Eusapia*. Celle-ci gémit, soupire, mais non d'une manière exceptionnelle. Il se fait dans le cabinet un travail relativement faible ; la chaise semble se mouvoir avec lenteur et précaution. La table en revanche résonne de quatre coups violents : « Parlate ». Les dames obéissent, prononcent quelques paroles et presque aussitôt les tentures s'écartent sous la poussée d'une masse sombre. On la voit s'élever au-dessus de la table, au-dessus des têtes. Eusapia est enserrée de tous côtés. M. Flammarion la tient en quelque sorte de la taille à la tête, puisqu'elle est à moitié *couchée sur lui* et qu'il est maître de son bras droit. J'ai glissé ma main gauche sur ses genoux, *ses pieds sont sous les nôtres*,

malgré ses « non stringere » je maintiens suffisamment sa main gauche pour *être assuré* qu'elle ne peut s'évader.

Quant à la masse sombre et indistincte, elle se divise : le lourd plateau pesant 4 kgr. 500 est déposé moelleusement sur les mains qui font la chaîne, et comme avec M. John les plus beaux phénomènes s'accompagnent parfois d'un épisode comique, la chaise, très peu galamment, vient couronner Mme Z. Blech, voisine de M. Flammarion. Celle-ci proteste énergiquement, mais le médium coupe court à ses plaintes en se redressant et en déclarant voir sur la table une tête et un buste. Puis elle déclare : « E fatto ». On ne croit pas à son affirmation parce que le plateau repose sur la face dorsale des mains qui font la chaîne et que personne n'a senti la moindre différence de pression ; mais trois coups violents comme des coups de poing, tombent sur la table et la font trembler. On court à la lanterne que l'on décoiffe, et l'on constate l'empreinte d'un profil, presque d'un trois-quarts, dont on peut voir la reproduction photographique ci-contre (1).

Mme Z. Blech, toujours pleine de sang-froid, revient en hâte près d'Eusapia inanimée, lui ferme les yeux, la remercie et, tout en l'embrassant avec effusion, observe que le visage du médium est *parfaitement inodore* (2). Le mastic dont nous nous servions avait

---

(1) Voir l'ouvrage cité de M. de Fontenay, et *l'Extériorisation de la Motricité*, de M. de Rochas, car l'éditeur de ce dernier, M. Chacornac, m'a refusé l'autorisation de la reproduire.

(2) Nous verrons plus tard que cette constatation n'a pas grande valeur car, assez souvent, on a observé qu'une substance colorante pouvait être transportée du double sur le corps physique, et qu'il peut parfois en être de même pour les odeurs. D'ailleurs, dans ce cas, la précaution était superflue, la tête du médium n'ayant pas quitté le contact de M. Flammarion, et celui-ci ayant approuvé par lettre l'exactitude de ce compte rendu.

une très forte odeur d'huile de lin et les doigts la conservaient assez longtemps lorsqu'on y avait touché. Du reste, comme je l'ai dit, la tête d'Eusapia n'a cessé d'être parfaitement contrôlée entre les deux visites du plateau...

Nous assistons, ici, à l'extériorisation de la tête d'Eusapia, avec son relief naturel et les quelques différences qui existent dans les traits proviennent manifestement de l'état encore semi-fluidique du double, qui n'a pas tout à fait la rigidité du profil charnel. C'est donc *expérimentalement* que le dédoublement du corps se démontre, et lorsque nous sommes en présence du dédoublement complet, comme dans l'expérience de Crookes et Varley avec Mme Fay, nous connaissons maintenant la source où le fantôme puise l'énergie mécanique qui lui permet de tenir un livre à la main.

Je ne crois pas utile de m'arrêter à discuter l'hypothèse du philosophe Hartmann, à savoir : que les empreintes seraient dues à des radiations dynamiques de la force nerveuse du médium, sans aucun substratum matériel, car Aksakof a réfuté complètement cette théorie (1) en montrant : 1° qu'il faudrait que cette force suivît des chemins sinueux irréguliers, tout en devant agir perpendiculairement, pour que l'image fût régulière ; 2° les radiations devraient être parallèles entre elles, tandis que les inégalités d'un organisme humain s'opposent à ce parallélisme ; 3° les lignes de pression devraient avoir non seulement la même longueur, mais une longueur voulue, déterminée pour correspondre à toutes les inégalités. Qu'est-ce qu'une force physique d'une *longueur déterminée* ? 4° Ce système de lignes de pression émanant de chaque point de l'organisme devrait correspondre dans sa coupe au contour de l'empreinte obtenue ; ce faisceau aurait alors une *épaisseur* ? 5° Pourquoi ces radiations s'arrêtent-elles à la surface de la terre glaise ou du papier enduit de noir de fumée, au lieu de traverser toute la masse ? Elles prennent donc une consistance ? Mais un soi-disant faisceau dynamique qui a une longueur, une épaisseur et une consistance détermi-

---

(1) Voir Aksakof, *Animisme et Spiritisme*, p. 118 et suiv.

nées, ne se différencie plus d'une substance matérielle. C'est justement ce que les spirites admettent.

Autre remarque. Pour qu'une empreinte reste sur un papier noirci, il faut que des particules de charbon soient enlevées : comment une force physique exerçant une pression pourrait-elle enlever une matière quelconque et la faire disparaître ?

LES DERNIÈRES EXPÉRIENCES AVEC EUSAPIA, A PARIS

Au commencement de l'année 1908, la *Société française d'étude des phénomènes psychiques* organisa une série de séances avec Eusapia Paladino, les 29 et 31 janvier, 2, 5 et 7 février, qui offrirent le plus grand intérêt. Non seulement on put observer la série des phénomènes habituels : Coups frappés sans contact, lévitations de tables, mouvements d'objets à distance, transports d'objets matériels par des agents invisibles, mais on parvient à deux résultats très importants : 1° la photographie des mains agissantes et 2° un très beau dédoublement de la tête d'Eusapia, dans des conditions excellentes au point de vue du contrôle.

Voici, d'abord, ce qui a trait aux photographies. Elles ont été prises, à la séance du 2 février, par M. G. de Fontenay. Les dispositions étaient celles que l'on emploie d'habitude, c'est-à-dire qu'Eusapia était assise devant un cabinet formé d'un fond et d'un plafond en menuiserie, dont les côtés sont formés par des rideaux descendant jusqu'au sol et s'ouvrant sur le milieu et les côtés. Devant elle une table autour de laquelle sont assis les assistants. Les contrôleurs de droite et de gauche lui tenaient les mains et les pieds, et personne ne pouvait s'introduire subrepticement dans le cabinet. On était éclairé par un bec Auer entouré d'un manchon de papier rouge. L'appareil photographique était d'avance mis au point sur l'ouverture des rideaux, un peu au-dessus de la chaise que le médium devait occuper, et un dispositif particulier permettait de faire instantanément un éclair au magnésium lorsque cela serait jugé nécessaire (1).

(1) Pour plus de détails, voir : *Comptes rendus des Séances Médianimi-*

Ceci dit, je vais reproduire les procès-verbaux en négligeant ce qui n'a pas trait aux photographies. Le contrôleur de droite et celui de gauche tiennent les mains et les pieds d'Eusapia.

Séance du 2 février 1908

PHOTOGRAPHIES DE MAINS

... L'épisode qui suit ce dernier phénomène est d'une extrême importance, tant à cause de sa perception simultanée par plusieurs membres du cercle, que par la preuve qui en est fournie par la photographie qui a pu en être prise.

Sur la demande de « John », le guide du médium, s'exprimant par coups frappés, la lumière est un peu remontée de façon à permettre aux assistants de se voir très distinctement. Eusapia

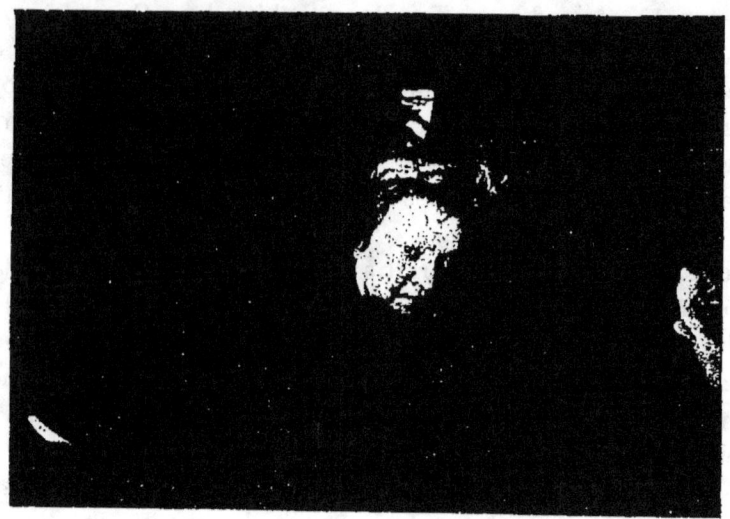

FIG. 37. — Première photographie de main obtenue avec Eusapia Paladino, à la Société française d'étude des phénomènes psychiques.

est toujours rigoureusement contrôlée par M. Drubay à sa gauche et par moi-même, à sa droite, lorsque levant les yeux, j'aperçois à environ 40 centimètres au-dessus de sa tête, et un peu en arrière, une main qui s'agite contre les rideaux du cabinet. J'en fais immédiatement part à l'assistance, en disant : « Il y a une main entre les rideaux du cabinet, au-dessus de la tête du médium. »

ques tenues avec Eusapia Paladino à la Société française d'étude des phénomènes psychiques, 57, faubourg Saint-Martin, Paris.

Tout en continuant à regarder l'apparition je serrai instinctivement davantage la main droite d'Eusapia que je tenais dans ma main gauche, sur le genou droit du médium, de telle sorte que j'exerçais à cet instant un triple contrôle, celui de la main, du genou et du pied droit d'Eusapia. Mon voisin de droite, M. Ebel, affirma voir également bien la main matérialisée, et à ce moment, M. de Fontenay fit jaillir l'éclair magnésique qui nous aveugla tous pendant un instant par son éblouissante clarté.

Sans cesser un seul instant de contrôler le médium, j'annonçai alors que la main que M. Ebel et moi avions vue devait être une main gauche. Elle s'était en effet présentée à peu près horizontalement, l'extrémité des doigts dirigée de mon côté, et comme elle se trouvait au-dessus et un peu en arrière d'Eusapia, il m'avait été possible de voir la face palmaire de cette main dont le pouce légèrement écarté des autres doigts se trouvait tourné vers le fond du cabinet, ce qui m'avait permis de conclure que c'était bien une main gauche, affirmation qui fut du reste confirmée par la photographie ci-contre de cette apparition (fig. 37) (1).

Sur la demande du médium que la brusque lumière du magnésium avait désagréablement impressionné et quelque peu indisposé (il se plaignait de nausées), on ralluma complètement le gaz et on suspendit la séance pendant quelques instants.

Dès qu'elle fut reprise, c'est-à-dire lorsque nous fûmes plongés dans l'obscurité à peu près complète, Eusapia annonça que pour lui éviter le renouvellement d'un semblable malaise, elle préviendrait lorsqu'il faudrait faire la lumière pour photographier un phénomène. M. Drubay et moi-même continuâmes en conséquence à la contrôler sans relâche, tenant toujours ses mains et sentant constamment ses deux pieds sur les nôtres.

Lorsqu'elle se mit à crier : « Fuoco !... Fuoco !... » je redoublai de vigilance et tout entier à mon rôle de contrôleur, je ne songeai même pas à regarder du côté du cabinet pour voir ce qui pouvait s'y produire en cet instant.

La photographie de ce second phénomène (fig. 38) est encore plus intéressante au point de vue documentaire que la première, car on y voit, au-dessus de la tête du médium, deux mains crispées, une droite et une gauche, ce qui rend absolument inadmissible toute hypothèse de fraude, à moins d'accuser les deux contrôleurs de complicité.

Il est certes regrettable que l'appareil photographique n'ait pas été disposé de façon à enregistrer, en même temps que le phéno-

(1) Remarquons, en passant, que c'est la première fois depuis vingt ans que l'on parvient à photographier une de ces mains qui se montrent pendant les séances.

mène, la photographie des deux mains des contrôleurs tenant celles du médium SUR LA TABLE, car dans ce cas la preuve eût été totale et absolue, personne ne pouvant se glisser à notre insu dans le cabinet.

Des coups très violents et semblables à ceux qu'aurait pu produire un robuste poing d'homme sont frappés sur la table. La canne que tient M. Delanne lui est enlevée, transportée sur ladite table, puis posée par une de ses extrémités, successivement et délicatement sur la tête, les mains et les épaules de différentes personnes. A un certain moment, cette canne vient toucher ma main gauche qui tenait la main droite d'Eusapia, et cette dernière m'échappa

Fig. 38. — Deuxième photographie de mains fluidiques matérialisées, obtenues avec Eusapia Paladino, à la *Société française d'étude des phénomènes psychiques*, le 2 février 1908.

l'espace d'environ deux ou trois secondes. J'en informai aussitôt l'assistance, mais pendant ce court instant aucun phénomène ne se produisit.

Le contrôle se rétablit en quelque sorte de lui-même par le retour de la main droite d'Eusapia dans ma main gauche, et presque aussitôt une main douce et de température normale vint effleurer ma main droite ainsi que celle de M. Ebel avec laquelle elle était en contact pour la chaîne.

M. Gaufroy sent également une main qui lui prend la sienne et l'attire vers le médium.

Enfin, M. Drubay et moi-même avons nos gilets partiellement déboutonnés par cette main mystérieuse.

M. Delanne demande alors à *John* s'il lui serait possible de produire quelques phénomènes lumineux, et Mme Gaufroy, le médium clairvoyant déjà cité, annonce que le désir exprimé par M. Delanne va être satisfait.

Nous voyons alors, en différents points de la salle, sur la table, sur les rideaux du cabinet, et même près de la figure des assistants, de petites lueurs de teinte bleu-verdâtre, semblables à des lucioles, qui naissent, durent une ou deux secondes, et s'évanouissent ensuite.

Ces luminosités sont extrêmement intéressantes à observer et il n'y a aucun doute sur leur objectivité, car elles sont perçues et localisées aux mêmes endroits par tous les assistants simultanément.

Il est à noter également que la plupart de ces phénomènes sont annoncés à l'avance par le médium clairvoyant Mme Gaufroy.

La séance est levée à onze heures dix.

Le Contrôleur de droite :

V. CHARTIER.

Témoignage de M. Drubay, contrôleur de gauche du médium, pendant la séance du 2 février 1908 :

« J'affirme de la façon la plus formelle et la plus absolue que je n'ai pas lâché la main gauche du médium pendant toute la durée de cette séance. Tantôt sa main et la mienne étaient sur la table, tantôt elles étaient sur son genou gauche ».

Signé : P. DRUBAY.

Pour copie conforme :

V. CHARTIER.

*
* *

Cinquième Séance. — Vendredi, 7 février 1908

DÉDOUBLEMENT DE LA TÊTE D'EUSAPIA

...A ce moment, M. Delanne demande à *John* de faire tout son possible pour laisser une empreinte sur le mastic contenu dans le fond du cabinet, *dont on vérifie la surface qui est parfaitement lisse.* Le médium à demi entrancé demande à ce que le tabouret qui supporte cette terrine soit rapproché de lui.

Pour ne pas interrompre un seul instant le contrôle, c'est le docteur d'Ormea qui offre de pénétrer dans le cabinet pour opérer le rapprochement demandé. Mais alors se produit une série de phénomènes bien inattendus. En effet, à l'instant même où le docteur écarte les rideaux pour entrer dans le cabinet, le tabouret supportant la terrine contenant le mastic, et dont le poids total est de 23 kilos, s'avance seul, en glissant sur le plancher, jusqu'à la chaise du médium, puis retourne de lui-même à place primitive. La lumière est suffisante pour permettre à toutes les personnes proches du cabinet de constater *de visu* ces déplacements.

Le docteur d'Ormea passe alors derrière les rideaux pour rapprocher la terrine de mastic du médium, mais celle-ci, toujours avec le tabouret qui la supporte, se meut d'elle-même et c'est pendant plusieurs minutes une véritable et fantastique promenade qu'elle exécute, si bien que M. d'Ormea dit à l'assistance qu'il a eu peur, tout en s'excusant d'un tel aveu qui ne devrait pas, ajoute-t-il, être proféré par la bouche d'un médecin.

Il quitte le cabinet et revient prendre sa place dans l'assistance.

Le médium est toujours sévèrement contrôlé par MM. Lierhmann et de Barrau.

M. de Fontenay, qui est à la table en face d'Eusapia, se penche vers cette dernière. Le rideau se soulève violemment, s'avance jusqu'à lui et une main vient le toucher et l'attire vers le cabinet.

Eusapia, toujours contrôlée, s'empare de la main gauche de M. de Fontenay et la place sur sa tempe droite. Elle lui prend ensuite la main droite avec la sienne. A un moment donné elle incline la tête sur l'épaule de M. Liehrmann, son contrôleur de droite, l'y appuyant avec une grande force pendant environ dix secondes, après lesquelles elle pousse ce soupir bien connu qui indique la réalisation d'un phénomène puissant.

Nous avons tous, à ce moment, la conviction qu'une empreinte vient d'être produite sur la matière plastique, mais, pour ne pas interrompre encore une fois la séance, on décide de ne s'en assurer qu'à la fin de celle-ci.

Le contrôle est toujours rigoureusement tenu. Une main petite et très blanche, ressemblant à une main de femme, sort d'entre les rideaux, se place sur la tête du médium et lui caresse les cheveux. Cette apparition est très bien vue par les assistants se trouvant en face et à droite d'Eusapia...

Quelques phénomènes lumineux se produisent encore, en différents points, sous forme de petites lueurs ressemblant à des vers luisants. Le médium étant fatigué, la séance est levée à onze heures un quart.

M. Delanne qui est assis devant le rideau, juste en face du tabouret portant la terrine, empêche que l'on y touche avant que la pleine lumière ne soit faite. Dès que le gaz est remonté, on porte la terrine sur la table et on constate que le mastic qu'elle contient présente une empreinte ressemblant à un profil gauche de tête. Pendant que le médium, revenu à lui, se reposait, il proposa spontanément à M. Delanne de sentir ses cheveux et sa figure, ce que celui-ci fit immédiatement, et il put déclarer qu'Eusapia ne sentait pas le mastic.

Du plâtre dans le creux du mastic ayant été coulé, nous en retirâmes un modelage reproduisant d'une manière très reconnaissable le profil gauche du médium recouvert d'un tissu......(Fig. 40).

Voici, relativement à cette séance, les témoignages écrits par les deux contrôleurs.

1° Témoignage du contrôleur de gauche :

« Tous les faits cités sont absolument exacts. Il ne faut pas oublier que l'obscurité n'a jamais été complète ; par conséquent, il serait ridicule de vouloir expliquer par la fraude un seul des phénomènes. Je n'ai pas cessé une minute de contrôler les genoux, le pied et la main gauches du médium.

« Je n'ai pu faire qu'une constatation, qui est la suivante : plusieurs des phénomènes observés ont coïncidé avec une contraction assez forte de la main du médium qui serrait la mienne avec force au moment où les coups étaient frappés.

« Cette constatation, qui ne saurait avoir rien de désobligeant pour le médium, semble prouver simplement que ses forces sont nécessaires à la production de certains phénomènes et qu'Eusapia fait des efforts de volonté qui se traduisent par une contraction musculaire dont elle ne se rend peut-être pas compte.

« Je n'ai observé cette contraction que pour les coups frappés et les lévitations qui sont précisément les phénomènes les plus matériels et les plus brutaux.

Signé : « B. DE BARRAU. »

.·.

2° Témoignage du contrôleur de droite :

« Je peux dire qu'à aucun moment, le contrôle que j'exerçais sur le côté droit, bras et jambe d'Eusapia, n'a cessé pendant les phénomènes qui se produisaient.

Signé : « LIERHMANN. »

Enfin, M. Delanne ayant écrit à M. G. de Fontenay pour lui demander dans quelles conditions il avait contrôlé le médium au moment supposé où l'empreinte de son double s'était effectuée sur le mastic, voici la réponse que lui fit M. de Fontenay :

Fig. 39. — Portrait d'Eusapia Paladino, en 1908.

Fig. 40. — Photographie du moulage obtenu en coulant du plâtre dans l'empreinte produite dans le mastic de la terrine.

Paris, 11 février 1908.

Cher Monsieur,

Je viens de recevoir votre lettre de ce jour relative à l'empreinte donnée par Eusapia pendant la séance du 7 courant. Vous me demandez mon témoignage détaillé sur la manière dont je tenais le médium et dont sa tête reposait sur la mienne. Sa tête n'a pas un instant reposé sur la mienne. Je n'ai contrôlé Eusapia que partiellement et d'une façon tout accidentelle, — intéressante cependant. — Vous devez vous rappeler que je m'étais installé avec mon vérascope au petit bout de la table, donc en face du médium dont me séparaient, à ma droite, une dame et le contrôleur de gauche ; à ma gauche, un autre observateur et le contrôleur de droite. Les phénomènes ordinaires se produisent à peu près dans l'ordre accoutumé ; le gaz fut baissé peu à peu et enfin vingt minutes peut-être avant la fin de la séance, on vérifia le mastic et on l'installa sur une chaise au coin droit du réduit. C'est à peu près à ce moment-là qu'Eusapia s'empara de ma main gauche, la plaça sur sa tempe droite et prit avec sa main droite ma main droite. Vu la longueur de la table, je dus rompre la chaîne, confier mon appareil à des assistants et me tenir debout, penché en avant sur la table.

Comme la position était des plus fatigantes et que je ne voyais pas l'utilité de ce contrôle supplémentaire, j'essayai à plusieurs reprises de reprendre ma place, mais chaque fois Eusapia me ramena à la position que je viens de décrire.

A un moment donné elle inclina sa tête, toujours accompagnée de ma main gauche, sur l'épaule de M. Lierhmann, le contrôleur de droite, l'appuyant avec une grande force, dont pourra témoigner M. Lierhmann, sur l'épaule et la poitrine de ce dernier. Cette pression dura peut-être dix ou douze secondes après lesquelles Eusapia poussa ce soupir bien caractéristique que vous connaissez. J'eus alors l'impression qu'une empreinte venait d'être donnée sur le mastic, et vous devez vous rappeler que je décrivis immédiatement à haute voix ce qui venait de ce passer, ajoutant : « Je parierais qu'il y a quelque chose sur le mastic et que c'est une joue droite... » J'aurais même désiré que l'on vérifiât tout de suite, mais vous n'avez pas voulu pour ne pas écourter trop la séance.

Je passe sur les phénomènes qui ont suivi et dont l'intérêt est moindre.

La séance terminée, on a apporté sur la table le récipient contenant le mastic. Je n'ai pas été surpris d'y voir une empreinte puisque je l'avais annoncée : mais je l'ai été considérablement de constater que c'était une joue gauche et non une joue droite.

Vous devez vous rappeler aussi que nous en avons causé dans la voiture qui nous ramenait et que j'ai évoqué, à titre d'explication provisoire — et bien vague, — les phénomènes d'interversion que l'on observe souvent : l'écriture en miroir, par exemple.

Une explication beaucoup plus simple m'est venue depuis à l'esprit. Il y en a même deux. La première, c'est que le phénomène a pu se produire à un autre moment. Je dois dire cependant que celle-là, je ne l'admets pas facilement, tout en me reconnaissant hors d'état de la combattre. Affaire d'impression personnelle, sans doute.

La seconde, c'est que le mastic aurait été appliqué, appuyé sur la joue gauche d'Eusapia. La pression qu'elle a exercée avec sa joue droite sur ma main et sur la poitrine de M. de Liehrmann n'aurait pas été dès lors, une pression efficace, agissante, mais une pression de résistance, une pression transmise. Elle aurait pris appui ainsi sur nous pour ne pas céder à la pression exercée sur la partie gauche de sa tête par la masse plastique. En d'autres termes, Eusapia n'aurait pas imprimé ses traits comme un cachet imprime ses creux : c'est le mastic qui serait venu s'imprimer sur Eusapia comme fait la cire au moyen de laquelle un ouvrier prend e dessin d'une serrure. Le phénomène interprété de la sorte fournit à la fois l'explication de la joue gauche et l'explication du voile qui la recouvre et qui serait tout simplement le rideau du cabinet.

Maintenant, à quel état matériel était cette masse dont le poids atteint, m'avez-vous dit, 23 kilogrammes ? Je n'ai pas à le discuter ici ; mais je supposerais volontiers qu'il y a eu dynamisation de la substance du mastic plutôt que transport intégral du récipient et de son contenu.

Croyez-moi, etc.

Signé : G. DE FONTENAY.

Pour copies conformes :

V. CHARTIER.

Je ferai remarquer que la supposition du transport de la terrine sur la figure du médium me paraît peu vraisemblable, parce que les rideaux du cabinet ne portaient aucune trace de mastic, alors qu'une pression aussi énergique que celle qui a dû être exercée pour produire en creux ce profil, aurait laissé du mastic adhérent à la trame de l'étoffe des rideaux.

Ce magnifique résultat me semble démontrer d'une manière absolue la complète matérialité du double extériorisé d'Eusapia, et nous permet, par analogie, de croire aussi à la tangibilité du double dans les cas spontanés, où celui-ci exerce une action physique.

RELATIONS ENTRE LE CORPS DU MÉDIUM ET SON DOUBLE

Nous avons vu déjà, par les expériences de M. de Rochas sur la sensibilité extériorisée du sujet, qu'une plaque photographique sensibilisée conserve avec le corps du sujet une liaison intime et, en quelque sorte morphologique, puisque une écorchure du gélatino-bromure à l'endroit de la main produit une ecchymose à la même place, sur la main matérielle du sujet. Nous allons observer, avec Aksakof, une autre forme de relation entre le fantôme et le médium : elle consiste dans le transport physique d'une substance colorante, du double au corps du médium. Cette possibilité de réaction mutuelle doit être connue des expérimentateurs, afin d'éviter de regrettables erreurs en ce qui concerne l'honnêteté du médium. Je vais m'expliquer plus complètement.

Nous avons constaté qu'une main matérialisée peut s'imprimer plus ou moins complètement sur du papier enduit de noir de fumée et enlever une partie de cet enduit. Ici se pose naturellement cette question : que deviennent les molécules de noir enlevées ? Comme la main se forme aux dépens du corps du médium, qu'elle en émane et y retourne, ainsi que cela a été souvent observé et comme nous le constaterons encore plus tard, nous devons conclure que le noir enlevé par la main doit se retrouver sur le corps du médium ; et comme la main apparue a souvent son origine dans la main du médium, c'est sur cette main que nous devons retrouver le noir de fumée. C'est ce que l'on constate fréquemment, mais pas toujours.

Dans le but de démasquer la fraude, on a souvent enduit les objets qui se déplacent dans l'obscurité de différentes substances colorées, ou l'on a touché directement la main apparue avec une de ces substances, le plus souvent avec du noir de fumée. Et lorsque les mains du médium — quoiqu'il eût les pieds et les mains liés et que les liens fussent retrouvés intacts — se trouvaient couverts de la même substance, on en déduisait que la fraude était évidente, et les spiritualistes eux-mêmes le proclamaient triomphalement. Mais, dans la suite, quand on eut acquis plus d'expérience, lorsque l'on sut que le dédoublement du corps du médium jouait parfois un certain rôle dans le phénomène des matérialisations, on fut forcé de reconnaître que le fait du transport de la matière colorée sur le corps du médium n'était pas *du tout une preuve de la mauvaise foi de ce dernier*, mais la conséquence d'une loi naturelle. Cette conclusion est évidemment fondée sur des expériences où toute possibilité de fraude a été éliminée, la plus concluante étant celle qui consiste à tenir dans ses mains celles du médium.

La première constatation de ce fait fut signalée en 1865, à l'occasion de la découverte des prétendues supercheries du jeune médium Allen. Ces sortes de découvertes ont toujours fait le plus grand bien au développement des phénomènes médianimiques. C'est à une circonstance de ce genre que nous devons les expériences de W. Crookes. Voici l'expérience faite par M. Hall, publiée dans le *Banner of Light* du 1er avril 1865, puis reproduite dans le *Spiritual Magazine* (1865, pp. 258 et 259) :

Tous nos journaux du matin expriment leur satisfaction au sujet de la soi-disant découverte des supercheries du jeune médium Allen. Plusieurs personnes, avant de se rendre à la séance, s'étaient noirci les cheveux ; et voyez, la main du médium a été trouvée enduite de cette même suie, et le médium lui-même proclamé imposteur et charlatan.

Ce n'est pas la première fois, Monsieur le rédacteur, que l'on perd toute confiance dans les médiums, parce que leurs mains sont enduites de la matière qui a reçu le contact de la main-fantôme. La fréquence de ce procédé, employé pour dévoiler l'imposture, et l'identité des résultats obtenus, m'ont suggéré l'idée que ce phénomène pourrait avoir pour cause une loi inconnue, une loi qui produirait invariablement le même effet. Quand Allen fut « démasqué », je résolus de le mettre à l'épreuve, ce à quoi le docteur Randall et le jeune Allen consentirent très volontiers, me laissant toute liberté d'action.

Les résultats que j'obtins m'ont convaincu de la justesse de mes suppositions ; ils m'ont persuadé, en outre, que beaucoup d'autres médiums avaient encouru à tort divers soupçons au sujet des phénomènes physiques qu'ils avaient produits. J'ai la conviction que toute matière colorante recevant le contact de la main matérialisée, sera immanquablement transférée sur la main du médium, à moins qu'il ne se produise un obstacle quelconque au parfait fonctionnement de cette loi.

Hier soir, en présence de plusieurs des citoyens les plus en vue de notre ville, j'ai organisé une séance avec Allen, dans le but de vérifier ma théorie. Comme de coutume, j'étais assis dans un fauteuil ; les instruments de musique étaient placés derrière moi, sur un canapé ; le jeune médium restait à ma gauche et tenait ma main gauche de ses deux mains, sa main droite étant liée à mon bras. Le manche de la sonnette avait été préalablement enduit de suie. Dès que nous en avons exprimé le désir, la sonnette s'est fait entendre. A l'instant même, *je retirai la couverture qui recouvrait les mains du médium*, et je vis que les doigts de sa main droite, *celle qui était attachée à la mienne*, étaient noircis, comme s'il eut tenu lui-même la sonnette. Afin de rendre l'expérience plus probante encore, les personnes présentes lièrent les mains du jeune garçon, préalablement lavées, à ma main, au moyen d'un cordon solide dont un bout était tenu par l'un des assistants, qui le tirait si fort que cela me coupait la peau.

Il était clair pour tout le monde que, dans ces conditions, le médium ne pouvait déplacer ses mains, fût-ce d'un centimètre seulement. Mon épaule gauche était recouverte d'une redingote qui masquait ma main et celle du médium. Par-dessus ma redingote, je plaçai encore ma main droite sur la sienne, de manière à ce qu'il n'y eût pas le moindre doute au sujet de l'immobilité du médium. Quand nous fûmes prêts, les invisibles se mirent à jouer des instruments, derrière notre dos, et à faire résonner les sonnettes. Je découvris immédiatement les mains du médium, qui *étaient restées immobiles tout le temps*, comme je l'avais bien senti : l'une de ces mains *était enduite de suie*. Il me semble que cette expérience est des plus convaincantes.

Agréez, etc... JOSEPH HALL.
Portland, le 13 mars 1865.

Bah ! dira-t-on, qui nous assure que le témoin est sincère ? Voici d'autres témoignages, ceux-ci irrécusables, qui nous autorisent à croire que celui de M. J. Hall est véridique. Tout d'abord voici une expérience d'Aksakof (1) :

(1) AKSAKOF, *Animisme et Spiritisme*, p. 125.

J'ai eu, dit-il, l'occasion de vérifier le phénomène de transport de couleur dans une expérience que j'ai faite avec la célèbre Kate Fox (Jenken) lorsqu'elle vint à Pétersbourg en 1883.

J'étais assis devant elle à une petite table ; comme cela se passait dans l'obscurité, j'avais placé ses deux mains sur une plaque de verre, lumineuse dans la nuit, de telle façon que ses mains étaient visibles ; en outre, *j'avais placé mes mains sur les siennes.* Sur une table, à côté de nous, se trouvait une ardoise avec un papier couvert de noir de fumée. Je demandai qu'une des mains agissantes produisît une empreinte sur le papier. L'empreinte fut faite, et les *bouts de doigts du médium correspondants à l'empreinte* furent trouvés noircis.

Dans ce cas, la relation entre le corps du médium et la main fantomale est évidente, et nous somme en présence d'un fait qui établit la corporéité de ce membre fluidique qui a le pouvoir de retenir et de transporter des substances adhérentes à sa surface. Le fait que l'on retrouve sur les doigts du médium les particules de carbone, rend certain le retour de la main fluidique dans le corps.

Cependant, il faut noter qu'on n'observe pas toujours ce fait de transport, nous l'avons vu pour Eusapia (p. 449) ; et il arrive également que le transfert de la matière colorante sur le corps du médium se produise à une autre place que celle qui correspond au membre extériorisé. Voici, à cet égard, une observation de W. Crookes (1).

M. Crookes mit une petite quantité de couleur d'aniline sur la surface du mercure qui avait été préparée pour l'expérience ; l'aniline est un colorant puissant, aussi les doigts de M. Crookes en conservèrent-ils longtemps les traces. Katie King (2) plongea ses doigts dans la couleur, et cependant les doigts de miss Cook ne se sont pas trouvés tachés ; des traces d'aniline se voyaient *par contre sur son bras.*

Le directeur du *Spiritualist,* M. Harrisson, fait le récit d'une autre expérience de ce genre, avec le même médium :

---

(1) Crookes, Journal *The Spiritualist,* 1876, VI, p. 176. Cité par Aksakof, p. 126 de son volume *Animisme et Spiritisme.*
(2) Nous étudierons longuement dans le second volume cette célèbre apparition matérialisée.

Au cours d'une séance avec le médium miss Cook, on avait enduit la main matérialisée, à la surface extérieure, d'un peu d'encre violette, et cette tache, grande environ comme une pièce de cinq francs, fut ensuite trouvée sur le bras du médium, près du coude.

Ces observations auraient besoin d'être reprises méthodiquement, afin de savoir si, dans les cas d'extériorisation animique, la substance colorante est toujours reportée sur le point homologue du corps physique. Nous reviendrons sur cette question en recherchant quelle est la nature de la matière qui forme les apparitions, quand elles n'appartiennent pas à la catégorie du dédoublement.

Jusqu'alors, nous n'avons encore que des moulages de reliefs de figure ou de mains ; arrivons maintenant au moule complet d'un membre fluidique, d'un pied droit du médium Eglinton, obtenu au moyen de la paraffine. Voici comment l'on procède : un seau est rempli aux trois quarts d'eau chaude. A la surface flotte une couche de paraffine fondue de quelques centimètres d'épaisseur. A côté de ce premier seau on en place un second, rempli d'eau froide. On prie alors la forme fluidique de tremper sa main, par exemple, d'abord dans la paraffine de sorte qu'il en reste une petite quantité sur toute sa surface. Puis cette couche superficielle de la main est refroidie par une immersion dans l'eau froide. On recommence la même opération jusqu'à ce que l'épaisseur de la couche de paraffine, qui entoure toute la main, soit suffisante pour former un moule rigide. Alors, la main en se dématérialisant, laisse le moule flottant sur l'eau froide. Il suffit ensuite de remplir ce moule avec du plâtre fin et, quand il est sec, de faire fondre la paraffine, pour obtenir un moulage parfait du membre fluidique, temporairement matérialisé. On comprend, de suite, qu'une main humaine ordinaire ne pourrait pas sortir d'un tel moule, la main étant plus large à l'origine des doigts qu'au poignet. De plus, ces moulages ne portent jamais aucune trace de sutures, ce qui arriverait nécessairement si le moule était fait par les procédés ordinaires.

MOULAGE DE L'EXTÉRIORISATION DU PIED DROIT D'EGLINTON

Voici le détail de cette expérience (1) :

Le 28 avril, vendredi, 1876, était jour de séance chez M. Blackburn, qui en avait organisé une série à Londres, 38, Great Russel-Street. Le médium était M. Eglinton ; l'assistance se composait des personnes suivantes : le capitaine James ; le docteur Carter Black ; M. Algernon Joy ; Mme Fitz Gerald ; Mme Desmond Fitz-Gerald ; M. A. Vacher, F. C. S. Mme C. ; Miss Kislingbury ; Saint-Georges Stock ; M. A. et moi, signataire du présent compte rendu, agissant en qualité de délégué du comité d'organisation des séances.

L'esprit-guide du médium, Joey, annonça qu'il allait tenter d'obtenir des moules en paraffine au moyen d'immersions répétées du membre matérialisé dans le liquide préparé. On fit apporter deux livres de paraffine, qui fut mise à fondre et fut versée à la surface de l'eau chaude contenue dans un seau. Cette opération avait été exécutée d'après les indications de M. Vacher. Le poids spécifique de la paraffine étant 87, et sa température de fusion 110° Far., la couche ainsi préparée devait rester assez longtemps à l'état liquide. Le seau contenant la paraffine fut placé d'un côté du cabinet, auprès d'un bassin rempli d'eau froide, destinée au refroidissement des couches successives de paraffine qui composent le moule. Le médium fut installé dans un fauteuil de jonc et solidment lié par les soins du docteur Blacke et de M. Joy, qui lui lièrent ensemble les mains et les pieds et les attachèrent ensuite au fauteuil, ainsi que le cou.

Je ferai observer qu'après que le médium fut lié, on fit avancer *son pied droit*, autant que les entraves le permettaient, et que, le rideau étant tiré, on put garder sous les yeux jusqu'à la fin de la séance, ce pied, ou pour m'exprimer avec une rigoureuse exactitude, la bottine dont il était indubitablement chaussé au début de l'expérience. Plusieurs personnes — et je fais partie de ce nombre — se sont contentées de l'observer de temps à autre, ne supposant pas que cette exposition eut un caractère intentionnel, mais, après la séance, quatre d'entre les assistants me déclarèrent qu'ils n'avaient pas quitté des yeux le pied exposé. Je ferai encore ressortir ce détail que le médium portait des chaussettes en laine et des bottines à élastiques et que, dans ces conditions, il ne *lui eût pas été possible d'en retirer son pied sans qu'on s'en aperçût*. D'ail-

(1) *Spiritualist*, 5 mai 1876, p. 206, cité par Aksakof, p. 163 de *Animisme et Spiritisme*.

leurs, à un moment donné, on remarqua une légère trépidation dans le pied, comme si le médium avait des convulsions.

La séance venait de commencer lorsque Joey nous pria d'ouvrir les deux fenêtres qui se trouvaient dans le cabinet, probablement à cause de la température élevée qui règnait dans cet espace fermé. Au bout d'environ 40 minutes, nous entendîmes à plusieurs reprises le clapotement de l'eau, comme si un objet quelconque eut été plongé dans les seaux et, une heure après, Joey nous dit : « Maintenant vous pouvez entrer ; nous vous avons donné une preuve de nature particulière, nous avons fait de notre mieux. Voyons si nous avons su vous satisfaire ! »

En entrant dans le cabinet, je constatai que le médium était lié *comme au commencement de la séance*, et j'aperçus deux formes nageant dans le seau qui contenait l'eau froide ; elles étaient un peu déformées. Ces moules avaient évidemment été pris sur un *pied droit*. M. Vacher, aidé par le docteur Blacke, les remplit de plâtre et obtint des épreuves qui indiquaient clairement que les deux formes avaient été moulées sur un même pied. Il est à noter que les particularités de la surface cutanée sont très nettement gravées sur la face intérieure des moules. Le Dr Blacke se propose de comparer ces épreuves avec les pieds du médium, avec lesquels ils pourraient avoir une certaine ressemblance, suivant des hypothèses données.

Pour dégager le médium, je fus obligé de couper les liens, ne pouvant réussir à défaire les nœuds. Je puis affirmer, sur ma foi, que la position du médium et l'état des liens qui le retenaient étaient exactement les mêmes à la fin de la séance qu'au commencement.

DESMOND G. FITZ-GÉRALD, M. S. Tel. E.
(Membre de la Société des Ingénieurs télégraphistes).

Il est regrettable que le narrateur ait omis de nous dire où donnaient les fenêtres qui furent ouvertes pendant la séance, car les incrédules pourront supposer qu'un complice d'Eglinton s'est introduit dans la salle pour y déposer les deux moules, puis s'est échappé ensuite, d'autant mieux que l'on ne fournit aucun détail sur les dimensions du moule et que l'on ne signale pas que la paraffine ait été pesée avant et après la séance. Ce sont tous ces points qu'il eût été indispensable de préciser ; et j'aurais passé cette narration sous silence, si le docteur Blacke n'avait pas fait paraître, quelque temps après, la note suivante :

Le moule en paraffine d'un pied droit matérialisé, obtenu à une séance, Great Russel street, 38, avec le médium Eglinton, dont le pied droit est resté visible, pendant toute la durée de l'expérience pour les observateurs placés en dehors du cabinet, s'est trouvé être la *reproduction exacte* du pied de M. Eglinton, ainsi qu'il résulte de *l'examen minutieux* du Dr Carter Black.

La supposition que les deux moules auraient pu être apportés du dehors, tombe devant ce fait que le moulage sans aucune suture est la reproduction exacte non d'une partie, mais du pied droit d'Eglinton, car celui-ci n'aurait pu préparer d'avance un moule en paraffine puisque les saillies des doigts de pied auraient opposé une résistance à la sortie du moule, et l'effort pour retirer le moule aurait détérioré la paraffine en y laissant des traînées visibles, qui auraient dévoilé la supercherie.

Si l'on rapproche ce cas de celui où le double de Mme Fay était visible entre les rideaux, de celui du jeune Davenport et des faits relatifs à l'extériorisation des mains ou du visage d'Eusapia, nous n'aurons plus le droit d'affirmer, si une figure matérialisée présente une ressemblance marquée avec le médium, que c'est nécessairement lui qui triche grossièrement. Il se peut que le fantôme soit son double, et cette possibilité complique encore l'étude des matérialisations, déjà si délicate par suite des circonstances dans lesquelles on doit les observer. Mais, nous le verrons, il faut bien se garder de conclure que dans tous les cas d'apparition, c'est toujours une émanation du médium que l'on voit. Il existe des preuves concluantes du contraire, comme j'aurai soin de le prouver.

Actuellement, il me suffit d'avoir montré que les faits naturels de dédoublement se confirment par ceux que l'on observe dans les séances spirites, et que la voie est ouverte aujourd'hui pour des recherches vraiment positives sur l'âme humaine et sur ses manifestations extra-corporelles. Je vais résumer dans le chapitre suivant ce que nous avons vu jusqu'alors, et en rapprochant ces phénomènes les uns des autres, il ressortira clairement que l'âme humaine existe pendant la vie, qu'elle possède une forme qui est celle du corps, et qu'elle pense et agit en dehors de son organisme charnel, ce qui établit irrécusablement son indépendance et son autonomie complète.

CHAPITRE VIII

LE DÉDOUBLEMENT DE L'ÊTRE HUMAIN DÉMONTRE L'EXISTENCE DE L'AME

SOMMAIRE. — Les phénomènes d'apparitions des vivants sont incontestables. — Il faut les différencier dans leurs causes. — Les hallucinations télépathiques sont certaines, elles ont des caractères particuliers. — L'action télépathique ne peut être produite par aucune forme connue de l'énergie. — Le fantôme hallucinatoire est construit par le sujet lui-même, il n'est pas la reproduction de l'agent au moment même où se produit le phénomène. — Les apparitions télépathiques, au contraire, ont une réalité extérieure. — Discussion de l'hypothèse de Myers sur la substantialité de l'image. — L'existence dans l'espace d'une forme fluidique n'est pas nécessairement une preuve de l'extériorisation du principe pensant. — Le fantôme odique. — Celui-ci n'est pas l'enveloppe inséparable de l'âme, c'est-à-dire le périsprit, il n'est qu'une émanation. — L'âme en dehors du corps. — La matérialisation du périsprit. — Elle s'affirme par les actions du fantôme sur la matière et par ses manifestations intelligentes. — A-t-on le droit de généraliser les observations particulières ? — Oui, certainement. — Conclusion du docteur Durand (de Gros) à propos de ces phénomènes. — Remarques générales sur les fantômes de vivants. — Nous avons enfin, maintenant, l'esquisse d'une démonstration scientifique de l'existence de l'âme pendant la vie. — Tableau résumant les apparitions fausses et véritables. — Nous possédons les mêmes preuves de l'existence de l'âme après la mort.

LES PHÉNOMÈNES D'APPARITIONS DE VIVANTS SONT INCONTESTABLES

Que la vision d'un fantôme soit due à une hallucination télépathique ou à la perception du double extériorisé d'un vivant, pour le voyant, elle semble, dans les deux cas, tout à fait objective, et sur le moment, elle s'impose à ses sens avec la même puissance que la vue des objets extérieurs. Bien que je n'aie pu faire qu'une énumération beaucoup trop succincte de quelques-uns des cas de chaque catégorie, je suis cependant autorisé à dire que l'existence de ces faits est certaine, car les enquêtes consignées dans les *Proceedings* de la S. P. R. anglaise sur plus de deux mille récits ; les documents accumulés dans les revues psychiques ou spirites ; les 786 cas sélectés par M. Flammarion, établissent d'une manière indubitable l'authenticité de la vision de l'image d'une personne vivante qui ne se trouve pas là.

Ce sont des témoins de tout âge et de tout sexe qui nous affirment la chose ; ils sont honorables, désintéressés, la plupart instruits, nullement malades, et n'ont, en général, éprouvé qu'une seule fois l'impression anormale qu'il décrivent. Si l'on veut bien se souvenir que ces récits sont confirmés souvent par des témoignages auxiliaires, et indépendants de la narration principale, il faudrait faire preuve d'un scepticisme intransigeant, dénué de tout caractère scientifique, et même faire injure au plus simple bon sens, pour croire à un mensonge universel. Il est plus logique d'admettre la possibilité de faits aussi souvent et aussi catégoriquement affirmés.

Rappelons-nous encore qu'on a fait une sélection très sévère concernant les faits recueillis, pour ne conserver que ceux qui ont pour auteurs des personnes normales chez lesquelles l'auto-suggestion n'avait aucune raison de se produire. Donc il ne saurait être question ici de phénomènes hallucinatoires d'origine pathologique et, lorsque ce sont des hallucinations, elles sont physiologiques, comme l'admettait déjà Brierre de Boismont, c'est-à-dire parfaitement compatibles avec la raison. Ce qui tend encore à établir que nous sommes en présence de phénomènes normaux, bien que relativement rares, c'est leur généralité dans tous les pays et à toutes les époques.

Les annales de tous les peuples, anciens ou modernes, sauvages ou civilisés, montrent que la croyance à l'apparition de personnes vivantes est aussi vieille que les sociétés humaines (1). La foi à l'existence dans l'homme d'un double est partagée par

---

(1) Pour se renseigner sur ce point, voir : Letourneau, *l'Évolution religieuse dans les diverses races de l'humanité* ; Taylor, *Civilisations primitives* ; Taplin, *Folklore of the Australien aborigenes* ; J. Regnault, *la Sorcellerie* ; Maury, *la Magie et l'astrologie*, etc.

les Iraniens, qui lui donnent le nom de *Ferouer*. Les Égyptiens appelèrent d'abord le double *Ka*, plus tard *Baï* et enfin *Khou*. C'était le Ka invisible qui donnait sa forme au corps visible et faisait de ce corps sa demeure. Le Ka était capable de quitter l'organisme physique pendant le sommeil. On pouvait alors l'évoquer, le fixer dans une statuette représentant son corps, et le tourmenter ; c'était l'envoûtement. Les Hébreux appelaient *Néphesh* le corps de l'âme. Chez les Grecs, le double a reçu les noms d'*Enormon*, de *char de l'âme*, d'*Eïdolon*. Plutarque (1) rapporte qu'Hermotime de Clazomène avait le pouvoir de se séparer de son corps pendant le sommeil et de se rendre en différents lieux ; quand il y rentrait, il racontait à chacun les choses qu'il avait vues ainsi pendant ses voyages animiques.

Varron (2) raconte que l'aîné de deux frères, un certain Corfidius, étant tenu pour mort, son testament fut ouvert, et que l'autre frère, déclaré son héritier, prépara tout pour les funérailles. Cependant Corfidius revint à la vie et dit aux serviteurs étonnés, qu'il avait appelés en frappant des mains, qu'il venait de chez son frère cadet qui lui avait recommandé sa fille et lui avait dit où il avait enterré de l'or, demandant que les préparatifs qui avaient été faits pour les funérailles servissent pour lui.

Immédiatement après arriva la nouvelle de la mort subite du frère cadet, et on trouva l'or à l'endroit désigné.

Nous avons vu que les cas de bilocation des Saints sont tout à fait semblables aux dédoublements des personnes ordinaires, ce qui leur enlève leur caractère miraculeux.

Le seul fait que tous les peuples que nous venons de citer aient donné un nom au corps de l'âme, semble bien démontrer qu'ils observaient souvent des apparitions, aussi bien des vivants que des morts.

Au moyen âge on nommait le double, le *corps astral* et nous avons rappelé qu'en Écosse et en Allemagne le phénomène des apparitions de vivants était assez fréquent pour que l'on ait appelé ces fantômes du nom de Wraith, dans le premier, et de Doppelgeanger dans le second. Les recherches modernes n'ont fait que

---

(1) PLUTARQUE, *De genio Socratis*, p. 22.
(2) Cité par Apulée, *Apolog.*, chap. XLIII.

confirmer la réalité de ces visions. Mais les savants qui ont étudié ces faits ont cru pouvoir expliquer tous les cas : les uns par des hallucinations pures et simples, les autres par la télépathie, tandis qu'il nous faut revenir aux idées anciennes pour comprendre les apparitions matérialisées de vivants, en admettant que c'est l'âme qui manifeste ainsi sa présence. Ce point étant des plus importants, je résume rapidement les arguments exposés jusqu'alors.

LES HALLUCINATIONS TÉLÉPATHIQUES, LEURS CARACTÈRES

Nous avons examiné les faits ; nous avons constaté leur indiscutable réalité ; il s'agit maintenant de les interpréter, et c'est ici que commencent les véritables difficultés, car il faut éviter de se laisser influencer par des idées préconçues. En suivant strictement les phénomènes, en ne prenant de chacun d'eux que ce qu'ils révèlent avec évidence, nous éviterons peut-être de confondre sans discernement ce qui est possible, avec ce qui est simplement probable. Un des plus mauvais services que je pourrais rendre à la cause que je défends serait de vouloir atténuer l'importance des faits qui semblent ne pas cadrer avec elle. A vrai dire, ils sont peu nombreux, et rien n'autorise à leur donner une valeur de premier ordre. Arrivons donc à l'examen critique de tout l'ensemble.

Tout d'abord, il est une remarque qui s'impose : c'est que la vision du fantôme, — qu'elle soit hallucinatoire ou objective — est aussi réelle pour le percipient que celle des objets ordinaires. Donc l'image mentale existe toujours, car sans cela elle n'affecterait pas la conscience. Nous savons que cette image, dans le plus grand nombre des cas, n'est pas la reproduction d'un personnage extérieur situé dans le champ actuel de la vision, c'est pourquoi on l'appelle une hallucination. D'où provient cette sensation anormale ?

Puisque l'on a éliminé les cas où les hallucinations étaient produites par un état pathologique, ou par la possibilité d'une autosuggestion, il faut chercher en dehors du sujet la cause du phénomène. Remarquons que presque toujours la vision hallucinatoire ne reproduit pas les traits d'une personne quelconque, ce sont ceux d'un parent ou d'un ami, et c'est à peu près au même moment que ce parent ou cet ami meurt ou subit une crise grave dans son existence.

Cette coïncidence est-elle fortuite, tout à fait accidentelle ? C'est là une question du plus haut intérêt, car c'est sur elle que repose l'existence de la télépathie. Si le hasard pouvait amener de pareilles rencontres accidentelles, la théorie de la télépathie

Fig. 41. — Portrait de M. le professeur Charles Richet.

ne serait pas soutenable ; si les coïncidences ne peuvent s'expliquer ainsi, alors l'existence de la télépathie est démontrée par les faits. Je rappelle quelques points de la discussion des auteurs anglais (1).

Ils prouvent par l'étude des statistiques que les hallucinations visuelles des aliénés sont les plus rares, alors, qu'au contraire,

(1) Les Hallucinations télépathiques, p. 208 et suiv.

ce sont celles qui prédominent chez les personnes normales. Le contraste dans les résultats décèle déjà que ce n'est pas à un trouble du cerveau qu'il faut faire remonter la cause de l'hallucination. Mais il y a mieux. Il résulte de l'enquête ouverte par la S. P. R. que sur 5.705 personnes de tout sexe et de tout âge, prises au hasard dans les rangs de la société, 21 personnes ont eu, dans les douze dernières années, une hallucination visuelle représentant une personne vivante qu'elles connaissaient.

Si l'on applique à ces faits le calcul des probabilités, on verra que les chances contre la coïncidence fortuite entre la vision hallucinatoire et la mort d'un parent ou d'un ami s'élève à quarante millions de billions de trillions, c'est-à-dire à un chiffre tellement colossal qu'on ne peut pas se le représenter. En réalité, c'est à une certitude morale absolue que le hasard ne peut pas produire aussi souvent de pareilles coïncidences que l'on aboutit. Ces considérations sont si puissantes, qu'elles ont déterminé un physiologiste aussi prudent que M. Ch. Richet à écrire (1) : « On trouve une telle quantité de faits impossibles à expliquer autrement que par la télépathie qu'il faut admettre une action à distance. Peu importe la théorie ; le fait me semble prouvé *et absolument prouvé* ! » M. Flammarion, d'autre part, frappé par le nombre et la valeur des cas qui lui ont été communiqués, conclut en disant : « La télépathie peut et doit être inscrite désormais dans la science comme une réalité incontestable ; les esprits peuvent agir les uns sur les autres sans l'intermédiaire des sens ; la force psychique existe. Sa nature reste inconnue. » (2)

Quelle est la cause qui produit le phénomène télépathique ? La réponse n'est pas douteuse : c'est la *pensée* de l'agent qui, directement ou par un intermédiaire, agit sur le percipient pour y produire des effets divers, dont l'un d'eux est l'hallucination visuelle que nous étudions. Si étrange que puisse paraître cette action extra-corporelle de la pensée (je prends ce mot dans son acception la plus générale, comme représentant toutes les modalités de l'esprit) elle est bien prouvée, car j'ai cité les expériences faites par les savants anglais, par M. Schmol, par

(1) *Proceedings S. P. R.*, juin 1888.
(2) *L'Inconnu et les problèmes psychiques* ; — *in fine*.

M. Desbaux, par Lombroso, par les docteurs Gibert et P. Janet, etc qui montrent que les sensations, les volitions, les pensées, sont perçues par des sujets à l'état normal, les précautions les plus rigoureuses étant prises pour éliminer la possibilité de fraudes quelconques. D'ailleurs, l'hallucination provoquée volontairement par un opérateur sur le percipient, qui ignore que l'on agit sur lui, est également un fait incontestable, puique nous en avons rapporté des exemples authentiques, dans les cas de Mme Russell, du révérend Cl. Godfrey, etc. Dans ces exemples, la pensée a été la seule force mis en jeu ; et comme l'hallucination s'est produite chez la personne visée par l'opérateur avec les mêmes caractères que lorsque la vision est spontanée, nous sommes autorisés, dans les deux cas, à l'attribuer à la même cause.

Est-ce la pensée elle-même qui voyage dans l'espace, ou bien l'être humain est-il un foyer d'où rayonnerait un mode inconnu de l'énergie qui servirait, dans certains cas, à transporter cette pensée ? Étudions de près cette question.

Quelle que soit la théorie que l'on adopte au sujet de la nature de l'âme, il est certain pour tout le monde que la pensée est un phénomène *subjectif*, qui n'est perçu directement que par l'individu chez lequel il se produit. Pour connaître la pensée de mon voisin, il faut qu'il me la communique par la parole, l'écriture ou le geste. La civilisation a développé les moyens d'étendre la sphère de diffusion de la pensée, au moyen de la poste, du télégraphe, du téléphone, du phonographe et de la télégraphie sans fils. Par la télépathie, la pensée se manifeste au loin sans le secours d'aucun de ces procédés ; il faut donc supposer : ou que c'est elle-même qui s'est transportée, ou qu'un nouvel agent de communication sert à la véhiculer dans l'espace.

Si, comme le veut l'école matérialiste, la pensée n'est qu'une fonction du cerveau, il est évident qu'elle ne peut se séparer du système nerveux, car cette supposition serait aussi absurde que si l'on imaginait que la fonction respiratoire peut se produire en dehors des poumons. Si, au contraire, la pensée appartient à l'âme, celle-ci étant, par définition, indépendante du corps, il n'est plus ridicule de supposer qu'elle puisse en sortir, et c'est ce qu'il est nécessaire d'admettre si l'on constate qu'une pensée voyage dans l'espace, car la pensée n'est autre chose que la connaissance que nous avons d'une modification qui s'est produite dans la conscience.

Mais, pour admettre cet exode de l'âme, il faut que sa présence hors de son habitat corporel soit certaine; et nous avons vu que beaucoup de phénomènes télépathiques ne nécessitent pas cette hypothèse. Nous sommes donc conduits à nous demander si les mouvements cérébraux qui accompagnent la pensée ne pourraient pas se propager extérieurement par des ondulations de l'éther, comme cela a lieu pour la chaleur, l'électricité, la lumière, etc. L'examen des conditions dans lesquelles se manifestent les actions télépathiques ne semble guère favorable à cette supposition.

Les effets produits par la lumière, la chaleur, l'électricité, etc. sont toujours proportionnels à l'intensité du foyer d'où proviennent ces forces ; de plus, leur pouvoir décroît suivant la loi du carré de la distance. Dans les actions télépathiques, rien de semblable ne s'observe. En admettant que des réactions physico-chimiques de la matière cérébrale accompagnent toujours la production de la pensée, elles semblent manifestement incapables d'engendrer l'énergie nécessaire pour déterminer des effets aussi considérables que la transmission d'une action télépathique d'un antipode à l'autre, comme cela a été parfois observé. Les ondes hertziennes, qui se présentent les premières à l'esprit comme une analogie appropriée, nécessitent des décharges oscillantes de conducteurs de plus en plus puissants, à mesure que la distance augmente. Pour agir par-dessus 200 kilomètres de terre, de Cronstadt à la Spezzia, Marconi a dû employer une énergie de 70 000 watts, qui nécessite pour être développée une machine de 100 chevaux. Ces chiffres indiquent nettement qu'il ne faut pas songer à cette analogie, puisque le tissu nerveux ne dispose que de l'énergie emmagasinée dans le protoplasma et les réserves de ses neurones. Il est utile de noter aussi que les ondes hertziennes, bien que se propageant dans l'éther, ne traversent pas tous les obstacles ; elles se réfléchissent, se polarisent, interfèrent comme la lumière, et sont sujettes également à des perturbations qui rendent parfois toute communication impossible.

Les rayons X offrent une autre analogie avec l'action télépathique, car eux aussi ne se réfléchissent, ni se réfractent pas; mais certaines substances les arrêtent, et leur puissance de propagation dans l'espace est beaucoup plus limitée que celle des ondes hertziennes, ils ne pourraient donc être utilisés pour l'explication que nous cherchons.

La supposition qu'une forme de l'énergie pourrait servir à transmettre les mouvements cérébraux corrélatifs à la pensée n'a rien qui puisse nous choquer, car le téléphone nous a familiarisés avec ce que l'on nomme les phénomènes *réversibles*. Ce n'est pas la voix humaine qui chemine dans le fil de cuivre; les mouvements alternatifs de la plaque du transmetteur produisent des vibrations électro-magnétiques qui ne ressemblent en rien à des ondes sonores, et ces vibrations sont retransformées en sons identiques à ceux du transmetteur, par les mouvements synchrones de la plaque de l'appareil récepteur. On peut donc imaginer qu'il se passe quelque chose de semblable pour les communications télépathiques, à la condition de concevoir un milieu plus subtil encore que l'éther, comme nous le verrons plus tard.

En somme, on constate que l'action télépathique n'est explicable par l'emploi d'aucune forme connue de l'énergie. C'est un phénomène absolument nouveau, qui montre avec évidence qu'il se produit des rapports directs entre les esprits humains, sans utiliser les sens. Il faut y voir une véritable manifestation *animique*, une preuve qu'il existe dans l'être humain autre chose que la matière vivante, autrement dit que l'âme n'est pas, comme le veulent les matérialistes ou les monistes, un *épiphénomène*, une pure illusion mentale. Par cette action extra-corporelle, l'esprit se révèle à nous comme un principe essentiellement actif, et ces communions d'âmes à travers l'espace ne peuvent plus être considérées maintenant comme de vagues rêveries de poètes : ce sont des réalités positives qui commencent la démolition des dogmes matérialistes. D'autant plus que si le cerveau de l'agent est incapable d'engendrer l'action télépathique, on ne voit pas comment le cerveau du percipient pourrait la recevoir. Ce n'est pas l'œil du voyant qui est impressionné : la vision est subjective, comme dans les cas d'hallucinations pathologiques où la cause est interne ; il a donc fallu que l'action télépathique ait agit directement sur l'âme du percipient, ce qui établit encore le caractère *spirituel* de ce rayonnement, qui semble affranchi de ces lois de l'espace et du temps qui conditionnent les phénomènes purement matériels.

En étudiant l'ensemble des faits, on est conduit à faire les remarques suivantes :

1° L'action télépathique est *élective*, c'est-à-dire qu'elle n'influence pas indifféremment tous les êtres humains. Elle n'a d'action que sur certains individus : ceux qui ont d'abord une sensibilité spéciale qui les rend propres à recevoir ces impressions, et, de plus, qui sont *en rapport* avec l'agent. Ces règles sont déduites des recherches expérimentales faite sur la transmission de la pensée. On peut supposer qu'il faut une idiosyncrasie qui rende possible une sorte de synchronisme vibratoire du périsprit (1) entre l'agent et le percipient, pour qu'il y ait télépathie.

Remarquons aussi que ce rapport n'est pas constant ; de sorte qu'un sujet ne recevra pas nécessairement toutes les influences télépathiques auxquelles il serait sensible si le rapport existait toujours entre lui et les agents. On conçoit dès lors qu'un phénomène qui exige des conditions aussi multiples et aussi délicates, ne se réalise que rarement dans toute sa plénitude!

2° Il faut noter encore qu'une même action télépathique, agissant sur des percipients différents, *ne produit pas nécessairement les mêmes effets* ; les uns auront un pressentiment, éprouveront une angoisse, un malaise indéterminé ; d'autres ressentiront une impulsion irrésistible qui les obligera à retourner chez eux ou à se rendre vers l'agent ; enfin certains seront atteints d'hallucinations auditives, alors qu'elles seront visuelles pour le plus grand nombre. Il est probable que la diversité de ces résultats est due à la variété des types psycho-physiologiques auxquels appartiennent les percipients, puisqu'on classe les hommes en types sensitifs, moteurs, auditifs ou visuels.

(1) C'est-à-dire du corps fluidique de l'âme.

3° L'observation établit que l'action télépathique peut provoquer la *clairvoyance* du sujet, c'est-à-dire la vision, à grande distance, indépendamment de l'obscurité et des obstacles interposés. Nous sommes, dans ce cas, en présence d'une seconde faculté *animique*, puisque l'organe physiologique de la vision est inutilisé.

4° Cette clairvoyance se constate également pour les événements passés ; les faits relatifs à cette vision rétrospective sont classés sous les titres de *rétrocognition et Psychométrie*. Lorsque la clairvoyance s'exerce dans l'avenir, elle prend le nom de *prémonition*.

5° De l'ensemble des faits de télépathie, de clairvoyance, de rétrocognition et de prémonition, il résulte clairement que l'être humain possède des pouvoirs, des facultés absolument inexplicables par les lois physiques ou physiologiques actuellement connues. Ces manifestations sont transcendantes ; elles impliquent la présence en nous d'un être qui, momentanément, pendant la vie, peut s'affranchir des lois terrestres qui gouvernent la matière.

L'âme existe donc, et l'induction la plus légitime permet d'inférer que puisqu'elle possède des pouvoirs supra-terrestres, c'est qu'elle n'est pas engendrée par la matière, dès lors la destruction du corps ne devra porter aucune atteinte à son intégrité. Si déjà, ici-bas, l'âme emprisonnée dans la matière peut s'affranchir momentanément des entraves des sens pour voir au loin ou pénétrer dans la nuit qui nous cache le passé ou l'avenir, la disparition du corps ne peut que donner plus d'essor à ces facultés, et la vie de l'au-delà, si elle existe, se prévoit plus complète, plus développée que celle d'ici-bas.

Pour en terminer avec les caractères généraux des hallucinations télépathiques, la première remarque qui s'impose, c'est que l'image vue n'est pas nécessairement la représentation exacte de l'agent d'où provient l'action télépathique, au moment même où elle se produit. Par exemple, Mlle Hosmer (p. 60) voit Rosa, sa camériste, revêtue de son costume habituel dans sa chambre à coucher tandis que, presque au même instant, celle-ci meurt en chemise dans son lit. C'est encore un argument contre l'hypothèse d'ondulations cérébrales qui véhiculeraient l'image, car on ne conçoit pas pourquoi ni comment ces ondulations transformeraient à ce point des faits physiques.

Pour autant qu'une comparaison puisse être faite en cette matière, il semblerait que la pensée qui arrive au percipient ressemble à une voix lointaine qui éveille, par association, la représentation extérieure de la personne à laquelle nous savons qu'elle appartient. C'est donc, dans ce cas, le percipient qui construit l'image mentale, et comme celle-ci provient de la partie la plus profonde de la conscience, elle s'extériorise pour le sujet avec tous les caractères de la réalité, comme on l'a si souvent constaté dans les suggestions hypnotiques.

Une hallucination télépathique visuelle n'a pas d'action sur la matière. Alors même que l'apparition semblerait déplacer des objets matériels, si après qu'elle a disparu on constate que ces objets sont restés à leur place première, c'est une démonstration évidente que ce déplacement était illusoire, et il ne peut servir aucunement de preuve à la démonstration de l'objectivité du fantôme.

En dernier lieu, le plus souvent, c'est une image inerte, donc sans contenu intellectuel et par conséquent sans manifestation intelligente. Ces caractères peuvent servir à distinguer une hallucination d'un fantôme de vivant véritable. Nous allons donc arriver immédiatement à l'étude de ceux-ci, bien qu'il existe une sorte de transition entre les deux ordres de phénomènes précédents, constituée par ce que nous appellerons les *fantômes odiques*, pour les différencier des images hallucinatoires, des dédoublements authentiques, et des apparitions télépathiques dont je vais parler immédiatement.

LES APPARITIONS TÉLÉPATHIQUES

Nous avons vu qu'il fallait discerner parmi les faits, ceux qui ne paraissent pas pouvoir s'expliquer par une action télépathique pure et simple, mais semblent exiger une autre théorie. Ce point très important a été nettement établi par Allan Kardec, dès l'origine du spiritisme, car il enseigne que l'âme humaine est capable de sortir momentanément de son corps, soit pendant le sommeil, soit pendant la veille, pour se rendre visible à des parents ou à des amis éloignés, ou pour prendre connaissance, par clairvoyance, de ce qui se passe au loin (1). C'est la thèse que nous avons soutenue également, en 1883, dans notre ouvrage, *le Spiritisme devant la science*, et ce nous est une satisfaction de voir qu'un psychologue aussi éminent que F. W. H. Myers, sous la

Fig. 40. — Autre portrait d'Allan Kardec.

pression continue des *faits*, a été conduit à des conclusions analogues.

Dans son dernier ouvrage, il écrit en effet :

On a découvert parmi ces cas (ceux des *Proceedings* et des *Phantasms*) certains exemples qui ne se laissent *pas réduire à la conception de la télépathie pure et simple*, en admettant même que cette conception ait reçu sa forme définitive. Parfois l'apparition était

(1) ALLAN KARDEC, *le Livre des esprits*. Voir le chapitre VIII, *Émancipation de l'âme*, p. 176. Edit. de 1867.

vue par plus d'une personne à la fois, résultat qui n'aurait pas dû se produire s'il ne s'était agi que d'une transmission d'un esprit à un autre, lequel extériorisait cette impression en lui donnant une forme matérielle, suivant les lois de sa propre structure. Il existait encore d'autre cas, où la personne actionnée paraissait être la personne actionnante, en ce sens qu'elle a eu l'impression d'avoir, d'une façon quelconque, *visité et noté une scène éloignée*, dont l'occupant n'était pas nécessairement conscient d'une relation immédiate avec cette personne. Ou quelquefois cette « clairvoyance télépathique » devenait de la « réciprocité », chacune des deux personnes en question étant consciente de l'autre, *la scène de leur rencontre étant la même* dans la vision de chacune, ou tout au moins l'expérience étant d'une façon quelconque commune aux deux. Ces difficultés et d'autres analogues se sont présentées à mon esprit dès le début ; et dans la « note » déjà mentionnée « sur un mode possible d'inter-action psychique » insérée dans le deuxième volume de *Phantasms of the living*, j'ai indiqué brièvement l'extension de la théorie télépathique qu'elles me semblaient nécessiter.

Que disait Myers dans cette note (1) ? Qu'il faut admettre parfois la présence réelle d'un fantôme à l'endroit où il est vu par l'agent.

Je crois toujours, — dit-il, dans son ouvrage (2) —, et plus fermement encore qu'en 1886, qu'il se produit une « invasion psychique », qu'il s'établit dans le milieu qui entoure le sujet percevant, un « centre fantasmogénétique », qu'il s'accomplit un certain mouvement ayant un certain rapport avec l'espace tel que nous le connaissons, et un *transfert de présence* pouvant ou non être discerné par les personnes envahies, et qu'il en résulte la perception d'une scène éloignée dont la personne actionnante peut ne pas se souvenir.

Le savant anglais ne craint pas d'écrire qu'il se sert du langage d'une *psychologie paléolithique*, et qu'il semble partager les habitudes de pensée du sauvage qui croit que l'on peut voyager en rêve et que l'esprit peut hanter et harceler celui de son ennemi. Ce retour à des conceptions surannées ne l'effraie pas ; il se dit que notre ignorance ne doit pas nous faire préjuger de ce qui est probable ou non. Le dernier mot appartient toujours aux faits bien constatés. Il n'y a, en somme, rien de téméraire à sup-

---

(1) F. W. H. MYERS, *la Personnalité humaine, sa survivance, ses manifestations supra-normales*, p. 219 de la traduction française.
(2) MYERS, *Ouvrage cité*, p. 217.

poser qu'un élément de la personnalité totale peut s'isoler et opérer indépendamment de l'organisme, si les faits nous obligent à cette constatation, et c'est effectivement ce qui a lieu. Faisons donc une revue sommaire des phénomènes qui nous conduisent à cette conclusion, en commençant par ceux où la cause agissante paraît exister autour du percipient qui, seul, devient sensible à l'action de cette cause.

On peut appeler *apparitions télépathiques*, celles qui sont visibles pour un ou plusieurs sujets *subissant l'action télépathique*, mais qui sont inexistantes pour les autres personnes présentes. L'apparition, dans ce cas, est réelle, extérieure, elle existe dans l'espace, mais elle n'est perceptible que pour ceux qui sont *en rapport* avec l'agent, c'est-à-dire qui sont sensibles à l'influence de la pensée du fantôme présent. Dans ces cas, l'action télépathique agit sur le percipient en produisant un dégagement limité et temporaire de son âme, qui devient par ce fait clairvoyante, puisqu'elle prend connaissance de réalités invisibles pour des yeux ordinaires. C'est ce que les spirites appellent la *médiumnité voyante* et M. Myers une *perception subliminale*.

L'exemple type de ce cas (voir p. 114) est celui du Révérend H. employé de M. Mouat, dont le fantôme fut vu simultanément à la même place (au coin d'une table) par M. Mouat lui-même et par une seconde personne, tandis que le portier et un autre employé présent ne s'aperçurent pas de sa présence. On ne peut guère imaginer que la pensée seule du Révérend ait eu le pouvoir de faire naître une hallucination identique chez les deux percipients parce que ceux-ci l'ont localisée précisément au même point de l'espace. La vue du fantôme ne provient pas d'une impression oculaire, sans cela les autres personnes présentes l'auraient éprouvée aussi. Il existe bien dans l'espace une image fluidique du révérend, mais elle n'est pas assez matérialisée pour être aperçue par d'autres personnes que des sensitifs, et encore, il faut qu'ils subissent l'action de la pensée du fantôme, sans quoi ils ne verraient rien, ne possédant pas normalement la double vue.

J'ai dit que F. W. H. Myers était arrivé à supposer qu'il existe une sorte de fantôme, et même une véritable bilocation, puisqu'il parle constamment d'*excursion psychique* lorsqu'il s'agit de télesthésie ; mais, pour lui, ce n'est pas l'âme tout entière, y compris la conscience ordinaire, qui s'extériorise, c'est seulement un certain élément psychique, qu'il ne spécifie pas. Je reproduis d'abord sa définition du phénomène, puis l'explication qu'il propose, et ensuite je discuterai son point de vue (1) :

La question de la vraie importance de la collectivité de la perception reconstitue sous une autre forme le problème de l'*invasion* auquel notre exposé nous ramène si souvent. Lorsque deux ou trois personnes voient ce qui paraît être le même fantôme à la même place et au même moment, cela signifie-t-il que cette portion spéciale de l'espace soit modifiée d'une façon quelconque ? ou qu'une impression mentale, communiquée par un agent éloigné, celui auquel appartient le fantôme, à un des sujets percevants se réfléchisse télépathiquement de l'esprit de ce dernier à l'esprit d'autres sujets percevants, de sujets pour ainsi dire secondaires ? *Je préfère la première de ces deux explications* (2) et je vois une objection contre la deuxième, qui est celle de la contagion psychique. Dans ce fait, ainsi que dans certains cas collectifs, nous ne discernons *aucun lien probable* entre l'esprit d'un sujet percevant quelconque et celui de l'agent éloigné.

Il n'existe en effet aucune indication d'un lien nécessaire entre l'état d'esprit de l'agent au moment de l'apparition et le fait que telle ou telle personne aperçoive son fantôme. La projection de ce dernier constitue un acte aussi automatique de la part de l'agent et aussi peu intentionnel qu'un rêve ou un songe.

C'est effectivement ce que nous avons constaté pour Mme Beaumont (voir p. 125) qui fut vue deux fois par son mari et deux fois par sa femme de chambre sans qu'elle eût pensé particulièrement ni à l'un ni à l'autre. De même pour Mme Hawkins (voir p. 184) dont le fantôme fut reconnu par quatre personnes, sans que la pensée de cette dame se fût portée sur les percipients. C'est aussi ce que l'on constate pour les apparitions du Révérend L.-T. Williams (voir p. 190) dont furent témoins sa fille, sa femme et une étrangère, alors que ces personnes n'avaient aucun motif émotionnel ou autre de songer particulièrement à leur père et mari, et que celui-ci continuait le cours

---

(1) F. W. H. Myers, *la Personnalité humaine*, etc., p. 231.
(2) C'est moi qui souligne.

de sa vie ordinaire, sauf, peut-être, une demi-rêverie qui n avait rien d'anormal. Nous retrouverons ce caractère dans les cas d'autoscopie personnelle ou collective, qui ne nécessitent pas non plus un facteur télépathique quelconque. Revenons à la citation de Myers :

> Admettons donc que ces « bilocations » se produisent sans cause extérieure appréciable, et dans des moments de calme et d'indifférence apparente, nous devons nous demander : de quelle façon ce fait pourra-t-il modifier nos conceptions antérieures ?
> Je suppose que la vie de rêve qui évolue d'une façon continue parallèlement à notre vie éveillée est assez puissante pour déterminer de temps à autre une dissociation suffisante pour *qu'un élément quelconque de notre personnalité* devienne capable d'être perçu à une certaine distance de l'organisme. Cette notion d'un quasi rêve incohérent devenant perceptible aux autres s'accorde parfaitement avec les théories exposées au cours de cet ouvrage, car je considère les opérations subliminales comme s'accomplissant d'une façon *continue*, et je crois que le degré de dissociation susceptible d'engendrer un fantôme perceptible n'équivaut pas nécessairement à une modification très profonde, cette perceptibilité dépendant de l'idiosyncrasie encore inexpliquée de l'agent et du sujet percevant.
> J'appellerai cette idiosyncrasie de l'agent du nom de *psychorragie*, dont la traduction littérale signifie : échappement, dégagement de l'âme. Ce qui d'après mon hypothèse s'échappe ou se dégage, ce n'est pas (comme d'après le sens grec du mot) le principe total de la vie de l'organisme, mais un certain élément psychique, d'un caractère probablement variable, et qui ne peut être défini que par sa propriété de produire des fantômes perceptibles par une ou plusieurs personnes, dans telle ou telle portion de l'espace.
> Ces effets fantasmogénétiques peuvent se manifester soit dans l'esprit et par conséquent dans le cerveau d'une autre personne, auquel cas cette personne discerne le fantôme quelque part dans son voisinage, selon ses propres habitudes mentales ou sa prépossession (?), ou bien cet effet se manifeste directement dans une portion de l'espace, auquel cas plusieurs personnes peuvent discerner simultanément le même fantôme au même endroit.

Ainsi que je l'ai dit plus haut, je ne voudrais pas avoir l'air d'esquiver les difficultés et encore moins de faire dire à l'auteur anglais autre chose que ce qu'il veut exprimer. Il est difficile de préciser sa pensée avec des notions aussi vagues que celle

« d'un élément quelconque de notre personnalité ». Il paraît certain que le psychologue de Cambridge croit à une certaine extériorisation, au moins mentale, car le mot de *psychorragie*, qu'il invente, en est une preuve ; mais vient la restriction que ce n'est pas le principe de la *vie totale de l'organisme*, c'est-à-dire l'âme, mais seulement l'élément psychique inconnu qui a la propriété de former un « centre fantasmogénétique » capable de modifier l'espace d'une façon perceptible pour une ou plusieurs personnes.

Eh bien ! je ne vois pas l'obligation de compliquer ainsi les choses sans nécessité. Si l'on constate *objectivement* que l'image d'un individu se trouve loin de son corps, il n'existe aucune raison d'imaginer que c'est seulement un *certain élément psychique* que nous avons devant nous ; c'est plutôt un élément *physique*, puisqu'il est perçu oculairement par tous les assistants. Ensuite, si l'effigie agit d'une manière intelligente, il faut supposer que c'est l'âme qui est là, tout entière, et non un *fragment d'intelligence*, car je déclare que cette conception me paraît absolument invraisemblable. L'âme ne se détaille pas en tranches, comme une substance matérielle, et rien n'autorise à faire une semblable hypothèse. Alors même que l'on observe les faits que l'on désigne sous le nom général de *désagrégation de la personnalité*, il ne paraît pas nécessaire d'en conclure que l'âme se morcelle, mais, simplement, que l'état physique du système nerveux annihile certaines facultés, ce qui cause « un rétrécissement — variable en étendue — du « champ de la conscience » mais ne prouve en quoi que ce soit une réelle fragmentation du principe pensant. Fidèle à sa théorie d'une *conscience subliminale*, différente de la conscience ordinaire ou « supraliminale », M. Myers suppose qu'une partie de ce moi profond peut se dégager à l'insu de la conscience ordinaire et agir à distance, mais, en somme, c'est une simple théorie, que les faits ne semblent pas nécessiter.

Ayant étudié ailleurs cette question (1), je n'y reviendrai pas ici, me contentant de résumer en quelques mots les arguments

---

(1) Voir nos *Recherches sur la médiumnité*, chap. II et III.

qui me paraissent légitimer l'inutilité d'avoir recours à une hypothèse aussi extrême.

Tous les faits étudiés par M. Myers dans son livre sur la *Personnalité humaine* : désintégration de la personnalité ; inspirations de génie ; action curative de l'auto-suggestion, télépathie, clairvoyance, prémonition, etc., peuvent se concevoir comme des facultés de l'individualité humaine, en comprenant par cette désignation tous les états de conscience, — depuis ceux de la vie ordinaire étroitement limités par le fonctionnement physiologique du cerveau, — jusqu'à ceux qui résultent d'un dégagement partiel de l'âme où la personnalité ordinaire, celle de tous les jours, change, s'enrichit de l'apport de sensations, de raisonnements, de perceptions ordinairement voilés, et subit une sorte de modification allotropique, amenée par l'entrée en scène d'éléments psychiques éliminés habituellement de la conscience normale, mais qui n'en existent pas moins, et qui constituent avec ceux du moi quotidien l'individualité totale, fort différente de la fraction qui nous est connue. Pendant le sommeil, il est possible que cette individualité travaille, puisse voir à distance, et le résultat de cette activité anormale peut rester inconnu de la conscience éveillée, ou se révéler comme « une inspiration » qui paraît étrangère, simplement parce que la mémoire de ce labeur nocturne n'a pas été conservée.

C'est pendant l'émancipation de l'âme que se manifestent les facultés supérieures de l'esprit ; et cette demi-séparation peut avoir lieu dans le sommeil ordinaire, le somnambulisme naturel ou provoqué, ou encore sous des influences télépathiques de diverses provenances (1).

Le mot *Émancipation* désigne le dégagement de l'âme, c'est-à-dire la scission plus ou moins profonde qui s'opère temporairement entre l'esprit et le corps ; dès lors le cerveau devient étranger aux manifestations de la vie supra-mentale, de sorte que le souvenir de cette activité extra-corporelle peut rester

(1) Consulter sur ce point l'ouvrage de CARL DU PREL, *la Magie, science naturelle inconnue*, dans lequel on trouve des exemples excessivement nombreux de l'acquisition par l'âme de nouveaux pouvoirs, pendant le somnambulisme naturel ou provoqué.

inconnu de la conscience supra-liminale, ce qui ne prouve en aucune façon qu'il y ait en nous *deux moi*, mais seulement qu'il peut se succéder deux ou plusieurs états différents du moi, dans le même individu. Si la mémoire de ce qui s'est produit pendant l'émancipation de l'âme est conservée, alors le sujet se souvient des résultats de son excursion psychique ; dans le cas contraire, tout souvenir relatif à la bilocation est aboli, et c'est par des tiers que l'agent est informé de son voyage excursif et nocturne.

Nous avons eu des exemples de ces deux phénomènes. Dans les nombreux cas de clairvoyance comme ceux de Mme Richardson (p. 78) endormie, qui voit son mari blessé ; du Révérend Warburton qui constate la chute de son frère dans l'escalier (p. 79) ; du docteur Woolcott (p. 81) qui assiste en esprit aux derniers moments de sa mère mourante, etc.; de même que dans les visions réciproques de Cromwell Varley et de sa belle-sœur (p. 95) ; de Mme Smith et de son amie (p. 98) ; de M. et Mme Wilmot (p. 109), etc., le souvenir est conservé. Ce n'est pas une sorte de vision télescopique qui a eu lieu, mais un déplacement incontestable du moi, une *psychorragie*, si l'on veut, mais totale, car l'être pensant s'y trouvait, puisqu'il y a été vu et qu'il a eu connaissance de détails ignorés de celui qui le voyait.

Au contraire, les dédoublements multiples et involontaires de Mlle Émilie Sagée (p. 175), de Miss C.-J. E. (p. 181), de Mme Hawkins (p. 184), du Révérend Williams (p. 190), etc., sont ignorés de ces personnes, aussi bien que le résultat des dédoublements volontaires de M. S.-H. B. (p. 223) de l'interlocuteur de Stainton Moses (p. 228), etc., etc.

LE FANTÔME ODIQUE

Je suis bien loin de prétendre que la vision d'un fantôme, même objective, c'est-à-dire affirmée par plusieurs personnes, ou photographiée, soit la démonstration certaine de l'extériorisation du principe pensant, car beaucoup des derniers exemples rapportés plus haut nous rapprochent, ainsi, de l'interprétation de Myers sur la nature de certaines images ; mais ce n'est pas à la subconscience que nous aurons recours pour les expliquer, mais bien à l'extériorisation physique de l'od, puisque les expériences des magnétiseurs, et celles de M. de Rochas, nous ont fait connaître cet autre aspect du problème si complexe des apparitions.

Nous avons constaté que, sous l'influence des passes magnétiques, ou sous l'action d'un courant électrique, certains sujets sont capables d'extérioriser une sorte de matière, — perceptible pour des voyants seulement, — qui, après diverses transformations, prend finalement l'aspect du corps dont elle émane. L'existence de la matière spéciale qui constitue ce fantôme a été établie : 1° par les descriptions concordantes des somnambules ; 2° par le témoignage indépendant des sensitifs de Reichenbach; 3° par les remarques sur l'effluve qui sort des doigts des médiums ; 4° par le contrôle spectroscopique de la couleur de l'effluve digital ; 5° par les relations intimes qui existent entre une photographie sensibilisée et le corps du sujet ; 6° enfin par les effluviographies. Pour ne pas compliquer les termes, je conserverai à cette matière le nom d'odique, car le mot de force *psychique* pourrait créer une confusion, l'od s'échappant du corps, dans les cas de maladie par exemple, sans intervention de la psychée, c'est-à-dire de l'âme.

Il existe des sujets dont la constitution physiologique est telle que sous l'influence d'émotions légères, ou de simples malaises, ils laissent se répandre hors d'eux-mêmes l'od, qui, au lieu de se dissiper dans l'air, prend mécaniquement, probablement en raison d'une attraction spéciale, la forme du corps. Cette extériorisation involontaire est ignorée, le plus souvent, du sujet lui-même. Dans d'autres cas, le fantôme est perceptible, principalement pour les malades, qui éprouvent alors ce que l'on a nommé des hallucinations autoscopiques. J'ai indiqué rapidement, d'après les travaux des docteurs Sollier, Séglas et de M. Lemaître, les relations qui existent entre l'état de la sensibilité des patients et le fantôme ; j'en ai déduit que la vision spéculaire est du même ordre que l'extériorisation odique étudiée par M. de Rochas.

Dans la plupart de ces observations, on note que l'image de l'individu est extérieure, immobile, sans relation avec lui ; il se voit comme dans une glace. Dans d'autres cas, sa représentation dans l'espace est encore identique à lui-même, mais alors qu'il en est nettement séparé, il a cependant conscience d'un lien qui l'y rattache ; il sent ce qui se passe dans son effigie et peut la faire mouvoir, pour ainsi dire à distance, sans y être lui-même. Dans tous les exemples de cette classe, la vision n'est pas normalement optique ; elle est clairvoyante, soit par suite d'une hyperesthésie de la rétine, soit par dégagement léger de l'âme, c'est-à-dire que l'image existe bien dans l'espace puisque la photographie la reproduit, dans les cas de MM. Paulucci et Glandinning (p. 291.) mais elle n'est pas suffisamment *matérialisée* pour réfléchir les rayons qui impressionnent l'œil.

Nous savons que la vision est un phénomène *interne* ; elle résulte de l'action de la lumière sur la rétine, action qui est transportée dans l'intérieur du cerveau où se produit la perception de l'image extérieure. Lorsque la clairvoyance se déclare, ce n'est évidemment pas la lumière qui éclaire la scène lointaine qui arrive au cerveau, tant à cause de la distance que des obstacles interposés, et fréquemment de l'état de sommeil. Pour ne pas compliquer la question, je fais provisoirement abstraction des influences spirituelles. Si les événements sont vus, ou bien c'est une image transmise télépathiquement, ou bien l'âme a été obligée de se déplacer jusqu'à l'endroit même où la scène a lieu. Nous avons constaté qu'il était, le plus souvent, impossible de supposer ce transfert d'image, pour la raison que l'agent ne pense pas à tous les détails du tableau qui l'entoure, et cette induction est renforcée par les exemples que nous possédons dans lesquels, en même temps que se produit la vision, le clairvoyant est vu à cet endroit même, ce qui nous permet de croire que son dégagement est bien réel.

Il faut un degré de plus d'objectivation pour que le fantôme devienne perceptible oculairement. Ce pas est franchi dans les récits rapportés par Maximilien Perty (p. 391) où le sosie est aperçu par des étrangers, et même en l'absence du sujet.

Les apparitions de cette dernière catégorie *ne sont pas de véritables dédoublements*, en ce sens que l'âme n'accompagne pas son image. Cette reproduction est purement physique, inerte, et n'accomplit aucun acte intelligent. C'est une simple effigie fluidique, une image que l'on pourrait comparer à celle qui se produit au foyer d'un miroir concave, qui, tout en reproduisant la réalité n'en est qu'une copie brute, un *fac-similé* mécanique.

Dans ce sens, on peut adopter la manière de voir de F. W. H. Myers : que c'est une propriété « fantasmogénétique » de l'individu, dont l'idiosyncrasie permet l'extériorisation de la force odique qui s'échappe du corps en conservant sa forme et, qui mieux est, l'apparence extérieure des vêtements, avec leur couleur et leurs détails caractéristiques. Si étrange que cette propriété odique puisse paraître, la gélatine sensibilisée de la plaque sensible offre quelque chose de semblable, puisque l'on peut obtenir maintenant des photographies en couleur lorsqu'on s'arrange de manière à ce que chaque longueur d'onde correspondant aux couleurs principales s'enregistrent séparément, et se superposent ensuite. Mais le phénomène fût-il même sans analogie, qu'il faudrait quand même l'admettre, pour la simple raison que c'est un *fait*, et que l'on ne discute pas avec la nature.

Je crois qu'il est utile de mettre le lecteur en garde, dès maintenant, contre une confusion possible. *Le fantôme odique n'est pas le périsprit*, c'est-à-dire l'enveloppe, le corps spirituel de l'âme. C'est simplement une image fluidique sans organisation intérieure, sans intelligence, sans rien de ce qui caractérise si particulièrement le dédoublement véritable. L'od est produit, engendré par les réactions vitales de l'organisme. Il s'use pendant les manifestations, et il faut attendre que le sujet l'ait reconstitué pour que l'on puisse de nouveau opérer avec lui. A la mort, ce corps odique est anéanti définitivement, tandis que le périsprit accompagne l'âme et demeure comme elle indestructible, car l'expérience nous le démontrera complètement dans la suite de cette étude.

L'AME EN DEHORS DU CORPS

J'éprouve le besoin de dire nettement qu'il ne faudrait pas donner aux remarques précédentes une valeur absolue.

Il est certain que c'est artificiellement que nous établissons des séparations entre des phénomènes qui ne se présentent pas toujours avec des caractères aussi fortement tranchés que ceux que nous leur attribuons. Notre besoin de classement nous oblige à spécifier surtout des différences, qui existent certainement, mais qui peuvent n'avoir pas toujours des traits, des détails aussi nets, aussi significatifs que ceux que nous indiquons dans chaque catégorie. Dans la nature, les manifestations extra-corporelles se présentent avec toutes les transitions, depuis la simple et pure extériorisation odique, jusqu'au dédoublement véritable, sans qu'il soit toujours possible d'affirmer que telle apparition objective appartient plus spécialement à l'une qu'à l'autre de ces catégories, car il existe des cas ambigus, intermédiaires, qui montrent la continuité de ce genre de phénomènes et la grande difficulté qui existe à les séparer nettement les uns des autres.

C'est ainsi que, parfois, les fantômes odiques sont causés par l'idée que le sujet a d'être à un endroit déterminé, et ce désir suffit à déterminer une excursion psychique de l'esprit. Tel est le cas de cette jeune fille (voir p. 391) qui dit : « j'étais *en pensée* auprès de mon ouvrage » et dont l'ami voit effectivement le double dans la chambre, pendant que le corps matériel était dans le jardin. Pour Mlle Émilie Sagée, on observe quelque chose d'analogue. Tantôt c'est inconsciemment que s'accomplit la projection de son image (p. 177), par exemple quand elle aide Mlle de Wrengel à s'habiller ; une autre fois, la pensée que ses élèves pourraient se dissiper pendant l'absence temporaire de la surveillante amène son fantôme à venir occuper la chaise au milieu de la classe, mais elle n'y est pas en esprit, puisque les élèves s'enhardissent jusqu'à toucher cette effigie, qui a une certaine consistance, mais qui ne réagit pas.

Le cas de Boru (p. 388) qui, bien éveillé, debout dans sa chambre, sentant avec sa main charnelle le bouton en cuivre de la porte, voit son double à sa table de travail et *sent* aussi que cette image tient son porteplume, est mixte, puisqu'une partie de la sensibilité s'en est allée avec l'image ; c'est une extension de la sphère corporelle, un commencement de bilocation qui n'aboutit pas, qui a seulement été esquissée.

Un pas de plus en avant, et nous voici, avec Laurent, le sujet de M. de Rochas (p. 378) en plein dédoublement, la conscience accompagnant le fantôme extériorisé. Les expériences du colonel sont du plus haut intérêt, en ce sens qu'elles indiquent non seulement le processus au moyen duquel s'opère l'émanation odique d'abord, où l'esprit, restant dans le corps du sujet, ressent néanmoins toutes les actions exercées sur son fantôme, puis la séparation, l'abandon temporaire de l'organisme matériel par l'esprit, qui s'en va investir le fantôme odique. Tantôt le souvenir de ces excursions spatiales est conservé par auto-suggestion, tantôt il est aboli, ce qui nous ramène exactement à ce qui a lieu dans les cas naturels. Il est bien regrettable que M. de Rochas n'ait pas osé approfondir suffisamment le sommeil de ses sujets, car, alors, nous aurions assisté sans doute à la répétition de ce qui s'est produit avec le magnétiseur Lewis (p. 404) où l'âme de la jeune fille endormie a été contrainte d'aller dans la maison qu'elle habitait, de s'y matérialiser assez pour effrayer ses compagnes dans la cuisine, et de causer à l'une d'elles une frayeur terrible en la touchant.

Voici la *matérialisation* du périsprit, le phénomène incompréhensible encore pour nous, mais que l'on ne peut nier et dont on ne saurait exagérer l'importance. Cette fois, c'est *expérimentalement* qu'il se produit, d'une manière voulue, concertée d'avance par l'observateur, et il n'est pas besoin d'avoir recours à des explications plus ou moins saugrenues, c'est-à-dire de faire intervenir des démons ou leurs petits frères les élémentals, élémentaires, etc. ou d'autres fantasmagories. C'est l'âme du sujet lui-même qui décrit au moment même tous les incidents de la scène éloignée, qui s'y trouve transportée, qui la voit et qui est *vue*. Vouloir à toute force forger d'autres explications, c'est faire faillite à la science, qui exige que l'on utilise d'abord les causes connues avant d'avoir recours à d'autres facteurs qui compliquent la question sans l'éclaircir, car les agents que l'on tente de faire intervenir sont imaginaires, tandis que le principe pensant a pour chacun de nous, à tout prendre, une existence plus certaine encore que celle du monde extérieur.

Réveillée, la jeune servante a perdu le souvenir de ce qui s'est passé. Mais, aussitôt, nous revient en mémoire la célèbre expérience de M. Istrati, ancien ministre de l'Instruction publique en Roumanie où, volontairement, il quitte son enveloppe matérielle pendant le sommeil pour se rendre chez son ami le docteur Hasdeu, et se placer devant l'appareil photographique resté ouvert et chargé dans la chambre à coucher. M. Istrati se souvient de son voyage nocturne ; il a consciemment essayé d'influencer la plaque, et il y a réussi. La certitude pour lui de s'être dédoublé est si grande, qu'il télégraphie que l'on développe la plaque, et que sa silhouette s'y trouvera ! Jamais démonstration plus évidente n'a été donnée de la possibilité de la séparation entre l'âme et le corps, puisqu'il reste un témoignage muet, mais éloquent, que ce prétendu rêve était positivement, au contraire, le souvenir d'une réalité. Comme ces faits éclairent d'un jour nouveau tous les récits de bilocation ! Quel degré de probabilité ils y ajoutent, et comme s'éloigne l'hypothèse de l'hallucination, pour la plupart des cas semblables. L'image encore plus remarquable de la fiancée du capitaine Volpi, à cause de sa netteté, est également celle d'une personne vivante. C'est volontairement, consciemment, qu'elle a désiré apparaître tel jour et à telle heure chez le photographe, et qui pourrait douter qu'elle y a réussi, en contemplant son image, qui n'était visible cependant que pour la plaque sensible. Voilà la vraie photographie spirite d'un esprit vivant, elle légitime l'espoir, si l'âme survit, d'obtenir celle des morts.

En revenant aux matérialisations visibles, qui ne sera pas frappé par la rigueur démonstrative de celle offerte par Crookes et Varley avec Mme Fay ? L'organisme matériel de cette dame est inerte, plongé dans une trance profonde, et son esprit s'en dégage, se montre *vêtu* et portant un *livre à la main*. Nous voici entièrement dans les conditions d'une expérience spirite ordinaire ; que dis-je, dans des conditions tout à fait excellentes, car la *certitude absolue* que le corps physique ne s'est pas déplacé nous est donnée par le galvanomètre, instrument plus sensible mille fois que n'importe lequel de nos sens, et incapable de se tromper, ce qui peut arriver si souvent pour nous. Quelle dose d'aveuglement ne faudrait-il pas pour fermer les yeux devant cette évidence si manifeste ? On ne peut plus imaginer qu'il existe des compères, des mannequins, que des observateurs novices se laissent berner ou halluciner, ici ce sont deux physiciens de premier ordre, deux membres de la Société Royale. De pareils témoignages sont des appuis inestimables pour nos théories.

On le voit, petit à petit, nous pénétrons plus profondément dans l'étude de la morphologie et de la physiologie du fantôme. En ce qui concerne les derniers exemples, ce n'est pas une *image virtuelle* qui se présente devant les yeux, c'est un corps physique à trois dimensions, un organisme véritable, parce qu'il marche, ce qui lui suppose un organe locomoteur. Ce fantôme n'a donc pas seulement l'aspect extérieur de Mme Fay, il en possède les organes, et des organes fonctionnant comme les nôtres. Prendre un livre sur un rayon, l'apporter jusqu'à l'ouverture des rideaux, le donner à un des assistants, nécessitent des bras et des jambes pourvus d'os, nerfs, muscles, tendons, chair, etc., ou tout au moins l'équivalent de ces différents tissus vivants, avec des propriétés analogues. Puisque l'extérieur du fantôme est la reproduction si complète du corps physique que l'on ne peut l'en discerner, l'analogie conduit à penser qu'il en est de même pour la structure interne. Ce sont là des déductions qui n'ont rien d'imaginaire : elles ressortent du simple examen du phénomène ; ce sont des leçons de choses qu'il faut accepter, fût-on mille fois incapable d'en comprendre le mystère.

Ces expériences si complètes sont fortifiées, dans une certaine mesure, par les observations faites en compagnie d'Eusapia. Ici encore, nous assistons à un dédoublement du médium et à une *matérialisation invisible* de certaines parties de sa personne. Le plus souvent, c'est sa main fantômale qui, à distance, en lumière, s'imprime dans un bloc de terre glaise, et on peut noter les analogies qui existent entre cette empreinte et celle de sa main. Avec le noir de fumée, ce sont les *dessins de l'épiderme* qui se reproduisent ! Plus tard, c'est sa figure. Comment douter alors du dédoublement ? Nous avons vu par la discussion de l'hypothèse d'Hartmann qu'une empreinte ne peut pas se faire dans une substance solide autrement que par un corps physique, fût-il inaccessible à la vue. Ici, le modelage de la main dynamique permet toutes les comparaisons, et elles sont à l'avantage de la théorie spirite.

On dirait que toutes ces remarques ont échappé à l'attention des savants opérateurs, aussi bien que des critiques, car ni M. Schiapparelli, ni Lombroso, ni Flammarion, ni le docteur Maxwell, ni tant d'autres n'en ont rien dit Seuls, MM. Richet, Ochorowicz et de Fontenay parlent nettement d'une main, analogue pour ses effets à une main humaine, mais ils ne vont pas plus loin, et il semble que tous ces chercheurs reculent épouvantés devant l'obligation d'admettre un double fluidique, un périsprit. Pourquoi cela ? Est-ce parce que nous ne comprenons pas comment il peut se projeter au dehors et se matérialiser ? Mais la question, à l'heure actuelle, n'est pas de comprendre ou d'expliquer, elle réside tout entière dans cette interrogation : Existe-t-il, oui ou non, des faits certains, bien contrôlés, qui obligent à croire à la présence d'un fantôme matériel, visible ou non, dans certains cas déterminés ?

La réponse n'est pas douteuse et le témoignage humain est confirmé par la photographie, des appareils électriques, des empreintes et des moulages. Que faut-il donc de plus ?

Quelqu'un a-t-il jamais compris comment un poulet avec un squelette, des nerfs, des muscles, un appareil digestif etc., des yeux, un bec corné et du duvet peut surgir d'un œuf de poule ? Parce que cette formidable transmutation a lieu tous les jours, en est-elle moins étrange ? Dès lors, un dédoublement de l'être humain est, relativement, moins surprenant, si l'on peut supposer qu'il existe des degrés dans l'inexplicable.

Quelle éloquence possèdent, cependant, les faits d'observation que nous avons relatés ! On y prend sur le vif l'âme humaine accomplissant naturellement les mêmes phénomènes que nous observons avec tant de peine dans les séances spirites.

Tantôt c'est pour se sauver d'un danger, ou tenter d'y soustraire les autres, que François Xavier se dédouble pour ramener les matelots perdus dans la tempête, ou qu'un naufragé vient écrire, sur l'ardoise d'un capitaine, la route que doit prendre le navire sauveur. Dans un autre cas, l'amour fraternel sauve le frère en le soutenant sur les flots, ou dirige l'âme de Mme Wilmot vers son mari en danger. Nous savons d'où vient la force que le fantôme déploie, car M. de Rochas nous a enseigné, bien après Allan Kardec, qu'il existe toujours une relation entre l'âme et son corps; elle y est reliée fluidiquement, et l'électricité circulant dans des câbles nous a familiarisés avec ces transports de forces qui peuvent s'accomplir aussi, probablement, le long des lignes de moindre résistance que l'on peut imaginer entre les deux parties séparées de l'être humain. Suivant le degré de matérialisation du fantôme, les manifestations ressembleront plus ou moins à celles que nous accomplissons tous les jours.

Dans des circonstances moins graves que celles que nous venons de relater, le désir seul d'accomplir certain devoir, de commencer une tâche acceptée, suffit à déterminer chez Mme d'Espérance un dégagement qui la transporte par anticipation, pendant son sommeil, à Bonared, ville distante de 50 milles de sa résidence de Gottembourg. Une autre fois, c'est M. Hamilton Boyd qui rentre chez lui à l'heure accoutumée, que son père entend ouvrir la porte et *voit* monter dans sa chambre, pendant qu'en réalité il est endormi dans le salon du nouveau Club d'Edimbourg. C'est le fantôme de la jeune fille avec des gants verts qui vient se chauffer à la cuisine, alors que l'une des deux servantes l'a vue ouvrir la porte. C'est l'amie de M. Stead dont le fantôme reste une heure à l'église ! Comment concilier tous ces faits, et bien d'autres de la même espèce, que le défaut d'espace ne m'a pas permis de reproduire, avec l'hypothèse que ce n'est qu'un fragment de la « Conscience subliminale » qui s'extériorise ? Pourquoi cette prétendue segmentation aurait-elle lieu, quand c'est l'aspect extérieur tout entier du sujet qui se montre matérialisé ? Cette hypothèse nous amène à examiner de près la question de savoir si nous avons le droit de généraliser les observations précédentes, c'est-à-dire d'affirmer que ce qui se produit pour certains individus est un indice de ce qui doit exister chez tous les êtres humains ?

A-T-ON LE DROIT DE GÉNÉRALISER ?

Un critique, M. Marcel Mangin, a fait observer que parce que nous constatons des facultés d'ordre supra-normal chez certains individus, il n'est pas démontré que ces facultés existent dans la subconscience de tous les humains. Ce serait donc à tort que nous généraliserions des phénomènes accidentels. M. Bozzano, dans son travail sur *Mme Piper et la conscience subliminale* a répondu à cette objection (1).

Il fait observer que, souvent, les facultés télépathiques ou de clairvoyance se déclarent à la suite d'un choc, d'un accident ou d'une grave maladie, soit après des expériences somnambulico-hypnotiques. Les conclusions qu'il en faut tirer sont évidentes et explicites. Puisque la manifestation soudaine dans l'homme de facultés psychiques si supérieures à celles qui sont normales ne peut être attribuée, sans tomber dans l'absurde, au fait qu'un traumatisme à la tête, un délire fiévreux, une inhalation d'éther les ont tirées du néant, il nous faudra bien en arguer que ces facultés existaient à l'état latent dans les replis inexplorés de la subconscience, et que les états traumatique, fiévreux, comateux, déterminant dans un individu un affaiblissement ou un arrêt temporaire des fonctions de la vie de rapport, ont ainsi créé une condition favorable à la manifestation extérieure des facultés transcendantales. En d'autres termes : les facultés supérieures de l'esprit ne se manifestent ici-bas que par éclairs, lorsque les fonctions de la vie de relation étant affaiblies, les manifestations animiques extra-corporelles arrivent à se frayer une route au dehors. On ne peut guère d'ailleurs supposer, comme le faisait observer également F. W. H. Myers, que sur un point aussi fondamental que celui dont il s'agit, l'humanité puisse être construite sur des plans différents. La croyance que tous les êtres humains sont organisés sur un modèle qui varie très peu est aujourd'hui universellement admise. C'est une vérité que l'étude des formes animales a encore singulièrement fortifiée. Après les travaux de Étienne Geoffroy Saint-Hilaire et de Cuvier, l'unité de plan de composition des êtres vivants n'est plus douteuse et, depuis, la théorie cellulaire, de même que les recherches embryologiques, ont établi la parenté intime, pro-

(1) BOZZANO, *Mme Piper et la Conscience subliminale*, in *Ann. psych.*, septembre 1906, p. 554.

fonde qui se révèle entre tous les rameaux de l'arbre biologique.

Constater chez un être une propriété ou un organe inconnu, c'est supposer que la même propriété ou le même organe existent, peut-être plus ou moins modifiés, chez les autres représentants du même type. Nous avons donc le droit de grouper les caractères isolés que nous rencontrons dans chaque cas particulier, pour en former une synthèse qui reconstitue dans son entier l'organe en question. C'est pourquoi je crois légitime de grouper toutes les observations relatives au corps fluidique extériorisé, de manière à le connaître dans toutes ses modalités.

Ce qui fait la force de cette théorie et en démontre la justesse, ce sont les admirables reconstitutions qu'elle a permis d'accomplir dans la science de la paléontologie. Avec un fragment de squelette, Cuvier a pu, pour ainsi dire, ressusciter les autres parties de l'animal inconnu, et des découvertes ultérieures ont fourni l'occasion de contrôler l'admirable précision de ces chefs-d'œuvre de logique, de réflexion et d'intuition.

On se trouve donc dans la vraie tradition scientifique en supposant que les phénomènes sporadiques constatés chez certains individus, sont des révélations de ces facultés supérieures qui existent chez tous les hommes à l'état latent, n'attendant que l'occasion de se manifester ostensiblement. Il en est de même pour le double fluidique, que l'on ne pourrait guère supposer tiré du néant, et organisé subitement de toutes pièces avec des propriétés aussi remarquables.

Lorsque dans les séances d'Eusapia on constate la présence invisible d'une main, pour agiter ou mouvoir des objets à distance, et que l'on observe les mouvements synchrones entre sa main physique et ce prolongement dynamique, l'hypothèse la plus rationnelle, parce que la plus simple, est d'imaginer que c'est une partie de son double qui s'est extériorisée. Une création instantanée n'est pas vraisemblable, car rien dans la nature n'apparaît spontanément à l'état parfait. Une main, même fluidique, est un organisme d'une structure très compliquée, et Pasteur a démontré que la génération spontanée n'existe pas de nos jours, dans les conditions où il s'est placé. Donc, entre deux hypothèses, il faut choisir celle qui est relativement la plus simple, et l'on est incité à supposer que l'être humain a un organisme fluidique, doublant le corps physique, inaccessible au scalpel et au microscope, mais qui se montre chaque fois que des conditions physiologiques anormales lui permettent de s'extérioriser.

Ces déductions s'imposent absolument à tout esprit dénué de parti pris. Elles ont frappé un véritable savant, le docteur Durand (de Gros), qui, avec une franchise peu commune, hélas ! parmi ses confrères, s'en est expliqué très nettement dans son livre : *Le Merveilleux Scientifique.* Je reproduis la partie de son argumentation qui a trait au cas de bi-location de saint Alphonse de Liguori, que j'ai cité dans la première partie (1), mais qui s'applique avec la même rigueur, *mutatis mutandis*, aux autres cas de dédoublements.

DÉMONSTRATION DE L'EXISTENCE DU PÉRISPRIT PAR LE DOCTEUR DURAND (DE GROS)

L'Église a forgé le mot de « bilocation » pour désigner un don miraculeux spécial qu'elle attribue à quelques-uns de ses saints, le don d'être présent simultanément en différents lieux. Prise à la lettre, une telle définition constitue une absurdité mathématique, celle qui consisterait à admettre qu'un même point matériel puisse occuper à la fois deux points distincts de l'espace. Mais si l'expression est paradoxale, le fait prétendu auquel elle s'applique n'a rien en lui-même qui soit contraire à l'évidence, une fois que par un examen raisonné, on l'a réduit à ses justes proportions. Prenons un exemple dans l'hagiographie chrétienne, et revenons à notre saint Liguori, mentionné plus haut, qui est apparemment le canonisé le plus récent ayant offert le miracle en question.

Voici donc Alphonse de Liguori pris de syncope au milieu de ses moines du couvent de Scala, dans le royaume de Naples, principauté supérieure, et demeurant deux jours et deux nuits consécutifs en état de léthargie. Et maintenant l'Église nous affirme — en invoquant des témoignages qu'il est inutile pour le moment de relater ou de discuter — que durant le cours de ce long sommeil Alphonse était à Rome, au Vatican, auprès du pape à son lit de mort, pour *l'assister dans ses derniers moments*, nous est-il formellement dit, ce qui signifie sans doute pour administrer les derniers sacrements au pontife et fortifier son âme par des exhortations en face de la suprême épreuve.

(1) Voir page 148.

Je prends le fait tel que l'Église nous le donne. Le contester et même le réfuter victorieusement, servirait de peu ; en effet, après comme avant, *nous nous heurterions à une multitude sans nombre de faits télépathiques actuels de même ordre*, plus extraordinaires encore, s'il est possible, et qui s'appuient sur tout un appareil scientifique de preuves testimoniales et de *vérifications expérimentales* absolument imposant. Si j'ai pris le cas d'Alphonse de Liguori comme type, c'est en considération de sa notoriété et de la valeur que la sanction ecclésiastique est faite pour lui donner aux yeux d'une classe nombreuse de lecteurs.

Ces observations faites, je dis que pour admettre, ne fut-ce que par hypothèse, que le cénobite de Scala passa quarante-huit heures dans sa retraite, en plein royaume de Naples plongé dans un sommeil profond, et que durant les mêmes quarante-huit heures il était dans le palais du Vatican, activement occupé à donner les secours de la religion à Clément XIV mourant, il y a lieu à un sérieux *distinguo*.

A peine de tomber dans une flagrante contradiction dans les termes, on ne peut soutenir que ce qui était resté dans le pays de Naples de la personne de notre Saint se trouvait identiquement à Rome dans le même temps ; et, réciproquement, que cette portion de lui-même qui s'était transportée à Rome, et y avait résidé tout ce temps, n'avait point nonobstant bougé de place, et n'avait pas cessé un seul instant d'être cloué sur sa couche à cinquante ou cent lieues de là. Donc, c'est *une* chose qui dormait actuellement, insensible et inerte au couvent de Scala ; et c'est une *autre* chose qui veillait à la même heure auprès du pape et déployait un zèle actif à préparer un homme à mourir. Ainsi *bilocation* est une expression qui rend inexactement le fait proposé, et *dislocation* serait à tout prendre préférable.

Il convient de préciser davantage, et à cette fin posons-nous les questions suivantes : Le Liguori qui s'était rendu à Rome dans les circonstances miraculeuses ci-dessus avait-il pour effectuer le voyage, fait usage des membres locomoteurs du Liguori resté endormi, et tel qu'un cadavre, en plein pays napolitain? Non, puisqu'il est admis que ces membres étaient entièrement privés de mouvements.

Et pour s'expliquer que le Liguori qui rendait visite au pape pût se faire voir et se faire entendre à ce dernier, peut-on supposer que ces phénomènes d'optique et d'acoustique s'opéraient, d'un côté, par la réflexion de la lumière éclairant actuellement le corps léthargique du visiteur, qu'il avait laissé à cent lieues derrière lui, et, de l'autre côté, par l'action de l'appareil vocal de ce même corps sur l'air ambiant, mettant cet air en vibrations, lesquelles vibrations, modulées en sons articulés, se seraient de la sorte propagées du royaume de Naples à Rome, jusqu'au tympan du Saint-Père ? Une telle supposition est encore en complet désaccord avec la donnée fondamentale du problème. Dès lors, que conclure ? Je réponds :

Si le fait en cause et les faits, ou prétendus faits semblables qui nous sont décrits journellement dans les publications de la télépathie scientifique sont avérés, sont prouvés, si, en un mot, force nous est de les admettre *quoi qu'il nous en coûte*, eh bien ! une conséquence me paraît découler de là avec la plus limpide et la plus irrésistible évidence. C'est que, à la nature physique apparente est *associée une nature physique occulte, qui est fonctionnellement son équivalente*, quoique de constitution tout autre.

C'est que l'organisme vivant que nous voyons, et que l'anatomie dissèque, a également pour *doublure* (si ce n'est plutôt lui-même qui est la doublure) *un organisme occulte* sur lequel n'a prise ni le scalpel ni le microscope, et qui pour cela n'en est pas moins pourvu comme l'autre — *mieux que l'autre peut-être* — de tous les organes nécessaires au double effet qui est toute la raison d'être de l'organisation vitale : Recueillir et transmettre à la conscience les impressions du dehors, et mettre l'activité psychique à même de s'exercer sur le monde environnant et de le modifier à son tour.

On ne peut mieux définir le double rôle du corps fluidique, intermédiaire obligatoire entre le corps et l'esprit.

Les inductions si logiques tirées par le docteur Durand (de Gros) de l'analyse des faits sont confirmées par d'autres considérations qui militent, à des titres divers, en faveur de cette manière de voir. L'existence permanente du périsprit chez tous les hommes a été affirmée par des somnambules qui voyaient directement, chez les amputés, le modèle persistant d'une doublure fluidique remplaçant le membre absent. Ce fait a été signalé notamment par le docteur Kerner avec la voyante de Prévorst.

Il est aussi certains cas, comme celui du Rév. Benning (p. 283) où l'apparition assez matérialisée pour repousser fortement un des membres du cercle venu pour le recevoir, est manifestement dans un état de trouble très prononcé, et ne peut que balbutier quelques mots incohérents. Serait-il raisonnable d'attribuer à une conscience aussi peu maîtresse d'elle-même la création formidable et instantanée de tout un organisme aussi prodigieusement compliqué que le corps humain ? Si le dédoublement résulte de la séparation d'un principe préexistant, elle peut s'opérer mécaniquement, sans intervention volontaire ou consciente du moi, par suite d'un trouble physiologique qui amène cette dislocation. Je pense que l'on doit adopter cette dernière manière de voir, d'autant plus que nous verrons tout à l'heure l'âme humaine, après la mort, présenter des caractères identiques, c'est-à-dire se montrer avec un corps matériel analogue à celui qu'elle revêtait ici-bas. Cette loi de continuité dans les manifestations n'a pas échappé à l'esprit pénétrant de Durand (de Gros) qui écrit encore dans l'ouvrage déjà cité : (1)

> Si l'existence distincte et indépendante d'une physique et d'une physiologie occultes, à côté de la physique et de la physiologie que nous connaissons, peut s'inférer logiquement des scènes de la télépathie active où les acteurs sont des vivants, c'est une démonstration matérielle et péremptoire qui nous en est fournie par les actes télépathiques que, en dépit de toutes les horripilations de la science et de toutes les révoltes du préjugé philosophique, notre raison se voit contrainte et forcée d'attribuer aux morts. Car si dans l'autre cas on peut encore, en désespoir de cause, imaginer, pour se rendre compte du miracle télépathique, je ne sais quelle propriété nouvelle de la cellule cérébrale de produire toutes les fantasmagories de la télépathie sans l'aide d'aucun organe ou d'aucun véhicule apparents, c'est là une branche de salut à laquelle notre rationalisme à l'eau cesse de pouvoir s'accrocher, quand ce cerveau, qui pouvait à la rigueur sauver les apparences, n'est plus qu'une pulpe désorganisée et putréfiée, ou même un peu de poussière au fond d'un crâne vide de squelette. Et justement il se rencontre que la *Société de Recherches psychiques* de Londres, et la rédaction des *Annales des Sciences psychiques* de Paris, avec le professeur Ch. Richet en tête, ayant organisé une vaste enquête sur les fantômes de personnes vivantes — *Phantasms of the Living* — les fantômes de cette classe, les seuls scientifiquement admis tout d'abord, se sont montrés d'une rareté désolante (2), tandis que, en revanche, c'est par légions que les fantômes des morts sortaient de l'enquête. Et ce n'est pas tout : ces fantômes de l'autre monde, qui sont sans cerveau, et par conséquent sans cellules cérébrales, se montrent, par une bizarrerie singulièrement paradoxale, en quelque sorte les plus vivants de tous, car ils sont au moins les plus bruyants et les plus remuants et il en est pas mal qui ont à leur charge des

---

(1) Docteur DURAND (DE GROS), *le Merveilleux scientifique*, p. 61.
(2) Ceci n'est pas tout à fait exact, il y a autant des uns que des autres.

faits comme ceux-ci : bousculer des meubles, enfoncer des portes, briser de la vaisselle, casser des carreaux, frapper et blesser les gens, et rendre certaines maisons inhabitables, au grand et bien naturel désespoir des locataires et des propriétaires.

Oui, contrairement aux affirmations des physiologistes matérialistes, monistes, parallélistes, etc., etc., la matière cérébrale n'engendre pas l'âme, car celle-ci, en dehors du corps, témoigne de sa présence effective, d'abord en se montrant, puis en faisant preuve d'intelligence et de volonté. De même, comme je l'ai déjà dit, qu'il serait absurde de supposer que l'on peut séparer une fonction de l'organisme qui l'engendre, de même il serait souverainement illogique de concevoir une âme en dehors du corps si, réellement, elle n'en était qu'un produit. Or, maintenant, la certitude de la bilocation est incontestable, et de là viennent les fureurs et les invectives de tous ceux qui voient s'écrouler leurs théories caduques.

REMARQUES GÉNÉRALES SUR LES FANTOMES DE VIVANTS

Une observation doit être faite d'abord, c'est que la visibilité du fantôme n'est pas indispensable pour affirmer sa présence, à la condition toutefois qu'il laisse des traces indubitables de son action, comme c'est le cas pour Eusapia, dont la main dynamique n'est pas toujours visible, même en pleine lumière, tout en s'imprimant dans de la terre glaise. Elle est donc *matérielle*, mais d'une manière inhabituelle, c'est-à-dire sans le caractère de visibilité qui est ordinairement attaché aux corps solides. On retrouve souvent cette particularité dans les cas de maisons hantées où les auteurs du tapage ne sont vus par personne.

Résumons, maintenant, les caractères généraux du fantôme de vivant :

1° La sortie de l'âme en dehors du corps s'effectue très souvent pendant le sommeil. Il semble que l'arrêt momentané des fonctions de relation favorise l'exode animique, et celui-ci est indubitable lorsque le sujet prend connaissance de faits exacts qui se passent au loin.

2° Il se peut que l'âme soit vue à l'endroit même qu'elle visite, et cela par une personne influencée télépathiquement, ou bien par tous les témoins qui la décrivent identiquement, ce qui prouve qu'elle est assez matérialisée pour être perçue oculairement. Notons aussi, comme un fait très important, que le souvenir du dégagement temporaire peut parfaitement n'être pas conservé au réveil, mais cela ne signifie en aucune façon que ce phénomène s'est produit *inconsciemment*, mais, simplement, qu'il n'a pas laissé de trace dans la conscience ordinaire, celle qui préside à la vie éveillée.

3° La certitude de l'existence objective d'un fantôme est constatée aussi par son action sur la matière. Il est évident qu'une image mentale n'a pas le pouvoir de déplacer un objet quelconque. Si donc l'apparition ouvre une porte fermée, tient un livre, écarte des rideaux, bouscule un fauteuil, tire des sons d'un piano, etc, cela démontre encore qu'elle est matérialisée et que son pouvoir d'action physique est analogue au nôtre.

4° Les meilleures preuves de la présence réelle du double sont, évidemment, celles qui nous renseignent sur la nature physique du fantôme. J'ai signalé qu'on en obtient avec de la farine, du noir de fumée, de la terre glaise, de la paraffine, ou par la photographie. Dans ces cas convaincants, il faut se rendre à l'évidence quand tout moyen de supercherie est écarté.

5° L'observation la plus importante qui se dégage de l'étude des faits, c'est que le double d'un être humain, qu'il soit visible ou non, *reproduit avec une fidélité anatomique le corps physique d'où il émane*. Il n'existe aucun exemple que l'âme ait revêtu une autre forme que celle de son organisme physique. En revanche, les accessoires de l'apparition comme les vêtements, par exemple, peuvent différer de ceux que le sujet porte au moment où il se dédouble.

6° Non seulement c'est l'aspect extérieur, le type de l'individu que le fantôme présente, mais l'observation nous oblige de constater que cette similitude s'étend jusqu'aux organes internes. C'est réellement un second corps qui s'extériorise ; il est la copie fidèle de l'organisme intérieur. Les actions physiques produites par les fantômes de vivants sont analogues à celles déterminées par les membres matériels, et nécessitent par conséquent des appareils physiologiques analogues, temporairement matérialisés. Les mouvements synchrones d'Eusapia et de son double sont significatifs à cet égard, aussi bien que les paroles prononcées par les apparitions exigent un appareil phonétique identique à celui du corps humain de l'individu qui est dédoublé, puisque la voix entendue est la même que celle de l'être vivant.

7° La faculté *télesthésique*, c'est-à-dire celle d'entrer directement en relation avec le monde extérieur par la vue, l'ouïe, le tact, etc., appartient à l'âme extériorisée. *Elle est indépendante des appareils sensoriels*, car ceux-ci sont inutilisés pour la clairvoyance, la clairaudience, etc. Mais aussitôt que le périsprit *est matérialisé*, de nouveau la perception s'effectue par les organes du fantôme, qui est affecté comme nous par la lumière, le son, etc. C'est la raison pour laquelle les apparitions tangibles se comportent comme les êtres humains ordinaires et nous avons vu Mme d'Espérance dédoublée ne pas distinguer les détails du salon où l'on attend sa visite psychique, précisément parce que l'obscurité avait été faite. (p. 217).

8° En raison du principe que tout effet intelligent a une cause intelligente, nous pouvons affirmer qu'un fantôme qui accomplit des actions coordonnées en vue de produire un phénomène, est dirigé par une intelligence. L'origine de celle-ci n'est pas douteuse : c'est celle qui anime l'individu dont le fantôme reproduit les traits, d'abord parce que, souvent, on peut l'identifier par des manifestations intellectuelles : parole ou écrit, comme c'est le cas pour le passager qui fut aperçu par Robert Bruce et dont l'écriture dans la cabine fut reconnue identique à son écriture normale ; ensuite, parce que le sujet se *souvient* parfois de s'être rendu à l'endroit précis où on l'a vu, la mémoire qui lui reste de ce déplacement périsprital implique évidemment que c'est lui qui a fait cette excursion psychique. Enfin les cas photographiques du professeur Istrati et de la fiancée du capitaine Volpi, prouvent irréfutablement que non seulement l'âme s'est émancipée du corps comme elle se le rappelle, mais qu'elle avait *une forme physique*, celle du corps matériel, puisque la plaque sensible reproduit cette forme.

9° L'origine de l'énergie dépensée par l'apparition pour se manifester physiquement n'est pas inconnue ; elle provient de l'organisme matériel du sujet. Cette conclusion se déduit des expériences de M. de Rochas où l'on voit les relations intimes qui rattachent le fantôme au corps organique du sujet, et aussi de la fatigue du médium après les séances dans lesquelles se sont produites des extériorisations de la motricité. Nous l'avons observé avec Eusapia, Home, etc. Mais il se peut également que la force nécessaire soit empruntée, pour partie, *aux assistants*, qui sont très souvent obligés de faire *la chaîne*, c'est-à-dire de former une sorte de courant odique dont le médium se sert pour suppléer à la force qui lui manque. Nous verrons l'importance de cette remarque en étudiant les apparitions matérialisées des morts.

10° Le dégagement complet de l'âme semble ne pouvoir se produire, d'une manière un peu durable, que lorsque le corps matériel du sujet est plongé dans un sommeil profond, léthargique, auquel on a donné le nom de *trance*. On peut y voir une application de cette loi physiologique, connue sous le nom de balancement organique, qui veut que lorsqu'un organe grandit outre mesure, ce soit aux dépens de ceux qui l'environnent. Le périsprit absorbant les forces vives de l'organisme, celui-ci tombe dans l'état de sommeil où toutes les fonctions sont ralenties, et même ramenées au minimum. Nous aurons l'occasion de le constater avec les médiums pendant les matérialisations d'esprits désincarnés.

11° Parmi tous les faits anormaux cités jusqu'alors, il en est un qui paraît tout à fait étrange, c'est celui où le fantôme de M. Wilson absorbe un verre d'eau. Que devient ce liquide alors qu'il a été ingéré par le fantôme ? Si l'on admet la matérialité du fantôme, c'est-à-dire qu'il est le calque de l'organisme corporel, nous devons supposer qu'il est introduit dans les voies digestives et qu'il y reste jusqu'au moment où la dématérialisation se produit, c'est-à-dire jusqu'au moment où les éléments corporels retournent dans le corps du sujet auquel ils étaient empruntés. Je n'ignore pas que ces phénomènes sont absolument incompréhensibles pour nous à l'heure actuelle ; mais de ce que nous n'arrivons pas à nous imaginer comment ils pourraient se produire, il ne faut pas en conclure qu'ils n'existent pas. Notre incapacité de comprendre les choses n'empêche pas celles-ci d'exister, témoin l'attraction universelle ou l'existence de l'éther que jamais aucun physicien n'est arrivé à expliquer, bien que la réalité de ces hypothèses soit admise universellement.

12° L'esprit dégagé du corps franchit l'espace avec une très grande rapidité et se dirige, pour ainsi dire magnétiquement, vers l'être auquel il doit apparaître, même lorsque l'âme ignore l'endroit exact où se trouve à ce moment celui auquel elle pense. Nous avons observé ce phénomène dans plusieurs récits, et particulièrement pour Mme Wilmot, qui se fait voir à son mari dans un vaisseau, au milieu de l'océan. On dirait que la sympathie, l'amour, établissent une sorte de rayonnement invisible entre les âmes, qui permet à l'esprit émancipé de trouver son chemin à travers l'espace, en suivant ce fil conducteur.

13° Tant que le fantôme fluidique n'est pas matérialisé, la matière ne lui oppose aucun obstacle ; il la traverse comme la lumière le fait pour le verre, ou les rayons X pour la plupart des corps. Il est évident que la substance dont est formé le corps de l'esprit est non seulement impondérable, mais dans un état physique qui diffère complètement de tout ce que nous connaissions jusqu'alors. La propriété pour le fantôme de s'objectiver jusqu'à la matérialité, et de disparaître instantanément, est également caractéristique de cet état spécial, que nous appelons fluidique, simplement pour le différencier des états physiques ordinaires, mais ce mot m'implique aucune similitude avec les anciens fluides des physiciens.

Toutes ces remarques servent à définir les propriétés de l'être extériorisé. Je crois n'avoir fait aucune hypothèse, et cependant la certitude que l'âme est unie intimement à une matière subtile, impondérable à l'état normal, reproduisant l'apparence du corps matériel, s'est imposée à nous comme un fait naturel que l'on ne peut plus ignorer. C'est l'enseignement spirite donné par les esprits à Allan Kardec, il y a un demi-siècle, qui se confirme par l'observation et l'expérience, et qui justifie la croyance trente fois séculaire au « corps de l'âme », que nos savants critiques qualifient de superstition de « sauvages », mais qui n'en est pas moins une vérité profonde, que l'analyse de nos jours remet en lumière après une éclipse de plusieurs siècles.

RÉSUMÉ

Si l'on prend en considération l'ensemble des documents signalés jusqu'alors, on remarque que la question de l'existence de l'âme s'est posée à nous d'une manière entièrement différente de ce qu'elle est encore pour les psychologues de toutes les écoles. Au lieu d'étudier l'esprit exclusivement par l'introspection, c'est-à-dire par l'observation interne, nous avons cherché à le saisir dans ses manifestations extérieures, ce qui a permis de compléter nos connaissances sur ses propriétés, et de nous renseigner sur sa véritable nature.

L'importance extraordinaire de cette méthode n'échappera à personne. Avoir ouvert une voie nouvelle à la psychologie expérimentale, c'est posséder un moyen d'élucider la question si controversée de l'existence indépendante du moi, de l'être pensant qui existe en chacun de nous.

La plupart des psycho-physiologistes de nos jours s'intitulent *Monistes*, avec cette restriction qu'ils n'admettent qu'une seule réalité : la Matière. Mais voici que par une ironie qui ne manque pas de saveur, d'autres monistes établissent aujourd'hui que ce que nous appelons matière n'est qu'une apparence ; c'est un dynamisme compliqué, une accumulation d'énergie, qui n'est stable que relativement, car la dislocation, l'émiettement de l'atome dans la plupart des phénomènes physiques ou chimiques, démontre que la matière n'a pas toujours existé et qu'elle disparaîtra un jour, pour se résorber dans l'éther d'où elle est sortie. Que deviennent alors les affirmations sur l'éternité et l'indestructibilité de cette matière, et celles relatives à la pérennité de ces fameuses « lois d'airain » qui régissent le monde physique ? Une fois de plus nous apparaît l'inanité des théories absolues qui ont la prétention d'expliquer l'univers, en se basant sur certaines observations, et en négligeant les *faits* qui contredisent ces systèmes.

Malgré ce formidable démenti infligé à la métaphysique matérialiste, la plupart des psychologues s'en réclament encore ; ils nient la réalité d'un esprit distinct du corps. Pour eux, c'est le cerveau qui engendre la pensée ; la conscience n'est qu'un *épiphénomène*, c'est-à-dire qu'il aurait pu se faire que le mécanisme mental, — tel que nous le connaissons, — aurait pu fonctionner sans que nous en fussions avertis, sans en avoir pris connaissance et sans que notre vie en fût changée. Nous assisterions au spectacle de la vie psychique sans pouvoir le modifier. Suivant cette bizarre théorie, nous ne serions que des automates, et c'est à un hasard de l'évolution que nous devons la faculté de connaître le résultat du travail de la cellule nerveuse de l'encéphale.

Bien entendu, tous les philosophes n'acceptent pas ces conclusions. Des objections très sérieuses ont été élevées contre ce réalisme brutal ; mon intention n'est pas de les examiner ici, mais de montrer que les faits que j'ai relatés non seulement tranchent la question de l'existence de l'âme, mais nous renseignent aussi sur sa nature, qui n'est ni une fonction du cerveau comme le veulent les matérialistes, monistes, parallélistes, etc., ni l'être absolument incorporel des spiritualistes.

Il est évident que si l'âme était une fonction du cerveau, elle en serait inséparable. Cependant, c'est le contraire que les faits nous font constater, d'où cette conclusion que l'âme n'est pas engendrée par la cellule nerveuse des hémisphères cérébraux. Nous avons constaté d'abord, en effet, que la pensée *s'extériorise*, qu'elle agit à distance sur d'autres êtres humains, et nous avons conclu de l'analyse de ce phénomène qu'il n'était pas comparable aux phénomènes physiques connus, qu'il n'était pas *matériel*, ce qui donne à l'action extra-corporelle de la pensée une caractéristique spéciale, sans analogie avec les propriétés physiques, chimiques ou physiologiques du cerveau.

En second lieu, la clairvoyance nous fait encore progresser dans notre enquête sur le pouvoir animique. La faculté de voir, de prendre connaissance de la nature, se révèle avec des particularités tout à fait nouvelles. Dans la vie ordinaire, la vision d'un objet dépend de plusieurs facteurs, dont les réactions successives sont indispensables. D'abord la lumière réfléchie par l'objet ; puis un appareil spécial : l'œil, qui recueille l'image ; enfin un centre intérieur où se produit la perception de l'ébranlement nerveux. Dans les cas cités, nous avons constatés, au contraire, que la vision exacte se produit pendant le sommeil de la nuit, c'est-à-dire d'abord sans lumière, puis sans le secours des yeux, qui sont clos, et enfin malgré la distance et à travers les obstacles matériels. Il faut en conclure nécessairement que le cerveau n'est d'aucune utilité dans ce cas, puisqu'aucun de ses excitants normaux n'entre en jeu. La faculté de voir est donc distincte de la matière cérébrale; elle appartient au principe pensant, à l'âme, puisque celle-ci se souvient. Normalement, la vision est conditionnée par le mécanisme physiologique tant que l'esprit est circonscrit par le corps ; si la vision s'exerce dans les conditions énumérées plus haut, c'est que l'âme est *hors* du corps, à moins qu'une image télépathique ne lui ait été transmise. Ce dernier cas éliminé, et nous avons constaté que cette possibilité se réalise, l'excursion psychique est certaine : L'*âme est sortie du corps* ! Phénomène capital, sur lequel on ne saurait trop attirer l'attention, à cause des conséquences qui en résultent.

Et ce qu'il faut bien noter, c'est que l'affirmation précédente n'est pas une simple induction, un raisonnement plus ou moins spécieux qu'un autre raisonnement pourrait détruire, c'est un fait constaté objectivement, avec assez de certitude pour que nous ayons le droit et le devoir d'en tirer des conclusions.

Faisons un pas de plus dans l'étude des faits, et la justesse de cette interprétation va devenir plus évidente encore. Pendant cette sortie du moi, l'être dédoublé voit la scène éloignée, mais ce n'est pas *in situ*, de sa place, d'une manière en quelque sorte télescopique ; non, très souvent, il *se sent* y être transporté ; il voit successivement défiler les paysages qui le séparent de la scène lointaine, jusqu'au moment où il y arrive. Là, il a conscience d'être spectateur de ce qui se passe et, parfois, il est *vu à cet endroit*, reconnu, bien que son corps physique soit au loin, inerte, et qu'aucune force connue ne puisse lui en apporter l'image. C'est encore un phénomène imprévu, complètement en dehors de toutes possibilités admises par les physiologistes, tout à fait neuf, mais certain. Le principe pensant n'est pas un être incorporel, une pure essence inétendue, il a une forme : celle du corps, et reproduit minutieusement non seulement l'ensemble, mais jusqu'aux plus petits détails de l'organisme ; physionomie, cheveux, couleur des yeux, cicatrices, etc. Ici, plus d'hallucination, quand c'est une assemblée entière, comme dans le cas de Stead, qui assiste aux évolutions de ce fantôme, si admirablement *materialisé* que tout le monde le prend pour une personne ordinaire.

Sans faire aucune hypothèse, en constatant purement et simplement les faits, nous voyons que tous les genres de preuves se réunissent pour confirmer l'existence du double : Témoignages collectifs de témoins, parfois tout à fait étrangers à l'agent et sur lesquels aucune action télépathique n'aurait de prise ; actions exercées sur la matière par le fantôme, si objectif qu'il *ouvre* une porte, une barrière ; résultats intellectuels : il parle, il écrit. Preuves physiques de premier ordre, photographies de ces doubles, *même invisibles*. Moulages de mains et de figures qui ont la consistance et la solidité de la chair, sans que l'œil les perçoive ! Voilà des affirmations bien diversifiées de la réalité du dédoublement de l'être humain. Tous ces faits nous assurent que l'enseignement spirite, qui depuis un demi-siècle déclare que l'âme est inséparable d'une enveloppe éthérée, — pouvant se concréter visiblement quand les circonstances favorables lui sont offertes, — n'est pas trompeur.

L'existence de ce corps métaéthérique, toujours actif et semblable à lui-même pendant la vie, permet de comprendre comment l'ordre et l'harmonie peuvent se maintenir dans un aussi formidable ensemble de parties différentes que celles qui composent l'être humain. Quand on réfléchit à la diversité des organes, à celles des tissus qui servent à construire ces organes, au nombre colossal de cellules (*plusieurs trillions*) agrégées dans les tissus, au chiffre fantastique des molécules et presque infini des atomes, on est en présence d'une complexité si prodigieuse qu'elle dépasse presque la raison.

De plus, il ne faut pas perdre de vue que ces éléments vivent, c'est-à-dire qu'ils sont sans cesse en cours de mutation et de renouvellement ; ces matériaux s'agrègent, se combinent, se dispersent suivant des lois d'équilibre et de pondération dont nous ne faisons que soupçonner l'existence. Quel vertigineux tourbillon que l'être vivant le plus simple ! Qui donc fait la synthèse de ces activités qui s'ignorent les unes les autres ? Le grand œuvre de la vie qui consiste dans le concert et l'harmonisation de l'immense multitude des parties, dans la synergie des actions physiques, chimiques, mécaniques, plastiques et fonctionnelles, ne peut pas être l'effet du hasard ou de la dépendance mutuelle de toutes les parties, puisque chacune d'elle s'ignore. Le système nerveux a bien un rôle coordonnateur, mais il est spécialisé lui-même dans des fonctions définies, et il faut un autre facteur encore pour expliquer l'adaptation de tant de matériaux qui, sans aliéner leur individualité distincte, concourent à la formation d'un ensemble où la simplicité du tout se dégage de la multiplicité des parties.

Nous devons admettre, avec M. Bourdeau, que la vie diffère des agents physico-chimiques « en ce qu'elle dirige leurs effets sans les produire, tandis qu'ils les produisent sans les diriger (1) ». L'ordre que la vie impose consiste en une composition de forces, en une concordance d'actions qui discipline des causes aveugles et les conduit à un but. Il serait difficile de comprendre la structure du corps humain, ses modes de fonctionnement et ses phases d'évolution, sans une influence *autoplastique, autodirectrice*, qu'atteste un dessein suivi, un plan réalisé, la tendance à coordonner un vaste ensemble de phénomènes en vue d'un résultat général, car la raison refuse d'admettre qu'une tâche pareille, aussi manifestement concertée, résulte d'une suite confuse d'accidents fortuits.

L'existence de cette *idée directrice* que réalise le corps est si manifeste, qu'elle s'impose aux esprits intelligents sans parti pris. « L'organisation d'un corps vivant, dit M. Dunan (2), de quelque humble degré qu'il soit, est une œuvre complexe et savante au plus haut point, supposant dans la cause qui le produit une pensée profonde qui peut s'ignorer complètement elle-même, mais qui n'est pas pour cela moins réelle. »

(1) Bourdeau, *le Problème de la vie*, Analyse du Somatisme individuel.
(2) Dunan, *la Nature des corps. Revue de métaph. et de morale*, mai 1898.

Le grand physiologiste Claude Bernard ne s'y est pas trompé (1) :

> S'il fallait définir la vie, dit-il, je dirais : la vie, c'est la création... Ce qui caractérise la machine vivante, ce n'est pas la nature de ses propriétés physico-chimiques, *c'est la création de cette machine d'après une idée définie...* Ce groupement se fait par suite des lois qui régissent les propriétés physico-chimiques de la matière ; mais ce qui est essentiellement du domaine de la vie, ce qui *n'appartient ni à la physique ni à la chimie*, c'est l'*idée directrice* de cette évolution vitale.
>
> Il y a, dit-il encore, comme un *dessin vital* qui trace le plan de chaque être, de chaque organe, en sorte que si, considéré isolément, chaque phénomène de l'organisme est tributaire des forces générales de la nature, pris dans leur succession et dans leur ensemble, ils paraissent révéler un lien spécial, ils semblent *dirigés par quelque condition invisible*, dans la route qu'ils suivent, dans l'ordre qui les enchaîne...
>
> Enfin, en termes encore plus exprès : La vie, *c'est une idée*, c'est l'idée du résultat commun par lequel sont associés et disciplinés tous les éléments anatomiques, l'idée de l'harmonie qui résulte de de leur concert, de l'ordre qui règne dans leur action.

Nous voyons dans le périsprit, dans ce corps fluidique indestructible, le canevas sur lequel se construit, s'entretient et se répare le corps physique. Il montre, dès l'origine, une finalité interne, une intention qui se réalise pendant l'existence entière. Il est le gardien indéfectible de la forme typique, l'architecte qui a édifié le plan organique, l'harmonisateur des fonctions, le régulateur automatique des énergies, la seule partie stable au milieu du flux incessant de matière qui passe dans la forme qui représente l'être vivant.

Cette théorie sur le rôle du double n'a rien qui soit en opposition avec ce que la physiologie nous apprend du mécanisme des êtres vivants ; elle complète, éclaire certains points obscurs, et a l'avantage de pouvoir expliquer comment l'identité structurale et fonctionnelle persiste, malgré le renouvellement incessant de tous les matériaux qui composent successivement notre corps.

(1) Ch. Bernard, *Intr. à la médecine expérimentale*, p. 162, et *la Science expérimentale*, définition de la vie.

Au point de vue psychologique, l'importance du périsprit n'est pas moindre. Jeté comme un pont entre la matière et l'esprit, il participe, il sert à unir ces deux principes entre lesquels les philosophes avaient creusé un abîme. Il est l'intermédiaire nécessaire entre l'âme et le monde ambiant, de même qu'il sert aux manifestations extérieures de l'esprit. Dans sa substance s'incorporent et se conservent d'une manière indélébile tous les épisodes de la vie psychique, et comme il ne change pas substantiellement pendant la durée de l'existence, l'âme a ainsi son domaine, sa bibliothèque indestructible, qu'elle emporte avec elle en quittant le corps. Si l'on veut que la subconscience soit autre chose qu'un mot, c'est dans le périsprit qu'il faut la situer.

Je reviendrai plus loin sur ce point si important, mais alors seulement que nous aurons vu les *faits* qui établissent que l'âme survit à la désagrégation corporelle, à cette formidable transformation que l'on appelle la mort. Il va nous être facile de constater que nous avons sur ce sujet des certitudes aussi bien établies que celles qui démontrent l'existence de l'âme pendant la vie, et que si l'humanité reste encore angoissée par le problème de la survivance, c'est qu'elle ignore trop les preuves positives qui viennent fortifier la croyance immémoriale à l'immortalité.

TABLEAU RÉSUMANT LES APPARITIONS FAUSSES ET VÉRITABLES

1° Causes diverses pouvant produire une fausse apparition.

1° L'ILLUSION — Erreur des sens, produite par un fonctionnement défectueux ou incomplet des organes sensoriels. Par exemple, pendant la nuit, le sujet perçoit des formes vagues, qu'il complète avec les données de son imagination. (Draperies de rideaux prises pour des fantômes, dessins de tenture qui ont l'apparence de figures, etc.). Pendant la journée, fausse reconnaissance, causée par une ressemblance avec une personne connue.

2° HALLUCINATIONS PATHOLOGIQUES, D'APRÈS LE Dr DUPOUY — Engendrées par :
1° Surmenage intellectuel ou une affection cardiaque produisant un état congestif du cerveau ;
2° Des infections pathologiques ou des intoxications déterminées par certaines substances (belladone, opium, haschich, jusquiame, alcool, etc.) ;
3° Par l'hérédité, les tempéraments, les professions, les habitudes vicieuses, les abus sexuels, etc. ;
4° L'inanition, l'insomnie, la continence excessive, les températures extrêmes ;
5° Dans certaines maladies diathésiques, l'herpétisme, notamment ;
6° Dans les vésanies, les folies religieuses principalement, dans les névroses.

3° HALLUCINATIONS SUGGÉRÉES — Pendant l'hypnose. Tous les sens peuvent être hallucinés.
Post-hypnotique. Au réveil, le sujet éprouve, au bout du temps fixé, l'hallucination qu'on lui a imposée.
Auto-suggestion. Mêmes effets que ceux produits par la suggestion étrangère.

4° HALLUCINATIONS PRESQUE NORMALES — Hallucination hypnagogiques. Celles qui se produisent entre la veille et le sommeil, après une légère excitation.
Hallucinations hypnopompiques. Celles qui se produisent au réveil, en extériorisant un personnage du rêve.

5° HALLUCINATIONS VÉRIDIQUES	Celles produites par l'action de la pensée provenant d'un parent ou d'un ami, qui passe par une crise grave de son existence. Elle peut être : un pressentiment ; une impulsion irrésistible ; une vision ; une audition, etc. Elle n'a pas de réalité en dehors du percipient.

2° Apparitions véritables.

6° LE FANTÔME ODIQUE	Émanation physique et involontaire du sujet ; elle peut être : 1° Invisible, mais révélée par la photographie 2° Visible pour le sujet seul, autoscopie ; 3° Visible pour des tiers, matérialisation. Dans tous les cas, le fantôme odique est inerte.
7° APPARITION CLAIRVOYANTE	1° Le sujet voit, par clairvoyance, une personne ou une scène éloignée ; 2° Le sujet voit, par clairvoyance, une personne dont l'âme est présente. Dans les deux cas, la vision est réelle, extérieure, mais personnelle, non objective pour des tiers.
8° APPARITION DEMI-MATÉRIALISÉE D'UN VIVANT	1° L'apparition présente des caractères réels, inconnus du voyant : blessures, détails de vêtements, etc. ; 2° L'agent et le percipient sont visibles l'un pour l'autre ; 3° L'apparition est visible, simultanément ou successivement, pour plusieurs personnes, qui la décrivent identiquement.
9° APPARITIONS MATÉRIALISÉES DE VIVANTS	Elles se prouvent : 1° Par une action mécanique sur la matière. Portes ouvertes, déplacements d'objets, écriture, action sur des appareils de mesure, etc. ; 2° Par une action chimique sur la matière. Photographies accidentelles ou expérimentales de doubles ; 3° Par une action physique sur la matière. Traces, empreintes, moulages.

FIN DU PREMIER VOLUME

TABLE DES MATIÈRES

Introduction 1

CHAPITRE I

DEUX MOTS SEULEMENT SUR LE SPIRITISME

Le spiritisme est un ensemble de faits et de doctrines peu connus. — Historique rapide. — Les premiers savants incrédules. — La lutte. — Les convertis.— Diverses manières de communiquer. — La table, typtologie.— Mouvements sans contact. — Photographie d'une lévitation de table au Cercle scientifique Minerve, en présence du professeur Morselli. — Révélations de faits inconnus de toutes les personnes présentes. — Messages en langues étrangères, etc. — L'écriture automatique. — Les autographes des défunts sont des preuves de la survie de l'intelligence. — Phénomènes de la trance pendant lesquels on reconnaît la voix, les gestes, les connaissances du disparu. — Les médiums voyants décrivent avec exactitude ceux qui ne sont plus. — La photographie confirme la réalité objective de ces visions. — Enfin les esprits deviennent partiellement ou totalement visibles pour tout le monde, pendant les matérialisations. — Importance et nouveauté de ces phénomènes pour une connaissance plus complète de l'être humain 19

CHAPITRE II

LES HALLUCINATIONS VÉRIDIQUES

Le divorce entre la science et la foi. — Nécessité d'étudier les phénomènes d'apparitions suivant la méthode expérimentale. — *The Society for psychical Research*. — Son objet spécial. — La transmission expérimentale de la pensée. — La Télépathie. — Ses diverses formes : impulsive, auditive, voyante. — Exemples empruntés aux travaux de cette Société. — Discussion sur la valeur

de ces faits ; leur admission s'impose.— Éliminations nécessaires.
— Caractères spéciaux des hallucinations télépathiques. — Elles
sont véridiques. — L'action télépathique est due, généralement, à
la pensée extériorisée. 40

CHAPITRE III

LES APPARITIONS TÉLÉPATHIQUES

Les différents aspects de la télépathie. — L'image perçue est conforme à la réalité. — La clairvoyance télépathique. — La vue à distance est un phénomène certain. — Elle se produit pendant le sommeil du corps, ou à l'état normal. — Quelques exemples démonstratifs. — Comment se produit la clairvoyance ? — Le percipient est vu à l'endroit qu'il voit lui-même. — Clairvoyance et apparitions simultanées.— Délivré de la mort par une apparition. — Une mère qui veut revoir ses enfants. — Différences entre les hallucinations véridiques et les apparitions télépathiques. — Les apparitions télépathiques montrent des détails caractéristiques inconnus du voyant, elles sont toujours une représentation de la réalité. — Les apparitions télépathiques se font voir aussi bien un peu avant la mort qu'un peu après qu'elle a eu lieu. — Les faits qui établissent la réalité de ces phénomènes sont nombreux. — Résumé 74

CHAPITRE IV

APPARITIONS MULTIPLES OU COLLECTIVES DE FANTÔMES DE VIVANTS

Généralité et antiquité des manifestations extra-corporelles de l'âme. — La dématérialisation de l'apôtre Pierre. — La bilocation des Saints. — Ce qui était miracle pour nos ancêtres, devient naturel pour nous. — Les apparitions sont vues parfois simultanément par plusieurs personnes. — Discussion sur le caractère objectif de ces phénomènes. — L'hallucination proprement dite détermine des effets différents chez les percipients. — Une apparition véritable, au contraire, est vue identiquement de même par tous les assistants.— Différents exemples. — Apparition d'un grand-père à ses petits-enfants. — Phénomènes de dédoublements et de clairvoyance dans une famille russe. — Un fantôme qui se montre à son fils et à sa sœur. — Le cas de la rue Jacob. — Un malade apparaît séparément à son frère et à sa sœur. — Le cas de Mme Elgée. — Vision collective prémonitoire. — Le cas de M. Barwell. — Il faut noter que beaucoup de faits ne s'expliquent pas par l'hypothèse télépathique, celle d'un dédoublement est plus admissible. — Les apparitions du double d'Émilie Sagée. — Apparition à deux dames d'un de leurs amis. — Dédoublements réitérés pendant le cours de la vie de Mme Hawkins. — Trois apparitions d'un pasteur. — Le cas de Mlle Hopkinson. — Résumé. . 144

CHAPITRE V

ESSAIS D'APPARITIONS VOLONTAIRES

L'expérimentation a pour but de contrôler les hypothèses théoriques. Si celles-ci sont exactes, les faits doivent les confirmer. C'est justement ce qui se produit. — La volonté peut produire : ou des hallucinations, ou un dégagement de l'agent, ou une véritable matérialisation du double. — Phénomènes appartenant à la première catégorie. — Le fantôme de Mme Russell. — Celui du Révérend Godfrey. — Apparition télépathique. — L'agent se montre avec son costume. — Les cas de Miss Maugham. — Dédoublement probable avec Miss Danwers. — Dégagement volontaire et apparition de M. Sinclair. — Vision prémonitoire d'un suicide. — Dégagement semi-conscient, avec action physique de Mme d'Espérance.— Le double est visible pour les deux sœurs Verity. — Une apparition qui cause au Révérend Stainton Moses. — Phénomènes de bilocation dans la famille de Mme Hæmerlé. — Les recherches faites en France. — Les cas de M. Christian. — Les expériences du docteur Gibotteau, celles du docteur Regnault. 199

CHAPITRE VI

ACTIONS PHYSIQUES EXERCÉES PAR LE DOUBLE DES VIVANTS

Parfois, le fantôme du vivant est objectif. — Problèmes que soulève la réalité physique du fantôme. — Celle-ci, cependant, est attestée dans certains cas par des actions physiques. — Le fantôme d'un homme vivant frappe à la porte de chez lui. — La voyante de Prévorst ; son action à distance produite volontairement. — Dédoublement de Mme d'Espérance, sous l'influence d'une grande préoccupation. — Une apparition, vue par deux servantes, ouvre la porte de chez elle. — Empreintes laissées dans la poussière par une main mystérieuse. — Le fantôme de vivant ouvre une porte fermée à clef. — Un autre ouvre et ferme une barrière. — Une hantise de vivant qui rappelle les cas de sorcellerie. — Le double peut se dégager pendant l'état de veille. — Le fantôme a assez de réalité pour être vu par toute une assemblée. — Le double d'une personne éveillée, prend et feuillette un livre. — Un autre indique l'endroit où se trouve le livre dont il a besoin. — Passagers sauvés par suite du dédoublement de l'un d'eux. — Le fantôme vient réclamer son portrait. — Les dédoublements de Mme Florence Marryat. — Un fantôme cause en se promenant avec son fils. — Le cas du Révérend Benning. — Un double qui se transporte d'Amérique en Europe. — Le fantôme sonne, parle et boit. — Preuves photographiques, obtenues fortuitement, que les doubles sont des êtres réels. — Les cas signalés par M. de Rochas. — Résumé 244

CHAPITRE VII

RECHERCHES EXPÉRIMENTALES SUR L'EXTÉRIORISATION DU DOUBLE

Les études des magnétiseurs spiritualistes ouvrent la voie de la recherche expérimentale. — Ils connaissaient la télépathie et le dédoublement. — Les observations de Chardel. — Celles de Teste, de Despines, de Charpignon, de Reichenbach. — Les effluves humains. — Leur visibilité à la lumière ordinaire. — Divers travaux sur ce sujet. — Les recherches de M. de Rochas. — Leur caractère positif. — Qu'est-ce que le fluide du magnétiseur ? — La radio-activité. — Action du fluide humain sur la plaque photographique. — Les travaux du commandant Darget et du docteur Baraduc. — Ceux de MM. Luys et David. — Recherches personnelles. — L'extériorisation de la sensibilité. — Détail des expériences de M. de Rochas avec Albert et Mme Lux. — Expérience de M. le docteur Janet avec Léonie. — Études sur la formation du fantôme de vivant. — Photographie volontaire du double. — Résultats obtenus par M. de Rochas. — Les fantômes spéculaires ou autoscopiques. — Ils offrent tous les degrés de matérialisation. — Hallucination autoscopique prémonitoire. — Preuve expérimentale absolue de dédoublement, donnée par Crookes et Varley, au moyen d'un contrôle électrique. — Bilocation de Mme Fay. — Les frères Davenport. — Action physique du double, commandée par le magnétiseur. — Photographie du double obtenue par MM. Istrati et Hasdeu et par le capitaine Volpi. — Les expériences de M. Durville. — Action du fantôme sur la matière. — Les actions à distance du médium. — Expériences de l'Agnélas. — Mouvements sans contact direct. — Séance du 28 septembre 1895. — Synchronismes des mouvements. — Les remarques de Crookes. — Comment se produisent les mouvements à distance. — Les observations du docteur Ochorowicz. — Les mains fluidiques. — Le témoignage du professeur Richet. — Preuves absolues du dédoublement du médium. — Empreinte et moulages de la main fluidique. — Empreintes de visage à Montfort-l'Amaury. — Les dernières expériences à Paris. — Photographies de mains. — Empreinte du visage fluidique d'Eusapia. — Relations entre le corps du médium et son double. — Action de transport d'une matière colorante du double au corps physique. — Crookes, Aksakof. — Moulage de l'extériorisation du pied droit d'Eglinton 308

CHAPITRE VIII

LE DÉDOUBLEMENT DE L'ÊTRE HUMAIN DÉMONTRE L'EXISTENCE DE L'AME

Les phénomènes d'apparitions des vivants sont incontestables. — Il faut les différencier dans leurs causes. — Les hallucinations télépathiques sont certaines, elles ont des caractères particuliers. — L'action télépathique ne peut être produite par aucune forme connue de l'énergie. — Le fantôme hallucinatoire est construit par le sujet lui-même, il n'est pas la reproduction de l'agent au moment même où se produit le phénomène. — Les apparitions télépathiques, au contraire, ont une réalité extérieure. — Discussion de l'hypothèse de Myers sur la substantialité de l'image. — L'existence dans l'espace d'une forme fluidique n'est pas nécessairement une preuve de l'extériorisation du principe pensant. — Le fantôme odique. — Celui-ci n'est pas l'enveloppe inséparable de l'âme, c'est-à-dire le périsprit, il n'est qu'une émanation. — L'âme en dehors du corps. — La matérialisation du périsprit. — Elle s'affirme par les actions du fantôme sur la matière et par ses manifestations intelligentes. — A-t-on le droit de généraliser les observations particulières ? — Oui, certainement. — Conclusion du docteur Durand (de Gros) à propos de ces phénomènes. — Remarques générales sur les fantômes de vivants. — Nous avons enfin, maintenant, l'esquisse d'une démonstration scientifique de l'existence de l'âme pendant la vie. — Tableau résumant les apparitions fausses et véritables. — Nous possédons les mêmes preuves de l'existence de l'âme après la mort. 473

2243. — Tours, imprimerie E. ARRAULT et Cie.

Revue Scientifique et Morale du Spiritisme

MENSUELLE ILLUSTRÉE

Directeur : Gabriel DELANNE

Prix : 10 fr. par an en France ; 12 fr. à l'Étranger
Administration : 40, boulevard Exelmans, Paris

Cette Revue de 64 pages, fondée en 1896, tient ses lecteurs au courant du mouvement spirite et psychique dans le monde entier. Les travaux des savants modernes y sont soigneusement analysés, et elle compte parmi ses rédacteurs les écrivains les plus autorisés dans cette nouvelle branche de la Science.

DU MÊME AUTEUR

Le Spiritisme devant la Science, vol. in-8 jésus, 470 pages, 4ᵉ édition.	3 50
Le Phénomène spirite, vol. in-8, 325 pages, nombr. gravures, 5ᵉ édition.	2 »
L'Évolution Animique, vol. in-8, 360 pages, 3ᵉ édition.	3 50
L'Ame est immortelle, vol. in-8 jésus, 330 pages, 4ᵉ édition.	3 50
Recherches sur la Médiumnité, vol. in-8 jésus, 507 pages, 2ᵉ édition.	3 50

ALLAN KARDEC.	— Le Livre des Esprits	3 50
—	Le Livre des Médiums	3 50
—	L'Évangile selon le Spiritisme	3 50
—	Le Ciel et l'Enfer	3 50
—	La Genèse	3 50
LÉON DENIS.	— Après la Mort	2 50
—	Christianisme et Spiritisme	2 50
—	Dans l'Invisible	2 50
—	Le Problème de l'Être et de la Destinée	2 50
GARDY.	— Cherchons	2 50
Dʳ GELEY.	— Essai de Revue générale et d'interprétation synthétique du Spiritisme	2 50
—	L'Être subconscient	4 »
DE ROCHAS.	— L'Extériorisation de la Sensibilité	7 »
—	L'Extériorisation de la Motricité	8 »
METZGER.	— Essai de Spiritisme scientifique	2 50
EUGÈNE NUS.	— Choses de l'Autre-Monde	3 50
WILLIAM CROOKES.	— Recherches sur le Spiritualisme	3 50
AKSAKOF.	— Animisme et Spiritisme	20 »
GIBIER.	— Fakirisme occidental	4 »

2243. — Tours, imprimerie E. ARRAULT et Cie.

www.ingramcontent.com/pod-product-compliance
Lightning Source LLC
Chambersburg PA
CBHW071401230426
43669CB00010B/1413